20+1 short stories
NOUVELLES

20+1 *short stories*
NOUVELLES

Une anthologie des meilleures nouvelles
de Terres d'Amérique

Préface de Francis Geffard

TERRES D'AMÉRIQUE
ALBIN MICHEL

« Terres d'Amérique »

Collection dirigée par Francis Geffard

© Éditions Albin Michel, 2016

Voir sources en fin d'ouvrage, p. 645

PRÉFACE

Pour la nouvelle

Difficile de savoir réellement pourquoi mais en France, les nouvelles ont tendance à avoir mauvaise réputation. On les dit invendables, ou bien elles apparaissent comme une version édulcorée du roman. Du coup, peu d'auteurs français en écrivent, et seules quelques maisons d'édition en publient, surtout des recueils d'auteurs étrangers.

Pourtant, la nouvelle est loin d'être un genre mineur, et sa lecture peut être tout aussi gratifiante que celle d'une grande fresque romanesque. Si la forme courte privilégie un autre rapport au texte, à l'intrigue et aux personnages, de par sa brièveté elle apporte en retour une intensité, une richesse et une diversité qui sont de véritables atouts. On la dirait faite pour le monde moderne, où chacun se plaint du manque de temps pour faire ceci ou cela, et le plus souvent pour lire. Une nouvelle, c'est vingt à trente minutes de lecture, un objet parfait tant sur la forme que sur le fond.

Si on ose se risquer à une comparaison culinaire, le recueil de nouvelles est en quelque sorte une dégustation au cours de laquelle on goûtera une dizaine de mets différents au lieu de passer tout un repas sur le même plat. Les plaisirs sont différents, et tout aussi uniques et irremplaçables. Dans leur diversité, les nouvelles permettent de multiplier les points de vue et les expériences. Depuis toujours, les êtres humains ont éprouvé le besoin de raconter des histoires qui les aident à saisir le sens de la vie, la complexité des émotions et des sentiments. Si la littérature nous permet de vivre d'autres vies, de nous enrichir d'autres expériences, de voyager à la fois dans le temps et dans l'espace, alors la nouvelle en est en quelque sorte la quintessence. Elle offre toute la palette du talent et de l'univers d'un écrivain.

Pour l'amateur de nouvelles, la littérature nord-américaine est un jardin des merveilles. Non seulement la richesse patrimoniale des littératures des États-Unis et du Canada est considérable de ce point de vue, mais la nouvelle est aussi le passage obligé pour tous ceux qui entreprennent d'écrire sérieusement. C'est généralement avec une nouvelle qu'un jeune auteur fait ses débuts en littérature parce qu'elle est publiée dans un magazine, dans une revue, ou dans le prestigieux *New Yorker* qui en offre une chaque semaine à ses lecteurs. C'est aussi une nouvelle qui va valoir à un jeune écrivain d'être primé, honoré, ou de pouvoir bénéficier d'une résidence. Dans les universités comme dans les ateliers d'écriture, elle constitue un exercice incontournable et pas seulement pour faire ses classes, parce qu'elle peut être parfaite alors qu'il est plus rare qu'un roman le soit tout à fait.

En tant qu'éditeur, j'ai pris un vrai plaisir à découvrir de nombreux écrivains grâce à leurs nouvelles, et je garde de ces premières rencontres des impressions fortes qui ont rarement été démenties par la suite. Pour fêter les vingt ans de la collection « Terres d'Amérique », j'ai eu envie de réunir en un seul volume les écrivains qui m'ont procuré ce plaisir de lecture. Qui, au cours de toutes ces années, m'ont saisi, emporté, convaincu... Depuis la sombre tendresse de Sherman Alexie et le souffle narratif de Joseph Boyden jusqu'à

PRÉFACE

la grâce poétique de Charles D'Ambrosio et la violence émotionnelle de Craig Davidson, en passant par la subtilité réaliste et en même temps presque magique de Louise Erdrich et l'exubérance de Karen Russell. De 1996 à 2016, ce sont ainsi près de cinquante recueils de nouvelles qui ont été publiés aux Éditions Albin Michel et je ne crois pas qu'il y ait beaucoup d'équivalents.

Toute sélection étant partiale par nature, j'ai souhaité réunir tout à la fois des écrivains reconnus et de jeunes auteurs qui représentent l'avenir. Tous ont vu leurs recueils publiés dans la collection au cours des vingt dernières années, à l'exception d'un, dont le livre paraîtra en France seulement en 2017. Mais retenez son nom : il s'appelle Callan Wink, et on reparlera bientôt de lui car il possède un talent impressionnant.

Ces 21 écrivains, ces 21 nouvelles, dessinent un portrait fort et sensible de la littérature nord-américaine d'aujourd'hui, et je vous envie presque de ne pas forcément déjà tous les connaître. Ces textes nous parlent des hommes et des femmes, des familles, d'amour et de haine, de colère et de sentiments plus complexes, de tout ce qui fait la matière brute de nos existences, que la littérature élève au rang d'art pour notre plus grand plaisir.

Alors oui, la nouvelle est un genre fragile et précieux, et c'est pour cela qu'il faut la fêter, la célébrer. Qu'il faut encourager les lecteurs à lire des recueils et à découvrir de jeunes auteurs. Car défendre la nouvelle, c'est défendre la littérature.

Francis Geffard

Un homme bien

de Sherman Alexie

Traduit par Michel Lederer

Devant la maison, Sweetwater et Wonder Horse construisaient une rampe pour le fauteuil roulant de mon père. Ils n'avaient pas besoin de plans car, au fil des années, ils avaient déjà construit vingt-sept rampes de ce type sur la réserve spokane, dont cinq au cours de ce seul été. Ils excellaient dans ce genre de choses, et ils savaient travailler en silence, sans conversations ni interactions inutiles avec leurs employeurs. Sweetwater passait des semaines entières sans prononcer le moindre mot, communiquant par grognements monosyllabiques et gestes de la main, comme le ferait un nourrisson très intelligent. Aussi, ce jour-là, alors que pour terminer la rampe destinée au fauteuil roulant de mon père il ne manquait plus que quelques clous, une couche de peinture et une dernière prière, Wonder Horse fut-il extrêmement surpris quand Sweetwater brisa son vœu officieux de silence :

« Jésus était charpentier », déclara Sweetwater, s'efforçant de prendre un ton détaché, comme s'il livrait un bref commentaire sur le temps ou sur un match (Quel match ? N'importe lequel !). Puis il répéta : « Jésus était charpentier. »

Wonder Horse l'entendit les deux fois, leva les yeux de son clou et de son marteau, dévisagea Sweetwater. Les deux hommes avaient beau travailler ensemble depuis trente ans et avoir fabriqué trois ou quatre générations de cabinets extérieurs, de tables de ping-pong, de porches et de vérandas, ils n'avaient jamais été de ceux qui se regardaient, qui s'observaient. Dieu veuille qu'aucun d'eux ne soit un jour porté disparu et qu'il ne reste que l'autre pour fournir de lui une description détaillée aux autorités.

« *Jésus était charpentier*, redit Sweetwater, cette fois en langue spokane pour être sûr que Wonder Horse saisisse toutes les inflexions et les nuances (poésie autochtone) d'une affirmation aussi osée.

– Quoi ? fit Wonder Horse, posant la question la plus simple possible, encore qu'on aurait pu imaginer qu'il demandait *Où est la tumeur ?*

– Jésus était charpentier. » S'il avait pu, Sweetwater l'aurait dit en espagnol, en russe et en allemand.

Wonder Horse ne trouvait rien de logique à répliquer (dans aucune langue) à une affirmation aussi compliquée, en particulier venant d'un homme aussi simple que Sweetwater. Toute la conversation sentait la théologie, et Wonder Horse ne voulait rien avoir affaire avec ça. Troublé, et peut-être même un peu effrayé, il retourna à son travail et enfonça un clou dans le bois, puis un deuxième, puis un troisième et un quatrième. Il devait avoir dans les cinquante ans, mais paraissait plus âgé après trop d'expositions au soleil et un mariage et demi raté. Il connaissait le prix du bois (six dollars le chevron, nom de Dieu !). Peau, yeux et cheveux bruns, on pouvait au choix lui donner cinquante ou quatre-vingts ans. Petit, de grandes mains, il devait tous les jours réfréner son envie de grimper dans son pick-up et de quitter à jamais cet endroit. Certes, les gens, les habitants de la réserve, qu'ils soient indiens, blancs ou autres, avaient besoin de lui pour qu'il leur construise des choses, mais il pensait aussi que l'ensemble de la réserve – les torrents, les rivières, les pins, la couche arable et les tiges de blé sauvage – avait besoin de lui et même l'aimait. Si bien qu'il restait tant par loyauté que par vanité.

« Qu'est-ce que t'as dit ? » demanda-t-il dans l'espoir que Sweetwater change de sujet et reprenne ce qu'il avait dit afin que leurs vies redeviennent simples.

Ils construisaient une rampe pour le fauteuil roulant de mon père qui rentrait de l'hôpital sans ses pieds diabétiques gangrenés.

« Jésus était charpentier », dit Sweetwater pour la cinquième fois. Pas de doute, c'était devenu une sorte d'incantation, ou de malédiction peut-être.

« Ça m'est égal », dit Wonder Horse, encore qu'il s'intéressât beaucoup aux charpentiers et à la charpenterie, à ces artistes dont la matière première était le bois et à l'art de travailler le bois en tant que tel. Wonder Horse respectait le bois. Il le caressait comme les amants caressent la peau de l'être aimé. Il était un Casanova du marteau, de la clé en croix, du tournevis et de la scie circulaire. Là, pourtant, il se sentait maladroit et désespéré.

« Harrison Ford aussi était charpentier », dit-il. Il n'avait rien trouvé de mieux.

« Qui ? demanda Sweetwater.

– Harrison Ford, le type qui jouait Han Solo, tu sais bien ! Dans *La Guerre des étoiles*, le film.

– Ah, bon, fit Sweetwater. Mais Jésus, lui, était un vrai charpentier. »

Wonder Horse regarda Sweetwater dans les yeux (des yeux bleus ! Un métis qui ne s'était jamais considéré comme blanc ni n'avait jamais été considéré comme blanc par les autres Spokanes !) et se demanda pourquoi son meilleur ami avait décidé de devenir un ennemi temporaire. Il espérait qu'il s'agissait d'un acte impulsif et isolé et non d'une conspiration sur une plus large échelle.

« Qu'est-ce que tu veux dire ? demanda-t-il. Que Jésus était un bon charpentier ?

— Je crois bien, répondit Sweetwater. Ouais, je parie que oui.

— Mais est-ce que c'est dit quelque part dans la Bible, dans ces termes-là, que Jésus était un bon charpentier ?

— Je sais pas. Peut-être, ouais, sûrement. Il l'était sûrement.

— T'as déjà lu la Bible ?

— Non, pas vraiment, mais je sais tout là-dessus.

— Voilà que tu parles comme un chrétien.

— Hé, tu m'insultes.

— Ouais, t'as raison, excuse-moi », dit Wonder Horse. Il voulait se remettre au travail. Il voulait sauter dans son pick-up et s'en aller. Il tapa à plusieurs reprises avec son marteau, rata la tête du clou une fois, deux fois, trois fois, et l'enfonça de travers dans la planche de contreplaqué, faisant éclater le chevron en dessous.

« Merde ! » jura-t-il, donnant un grand coup de poing dans le bois. Il examina ses jointures écorchées.

« Ça va ? demanda Sweetwater.

— Toujours », répondit Wonder Horse qui arracha le clou mal planté.

Ils construisaient une rampe pour le fauteuil roulant de mon père qui rentrait de l'hôpital, n'ayant plus que six mois à vivre au maximum selon la plupart de ses médecins, et pas plus de deux semaines selon les autres.

« Alors, c'est quoi ce discours biblique ? interrogea Wonder Horse.

— C'est pas un discours biblique. C'est quelque chose que j'ai appris. Jésus était charpentier.

– Mais enfin, tout le monde peut se prétendre charpentier, dit Wonder Horse. Tiens, les petits Tulee, ils se sont construit une cabane dans un arbre, là-bas. Je suppose que ça fait d'eux des charpentiers, mais pas pour autant des bons charpentiers. Leur machin va pas tarder à rouler de cet arbre comme une boule de bowling.

– Peut-être, mais en tout cas, Jésus était Jésus, pas vrai ? Donc, Jésus devait être un bon charpentier. Tu comprends, c'était Jésus, pas vrai ? Il avait un sacré pouvoir.

– Tu sais, dit Wonder Horse, j'ai pas la moindre idée de ce que tu racontes.

– Voyons, fit Sweetwater, la voix vibrante d'émotion. C'était Jésus. Il marchait sur l'eau, tout ça, et puis il faisait apparaître des poissons, du pain, des trucs.

– Ah bon, des trucs ? Il faisait apparaître des trucs ? C'est tout ce que t'as comme preuve ? Eh bien, tout ce que ça prouve, c'est que Jésus était peut-être un bon magicien, un bon pêcheur et un bon boulanger, mais absolument pas qu'il était un bon charpentier. Tu vois, Jésus cavalait partout à essayer de sauver le monde, et t'imagines qu'il avait le temps d'étudier la charpenterie ? T'imagines qu'il avait le temps de bien examiner ses outils, de les mémoriser, de les comprendre ? T'imagines qu'il avait le temps de se consacrer au bois ?

– C'était le fils de Dieu. Je pense qu'il pouvait très bien être multitâche.

– Multitâche ! s'écria Wonder Horse. Multitâche ! Où est-ce que t'as appris ce mot à la con ?

– À la télévision.

– La télévision ! la télévision ! C'est tout ce que t'as à me répondre ?

– Ouais, je crois », dit Sweetwater.

Ils construisaient une rampe pour le fauteuil roulant de mon père qui rentrait à la maison parce qu'il ne voulait pas mourir à l'hôpital.

J'ai fouillé la maison à la recherche de tout ce qui pouvait tuer mon père, tout ce qui, en fait, l'avait déjà tué ou, plutôt, l'avait conduit à son rendez-vous avec la mort, un rendez-vous inéluctable et qu'il ne manquerait pas. Parmi les choses les plus dangereuses ou presque : deux boîtes de *donuts* enfouies sous des couvertures Pendleton sur l'étagère du haut de son placard ; un litre de lait chocolaté couché dans le bac à légumes du réfrigérateur ; un pack de six sodas immergé dans l'eau tiède du réservoir de la chasse d'eau ; des bonbons au fond des poches de chacun de ses blousons, vestes ou manteaux ; et d'autres au fond des poches des manteaux de feu ma mère, de ceux, abandonnés depuis longtemps, de mes frères et sœurs, et de ceux que je portais quand j'étais petit, encore accrochés dans le placard de la chambre où je n'avais pas dormi depuis dix ans. L'ensemble constituait la première ligne de défense de mon père. Il savait qu'on découvrirait tout cela facilement. C'était prévu. Des leurres. Du camouflage. Mon père était malin. Il sacrifiait quelques trésors afin de me détourner des vraies cachettes. Dans le garage, j'ai extrait une à une l'équivalent de cinq kilos de dragées au chocolat d'un bidon d'essence en aluminium. Dans le grenier, protégé par des gants et des manches longues, j'ai retiré cinq barres de nougat d'entre les couches de fibre de verre isolante. J'ai feuilleté cinquante-deux westerns et vingt et un romans policiers où j'ai trouvé cent douze plaquettes de pâte de fruit glissées entre les pages. Dans la niche du chien, une boîte Tupperware pleine de petits gâteaux au chocolat était scotchée sous le toit. J'ai réuni le tout, toutes ces choses que mon père aimait bêtement, et je les ai fourrées dans sept sacs à provisions. La plupart des gens auraient alors cessé de chercher, persuadés d'avoir vidé la maison de tout ce qui était dangereux, mais je connaissais mon père. C'était comme si je l'avais devant moi et que je lisais dans ses pensées. J'ai encore trouvé un kilo et demi de sucre en morceaux qui attendait sous une dizaine de centimètres de farine dans la boîte à farine. Bien cachés sous une couche de givre, il y avait des esquimaux collés contre les parois du congélateur. Je n'avais aucune idée de la manière dont mon père avait procédé, et j'ignorais tout des mécanismes en jeu, mais j'ai découvert tous ses précieux stocks de sucreries, démontrant une fois de plus que le résultat importe davantage que le procédé mis en œuvre. Dans sa chambre, sous le coin nord-ouest du tapis, il y avait quelques barres chocolatées pourries, apparemment oubliées là. Me rappelant à quel point mon père pouvait être roublard, j'ai repoussé un peu plus le tapis et trouvé d'autres barres, celles-là soigneusement enveloppées dans des feuilles d'aluminium. J'ai rempli d'autres sacs (deux, neuf, treize) et je les ai portés dehors. Je suis passé devant Wonder Horse et Sweetwater pour aller les empiler sur la route puis, sous un ciel bleu limpide, je les ai arrosés d'essence avant de jeter dessus une allumette enflammée.

Plus tard dans la journée, j'ai soulevé mon père pour le sortir de ma camionnette, une Ford qui avait plus de trois cent mille kilomètres au compteur. Mon père, lui, avait soixante-cinq ans au compteur, et il avait perdu près de vingt kilos au cours de ces derniers mois. Je l'ai porté sans effort jusqu'à son fauteuil électrique (acheté cinq cents dollars à une femme blanche dont le mari paraplégique était mort récemment) et l'ai installé sur le siège en cuir tout râpé. Il paraissait si frêle que je me suis demandé s'il allait avoir la force de bouger la petite manette qui permettait de diriger le fauteuil.

« Tu y arriveras ? » ai-je demandé.
Bien sûr qu'il y est arrivé. Quand il était jeune et fort, il avait été professeur de danse pour financer ses études de communication à l'université de l'État de Washington (il avait toujours rêvé de monter sa propre station de radio sur la réserve). C'était lui qui m'avait appris à valser un quart d'heure avant que je passe prendre la fille avec qui j'avais rendez-vous pour aller au bal du lycée. Je me suis toujours demandé de quoi on avait l'air : deux Indiens de haute taille, le père et le fils, en train de tourbillonner dans le séjour d'une maison préfabriquée de la réserve.
Mon père a dirigé le fauteuil vers la rampe. Je n'avais aucune crainte qu'elle lâche. Je faisais entière confiance à Sweetwater et à Wonder Horse. Je savais qu'elle tiendrait.
« Sweet et Wonder ? fit mon père, les désignant par les diminutifs que seuls les gens d'une certaine génération avaient le droit d'utiliser.
– Ouais, dis-je. Mais ils se sont querellés au sujet de Jésus. J'ai comme l'impression qu'ils ne se parlent plus.
– On dirait un vieux couple, pas vrai ?
– Ils vont s'embrasser et se réconcilier.
– Comme à chaque fois. »
Ma mère était morte dix ans plus tôt d'une tumeur au cerveau. Elle avait été bibliothécaire, une amoureuse des livres. Vers la fin de sa vie, elle ne pouvait plus parler, ni à plus forte raison lire, si bien qu'elle n'a pas prononcé de dernières paroles sur son lit de mort, se bornant à cligner lentement des paupières cependant que la lumière s'éteignait dans ses yeux. Elle avait eu une mort très silencieuse pour une femme qui possédait un si large vocabulaire.
J'ai suivi mon père et son fauteuil dans la maison. Absent depuis quelques semaines, il a été surpris de voir les aménagements que j'avais faits ou fait faire. Ou, plutôt, par les

améliorations qu'il a pu voir dans la mesure où sa vision était handicapée par le sang qui coulait de ses vaisseaux oculaires éclatés. Les murs étaient repeints en blanc, un nouveau tapis avait remplacé l'ancien vieux de vingt-cinq ans, et les photos de famille bénéficiaient de cadres neufs. Des changements mineurs, certes, mais mon père réagissait comme si je lui avais bâti un château.

« Tu es gentil avec moi », dit-il.

J'ignorais si c'était vrai, faux, ou partiellement vrai.

« Tu n'avais pas besoin de te donner tout ce mal, reprit-il. Je ne vivrai pas assez longtemps pour tout abîmer de nouveau.

– Attends, dis-je. Ils sous-estiment toujours les Indiens. Tu tiendras au moins jusqu'à Noël prochain. Si tu manges mieux, tu verras Paul finir le lycée avec son diplôme en poche. »

Paul était mon fils. Il vivait à Seattle avec sa mère, une Indienne Lummi, à exactement quatre cent quarante-sept kilomètres de mon domicile de Spokane. Elle s'était remariée avec un Blanc qui gagnait beaucoup plus d'argent que moi. Il était consultant pour ceci ou cela – le genre de boulots que seuls les Blancs paraissent capables d'obtenir. Consultant. Il consultait. Les gens le payaient pour qu'il consulte. Ils voulaient qu'on les consulte et lui, il voulait consulter. J'étais entouré de Blancs qui consultaient d'autres Blancs. Mon fils habitait-il avec un consulté ou un consultant ? Le monde entier semblait pouvoir tenir entre ces deux terminaisons, et mon fils vivait au sein de cet espace. Il réclamait une consultation à un autre que moi. C'était un consulté indien farouchement aimé par un consultant blanc. Mon vocabulaire était certes amer (elle m'avait préféré un autre homme !), mais j'étais content que le Blanc, le beau-père, puisse offrir à mon fils une meilleure vie que je n'aurais été à même de le faire avec mon salaire de professeur de lettres. Et j'étais content que mon fils habite Seattle, où vingt pour cent de la population a la peau brune, plutôt que Spokane, où quatre-vingt-dix-neuf pour cent de la population est blanche. Je ne suis pas à proprement parler raciste. En théorie, j'aime bien les Blancs, mais en pratique, je me sens aussi bien sans eux. Dans l'ensemble, cependant, notre divorce a été plutôt réussi. J'aime toujours mon ex-femme sans qu'elle me manque (c'est un mensonge) et je passe un week-end sur deux ainsi que toutes les grandes vacances et la plupart des petites avec eux trois à Seattle – car nous avons tous décidé qu'il fallait faire en sorte que *ça marche*, comme avaient dit les psychologues. Ces dispositions peu traditionnelles, cette famille élargie semblaient curieuses au regard des critères blancs, mais très traditionnelles au regard des critères indiens. *Qu'est-ce qu'un Indien ?* Est-ce un enfant qui peut entrer tranquillement sans s'être annoncé dans dix-sept maisons différentes ?

« Quand est-ce que Paul aura fini le lycée ? » demanda mon père, tandis que nous nous tenions debout (non, j'étais bien sûr le seul à être debout !) dans le séjour de notre maison. Et puis, non, ce n'était plus ma maison. Seul mon fantôme y habitait désormais.

« Dans neuf mois, répondis-je. En juin.
— Six contre un que je n'arrive pas jusque-là. »

Il connaissait les cotes. Il avait toujours été joueur et avait perdu plus d'une fois sa paye aux courses de chevaux et de lévriers, aux paris sur les matchs de basket, de football et de base-ball, aux dés et aux cartes.

« Vingt dollars que tu y arrives, dis-je.
— J'espère retrouver ce tueur d'Andrew Jackson de l'autre côté.
— J'espère que tu m'inviteras à déjeuner en juillet. »

Il fit rouler son fauteuil jusque dans sa chambre à l'arrière de la maison. J'y avais à peine touché, sachant qu'il aurait ressenti cela comme une intrusion.

« Qu'est-ce que tu as changé ici ? demanda-t-il.
— Tu ne vois pas ?
— Je suis presque aveugle d'un œil, et de l'autre je ne distingue pas grand-chose.
— Tout est exactement pareil », mentis-je. Je me demandais quand il allait perdre définitivement la vue.

Sa chambre était demeurée telle quelle depuis dix ans, depuis la mort de ma mère. (Sa femme ! Sa femme ! Bien entendu, c'est ainsi qu'il se souvenait d'elle !) Le même fauteuil râpé, la même étagère croulant sous les mêmes livres, le même lit rafistolé avec les mêmes planches. À en croire la légende, c'était le lit dans lequel j'avais été conçu. Mais naturellement, d'après mon père, j'avais été aussi conçu sur la banquette avant et/ou arrière (et dans le coffre !) d'une Chevrolet Malibu 1965, dans une cabine téléphonique du centre de Seattle, au seizième étage d'un hôtel Sheraton à Minneapolis, sur le canapé du séjour pendant la mi-temps d'un match de basket universitaire Duke-Caroline du Nord, dans un tipi au cours d'un pow-wow à Browning, Montana, et puis au milieu des œufs cassés et des bouteilles de lait périmées du grand congélateur d'une supérette 7-Eleven à Phoenix, Arizona.

Ma mère me manquait terriblement. Toute mon enfance, au moment du coucher, elle m'avait lu des livres (Whitman ! Dickinson !) que je ne pouvais pas comprendre et que je ne comprendrais que de nombreuses années plus tard.

Qu'est-ce qu'un Indien ? Est-ce un garçon capable de « chanter le corps électrique » ou une femme « ne pouvant s'arrêter devant la Mort » ?

Les vents indigènes avaient éparpillé mes trois frères et mes deux sœurs qui tous habitaient la réserve de quelqu'un d'autre en compagnie d'amants ou de maîtresses dont le sang provenait d'au moins une dizaine de tribus différentes. Je ne savais plus combien de nièces et de neveux j'avais, mais je ne me sentais pas trop coupable parce que j'étais à peu près certain que mes frères eux-mêmes ne savaient plus combien d'enfants ils avaient contribué à concevoir (les Pères de notre Pays !).

Je ne voyais pas souvent mes frères et mes sœurs, peut-être deux ou trois fois par an à l'occasion de réunions familiales ou tribales, mais on se retrouvait chaque fois avec plaisir et on retombait vite dans les bonnes vieilles habitudes : étreintes, baisers, gentilles insultes, puis les histoires sur notre mère, et enfin les parties de scrabble qui se prolongeaient toute la nuit. Aucun d'entre nous n'avait jamais éprouvé le besoin de reprocher à un autre d'être demeuré si longtemps sans donner de nouvelles. Nous poursuivions tous notre propre version du Rêve américain (le Rêve américain d'origine !) et avions plus ou moins réussi. Nous étions enseignant, camionneur, bûcheron, comptable, prédicateur et guitariste. Notre plus grand succès : aucun de nous n'était mort. Notre plus grand exploit : aucun de nous ne buvait.

Dans sa chambre, mon père décrivait de lents cercles dans son fauteuil. Deux ou trois fois par jour, il tirait de son portefeuille pour les regarder les photos de tous ses enfants. Il croyait sa petite cérémonie secrète. Les photos étaient froissées et décolorées par l'âge et le contact des doigts de mon père.

« Regarde-moi, dit-il, dessinant un huit. Je suis la gymnaste Mary Lou Retton.

– Dix, dix, dix, mais les Allemands de l'Est lui donnent un trois, dis-je, feignant de découvrir les notes imaginaires.

– Maudits Allemands de l'Est », dit mon père. Il arrêta de tournoyer et s'efforça de reprendre son souffle.

« Je suis un vieil homme, dit-il.

– Hé, tu n'es pas fatigué ?

– Si. Je crois que je pourrais dormir un peu.
– Veux-tu que je t'aide à te mettre au lit ? » ai-je demandé, veillant avec soin à la formulation de ma question qui, bien entendu, était de pure rhétorique. Il n'aurait jamais pu y arriver seul, mais il ne voulait pas admettre son impuissance en réclamant de l'aide, et moi je ne voulais pas insister dessus en l'aidant sans le lui avoir au préalable demandé. Question non formulée, réponse non formulée, ainsi restions-nous des hommes silencieux dans un pays d'hommes silencieux.

« Je suis fatigué », dit-il.

Le prenant dans mes bras, j'ai constaté avec étonnement combien il était devenu frêle. Je l'ai allongé sur son lit, puis j'ai glissé un oreiller sous sa tête et je l'ai couvert d'un quilt. Il a levé sur moi ses yeux noirs, bridés comme ceux d'un Asiatique. J'ai hérité de ses yeux et de leur forme étrange. Je me suis demandé ce que mon père et moi avions construit d'autre au cours de notre vie commune. Quels gratte-ciel, quelles maisons, quelles petites pièces au sol inégal ? Je n'avais jamais douté de son amour pour moi, pas une seule fois, et je savais qu'il était immense. Assurément, je l'aimais aussi, mais j'ignorais quelle apparence exacte notre amour prenait lorsque nous l'arrachions (tendresse, regret, colère et espoir) de nos corps pour le soumettre à l'examen de tous, à une autopsie minutieuse.

« Dors, ai-je murmuré à mon père. Je vais te faire de la soupe pour quand tu te réveilleras. »

J'ai quitté la réserve à l'âge de dix-huit ans avec la ferme intention d'y revenir dès la fin de mes études universitaires. Je n'ai jamais voulu contribuer à la fuite des cerveaux, devenir un autre de ces Indiens parmi les plus intelligents qui abandonnent leur tribu aux dirigeants indiens incapables d'épeler le mot *souveraineté*. Pourtant, malgré mes vues idéalistes, je ne suis pas revenu vivre au sein de ma tribu. J'ai quitté la réserve pour la même raison qu'un adolescent blanc quitte les champs de maïs de l'Iowa, les mines de charbon de Pennsylvanie ou les derricks du Texas : l'ambition. Et je ne suis pas revenu pour la même raison que les adolescents blancs ne reviennent pas : davantage d'ambition. Ne vous méprenez pas : j'aimais la réserve quand j'étais jeune et je suppose que je l'aime toujours aujourd'hui (j'habite seulement à cent kilomètres), mais il s'agit d'un amour différent. En tant qu'adulte, je suis pleinement conscient des faiblesses de la réserve, de ses limites intrinsèques (géographiques, sociales, économiques et spirituelles), mais en tant qu'enfant, je croyais que c'était un espace infini et enchanté.

Quand j'avais six ans, un ours sorti trop tôt d'hibernation est monté sur le toit de l'église catholique et s'est aussitôt rendormi. Cela n'avait rien d'extraordinaire en soi, mais ce qui m'a étonné, et m'étonne encore, c'est que personne, pas un seul Spokane, n'a embêté l'ours. Personne n'a appelé la police ou les gardes forestiers. Aucun chasseur indien n'a profité de ce que l'animal était sans défense, pas même ceux parmi les chasseurs indiens qui en profitaient toujours devant des hommes ou des animaux sans défense. Jusqu'aux chiens de la réserve qui cessaient d'aboyer lorsqu'ils passaient devant l'église. Nous tous, chiens et Indiens, continuions simplement à vivre nos vies, à aller au travail ou à l'école, à jouer au basket et à cache-cache, à gratter nos puces, à coucher avec les femmes des autres, à marquer notre territoire, tandis que l'ours, de son côté, continuait à dormir.

Au cours de cette brève et magique période, on se saluait d'un « Comment va l'ours ? » au lieu de « Comment vas-tu ? ».

Qu'est-ce qu'un Indien ? Est-ce le protagoniste d'un miracle ou le témoin qui se rappelle le miracle ?

Trois ou quatre jours durant, cet ours (cet Indien !) a dormi en paix, rêvant ses rêves d'ours, jusqu'à ce qu'un matin le soleil vienne le déranger. Bob May, qui était là par hasard avec son appareil, a pris tout un rouleau de photos cependant que l'ours descendait du toit de l'église, s'étirait, puis se dirigeait tranquillement vers la forêt où il a disparu. On ne l'a jamais revu.

Cela se passait il y a des années, des décennies, longtemps avant que je ramène mon père de l'hôpital pour qu'il meure chez lui, avant que je le laisse seul dans sa chambre avec ses rêves de diabétique.

Qu'est-ce qu'un Indien ? Est-ce un fils capable de se tenir sur le pas d'une porte pour regarder son père dormir ?

Juste après le coucher du soleil, j'ai réveillé mon père de sa sieste, puis je l'ai posé dans son fauteuil roulant et poussé jusqu'à la cuisine.

« Tu te souviens de l'ours catholique ? » lui ai-je demandé pendant que nous mangions une soupe à la tomate, installés à la table, laquelle n'était en réalité qu'une porte en bois d'érable clouée sur quatre demi-chevrons. La poignée en cuivre était encore là. La soupe était faite maison selon une recette de mon père. Dans le temps, il avait été chef cuisinier au Ankeny, le meilleur restaurant de Spokane. Un été, j'y avais été employé comme serveur, et je me faisais dans les cinquante dollars de pourboires le midi ou le soir. Pas mal pour un garçon de dix-huit ans. Et mieux encore, j'avais perdu ma virginité par une fraîche soirée de juillet avec une serveuse nommée Carla, une Blanche de vingt ans mon aînée. Elle me donnait toujours du « mon chéri » et ne m'avait laissé coucher avec elle qu'une seule fois. Sinon, m'avait-elle expliqué, tu tomberais amoureux de moi et je me verrais contrainte de te briser le cœur. Je lui en avais été reconnaissant, ce que je n'avais pas manqué de lui dire. Je ne l'ai jamais revue depuis cet été-là, mais pendant dix ans, je lui ai envoyé une carte pour Noël, bien que je n'aie jamais reçu de réponse, jusqu'à ce que la dernière carte me revienne, accompagnée de la mention : « N'habite plus à l'adresse indiquée. »

« Celui qui était grimpé sur le toit de l'église ? » dit mon père qui se rappelait l'histoire. Ses mains tremblaient en portant la cuillère à sa bouche. Il avait dormi trois heures mais paraissait toujours aussi fatigué.

« Ouais. D'après toi, qu'est-ce qu'il est devenu ? demandai-je.
– Il a monté un petit restaurant dans la charmante ville d'Edmonton en Colombie-Britannique.
– Le Pavé de l'Ours ?
– Exactement. »

Notre petite plaisanterie stupide nous fit rire tous les deux aux éclats, jusqu'à ce que mon père s'en étrangle. Autrefois un bel homme qui arborait des cravates-lacets et des feutres mous, c'était maintenant un vieillard, l'allure d'une robe de chambre en lambeaux enveloppant un manche à balai.

« Excuse-moi », dit-il, curieusement poli, tandis qu'il crachait dans son verre.

On continua à manger en silence. Qu'aurions-nous pu dire ? Il finit sa soupe en faisant beaucoup de bruit, une manie qui n'avait cessé de m'exaspérer lorsque nous vivions ensemble mais qui, ce jour-là, ne me dérangea aucunement.

« Quand est-ce que tu retournes à Spokane ? demanda-t-il, repoussant son bol vide.
– Je n'y retourne pas.
– Tu n'as pas de cours ?
– J'ai pris un congé exceptionnel. Je pense que les adolescents catholiques de Spokane seront capables de construire des phrases bancales et de comprendre de travers sans mon aide le livre *Ne tirez pas sur l'oiseau moqueur*.

– En es-tu sûr, Atticus ?
– Absolument. »
Il se cura les dents avec sa langue. Il réfléchissait intensément.
« Qu'est-ce que tu vas faire pour l'argent ? s'inquiéta-t-il.
– J'ai quelques économies », répondis-je. Bien sûr, en consultant mon dictionnaire spécialisé, j'avais appris que *quelques* signifiait *très peu*. J'avais trois mille dollars sur un compte d'épargne et peut-être cinq cents sur mon compte chèques. J'espérais que cela me permettrait de tenir six mois, ou au moins jusqu'à la mort de mon père. À la lueur qui brillait dans ses yeux, je savais qu'il s'efforçait de deviner combien j'avais de côté et qu'il se demandait si cela suffirait. Il avait une petite assurance-vie qui couvrirait les frais de ses obsèques.
« On reste donc ensemble, toi et moi, dit-il.
– Oui. »
Il évitait mon regard.
« Qu'est-ce que tu crois qu'ils en ont fait ?
– De quoi ?
– De mes pieds », répondit-il.
On baissa tous deux les yeux sur ses jambes, sur les moignons entourés de bandages.
« Je pense qu'ils les ont brûlés », dis-je.

Qu'est-ce qu'un Indien ?
C'est la phrase que le professeur inscrivit au tableau trois minutes après le début de mon premier cours à l'université de l'État de Washington.
Qu'est-ce qu'un Indien ?
Le professeur s'appelait Dr. Lawrence Crowell (surtout ne pas oublier le « docteur » !) et, selon son curriculum vitae,

c'était un Indien cherokee-choctaw-séminole-irlandais-russe de Hot Springs, Kentucky, ou quelque chose de ce genre.

« Qu'est-ce qu'un Indien ? » demanda le Dr. Crowell. Il arpentait la petite salle – nous étions vingt nouveaux terrifiés –, regardant chacun de nous dans les yeux. Il était petit, à peine plus d'un mètre cinquante, les yeux gris, les cheveux encore plus gris.

« Qu'est-ce qu'un Indien ? » me demanda-t-il, debout à côté de moi. Il essayait peut-être de me dominer, mais comme assis j'étais presque aussi grand que lui, cette espèce de tentative de langage corporel ne joua guère en sa faveur.

« Vous êtes indien ? » me demanda-t-il.

Naturellement que j'étais indien (Bon Dieu ! mes cheveux noirs me tombaient plus bas que la raie des fesses et j'étais plus brun qu'une noix de pécan !). J'avais grandi sur ma réserve au sein de ma tribu et je comprenais à peu près le spokane, même si je ne le parlais pas beaucoup mieux qu'un prêtre jésuite. Et puis, j'avais eu trois accidents de voiture, nom de Dieu ! Et surtout, tous les membres de la tribu des Spokanes connaissaient le lieu et l'heure exacte où j'avais perdu ma virginité. Pourquoi ? Eh bien, parce que je l'avais dit à tout le monde. En fait, je connaissais les vrais noms, surnoms et noms secrets de tous les types qui avaient habité ma réserve au cours de ces vingt dernières années.

« Ouais, je suis indien, répondis-je.
— Indien comment ? demanda le Dr. Crowell.
— Spokane.
— Et c'est tout ?
— Ouais.
— Votre mère est spokane ?
— De sang pur.
— Et votre père ?
— De sang pur.

– Vraiment ? N'est-ce pas plutôt rare parmi votre tribu ? Je croyais que les Spokanes étaient très métissés.

– C'est-à-dire que mon père a essayé une fois avec une Cherokee-choctaw-séminole-irlandaise-russe, mais le pauvre n'a pas réussi à bander. »

Mes camarades de classe éclatèrent de rire.

« Vous savez, ajoutai-je, ma mère me répétait tout le temps que les Indiens de sang mêlé n'étaient pas assez sexy. »

Les rires redoublèrent.

« Sortez ! m'ordonna le Dr. Crowell. Et ne revenez pas avant d'être décidé à me témoigner un minimum de respect. Je suis votre aîné.

– Oui, monsieur », dis-je en quittant la salle.

Bien sûr, cette opinion qu'exprimait ma mère sur les Indiens de sang mêlé relevait surtout de la plaisanterie. Elle avait toujours aimé blaguer.

« Tu sais, il y a tellement de Blancs sexy dans le monde, m'avait-elle dit un jour. Il y a des Blancs qui sont contents d'être blancs, et je me demande pourquoi ils ne le seraient pas. Ils possèdent tout. Alors, si tu as la chance de coucher avec un vrai Blanc, en particulier un Blanc qui a un accent anglais ou quelque chose comme ça, ou encore Paul Newman ou Steve McQueen, pourquoi tu irais perdre ton temps avec un Blanc qui te raconte qu'il a des origines indiennes ? Bon Dieu ! si j'avais envie de coucher avec des types qui ont des origines indiennes, je pourrais le faire à chaque pow-wow. Je pourrais même organiser une orgie avec huit ou neuf de ces Cherokees et peut-être qu'à eux tous ils arriveraient à faire un vrai Indien, quoique j'en doute.

« Et en plus, écoute-moi bien, mon fils, avait-elle poursuivi, si ton seul but dans la vie, c'est de baiser un Indien, autant en choisir un qui a le plus d'Indien en lui. Et tu peux me croire, mon chéri, quand j'affirme que tout chez ton père est du pur Indien. »

Elle avait éclaté de rire et m'avait serré dans ses bras. Elle avait toujours adoré le langage cru. Pour elle, une blague cochonne avait toujours constitué la part la plus traditionnelle et la plus sacrée d'une conversation.

« Si je dois sauter sur une bite seulement parce qu'elle est indienne, autant qu'elle soit garantie cent pour cent amérindienne, indigène, première nation ou américaine d'origine comme tu voudras. J'ai pas envie de faire une dégustation pour savoir laquelle a le goût de Coca et laquelle a le goût de Pepsi. »

Elle avait tellement ri que les larmes avaient ruisselé sur ses joues. À cet instant, je l'aimais tant que je parvenais à peine à respirer. J'avais douze ans et elle m'apprenait tout sur le sexe et ses complexités.

Son meilleur conseil : « Mon fils, si tu dois épouser une Blanche, prends-en une riche, parce que ces salopes ne sont que des Indiennes avec de vilaines coupes de cheveux. »

Son dernier conseil : « Ne te laisse avoir par personne. »

Bien entendu, ma mère n'aurait éprouvé que mépris pour un homme comme le Dr. Lawrence Crowell, non pas parce c'était un Blanc qui voulait être indien (Bon Dieu ! au fond, être indien est la meilleure chose qui soit !), mais parce qu'il s'arrogeait le droit de dire à d'autres Indiens ce que cela signifiait d'être indien.

Qu'est-ce qu'un Indien ? Est-ce un fils qui amène son père à l'école comme objet de discussion ?

« Excusez-moi, monsieur, dit Crowell à mon père quand on entra ensemble dans la salle. Vous êtes dans ma classe ?

— Mon petit, répondit mon père, c'est vous qui êtes dans ma classe maintenant. »

Moi, je ne dis rien. C'était inutile. Mon père s'installa à une table, ôta son dentier, le glissa dans une poche de son pantalon, puis afficha en permanence le trou noir de son sourire. Il portait un T-shirt de l'armée américaine barré de la phrase : *Tuons-les tous, Dieu fera le tri*. Naturellement, mon père n'avait jamais été dans l'armée (c'était un pacifiste !), mais il savait forger l'idée d'un fusil.

« Qu'est-ce qu'un Indien ? » demanda Crowell, debout face aux étudiants.

Mon père leva la main gauche.

« Personne ? » demanda le professeur.

La main toujours levée, mon père se mit debout.

« Personne ? »

Mon père baissa la main et vint se planter juste devant Crowell.

« Monsieur, dit celui-ci à mon père. Je dois vous demander de sortir.

– Êtes-vous un Indien ?

– Et vous ?

– Oui.

– Moi aussi.

– Je ne sais pas, dit mon père. Vous avez peut-être un peu de sang indien. L'ossature de votre visage est vaguement indigène, mais vous n'êtes pas indien. Non. Vous traînez peut-être avec des Indiens, vous rigolez peut-être quand une femme a pitié de vous, mais vous n'êtes pas indien. Non. Vous êtes à la rigueur un Américain d'origine, mais sûrement pas un Indien.

– Dites donc, vous n'avez pas à me parler sur ce ton. Vous voulez que j'appelle les agents de sécurité ?

– Le temps qu'ils arrivent, je vous aurai inséré votre pied droit dans votre propre rectum. »

J'enfouis mon visage dans mes mains pour étouffer mon rire. Mon père ne s'était pas bagarré depuis la septième, et c'était contre une fille qui lui avait flanqué une raclée.

« Vous êtes indien ? redemanda mon père.
— J'ai occupé Alcatraz.
— C'était quand, en novembre 69 ?
— Ouais, j'étais chargé de la communication. Et vous ?
— J'ai emmené ma femme et mes gosses au bord de l'océan Pacifique, près de Neah Bay. Le plus bel endroit du monde. »

Je n'avais que trois ans à l'époque, mais je conservais le souvenir diffus des vagues, des baleines et des Indiens Makahs qui vivaient à Neah Bay, à moins que je n'aie fait que tirer ces images des récits de mon père. À force de l'entendre raconter inlassablement les mêmes histoires au fil des années, je les avais peut-être de manière inconsciente mémorisées et colonisées au point de finir par me les attribuer. Une théorie : nous pouvons nous abuser et croire n'importe quel sermon à condition de nous le répéter suffisamment de fois. Preuve de la théorie : le nombre de fois dans sa vie où l'homme moyen murmure *amen*. Ce que je sais : je suis un menteur. Ce que je me rappelle ou pense me rappeler : nous étions à Neah Bay durant la morte saison, si bien qu'il y avait fort peu de touristes, encore qu'il n'y ait jamais eu beaucoup de touristes à Neah Bay à quelque période de l'année que ce soit, du moins jusqu'à ce que les Makahs décident de reprendre la tradition de la chasse à la baleine. Les touristes sont alors venus en masse parce qu'ils voulaient voir du sang. Tout le monde, Blancs comme Indiens, voulait voir du sang.

Qu'est-ce qu'un Indien ? Est-ce un homme qui brandit un harpon ?

« Et Wounded Knee ? demanda Crowell à mon père. J'étais à Wounded Knee. Et vous ?

– J'apprenais à mon fils ici présent à faire du vélo. Il m'a fallu une éternité. Et quand il a enfin réussi, mon vieux, j'ai pleuré comme un bébé tellement j'étais fier.
– Quel genre d'Indien êtes-vous ? Vous n'avez pas fait la révolution.
– Je suis un homme qui tient ses promesses. »
C'était dans l'ensemble vrai. Mon père tenait la plupart de ses promesses, ou du moins essayait de les tenir, à l'exception de celle-ci : il n'a jamais arrêté de manger des sucreries.

Après avoir fini sa soupe à la tomate maison, mon père se coucha pour dormir, tandis que, installé dans le séjour, je contemplais la neige à la télévision. Les reins et le foie de mon père commençaient à se gripper. *Se gripper.* Quel drôle de terme technique ! À cet instant, si j'avais fermé les yeux, j'aurais entendu le gémissement aigu du moteur de mon père (il peinait tellement !) et la vibration de son châssis. Dans son sommeil, il grimpait une colline abrupte (sans cesser de rétrograder) dont il n'atteindrait peut-être jamais le sommet.
À trois heures du matin, je l'entendis tousser, puis cracher et vomir. Je me précipitai dans sa chambre, allumai la lumière, et je le trouvai baignant dans ce que je crus être du sang.
« C'est la soupe, juste la soupe, dit-il en riant devant mon air effrayé. J'ai rendu la soupe. C'est les tomates, juste les tomates. »
Je le déshabillai et le lavai. Sa peau, autrefois brune et tendue, était maintenant pâle et flasque.
« Tu sais comment enlever les taches de tomate ? me demanda-t-il.
– Avec de l'eau gazeuse.
– Ouais, mais comment tu enlèves les taches d'eau gazeuse ? »

Je lui lavai le ventre, je lavai sa peau bleuie de froid et d'une douzaine de tatouages. Je lui lavai les bras et les mains. Je lui lavai les jambes et le pénis.

« Tu ne devrais pas faire ça, dit-il d'une voix qui se fêlait. Tu n'es pas une infirmière. »

Qu'est-ce qu'un Indien ? Est-ce un fils qui a toujours su où son père rangeait ses affaires, empilées comme à l'armée ?

Je lui enfilai un T-shirt par-dessus la tête, puis je glissai un boxer-short par ses jambes bandées et le remontai jusqu'à la taille.

« Comment va notre ours ? » demandai-je, ce qui le fit rire jusqu'à ce qu'il soit de nouveau pris de nausées, mais il n'avait plus rien dans l'estomac. Il riait encore quand j'éteignis la lumière, m'allongeai à côté de lui et tirai le quilt sur nous.

« Tu te rappelles la première fois que j'ai fait une soupe à la tomate ? dit-il.

– Ouais, un été au Ankeny.

– L'été de Carla, si mes souvenirs sont exacts.

– J'ignorais que tu étais au courant.

– Bon Dieu, tu l'as dit à tout le monde. C'est pour ça qu'elle n'a plus voulu recommencer avec toi. Elle se sentait froissée. Tu aurais mieux fait de la fermer.

– Je ne me rendais pas compte. »

Je me demandai ce qui arriverait si je la revoyais. Se souviendrait-elle de moi avec tendresse ou avec regret ?

« Avant de vomir ma soupe, je rêvais, reprit mon père.

– De quoi ?

– Je rêvais qu'on frappait et que je me levais pour aller ouvrir. Je ne marchais pas sur mes moignons, mais je flottais plus ou moins. On frappait de plus en plus fort, ce qui m'énervait, tu vois ?

– Oui, je vois.

— J'ai ouvert la porte, prêt à gueuler, alors quoi, qu'est-ce que vous voulez ? Mais personne. Je baisse les yeux, et ils sont là.
— Tes pieds.
— Ouais, mes pieds.
— Waouh !
— Waouh ! pas vrai ? Ouais, ouais, mes pieds, mes putains de pieds tout nus debout sur la véranda.
— Et ils t'ont parlé, pas vrai ?
— Je pense bien ! Leurs petites bouches s'activaient au bout des gros orteils et chantaient en espagnol, un véritable duo de cinglés.
— Tu comprends l'espagnol ?
— Non, mais ils chantaient un tas de trucs sur le Mexique.
— Tu es déjà allé au Mexique ?
— Non, même pas en Californie. »

Je pensai aux occasions que mon père avait laissé passer ainsi qu'à ses échecs, à l'homme qu'il aurait pu être et à celui qu'il était devenu. *Qu'est-ce qu'un Indien ?* Est-ce un homme doté d'une bonne mémoire ? Je pensai aux morceaux de mon père — ses enfants et ses petits-enfants, ses vieilles chaussures et ses romans inachevés — éparpillés à travers tout le pays. Il avait perdu son propre père à six ans, mort en soldat à Paris, France, et sa mère trois mois plus tard, morte d'un cancer à Spokane, État de Washington. Je pensai à l'enterrement de ma mère et à mon père qui avait voulu la rejoindre dans le cercueil, tandis que nous, les hommes les plus forts et les plus faibles de la famille, essayions de l'en empêcher. Il avait crié et s'était débattu comme un forcené. Je me demandai s'il existait en nous tous une espèce d'organe vestigial qui recueillait et emmagasinait nos chagrins.

« Eh bien, dans ce cas, dis-je, on va au Mexique, nom de Dieu ! »

Deux heures plus tard, mon père et moi étions assis (lui, il ne pouvait bien sûr que s'asseoir !) dans le garage de Wonder Horse qui, de fait, n'était qu'une ancienne grange reconvertie, pendant que Wonder Horse et Sweetwater, réunis pour l'occasion, soumettaient la camionnette toute cabossée à une rapide révision.

« Hé, constata Wonder Horse, on dirait que t'as traité cette voiture comme si c'était un homme blanc. Elle est dans un sale état. »

Sweetwater, muré dans son silence habituel, hocha la tête en signe d'acquiescement.

« Tu vois, poursuivit Wonder Horse, il faut traiter ta voiture avec amour. Et je ne parle pas d'amour comme pour un objet. Tu comprends, ça, c'est pas bien. C'est du matérialisme. Tu dois aimer ta voiture comme si c'était un être sensible, comme si elle pouvait te rendre ton amour. Il faut que tu sois fou d'amour pour elle. Et tu veux savoir pourquoi ?

– Non, pourquoi ? nous demandâmes en chœur, mon père et moi.

– Parce que c'est une manifestation de foi, répondit Wonder Horse. Et c'est la meilleure chose qui nous reste, à nous, les Indiens. »

Sweetwater désigna Wonder Horse – un geste de confirmation, un geste de foi.

J'examinai le garage, les dizaines de voitures et carcasses de voitures entassées partout. La plupart ne rouleraient plus jamais et ne serviraient que comme stocks de pièces détachées.

« Et ces voitures-là ? demandai-je. Elles n'ont pas l'air d'être particulièrement aimées.

– Ces généreuses automobiles sont des donneuses d'organes, répondit Wonder Horse. Il n'existe pas plus bel acte de foi.

– Moi aussi, je suis un donneur d'organes, dis-je. C'est marqué sur mon permis de conduire.

– Ça signifie simplement que tu es un donneur d'organes potentiel, corrigea Wonder Horse. Y a rien de mal à ça, mais c'est pas réel avant que ce soit réel.

– Eh bien, tu es un gros con potentiel, dis-je. Avec le potentiel de devenir de plus en plus gros. »

Tous les quatre, on éclata de rire. Nous étions des Indiens contents d'être ensemble. Ce qui se produit tout le temps.

« Vous comprenez, reprit Wonder Horse. À quoi vous renonceriez pour faire le bonheur de quelqu'un ?

– C'est une grande question, répondit mon père.

– Eh bien, donne-moi une grande réponse, dit Wonder Horse qui se tourna ensuite vers moi : Si tu pouvais donner tes pieds, tu les donnerais à ton père ?

– Mon Dieu, fit celui-ci sans me laisser le temps de répondre. On parle de potentiel. Quelle question stupide ! Écoute bien, si on pouvait réellement faire ça, on prendrait pas les pieds d'une personne vivante, pas vrai ? On grefferait les pieds d'un mort.

– C'est dégoûtant, dit Sweetwater avant de retomber dans son silence.

– Pour ça oui, c'est dégoûtant, approuva mon père. Quelle garantie j'aurais que ce soit des pieds d'Indiens ? Et si on me refilait des pieds de Blancs ? Vous vous rendez compte, je serais un Indien qui se trimballe sur les pieds d'un Blanc !

– Hé, Long John Silver, fit Wonder Horse. Ça voudrait dire que tes pieds auraient un boulot, mais que toi, tu serais au chômage. »

On s'esclaffa de nouveau. On pouvait se permettre de rire parce que nous avions tous quatre de l'argent dans nos portefeuilles.

« Bon, me dit Wonder Horse. Assez plaisanté. Alors, tu les donnerais tes pieds ? »

Je regardai mon père. Il n'allait pas tarder à mourir, peut-être demain, peut-être à la première neige, sûrement avant un an. Je m'interrogeai : si je pouvais prendre les jours et les années qui me restent à vivre, que je les divise par deux et que je donne la moitié de mon espérance de vie à mon père pour prolonger d'autant son temps sur cette terre, est-ce que je le ferais ?

Non, conclus-je. *Non, non, certainement pas.*

« Je vais te dire ce que je ferais, répondis-je alors. Je donnerais un de mes deux pieds.

– Vous seriez donc pareils ? » demanda Wonder Horse, plongeant la tête dans le moteur de la camionnette.

Je nous imaginais : deux Indiens agrippés l'un à l'autre qui s'efforcent de maintenir leur équilibre collectif.

« Non, dis-je. Nous serions dépareillés. »

Partant de Wellpinit, mon père et moi avons traversé Little Falls, Reardan, Davenport, Harrington, Downs, Ritzville, Lind, Connell, Pasco, Burbank, Attalia, Wallula, puis franchi la frontière entre États par Cold Springs, Oregon, et ensuite direction Hermiston, Stanfield, Pendleton, Pilot Rock, Nye, Battle Mountain, Dale, Long Creek, Fox, Beech Creek, Mount Vernon, Canyon City, Seneca, Silvies, Burns, Riley, Wagonfire, Valley Falls, Lakeview, New Pine Creek, puis franchi une autre frontière à Willow Ranch, Californie, avant de passer par Davis Creek, Alturas, Likely, Madeline, Termo, Ravendale, Litchfield, Standish, Butingville, Milford, Doyle, Constantina, Hallelujah Junction et enfin Reno, Nevada.

Après Reno, nous nous sommes dirigés vers Carson City, Glenbrook, Zephyr Cove, Stateline, puis Echo Summit, Californie, et ensuite Twin Bridges, Kyburz, Riverton, Pacific House, Diamond Springs, Plymouth, Drytown, 10 City, Jackson, San Andreas, Angels Camp, Tuttletown, Jamestown, Chinese Camp, Coulterville, Bear Valley, Mount Bullion, Mariposa, Catheys Valley, Planada, Tuttle, Merced, El Nido, Red Top, Chowchill, Fairmead, Berenda, Madera, Herndon, Fresno, Easton, Hub, Armona, Stratford, Kettleman City, Devils Den, Blackwells Corner, McKittrick, Derby Acres, Fellows, Taft, Maricopa, Venucopa, Frazier Park, Forman, Pear Blossom, Littlerock, San Bernardino, Redlands, Beaumont, San Jacinto, Aguanga, Warner Springs, Santa Ysabel, Julian, Guatay, Boulevard, Campo, Potrero et enfin, au lever du soleil, nous sommes arrivés à Tecate, Californie.

Bien entendu, il s'agissait de l'itinéraire que j'avais préparé avant notre départ. L'avons-nous suivi fidèlement ? Vous croyez que nous avions assez de temps ?

À Noël dernier, me réveillant chez mon ex-femme (mon Dieu ! elle avait peut-être baisé avec son mari tandis que je dormais à quelques mètres d'eux !), je me suis demandé si mon fils comprenait ce qu'était sa vie, s'il se rendait compte à quel point il était privilégié. Et s'il était privilégié, ce n'était pas parce que des dizaines de cadeaux l'attendaient au pied du sapin (ça, c'était simplement la preuve du matérialisme de ses parents et non ce que Wonder Horse appellerait la manifestation d'un amour fou !). Non, mon fils était privilégié parce que son beau-père était un homme bien. Et cela me faisait de la peine de le savoir, tout comme cela me faisait de la peine de me réveiller couché par terre dans la maison de cet homme bien cependant que lui-même se réveillait aux côtés de la femme qui était le meilleur de mon passé.

Je ne l'aimais plus, du moins plus comme je l'aimais avant (encore un mensonge), mais je me demandais ce qui arriverait si on laissait les archéologues fouiller mes temples enfouis. Quels artefacts ramèneraient-ils à la surface ? Que signifieraient pour moi ces poteries et ces outils retrouvés ? Y aurait-il des rédemptions, des renaissances, des souvenirs ?

Ce Noël-là, je suis allé dans la cuisine faire du café, une cérémonie simple que les Blancs pratiquaient aussi bien et aussi souvent que les Indiens. J'ai versé trois tasses que j'ai montées à l'étage. *Qu'est-ce qu'un Indien ?* Est-ce un homme capable de porter dix tasses à la fois, accrochées par l'anse aux cinq doigts de ses deux mains ? J'ai frappé à leur porte (celle de mon ex-femme et de son nouveau mari) et j'ai attendu qu'ils ouvrent. Naturellement, je franchissais les limites. Et s'ils étaient en train de faire l'amour ? Et si mon ex-femme était obligée de repousser son mari (et son pénis !) pour se précipiter à la porte ? Et si elle apparaissait, le visage rouge, le cœur battant, les cheveux en désordre ? Et si elle sentait le sexe ?

De fait, c'est lui qui a ouvert. Voyant le café, il a souri.

« Oh, c'est gentil », a-t-il dit d'un ton sincère. Il a disparu dans la chambre avec les cafés (j'ai entendu le murmure surpris de mon ex-femme !), puis il est revenu sur le seuil.

« On descend dans deux minutes, a-t-il déclaré. Paul doit s'impatienter.

– Oh non, il dort encore. »

Depuis le jour de sa naissance, Paul pouvait dormir douze ou treize heures d'affilée, sans jamais se réveiller de bonne heure, même à l'occasion de Noël. J'avais ainsi l'impression de connaître mon fils mieux que quiconque.

« L'avènement du Messie n'empêcherait même pas Paul de dormir », a dit le beau-père.

Nous connaissions donc tous deux mon fils (notre fils ?) et taisions ses secrets. Nous l'aimions tous deux. *Qu'est-ce qu'un Indien ?* Est-ce un homme qui peut partager son fils et sa femme ? Je me demandais ceci : est-ce que je les reprendrais, est-ce que je briserais le cœur de cet homme bien et détruirais sa vie si je pouvais épouser de nouveau cette femme, si je pouvais me réveiller chaque matin dans la même maison que cet enfant ?

Bien sûr que je briserais le cœur de cet homme blanc. Je l'abandonnerais dans une maison vide et glaciale avec un compte en banque à zéro et un pistolet chargé.

« Joyeux Noël, a dit le beau-père.

— Ouais, ai-je dit, m'apprêtant à tourner les talons, mais le beau-père a posé une main sur mon épaule et m'a serré dans ses bras (fort ! poitrine contre poitrine ! ventre contre ventre !) et je lui ai rendu son étreinte.

— Merci d'être gentil avec moi, a-t-il repris. Je sais qu'il pourrait en être autrement. »

Je ne savais quoi répondre.

Le beau-père m'a regardé. Il avait les yeux bleus.

« Tu es un homme bien », a-t-il dit.

Au sud de Tecate, Californie, la camionnette nous lâcha. Puis, cinq minutes plus tard, dans ce qui était le nord de Tecate, Mexique, le fauteuil roulant de mon père nous lâcha à son tour.

Nous étions debout (juste moi, naturellement !) sur le trottoir brûlant inondé de soleil.

« On a failli réussir, dit mon père.

— Quelqu'un va bien nous prendre, dis-je.

— Tu nous prendrais, toi ?

— Deux types à la peau brune, dont l'un en fauteuil roulant ? Les seuls qui nous prendraient, c'est les flics de l'immigration.

— Ils vont surtout nous prendre pour des clandestins et nous expulser.

– Ce qui serait une manière plutôt ironique d'entrer au Mexique. »

Je voulais demander à mon père ce qu'il regrettait. Je voulais lui demander quelle était la pire chose qu'il avait faite, son plus grand péché. Je voulais lui demander s'il y avait une raison pour laquelle l'église catholique pourrait envisager de le canoniser. Je voulais ouvrir son dictionnaire pour y trouver les définitions des mots foi, espoir, bonté, tristesse, tomate, fils, mère, mari, virginité, Jésus, bois, sacrifice, souffrance, pied, épouse, pouce, main, pain et sexe.

« Tu crois en Dieu ? demandai-je à mon père.

– Dieu a beaucoup de potentiel, répondit-il.

– Quand tu pries, qu'est-ce que tu demandes ?

– Ça ne te regarde pas », répondit-il.

On a éclaté de rire. On a attendu des heures que quelqu'un nous vienne en aide. *Qu'est-ce qu'un Indien ?* J'ai pris mon père dans mes bras et je l'ai porté pour franchir toutes les frontières.

Cette nouvelle est extraite du recueil
La Vie aux trousses (2001).

Langue Peinte

de Joseph Boyden

Traduit par Hugues Leroy

Langue Peinte tendit l'oreille au cri lointain d'un grèbe, sur le lac : on aurait dit un rêve. Le cri de l'oiseau se répercutait à la surface de la grande eau, l'eau tirait le soleil à elle. Il se mit à rire.

Ne pas parler comme un grand-père. Répète cent fois. Je bois, donc je suis. Répète. Copie cent fois au tableau ; et va t'asseoir au coin, le dos à la classe.

Il rit de nouveau, but une gorgée de vodka. Comme le flacon était vide, il suça le sachet en papier kraft qui l'entourait. Il se balançait sur son rocher, suçotait son sachet, fredonna une chanson que sa mère lui chantait à Cedar Point.

Gnooshenyig en traîneau. Tes petits-fils en traîneau. *Nooshenyig* en traîneau. Mes petits-fils en traîneau.

Mais les mots s'emmêlaient sur sa langue ; alors il écrasa les syllabes de sa bouche gâtée, en fit une mélodie sourde, toujours plus aiguë, dont les accents allaient ricocher là-bas, sur l'eau, en direction du grèbe. Langue Peinte fredonna plus fort pour se rappeler la chanson de sa mère : et l'histoire de la chanson finit par lui revenir, les enfants partis faire du traîneau, la glace trop mince sur la rivière, une chanson triste pour mettre en garde tous les enfants qui font les fous et n'écoutent pas leur mère. Il avait bu. Il planait comme un Juste et il avait besoin de boire. Besoin d'un verre, si fort qu'il en tremblait, mais du moins la chanson aidait-elle à contenir les frissons.

Le rocher où il s'était assis, c'était le sien.

Qu'ils essayent de me le prendre, bordel de Dieu. Je t'égorge, moi, d'une oreille à l'autre je t'égorge et j'aurai d'abord marqué un coup sur toi, fils de pute.

C'était son rocher à lui, au bord du grand lac Ontario, loin du vacarme de la ville, pierre lourde et plate où l'érosion avait creusé un siège naturel, selon un angle qui lui cachait toute la laideur des gens, rien que l'eau et le soleil jouant sur l'eau. C'était le rocher de Langue Peinte, le pré carré qu'il avait su défendre contre des hordes de clodos puants. Il avait marqué bien des coups avec des pierres, des tessons de bouteille, avec ses poings ; à présent, ce rocher, c'était le sien. Langue Peinte cessa de fredonner quand un jogger aux baskets trop blanches passa dans son dos, longeant la voie ferrée ; et le coureur tourna la tête pour ne pas voir l'homme qui défendait son rocher, avec ses cheveux noirs, raides comme des baguettes, et le nez busqué des guerriers.

Lâche ! aurait voulu crier Langue Peinte. Cette façon de détourner les yeux quand tu passes sur mon rocher. T'avise pas de revenir dans le coin.

Quand l'homme eut disparu, Langue Peinte tendit de nouveau l'oreille – attentif, cette fois, aux toussotements d'un train qui quittait le dépôt sur sa gauche. L'express de 17 h 30 pour Oshawa. Un guerrier n'a pas besoin de pendule pour savoir l'heure qu'il est. Suffit de tendre l'oreille, et d'ouvrir l'œil.

Le soleil une fois couché, il retournerait en ville mendier de la monnaie dans sa timbale. Le flacon vide depuis trop longtemps, les lèvres sèches – bientôt il serait l'heure, pour Lèvres Sèches, de retourner en ville. Car tout va par cercles ici-bas : le soleil, la lune, les joggers, le monde. Ce matin-là Langue Peinte mendiait des pièces à l'angle de Dundas Street et de Bay. En milieu d'après-midi, il avait réuni de quoi se payer son quart de litre. Alors, il avait descendu Bay sous la plainte creuse de la voie express, traversé les rails et rejoint la couronne de son rocher, assez loin de la cohue du centre pour rêver, un temps, qu'il était enfin rentré chez lui, dans les bois. Très bientôt, il reprendrait sa route. La vie n'avait pas toujours été la même ; mais ses souvenirs de la réserve s'effaçaient aussi vite que le soleil.

Oh, frères et sœurs, fredonnait Langue Peinte. Les vieux usages meurent aux pieds des neufs. Ils ont pris notre terre, ils ont rompu leurs serments, renchéri la pinte d'alcool et le pack de bière, rendu le paquet de clopes presque inabordable. Répète cent fois. Copie au tableau cinq cents fois, va t'asseoir au coin, le dos à la classe ; et dégueule entre tes jambes.

Le lac avait presque englouti le soleil. Peut-être que ce soir, Langue Peinte retrouverait enfin Kyle Root. Son seul ami de Cedar Point à avoir pu se fixer en ville. Et puis, Kyle lui devait du fric. C'était un peintre, Kyle, un artiste : il pouvait maintenant se payer ce qu'il voulait. Kyle habitait un loft, dans le quartier des entrepôts ; Kyle possédait de jolies Blanches, des meubles en pin, une cuisine chromée ; portait jean et veston, les cheveux bien peignés, une belle queue-de-cheval que retenait une barrette en argent, un oiseau-tonnerre haïda. Et c'était avec des portraits de Langue Peinte qu'il avait trouvé le succès. Langue Peinte dans un champ, son arc pointé vers le soleil ; Langue Peinte sautant d'un immeuble et se changeant en aigle ; Langue Peinte filant sur une rivière, les bras écartés, à la proue d'un canoë décoré. Kyle, son meilleur ami. À cinq, six, sept ans, chaque été, ils étaient là-bas, sur la Pointe, torse nu, à taper dans les galets avec leur crosse. Ils avaient un jeu à eux : s'approcher en douce d'un chien errant et lui filer un grand coup de crosse sur l'arrière-train ; gagnait celui dont le chien gueulait le plus fort. Ils se disputaient pour savoir quel chien était le plus laid. Kyle lisait des histoires à Langue Peinte, des histoires sur leurs cousins les Sioux. Au combat, les guerriers sioux comptaient un coup sur l'ennemi, s'approchant de lui sans crainte au point de le toucher. Compter un coup sur l'adversaire fait d'un guerrier un grand homme. Son ventre se crispa soudain et il frissonna, les dents serrées. Il était temps de décrire son cercle.

Il se redressa lentement sur le dôme de son rocher, fredonna un air au soleil couchant, et la tête lui tourna très fort. Il vacilla. Il tomba la tête la première, s'imaginant, l'espace d'un instant, qu'il volait, puis son nez se fracassa sur les cailloux, dans un éclat de douleur aveuglante – alors, il lui sembla nager sous l'eau, à de grandes profondeurs.

Langue Peinte s'éveilla dans un hôpital, environné de lumières vives, de médecins en vert, d'infirmières en blanc. Il voulut se tailler en douce. On ne le laissa pas faire. Il se mit en colère. Chaque fois qu'un docteur ou qu'une infirmière approchait de son lit, il entonnait son chant de guerre. Je vais marquer un coup sur toi, gringalet de docteur à la peau noire, fredonnait-il ; pas peur de ta grosse Blanche d'infirmière qui me traite de païen. Langue Peinte avait toujours dans la tête le vertige des Justes et les cachets qu'on lui donnait le changeaient en rugissement. Il se mit à chanter plus fort, plus fort, et le brûlaient toujours plus les sutures qu'on lui avait faites au nez pendant son inconscience.

Si tu veux vraiment le psychiatriser, tu te tapes le dossier, entendit-il un docteur dire à un autre ; lui se balançait sur son lit en fredonnant, les foudroyant du regard. Il allait se sauver quand un médecin plus âgé que les autres entra du couloir et demanda : Qu'est-ce qui se passe ici ?

Il s'assit au bout de son lit et lui parla. C'était la première fois depuis bien longtemps qu'on ne lui parlait pas de haut, mais les yeux dans les yeux, d'homme à homme. Vous avez eu de la chance qu'un jogger vous ait trouvé et qu'il ait appelé la police, disait le médecin. C'était un Blanc, mais son nez ressemblait beaucoup à celui de Langue Peinte en temps normal. Vous avez pensé à repartir chez vous ? Pourquoi ne pas aller au foyer de King Street, si vous voulez rester en ville ? Langue Peinte l'écouta poliment. Si vous recommencez à boire et que vous vous faites encore mal, je vous garantis que je vous fais placer, lui dit le médecin avant de le laisser partir. Et Langue Peinte le crut.

Le printemps précédent, tout l'été, tout l'hiver, et ce printemps-ci, Langue Peinte avait regardé, appuyé au grillage, aller et venir les ouvriers au fond d'une fosse immense, au bord du lac. Il fredonnait : parmi vous, il y en a quatre ou cinq qui travaillent bien. Pour le reste, des branleurs, un tas de feignasses qui ne savent pas y faire avec les contremaîtres, et les contremaîtres qui ne savent pas mener l'équipe. Langue Peinte fredonnait ces mots et, pendant ce temps, le chantier montait jusqu'à la rue et l'édifice, de saison en saison, poussait un peu plus haut. Il était maintenant presque achevé.

Il les avait regardés depuis le début, ces ouvriers tannés par le soleil et les vents, s'aventurer tout près de son repaire, devant la voie ferrée. Ils avaient creusé, creusé tout l'été, changé le terrain vague en fosse, dressé des étais, coulé du ciment, posant les fondations d'une chose trop grosse, semblait-il, pour l'échine de la terre. Depuis un an, chaque jour ou presque, Langue Peinte faisait le tour du site, longeant le trottoir qui l'encerclait comme une vaste piste, réglant son pas pour que sa semelle heurte le trottoir toutes les deux secondes. Je marche comme une horloge, fredonnait-il. Pied gauche, stop, une, deux ; pied droit, stop, une, deux. Une longue et soigneuse enjambée, l'arrêt, le compte ; une nouvelle enjambée, et l'arrêt, et le compte. Il allait à pas lents, précis, pour mesurer la circonférence du site ; freiner tous ces gens qui se hâtaient autour de lui. Chaque jour, il accomplissait le même périple ; et la foule, sur le trottoir, s'écartait à son passage comme la rivière que fend l'étrave. Il ne prêtait aucune attention aux regards torves, aux rires, aux noms d'oiseau – hé, le poivrot, tiens, l'emplumé : les gens de cette ville ne pouvaient pas comprendre.

Il fallait à Langue Peinte quatre-vingt-dix-minutes pour faire le tour du site. Jamais il n'avait vu un chantier de cette envergure, un si vaste édifice enfanté par les hommes, leurs bétonneuses, leurs poutrelles, leurs grues. Depuis plusieurs saisons, les murs du bâtiment montaient d'un jour à l'autre, comme arrachés par magie à l'écorce usée de la terre. Après sa promenade, Langue Peinte aimait s'asseoir et les regarder bosser : il distinguait au premier coup d'œil les bons des bras cassés. Il détenait les secrets de leurs progrès quotidiens. À présent, ils avaient presque fini. Les bons comme les bras cassés.

Ce jour-là, Langue Peinte se tenait à son poste habituel, point de départ et d'arrivée de son inspection quotidienne, les bras levés, les doigts accrochés au grillage. Son nez meurtri le lançait ; il baissa une main pour l'effleurer. Il regardait les ouvriers crapahuter sur les parpaings, porter des choses en soufflant, se héler. Là-haut, ils finissaient de poser, à coups de marteau, le dôme du toit. Un grand pansement blanc cachait les sutures, six points en zigzag le long de son nez. Sous l'effet des cachets, il s'était d'abord senti léger, comme l'aile d'une corneille, mais il n'y avait plus de cachets. La chute d'hier était une bonne chose, pensait-il. Elle avait fait ressurgir des souvenirs dans sa tête.

Ce grand édifice était rond comme une roue-médecine. Cela ne l'étonnait guère : rien ici-bas n'existe sans raison. Il contempla le grand toit blanc, bombé comme un œuf – comme une autre chose, aussi, sur laquelle il n'arrivait pas encore à mettre le doigt. Un grand panneau, en face, expliquait en lettres bleues qu'il s'agissait d'un stade couvert, où des hommes joueraient, où les spectateurs se réjouiraient. Depuis deux mois Langue Peinte sentait une peur hideuse, une araignée-loup, gravir tout doucement son échine. La peur n'a jamais de sens : pour le chantier, c'était la même chose. Langue Peinte redoutait le jour où ils remballeraient leur matériel et s'en iraient, laissant derrière eux l'édifice achevé. Peut-être était-ce la chute, la chute et les cachets qui lui faisaient voir, maintenant, ce qu'ils construisaient pour de bon ; et son ventre se serra de stupeur et de crainte.

Langue Peinte commença son lent périple autour du chantier. À chaque pas, son nez lui faisait mal. Il n'avait plus de cachets. Il regardait l'édifice du coin de l'œil et, très vite, baissait le regard sur le sol à ses pieds, pour tenter d'en saisir l'essence. Sa mère lui avait appris une astuce. Pour se rappeler ce qu'on a sur le bout de la langue, disait-elle, il ne faut jamais forcer la mémoire, car il n'y a pas grand-chose de bon qui nous vient de la force. Oublie ce que tu veux te rappeler : le souvenir se sentira seul et reviendra de lui-même.

Au premier tournant, Langue Peinte lorgna de nouveau vers le dôme. Rien. Il retourna au jour où il avait fait pleurer ce gamin, ce blondinet. En ville, à l'entrée de la banque où il mendiait souvent, assis sur un carton. Il l'avait vu arriver vers lui dans la foule compacte des passants, serrant bien fort la main de sa jolie maman. Le garçonnet regardait Langue Peinte, son visage, son gobelet en carton où dormaient quelques pièces. Et en s'approchant, il tirait sa mère par le bras, regarde, regarde l'Indien sur le trottoir, parmi tous ces Blancs en complet veston, ces dames en robe chic avec des tennis aux pieds. Langue Peinte avait passé sa vie à observer et les yeux de l'enfant ne lui cachaient rien, rien de toutes ces pensées qui l'agitaient.

Quand ils passèrent, le petit garçon se boucha le nez. Langue Peinte fit la grimace et, la bouche en rond, souffla très fort. Il se donna les traits du masque iroquois, l'Esprit du Vent, celui qu'il avait vu au Centre Autochtone, à l'angle de Spadina et de Bloor. Au spectacle de l'homme aux longs cheveux noirs, au nez busqué de guerrier, à la peau vérolée, les yeux de l'enfant s'écarquillèrent, il fondit en larmes et un frisson parcourut l'échine de Langue Peinte, un mélange de tristesse et de triomphe, qui lui donna l'envie d'une gorgée de vodka.

Il vit ses propres yeux dans ceux de l'enfant. À l'âge de un an, Langue Peinte avait attrapé le muguet. Il pleurait sans cesse. Il s'en souvenait encore aujourd'hui alors que, la tête embrumée par les cachets, il décrivait son long périple autour du chantier. Sa mère le serrait contre elle en chuchotant : *Gdaakwos na ? Kaagiijtooge na ?* Tu es malade ? Tu as mal aux oreilles ? Et puis, avec une colère retenue : *Aabiish ogaabinjibayin ?* D'où est-ce que tu viens ?

Sa mère lui avait raconté par la suite qu'on l'avait amené au docteur de la réserve, qui lui avait fait une piqûre, puis à la vieille femme-médecine de la tribu. La guérisseuse avait dit à sa mère de le conduire à la loge à sudation, et de le garder serré sur sa poitrine nue.

Ce n'est que quand sa langue était devenue blanche qu'on avait compris de quoi il était malade. Il s'en était remis et y avait gagné son surnom.

Indépendamment du muguet, Langue Peinte se souvenait que, tout petit, il zézayait. Les enfants se moquaient de lui ; il s'était mis à parler de moins en moins. À son départ de Cedar Point – il avait alors dix-huit ans –, il ne parlait plus du tout. Sa mère disait qu'il avait oublié ; elle était la seule à l'appeler encore par son prénom. Huit ans avaient passé et Langue Peinte refusait toujours de parler. Ceux qui le connaissaient de vue le prenaient pour un attardé mental ; et c'était aussi bien.

À la fin de sa longue promenade, Langue Peinte sentit la colère le gagner : plus d'alcool, plus de fric, cette saloperie de bâtisse qui refusait de se révéler à lui. Je vais te foutre en l'air, charogne de stade, avec mille kilos de dynamite je vais te démolir, fredonnait-il, je compterai un coup sur toi, grosse merde en béton. Qu'est-ce qui peut bien pousser les gens à construire un complexe avec un hôtel, des restaurants, des magasins, un terrain de base-ball couvert ? Si l'on veut, on y entre, et on n'a plus jamais besoin de ressortir. Un truc de dingues. Ce monde est dingue, putain.

Au moins, le stade n'avait pas grandi. Langue Peinte regagna lentement son point de départ. Il mit en fuite, d'un regard, une vilaine femme en short moulant pour reprendre sa place à la clôture, celle qui offrait le meilleur point de vue sur le stade. Arrière, mocheté, prends garde au guerrier sous cachets, fredonnait-il. Je suis à sec, et quand je suis à sec je n'ai pas peur de botter le cul d'une femme. Les cachets lui donnaient faim. Il ne se rappelait pas la dernière fois qu'il avait mangé. Un hot dog lui ferait du bien. Il y avait une Cree, Agnes de Penetanguishene : elle lui donnerait un hot dog. Une brave femme. Et qui connaissait Kyle. Kyle était son ami ; Kyle aurait de l'argent pour lui, de l'argent qu'il lui devait de bon droit. Mais Langue Peinte devait trouver une façon polie de le lui réclamer. Tout en remontant Sherbourne, il songeait à des façons polies de réclamer ce qui lui était dû. Ce serait bon, de manger maintenant un hot dog, fredonnait-il en lui-même.

Des semaines qu'il ne voyait plus Kyle. Kyle avait renoncé depuis longtemps à le chercher dans les rues pour l'emmener déjeuner, prendre un café, boire un verre. Il en avait fait du chemin, Kyle, depuis les chantiers – le premier boulot qu'ils aient trouvé à Toronto, quand ils avaient débarqué de Cedar Point dans leur vieille bagnole défoncée. À l'époque, le travail ne manquait pas. Et merde, Langue Peinte n'était pas plus mauvais qu'un autre avec un marteau et un niveau. Et jamais peur de bosser sur une toiture ou de poser des briques tout en haut d'un immeuble. L'équilibre et le courage, il les avait dans le sang.

Mais dès le début Kyle avait détesté les chantiers. Les outils lui abîmaient les doigts, les ampoules l'empêchaient de tenir son pinceau le soir. Le plus souvent, à la pause de midi, il emmenait Langue Peinte au bar du coin, pour lui parler devant une mousse. Langue Peinte avait de bons souvenirs de ce temps-là. À l'époque, il commençait à boire : l'après-midi passait plus vite le ventre plein de bière, à ne plus regarder que les clous à planter, les traverses à scier et à ajuster, les vieilles ardoises à arracher. Ils avaient perdu bien des places à cause de l'alcool, Kyle et lui, mais il y avait toujours du travail à reprendre.

Seulement, Kyle avait dégoté un emploi dans une galerie d'art, pour y vendre les œuvres des autres et, bientôt, les siennes. Aujourd'hui, c'était un Grand Chef en ville ; il avait lâché la bouteille. Langue Peinte s'était retrouvé seul à chercher du boulot, et le boulot se faisait toujours plus rare. Peu de contremaîtres étaient prêts à embaucher un ouvrier mutique. Kyle avait emménagé avec une jolie femme de la galerie ; et Langue Peinte, après quelques tergiversations, avait échangé ses quatre murs et son toit dès la première belle journée de printemps, deux ans plus tôt, pour une existence plus simple. Il aimait vivre comme les ancêtres ; passer la journée à chercher sa nourriture ; se garder de ses ennemis, écouter en silence ses rares amis sur un banc public ; s'étendre parmi les quelques herbes qu'avaient épargnées les immeubles. L'hiver, il attendait que les grilles du chauffage urbain ne suffisent plus contre le froid ; alors il se cherchait un lit au foyer ou encore, s'il avait de la chance, un carton sur un matelas d'aiguilles de pin, dans un coin tranquille de High Park. Un guerrier court le monde sur des jambes solides, ou bien il meurt. Kyle avait suivi une autre voie, mais Langue Peinte ne doutait pas qu'il le respectait profondément pour ses talents de guerrier des rues, car Kyle savait des choses que les autres gens ne voyaient pas. Langue Peinte avait trouvé le cercle à décrire, au long duquel il ramassait tout ce dont il avait besoin pour vivre.

Quand Langue Peinte arriva au Centre Autochtone, Agnes était occupée par des clients. Il patienta dans la galerie. Il regarda les tableaux, les gravures sur bois, les bijoux. Une grande toile l'arrêta : elle représentait une tortue gigantesque. Sa carapace bombée était couverte d'écailles vertes, rouges, noires ; et l'animal avait le nez crochu. Sur son dos poussaient des arbres, des sapins, et des humains que l'artiste avait figurés en tout petit. L'œuvre s'intitulait *Terre-mère Tortue*. Langue Peinte reconnut en bas et à droite la signature de Kyle, courbe et aiguë comme un couteau. Agnes resta occupée un long moment ; Langue Peinte renonça et sortit se remettre en chasse.

Quatre nuits plus tard, Langue Peinte était assis près d'un petit bouquet d'arbres, devant l'étang de High Park. Il leva les yeux vers les étoiles et une lune de printemps, pleine aux trois quarts, brillait malgré les feux de la ville. Les canards s'étaient massés près de la rive, le bec sous l'aile, donnant l'alarme chaque fois qu'une bête approchait, un raton laveur, un chat, mais aussi un autre animal, plus gros, qui restait tapi dans l'ombre. Sitôt le calme revenu, la même bête, ou un autre prédateur, s'élançait des buissons tout proches : et la bande s'égaillait, dans un concert de caquètements et de bruits d'ailes, au milieu de l'étang. Langue Peinte n'aimait pas ce manège ; les bras croisés sur sa poitrine, il gémit à voix haute.

Des éclats de voix retentirent. Il y avait, à gauche, un petit groupe de gens : là-bas, derrière les arbres, au pied d'une colline. Ils étaient distants d'une cinquantaine de mètres. On voyait bien sous la lune, mais le groupe restait à l'ombre des arbres. Des voix dures et mauvaises, trois d'entre eux, quatre peut-être. Et un autre qui se mit à crier : allez-vous-en ! Il y avait tant de peur, dans cette voix, qu'on aurait dit une femme. Langue Peinte se redressa ; en se balançant, il fredonnait : Où est la police ? Ils roupillent dans leur voiture pendant qu'on tabasse des gens à High Park.

Ils en avaient après le type à la voix de femme. Langue Peinte se serra plus fort. L'autre hurlait, maintenant : sa souffrance montait des arbres dans le choc sourd des bottes et des paumes sur la chair nue – et derrière, les cris. Langue Peinte cherchait son chant de guerre, mais rien ne vint. Cet homme a besoin d'aide, fredonnait-il. Ils vont le massacrer.

C'était un coin désert du grand parc : personne alentour, sauf Langue Peinte et les hommes sous les arbres. Il entendit des klaxons sur Lakeshore Boulevard, à des centaines de mètres de là, derrière les buttes. Le silence retomba. Au bout d'un moment, Langue Peinte s'accroupit. Il voulait regarder sous les arbres. Les voix retentirent.

Espèces d'ordures ! criait le blessé.

Il se tire. Rattrape-la, cette salope !

Un homme nu jaillit des arbres. Il courait dans la direction de Langue Peinte, talonné par trois autres. Sous la lune, il apparaissait strié de rouge ; il courait de toutes ses forces, mais en boitant. Langue Peinte se tapit dans l'ombre d'un buisson avant que l'autre l'aperçoive ; quand les poursuivants passèrent en trombe, il ne bougea pas d'un pouce.

Ils rattrapèrent bientôt le fuyard ; le plaquèrent au sol. Ils lui flanquaient des coups de pied à tour de rôle, à la tête, à l'entrejambe, au ventre. Deux avaient le crâne rasé ; le troisième portait les cheveux longs, comme Langue Peinte. Ils psalmodiaient : sale pédale, enculé, pompe mon nœud, entre leurs dents serrés. Langue Peinte essaya de nouveau, mais son chant de guerre ne venait pas. Le type aux cheveux longs tira un couteau.

Non. Non, s'il vous plaît, disait l'homme recroquevillé à terre – si près de Langue Peinte que celui-ci sentit la peur, au goût de cuivre, dans sa bouche. Longs-cheveux tomba à genoux, les deux mains levées au-dessus de la tête.

Vas-y, siffla l'un des hommes debout.

Plante-le. Casse-lui le cul, ajouta l'autre.

Crève, salope, dit Longs-cheveux au bout d'un instant. Le blessé poussa un hurlement, Langue Peinte frissonna, les trois autres s'enfuirent dans l'ombre.

Au bout d'un long moment, Langue Peinte se redressa. Il s'approcha lentement du corps étendu, se pencha sur lui, regarda. L'autre cligna des yeux et Langue Peinte sursauta. Des glouglous montaient de la poitrine du mourant ; ses lèvres s'entrouvraient. Puis sa poitrine cessa de bouger. Les jambes de Langue Peinte lui disaient de décamper au plus vite, au lieu de quoi il entonna un chant funèbre : tes derniers instants furent passés dans la peur, mais à présent tu es en paix ; tu descends dans les eaux du sommeil. Tes derniers instants furent passés dans la peur et je n'ai pas pu t'aider, mais à présent tout est calme et le sommeil t'emporte.

Un instant, Langue Peinte crut voir ses propres traits se refléter dans les yeux du mort ; mais il savait que ce n'était pas possible. Il s'enfuyait vers les rues quand il s'avisa que la dernière vision de l'homme avait été celle d'un Indien fredonnant, penché sur lui comme un ange de la mort, un Indien au nez busqué dont les longs cheveux lui chatouillaient le visage.

Deux heures plus tard, il franchit la porte d'un bar, à l'angle de Queen Street et de Richmond. Il s'assit dans un coin sombre. Comme il ne tenait pas en place, il alla se débarbouiller aux toilettes avant de regagner sa place. Il avait besoin de boire, de se soûler pour de bon. Il avait vu mourir deux hommes, en deux ans de rue : des épaves, des vieillards dont le corps avait fini par lâcher, quand ils priaient chaque jour la mort de venir les prendre. Mais il n'y avait aucune paix, aucun honneur dans la mort de cet homme-là. Langue Peinte se balançait sur sa chaise et fredonnait : du vilain, il y a eu du vilain et je l'ai vu. Il le redisait sans cesse. Répète cent fois. Copie mille fois au tableau. Les vieux et les jeunes qui s'entassaient dans le bar ne faisaient pas attention à lui. Ils ne comprenaient pas. Quand une fille se leva pour se rendre aux toilettes, Langue Peinte estima ses chances de lui siffler son verre en douce. Il se tut et se fit oublier de ses voisins. Il y avait une bouteille de Labatt's 50, pleine, sur une table voisine. Quand personne ne regardait, il la vida en deux gorgées.

Bon, ça va bien, le clodo, lança un costaud. Il attrapa Langue Peinte par le cou et le traîna jusqu'à la porte. Langue Peinte entendit les gens rire tandis que l'autre le flanquait dehors d'une dernière bourrade ; au passage, son coude heurta violemment le montant de la porte. Je te taillerai un deuxième sourire avec un tesson de bouteille, gémissait Langue Peinte en s'éloignant sur le trottoir. Je compterai un coup sur toi, videur de mes deux, sent-la-sueur. Je te prendrai ta femme et j'apprendrai à tes enfants que tu n'es qu'une merde.

Il marcha jusqu'au marché de Kensington, tenant d'une main son coude meurtri. Là-bas, il dénicha un coin qui n'empestait pas le poisson. Personne ne venait vous embêter dans les allées désertes, parmi les cageots de viande et de légumes laissés à pourrir en attendant que les éboueurs viennent les ramasser dans la nuit. Langue Peinte s'assit, le coude au creux de la main. Il réfléchit. Hormis la bière, il n'avait rien bu depuis le matin. Il tremblait. Il avait besoin d'une gorgée de vodka pour faire passer ce goût métallique. Pour se calmer, il repensa à son enfance, quand il allait s'asseoir avec sa mère sur la jetée, devant Christian Island. Elle aimait lui raconter des récits sur son père et sur les Ojibwés.

Il se fredonna l'histoire de son père et les paroles de sa mère ressurgirent dans l'allée. On avait embauché son père, comme d'autres de la réserve de Cedar Point, pour bâtir des ponts sur la baie, des routes qui s'élanceraient vers le ciel pour relier les grandes îles au continent. Le gouvernement pensait que les Indiens avaient le sens de l'équilibre ; qu'ils ne tremblaient pas, si loin au-dessus de l'eau ; qu'ils étaient faits pour ce métier. Et les Indiens travaillaient bien, avait appris Langue Peinte de sa mère sur la jetée, en face de Christian Island et de son phare. Les Indiens se promenaient là-haut sur des poutrelles minuscules ; ils ne s'attachaient pas parce que, disaient-ils, les filins de sûreté, c'est bon pour les femmes. Sur l'île Manitoulin, le père de Langue Peinte s'était noyé en tombant d'un pont, un jour de grand vent. C'était l'Esprit du Vent iroquois, l'Esprit-qui-souffle, le responsable, lui dit sa mère, parce que les Iroquois et les Ojibwés sont de vieux ennemis. Les Ojibwés s'étaient liés aux Jésuites il y a bien longtemps, tandis que les Iroquois torturaient et tuaient les Robes Noires qu'ils tenaient pour des démons. Mais l'inimitié entre les deux tribus remontait encore plus loin, au commencement même du monde.

Cette nuit-là, il tâcha de se remémorer le récit de sa mère sur la naissance de la terre. Elle disait, se souvint-il, qu'au temps où il n'existait pas encore de terre ferme, une tortue géante s'était levée des eaux. À la longue, sur son dos, avaient poussé les pierres, les arbres, les animaux, et pour finir les *Nmishoomsag*, les ancêtres. Langue Peinte se rappelait le regard de sa mère, ses yeux perdus vers Christian Island. Elle y croyait, à ses histoires, et cela donnait à Langue Peinte l'envie d'y croire lui aussi.

Minuit passé, trop tard pour espérer trouver Kyle. Mais rien n'échappait à Kyle ; il avait toujours les bonnes réponses. Même s'il décrivait un autre cercle que celui de Langue Peinte, ils avaient eu l'un et l'autre la vision de la tortue. Celle de Kyle était une peinture, celle de Langue Peinte un bloc de béton. Il y avait des années que Langue Peinte n'avait pas parlé pour de bon, prononcé de vrais mots, mais l'envie l'en reprenait cette nuit-là. Il aurait voulu raconter à Kyle cet homme qu'on avait tué sous ses yeux. Lui parler du grand édifice qui poussait sur la terre et ressemblait tellement à une tortue géante, avec son toit presque achevé. Il se passait autour de lui d'étranges choses, qui lui faisaient peur : les présages d'une catastrophe imminente. Une nouvelle tortue avait surgi de la rive, un nouveau monde était né sous ses yeux durant l'année passée : Langue Peinte avait besoin d'en connaître la signification. Et les grands se dressaient contre les petits : trois hommes en tuaient un seul, un autre lui avait fracassé le coude. Il avait besoin d'en parler avec Kyle. Besoin d'un verre, terriblement.

À l'aube, il se sentit plus calme. Il quitta le marché pour regagner son rocher devant le lac. Sous la voie express, il força le pas. Des hommes vivaient là, dans des cartons, dans des frigos à l'abandon : des hommes qui ne toléraient pas leurs semblables sur leur territoire. Ils accumulaient des armes, des briques, des bouts de tuyau, des tessons de bouteille. Ils avaient poursuivi Langue Peinte bien des fois. Ils criaient : On va te faire la peau, Grand Chef !

Il arriva sans encombre. Il se hissa sur son rocher, tourné vers l'est pour voir le soleil poindre. Mais à l'instant où les premiers rayons perçaient au-dessus des silos et des chantiers navals, de gros nuages vinrent boucher l'horizon : le soleil ne se montrerait pas. Langue Peinte aimait la caresse de cette chaleur, quand elle montait lentement sur l'eau et les pierres avant d'éclairer son visage. Il s'étendit sur le rocher, les bras en croix, les cheveux retombant de part et d'autre de la pierre. Puis il se pelotonna et tâcha de dormir quelques heures.

Son ventre le réveilla. Une journée couleur de pigeon, fredonna-t-il, ne présage que merde de pigeon. Son ventre vide le brûlait : il se sentit malade. Il descendit tant bien que mal de son rocher, s'accroupit, baissa son pantalon. Le mal s'enfuit de lui dans une giclée infecte.

Il avait faim : besoin de s'emplir l'estomac. Après quoi il pourrait aller mendier de quoi se payer une bouteille de vodka pour l'après-midi. À petits pas, il se rendit au coin de Spadina et de Bloor. Il s'arrêtait de temps en temps pour reprendre son souffle. Il avait bien songé à faire son tour quotidien du stade. Cela lui aurait donné l'occasion de démêler les soucis de la nuit dernière, de trouver peut-être une direction claire à suivre ; mais il voyait maintenant que les ouvriers avaient érigé une grande palissade devant la partie qui longeait le lac.

Le chantier avait déjà repris ; ils aplanissaient le sol pour le parking.

Ce n'était pas une bonne chose que de rester si longtemps sans boire. Depuis quelque temps, sa chance l'abandonnait. Il aurait voulu que le meurtre de la veille se soit dissipé au matin, comme un mauvais rêve. Tout cela ne lui disait rien qui vaille. Impossible désormais de faire le tour du chantier ; ils avaient rompu son cercle. Il n'en sortirait rien de bon.

Quand il entra dans le hall du Centre Autochtone, il aperçut Agnes qui lisait un journal sur une chaise. Le visage du mort occupait la une, surmonté de ces mots : « Crime de haine. »

Aneen Anishnabe, lui dit-elle en levant les yeux. Bonjour, Indien. *Aanish ezhwebiziiyan* ? Qu'est-ce qui t'est arrivé ? Tu t'es fait mal au nez. Langue Peinte s'adossa au mur. Tu as l'air malade, poursuivit-elle. Il faut que tu manges. Je te paye un hot dog.

Ils trouvèrent un vendeur ambulant sur Bloor et tournèrent dans une ruelle pour gagner un jardin public. Agnes parlait à Langue Peinte entre deux bouchées. Il s'efforçait de lorgner le journal ; mais elle l'avait posé plié à côté d'elle, sur le banc. Ton vieil ami Kyle se débrouille très bien, disait-elle. La Galerie McMichael s'intéresse à lui. Et il a une nouvelle copine. Ils ont emménagé dans les quartiers branchés, à l'est, sur le front de lac.

Elle ne précisait pas, remarqua Langue Peinte, si Kyle avait demandé de ses nouvelles. L'odeur de la saucisse lui retournait l'estomac.

Le gouvernement a lancé de nouveaux programmes d'embauche, là-haut, dans le nord. Tu fais comme tu veux, mais ce serait peut-être une bonne idée de retourner quelque temps à Cedar Point. Tu te reposerais. Tu trouverais peut-être du boulot.

Langue Peinte hocha la tête, par politesse. Agnes resta longtemps silencieuse. Elle finit par dire : Si tu veux, passe chez moi te changer. Je ferai ta lessive. Tu pourras prendre une douche. Langue Peinte hocha la tête en remerciement. À nouveau, elle se tut. Ils écoutèrent les écureuils et les voitures qui passaient sur Bloor.

Au moment de retourner travailler, Agnes donna dix dollars à Langue Peinte. Il savait qu'elle savait qu'avec ça, il allait se payer à boire. Il lut dans ses yeux que ça ne lui plaisait pas, mais qu'elle le faisait quand même. Comme elle s'en allait, Langue Peinte posa la main sur son journal. Agnes le regarda sans rien dire ; elle le lui laissa.

Une fois seul, Langue Peinte déchiffra l'article. L'homme était un jogger ; un avocat ; un homosexuel. Le journal parlait d'un crime de haine, un crime contre une minorité. Langue Peinte détestait qu'on le traite de minorité. La police cherchait des indices, des témoins. Il eut envie de quitter son banc tout de suite. Il aurait voulu trouver un champ où s'étendre et regarder les nuages. Retrouver Kyle ; aller avec lui dans un champ, loin du bruit et des voitures, loin de tous ces gens. Il avait vu la minorité se faire tuer ; on avait rompu son cercle. Langue Peinte retrouverait Kyle et lui ferait la surprise de lui parler distinctement.

Il se dirigea vers le magasin de vins et spiritueux. Il avait le dos plus droit. J'achèterai une bouteille ; je prierai l'esprit de cette bouteille de se lever pour me parler, fredonnait-il. Les meilleurs esprits résident dans la vodka parce qu'elle est distillée à partir des pommes de terre, que les pommes de terre sont fruits de la terre, qu'elles vivent dans ses entrailles en compagnie des autres esprits souterrains, fredonnait-il en poussant la porte du magasin. Mais l'homme au comptoir ne voulut pas le laisser entrer. Langue Peinte dut lui remettre l'argent d'abord, et tendre le doigt vers le rayon où étincelaient les flacons. L'autre lui en donna un dans un sac en papier, lui rendit sa monnaie, et Langue Peinte se mit en route pour le front de lac, à la recherche de Kyle Root.

Un attroupement s'était formé sur Queen Street, non loin des quartiers est. Langue Peinte les regarda de loin : juché sur une caisse, un homme, vêtu d'un complet noir élimé, haranguait la foule. Le Seigneur me l'a dit cette nuit, criait l'homme en promenant sur la foule des yeux enflammés, il n'y a nulle place au royaume des cieux pour les pécheurs ; nulle place au ciel pour ceux d'entre vous qui jouent, boivent, connaissent un amour coupable dans les bras d'une femme mariée. L'Éternel séparera les méchants de la terre. Il chassera devant lui le tricheur, le sodomite et l'infidèle. Il m'a parlé cette nuit en rêve et m'a dit de proclamer sa parole.

Langue Peinte s'éloigna vite : il avait déjà entendu ces mots-là ; l'homme en noir le forçait à s'en souvenir.

Un monde nouveau se prépare, les garçons, criait M. Grainger, l'instituteur blanc, à la fenêtre de l'école de la réserve, quand il surprenait Langue Peinte et Kyle à faire les zouaves pendant la récré, terroriser les filles avec un serpent, se venger de leurs ennemis en dégonflant leurs roues de vélos. Un monde nouveau arrive et l'ancien brûlera dans les flammes. Et quand Langue Peinte et Kyle se moquaient de lui, il devenait écarlate, se mettait à trembler, criait plus fort, à sa fenêtre : Pas de place au royaume des cieux pour vos croyances païennes, les enfants ! Les innocents périront par la faute des méchants, les méchants connaîtront les flammes de l'enfer. Il y aura des pleurs et des grincements de dents. Vos coutumes païennes, on vous les chassera du corps et de l'esprit par les flammes, les enfants ! Pensez-y la prochaine fois que vous pécherez par malice contre Janine ou contre Tom. Le bon Dieu vous regarde !

À la sortie, Kyle disait à Langue Peinte que l'instit était dingue, un vieux cinglé, tout le monde s'accordait là-dessus, même les premiers de la classe. Mais ils avaient beau en convenir, assis tous deux sur la jetée, fumant des clopes chapardées à leurs parents, Grainger le Dingue faisait une peur horrible à Langue Peinte, avec sa figure rubiconde, ses tremblements, ses récits de brasiers, ses pluies de postillons. Kyle trouvait flatteur que Grainger fasse d'eux ses bêtes noires ; mais Langue Peinte, obscurément, se demandait s'il n'était pas pour de bon un gamin pire que les autres. Même aujourd'hui, le fantôme de Grainger revenait parfois lui rappeler la fin des temps en songe : il s'éveillait en nage.

Ne trouvant Kyle nulle part, Langue Peinte descendit Bloor vers l'ouest, avec le soleil couchant dans son dos. Il s'arrêtait régulièrement sous l'auvent des boutiques pour prendre une gorgée de vodka. Cette odeur de vide apaisait son mal de ventre, lui donnait le courage de poursuivre. On voyait à la foule qu'on était vendredi soir : les rues se peuplaient d'étudiants au sortir des cours et de passants qui aimaient prendre l'air du soir au printemps. Langue Peinte longeait les bars et les boutiques, son flacon à la ceinture. Il ne lui restait que quelques gorgées : de quoi tenir jusqu'à minuit, quand les gens fourmilleraient partout et ne seraient pas regardants sur la monnaie.

Je compterai un coup sur cette tortue faite par l'homme, fredonnait Langue Peinte en marchant. Un coup sur ce dieu à barbe blanche qui veut m'envoyer brûler en enfer. Je vais trouver une tonne de dynamite et te foutre en l'air, saloperie. Kyle viendra m'aider, il dira que c'est de l'art. Je vengerai cet homosexuel qu'ils ont poignardé au parc. Répète deux cents fois. Copie au tableau deux mille fois ; et tu pourras boire la vodka qui te reste.

Quand Kyle serait retrouvé, Langue Peinte lui demanderait de l'emmener au poste ; Kyle ferait un magnifique dessin de ce que Langue Peinte avait vu au parc. On arrêterait les tueurs ; Kyle vendrait son dessin des milliers de dollars, il donnerait l'argent à Langue Peinte et ça payerait tous les explosifs dont il avait besoin.

Au croisement de Bloor et de Clinton, Langue Peinte aperçut un homme, de dos, qui ne pouvait être que Kyle, le bras passé autour d'une blonde. Il courut vers eux comme ils montaient dans une voiture. L'homme ouvrit la portière à sa compagne, la claqua, fit le tour du véhicule pour aller s'asseoir au volant. Langue Peinte voulut crier le nom de son ami, mais il ne sortit qu'un vent chaud.

La voiture démarra à l'instant où il atteignait le flanc du passager. Il toqua contre la glace, la femme leva les yeux sur lui et se mit à crier. Langue Peinte plissait les yeux tout en courant à côté de la voiture, s'efforçant d'apercevoir les traits de Kyle. La voiture fit une embardée, accéléra et disparut, le laissant haletant au bord du trottoir.

Ce ne pouvait pas être Kyle. Ou bien, si c'était lui, il n'avait sûrement pas vu son vieil ami Langue Peinte. Il rebroussa lentement chemin.

Son nez le démangeait : les sutures séchaient, mordant la peau. Il se faufila dans un bar où tonitruait un orchestre. Il se rendit aux toilettes. Il s'examina dans la glace. Il tira sur les nœuds des sutures, six nœuds en zigzag le long de son nez. Il parvint à en arracher cinq. Je ne retournerai pas là-bas livrer bataille à l'infirmière obèse, marmonnait-il sans cesse. Les fils le brûlèrent en sortant. La peau tint bon pour l'essentiel, mais le sang perla et des sillons roulèrent vers sa bouche. La dernière suture ne voulut pas céder : Langue Peinte but une gorgée de vodka et il ressortit.

LANGUE PEINTE

Il trouva un gobelet en carton vide. Il s'accroupit à l'entrée du bar et posa le gobelet devant lui pour mendier. Quand l'orchestre bruyant fit une pause, les spectateurs sortirent en masse ; on parlait tout autour de lui. Quelques garçons, avec des casquettes de base-ball, s'étaient rassemblés non loin. Ils parlaient de Langue Peinte à voix haute. Le gamin aux yeux brillants se pencha pour le fixer.

Tu es un Mohawk ? demanda-t-il. Langue Peinte détourna les yeux. Un Cree ? poursuivit le garçon. Langue Peinte fit comme s'il n'avait pas entendu. Les copains du garçon cessèrent de parler ; ils dévisagèrent Langue Peinte à leur tour.

Tu veux une bière ? demanda l'un d'eux.

Tu parles qu'il en veut une, lança un autre, et ils se mirent à rire.

Alors, un Iroquois ? reprit le gosse aux yeux brillants. Langue Peinte se dressa d'un coup, avec colère. La tête lui tournait ; sur le trottoir, il se sentait à découvert. Il tira le flacon de sa ceinture et vida ce qui restait.

Je compterai un coup sur toi, petit con à casquette, fredonnait Langue Peinte. Il se rappela soudain son chant de guerre. Je te scalperai de mon couteau pour m'avoir traité d'Iroquois. Je t'arracherai les oreilles et je les mangerai devant toi. Sa main retomba le long de son flanc, armée de la bouteille vide. Les autres reculèrent d'un pas.

Non mais t'as vu ça ? Il a du cran ! cria l'un d'eux. Ils formèrent un cercle autour de lui.

Langue Peinte se mit à décrire lentement l'intérieur du cercle. Le sang-froid du guerrier l'envahit tout d'un coup ; leurs yeux ne le quittaient pas, surveillaient chacun de ses gestes. Chaque fois que Langue Peinte arrivait devant l'un des garçons, il plongeait le regard dans ses yeux jusqu'à y voir monter l'araignée-loup de la peur. Il tournait lentement, regardant défiler les visages. Ils agrandirent le cercle. Langue

Peinte s'appliquait à mouvoir ses pieds. Il prit le rythme, entendit battre le tambour. Les garçons frappaient dans leurs mains. Gaffe, dit l'un d'eux, il est sur le sentier de la guerre.

Langue Peinte tendait le bras pour toucher chacun d'eux au passage. Il compta un coup sur chacun, vit leurs têtes s'écarter, lut dans leurs yeux la honte et le dégoût. Il fut heureux. Il était un guerrier. Il força l'allure, le buste plié, levant haut les genoux. Il ferma les yeux et fit la danse du cercle. Il dansait sans effort, comme emporté par un grand vent. Il vit du rouge sous ses paupières, puis du jaune et du bleu. Dans son esprit, c'étaient Kyle et lui qui couraient après leur ombre, de toutes leurs forces, dans les hautes herbes ; et leurs ombres fuyantes détalaient devant eux.

Ils traversaient la prairie qui se changeait en colline, une colline de plus en plus abrupte. Kyle rattrapait enfin son ombre ; Langue Peinte distinguait maintenant le corps de Kyle, son dos mince et hâlé, son short rouge, ses jambes maigres en plein effort. Kyle le battait toujours à la course. Les garçons, suivant le rythme, tapèrent dans leurs mains plus vite. La colline montait de plus en plus et les herbes s'éclaircissaient, cédant la place à une roche grise et lisse. Kyle le distançait, Kyle atteignait déjà le sommet bombé de la colline. Le souffle court, Langue Peinte s'efforçait de le suivre. Il jetait un coup d'œil derrière lui et découvrait la prairie, très loin en contrebas. Il était si haut que la tête lui tournait. Langue Peinte arrivait au sommet – et c'était le stade, une grande carapace grise, sur lequel il courait. Kyle avait disparu.

Langue Peinte arrivait au bout de ses forces quand la botte d'un garçon lui fit un croc-en-jambe. Langue Peinte en fut soulagé. Il avait fini de danser. Il trébucha contre la botte et son élan le précipita en avant, les bras tendus devant lui, une main encore crispée sur la bouteille vide. Il volait dans les airs, maintenant, il volait pour de bon, loin du stade, loin du dos de la tortue. Je vole, voulut-il fredonner ; putain, que c'est haut.

Ses mains heurtèrent le pavé les premières ; la bouteille vola en éclats. Le col brisé pointait vers lui comme un couteau à écorcher. Il aurait voulu voler encore mais la terre le ramenait à elle, il aurait voulu dire que son cercle n'était pas achevé mais il n'avait plus le temps.

Cette nouvelle est extraite du recueil
Là-haut vers le nord (2008).

Parmi les disparus
de Dan Chaon

Traduit par Hélène Fournier et Michel Lederer

Ma mère habitait un bungalow au bord du lac, non loin de l'endroit où l'on a découvert les corps. Elle était sur la véranda quand on a sorti la voiture de l'eau, et elle a entendu le cliquetis de la grosse chaîne de remorquage résonner sur la surface calme du lac. Des flots d'eau grise et boueuse s'échappaient des vitres, du coffre et du capot à mesure qu'on remontait la voiture. Les vitres étaient entrouvertes, et la première pensée de ma mère fut qu'il y avait sans doute également des tas d'animaux prisonniers à l'intérieur : des sangsues, des carpes, des écrevisses, rien que des charognards. Des filaments d'algues striaient la carrosserie blanche. Au moment où les policiers se rassemblaient autour de la voiture, ma mère détourna la tête.

Il y avait toute une famille dedans : les Morrison. La mère et le père, une fillette de sept ans, un gamin de cinq ans et un bébé, un garçon, de treize mois. Ils étaient portés disparus depuis la fin mai, c'est-à-dire depuis plus de six semaines, et le mystère avait fait la une des journaux pendant quelque temps. Des gens en ville les avaient vus, mais sans leur accorder une attention particulière. C'était une famille apparemment ordinaire, semblable aux centaines d'autres qui défilaient ici au cours de l'été. Le lac McConaughy, le plus grand lac du Nebraska et l'un des plus grands parmi les lacs artificiels du Middle West, attirait non seulement les gens de la région, mais aussi des vacanciers venus d'Omaha, de Denver et même de plus loin. Quand la police avait fait circuler des photos, certains crurent les avoir croisés, mais sans en être sûrs. L'enquête avait piétiné devant la mémoire incertaine des habitants de notre ville. Il ne vint à l'idée de personne de draguer le lac, d'autant qu'on continuait à signaler leur présence dans des endroits aussi éloignés que l'Oklahoma ou le Canada. On pensait en général qu'ils finiraient tôt ou tard par se manifester, qu'il y aurait une explication rationnelle – malgré les affirmations de la grand-mère qui résidait à Loveland, dans le Colorado, et qui, la première, avait signalé leur disparition. Elle soupçonnait un drame. Sinon, pourquoi l'aurait-on laissée sans nouvelles ? Pourquoi le père, son fils, ne serait-il pas retourné comme prévu au bureau de l'agence immobilière où il travaillait depuis dix ans ?

Avant qu'on ne découvre les corps, mon père avait une hypothèse : on apprendrait que le disparu avait détourné une importante somme d'argent à son travail. Un jour ou l'autre, on les retrouverait, vivant sous un nom d'emprunt dans une grande maison quelque part au soleil. « Ou peut-être, ajoutait-il, qu'on ne les attrapera jamais. » Il s'interrompait, séduit par cette perspective romanesque. « Peut-être qu'ils s'en tireront. »

Quand il apprit qu'on les avait retrouvés, il parut déçu de voir sa belle théorie ainsi démolie par la réalité. « Ça n'a aucun sens », dit-il, contemplant ses mains, l'œil noir.

Nous étions dans un bar du coin, un endroit appelé « The Fishhead », qu'il fréquentait régulièrement, et il avait plusieurs bières d'avance sur moi. Son élocution n'était plus très claire.

« Je ne comprends pas ce qui a pu arriver. Comment on peut se foutre comme ça dans un lac en bagnole ? Et si profondément en plus ? Même s'il y avait eu une grande pente ?

– Ouais, c'est terrible, dis-je, buvant une gorgée de bière. Une véritable tragédie. »

Mon père secoua la tête : je n'avais pas vu où il voulait en venir. « Tu sais, reprit-il, ils avaient tous leurs ceintures à l'intérieur. Buddy Bartling me l'a dit, il était là. La femme conduisait, et elle était toujours attachée. Ça n'a pas de sens. À la rigueur, si l'eau avait été glacée, ça aurait pu être, tu sais, crac, d'un seul coup, l'hypothermie. Mais elle n'était pas si froide que ça.

– Hmmm », fis-je.

Il semblait occupé à concocter quelque nouvelle théorie, aussi j'attendis. La barmaid s'approcha pour nous demander si on avait besoin de quelque chose. Mon père se contenta de taper sur le comptoir avec son verre vide.

« Tu sais ce qui m'énerve », dit-il. Il pencha la tête vers moi, me jeta un regard en biais et baissa la voix. « Ce qui m'énerve, c'est ta mère. Ça se passe à moins de cinq cents mètres de son bungalow, mais elle ne voit rien et elle n'entend rien. C'est elle tout craché. Attention, je ne lui reproche rien. Ce n'est pas ce que je veux dire. C'est ta mère, et ce n'est pas une mauvaise femme.

– Non », dis-je.

Je pensais qu'il était soûl. Moi-même, je sentais l'alcool couler dans mes veines et je ne comprenais pas bien où il désirait en venir. À mon tour, je lui jetai un regard de côté.

« Logiquement, ils auraient dû crier, dit mon père. Ces gosses, ils ont sûrement hurlé, tu ne crois pas ?

– Je ne vois pas ce que tu veux dire. »

Il se voûta. « Je ne veux rien dire, dit-il, mais une étrange lueur brillait dans son regard. C'est juste dommage que ta mère ait été seule dans son bungalow, je ne veux rien dire d'autre. En tout cas, s'il y avait eu quelqu'un avec elle, on aurait retrouvé ces gens-là beaucoup plus tôt. »

À l'époque, mes parents étaient séparés depuis presque trois ans, sans toutefois être officiellement divorcés. Quelque part pendant ma deuxième année d'université, ils avaient décidé de « vivre chacun leur vie » (comme disait ma mère). Je ne sais pas exactement quand. Personne ne me l'a dit. Ma mère s'est installée dans le bungalow, tandis que mon père restait dans la maison d'Ogallala.

Je ne comprenais pas très bien. Ma mère prétendait que c'était en rapport avec le penchant pour la boisson de mon père – encore que je ne le considérais pas comme un alcoolique, du moins tel qu'on les décrit d'habitude. Il ne faisait jamais rien d'extravagant ni ne créait de scandale. Il buvait simplement de la bière, plus un verre de bourbon de temps en temps, ce qui signifiait juste qu'en général, après neuf heures du soir, il était un peu parti.

Quant à lui, il estimait que c'était à cause de la différence d'âge. Ma mère avait dix ans de plus que mon père, et lorsque j'avais quitté la maison, cette différence était apparue plus difficile à assumer. J'avais du mal à obtenir des réponses claires de sa part. Il sous-entendait qu'il y avait une histoire de ménopause (le Changement de Vie, comme il l'appelait avec solennité). Elle a tout bonnement... changé, disait-il.

Quoi qu'il en soit, il venait régulièrement au bungalow. Leurs finances étaient toujours liées, et chaque fois qu'il recevait un chèque pour son travail (il était charpentier), il le lui apportait plutôt que d'aller le déposer lui-même à la banque. Je trouvais cela absurde.

Le lendemain de notre discussion au bar, je me réveillai au son de leurs voix qui se disputaient. C'était un bruit presque apaisant, qui m'était familier depuis l'enfance, et dans mon demi-sommeil j'avais l'impression d'avoir de nouveau treize, dix, ou même sept ans.

« Bon Dieu, Everett ! » disait ma mère d'un ton sec.

Je souris, parce que je l'avais entendue souvent l'appeler ainsi et que je savais que mon père allait s'empourprer et se mettre à faire la tête. Son vrai prénom était bien Everett, mais tout le monde le surnommait Shorty – c'était un petit homme maigre et nerveux mesurant à peine plus d'un mètre soixante – et quelque part dans un lointain passé, il s'était pris à considérer ce sobriquet comme une espèce de marque de respect et Everett comme une insulte, une sorte d'épithète efféminée. Ma mère ne l'utilisait que sous le coup de la colère.

Mon père marmonna quelque chose en retour. Il n'était vraiment pas doué pour la discussion. Incapable de faire valoir son point de vue (même quand il avait raison), il se bornait en général à répliquer de manière mesquine, enfantine. Il lui faisait un doigt et disait : « Assieds-toi là-dessus. » Durant un temps, ce fut là son argument définitif favori.

Quand j'arrivai dans la cuisine, il était attablé, silencieux, et sirotait son café d'un air morose, tandis que ma mère, plantée devant le fourneau, préparait des œufs sur le plat, maniant la spatule avec une fielleuse précision. « Bonjour », dis-je. Mon père leva les yeux et m'adressa un petit signe de tête. Ma mère ne dit rien. Elle cassa un œuf dans la poêle, et la graisse crépita.

« Je vais te dire une chose, dit-elle au bout d'un moment, sans se retourner. Si tu commences à boire et à traîner jusqu'à pas d'heure, tu peux aller habiter avec ton père. »

Mon père et moi avons échangé un regard, et il a levé les yeux au ciel. La question était délicate, car en choisissant d'habiter chez l'un, je ne manquerais pas de froisser l'autre. En vérité, je préférais être chez ma mère pour des raisons égoïstes : elle faisait la cuisine et j'étais juste à côté du lac. Je veillai cependant à garder une expression neutre.

Personne n'ajouta mot. Ma mère posa les assiettes et les couverts devant nous avec un petit mouvement irrité du poignet, et je compris aussitôt que j'avais été l'objet de leur querelle. Ce n'était qu'un prolongement de celles qu'ils avaient eues quand il m'emmenait dans les bars alors que je n'avais pas l'âge légal.

« Tu veux des toasts ? » me demanda ma mère.

Je fis oui de la tête, puis je me repris et dis avec humilité : « Oui, je veux bien, merci beaucoup. Avec du beurre.

– Il y a de la margarine sur la table, dit-elle en glissant deux tranches de pain dans le toasteur. Et un couteau à côté de ton assiette pour l'étaler. Il n'y a pas de beurre à la maison. Je n'en achète plus. »

Elle avait pris son ton « ici, je ne suis que la bonne ». Et c'était vrai, en un sens : on mettait les pieds sous la table et elle nous servait – « une véritable esclave », comme elle disait. D'un autre côté, si j'essayais de me faire un œuf, elle était tout de suite derrière moi à m'observer en me gratifiant de regards critiques et désapprobateurs. Et si je voulais prendre moi-même mes couverts, elle me lançait invariablement : « Qu'est-ce que tu cherches ? »

En y repensant, je me dis que c'est à partir de ce jour-là que j'ai commencé à la considérer d'une manière différente. Je me suis rendu compte qu'elle devait avoir une vie intérieure, que c'était un être doué de pensées, de sentiments, de souvenirs et de désirs comme tout un chacun. Mais je sentais qu'il y avait quelque chose de changé en elle, qu'elle s'était endurcie. Nous étions devenus une énigme l'un pour l'autre, et j'avais conscience qu'elle ne s'intéressait pas spécialement à mon existence d'adulte.

J'étais toujours son fils, certes, mais sur un certain plan, j'étais aussi quelqu'un d'autre, un intrus, un esprit adulte ayant envahi le corps de l'enfant qu'elle avait tant aimé.

Franchement, je ne sais pas si j'étais adulte. Ce printemps-là, pour diverses raisons, j'avais failli me faire recaler à mon dernier semestre universitaire et, ultime recours, j'avais réussi à convaincre mon conseiller pédagogique de m'obtenir une dispense pour que je puisse repasser les examens l'année suivante ; deux semaines avant la fin des cours, j'avais fait mes bagages et j'étais rentré à la maison. C'était le week-end de la disparition des Morrison.

J'ai pris un boulot dans un vidéoclub situé dans un minicentre commercial près du lac, à environ huit kilomètres de chez ma mère. Quelques années plus tôt, il n'y avait là qu'une station-service et un petit magasin qui vendait des conserves et des appâts. Au fil des ans il s'était agrandi, et en plus du vidéoclub on trouvait aujourd'hui une boutique de souvenirs, un McDonald's et un Domino's Pizza. Cela m'énervait un peu. Ils envahissaient le lac, encore que je ne savais pas très bien à qui ce « ils » se référait – à de nouveaux arrivants, je suppose. Je me sentais supérieur et je passais mes journées à n'éprouver que mépris pour les films que la plupart des gens louaient.

Tout le monde ne parlait plus que de la mort des Morrison. Mon patron me raconta que des journalistes étaient venus, et même une équipe de télévision de Denver. C'était un mystère. Est-ce qu'ils avaient simplement quitté la route et perdu connaissance avant de s'enfoncer dans l'eau ? Ou s'agissait-il d'un acte criminel ? À en croire un type obèse en short, ils auraient, paraît-il, été drogués, un coup de la mafia – et si c'était vrai, les journaux ne publieraient bien sûr rien à ce sujet.

Ce que publia en revanche ce matin-là, en première page, le *Star Intelligencer*, c'est une mauvaise photo studio, fort troublante, de la famille Morrison. Ils souriaient tous à l'objectif, même le bébé. La mère était assise devant, tenant celui-ci sur ses genoux ; la fillette de sept ans, potelée et manifestement fière de ses cheveux qui lui arrivaient à la taille, était assise à sa droite, et le petit garçon de cinq ans à sa gauche, les cheveux qui rebiquaient un peu, « en crête de coq », comme disait ma mère ; quant au père, il se tenait derrière, une main sur l'épaule de chacun des deux enfants.

En regardant la photo, on ne parvenait pas à les imaginer sous l'eau dans cette voiture. Je me représentais cela comme une scène dans un film de Bergman, un peu floue, l'eau d'une couleur sous-marine incertaine, comme vue au travers d'une vitre teintée en vert. Les cadavres flottent à quelques centimètres au-dessus des sièges, ballottés par les courants tout en restant maintenus par les ceintures de sécurité. Des petits poissons argentés filent au-dessus des mains pâles toujours agrippées au volant et vont se dissimuler parmi les longs cheveux de la fillette qui ondulent comme des algues ; peut-être qu'une balle de plastique flotte près du plafond. Leurs yeux sont grands ouverts, leurs bouches entrouvertes ; leur peau est nacrée comme l'intérieur d'un coquillage ; leurs visages n'affichent pas d'expression particulière. Ils ont le regard fixé droit devant eux, exprimant, peut-être, une légère surprise.

Songeant à toutes les fois où j'avais nagé dans le lac au cours de ces derniers mois, j'éprouvai vaguement le besoin de me relaver, comme si cette vision des cadavres avait filtré dans l'eau, comme si ces morts inconnus avaient laissé une pellicule sur ma peau. Ma mère, pour la même raison, avait jeté tous les poissons qu'elle avait pêchés cet été et mis au congélateur. Elle les croyait contaminés. Au souvenir du poisson-chat – un charognard – qu'on avait mangé pané un samedi soir il y avait quelques semaines de cela, j'avais envie de vomir.

Les gens qui savaient où habitait ma mère ne manquaient pas de l'interroger. Elle n'avait rien entendu, répondait-elle. Quant à moi, je n'étais pas encore rentré de l'université. Je trouvais cela bizarre, cependant. Illogique. Peut-être la police finirait-elle par comprendre ce qui était arrivé. Je préparai de petits discours à l'intention des journalistes ou des caméras de télévision, mais personne ne m'interviewa.

La police était venue voir ma mère le jour où on avait découvert la voiture. On lui avait posé des tas de questions, disait-elle, mais elle ne pouvait que leur répéter qu'elle n'avait rien entendu. Je l'imaginais assise sur notre vieux canapé face aux policiers. Je me représentais son maintien raide, protocolaire, le ton monotone sur lequel elle s'efforçait de répondre. Elle devait avoir l'impression d'être devant un tribunal – comme l'un de ceux qui, bien au chaud dans leur appartement, étaient restés sourds aux appels au secours d'une femme qu'on assassinait dans la cour en bas de chez eux.

Elle était vraiment comme ça. Non qu'elle s'en moquât, mais confrontée à un événement qui ne la concernait pas, elle avait du mal à prendre des initiatives. Elle pensait que quelqu'un aurait déjà fait ce qu'il fallait.

En rentrant du travail, je lui résumai ce que je savais : la photo dans le journal, l'équipe de télévision, les hypothèses qui circulaient. La main sur le front, elle fit : « Oh, oh », puis elle secoua la tête avec tristesse et se tut. Quelques instants plus tard, elle me demanda si des hamburgers me convenaient pour le dîner.

Sur le moment, cette étrange façon de sauter d'un sujet à un autre, cette insistance à revenir au quotidien, me parut relever de l'ironie la plus pure. Je me dis parfois qu'elle devait être si refoulée qu'elle était plus ou moins vide à l'intérieur – ou, au mieux, réduite à un être à une seule dimension dans lequel la conscience constituait un espace où l'on se bornait à donner et à exécuter les ordres les plus simples : manger, dormir, faire à manger à son fils, dormir de nouveau. Peut-être que, de temps en temps, une fraction de seconde, une émotion ou une idée parvenait à s'y glisser avant de se désintégrer. Si quelqu'un pouvait manifester un manque total de curiosité à l'égard d'une pareille tragédie, c'était bien ma mère.

Ainsi se déroulait notre vie : dîner, vaisselle, parfois une vidéocassette que je rapportais du travail et devant laquelle en général elle s'endormait. Quand je lui demandais quels films elle aimait, elle haussait les épaules et répondait :

« Oh, ça m'est égal. Pour moi, ils se ressemblent tous. De toute façon, la moitié n'ont aucun sens. » Le jour où j'insistai pour qu'elle m'en nomme au moins un qui lui avait plu, elle finit par citer *Seule dans la nuit*, l'histoire d'une femme aveugle menacée par des criminels. À la suite de quoi, je ramenai quelques films à suspense qu'elle regardait sans passion mais avec une pointe d'intérêt – morts brutales, assassins cachés derrière une porte, femmes hurlantes poursuivies le long de couloirs interminables. Le film fini, elle affirmait à chaque fois qu'elle savait depuis le début comment il allait se terminer.

Avec le recul, je m'aperçois que ç'avait été ma dernière chance d'apprendre à la connaître. Je n'habiterais plus jamais avec elle, sinon à l'occasion de brèves visites pour Noël ou pour la fête de l'Indépendance. Je songe parfois que si j'avais été plus attentif, j'aurais pu prévoir ce qui devait lui arriver plus tard. Et peut-être même que si j'avais remarqué les signes que je ne peux aujourd'hui rechercher que dans ma mémoire, ce ne serait pas arrivé du tout.

Or, à l'époque, l'énigme que pouvait représenter la vie intérieure de ma mère m'intéressait beaucoup moins que le mystère de la famille Morrison. J'appelais mes copains d'université pour leur en parler, indigné que les informations nationales ne traitent pas de l'affaire. « C'est incroyable, leur disais-je. Tu vois, c'est comme s'il n'y avait aucune explication rationnelle. »

J'allai examiner moi-même le lieu de l'accident. Je repérai l'endroit où la voiture avait quitté la route, apparemment sans raison. Elle avait dû s'engager à toute allure dans le virage de ce chemin de terre – en pleine nuit, supposait-on, encore qu'on n'eût aucune certitude. Ils devaient rouler si vite que même les jeunes arbres hauts de deux mètres ne les avaient pas ralentis. La voiture s'était probablement envolée au-dessus du talus, car si les pneus avaient mordu la bande de sable entre le talus et l'eau, elle se serait arrêtée et ils se seraient enlisés, situation certes embarrassante mais plutôt comique après coup. Mais elle était passée par-dessus et s'était enfoncée dans l'eau. Au bord, le lac était peu profond avant de tomber à pic après quelques dizaines de mètres que la voiture avait donc franchis on ne sait comment.

« Pourtant, est-ce que les voitures ne flottent pas un moment avant de couler ? » s'étonna un de mes amis. Il était sûr que oui. Et même, ils auraient certainement eu le temps de baisser les vitres tout en sombrant, et au moins l'un d'entre eux aurait dû réussir à sortir.

Longeant le chemin, je ne notai aucun signe de l'accident : pas de marques de pneus au pied du talus, pas même un arbre cassé. Bien sûr, près de deux mois avaient passé et depuis, les jeunes arbres souples s'étaient redressés, les plantes avaient poussé et la pluie avait effacé les traces.

Lorsque je regagnai le bungalow par le rivage, je vis la camionnette de mon père dans l'allée. Il était sans doute venu déjeuner. Je remontai par l'escalier de la plage – construit par mon père des années auparavant –, pieds nus, silencieusement, ce qui n'était pas tout à fait délibéré de ma part. Je les entendais parler dans la cuisine. La porte en verre coulissante qui donnait sur la terrasse était ouverte et leurs voix dérivaient dans l'atmosphère, claires et désincarnées.

« Appelle-la, disait ma mère. Dis-lui que si elle ne te paie pas cette semaine, tu portes plainte.

– J'ai envie d'aller la voir et de tout démolir.

– Tu devrais le faire. »

Il éclata de rire. « Tu imagines sa tête ? dit-il.

– Je voudrais bien être là », fit ma mère, pouffant à son tour.

Je m'assis en haut des marches pour écouter. Dès qu'ils parlaient affaires, qu'ils élaboraient des plans et des stratégies, ils s'entendaient de nouveau à merveille. J'étais incapable de me défendre d'un sentiment de tristesse. La vie pourrait être ainsi, pensais-je stupidement. On serait amis, on plaisanterait, on bavarderait de tout et de rien. Oui, pourquoi pas ?

« Elle se figure probablement que je lui dois quelque chose, reprit mon père.

– Ah bon ? fit ma mère d'un ton glacial.

– Non, non, protesta mon père. Pas vraiment. » Il se racla la gorge.

« Très bien », dit ma mère.

Ils se turent. Je perçus le bruit d'une assiette qu'on pose sur la table. Je me levai et entrai.

Tous deux dressèrent la tête et sursautèrent.

« Salut, fiston, dit mon père. Qu'est-ce que tu faisais ?

– Rien », répondis-je.

Je vis leurs visages se fermer tandis qu'ils enterraient le sujet de leur conversation. Je commençais à réaliser que je ne les connaissais pas véritablement. En tout cas, à l'âge de vingt-deux ans, Shorty était tombé amoureux de ma mère, une standardiste de trente-deux ans à la langue bien pendue. Ils avaient réussi à rester vingt ans mariés et, un jour, ils avaient décidé de se séparer. Cela ne tenait pas debout et je les regardai un moment, conscient de ce nouveau mystère dans ma vie.

« Un peu de soupe ? » me demanda ma mère, comme si elle s'adressait à un client dans un restaurant.

Quand j'y repense, je regrette de ne pas avoir cherché plus systématiquement les réponses à mes interrogations. Je ne sais même pas si, à l'époque, je cherchais vraiment des « réponses ». De fait, je pensais surtout à moi : où en serais-je à trente-deux ans, à quarante-cinq, à cinquante-cinq ? Comment faisait-on pour tomber amoureux, se marier, avoir un travail, une famille et vivre sa vie ? Je voulais réduire la vie de mes parents à un scénario – intrigue, motivation, thème – et y inclure tout ce qu'on pouvait analyser sans difficulté, tout ce qui serait susceptible de me fournir un indice sur la manière de faire, ou de ne pas faire.

Peut-être était-ce ce à quoi je songeais pendant que ma mère et moi étions assis sur la terrasse par les nuits chaudes. Nous fumions, le regard rivé sur les eaux noires du lac, sur les lumières des maisons de la rive d'en face, sur les lucioles qui scintillaient dans l'air et m'évoquaient le bout de la cigarette de ma mère qui rougeoyait plus intensément lorsqu'elle tirait dessus.

Je ne me souviens pas si nous parlions. Encore que nous devions parler du temps, ou de nos activités quotidiennes ; peut-être plaisantions-nous à propos des « nouvelles » qui figuraient dans les tabloïds de supermarché qu'elle aimait lire. Il me semble que c'était l'année de la mort de la princesse Grace de Monaco dans un accident de voiture aussi mystérieux que le nôtre. Je suppose que nous en avons discuté.

En fait, c'étaient les sujets que nous n'abordions pas qui me paraissaient les plus importants. Je voulais savoir ce qu'elle pensait réellement de moi ; ce qui s'était réellement passé entre mon père et elle ; ce qu'elle allait faire désormais de sa vie. Seulement, on avait l'impression d'être plongés sous l'eau et que ces conversations dérivaient à la surface, loin au-dessus de nous, telles les ombres ondulantes de radeaux et de nageurs qui alarmeraient les poissons.

Je demandai : « Alors... quels sont tes projets pour cette année ?

— Oh, dit-elle avec un soupir. Je n'en ai pas la moindre idée. La routine, sans doute. Vivre ici, m'occuper de la comptabilité de ton père, tâcher de me débrouiller. »

Elle se tut, comme si derrière l'expression « se débrouiller » se dissimulaient plein de dangers. Deux gosses, riant et criant, déboulèrent en courant sur la plage. Leurs lampes dansaient comme des feux follets. On les regarda se diriger vers l'endroit où on avait découvert les corps. Les lumières oscillèrent puis diminuèrent cependant que les enfants disparaissaient dans la nuit.

« Ce coin de la plage va être hanté, dis-je. Tu ne crois pas ?

— Qu'est-ce que tu racontes ? répondit-elle sèchement.

— Tu sais bien, avec tout ce que les gens inventent. Quand des choses pareilles arrivent.

— Hmmm, fit-elle avec méfiance. Les gens sont comme ça. Des idiots. » Elle me considéra un instant, comme si j'étais l'un d'entre eux, un espion venu du monde des ignorants. Elle inclina la tête et souffla un long panache de fumée. « Je n'y pense pas », déclara-t-elle d'un ton ferme, les sourcils froncés. J'avais l'impression, alors qu'elle fixait les eaux sombres du lac, qu'elle était troublée. Les grands peupliers bordant le bungalow frissonnaient sous la brise. Elle écrasa sa cigarette et en alluma une autre.

Aussi loin que remontent mes souvenirs, ma mère avait toujours été comme ça. Il est vrai que quand on est enfant, on ne fait pas beaucoup attention, du moins était-ce mon cas. Il me semblait que tout suivait l'ordre naturel des choses. J'ignore quelle était sa vie au fil des jours. Je ne me rappelle que les détails. Comment, lorsqu'elle enlevait ses bigoudis, elle me laissait passer les doigts dans ces petits rouleaux pareils à des tubes. J'étirais ses cheveux, puis je les regardais reprendre leur place en boucles parfaites sur son crâne. Ensuite, elle les brossait jusqu'à ce qu'elles forment une espèce de bulle, de casque autour de sa tête. Et pour terminer, elle les laquait jusqu'à ce qu'elles soient bien raides. C'était son rituel de fin de matinée. Après quoi, elle regardait la télévision ou faisait des mots croisés en buvant du café. Quand je réclamais un baiser ou un câlin, elle me les donnait.

Je ne crois pas qu'elle ait jamais été une femme exubérante. Son rire, les rares fois où il s'élevait, était toujours un peu contraint. J'ai vu de vieilles photos d'elle en compagnie de mon père où elle paraît rire, mais elle jette en même temps un regard en biais, l'air mal à l'aise. Elle n'est pas spécialement jolie sur ces photos – ses traits trahissent trop de dureté, trop de circonspection et d'ambivalence. C'est mon père qui semble rayonner. On voit à son visage, à la façon dont il la regarde, qu'il est amoureux. Il la craint un peu aussi, dirait-on, comme si c'était une sœur aînée qui le surpasserait toujours, mais il n'y attache pas d'importance.

Au cours de ma pré-adolescence – entre neuf et treize ans, mettons – elle était très déprimée. Je savais pourquoi. On me l'avait dit. C'était à cause de ma sœur, Teresa Joy, qui était morte.

Teresa Joy n'était pas une vraie sœur, même si mes parents l'appelaient tout le temps comme ça. « Ta sœur », disaient-ils. C'était un bébé mort-né que je n'ai jamais vu. Pourtant, mes parents l'ont mise dans une tombe qu'ils fleurissent le jour des morts. Il y avait eu, comme je l'ai appris plus tard, un certain nombre de fausses couches entre moi et Teresa Joy, toutes dans les premiers stades de la grossesse. Teresa Joy avait été un coup de chance. Seulement, elle s'était étranglée avec le cordon ombilical, et les médecins, apparemment, n'avaient rien pu faire.

Je me souviens du jour où ma mère a tenté de se tuer. Personne n'a présenté cela ainsi, mais j'étais assez grand pour comprendre. Je me rappelle l'ambulance devant la maison, les hommes qui essayaient de l'étendre sur une civière tandis qu'elle était encore assez consciente pour se débattre, agiter les bras quand ils la soulevaient, marmonner des protestations cependant que ses lèvres, couleur argile, bougeaient mécaniquement comme dans un film japonais mal doublé. « Non, non, non, disait-elle. Non, non. » Aujourd'hui, je pense qu'elle avait avalé une poignée de comprimés quelconques.

Mon père et moi étions un soir au Fishhead. On discutait. Il voulait que je fasse une partie de billard avec lui. Bien que je n'aie jamais été doué pour aucun jeu, je finis par accepter. Je me disais que je lui devais au moins cela, que c'était le genre de choses qu'un père et un fils faisaient ensemble.

« C'est pas grave », dit-il alors que la boule blanche que j'avais envoyée passait à côté du triangle de boules de couleur qu'elle était censée briser. « Tu feras mieux la prochaine fois », reprit-il, frottant le bout de sa queue de billard avec du bleu.

J'ignore pourquoi on évoqua ensuite l'histoire de ma mère et du jour où elle avait failli mourir. Peut-être était-ce à cause de la façon dont il regarda par-dessus son épaule, nerveux et inquiet à l'idée qu'on se moque de ma maladresse. Ou peut-être simplement parce qu'on venait de parler d'elle.

« Tu te rappelles comment elle était quand tu étais petit ? me demanda-t-il. Mon vieux ! c'était vraiment quelqu'un à l'époque ! Tu ne te souviens peut-être pas, mais elle était drôlement passionnée.

– Passionnée ? »

Une image jaillit dans mon esprit : ma mère luttant avec les ambulanciers. Où était mon père à ce moment-là ? Debout à côté d'elle ? En train de regarder ? Impossible de me rappeler. Il se pencha au-dessus du billard, fit coulisser la queue entre ses doigts.

« Je ne sais pas, dit-il. Il y a plein de sentiments refoulés en elle. » Il expédia une boule rayée dans une poche et la regarda disparaître. « Ah, Sean, reprit-il. Tu sais combien je me suis efforcé d'être un bon mari et un bon père. J'ai été un bon père pour toi, non ?

– Oui, oui, bien sûr, répondis-je. Naturellement. »

Il était un peu plus ivre que d'habitude, me semblait-il. Il me jetait des regards en coin, calculateurs, comme s'il détenait un secret qu'il hésitait à me confier. Il ferma un œil et, de l'autre, me jaugea. Encore quelques verres, et il pourrait commencer à dire des choses intéressantes.

« Tu bois un coup ? » lui proposai-je sournoisement.

Il haussa les épaules. « Oui, pourquoi pas ? »

J'allai au bar d'où je revins avec deux bourbons secs. Il était sur le point de terminer notre deuxième partie. Il désigna la poche dans laquelle il comptait loger la boule 8, gagna une nouvelle fois puis, fier de sa victoire, leva son verre à ma santé.

« Tu as besoin d'un peu plus d'entraînement », murmura-t-il d'un ton persifleur.

Il ne s'aperçut pas que moi aussi, j'avais remporté à ma manière une petite victoire, car dès qu'on s'installa de nouveau au bar, il se frotta le menton et, l'air désabusé, contempla son reflet dans la glace derrière la rangée de bouteilles. « Tu vois, j'ai réfléchi, dit-il. Tu sais ce que je crois ? Eh bien, je crois que cette femme, elle l'a fait exprès.

— Quoi ? dis-je, pensant encore à ma mère.

— Cette femme au volant de la voiture tombée au fond du lac, précisa mon père. Je crois qu'elle l'a fait exprès. Elle avait tout combiné à l'avance, tu vois ? C'est ça qu'ils n'ont pas compris. C'était volontaire. Peut-être que le mari était au courant, mais je n'en suis pas sûr. En tout cas, elle, elle savait parfaitement ce qu'elle faisait.

— Mais papa, pourquoi elle aurait fait une chose pareille ? »

J'avais dû prendre un certain ton, car il grogna comme si je venais de l'offenser. « Pourquoi les gens font ce qu'ils font, Sean ? » répliqua-t-il. Les yeux voilés par l'alcool, il me considéra avec tristesse. « Tu te figures que tu es capable de le dire ? On t'apprend ça à l'université ? » Il continua à me dévisager, pensif, et plus tard, quand je serais plus âgé, je me souviendrais de son expression. C'était celle d'un homme qui réalise soudain qu'il ne connaît pas son fils et que son fils ne le connaît pas. Il haussa les épaules. « Enfin, conclut-il.

— Je n'ai fait que poser la question, me défendis-je. Je ne mets nullement tes paroles en doute. »

Le geste mal assuré, il plaqua la main sur son front. « Je vais te raconter une histoire, dit-il. Tu ne t'en souviens probablement pas, tu étais trop petit à l'époque. Tu te rappelles peut-être quand Teresa Joy est née ?

— Oui.

— Eh bien, tu sais, ta mère... elle était bouleversée. Elle traversait une période difficile. Le corps des femmes enceintes subit un tas de transformations, les hormones, tout ça. Toi qui as fait des études, tu dois le savoir mieux que moi. » Il s'interrompit et, gêné, je me tortillai sur mon tabouret.

« Non, pas vraiment, dis-je. Je n'ai pas suivi ce genre de cours.

— Mmmm », fit mon père. Il baissa les yeux, étala du pouce un cercle humide sur la surface vernie du comptoir. « En tout cas, tu le sais, reprit-il. Elle était déprimée. On a dû affronter ça tous les deux. Je sentais qu'il fallait que... que je la surveille. Elle n'était plus elle-même. Elle... enfin, elle en était arrivée au point où elle représentait un danger pour elle-même. Tu te rappelles. C'était très dur. Elle n'avait jamais été quelqu'un de faible, tu sais, et moi, je n'étais pas... je ne peux pas dire que j'étais capable de lui fournir le soutien dont elle avait besoin. Je n'étais pas préparé à ça, tu comprends ? Je pensais qu'elle serait toujours comme... comme elle était avant.

« Je vais te raconter, poursuivit-il. Je repense toujours à cette nuit-là. Elle ne dormait pas beaucoup à l'époque, tu vois, et je ne sais pas ce qui m'a réveillé, sans doute le bruit qu'elle faisait dans la cuisine. Tu comprends, je ne dormais que d'un œil, au cas où elle tenterait quelque chose.

« Aussi, je me suis levé. Peut-être que je rêvais encore à moitié... il devait être minuit et quelques, et il lui arrivait souvent de se balader dans la maison à des heures pareilles. N'empêche que j'avais une drôle d'impression. Donc, je... je l'ai appelée, mais elle n'a pas répondu. Je suis allé dans la cuisine et j'ai tout de suite senti le gaz.

« Tu comprends, Sean, elle n'était plus elle-même, continua-t-il sur un ton d'excuse, alors que je me contentais d'écouter, le visage inexpressif. Tu vois, elle était carrément ailleurs, je m'en rendais compte. Debout devant la cuisinière, elle se contentait de fixer les brûleurs. Je suppose qu'elle avait éteint la veilleuse. L'odeur était très forte. D'un seul coup, j'ai vu qu'elle avait une cigarette à la bouche, pas allumée, et qu'elle tripotait son briquet. Elle attendait et réfléchissait. Je ne sais pas ce que j'ai dit. Probablement quelque chose comme : "Non, ma chérie, ne fais pas ça."

« Je ne sais pas non plus quelles idées me passaient par la tête. Je ne crois pas avoir le moins du monde paniqué. Il me semble que quand elle a fini par lever la tête, il y a eu une partie de moi qui désirait qu'elle aille au bout de son geste. J'aimais énormément ta mère, et elle avait de ces yeux. Oh là là, les yeux qu'elle avait ! J'étais prêt à tout quand elle me regardait d'une certaine façon. Je me disais – en tout cas, une partie de moi se disait – eh bien, pourquoi pas ? Tout foutait le camp. Tu vois ce que je veux dire ? C'est l'histoire d'une seconde. Comme pour cette famille, les Morrison, ajouta-t-il avec cynisme. La famille mystère. On aurait été comme eux. Il y aurait eu des articles dans les journaux : "Trois membres d'une même famille périssent dans un mystérieux incendie", ou une connerie de ce genre, et les gens auraient bavardé, spéculé...

– Mais, le coupai-je, elle ne l'a pas fait. Elle a décidé de ne pas le faire. »

Il m'adressa un sourire pincé. « En effet, dit-il. Nous sommes toujours là, non ? »

J'eus soudain la chair de poule. Est-ce que je me serais réveillé si l'air s'était enflammé ? Je m'imaginais, âgé de neuf ans, assis dans mon lit tandis qu'un nuage rouge orange m'enveloppait, tel un éclair. Aurais-je souffert ? Est-ce qu'on ressentait quelque chose quand on cessait brusquement d'exister ? Je me tétanisai à la pensée de cette explosion, de cette disparition. Et moi, alors ? Ils ne pensaient pas à moi ? Je ne posai pas la question.

« Qu'est-ce qui l'a arrêtée ? demandai-je enfin. Pourquoi elle n'a pas ?... »

Mon père haussa les épaules. « C'est ce que je t'ai dit. L'affaire d'une seconde. Je ne sais pas. Peut-être qu'on s'est regar-

dés une minute ou cinq... qui sait ? Toujours est-il qu'elle a fermé le gaz. Et ouvert la fenêtre. Il n'y a pas eu de... de grande scène. Je crois qu'on n'en a jamais reparlé.
— Pourquoi ? » demandai-je d'une voix qui me parut étouffée, tremblante. Je contemplai les lettres de néon au-dessus du bar qui épelaient le mot BEER.
« Qu'est-ce qu'il y avait à dire ? répondit mon père. Qu'est-ce que tu peux dire devant une chose pareille ? »

Des années plus tard, je tenterais de reconstituer en pensée cette conversation dans l'espoir qu'elle me fournisse un indice. Je ne suis parvenu qu'à inventer les paroles de mon père, encore que, dans mon imagination, elles me paraissent réelles. Je me rappelle mon retour à la maison ce soir-là. Mon père et moi, l'air embarrassé, nous nous sommes séparés sur le trottoir devant le bar, à côté de nos voitures. À un moment, on aurait pu tomber dans les bras l'un de l'autre, mais le moment a passé. « Bonne nuit, à demain. — Bonne nuit, dors bien. » J'ai dû monter dans ma voiture, mettre la clé de contact, poser la main sur le volant. La nuit était sans doute sombre, un peu pluvieuse, peut-être, et les arbres qui bordaient la route, enveloppés de brume. Les lignes jaunes au milieu de la chaussée luisante devaient se diviser sans cesse comme des amibes informes sous mes yeux brouillés par l'alcool.

Tout cela s'est probablement produit, mais ce qui demeure gravé dans ma mémoire, c'est l'image de ma mère avec son briquet et la cuisine envahie par le gaz. Je me rappelle la chemise de nuit rouge en imitation velours qu'elle devait porter. Je vois ses pieds nus, osseux, sur les carreaux noirs et blancs de la cuisine. Je vois ma chambre quand j'avais neuf ans, les posters et les dessins de robots scotchés aux murs, le microscope, la petite polisseuse, tout cela est imprimé avec netteté dans mon esprit. Je me rappelle plus clairement les émissions de télévision que je regardais que les discussions entre mes parents.

Quand je suis rentré à la maison, ma mère dormait. Elle aurait été furieuse si elle m'avait trouvé à cette heure-là, titubant, alors que je lui avais promis de ne plus traîner dans les bars. Heureusement, elle ne se réveilla pas. Je me souviens de m'être planté à côté de son lit pour la regarder. La couette était remontée sous son menton. Elle respirait profondément, la mâchoire pendante, vulnérable et innocente. Elle avait les genoux ramenés sur le ventre. Dehors, la pluie faisait un bruit semblable au sommeil. Elle n'avait pas l'air de rêver. Tout était calme.

J'aimerais dire qu'un autre événement important s'est produit cet été-là, que le mystère Morrison a été résolu, que j'ai fini par comprendre la nature des relations entre mes parents et par comprendre ma mère. J'aimerais aussi dire que, peu après la conversation avec mon père dans ce bar, j'ai enfin affronté ma mère et que nous avons eu un entretien en profondeur. Je voulais... j'avais l'intention de lui parler.

Seulement, j'étais très occupé au vidéoclub. De plus, je retournais à l'université en automne et il fallait que je décide ce que j'allais faire. Devant moi s'étendait un immense espace de temps vierge que je devais délimiter et coloniser : mon avenir.

Et puis, il y avait une fille que j'avais rencontrée. Elle habitait avec ses parents un bungalow non loin de celui de ma mère. Elle avait dix-huit ans et s'apprêtait à entrer à l'université. Je crois qu'elle s'appelait Michelle. On avait fait l'amour sur la plage, au bord de la tombe aquatique des Morrison. C'était la première fois, m'a-t-elle dit, et après, j'ai creusé un trou dans le sable avec mon pied nu pour y enterrer le préservatif usagé – ma semence, mes fils et filles potentiels enfermés dans leur cercueil de plastique sous le sable tassé par la paume de ma main. Michelle était assise à côté de moi, drapée dans une serviette de plage, silencieuse et rongée de regrets.

Ma mère dormait dans la chambre de son bungalow. Elle s'insinua dans mon esprit, mais je l'en chassai. S'il y avait bien quelqu'un à qui je ne souhaitais pas penser, c'était ma mère.

En vérité, j'ai vite oublié ce dernier été en compagnie de mes parents – de même que les Morrison étaient passés de la première à la dernière page des journaux avant de disparaître à jamais des préoccupations des journalistes. J'ai poursuivi mon chemin : j'ai terminé l'université, occupé divers emplois, habité différents appartements dans différentes villes et changé souvent de petites amies. Entre vingt et trente ans, je n'ai cessé de me dire que ma vie aurait fait un film formidable. C'est seulement quand j'ai commencé à la raconter que je me suis rendu compte qu'elle se résumait à peu de choses. Ce n'était qu'une succession de faits isolés.

Et puis, presque dix ans après les Morrison, ma mère disparut à son tour.

On était en août. Essayant en vain de joindre ma mère au téléphone depuis quelques semaines, je finis par appeler la police. Naturellement, je l'imaginais morte, son cadavre se décomposant dans le couloir entre la cuisine et la chambre, ou bien assise sur les toilettes comme Elvis, frappée par une crise cardiaque.

Il n'en était rien. Le bungalow semblait abandonné, me dit-on, et quand j'arrivai en voiture une semaine plus tard, je pus le constater par moi-même. La plupart des meubles étaient toujours là, mais dans les placards il n'y avait plus que les cintres. Le réfrigérateur, bien qu'encore branché, était vide. La porte d'entrée avait été laissée grande ouverte.

D'une certaine manière, je ne crois pas avoir été autrement surpris. Mon père, mort trois ans auparavant d'une attaque à l'âge de cinquante-deux ans, reposait à côté de la petite tombe de Teresa Joy. Après, je n'avais plus très bien compris ce que ma mère me disait. Elle avait raconté des choses étranges ces derniers temps – le bungalow lui faisait peur, elle avait eu l'impression d'être épiée, et maintenant elle en était sûre ; elle pensait que quelqu'un tentait d'entrer par effraction. Elle prétendait avoir découvert des rayures autour de la serrure de la porte – la nouvelle serrure qu'elle venait d'installer – ainsi que sur les châssis des fenêtres, et des éraflures sur le bois, comme si on avait voulu les forcer. « J'ai peur, disait-elle. Des fois, je panique. » Je ne pense pas lui avoir reparlé depuis.

Je n'avais pas pris ses craintes très au sérieux, je dois l'avouer. Elles étaient enfouies sous une longue litanie de récriminations et d'inquiétudes – à propos de sa santé comme de ses nouveaux voisins – qui constituaient le sujet principal de nos conversations téléphoniques. Dès que je commençais à évoquer ce que je faisais, je percevais son impatience.

Pourtant, elle ne paraissait pas folle. C'est ce que j'ai dit à la police lorsqu'on m'a interrogé. « Elle ne semblait pas désorientée ? » me demanda un inspecteur. Je ne pus que hausser les épaules et répondre : « Pas vraiment. Un petit peu, peut-être. » Je leur expliquai que lors de ma dernière visite, à Noël, elle m'avait donné un tas de vieux albums de photos et des souvenirs divers. « Autant que tu prennes toutes ces vieilleries maintenant, m'avait-elle dit. Garde ce qui te plaît et le reste, tu n'auras qu'à le jeter. » Il s'agissait surtout de photos datant de l'époque où nous formions une famille – mon père, elle et moi – et de photos de parents dont je ne me souvenais pas. Il y avait également des bijoux et des babioles que mon père lui avait offerts, ainsi que certains de mes vieux bulletins scolaires et dessins d'enfant qu'elle avait conservés.

Il ne restait rien de tel dans la maison : les armoires, les tiroirs, les espaces de rangement, tout était absolument vide et sentait le désinfectant. Je trouvai juste une pièce de cinq *cents* dans l'un des derniers tiroirs de sa commode et un piège à fourmis dans un autre. Le parquet de la cuisine était ciré. Dans le placard sous l'évier, elle avait mis un sac propre dans la poubelle.

J'ignore pourquoi, mais à cet instant, j'ai eu la certitude qu'elle était morte. Une sorte de terreur passa sur moi comme l'ombre d'un nuage, et je m'aperçus soudain qu'il faisait nuit et que j'étais seul dans le bungalow silencieux. Un arbre qui se dressait devant la fenêtre de la cuisine évoquait une silhouette humaine qui, le temps d'une seconde, dans la faible lumière qui filtrait par le carreau, prit l'aspect d'une femme vêtue d'une longue robe – une chemise de nuit, peut-être. Je laissai échapper un petit cri et m'enfuis de la maison le plus vite possible.

Parfois, et même souvent, je pense qu'elle est encore en vie. On n'a jamais retrouvé sa voiture, ni ses vêtements, et il n'y avait presque plus rien sur son compte en banque. Je l'imagine qui traverse en voiture différents paysages, les yeux fixés droit devant elle, protégés par ses lunettes de soleil qui reflètent la route. Je l'imagine sous un nom d'emprunt à La Nouvelle-Orléans, à Fargo, sur une plage en Floride. Quand le téléphone sonne à des moments inattendus, il m'arrive d'avoir l'impression que c'est elle. Et quand je ne rencontre que le silence à l'autre bout du fil, je ne peux m'empêcher de murmurer : « ... Maman ? » Pourtant, je ne crois pas qu'elle m'appellerait, même si elle était vivante.

Il y a des fois où j'aimerais raconter cela à mon père. Je me demande ce qu'il en aurait pensé. Est-ce l'histoire d'une femme qui a cessé d'aimer son fils ? Est-ce l'histoire d'une femme qui a réalisé qu'en définitive, l'amour n'était pas si important ? Ou bien est-ce l'histoire de mon échec – mon incapacité à comprendre, à interpréter, à réclamer sa protection ?

Que peut-on faire avec une femme comme elle, aurait dit mon père, et je me serais souvenu du jour où, une semaine avant qu'on ne découvre les Morrison, elle était entrée dans le lac, vêtue de son maillot une pièce bleu. Effleurant du bout des doigts la surface immobile de l'eau grise qui lui arrivait à hauteur des genoux, elle m'avait crié : « L'eau est bonne ! » Et moi, sur la plage, si j'avais levé les yeux de mon livre, j'aurais vu son expression, j'aurais vu ce qu'elle pensait en regardant son fils – un adulte, à présent –, et je l'aurais observée plus attentivement cependant qu'elle s'enfonçait de plus en plus, jusqu'à ce que seule sa tête apparaisse. Je sais que le coucher de soleil embrasait le lac. Je sais qu'elle s'était retournée pour me regarder. Je sais qu'elle pensait quelque chose.

« Pourquoi les gens font ce qu'ils font ? » m'aurait dit mon père, et il aurait écarté toutes les hypothèses que j'émettais. Il m'aurait demandé si on avait dragué le lac à la recherche de son cadavre. Bien sûr que oui, lui aurais-je répondu. On avait ratissé tout le pourtour du lac, mais pour autant qu'on puisse en avoir la certitude, elle ne s'y trouvait pas.

Cette nouvelle est extraite du recueil
Parmi les disparus (2002).

Rebut

de Michael Christie

Traduit par Nathalie Bru

Earl quitte son motel en voiture et se jette dans la mêlée de la ville. Il fait halte dans une supérette du centre et choisit dans une vitrine chauffante deux poulets rôtis qu'il dépose dans son panier.

« Votre dîner du dimanche ? » demande l'employé, un homme de son âge.

Earl est étonné de voir quelqu'un comme lui occuper un tel poste. « Avec mon petit-fils », répond-il. Aveu qui l'emplit d'un sentiment soudain de déloyauté. Il règle et, pour épargner cette tâche à l'homme, glisse lui-même les poulets dans des sacs en plastique.

De retour dans sa voiture, il pousse jusqu'au quartier voisin d'English Bay, se gare et, d'une pression du doigt, fait sauter le couvercle bombé de l'emballage. Lorsqu'il arrache une cuisse, de la vapeur s'échappe de l'interstice. Écoutant la radio d'une oreille, il dévore presque tout le volatile, va chercher la chair avec les doigts jusqu'entre les os. L'hiver est là, et la nuit ici tombe beaucoup trop tôt à son goût – une obscurité qui s'installe dès 16 h 30, aspirant toute chose. Immobile, il regarde trembler les lumières des innombrables cargos dans le vide du bras de mer. Tous pareils à des villes lointaines si nombreuses que nul ne saurait dire où l'une commence et l'autre finit. Il jette un œil sur les chiffres verts de l'horloge du tableau de bord : 20 h 30. Il n'est pas en retard, mais l'heure est venue de se mettre en route.

Earl repense au jour pas si lointain où il a acheté la voiture – un petit modèle performant, idéal pour la ville – et aux longues heures qu'il a passées ce soir-là à essayer de régler la pendule pour finalement se voir contraint de retourner chez le concessionnaire le lendemain et laisser un gamin en bleu de travail s'en charger à sa place. Il a toujours préféré faire les choses lui-même, quitte à y passer trois fois plus de temps ; et du vivant de sa femme, nombreux étaient les soirs où son dîner refroidissait sur la table tandis que, le visage rougi par l'effort, il bricolait dans son atelier.

Earl sort dans l'air iodé du bord de mer et jette la carcasse de poulet à la poubelle. En s'éloignant en marche arrière, il surprend dans le halo de ses phares un oiseau de mer gris qui plonge avidement vers le tonneau métallique.

Bientôt, il sillonne au ralenti les rues étroites de West End à la recherche d'un coin où caser sa cinq-portes gris métallisé. Il s'insère derrière la camionnette d'un service de nettoyage à seulement quelques pâtés de maisons de sa destination. Il attrape sa canne en aluminium sur la banquette arrière et coince le second poulet sous son bras, heureux de le trouver encore chaud. Depuis peu, Earl sent ses forces le lâcher, et ses genoux flageolent et craquent quand il s'engage dans une allée surplombée de deux immeubles d'habitation en béton, gigantesques et fiers. Son nouveau médecin lui a prescrit une paire de bas de contention en nylon parce que son sang s'est mis à stagner dans ses jambes sans daigner remonter. Cela a commencé dans l'avion, deux mois plus tôt, ses pieds ont tant gonflé qu'on aurait dit des pattes d'ours violacées.

Les collants n'y ont pas changé grand-chose. Earl pense que l'humidité de la région est sans doute incompatible avec sa constitution circulatoire, si tant est qu'une telle chose existe.

Il arrive à hauteur de la benne à ordures, son petit-fils ne va pas tarder. À côté gisent des chutes de bardeaux de vinyle et un lourd bureau en chêne tels ceux que les instituteurs affectionnaient jadis. Le couvercle de la benne est fermé, mais pas verrouillé. Il a remarqué que de plus en plus de conteneurs étaient équipés de chaînes et de cadenas ; il y a même eu à la radio des débats sur ce sujet. Il a entendu des interviews d'urbanistes désireux de voir disparaître les bennes, d'agents de sécurité qui y versent de l'eau de javel pour empêcher les faiseurs de poubelles de récupérer quoi que ce soit. Earl ne voit pas la logique de tout ça. En quoi cela gêne-t-il que quelqu'un fasse usage de ce dont personne ne voulait de toute façon ?

Soulevant le couvercle, il coule un regard à l'intérieur. Six sacs de supermarché bien ficelés presque identiques, bourrés de détritus de cuisine, une plante verte à moitié desséchée, et un gâteau d'anniversaire intact dans une boîte en plastique transparent laissant apparaître une inscription : *Joyeux anniversaire Charlie ! 28 ans déjà ! On t'embrasse. La famille.* Dans la frénésie des préparatifs, la famille trop zélée en a sans doute par erreur commandé deux, il ne peut pas y avoir, pour Earl, d'autre explication.

La benne se trouvant adossée à un mur en parpaing, on ne peut faire basculer le couvercle, qui se rabat systématiquement. Earl le maintient avec sa tête et, en équilibre instable sur la pointe des pieds, fait descendre le poulet dans son cercueil de plastique aussi près du sol que possible. Le rebord métallique lui enfonce le sternum, ses yeux s'injectent de sang. À l'instant où il s'apprête à lâcher, une tension soudaine puis un claquement froid lui étreignent le genou, il perd très légèrement l'équilibre et l'emballage lui glisse maladroitement des doigts. Earl regarde le couvercle bombé en plastique sauter de sa base noire en heurtant le fond, libérant son contenu dans un sursaut. Le poulet finit sa course à moitié sur le plastique, à moitié sur le fond visqueux de la benne.

« Zut ! »

Earl émerge de la poche d'air vicié, des picotements dans les oreilles et au bout des doigts du fait de sa mauvaise circulation. Il teste son genou, tout semble aller. Que cette saleté d'articulation n'en fasse qu'à sa tête le met plus en rage que n'importe quelle douleur.

Earl jette un œil à sa montre. Il sera là bientôt, à la même heure que les autres soirs, en beaucoup moins de temps qu'il n'en faudrait à Earl pour aller chercher un autre poulet.

Quelques mois auparavant, alors qu'Earl occupait encore le bungalow en brique sur Miles Avenue, à l'est de la ville, son petit-fils lui était apparu presque comme en rêve. C'était un temps où Earl allait à la dérive, dans le sillage du décès soudain de sa femme Tuuli, frappée à soixante-quatre ans par une rupture d'anévrisme pendant une partie de curling au club dont ils étaient tous les deux membres. Depuis les obsèques, alors que personne ne venait plus depuis longtemps déposer des petits plats sur le pas de sa porte, Earl se nourrissait de boîtes de lait concentré et de miches de pain blanc qu'il achetait au coin de la rue et dévorait dans la journée. Il s'était retiré dans son sous-sol, qu'il avait lui-même aménagé, avec son lambris en châtaignier et ses dalles de moquette industrielle que Tuuli trouvait rêches sous les pieds. Il préférait cette pièce aux autres – la moins habitée par les souvenirs d'elle –, et là, dans le sous-sol, il passait des heures et des heures devant la télévision, sans guère prêter attention à ce qui défilait sous ses yeux.

De nombreuses semaines s'écoulèrent ainsi, jusqu'au soir où Earl tomba sur un documentaire sur les sans-abri de Vancouver. La journaliste s'exprimait en martelant les mots à la manière de ses confrères, comme si elle s'adressait à un demeuré, mais aussi comme si elle était elle-même accablée par la gravité de la situation. Une main agrippée à son parapluie, l'autre presque comiquement fermée sur un énorme micro, elle déambulait devant une soupe populaire où des hommes écrasés par la vie faisaient la queue avec leurs chariots, barbus, abattus, couverts de crasse. Earl n'avait encore jamais vu à la télévision quelqu'un de sa connaissance, mais là dans la queue, il reconnut son petit-fils : une apparition habitant le corps de l'un de ces hommes. Les cheveux roux du garçon ne faisaient plus qu'un avec sa longue barbe rousse, et il y avait toujours dans son bon œil le même air de défi et d'éternelle insouciance. Mais ce fut l'autre œil, à demi révulsé sous la paupière – les gens l'auraient dit paresseux – qui convainquit Earl.

Cela faisait près de quinze ans qu'Earl n'avait pas vu Kyle. Depuis ce jour de gadoue où il était allé sortir le petit de la cellule où il avait passé la nuit pour ivresse sur la voie publique, voies de fait et Dieu sait quoi encore. Earl l'avait conduit droit à la gare routière, puis, après avoir posé six billets de vingt dans sa main, il lui avait tourné le dos. Kyle avait seize ans.

Earl se rendit compte, là dans le sous-sol, qu'une part de lui-même à laquelle il rendait rarement visite avait décidé depuis longtemps que le petit était mort. Son premier réflexe fut de songer à appeler sa fille, Sarah. Mais c'était une mauvaise idée. Sarah était fragile, le genre de femme que pareille nouvelle mettrait en miettes, née convaincue que tout ce qu'il y avait de misère en ce bas monde était forcément de sa faute. Et que pouvait-elle y faire de toute façon ? Aller le chercher ? Pour le ramener à la maison ? Elle vivait à Cold Lake, dans l'Alberta – une région aux hivers rigoureux, battue par les vents –, avec sa fille de quatre ans et le père de la petite, un caporal-chef de l'armée de l'air du nom de Reginald, un homme qu'Earl n'avait jamais rencontré, qui passait deux semaines sur trois à survoler des milliers de kilomètres de toundra déserte. Sarah, depuis qu'elle était partie, appelait Earl à n'importe quelle heure du jour ou de la nuit, qu'elle entendît du bruit dans son sous-sol ou qu'elle eût peur d'avoir mangé un truc périmé. Elle avait été une petite fille désordonnée mais bien élevée, alors quand à dix-sept ans elle était tombée enceinte d'un garçon prénommé Dennis, qui habitait quelques pâtés de maisons plus au nord, sur Whalen Street, la nouvelle avait surpris tout le monde. Earl et Tuuli n'avaient jamais su si ces deux-là sortaient ensemble. Dennis avait travaillé avec Earl chez Hydro, un été, à creuser et reboucher des kilomètres de tranchées de câblage, pour se voir renvoyer quand le sol avait gelé, mais il avait fini par dégoter un nouveau job, mieux rémunéré, plus au nord, dans une mine de diamants à cinq heures de route de chez eux. Earl l'avait trouvé vaillant et n'avait jamais un mot de travers à l'égard de ceux qui se faisaient une fierté de ne pas lâcher un boulot.

Sarah décida de garder le bébé, et après la naissance de Kyle, sans les avoir jamais consultés, elle demeura tout bonnement sous leur toit. Ni Earl ni Tuuli cependant n'y trouvèrent à redire. Comme Sarah faisait partie de ces filles dont on parle à la radio, celles qui seraient susceptibles de mettre leur progéniture au four pour la sécher après le bain, ils avaient le sommeil plus serein de la savoir tout près.

Dennis envoyait de l'argent avec une bonne régularité et venait leur rendre visite quand il avait assez de jours de repos d'affilée. Il conservait la plupart de ses affaires chez eux, dans des cartons qu'Earl avait mis à l'abri dans la cabane à outils pour éviter que Kyle ne fouille dedans. Earl l'avait une fois surpris, à l'âge de sept ans, en train de brandir un vieux cran d'arrêt mexicain, et avait une autre fois trouvé un magazine pornographique dissimulé dans sa chambre ; Earl avait jeté l'un comme l'autre à la poubelle, parce qu'il y a des choses qu'on n'apporte pas dans la maison d'un autre homme. Dennis, lors de ses visites, arrivait ridiculement plié en deux sur une moto étrangère et passait des heures dans le jardin à jouer à la bagarre avec un Kyle rugissant aux oreilles cramoisies. Quand Dennis était là, Kyle n'était plus le même. L'enfant calme et le plus souvent respectueux devenait un pitre éhonté, faisait tout pour se faire remarquer. Il courait partout dans la maison, une vieille robe de Tuuli en guise de cape flottant au vent, racontait n'importe quoi, chantait, faisait l'imbécile, tout en décochant à son père des regards impatients. Il le tirait par le doigt, « Je veux te montrer autre chose », et le temps qu'ils arrivent à destination, il avait oublié ce qu'il voulait montrer mais avait déjà eu une autre idée. Il faisait le malin, tout simplement. Earl n'avait jamais aimé le spectacle. Son expérience lui avait appris que ceux qui ont soif d'attention ne méritent le plus souvent pas qu'on s'intéresse à eux, et c'était quelque chose que le petit allait devoir apprendre. Houspillé comme il l'était par Kyle, Dennis avait peu l'occasion de souffler, et Earl le plaignait. Alors il enfermait le petit dans sa chambre et tondait le jardin de devant et celui de derrière afin que Dennis et Sarah puissent demeurer un peu seuls.

Au fil des ans, Kyle se montra de plus en plus excité et difficile après les visites de Dennis, et Sarah se souciait peu de le corriger. Bientôt, l'unique plaisir du petit en l'absence de son père fut de lui écrire des lettres, et c'était d'ailleurs plus ou moins le seul argument qui marchait pour le convaincre d'apprendre à écrire. Mais Dennis ne répondait jamais. Avant les onze ans de Kyle, les visites s'étaient réduites comme peau de chagrin. Tuuli en tenait le compte sur un calendrier qu'elle conservait dans la boîte à gants de sa voiture pour le soustraire aux yeux de sa fille, notant d'un D entouré les jours où il venait. Kyle devint maussade et se détourna des tâches ménagères auxquelles il se pliait naguère avec plaisir. Son comportement perturbateur en classe valut à Sarah d'être plusieurs fois convoquée chez le directeur, mais chaque fois, prise de maux d'estomac ou de migraine, elle décommandait. Earl, aussi douloureux que ce fût pour lui, jugeait que ce n'était pas son rôle d'intervenir.

« On ne peut quand même pas rester les bras croisés », s'était insurgée Tuuli alors qu'ils rentraient du bowling. C'était un soir d'été sans pluie, les vitres étaient ouvertes, le ciel rose et pommelé, le genre de soirée que plus tard Earl ressasserait pendant des heures.

« C'est un bon petit la plupart du temps – il a un truc qui cloche, voilà son problème, répondit-il. Et avec une mère qui peut à peine lacer ses chaussures, comment veux-tu lui en tenir rigueur ?

– Oh, Earl, il n'a pas un seul copain, les gamins du quartier le fuient comme la peste.

– Eh bien, s'il se comporte comme une peste, mieux vaut qu'il s'habitue à voir les autres garder leurs distances. » Tuuli fronça les sourcils. Earl déplaça ses mains sur le volant. « Il faut juste qu'il se prenne en charge. Il s'assagira quand il sera en âge de travailler. Pas besoin de s'en faire. »

Peu de temps après, une camarade de lycée qui venait de décrocher un job de serveuse à bord d'un paquebot de croisière norvégien proposa à Sarah de se joindre à elle.

« Si je dis non, je crois que je le regretterai », annonça Sarah à ses parents devant un bol de porridge au petit-déjeuner. Kyle, en bout de table, farfouillait dans le pot de sucre roux.

« Ça suffit avec le sucre, Kyle, dit Earl.

– On a toujours rêvé de partir en croisière, hein, Earl ? fit Tuuli.

– Ça suffit ! insista Earl, la gorge serrée de voir le petit continuer à en remplir son bol.

– Ça sera une belle expérience », ajouta Sarah. Sa mère lui prit la main, et Earl eut un hochement de tête avant de se lever pour essayer de chasser la colère qui montait en lui à la vue des montagnes de sucre gaspillé en train de fondre dans le bol de Kyle comme des glaciers sales.

Ce que Sarah voulait dire était limpide, même pour Kyle. Elle était fragile, trop jeune pour se charger d'un enfant, tout le monde en était conscient, l'avait toujours été, et à présent que Dennis avait disparu, l'endroit n'avait plus rien à lui offrir, nulle occasion de s'amender. Ce boulot serait parfait pour elle. À quoi cela pourrait-il bien servir de demander son avis au petit ? Ils avaient toujours payé les pots cassés pour leur fille, ça n'avait rien de bien différent cette fois. Alors, par un vendredi après-midi ensoleillé, quand Sarah partit à l'aéroport direction la Floride pour s'embarquer ensuite sur un grand paquebot blanc pendant que son fils disputait tout seul une partie de fléchettes sur la pelouse, Earl et Tuuli devinrent les tuteurs du petit.

Ils avaient beau l'avoir élevé de leur mieux, ça n'avait pas été un véritable choc pour Earl d'apprendre que le petit en était arrivé là, à fouiller dans les poubelles, à se nourrir à la soupe populaire et à vivre sans doute des aides sociales.

Le soir où Kyle apparut sur son écran de télévision, Earl ne trouva pas le sommeil, allongé sur la gauche du matelas, côté où il migrait toujours sans le vouloir, même s'il ne partageait plus son lit avec personne, tournant et retournant dans sa tête la vie de ce petit – en réalité un homme désormais – qu'il avait depuis si longtemps écarté de ses pensées.

Le lendemain matin, pour la première fois depuis des semaines, il enfila ses vêtements de travail et des chaussettes. Il sortit et, secouant la tête devant le mauvais état du jardin, entreprit de désherber consciencieusement la pelouse avant de la tondre puis d'en tailler les contours à l'aide d'un outil qui, l'hiver, lui servait aussi à briser la glace dans l'allée. Il consacra l'après-midi au potager, qu'il commença par bêcher pour y planter ensuite deux rangées de pommes de terre. Le jour suivant, debout dès 6 heures, il repeignit le petit bungalow du même bleu lagon qu'il était, du plus loin que remontaient ses souvenirs. La monotonie de la tâche lui soulageait l'esprit. Et quand il eut terminé, il ne lui resta plus que l'étrange sensation d'avoir une dette envers son petit-fils. Non qu'il ait jamais causé de tort à Kyle, mais peut-être qu'il parviendrait enfin, après toutes ces années, à lui faire entendre raison, à le secouer. C'était désormais aussi clair que tout ce qu'il avait sous les yeux : il avait besoin d'accomplir quelque chose, besoin d'un projet. Le travail empêchait de s'étioler, de pourrir sur place, et lui, ici, il dépérissait. Tuuli aurait ouvert les rideaux en grand avant de lui coller dans la main une liste de choses à faire, elle l'aurait depuis longtemps tiré du sous-sol, mais elle n'était plus là, en sorte que l'initiative lui revenait, et cela l'effrayait aussi.

Le marché de l'immobilier n'était pas florissant, les industries de leur petite ville avaient toutes dépéri tels des Goliaths lapidés, et les jeunes, ou en tout cas ceux qui parmi eux montraient quelque ambition, avaient fait leurs valises pour aller trouver du travail ailleurs. Earl avait néanmoins réussi à vendre sa maison à un couple de Finlandais, parents éloignés de sa femme, pour un prix qu'il jugeait raisonnable. Il appela sa fille pour lui dire qu'il entreprenait un tour du monde. « Tu as raison, répondit-elle. Fais-toi plaisir, tu le mérites. » Earl lui promit des cartes postales.

À l'aéroport de Vancouver, il monta à l'avant d'un taxi et insista pour serrer la main du chauffeur avant de lui régler sa course sans laisser de pourboire. Il loua une chambre à la semaine dans un motel de banlieue et acheta une petite voiture gris métallisé avec une partie de l'argent de la vente de la maison. Il connaissait déjà cette ville. Jeune homme, il avait gagné la côte en stop pour travailler tout un été sur les docks au chargement de cargos céréaliers. Un temps passé surtout dans la pénombre des bars à bière et entre les bras de filles faciles. Une période de sa vie sur laquelle il ne tenait pas à revenir, plusieurs années gâchées qu'il était incapable de se remémorer dans les détails, même s'il essayait. Tuuli ne l'avait jamais pressé d'en parler, une autre des nombreuses manifestations de sa bonté, et il lui en était reconnaissant.

Il avait gagné le centre-ville en voiture, localisé sans difficulté la soupe populaire du reportage, et tous les jours pendant une semaine, assez longtemps pour que dealers et prostituées n'approchent plus sa voiture, il était venu se garer en face. Jamais Earl n'avait vu de gens si abîmés. C'était comme si l'on avait soulevé le pays à une extrémité pour que tous ses pauvres hères glissent vers l'ouest d'un seul et même mouvement, seulement arrêtés dans leur course par la mer, peut-être d'ailleurs parce que cette dernière, elle non plus, ne voulait pas d'eux. Qu'est-ce qui poussait un homme à opter pour une telle vie, désespérée et cruelle, plutôt que pour un pavillon et une famille ? Earl ne le comprendrait jamais. Était-ce donc si dur ? Ici, de son temps, le travail ne manquait pas, tout le monde avait sa chance. Pourtant, même à l'époque, certains préféraient profiter de ce que d'autres avaient construit plutôt que de construire eux-mêmes. Alors peut-être que l'endroit n'avait pas vraiment changé, qu'il attirait simplement davantage.

Un jeudi soir bruineux, un homme à barbe rousse prit sa place dans la queue. Son maillot de hockey portait le numéro d'un joueur vendu par les Canucks à une équipe du Sud plus de dix ans auparavant ; les manches, autrefois blanches, étaient mouchetées de marron et de gris.

C'était Kyle. Aucun doute. Quand vint son tour, il entra et ressortit peu après avec un bol en carton fumant sur lequel il se mit à souffler tout en marchant. Il s'engagea dans la rue. Earl démarra. Il suivit le petit quelque temps sans avoir en tête un plan qu'il aurait pu décrire si on l'avait arrêté pour lui poser la question. Il n'avait en fait jamais songé à ce qu'il ferait une fois qu'il l'aurait retrouvé, et maintenant que cela s'était révélé si facile, il commençait à se demander s'il n'avait pas commis une terrible erreur. Aborder un homme qu'il ne connaissait ni d'Ève ni d'Adam pour lui offrir des conseils sur la manière de mener sa vie lui semblait futile, ridicule même, et potentiellement dangereux.

Un pâté de maisons plus loin, Earl se gara et attendit que Kyle passe devant lui. Il savait que son petit-fils n'y voyait pas à plus de trois mètres, c'était en tout cas ce que les médecins avaient dit, alors il le suivait de plus près qu'il ne l'aurait fait avec n'importe qui d'autre. Kyle marchait d'un bon pas, son bras libre ballant contre son flanc. Il avait l'air plus costaud que dans le reportage. Un homme pistant son propre petit-fils comme on piste un élan, songea Earl en secouant la tête, voyant à quoi il se trouvait réduit. Une dizaine de blocs plus loin, Kyle s'arrêta en bordure d'un petit parking désert et disparut dans une rangée de gros buissons sous un panneau publicitaire où deux images alternaient comme sur un store vénitien. Earl se gara.

Il attendit, tapotant le volant de ses pouces. Il ne parvenait pas à imaginer ce qui pouvait conduire son petit-fils à vouloir vivre dans tant de crasse et de confusion. Aux yeux d'Earl, Vancouver avait toujours davantage été un campement qu'une ville, à peu près aussi fixe qu'une table d'appoint dépliée pour la partie de cartes du vendredi soir. Peut-être était-ce la drogue. Mais le petit n'avait pas l'air mal, physiquement, il avait même l'air en forme. Earl ne connaissait de la drogue que les junkies geignards des séries policières à la télé.

Un coup de klaxon inattendu le fit sursauter : la vue dans son rétroviseur était bouchée par une forme gigantesque qui serrait son pare-chocs. Sortant le bras, il fit signe au bus de le doubler. Lequel se contenta de klaxonner de nouveau en le collant encore un peu plus. Il se remit en route et, en s'éloignant, vit son petit-fils émerger des buissons avec un chariot chargé qu'il devait y avoir planqué. Earl prit à droite, et une série de sens uniques le força à continuer quelque temps vers le sud. Quand il fut de retour au parking, son petit-fils avait disparu. Il appuya de toutes ses forces sur le petit volant, ne s'arrêta que lorsqu'il eut peur de le voir se casser. Il passa les trois heures suivantes à sillonner le quartier en pestant à voix basse, avant de le repérer enfin, sans son chariot maintenant, devant un immeuble décrépit du nom de Grandview Hotel. Le néon fatigué de l'enseigne lui rappelait quelque chose, et il eut la sensation d'avoir passé quelque temps soûl dans une de ses chambres, peut-être beaucoup de temps d'ailleurs, mais il chassa l'image de sa tête. Kyle sortit une clé de son pantalon, ouvrit une porte sur le côté du bâtiment et entra.

Le lendemain matin, Earl passa la journée garé devant le Grandview Hotel, à mettre des pièces dans le parcmètre, à encombrer le tableau de bord d'emballages de hot dogs achetés à un vendeur de rue. Kyle demeurait invisible. Earl retourna à son motel ce soir-là et but les bouteilles de *wine cooler*[1] à la décoration festive que, faute d'avoir mis les pieds dans un magasin de spiritueux depuis vingt ans, pas même à la mort de Tuuli, il avait prises pour une nouvelle sorte de bière. Quelque

---

1. Mélange de vin, de jus de fruits et d'eau gazeuse.

chose dans la distance qui le séparait de chez lui, ou dans le fait qu'il n'habitait désormais plus nulle part, ou n'avait désormais plus à se justifier auprès de quiconque, rendait l'ébriété plus légitime qu'elle ne l'avait été pendant des années.

 Le jour suivant, il vint se garer au même endroit mais plus tôt encore, contempla à l'est le soleil pâle qui se hissait dans les collines comme sur le premier tronçon d'un grand huit. Il avait acheté dans un drugstore une carte routière et un portemine. Il déplia la carte et traça une croix sur le Grandview Hotel. À 7 heures pile, Kyle apparut et Earl le suivit, traçant prestement son trajet sur la carte lorsqu'il s'arrêtait pour laisser Kyle le doubler. Il passa ainsi la journée à le suivre, puis la suivante. En une semaine, il avait appris que son petit-fils parcourait exactement le même trajet à la même heure tous les jours, sept jours sur sept, passant en moyenne huit heures par jour à pousser son bruyant chariot dans les ruelles et sur les ponts ; un circuit de bennes à ordures – devant des immeubles d'habitation pour la plupart – qui traversait une bonne partie de la ville et s'achevait chez des brocanteurs ou des vendeurs à la sauvette, à qui Kyle essayait de vendre ses trouvailles. Earl avait fini par obtenir une carte précise, et cela le comblait de se savoir en mesure de localiser le petit à n'importe quelle heure de la journée.

 Néanmoins, même une fois la carte achevée, Earl continua à suivre son petit-fils, simplement parce qu'il aimait le regarder travailler, puisqu'il n'y avait pas d'autre manière de décrire ce que Kyle faisait, payé ou pas. Après avoir plusieurs fois consulté le manuel sans succès, Earl avait enfin compris comment fonctionnait le compteur kilométrique et il avait mesuré que Kyle parcourait une vingtaine de kilomètres par jour, ce qui l'impressionnait. Parfois, il lui semblait être au volant du véhicule d'accompagnement de l'un de ces militants handicapés qui sillonnaient le pays en chaise roulante pour lever des fonds. Il regardait son petit-fils attacher des objets trop grands au chariot branlant et les pousser sur de longues distances jusqu'aux endroits où ils seraient vendus ou planqués pour plus tard. Labeur qui semblait appartenir à un autre temps. Earl songea aux pharaons, aux marches forcées, aux terres arides traversées à pied à la recherche d'un nouveau départ. Il se sentit gagné par une étrange fierté, il était fier de la constance avec laquelle Kyle charriait ce qu'il dénichait et de l'ingéniosité que cela exigeait. Earl savait que pour sa part il n'avait jamais trimé si dur de sa vie.

La première chose qu'il déposa fut un poncho de pluie. Celui-ci l'avait gardé au sec pendant des années en haut des poteaux électriques, mais maintenant qu'il passait la majeure partie de son temps dans sa voiture, il n'en avait plus l'usage. Il le laissa dépasser d'un sac plastique qu'il déposa à côté d'une des bennes, et à la première journée de pluie suivante, il fut heureux de voir Kyle enveloppé dedans. Il se souvint des chasses aux œufs de Pâques, quand il cachait dans le jardin et la cabane à outils des œufs emballés dans du papier d'aluminium pour que Kyle les trouve après avoir couru partout comme un détective fou, les joues cramoisies de joie.

Maintenant, Earl laisse des chaussures de sport bas de gamme et du poulet, des caisses de boissons énergisantes, des bâches et des lots de sous-vêtements taille M, et cela lui plaît de se dire que Kyle est heureux de voir ces objets apparaître tous les soirs comme par enchantement dans ses bennes. Il aime se dire que son petit-fils pense, ne serait-ce qu'un peu, qu'il a de la chance. Et c'est pourquoi Earl décide qu'il doit au moins remettre le poulet dans sa boîte au fond de la benne. Kyle risque de ne pas le manger s'il le pense souillé. En vérité, Kyle a pris tout ce qui lui était destiné jusqu'ici, mais l'idée qu'il puisse avoir faim ce soir est pour Earl trop insupportable.

Il essaie de tirer le bureau en chêne, mais ne parvient pas à le bouger. Alors, parcourant des yeux la ruelle, il remarque un fauteuil à fleurs rembourré près d'un buisson rachitique et d'une moto qui n'a sans doute pas démarré depuis des années. Il traîne le fauteuil vers la benne, sans le soulever, s'arrêtant par intermittence pour prendre appui sur sa canne. Il résiste à l'envie de s'asseoir, car le fauteuil sent le vomi et la litière pour chat. Enfin devant la benne, il pose un pied sur l'assise, laisse tomber sa canne par terre et, avec un grognement, escalade tant bien que mal le fauteuil, chancelant sous l'effet des ressorts qui s'enfoncent. Il se sent ridicule et sourit un court instant à l'idée qu'un passant pourrait le prendre pour un autre de ces vieux glaneurs sur le point de plonger à la recherche d'un trésor englouti. Earl lève la jambe jusqu'au rebord et sent ses bas lui serrer les mollets. Inspirant un grand coup pour se donner du courage, il tente de se hisser par-dessus bord en prenant garde de ne pas atterrir sur le poulet. Il est presque au bout de ses peines quand un silence malsain s'abat sur lui, comme si quelqu'un venait de lui poser un verre sur chaque oreille, et le ciel se met à tourner au-dessus de sa tête, la benne manque de basculer et lui envoie un coup impitoyable dans la cage thoracique, il a du mal à distinguer le son du couvercle qui retombe de celui, plus lointain, de sa tête heurtant le fond, et à tout cela succède un bourdonnement ouaté dans ses oreilles qui lui donne le vertige.

Dans l'obscurité presque totale, Earl se recroqueville en position fœtale. Le bourdonnement s'est légèrement atténué et il commence à distinguer des filaments de lumière à l'endroit où le couvercle de la benne est légèrement tordu. La douleur dans sa hanche est insoutenable et c'est humide près de sa tête. Son coude s'enfonce dans quelque chose. Il a très envie de se lever, mais a encore besoin d'une minute pour que son corps cesse de trembler. L'espace d'une seconde, il craint d'être prisonnier. Il ne sait plus quand il s'est trouvé prisonnier quelque part pour la dernière fois, peut-être en jouant quand il était enfant. Mais il n'est pas prisonnier, il faut simplement qu'il se reprenne. Puis il comprend que c'est dans le gâteau d'anniversaire que son coude s'enfonce. Il tend l'autre main et touche la plante morte. Une fois le gâteau terminé, je mangerai ça, se dit-il en gloussant, une petite feuille écrasée entre ses doigts, jusqu'à ce que la douleur dans sa hanche le contraigne à serrer les dents.

Le couvercle fermé, l'odeur est écœurante. Des années de sacs-poubelle percés ont enduit le fond de la benne d'une pellicule gluante. Il tente d'éloigner sa tête de la puanteur, mais la douleur s'accroît, alors il s'arrête. Tandis qu'il attend de recouvrer des forces, l'odeur lui ramène à l'esprit avec un éclat stupéfiant le souvenir du jour de l'accident de Kyle, quelques mois après l'embarquement de Sarah sur le paquebot de croisière.

Kyle et lui étaient à la déchetterie, dans sa camionnette, ils attendaient que le pick-up aux ridelles en bois de récupération débordant de pneus usagés qui les précédait soit pesé. « Ils font ça pour savoir ensuite, quand on repart, de combien on s'est débarrassés », avait-il expliqué à Kyle, sans que le petit demande rien, mais Earl se disait qu'il y trouverait peut-être un intérêt. Il gardait les yeux rivés droit devant lui. « Pas besoin de parler si t'as pas envie, ça ne me gêne pas, avait dit Earl. On a du pain sur la planche de toute façon. » Un bref instant, Earl s'était demandé combien ça lui coûterait de laisser le petit ici, ou lui-même tant qu'on y était. Pas grand-chose, ni dans un cas ni dans l'autre, s'était-il dit.

Sur un chemin poussiéreux, plus loin dans la décharge, ils croisèrent un bulldozer constellé de ce qui ressemblait à du papier-toilette usagé. Kyle ouvrit sa vitre et ce fut un déluge d'air fétide et chaud dans la camionnette, une odeur si atroce qu'on en sentait presque le goût. Les petits muscles de la mâchoire de Kyle tremblotèrent et Earl sentit la poussière coller à ses yeux, qu'il essuya du revers de la manche.

Ils pénétrèrent dans ce qui ressemblait à un amphithéâtre d'ordures, des pentes gigantesques qui se dressaient au-dessus d'eux et ondulaient sous la chaleur. Dehors, des nuées de mouettes, si loin de la mer, s'égosillaient dans les aigus, et des hommes criaient pour se faire entendre par-dessus le bruit. Un homme en salopette vint taper à la vitre. Il leur demanda s'ils transportaient des piles, de la peinture, du bois ou du métal. Earl se tourna vers le petit ; en fait, leur chargement semblait davantage le sien que celui de quiconque.

« Non », répondit Kyle.

L'homme brandit un bâton au bout duquel il avait attaché une main de mannequin, prolongement grotesque de son bras, et leur désigna leur zone de déchargement.

Earl enclencha la marche arrière.

« Pourquoi c'est important où on le met – tout ça, c'est juste des ordures, non ? dit Kyle.

– Il faut de l'organisation, même à la décharge. »

Le petit faisait sauter son genou. Les mouettes décrivaient des cercles au-dessus d'eux et quand Earl descendit du camion, l'odeur éprouvante l'assaillit de nouveau. Il sentait jusque dans sa poitrine la vibration des bulldozers brassant les déchets. Un instant, il se demanda s'il avait bien fait d'emmener le petit. Earl n'avait pas véritablement besoin de son aide, mais ce matin-là, en s'éveillant il s'était dit que ce serait une bonne chose pour Kyle, une sorte de thérapie.

« Tu viens m'aider ? » lança Earl, et le petit descendit et croisa les bras.

Earl laissa retomber bruyamment le hayon et quand il grimpa sur le plateau, le pick-up s'enfonça davantage sous son poids. Aucun argument ne lui venait pour convaincre le garçon – c'était comme d'arracher un sparadrap ou de sauter dans un lac –, alors, soulevant un des cartons abandonnés par le père de Kyle, il le lança au pied de la montagne d'ordures.

Quand il se tourna vers son petit-fils, il vit qu'il sanglotait, deux gros filets de larmes sur ses joues qui rougissaient, et son cœur se serra de pitié. Il ne put s'empêcher de détourner les yeux pour se concentrer sur la tâche qu'ils étaient venus accomplir, sans se soucier du reste. Il lança un deuxième carton et se retourna avant qu'il s'écrase au sol avec un bruit à peine audible au milieu du rugissement des bulldozers.

Le garçon ne bougeait toujours pas. Il ne faisait que se rendre les choses plus difficiles, se dit Earl.

« Si tu veux pas bosser, tu rentres à pied », lança-t-il, et le petit jeta un œil vers la route. Est-ce qu'il allait vraiment faire les cinquante kilomètres qui les séparaient de la maison comme ça ? Kyle décroisa les bras et serra les poings en tremblant, avant de souffler un grand coup puis de détendre les doigts. Détournant son visage luisant de larmes, il sauta sur le hayon, s'empara de deux boîtes à chaussures et les jeta. Puis il prit un carton plus grand, qu'il poussa jusqu'au bord du plateau pour le faire basculer d'un coup de pied hors de la camionnette.

« Voilà ! l'encouragea Earl. De toute façon, à quoi ça peut bien servir de garder tous ces machins, hein ? »

Earl s'attaqua aux lourds sacs-poubelle contenant la belle garde-robe de Dennis qui fendirent l'air dans un bruissement de plastique. Il voyait que maintenant qu'ils s'activaient, les larmes de Kyle avaient séché, et que ça l'amusait même peut-être un peu. Ils en firent une sorte de jeu, visant des objets fragiles, vieilles lampes ou carreaux de verre, de sorte que le temps passa plus vite.

Leur cargaison disparue, Earl reconduisit son petit-fils à la maison. Installés à la table du jardin, ils attendirent le grincement de la porte de la cuisine qui annoncerait l'arrivée de Tuuli avec une assiette chargée de sandwichs aux œufs. Le soleil de midi cognait dur. Le petit semblait se sentir en forme maintenant, d'après ce qu'Earl pouvait en dire en tout cas. Le boulot lui avait peut-être fait du bien. Kyle annonça qu'il mourait de faim, alors Earl alla arracher deux carottes dans le petit potager où il passait de plus en plus de temps depuis sa retraite. Il les rinça au robinet du jardin et vint se rasseoir pour croquer dedans avec son petit-fils.

Plus tard, quand ils eurent mangé leurs sandwichs sans un mot, ils jouèrent aux fléchettes, torse nu tous les deux dans la chaleur. Le petit, comme d'habitude, avait choisi les fléchettes jaunes et son grand-père les rouges. Kyle jura que cette fois il allait gagner, à quoi son grand-père répondit : « C'est ce qu'on va voir. »

Dès le début, le petit joua mal, envoyant vers le ciel ses fléchettes qui décrivaient de longs arcs avant de s'écraser au sol sous ses jurons, à des dizaines de centimètres de la cible. Earl faillit lui offrir ses conseils, mais trouva le moment malvenu. Le laisser gagner, cependant, ne lui rendrait pas davantage service, alors il soigna ses tirs.

Au coup suivant, la fléchette du petit endommagea la porte de la remise à outils, et Earl pesta à voix basse – « Là, tu exagères tout de même » – en humectant son doigt pour le frotter contre la peinture tandis que Kyle donnait des coups de pied dans la terre en bordure du potager.

« Tout ne se passe pas toujours comme on voudrait, fiston », fit Earl.

Kyle prit son temps avant de répondre, faisant tourner une fléchette entre ses doigts. « Je partirai travailler avec Dennis quand j'aurai assez économisé, répondit-il.

– Tu ne tiendras pas deux jours dans cette mine, pas avec ton attitude.

– Quand il rentrera, il sera furieux de voir que toutes ses affaires sont parties à la poubelle, et que ma mère est trop débile pour s'occuper de moi. »

Earl jeta sa dernière fléchette et tapa presque dans le mille à l'autre bout du jardin. Il se retourna, empoigna Kyle par les épaules et le secoua légèrement pour qu'il l'écoute vraiment, cette fois. Il en avait par-dessus la tête de devoir constamment mettre les points sur les i à un gamin qui prenait plaisir à se comporter comme un imbécile, un gamin qui refusait en bloc de tirer le meilleur parti possible de sa situation, et il lui dit sans mâcher ses mots quelles étaient les chances selon lui de voir Dennis revenir un jour.

Plus tard, Earl avouerait à Tuuli qu'il savait ce que Kyle allait faire avant qu'il le fasse. Leurs regards s'étaient croisés avant que l'enfant ne se dégage de son étreinte. Kyle recula d'un pas, se pencha et lança le bras en l'air de toutes les forces de sa petite carrure. Il avait envoyé la flèche droit vers le ciel, comme une fusée ; ils suivirent des yeux les petits ailerons en plastique jaune jusqu'à ce qu'ils disparaissent dans l'éclat du soleil. Earl scrutait le ciel, tout à fait conscient de ce qui se passait, de ce qui allait arriver. Il ne voyait que la masse confuse des nuages derrière l'enchevêtrement de câbles de téléphone et de fils électriques qui surplombait le petit jardin. Elle retombera où elle doit retomber, il n'y a rien à faire, se souvient-il avoir pensé. Il la cherchait toujours, les yeux vers le soleil, quand il entendit cet affreux son creux, sec, comme à l'ouverture d'un bocal de pickles, puis son petit-fils s'effondra dans l'herbe molle et ce fut le silence.

« Tout doux, tout doux », faisait Earl en maintenant la fléchette immobile tandis que Tuuli, qui n'avait jamais passé le permis, conduisait. Il y avait si peu de sang que c'en était effrayant, et il se souvient s'être dit qu'en voir à peine un peu plus l'aurait rassuré. La flèche avait percé le coin de l'œil gauche de Kyle pour aller se loger près du canal lacrymal, fière et droite comme une antenne, les ailerons d'un jaune éclatant au-dessus du visage crispé du garçon. À mi-chemin, Kyle se mit à paniquer et Earl dut lui tenir fermement les bras pour l'empêcher de l'arracher.

Earl ouvre les yeux sans se souvenir de les avoir fermés, il sait qu'il a dû perdre connaissance. En appuyant le dos contre la paroi de la benne, il parvient à s'asseoir. Il perçoit le battement du sang parcourant ses mollets serrés dans ses bas de nylon. D'après lui, sa hanche n'est pas cassée, et dans la foulée il songe au poulet qui a refroidi. Il ne voit pas sa montre, mais Kyle est sans doute en retard et Earl refuse de songer à tout ce qui peut arriver à un homme qui vit dans la rue. Les minutes passent. Sa respiration s'apaise et son esprit devient plus calme. L'odeur pestilentielle a faibli. À moins que ce ne soit lui. Même le nez se fatigue, se dit-il, avant de se demander quel effet cette odeur fait à son petit-fils quand il soulève le couvercle des bennes qu'il fréquente chaque semaine, si tant est qu'il la sente encore.

Il entend un grondement qui n'est pas celui d'une voiture, puis des pas. Le couvercle s'ouvre et les réverbères baignent Earl d'une lueur jaune qui lui fait mal aux yeux. Une main se referme sur son bras et sans s'y sentir vraiment prêt, il est redressé sur ses deux pieds.

« Allez, on se lève ! » lance un homme debout sur le fauteuil à fleurs duquel il est tombé, il y a une éternité lui semble-t-il. Des mains l'empoignent par les aisselles et le hissent sans trop forcer par-dessus bord pour le poser dans la ruelle. Son genou flageole, mais tient bon.

« On fait une petite sieste là-dedans ? grogne Kyle. À votre place, je m'y serais pas risqué. Un bon endroit pour se faire écrabouiller. »

Earl baisse les yeux pour s'examiner en pleine lumière. Il remarque sur son épaule une tache de sang en forme d'ellipse virant au brun, et sa chemise est sortie de son pantalon qui, comme le manteau, est souillé de gras, de terre et d'un liquide jaune ressemblant à du jus de viande. Il se passe la main sur le crâne et sent une petite entaille sous une fine épaisseur de cheveux collés. En frottant en même temps son visage contre le creux de son bras, il réalise qu'il ne s'est pas rasé depuis plusieurs semaines.

« C'est à vous ? » demande Kyle en lui tendant une canne en aluminium. Earl se rend compte qu'il est debout sans sa canne depuis un petit moment. L'adrénaline, se dit-il.

« Oui, c'est bien à moi, répond-il. Merci.

– Bonne pioche ! » commente Kyle en la lui tendant.

Earl est soulagé de la récupérer.

« Belle bosse, dites donc », ajoute Kyle en prenant entre ses mains la tête d'Earl pour la faire pivoter sans ménagement, avant de siffler entre ses dents comme on siffle d'habitude pour appeler un écureuil : « Bon, je crois que j'ai un truc pour vous soigner ça. » Et il s'en va fouiller dans l'un des nombreux sacs suspendus à son chariot.

De retour avec un tube, il dépose une noisette de gel opaque au bout de ses doigts crasseux. Penché vers Earl, il tourne son œil valide vers la tâche à accomplir et entreprend d'étaler le gel sur la blessure. Un geste si tendre qu'Earl s'en trouve soudain tout à fait indigne. Jamais, au cours des semaines qu'il a passées à observer Kyle, à le pister, à tracer son itinéraire sur la carte, il ne s'est trouvé aussi proche de lui, et maintenant cette proximité l'envahit de chaleur, un peu comme la douceur qui envahissait sa poitrine lorsque Tuuli lui coupait les cheveux dans la cuisine, ou quand il regardait Sarah faire flotter sur le petit ruisseau de McVicar Creek des bateaux qu'elle avait faits avec des briques de lait. Kyle recule pour évaluer son travail, et l'espace d'un instant Earl croit voir dans son œil valide une étincelle qui montre qu'il l'a reconnu, mais l'instant s'évapore et Kyle repart vers la benne.

« Cette benne, c'est une des miennes, vous le savez donc pas ? » Il soulève le couvercle et jette un regard à l'intérieur. « Mais de toute façon, vous avez déjà un pied dans la tombe alors je vais laisser couler. Faut juste que ça devienne pas une habitude – c'est pas comme si vous pouviez pas vous en trouver une, il en manque pas par ici. » Puis il se penche et attrape le poulet dans sa boîte.

« Ça aussi c'est à vous, j'imagine, hein ? » dit-il en admirant le volatile.

« Non. » Earl se racle la gorge. « C'est à vous.

– Vous savez quoi ? J'arrête pas de trouver des trucs comme ça partout, les gens les achètent et les jettent. Ça a pas de sens. Des fois je me dis que ça sort juste de nulle part, qu'il apparaît dans ces poubelles des trucs que personne y a jamais mis. » Kyle essaie de nettoyer le poulet de sa main crasseuse. « Vous avez faim ? Vous avez une mine affreuse de toute façon, vous les poivrots, vous savez pas vous arrêter pour recharger les batteries. Tenez, on n'a qu'à partager, qu'est-ce que vous en dites ?

– Ça m'irait », répond Earl qui sent soudain le sol se dérober sous ses pieds. Il s'assied dans le fauteuil.

En tailleur sur le trottoir, Kyle broie les os du poulet pour le fendre en deux. Il pose la part destinée à Earl dans le couvercle de l'emballage.

Même s'il n'a pas faim, Earl accepte sa ration, picore la viande du bout des doigts. Elle est froide, mais pas mauvaise du tout, rien à voir avec l'odeur de la benne. Kyle se tait un moment pendant qu'ils mangent, laissant à Earl tout le loisir de le détailler pour la première fois. Ses longs cheveux roux sont ramenés en queue-de-cheval et il porte la polaire qu'Earl lui a laissée quelques semaines plus tôt. Voyant qu'elle est un peu petite, Earl décide que la prochaine fois, il prendra une taille au-dessus. Il voit que l'œil oblique vers l'extérieur et qu'il a l'air trouble, comme rempli de yaourt. Il n'a aucun souvenir qu'il ait été ainsi quand ils ont retiré le pansement. Il louchait, mais il était clair. Le médecin avait équipé Kyle d'un bandeau pour son œil valide, espérant contraindre l'autre à viser droit, mais Kyle refusait de le porter. Une fois l'œil dégonflé, Earl insista pour renvoyer Kyle à l'école. À peine deux jours plus tard, le petit était renvoyé parce qu'il avait cassé deux doigts à un garçon qui, aux yeux d'Earl, était pour Kyle le plus proche de ce qu'on pouvait appeler un ami. Kyle fut ensuite surpris par des vigiles de chez Zellers en train de chaparder des choses improbables, parfum pour femme ou vêtements d'une taille qui n'avait rien à voir avec la sienne. Il allumait des feux et mettait à sac le potager de son grand-père. Plus seulement pour se faire remarquer à présent, c'était une bête sauvage, et Earl ne pouvait s'empêcher d'imaginer que la fléchette lui avait inoculé dans le cerveau une sorte de propension au mal. Le petit semblait déterminé à les faire plier. Et même si elle n'en disait rien, Tuuli elle aussi avait peur de lui. Earl y répondait avec une sévérité et une rigidité dont il ne se serait jamais cru capable, des stratégies qu'il n'avait jamais employées pour élever Sarah. Il décréta des couvre-feux et donna un tour de vis concernant l'heure du coucher. En sollicitant les gens qu'il connaissait en ville, il trouvait des jobs à Kyle – manutentionnaire, pompiste, et même saisonnier chez un producteur de fraises qui pratiquait la cueillette à la ferme par les clients –, mais Kyle fut renvoyé de partout. « Il ne supporte pas qu'on lui donne des ordres », « Il a mis du diesel dans une Honda Civic essence » ou, comme l'avait fait remarquer un camarade d'Earl chez Hydro : « Il a trop de colère en lui. » Chaque déception le poussait à punir le petit de plus en plus sévèrement, et maintenant, devant son petit-fils en train de dévorer le poulet, Earl sait qu'il a eu des comportements qui le révolteraient aujourd'hui. Il y a à peine quelques jours, alors qu'il buvait seul dans son motel en écoutant des hommes se disputer pour une histoire d'argent dans la chambre voisine, Earl s'est souvenu d'avoir frappé le petit, même si les années avaient emporté les détails, même s'il ne savait plus s'il s'agissait d'une gifle ou d'un coup de poing. Il ne se souvient pas y avoir pris le moindre plaisir, mais c'est un piètre soulagement. Il redoute d'avoir fait pire dans ses moments les plus sombres.

Earl se rend compte qu'il a perdu l'appétit et se lève pour jeter le poulet dans la benne. La tête lui tourne, alors il s'assoit pour ne pas tomber. « Un bout de gâteau ? Il y a un gâteau entier là-dedans, lui dit Kyle, la bouche pleine.

– Non, répond Earl, je n'ai plus faim. »

Kyle se redresse et s'exclame : « Regardez-moi ce truc ! » Il se précipite vers le bureau de maître d'école. « Quelle beauté ! » Il caresse le bois et ouvre les tiroirs.

« Ça vaut de l'argent ça, je le sens, regardez ce bois, c'est du costaud – du chêne, c'est pour ça que c'est lourd ; le contreplaqué ça pèse rien – sans doute une antiquité, c'est ça, c'est clair, c'est une antiquité, quelqu'un l'aura juste jeté sans savoir ce qu'il possédait. Dingue, hein ? Je parie qu'on pourrait en tirer au moins quarante billets si on pouvait le traîner jusque chez Harold avant qu'il ferme.

– C'est trop lourd pour nous deux », répond Earl.

Kyle scrute la ruelle et s'avance vers un camion de déménagement garé sur le parking d'à côté. Il tire une grosse tige attachée à une chaîne et ouvre la porte latérale. Il disparaît à l'intérieur et en ressort avec une plate-forme de manutention recouverte de moquette.

« Écoute-moi, mon pote, faudrait juste que tu m'aides à pousser ce machin jusqu'en haut de la rue, après je pourrai l'apporter à Harold tout seul. »

La ruelle a beau ne pas être très pentue, le poids du bureau rendra l'opération épuisante, et après son passage dans la benne, Earl doute d'être à la hauteur de la tâche. Mais lorsque Kyle entreprend de faire basculer le bureau, dont les portes s'ouvrent et les tiroirs tombent, Earl ne supporte pas de le voir s'en charger seul. Quand ils y parviennent enfin, Earl respire avec difficulté, il a le souffle court, superficiel. Soulevant une extrémité du bureau, Kyle demande à Earl de glisser la plate-forme dessous. « Deux secondes », ajoute-t-il avant d'aller planquer son chariot derrière une voiture en stationnement. Les nuages filent au-dessus d'eux, il doit être plus tard qu'Earl ne le pensait car les fenêtres des tours de bureaux se sont presque toutes éteintes. S'il n'était pas tombé dans la benne, il serait déjà au lit depuis plusieurs heures. La soirée devient agréable, il fait doux et l'air sent le frais. Le bureau roule plutôt bien, mais quand ils atteignent la colline, le rythme ralentit, et les genoux d'Earl craquent, ses mollets lui font mal à cause du sang qui stagne. Il s'arrête de nouveau pour reprendre haleine.

« Allez, sac d'os, faut pousser ! » s'exclame Kyle, alors Earl courbe l'échine et, l'épaule contre le bureau, offre le peu de force qui lui reste.

> Cette nouvelle est extraite du recueil
> *Le Jardin du mendiant* (2012).

Le jeu des cendres
de Charles D'Ambrosio

Traduit par France Camus-Pichon

Ils s'étaient simplement trompé de sortie quelque part sur l'autoroute, puis retrouvés prisonniers d'un dédale de rues à sens unique dans le centre-ville, mais D'Angelo avait l'impression qu'ils étaient revenus au XIXe siècle. Par la vitre teintée de la Cadillac, il voyait dans un halo verdâtre quelques Chinois en pantalon ample monter péniblement à flanc de colline, des fils de coolies, lui semblait-il, courbés en avant comme sous le poids d'une palanche. « Regarde-moi ces Chinetoques, dit-il. Je te parie qu'ils ont posé des rails de chemin de fer dans leur jeune temps. » Kype trouva la rue qu'il cherchait et traversa Pioneer Square, toujours vers le nord. Un Indien était assis au bord du trottoir les mains sur la tête, essayant d'enfermer deux épis de cheveux noir corbeau dans un bandana bleu passé. Une paire de bottes de cow-boy au talon cassé gisait dans le caniveau pendant qu'il faisait prendre l'air à ses pieds nus. D'Angelo baissa la vitre, brandit le pistolet, visa, tira. Le percuteur frappa trois fois une chambre vide, mais D'Angelo avait déjà abandonné l'Indien du trottoir à son sort. Il approcha le canon de ses lèvres et souffla sur un panache de fumée imaginaire.

« Et s'il avait été chargé ? » dit Kype.

D'Angelo, hilare, fit mine de lui tirer dessus en pleine tête. « Mais justement, il ne l'est pas.

— Seigneur ! » Kype se saisit de l'arme. Il la jeta sur le siège arrière. « Arrête de jouer au cow-boy. »

D'Angelo se contenta de sourire et regarda deux prostituées philippines battre la semelle sous l'auvent d'une agence organisant des expéditions en haute montagne. Dans la vitrine derrière elles un grizzly en peluche se dressait sur ses pattes arrière. Kype négocia un nouveau virage à angle droit, faisant crisser les pneus de la Cadillac sur le goudron tiède. L'urne funéraire vacilla sur le siège. D'Angelo la prit et dévissa le couvercle. Une rafale de vent répandit un nuage de cendres grises dans la voiture. Kype se mit à tousser et s'éventa de la main tandis qu'une partie des restes pulvérisés de son grand-père lui caressait les narines avant de s'échapper dans la rue. Il se passa la langue sur les lèvres, leur trouva un goût de cendres.

« Nom de dieu ! » Il cracha par la vitre.

« Tu es poussière, et tu retourneras à la poussière », récita D'Angelo. Il revissa le couvercle et secoua l'urne. Quelque chose résonna à l'intérieur. « Des os, dit-il. Des dents. »

Kype lui arracha l'urne des mains et la posa sur le siège arrière à côté du pistolet. Il essuya la sueur sur son front. Il faisait très chaud et il n'avait pas pris de bain depuis plus d'une semaine.

« Quel âge avait-il ? demanda D'Angelo.

— Quatre-vingt-dix-neuf ans.

— J'espère bien ne pas vivre aussi longtemps.

— Mon grand-père a profité de la vie, dit Kype.

— Certains de ces vieux bonshommes passent leurs dernières années à se faire dessus.

— Grand-père, lui, a gardé sa dignité jusqu'au bout.

– Je ne comprends rien aux vieillards. Je n'ai jamais rencontré mes grands-parents.
– Ils sont toujours vivants ?
– Peut-être. Quelque part. J'en sais rien. »

D'Angelo but une rasade de bourbon et se cala dans son siège. Il arborait une chemise rouge type western avec des boutons-pression en plastique nacré et une cravate de cowboy turquoise, tenue qu'il s'était offerte dans un magasin de souvenirs de Tonasket, près de la frontière canadienne. Il espérait qu'elle lui donnerait l'air d'un justicier de l'Ouest, mais il était petit et trapu, et portait encore le pantalon gris à fines rayures trop grand pour lui et les baskets rouges dans lesquels il avait quitté Brooklyn six mois plus tôt. Il rappelait à Kype ces clowns nains qui montent des poneys à l'entracte pendant les rodéos.

« Un siècle, dit Kype, songeant à son grand-père. Il a vécu presque un siècle. À sa naissance, l'État de Washington n'existait même pas. Ce n'était qu'un territoire.

– Quand on vit aussi longtemps, déclara D'Angelo, il n'y a plus grand monde pour vous enterrer. Voilà pourquoi tu te retrouves sur les routes comme le Bouddha, à chercher l'endroit idéal. »

Kype laissa retomber la conversation et longea lentement le front de mer au volant de la vieille Cadillac Eldorado. Elle avait appartenu à son grand-père, patriarche à la haute silhouette élancée et à la crinière blanche, resté en pleine possession de ses moyens – cassant et empilant lui-même son bois de chauffage, allant pêcher dès l'aube des saumons King ou argentés au large de Camano Head – jusqu'à cette soirée, deux semaines auparavant, où il avait déclaré : « Je me sens sacrément fatigué », s'était assis sur le canapé, avait fermé les yeux et rendu son dernier soupir. Plus tard le même soir, très éprouvé par la perte de son grand-père, Kype avait feuilleté le carnet d'adresses du vieillard et vu quelque chose qui ressemblait à la feuille de score d'un joueur de bowling professionnel – chaque case barrée d'un trait noir en diagonale, et une série de croix sur le nom d'amis qui, l'un après l'autre, avaient tous disparu.

L'Eldorado fut la dernière voiture admise sur le ferry. Kype et D'Angelo restèrent à l'avant, se cramponnant aux chaînes tandis qu'un fort vent du large leur cinglait le visage.

« C'est peut-être par là », dit Kype. D'un geste ample il désigna l'ouest, où le soleil déclinant badigeonnait le ciel d'un rouge délavé.

D'Angelo sortit de la poche de sa chemise un harmonica Marine Band tout cabossé et tenta désespérément de transformer *Home on the Range* en un blues entraînant. Il ne connaissait que cette chanson et c'était un massacre. Il la jouait sans arrêt, mais Kype, depuis deux jours qu'il avait pris D'Angelo en stop, ne voyait guère d'amélioration.

Lorsque la corne du ferry retentit, Kype jeta une pièce d'un *cent* dans le Puget Sound, comme il le faisait pour se porter chance à chaque traversée depuis qu'il était gosse.

« Il n'a pas dû vraiment remplacer ton père, dit D'Angelo.
– Qu'est-ce que tu en sais ?
– Je sais au moins que vous n'avez jamais joué au base-ball tous les deux.
– Évidemment que si.
– Tu lances comme une gonzesse. Tu as des muscles de mauviette. Personne ne t'a jamais appris, ça se voit. »

Kype tritura la fermeture éclair de son coupe-vent jaune. « Il ne suffit pas de savoir lancer une balle, dit-il.
– On finira bien par le trouver, cet endroit. »

L'« endroit » était l'emplacement exact où ils disperseraient les cendres du vieil homme. Kype ignorait où il se situait au juste, pas sur une carte en tout cas, mais il savait qu'une fois sur place il ressentirait une forme d'intuition. Il venait de parcourir tout l'État de long en large pendant une semaine sur les traces de son grand-père, visitant son lieu de naissance et ses coins favoris dans l'espoir de ressentir cette intuition, de découvrir l'« endroit ». À présent, Kype voguait vers l'océan.

Les obsèques – sorte de gala mondain assez tapageur, à mi-chemin entre l'atmosphère guindée d'un dîner réunissant les mécènes d'un musée et la mièvrerie d'une soirée d'adieu larmoyante et noyée dans l'alcool – avaient semblé ridicules à Kype – tout le monde, des vieux amis de la famille aux journalistes, en passant par les partenaires du monde des affaires, spéculant sur la vie et le passé du vénérable Henry Kype Green. La fortune du grand-père de Kype avait sa source dans l'histoire et les matières premières de la région – les arbres et les poissons, pour l'essentiel –, et le vieillard était plus ou moins une légende, complaisamment exhumée par les journaux locaux durant toute la semaine écoulée. Le dernier des pionniers, disait la presse. Certes, il avait fait transiter en pleine Prohibition de l'alcool de contrebande par le détroit de Haro, avait investi dans l'industrie forestière et la pisciculture, et siégé au parlement local pendant une ou deux législatures. Sans doute était-il le dernier de sa génération. Depuis qu'il était incinéré et enfermé dans une urne funéraire, tout le monde parlait soudain de lui avec autorité. En quelques journées fiévreuses, un nombre substantiel de mythes s'étaient accumulés autour de ses cendres gris pâle.

Kype, assis au premier rang près de sa mère hébétée par l'alcool, écouta les panégyriques avec une angoisse qu'il avait éprouvée toute la semaine en lisant l'avalanche d'articles consacrés à ce qu'un journaliste appelait royalement le « départ » de son grand-père. Le pasteur était monté en chaire et avait annoncé que, pour un homme de la stature de Henry Kype Green, la mort était un simple passage, une belle récompense pour services rendus : le vieux Kype, par ses nombreux efforts pour embellir le jardin terrestre, avait depuis longtemps gagné une place providentielle au paradis. Kype crut voir une preuve du rôle éminent de son grand-père au sein de la communauté dans le fait que les passages clés du sermon et de l'oraison funèbre étaient tirés de l'Apocalypse – *l'Alpha et l'Omega, le commencement et la fin, les sept ceci, les vingt-quatre cela, les anges, les trompettes !* –, mais l'office religieux fut également troublé par des gargouillements séniles, par des vieillards, hommes et femmes, qui marmonnaient entre leurs dents, poussaient des cris comme en rêve, et toute la cérémonie prit un tour vaguement déjanté, obscur, et finalement incompréhensible.

Un buffet somptueux suivit : canapés à l'oignon doux de Walla-Walla, saumon poché, crabe de Dungeness, huîtres de Willapa Bay ouvertes et présentées sur un lit de glace pilée, montagnes de pommes Red Delicious, autant de cadeaux que des amis avaient fait livrer des quatre coins de l'État – à titre d'hommage pour moitié, et de tribut comme dans la Rome antique. Kype accorda plusieurs interviews, dont il sortit avec la désagréable impression qu'on reformulait ses propos pour les insérer dans un article déjà écrit. « Mon grand-père a commencé par travailler à l'abattage », déclara-t-il à une journaliste du *Times*. Le visage de la jeune femme s'éclaira à la perspective d'une révélation croustillante sur les origines obscures du vieux Kype, mais parut déçue, puis pressée d'en finir lorsqu'elle comprit que dans ce cas précis, le mot « abattage » n'avait rien à voir avec un commerce galant. D'autres journalistes s'intéressaient à Kype lui-même, ce petit-fils que la rumeur désignait comme le principal héritier sur le testament de son grand-père. Kype n'avait jamais connu son père, mort noyé dans un accident de ski nautique – passablement ivre, il n'avait pas lâché la corde à temps et s'était écrasé contre un ponton – peu avant la naissance de son fils. Kype avait grandi dans la maison de son grand-père sur les hautes terres. À la lecture du testament, il serait cousu d'or. L'héritage qui lui avait été promis toute son enfance et son adolescence était sur le point de lui revenir. Cela attirait sur lui le regard des gens, curieux de voir le mécanisme de la richesse, ou de la fortune, se mettre en branle à l'intérieur.

Il avait quitté le buffet pour se rendre à côté, dans le temple où les cendres de son grand-père reposaient déjà au fond de leur urne. La calant sous son bras comme un ballon de football, il avait dévalé les marches du temple et gagné le coin de la rue où était garée la voiture du vieil homme. Sa mère comptait placer l'urne sur un socle en marbre dans le mausolée familial, mais Kype avait une autre idée – c'est du moins ce qu'il croyait en tournant la clé de contact et en démarrant au volant de l'Eldorado.

Les phares de l'énorme voiture creusaient un tunnel dans l'épaisse forêt de cèdres et d'épicéas, un tunnel de lumière blanche qui s'ouvrait devant eux et sur lequel se refermaient aussitôt les ténèbres rougies par les feux arrière. C'était l'habituelle sécheresse de la fin du mois d'août et il n'avait pas plu depuis des semaines. Dans quelques scieries de fortune installées à l'écart de la route ils voyaient des arcs d'étincelles bleues jaillir des scies, sentaient l'odeur du bois fraîchement coupé quand les lames mordaient la pulpe. De temps à autre ils dépassaient une assemblée de croix blanches sur le site d'un accident mortel. L'Eldorado roulait majestueusement, flottant à chaque virage sur sa généreuse suspension, si bien que Kype, même au volant, réussissait à avoir vaguement mal au cœur.

À un embranchement une jeune auto-stoppeuse apparut. Elle portait un short blanc moulant, des sandales, une chemise d'homme aux pans noués sur le haut du ventre. Elle était adossée à une gigantesque roche erratique d'origine marine, couverte de déclarations d'amour couleur fluo.

« Ralentis, ralentis, dit D'Angelo. Allons voir de plus près. »

Kype gara la voiture sur le bas-côté. La jeune femme prit son panier d'osier et s'installa d'un bond sur le siège arrière. Elle ne leur demanda même pas où ils allaient. Elle semblait le savoir.

« Eh bien tu m'as tout l'air de vouloir venir avec nous, déclara D'Angelo. Prête à aller n'importe où, hein ? Tu veux boire un coup ?

– Bien sûr. » Elle but au goulot et s'essuya la bouche. Une barrette de strass en forme de cheval scintillait dans ses cheveux. « Sur cette route on ne peut aller qu'à un seul endroit. On n'a pas le choix. Plus loin il n'y a que la réserve. » Elle but une nouvelle gorgée avant de repasser la bouteille à D'Angelo. « Et aussi l'océan, ajouta-t-elle. Il y a un grand océan au bout de cette route.

– Tu es du coin ? » demanda Kype. Il tenta de l'apercevoir dans le rétroviseur, mais affalée sur l'immense siège arrière, elle était invisible.

« Oui. Je m'appelle Nell. Nella Ides.

– Eh bien, Nella Ides, dit D'Angelo, le grand-père de mon pote ici présent vient de mourir. Il était fichtrement vieux, et c'était quelqu'un de très important. Tu as peut-être entendu parler de lui. Kype, il s'appelait. Comme mon pote. Lui aussi, il s'appelle Kype. En tout cas, Kype et moi on boit le bourbon du vieux, on a son vieux pistolet, et on s'en va pêcher les plus gros poissons de l'océan, les plus sauvages, avec sa vieille canne à pêche.

– Histoire de rendre les funérailles moins tristes, dit Nell.

– Exactement. Et comme tu es d'ici et que tu connais le coin, on t'invite.

– Ça marche. J'ai une cousine que ça intéresserait peut-être. Pour ton copain.
– Mon grand-père connaissait Mungo Martin, intervint Kype, jetant un coup d'œil dans le rétroviseur.
– Qui est Mungo Martin ? demanda Nell.
– Mungo Martin ? C'était un *tyee*, un grand chef satsop ou haïda, ou bella coola, ou peut-être makah.
– Sûrement pas un Makah, répliqua Nell.
– Un grand chef, en tout cas. Je n'en sais pas plus. Apparemment c'était un artiste, quelqu'un comme ça. Il sculptait des totems, si on peut appeler ça de l'art. Mon grand-père l'a rencontré quand il négociait un contrat forestier après la guerre.
– Qu'est-ce que je disais ! s'exclama D'Angelo. Le grand-père de mon pote, le vieux Kype, c'était une huile. Un gros bonnet qui connaissait Mungo Martin, un autre gros bonnet. Et quand le vieux Kype et le vieux Mungo se retrouvaient, c'était la fête en ville.
– Je le saurais, si c'était un Makah. Je le saurais forcément.
– Tu as quel âge, Nella Ides ?
– Je suis vieille. »
La peau sombre de Nell dégageait une riche odeur de sueur, de fumée et d'huile de palme. Ses lèvres pourpres avaient le goût brûlant du bourbon, l'intérieur de sa bouche l'odeur amère des bières qu'elle avait bues plus tôt à Port Angeles. Adossée à son rocher elle commençait à se dégriser en respirant l'air marin, le parfum sec des cèdres, et aussi, avait-elle songé, celui des étoiles. Le type de Port Angeles l'avait déposée là en repartant vers Forks. Avant c'était le trou noir, et encore avant elle se rappelait juste être allée avec lui dans un motel rose où une réceptionniste méfiante l'avait obligée à signer le registre. Elle avait utilisé la traduction interminable de son nom makah, qui occupait trois cases à

elle toute seule : Ce-qui-t'est-donné-est-trop-précieux-pour-que-tu-le-gardes.

D'Angelo escalada son siège pour s'asseoir à côté d'elle. « Tu as les yeux verts, dit-il en l'embrassant.

– Rends-nous donc cette bouteille », dit Nell.

Kype leur tendit la bouteille avec un sentiment d'exclusion, comme s'il était soudain réduit au rôle de chauffeur. Un convoi de semi-remorques chargés de grumes les croisa, créant un appel d'air qui fit vibrer la grosse Cadillac. Kype ne voyait ni Nell ni D'Angelo, mais il entendait leurs voix, les sons qu'ils produisaient.

« Surtout ne te retourne pas ! » lui lança D'Angelo.

À Neah Bay la route fit place à une étendue de terre battue balayée par le vent et le sable : la réserve des Indiens Makahs. Quelques baraques blanches alignées de part et d'autre de l'unique rue. L'une d'elles semblait avoir été le théâtre d'une collision géante. Des carcasses de véhicules l'entouraient. Essieux, pneus, portières, pare-chocs, sièges-baquets et radiateurs jonchaient le sol. Quelques voitures encore intactes, qui avaient dû rouler pour la dernière fois – avec des prières en guise de carburant – du temps du président Eisenhower, attendaient d'être réparées. Une vieille DeSoto au pare-brise étoilé, aux pneus durcis par le soleil et aux enjoliveurs rouillés était enlisée dans le sable blanc à l'ombre d'un arbre. Au-dessus, un moteur à moitié démonté, suspendu à un palan, se balançait au rythme des branches agitées par le vent. Une boîte à outils ouverte trônait sur l'aile, à côté d'une tasse de café.

« Ça doit être la maison du chef », dit D'Angelo.

Quand Nell se redressa, un de ses petits seins apparut, la pointe du même brun sombre qu'un nœud dans du bois. Elle était luisante de salive. Nell rattacha les pans de sa chemise sur son ventre.

« Aujourd'hui c'est la fermeture de la pêche au saumon, les gars.
– Drôle de coïncidence ! dit Kype. L'océan doit être l'endroit qu'on cherche. L'esprit de mon grand-père nous guide.
– Alors à ton grand-père ! » Nell but une longue rasade au goulot de la bouteille.
« Le voilà, le grand-père ! » D'Angelo brandit l'urne. Il dévissa le couvercle, fourra ses doigts à l'intérieur, traça une croix sur le front de Nell. « Tu es poussière, et tu retourneras à la poussière.
– Ne déconne pas avec ça s'il te plaît », dit Kype.

Un nuage de sable traversa la rue, crépitant contre les ailes de la voiture. À l'autre bout de la place en terre battue clignotait l'enseigne d'un motel, néon rouge ensanglantant le brouillard.

« Je vais voir comment va mon bébé. » Nell ramena ses cheveux en arrière, réajusta sa barrette. « Je reviens tout de suite.
– N'oublie pas ta cousine », dit D'Angelo. Il donna à Kype une grande tape sur l'épaule. « Pour mon copain ici présent. »

Les premières lueurs du jour apparaissaient à l'intérieur des terres, mince liséré argenté, comme un couvercle entrouvert sur le monde qu'ils avaient laissé derrière eux. Lentement la rue reprenait vie. Quelques lampes s'allumèrent, halo jaune pâle derrière les fenêtres blanchies par le sel. Une petite fille marchait vers l'eau, regardant le soleil se lever, et un vieil homme hésitant laissa une série d'empreintes sur la route poussiéreuse. Un gosse muni d'un filet commença à recueillir des appâts dans un bassin en plastique bleu. Kype s'approcha de lui. Des centaines de minuscules poissons noirs décrivaient des cercles dans le bassin, fuyant devant le filet. D'un geste souple du poignet le gamin souleva son filet dans les airs, et les écailles des poissons frétillants étincelèrent comme des pièces de monnaie.

Il vida le contenu du filet dans un sac plastique transparent et noua les poignées. Les petits harengs bondissaient et se débattaient à l'intérieur. Dans la main de Kype le sac grouillait de vie, palpitait comme un cœur, puis s'immobilisa lentement, agité par les derniers soubresauts des harengs qui étouffaient.

« Tu as tes appâts ? » dit D'Angelo.

Kype lui montra les harengs morts.

Dès qu'il aperçut Nell, D'Angelo demanda : « Où est ta cousine ?

– Elle en a marre des poissons. »

Dans la boutique d'appâts une cafetière métallique bouillonnait, remplie du premier café de la journée. Un panache de vapeur soulevait par intermittence le couvercle. Quelques marins assis sur un banc attendaient les clients.

« On cherche un bateau », dit Kype.

Un dénommé Porter se leva péniblement, les genoux perclus d'arthrose par toute une vie passée en mer. Il toisa Kype et détesta aussitôt sa peau blanche et lisse, ses yeux bleus, le mouvement souple de ses bras et de ses jambes lorsqu'il s'approcha du comptoir. Ce gosse portait des vêtements de vieux richard : fine parka jaune, chemise en oxford rose, pantalon beige à ceinture élastiquée, mocassins de bateau en cuir. Porter devina qu'il était ivre et il n'aimait pas ce genre de clients. À bord ils passaient leur temps à vomir et à gémir.

« Un bateau exclusivement pour nous, précisa Kype. On est trois.

– Impossible », répliqua Porter.

Kype ouvrit son portefeuille. « J'achète la place des autres passagers. »

Porter regarda l'angle impeccable de la liasse de billets neufs qui dépassait du portefeuille.

« Vous acceptez de payer pour douze ? » Son bateau ne pouvait transporter que six personnes, mais comment ce gosse aurait-il pu le savoir ?

« Sans problème », répondit Kype.

Il disposa les billets en éventail sur le comptoir pour payer les places fantômes, le matériel de pêche et l'appât, les sandwichs du déjeuner et leur carte de pêche en prime.

« Anneau cinq, dit Porter. Le bateau s'appelle *Le Royaume des Cieux.* »

Des lumières s'allumaient dans les cabines de certains voiliers. Sur les pontons quelques hommes buvaient leur café à petites gorgées.

Kype dénoua l'amarre attachée à un taquet de bois. D'Angelo et Nell s'embrassaient sous la lumière bleue d'un lampadaire.

« Cette fille avec votre copain, elle a pas toute sa tête, lâcha Porter. La moitié de la ville lui est passée dessus, si vous voyez ce que je veux dire. Vous pouvez vous l'offrir aussi facilement que mon bateau. Ce n'est qu'une gosse et elle a déjà un bébé. Ils vivent chez la grand-mère. Ça fait peine à voir. »

Porter mit la pompe en route et vérifia la radio.

« Ce vieux rafiot tient la mer, capitaine ? demanda D'Angelo.

– Aux dernières nouvelles, oui. » Porter se tourna vers Nell. « Et toi rentre chez toi. »

Elle monta à bord.

Porter mit pleins gaz, observant depuis la cabine Kype, D'Angelo et Nell debout à l'avant. Quand ils furent à trois milles au large, il réduisit l'allure et se dirigea vers le sud en longeant la côte.

Il cria pour couvrir le ronronnement du moteur : « C'est maintenant ou jamais ! »

Kype assembla sa canne à pêche, ferma les viroles, et Porter lui appâta sa ligne. Les petits harengs, conservés dans la glace, étaient froids et fermes. Porter prit deux hameçons, enfonça la tête d'un hareng dans le premier, la queue dans le second, et entortilla l'appât de manière à ce qu'il tournoie sous l'eau comme un poisson blessé. Quand il eut fini, il avait le bout des doigts pailleté d'écailles, pareil à un lever de soleil en mer, à ces reflets irisés sur fond de ciel argenté. C'était le dernier jour de pêche au saumon, après une saison plutôt réussie qui lui permettrait de passer l'hiver sans avoir à enchaîner les travaux d'appoint, et il décida de s'installer une canne à pêche à l'arrière. En principe il se l'interdisait, mais c'était la fin de la saison. Il avait pas mal bourlingué, fait beaucoup de saisons de pêche, et les fins l'attristaient toujours.

Nell s'était endormie sur le capot du moteur, sa longue jupe enroulée autour des cuisses, son visage brun semblant se ramollir comme du mastic à la chaleur du soleil. Assis tout à l'avant, D'Angelo resserrait mécaniquement les attaches d'un gilet de sauvetage orange. Il ne savait pas nager et la houle le terrifiait. Son estomac nauséeux se hérissait à chaque creux. Kype tenait la canne à pêche de son grand-père comme si c'était une lance d'or et lui une sentinelle chargée de veiller sur l'océan.

« La lecture de ce testament sera un grand moment, déclara-t-il. Tu connais mon programme à partir de maintenant ? L'épuisement. Oui, c'est ça, l'épuisement. Voilà mon ambition. Aller partout et tout essayer jusqu'à l'écœurement total.

– Bien parlé, Kypester, dit D'Angelo. Tu seras une sorte de nouvel Ecclésiaste, complètement vidé et revenu de tout. » Il se rapprocha de Nell. « Hé, Miss Ides, tu veux savoir ce qu'il va faire de son héritage ?

– Tu me caches le soleil », répliqua Nell.

Kype n'était pas souvent allé à la pêche – son grand-père préférait pêcher seul – et à la moindre secousse, à la moindre culbute de l'appât il croyait qu'un poisson avait mordu. À deux reprises il rembobina sa ligne avec le moulinet sans rien ramener. De nouveau il dévida les vingt mètres de ligne, pas plus de soixante centimètres à la fois, comme Porter le lui avait montré. Il suivit des yeux le fil de nylon blanc qui descendait vers l'eau verte, le regarda s'enfoncer jusqu'à ce qu'il soit hors de portée de la lumière. Il éprouvait une étrange résignation à l'idée de flotter à la surface, séparé de l'océan sombre, ignorant tout des saumons. Bercé par le roulis du bateau, il cédait à une bienheureuse amnésie, la houle sous ses pieds faisant jouer ses articulations, les assouplissant. La poignée en liège de la canne bien calée contre son nombril, il ferma les yeux et laissa son corps osciller au rythme des vagues. Il sentait le mouvement calme de l'océan au creux de son estomac. Il imagina l'appât sous la surface, tournant doucement sur lui-même, ondulant lentement comme un cerf-volant dans le ciel.

Une vive secousse rappela Kype à la réalité. Affolé, il releva brusquement sa canne et entreprit de rembobiner la ligne qui fendait frénétiquement la surface. La canne se courba comme une faux. Il tournait la manivelle du moulinet le plus vite possible, étreint par une peur viscérale que la vie à l'autre bout lui échappe. Car c'était bel et bien la vie, et elle se débattait avec une telle force que dans les mains de Kype la canne était comme un instrument de mesure captant non seulement l'intensité de la lutte du saumon, mais celle de l'océan tout entier. En pleine euphorie il fit la promesse – à Dieu, lui sembla-t-il – que si, d'aventure, il ramenait ce poisson à bord, il disperserait les cendres de son grand-père dans les flots pour commémorer l'événement. La vie, se répétait-il.

La vie ! Pendant quelques instants l'ordre des choses parut s'inverser, lui donnant le sentiment que c'était lui la proie captive, incapable de s'échapper, et que la créature qui luttait à l'autre bout venait d'engager un bras de fer pour le faire passer par-dessus bord et l'entraîner par le fond.

Soudain la canne se redressa et la vie disparut de la ligne.

Kype rembobina à toute vitesse, dans l'espoir que le saumon ait simplement capitulé.

Mais non : le poisson, quel qu'il fût, avait recraché l'hameçon. Du hareng il ne restait qu'une tête et deux yeux, et le peigne blanc et cartilagineux de l'arête centrale.

Kype posa sa canne à l'écart.

Porter avait lui aussi pris quelque chose. Il garda son calme, laissa le poisson s'épuiser au bout de la ligne, puis le ramena contre la coque et le récupéra à l'aide d'un filet qu'il souleva fièrement. Le saumon donnait des coups de queue, projetant des embruns à chaque soubresaut. Porter saisit une gaffe, la posa sur son épaule, hésita. Il jeta un coup d'œil à Kype :
« Vous le voulez ?

– Oui, bien sûr. J'ai perdu le mien. »

Porter assomma le saumon derrière la tête. En une seule fois, d'un coup sec pour abréger ses souffrances. Les yeux du poisson se remplirent de larmes de sang, sa nageoire caudale tressaillit, un frisson le parcourut d'un bout à l'autre, et ce fut la fin.

La maison de Nell était assiégée par les mûres. Un enchevêtrement de ronces, grotesque entrelacs végétal haut de cinq ou six mètres, déferlait telle une lame sur un toit invisible. Un trou dans ce roncier, agrandi au fil des allées et venues comme l'entrée d'un terrier, débouchait sur un sentier couvert de planches branlantes et blanchies par les intempéries, qui conduisait à son tour vers une grille. Au-delà se trouvait une petite porte en teck à la peinture écaillée, en partie sortie de ses gonds et retenue par une lanière de cuir. Des rais de lumière poussiéreuse filtraient à travers le dôme d'épines, et quelques abeilles butinaient paresseusement les délicates fleurs blanches dans la chaleur de la fin du jour. Partout les ronces ployaient sous le poids des mûres noires et charnues, sucrées et parfumées. La maison penchait d'un côté, et Kype comprit pourquoi en voyant un escalier étroit au pied d'une passerelle. Ce n'était pas une maison, mais un bateau.

Une vieille femme était assise dans le carré sombre et frais, une couverture sur les genoux. Nell lui donna une tape affectueuse sur l'épaule et continua jusqu'à la cabine à l'avant du bateau. D'Angelo la suivit et Kype les entendit bientôt glousser et se bagarrer sur la couchette. Il contemplait la vieille femme au visage lisse comme un galet poli par le ressac. Ses yeux gris-vert aux reflets argentés étaient incrustés dans leurs orbites avec la précision d'un motif de marqueterie. Kype, son saumon dans une main et son urne funéraire dans l'autre, ne savait que dire. Un filet d'ombre et de lumière enserrait le visage de cette femme et son front était surmonté d'une étrange couronne en cèdre rouge. Une patience si insondable semblait l'habiter qu'elle ne se formalisa pas de ce moment gênant, à moins qu'elle n'ait rien remarqué. Elle ne salua pas Kype, ne prit aucunement acte de sa présence. Une très vieille odeur de poisson montait de la cale qui n'avait pas dû voir un saumon depuis des décennies. Kype écoutait le murmure envoûtant des abeilles, bourdonnement sourd et monotone qui s'était installé comme une démangeaison dans son oreille. Il enfonça son index le plus loin possible dans le conduit, grattant fébrilement pour calmer l'irritation, puis tira sur le lobe. Par le hublot à bâbord il aperçut un vieux gant de base-ball prisonnier des ronces.

On ne savait pas le moins du monde ce que c'était que ce bateau qui entrait dans le port. Alors le chef a envoyé deux ou trois canoës avec des guerriers pour voir de quoi il retournait. Ils ont bien observé les hommes blancs sur le pont du bateau.

Kype souleva son saumon par les ouïes et le regarda droit dans les yeux comme si c'était lui qui avait parlé.

Un des Blancs avait un nez vraiment crochu, tu sais. Alors un de nos guerriers a dit à un autre : « Regarde ! Cet homme-là, avant, ça devait être un saumon keta. Il a le nez crochu. » Le second guerrier regardait l'homme quand un autre Blanc est sorti du carré, et il était bossu. Alors ce guerrier a dit : « Oui ! C'est vrai ! Regarde celui-là. Il est bossu. C'est un saumon à bosse. »

Kype secoua l'urne près de son oreille, mais il n'entendit que des dents et des bouts d'os s'entrechoquer.

Nos guerriers sont revenus à terre et ont dit au chef : « Tu sais ce qu'on a vu ? Ils ont la peau blanche. Mais on est à peu près sûrs que les hommes sur cette chose flottante, là-bas, c'étaient des poissons, avant. Seulement ils sont venus ici avec leur apparence d'hommes. »

Kype dévisagea la vieille femme impassible qui avait fermé ses yeux argentés, baissé sur eux ses paupières tannées. Il entendait encore cette histoire, le ronronnement régulier des mots, aussi lointain que la sonnerie d'un réveil entendue en rêve dans une autre pièce. Il déglutit pour faire taire le bourdonnement dans ses oreilles et tenta de se retenir au pied d'une lampe, mais sa main se referma sur du vide tandis que le décor vacillait et que ses jambes se dérobaient sous lui. Il tourna les talons et s'élança vers l'arrière du bateau, monta sur le pont, dévala la passerelle, traversa le tunnel de ronces. Il courut au milieu de la chaussée et attendit dans la lumière blanche et poussiéreuse que Nell et D'Angelo émergent du bateau, les yeux écarquillés comme des enfants ensommeillés.

Nell les conduisit vers un entrepôt au toit en tôle ondulée où ils trouvèrent, dans une chambre froide, des cartons de briques de lait empilés jusqu'au plafond. D'Angelo hissa un des cartons sur son épaule et ils longèrent un chemin marécageux, descendirent un sentier escarpé où affleuraient des racines, puis des marches usées, taillées à flanc de rocher, pour atteindre une minuscule crique. Une petite rivière, pas plus de trois mètres de large, se jetait dans un estuaire envahi par les joncs, puis dans l'océan. Ils traversèrent le cours d'eau et arrivèrent sur un terrain de camping. Une branche blanchie, rongée comme un vieil os, était plantée dans le sable. Des plumes d'oiseau, des coquillages et les frondes pennées d'une fougère desséchée, attachés à une ficelle nouée en haut de la branche, battaient au vent. Nell s'assit et remonta sa jupe sur ses genoux, rassemblant les plis entre ses mains.
 « Ici on peut faire du feu », dit-elle.
 Kype et D'Angelo se regardèrent.
 « Vous êtes des hommes, ou quoi ? Allez chercher du bois et allumez un feu, sinon on va se les geler après le coucher du soleil. »
 Ils arrachèrent un peu de mousse et d'écorce sur les arbres, rapportèrent plusieurs brassées de bois flotté, puis s'arrêtèrent au bord de la rivière pour se désaltérer. C'était une magnifique petite rivière aux eaux pures et cristallines, mais aux berges couvertes de poissons morts. Ils séchaient sur le sable, assaillis par les mouches, leur peau prenant des reflets or et bronze au soleil, ou bien, prisonniers des joncs en bordure de l'estuaire, ils pourrissaient dans l'eau. Au fond de leurs orbites, leurs yeux avaient le regard vide et accusateur de certains masques, et leurs dents acérées étaient bien visibles comme pour effrayer d'éventuels prédateurs. « En fait je n'ai plus soif, dit D'Angelo. Qu'est-ce qui a pu leur arriver, à ces putains de poissons ? » Ceux encore en vie se distinguaient

à peine des autres. Ils étaient efflanqués, faibles et mutilés, leur chair déchirée partait en lambeaux. Leurs grosses écailles épaissies ressemblaient à une cotte de mailles, leur tête squelettique abritait des dents carnassières. Certains de ces poissons fantômes, bougeant à peine les nageoires, avaient l'air de somnoler dans les eaux peu profondes de la rivière, tandis que d'autres allaient et venaient parmi les roseaux, défendant leur territoire, et que d'autres encore, rongés par les parasites, étaient vivants, mais déjà en décomposition.

« Tu comptes nous faire cuire ce saumon ? demanda Nell quand le feu prit et que les premières flammes s'élevèrent.

– Évidemment qu'il va nous le faire cuire, répondit D'Angelo.

– Qui était cette vieille femme ? dit Kype.

– Ma grand-mère. Je te parie qu'elle est plus vieille que ton grand-père, et pourtant elle n'est pas dans un coffret à bijoux.

– Elle n'a pas été spécialement accueillante. » Kype n'avait pas apporté son couteau, mais le cherchait machinalement dans ses poches.

« Elle n'a même pas dû se rendre compte que tu étais là. Elle est aveugle.

– Foutaise, dit Kype.

– Foutaise toi-même.

– Elle me fixait. Elle savait parfaitement que j'étais là. Elle m'a parlé. Elle m'a raconté une histoire.

– Tu as peut-être entendu quelque chose, mais ce n'était pas elle. Elle ne parle plus. Depuis longtemps.

– Moi je te dis qu'elle m'a parlé.

– Vide plutôt ce poisson.

– Je n'ai pas mon couteau. »

D'Angelo s'activait, alignait les briques de lait roses sur un rondin grisâtre. Des cartouches et des chargeurs vides désignaient l'emplacement d'un précédent massacre. De vieilles briques de lait gisaient sur le sable, saignées à blanc, mais dégageant toujours une odeur rance.

« Le lait du gouvernement, expliqua Nell. On ne sait plus quoi en faire. On en boit un peu et on tire sur le reste.

– Ça me démange d'essayer, dit D'Angelo.

– Mon grand-père a eu ce pistolet à la morgue Everett, déclara Kype. Par un ami à lui qui travaillait là-bas. Il y avait toujours un seau plein d'armes à feu qui traînait.

– Ça doit bien remonter aux années 1900 et quelques, non ? railla D'Angelo.

– Aucune idée. » Kype, morose, enleva ses mocassins et enfouit ses pieds rose pâle dans le sable. Il descendit dans le lit de la rivière, marcha vers la plage au milieu de tous les saumons morts ou moribonds. Sur une frange de sable humide et lisse les vagues de la marée montante avaient abandonné des amas de laitue de mer, de coquilles d'oursins et de longues lanières de varech. Vers le large, le soleil déclinant mettait en relief les silhouettes déchiquetées des rochers. Kype, immobile dans les tourbillons d'écume, les vagues déferlant autour de lui, se refroidissait ; la lumière avait bleui. Des cormorans s'assemblaient sur les rochers et séchaient leurs plumes, étrange congrégation avec leur tête inclinée et leurs ailes noires déployées de prêtres en soutane donnant leur bénédiction.

À son retour, Kype trouva Nell en train de vider leur saumon avec une coquille de couteau qu'elle avait aiguisée sur un rocher. Debout derrière elle, il regarda la lumière des flammes faire remonter à la surface les reflets roux de ses cheveux. Elle chantait à mi-voix, mais s'interrompit soudain et pivota sur elle-même : « Qu'est-ce qui te prend, trouduc ? » Dès qu'il s'écarta de sa lumière elle se remit à chanter. À l'aide de brindilles elle transperça adroitement la chair du poisson en plusieurs endroits, puis l'installa en équilibre au-dessus du feu sur une branche courbe enfoncée dans le sable. Les filets commencèrent à grésiller, leur peau à ruisseler de graisse qui tombait en crépitant sur les braises.

« Kype. » L'écho de la voix de D'Angelo, renvoyé par les rochers humides de la petite crique, semblait venir du large. « Moi je dirais que tu as trouvé ton endroit.

— Je ne le sens pas.

— Tu n'as plus tellement le choix, jeune Bouddha.

— Je crois que je vais rentrer, dit Kype. La journée a été longue.

— Tu ne peux pas partir en me laissant là.

— Tu ne peux pas partir, point final, renchérit Nell.

— Je me sens de trop. Régalez-vous avec le saumon.

— Le chemin est sous l'eau, dit Nell. Tu vas devoir attendre la marée.

— Sous l'eau ?

— Pas pour toujours. La mer redescend, tu n'es pas au courant ? Il suffit d'attendre. »

Kype émiettait le saumon avec ses doigts. La chair était grasse et fondante, avec un goût fumé. Il replia la peau grillée, la mangea elle aussi. Quand il eut fini, il se cura les dents avec une arête blanche. « Cette vieille femme m'a dit qu'on était des poissons.

— Tu as entendu des voix, répondit Nell.

— Je sais ce que j'ai entendu.

— Elle ne parle plus.

— Moi, elle m'a parlé.

— Après tout, je ne suis qu'une Indienne tarée. Peut-être que je suis aussi devenue sourde. »

Kype se souvint que son grand-père s'était réfugié dans une surdité sélective durant les dernières années de sa vie, coupant le son de son appareil au dîner pour échapper aux jérémiades de sa fille qui avait le vin triste, à la voix éraillée de Kype adolescent, quand il ne mettait pas la télévision à fond pour noyer une conversation ennuyeuse. À vrai dire, Kype l'avait presque toujours vu se comporter en vieillard indigne, sauf au début. Là, par compassion pour son petit-fils orphelin de père, il avait brièvement fait un effort, l'initiant à une forme de sagesse populaire et de tradition forestière censée former le caractère – du moins dans les années 1930. Lorsqu'ils partaient camper ensemble, l'immense différence d'âge entre son grand-père et lui laissait Kype en proie à un sentiment d'incompétence écrasant. De retour à la maison, les objets, tous plus anciens les uns que les autres – abat-jour poussiéreux, poignées de portes en bronze noircies par le temps, monumental bureau à cylindre où le vieillard rangeait ses livres de comptes reliés cuir, jusqu'au murmure des crayons bien taillés dans leur pot en étain martelé – l'emplissaient d'une mélancolie encombrante, comme si l'avenir lui-même n'était qu'une de ces reliques légendaires. Il avait été élevé dans la vénération d'un monde oublié, en voie de disparition, et de lendemains tellement imprégnés d'une gloire passée qu'il était interdit d'y toucher. Rien dans cette vieille maison des hautes terres ne changeait jamais : dans les souvenirs de Kype, même les ombres semblaient clouées aux murs.

« Encore combien de temps avant que la mer redescende ? demanda-t-il.

– Arrête un peu de gémir, répliqua Nell. Au fait, tu n'as apporté qu'une seule bouteille ?

– Et si on tirait au pistolet ? » dit D'Angelo.

Ils laissèrent Nell près du feu, comptèrent trente pas entre la cible et eux, se lancèrent dans une querelle balistique pour choisir l'angle de tir où ils risqueraient le moins de recevoir une balle perdue.

Kype chargea le pistolet. « On mise quoi ?

– Oh, il y a un enjeu ! Formidable ! » D'Angelo imitait les intonations huppées des riches et puissants. « D'accord, mon vieux, certainement, cher ami, voyons voir… mon harmonica contre ta Cadillac.
– Ce n'est pas juste.
– Rien à faire de ta justice, Kype. Tu vas hériter d'une fortune. Tu as déjà eu largement ta part. » Il passa la main dans ses cheveux gras. « Ma cravate de cow-boy en prime.
– C'est Nell que je veux.
– Ah bon, dit D'Angelo. D'accord. »
Kype tira le premier et rata la cible. C'était la première fois qu'il se servait d'une arme à feu et il s'attendait à quelque chose de monumental, à une énorme détonation avec un choc en retour, mais le pistolet était minuscule, presque un jouet, et ne produisit qu'un claquement insignifiant, assourdi par le fracas des vagues dans la crique.
« À moi, dit D'Angelo.
– Je n'ai droit qu'à une tentative ?
– Quand on rate, on perd son tour. » D'Angelo haussa le sourcil et hocha la tête. « Tout le monde le sait. » Il plaqua le pistolet contre sa cuisse et fit semblant de dégainer d'un holster imaginaire, transperçant la brique du premier coup. « Ouais ! » Il s'immobilisa pour regarder le lait s'écouler dans le sable. « Et voilà le travail ! » Le coup suivant explosa dans une gerbe blanche. La boîte déchiquetée bascula dans la rivière, se vidant de son lait au fil du courant.
« Quand j'ai quitté Brooklyn, jamais je n'aurais cru que je me retrouverais à tirer sur des briques de lait.
– Pourquoi tu es parti ? demanda Kype.
– J'avais toujours rêvé d'aller en stop sur la côte Ouest.
– Pas moi.
– Tu irais où ? » D'Angelo balaya l'horizon avec le canon du pistolet. « Te baigner ?

– Passe-moi ce pistolet.
– Je n'ai pas encore raté de cible, Kype. C'est toujours à moi. Va donc nous chercher un peu de – il disait comment, ton grand-père, déjà ? – un peu de cette "gnôle". Tout ça m'a donné soif. »
Kype alla chercher la bouteille, mais Nell refusa de la lui donner et il revint les mains vides.
« Ici, en tout cas, ce n'est plus vraiment l'Ouest, dit D'Angelo. Plutôt l'ouest de l'Ouest.
– Laisse-moi tirer.
– Si je dois le répéter encore une fois, Kype, c'est toi que je descends. »
Kype se demanda si la nouvelle vie qui l'attendait après l'homologation du testament ressemblerait à ça, s'il vivrait entouré d'inconnus. Il allait hériter d'une fortune, mais ne se sentirait jamais entièrement chez lui – c'était comme une clause annexe dans le testament de son grand-père.
« Je m'attendais à autre chose, reprit D'Angelo. Je suis déçu. Je me sens seul. Rien d'autre que ces poissons puants et l'océan. Pas étonnant que tu cherches encore ton endroit, Kype. Une fois qu'on est ici, il faut repartir vers l'est pour trouver l'Ouest.
– Qu'est-ce que tu racontes ?
– Il faut le recharger. » D'Angelo lui tendit le pistolet. « Mais c'est toujours à moi.
– Pourquoi tu devrais avoir la fille ?
– Sa chatte sent le poisson, dit D'Angelo. Comme tout le reste par ici. »
Kype mit une balle dans chaque chambre, ferma le barillet et le fit tourner sur lui-même. Puis il prit ses jambes à son cou. D'Angelo se précipita pour l'arrêter, mais Kype s'élança sur le sable, et dès qu'il atteignit le rondin il enfonça le canon dans la première brique et tira. Puis il abattit la brique d'à-

côté, et la suivante. Il en jeta une en l'air, tenta de l'avoir au vol, la rata alors qu'elle redescendait à toute vitesse, mais lorsqu'elle eut rebondi sur son crâne et atterri dans le sable à ses pieds, il logea deux balles dedans pour se venger. Il avait entrepris de faucher méthodiquement toute la rangée quand, à court de munitions, il empoigna le canon brûlant et acheva les dernières à coups de crosse, jusqu'à ce que les joints lâchent et que le carton se transforme en papier-mâché. Il reprit son souffle, contempla le carnage. Les briques massacrées jonchaient le sol et sa chemise était trempée. En aval les saumons à dos sombre, au terme de leur migration, ondulaient avec indifférence dans une eau laiteuse.

« Satisfait, jeune Bouddha ? » D'Angelo chassa le sable de son pantalon à pli, secoua le revers. « Et maintenant donne-moi ce pistolet.

– On n'a plus de lait, mon ami, dit Kype. J'ai abattu la dernière brique. Elles sont toutes mortes.

– Un vrai tireur d'élite.

– Tu n'as plus de cible. » Kype tendit à D'Angelo le pistolet et la boîte de munitions cabossée.

– Si, toi. » D'Angelo resserra sa cravate de cow-boy, fit jouer les articulations de sa main droite, observa Kype entre ses paupières mi-closes. « Toi et ces putains de poissons. »

La première balle transperça l'œil d'un vieux mâle à tête osseuse avec un long museau sinistre, recourbé comme une patère. Il récupérait dans les eaux calmes à l'abri d'un rocher, et quand la balle se logea dans sa cervelle il n'offrit aucune résistance, se laissant dériver au fil du courant. À genoux sur la berge, D'Angelo liquida deux autres poissons à bout de forces. Ils sombrèrent, leur sang rosi par le lait mêlé à l'eau. Le lit étroit de la rivière était envahi par les saumons et D'Angelo avait à peine besoin de viser. Il faisait mouche à chaque fois. Il explosa la nageoire pelvienne d'une femelle, atteignit un autre poisson en plein ventre. Il en toucha un qui, déjà mort, se délita et s'évanouit tel un nuage. Il s'interrompit pour recharger le pistolet, glissa la dernière balle dans la chambre en surveillant Kype, qui se détourna et regarda la rivière s'écouler. Les saumons restants, imperturbables, vaquaient à leurs occupations. Les poissons mourants nageaient sur le côté, pathétiques, emportés par le courant comme des feuilles mortes par le vent. D'autres luttaient toujours pour rejoindre leur frayère. Plus en amont deux saumons en train de frayer ondulaient dans les remous, ensemençant l'eau de leurs œufs et de leur laitance. Alors que la femelle allait vers le fond répandre du gravier sur ses œufs fécondés, D'Angelo la mit en joue, tira, et elle mourut sans avoir le temps d'agoniser, seulement parcourue par un frisson, la bouche à peine entrouverte en signe de protestation tandis que le courant l'emmenait vers l'océan.

« Je devrais vous faire manger tous ces poissons morts, espèce de salauds ! » Nell tenait l'urne funéraire et la bouteille de bourbon en otage sur ses genoux. « Ce sont mes ancêtres, vous savez. Vous avez tué des membres de ma famille !
— Désolé pour tes poissons, dit D'Angelo. Et désolé pour tes ancêtres, mais je crois qu'il va falloir faire une croix sur le passé. Je ne vois pas d'autre solution. Sois un peu raisonnable.
— C'est toi qui devrais l'être ! lui cria Nell.
— On tourne en rond, ici. Kype junior veut récupérer les cendres de Kype senior. Et toi, Nell, tu veux quoi, mon chou ?
— Je te l'ai déjà dit. » Elle en avait assez de se répéter. Elle prit une poignée de cendres dans l'urne et la dispersa dans la rivière comme elle aurait semé des graines.

« Arrête de jeter ces cendres, s'il te plaît, dit Kype.
— Ces poissons étaient tous malades », ajouta D'Angelo.

Elle leur brandit l'urne sous le nez. « Et ce vieux-là est mort ! Vous voulez le ressusciter, ce vieil homme-cendrier tout carbonisé ? »

Pendant qu'ils se disputaient sans fin, hurlant pour couvrir le bruit des vagues, des ombres, puis la nuit avaient empli la crique comme une cuvette. À présent la lune était juste au-dessus d'eux, halo flottant dans le brouillard, aussi indistincte qu'une pièce de monnaie au fond d'un puits. Kype, gelé, grelottait dans sa chemise humide.

« J'ai soif, dit-il.

— Bois du lait », répliqua Nell.

D'Angelo tenta de ranimer le feu, déplaça les braises, puis sortit son harmonica de la poche de sa chemise. Il tapa dessus pour évacuer la salive des tuyaux et gonfla ses lèvres molles au ras de l'instrument, agitant les doigts comme pour en tirer le blues le plus nostalgique qui ait jamais été joué, mais les misérables couinements n'avaient aucune chance face aux vagues qui se brisaient, et sa chanson fut noyée dans leur tumulte. Il lança l'harmonica à Nell. « Tiens, prends ça en plus du reste.

— Ils viennent ici pour que nous ayons de quoi manger, déclara Nell. Et s'ils ne revenaient pas l'an prochain ? » Elle dévisagea les deux hommes, attendant une réponse. « Cette vieille femme, ma grand-mère, toute sa vie elle est venue prier et se baigner ici chaque matin.

— Moi je ne sais pas nager », dit D'Angelo.

Profitant de l'obscurité, Kype regardait Nell avec concupiscence. Elle avait des pommettes larges et lisses comme celles du Sphinx, et il imaginait que pour l'embrasser il lui suffirait de les prendre entre ses mains, d'incliner sa tête vers lui et de se désaltérer à ses lèvres.

« D'accord, dit-il. Je vais le faire.

— Bien parlé. Sinon, une terrible malchance t'aurait poursuivi partout et à jamais. »

Nell mélangea des cendres et du bourbon dans la paume de sa main, trempa l'index dans cette pâte et peignit une épaisse ligne verticale au milieu du front de Kype. « Après, on jouera au jeu des cendres », annonça-t-elle. Elle lui traça deux cercles autour des yeux, les agrandit, puis lui ajouta en travers de chaque tempe un léger trait noir qui lui donnait l'air d'avoir des oreilles pointues. « Tu peux encore récupérer le reste de tes cendres. Je te laisse une chance. » Elle lui dessina des crocs aux commissures des lèvres, des moustaches partant des ailes du nez. « Et puis il faut que tu ailles dans cette rivière pour te laver, parce que tu sens vraiment très mauvais. » Elle déboutonna la chemise de Kype. « Sinon jamais les esprits ne s'approcheront de toi. » Sur son ventre elle représenta une nuée de petits poissons stylisés, comme autant de rubans de Möbius. Ils nageaient de son nombril vers son cœur, migraient au-delà de ses clavicules, jusqu'à sa gorge et à sa bouche.

Kype ne bougeait pas, dans l'espoir que Nell dessine encore plus de poissons sur lui.

« Il faut que tu ramènes ton âme à l'intérieur de ta tête, dit-elle. Quelqu'un te l'a volée, voilà ce que je crois. Peut-être pendant ton sommeil. Ou peut-être que tu as eu très peur et qu'elle s'est enfuie de toi. Est-ce qu'il t'arrive de sentir bouger le haut de ta tête ? »

À cet instant précis, il eut justement la sensation que le sommet de son crâne s'ouvrait comme un flacon. Apaisé par les doigts de Nell qui lui effleuraient la gorge, Kype ferma les yeux, entendit une voix lointaine, et curieusement il vit son grand-père glisser sa main dans la sienne et le conduire dans l'entrée d'une maison de retraite pour vieux marins. C'était le hall sombre d'un ancien hôtel de luxe où les marins retraités passaient désormais leurs nuits et leurs journées dans des fauteuils rembourrés, sur des canapés poussiéreux et des rangées de bancs d'église fissurés. L'absence de toute perspective d'aventures en haute mer, le rétrécissement définitif de l'horizon semblaient conduire ces vieillards à des solutions extrêmes : la folie ou le silence. Il n'y avait pas un coin du monde que ces hommes, pris collectivement, n'aient visité, pas un océan, une mer ni un fleuve qui leur fût inconnu, mais à présent ils quittaient rarement ce hall. Une unique lampe brillait faiblement sous un abat-jour déchiré et un cendrier en verre poli contenait une cigarette en train de se consumer, dont la fumée s'élevait lentement vers le ciel comme une prière. Rien d'autre ne bougeait que cette fumée : à cause de ce silence de mort, Kype soupçonna que même les cœurs qui battaient sous les chemises tachées de soupe, peinant tels d'antiques soufflets en cuir, ne rejetaient que de fines cendres grises. Personne ne conversait ; personne ne soufflait mot. Le silence ambiant donnait l'impression que ces marins avaient été ramenés en arrière et que leurs ténèbres intérieures s'étendaient de nouveau à la surface des grands fonds. Toutes les eaux du monde s'étaient retirées et avaient reflué dans leurs yeux, flaques insondables, bleues, noires ou nacrées, brillant comme des mirages dans leurs visages flétris et vides d'expression.

Kype se laissa conduire en haut d'un escalier et le long d'un couloir interminable, avec le sentiment que ce moment lui avait été promis depuis toujours. Les jours de gloire de l'hôtel flottaient encore dans l'atmosphère, hantaient chambres et corridors. La tapisserie veloutée suggérait l'opulence malgré sa vétusté, des placards naguère remplis de draps et de serviettes bordaient les couloirs sombres, dans la cuisine aux fourneaux froids les monte-plats desservaient toujours la salle à manger, et toutes les chambres disposaient d'un long cordon doré et torsadé, autrefois relié à une clochette de service qui n'appelait plus personne. La porte d'une chambre s'ouvrit, et Kype, debout sur le seuil, vit un vieux marin faire un nœud coulant avec le cordon et se pendre. Si la clochette avait tinté, peut-être le vieillard eût-il survécu, appelant à l'aide sans le savoir à chaque oscillation du cordon, mais depuis longtemps les langues avaient été coupées, et dans cet hôtel réduit au silence le marin pendu s'asphyxiait. Kype regardait, impuissant. Dans les corridors muets lui seul pouvait donner de la voix, mais lorsqu'il appela à l'aide, une colombe s'envola de sa bouche en s'écriant *Hélas ! Hélas !* et il ne put que rester à la porte, effaré. Voilà un homme qui avait navigué tout autour du globe, vu le soleil se coucher dans les deux hémisphères, et pourtant il mourait au bout d'une corde comme un gibier de potence, pendu dans le vide au-dessus de son lit. Le silence qui s'installa dans cette chambre sonnait comme la morale d'une fable. Kype croyait à présent savoir lui aussi ce que savait chaque marin dans le hall. Et ce qu'ils savaient, pour avoir fait le tour du monde, c'est que la fin est à peu près partout.

Lorsque Kype rouvrit les yeux, Nell cassait une brindille en deux. Elle noircit l'extrémité de la première moitié avec de la cendre et laissa l'autre telle quelle. Il comprit la règle avant même que Nell la lui explique, comme s'il avait joué au jeu des cendres dans une autre vie. Les mains derrière le dos, Nell allait mélanger les deux moitiés de brindilles, et Kype n'aurait plus qu'à choisir, entre la main droite ou la gauche, celle contenant le bout de brindille noirci par la cendre. Pour la première manche, dans un souci d'équité, Nell accepta de miser sa barrette en strass contre la Cadillac de Kype.

« C'est John Wayne qui l'a donnée en cadeau à ma grand-mère, dit-elle.

– Il est venu jusqu'ici rien que pour la lui donner ? demanda D'Angelo.

– Avant elle appartenait à Pilar.

– Alors il s'est contenté de débarquer et de dire : "Salut mamie, je suis John Wayne, voilà une barrette" ?

– Tous ces acteurs de Hollywood montaient souvent jusqu'ici à bord de leurs yachts. John Wayne, Bing Crosby, Clark Gable. Ils venaient pêcher le saumon, et pas à coups de pistolet, eux. »

Nell, mains cachées derrière le dos, mélangea les brindilles, se balançant au rythme d'une chanson apparemment sans vraies paroles, et donc, pour Kype du moins, sans début ni fin. Elle répétait en boucle *he ha ya ho ho ha ya ho he*, enchaînement de sons qui n'avaient pas plus de signification pour Kype que le ressac ou le vent. Il scruta longuement le visage de Nell dans l'espoir d'y lire la vérité, mais son premier choix ne fut pas le bon, ni le suivant, et en quelques minutes il avait perdu sa voiture et ses mocassins. Nell mélangea les brindilles en chantant, Kype désigna sa main droite, et une fois encore elle lui montra la moitié de brindille sans trace de cendre. Entre chaque manche, Nell tambourinait sur un rondin avec les mocassins de Kype, mais pas en cadence : le rythme semblait incohérent, à contretemps des battements du cœur. Ce tambourinement syncopé laissait Kype tendu et surexcité, il le troublait, le perturbait, d'autant que Nell se mit à entrelacer sa chanson de railleries. « Tu es aveugle, *he ha ya ho*, chantonnait-elle. Tu ne vois rien, *ho ha ya ho he*. » Ce jeu ne présentait pas plus de difficulté que de tirer à pile ou face, et Kype continuait à jouer, croyant que la chance finirait bien par lui sourire. Il suffisait d'être patient. « *He ha ya ho*, tu as un trou en haut du crâne. » Nell avait désormais en sa possession l'urne funéraire, les clés de l'Eldarodo, la bouteille de bourbon, le vieil harmonica, le pistolet et la canne à pêche. Kype n'avait jamais gagné le moindre jeu ou concours, ni reçu de prix, même si on lui avait vaguement présenté sa propre vie comme une sorte de victoire. Il détacha le bracelet de sa montre. Il perdit son pantalon et le contenu de ses poches. Il découvrit que ça ne le dérangeait pas vraiment de perdre. Ce n'était pas du tout le désastre qu'il avait imaginé. Une fois son portefeuille vidé de ses billets, il rédigea des reconnaissances de dette sur de vieux reçus de carte bancaire. Il mit en jeu sa collection de cartes de base-ball, ses photos de Mickey Mantle et de Willy May, même l'autographe de Don Mincher sur un poster des Seattle Pilots datant de 1969. Le tambourinement de Nell lui faisait perdre toute notion du temps. Incapable de se raisonner, il joua une petite partie de son héritage : un vénérable service en porcelaine, une machine à faire les muffins, un coffret de bijoux fantaisie pour accompagner la barrette de Nell. Il était debout devant elle dans son caleçon blanc informe, et pourtant il ne sentait pas le froid. Il ne possédait plus rien, comme tous les grands hommes. Plus rien du tout. Comme Gandhi. Comme Jésus. Et comme le Bouddha !

Rien ! se répétait-il ! Absolument rien !

« Maintenant tu dois nager », dit Nell.

La rivière était peu profonde, mais le courant très fort et l'eau très froide. Kype frôlait le fond, son ventre raclait les cailloux, des ronces dépassant des berges lui rentraient dans les côtes. Le contact visqueux des saumons sur son dos et son visage lui donnait l'impression qu'il se frayait un chemin dans une foule, que des mains cherchaient à le retenir. Il tenta de remonter le courant, mais ses pieds le tiraient vers la mer. Il prit une profonde inspiration et plongea sous la surface. C'était bruyant, tumultueux, pas du tout le calme auquel il s'attendait, et la rivière avait goût de poussière. Cet arôme discret, trace de la terre dans l'eau, le surprit et l'emplit de nostalgie. Petit garçon solitaire et inconsolable, il observait le manège des pétroliers et des porte-conteneurs au rythme des marées, toute la journée il les observait par la fenêtre du bureau de son grand-père, comme si, dans leur lente trajectoire circulaire, ils étaient les aiguilles d'une gigantesque horloge courant après le temps à la surface de l'eau. Derrière ces bateaux, plus à l'ouest, il apercevait les côtes d'une île. Propriété privée, elle n'apparaissait que sur les cartes marines locales, mais enfant, Kype rêvait qu'elle était à lui : tout ce qui disparaissait, tout ce qui mourait, tous les espoirs perdus, les promesses rompues et les désillusions quotidiennes de sa jeune vie échouaient là-bas, du moins le croyait-il. Il voyait l'île comme une sorte d'au-delà de l'autre côté de la mer, à la fois site sacré et décharge. Cette idée avait germé à l'âge où il comprit qu'il était orphelin, et des semaines durant il se consola en se représentant son père sous les traits d'un desperado en cavale réfugié sur l'île. Plus tard, il crut qu'elle abritait aussi tous les cow-boys et les Indiens. Les billes perdues, les grille-pain en panne, les bouts de lacets, les rasoirs au rebut, les chaussettes dépareillées, les vieux téléviseurs et toute une ribambelle de petits animaux domestiques y avaient trouvé leur dernière demeure. Les prières qu'il ne prononçait plus avant de s'endormir étaient là-bas, avec tout ce qu'il ne pouvait s'expliquer. Sur cette île les gens chantaient les refrains de chansons oubliées et redécouvraient d'anciens pas de danse. Les meilleurs amis de son père, ceux qu'il appelait « Tonton » et celui qu'il avait surnommé « Bourboncle », tous ces hommes qui fréquentaient la maison et soudain ne venaient plus, étaient partis pour l'île. Parfois, s'il la scrutait assez longtemps, il croyait voir des feux de joie scintiller sur ses rives escarpées et boisées. L'île était à la fois un vieux monde et un nouveau monde. Toujours pleine et toujours vide, elle pouvait accueillir tout et n'importe quoi. Kype ne pensait plus à elle depuis des années, mais là, alors qu'il luttait contre le courant, elle lui revint en mémoire avec tout le romanesque de l'enfance, et il imagina que son grand-père, le vieux Kype, avait mis les voiles vers cette île. Et l'âme du jeune Kype s'y trouvait aussi, il en était certain, alors il continua de nager.

De bonne heure le lendemain, debout sur la place en terre battue devant la boutique d'appâts, Kype enlevait les épines de ronces plantées dans ses paumes. Il avait les mains en sang et les bras couverts d'écailles, chaque poil orné d'une paillette irisée. La puanteur de sa peau lui rappelait celle des bidons d'engrais utilisés par son grand-père dans la roseraie. Son ventre était couvert d'éraflures et d'écorchures, et une ecchymose sous sa cage thoracique le gênait pour respirer. Un peu plus tôt, il avait trouvé Nell endormie, pelotonnée sur le sable, et D'Angelo en train de ronfler, cramponné à un rondin comme s'il redoutait d'être emporté au large. Kype les avait abandonnés à leur sort, s'habillant rapidement, récupérant le pistolet, ses clés de voiture et ce qui restait des cendres de son grand-père avant de rejoindre tranquillement le lit de la rivière transformée en frayère. À genoux dans l'eau, il prit à pleine main l'un des poissons épuisés et le regarda droit dans les yeux, se demandant ce qu'il pouvait penser. Ses ouïes s'ouvraient et se fermaient aussi doucement que les ailes d'un papillon, et Kype s'approcha encore plus près, comme si le poisson allait lui murmurer quelque chose à l'oreille. La rivière était remplie de mourants qui n'en finissaient pas de mourir et de vivants qui poursuivaient leur course, tandis que les morts de la veille, entraînés vers l'océan, avaient fait de la place pour ceux à venir. Deux ou trois briques de lait restaient prisonnières des roseaux, mais l'eau avait retrouvé sa pureté cristalline. Kype inclina la tête et posa ses lèvres sur celles, glacées, du saumon qu'il replongea délicatement dans la rivière, le laissant glisser entre ses doigts. Le poisson ne trouva pas de refuge abrité et la rivière emporta ce corps sans force désormais à sa merci, qui vivrait ses derniers moments au rythme du courant.

CHARLES D'AMBROSIO

Après l'escalade du sentier sinueux pour quitter la crique, Kype était un peu sonné, mais il avait ses cendres et son pistolet, et là, devant le garage du chef, son Eldorado l'attendait. Il chercha ses clés de voiture dans sa poche, tomba sur les quelques reconnaissances de dette rédigées à la hâte. À la lumière de cette nouvelle journée, il n'en revenait pas que Nell ait pu se laisser prendre au jeu des cendres. Toute cette épreuve surréaliste lui faisait l'effet d'un rêve fébrile, et tandis que s'effaçaient les dernières traces de l'égarement de la nuit passée, il se sentit étrangement vide. Le soleil se levait sur l'eau, en même temps que le vent qui rabattait le sable et la poussière sur la place. Les baraques blanches s'éclairèrent. La vieille femme sortit s'asseoir dehors avec sa couverture et sa couronne en cèdre, offrant son visage à la chaleur du soleil. La scène était aussi tenace et durable qu'un monument, et Kype crut que la poussière tourbillonnante s'était réapproprié ces gens, les avait figés sur place et transformés en statues là où ils se trouvaient la veille. Au milieu de la rue, la petite fille regardait vers l'est, main en visière pour se protéger les yeux du soleil. Le vieillard marchait du même pas hésitant et lourd, suivant son ombre de l'autre côté de la chaussée. Le moteur se balançait au-dessus de la DeSoto, et la boîte à outils ouverte trônait toujours sur une aile à côté d'une tasse de café, comme si le travail pouvait reprendre à tout moment. La saison de la pêche au saumon avait pris fin, mais rien d'autre n'avait changé.

Cette nouvelle est extraite du recueil
Le Musée des poissons morts (2007).

Un goût de rouille et d'os

de Craig Davidson

Traduit par Anne Wicke

Il y a vingt-sept os dans la main humaine. Entre autres, le lunatum, le capitatum et le naviculaire, le scaphoïde et le triquétrum, ou bien encore les minuscules pisiformes cornus de la face extérieure du poignet. Ils ont beau être tous différents dans leur forme comme dans leur densité, ils sont tous bien alignés, leurs contours sont parfaitement ajustés et ils sont reliés par un réseau de ligaments qui courent sous la peau. Tous les vertébrés ont en commun un ensemble d'os similaire, et tous les os se constituent à partir des mêmes tissus : qu'il s'agisse de l'aile d'un oiseau, de la nageoire dorsale d'une baleine, de la patte d'un gecko ou de votre propre main. Certains primates en ont plus encore : le gorille en a trente-deux, cinq dans chaque pouce. Pour les humains, c'est vingt-sept.

Cassez-vous un bras ou une jambe, et l'os va s'envelopper de calcium en se ressoudant, si bien qu'il sera plus solide qu'avant. Mais cassez-vous un os de la main, et cela ne guérit jamais correctement. On se fracture un os du tarse et la ligne de fêlure reste visible pour toujours : comme une faille dans du granit sur les radios. Si on a un métacarpien écrasé, on est bon : les esquilles d'os qui ne sont pas absorbées par des tissus tendres sont dévorées par les enzymes ; cette poudre passe ensuite dans le système sanguin. Regardez donc les mains d'un boxeur : les jointures se sont écrasées contre les lourds sacs de frappe ou contre le visage d'un adversaire, et la peau s'est fendue en diagonales croisées, comme une grille de cicatrices en X.

Vous verrez des hommes pleurer lorsqu'ils se fracturent la main durant un combat, des Mexicains à la peau dure ou des ouvriers métallos, des malabars effondrés sur leur tabouret avec les larmes qui leur jaillissent des yeux. Ce n'est pas tant la douleur, même si l'anticipation de cette douleur est bien présente – avec les paluches qui gonflent dans les gros gants rouges et le crissement électrique de l'os contre l'os ; c'est peut-être la huitième reprise et tu tapes avec ton poing en bouillie jusqu'à la dixième pour gagner de justesse. C'est la frustration qui les fait pleurer. Le secret de la boxe, c'est de savoir minimiser les faiblesses. Piètre endurance ? Course sur route. Jeu de jambes médiocre ? Saut à la corde. Abdos faiblards ? Mille rameurs tous les jours. Mais les boxeurs qui ont les mains abîmées ne peuvent rien y faire, à part engager un soigneur qui s'y connaît un peu en bandages pour os cassants. Idem pour les boxeurs aux arcades sourcilières saillantes et à la peau fragile qui se fend largement au moindre coup de patte. Ils pleurent parce que c'est là une faiblesse à laquelle ils ne peuvent rien et qui va les condamner à un niveau inférieur, juste un cran en dessous du MGM Grand et du Foxwoods, des danseuses et des Bentley.

La pièce a les dimensions d'une chambre à gaz. Une chaise de bois, un lavabo, un petit miroir accroché au mur de béton pigmenté. Une ampoule de quarante watts pend à un fil sombre, sa lumière jaune et froide tombe sur mon crâne rasé de près et se brise en éclats sur le sol. Des toiles d'araignées sont suspendues comme des parachutes de soie dans les coins, au-delà de la lumière. Dans un vieux sac polochon coincé entre mes jambes s'entassent un onguent au wintergreen et de la vaseline, une coquille et un protège-dents avec du chewing-gum Dentyne à la cannelle encore incrusté dans les empreintes. Les bandages pour mes mains sont étalés sur mes genoux et je les enroule en chevrons crasseux autour du pouce gauche, du poignet et de la paume de ma main. Il fut un temps où j'avais des mains fortes – de véritables casse-noix, comme disait Teddy Hutch. Mais maintenant elles ont été cassées tant de fois que les os sont comme des éclats de porcelaine dans un sac de mousseline. Il suffit d'un coup un peu fort pour les fracasser.

Un homme au visage gonflé passe la tête par l'embrasure de la porte. Il fait rouler un cigarillo toscan tout tordu jusqu'au coin de sa bouche avant de parler.

« T'es prêt ? Vaudrait mieux pour toi que ces rustauds n'aient pas le temps de se soûler davantage.

– T'as pas une bouillotte ? »

Je plie fortement le cou en avant, mon menton touche ma poitrine.

« Je suis tout raide.

– Tu te crois où, au Caesars Palace ? Quand t'es prêt, c'est au bout du couloir et en haut des marches. »

Je m'appelle Eddie Brown Junior, je suis né le 19 juillet 1966 à San Benito, une petite ville misérable située à quinze kilomètres au nord de la frontière entre le Texas et le Mexique ; « quelque part entre nulle part et *adios* », comme disait ma mère de sa ville d'adoption. Mon père, un garde-frontière, travaillait sur la partie de la ligne de démarcation entre les deux pays qui courait de McAllen à Brownsville et contournait la corne jusqu'à la chaîne des îles Padre, au large de la côte. Par les claires journées de juillet, on pouvait voir les clandestins offrir au soleil leurs corps minces sur les langues de sable, ils engrangeaient de la chaleur comme des phoques, avant de se lancer dans la traversée au crépuscule pour gagner le rivage de la lagune. Il avait rencontré sa future femme lors d'une fraîche soirée de septembre, quand le radeau sur lequel elle se trouvait – des longueurs inégales de bois de campêche attachées ensemble avec de la ficelle, entourées de grosses bouteilles de lait en plastique – a heurté la proue de l'embarcation dans laquelle il patrouillait.

« Un vent froid soufflait, il venait du golfe, m'a un jour dit ma mère. *Dios mío...* Le radeau a l'air bien quand je pars, mais après la ficelle se casse et les bouteilles se remplissent d'eau. En plus ces eaux-là grouillent de requins-tigres rondouillards comme des poules, avec tous ces *extranjeros borricos* qu'il y a à boulotter dans le coin. Alors, je me dis que je vois des formes comme ça, avait-elle ajouté en dessinant de l'index l'aileron d'un requin, et je me demande pourquoi je veux quitter Cuidad Miguel... C'était donc si terrible, là-bas ? Mais je voulais le rêve américain. »

Une mimique ironique : un haussement d'épaules, les yeux levés au ciel.

« J'avais presque réussi, Ed, pas vrai ? »

Mon père avait levé les yeux de son *Daily Sentinel*.

« Quelques heures de plus et tu aurais bien fini par échouer quelque part, ma chérie. »

Les détails de ce voyage en bateau ne me furent jamais révélés, je ne saurai donc jamais si c'est l'amour qui était né ou si un contrat raisonnable avait été conclu. Je peux m'imaginer ma mère enveloppée d'une couverture de survie, assise à côté de mon père qui manœuvre la manette d'un vieux moteur Evinrude, la lueur d'une pleine lune d'équinoxe frôlant la courbe douce de sa joue. Quelque chose s'est peut-être produit à ce moment-là. Mais je peux aussi m'imaginer une négociation menée à voix basse, alors qu'ils sont amarrés au ponton de la patrouille frontalière, avec les fines algues vertes qui giflent les piliers et une lumière jaunâtre qui se déverse à travers les barreaux de la cellule, un peu plus loin. Ma mère était une beauté latine classique : des cheveux de jais et une peau ambrée et lisse, avec une marque de naissance sur la joue gauche qui évoquait un oiseau en vol vu de loin. De nombreux gardes-frontières épousaient des Mexicaines ; il n'était pas très difficile de s'occuper de la paperasserie. Ma sœur naquit cette année-là. Trois ans plus tard, c'était mon tour.

Je finis de me bander les mains et je me lève, je suis sur la pointe des pieds et je balance le haut du corps. Je remonte la capuche du sweat-shirt sur ma tête et je tire sur le cordon. Un demi-cercle sur la gauche, une feinte basse, et je décoche un croisé du droit, le bras plié en L à quatre-vingt-dix degrés pour générer un maximum de force. Une torsion des hanches, je balance toujours légèrement le tronc, trois méchants directs, avec le coude tourné vers l'extérieur à la fin. Il y a beaucoup de gens qui n'aiment pas les cogneurs, ceux qui font pleuvoir les coups, mais tous les boxeurs un peu malins savent que tout dépend du direct : ça maintient l'adversaire à distance et ça atténue ses propres coups, et en plus vous êtes toujours en position de contrer. Et puis, si le gars est fragile de la mâchoire ou de la boîte crânienne, un direct peut très bien suffire pour l'envoyer chez les anges.

Un jour, mon père m'a emmené dans une de ses rondes de nuit. C'était en août, et il faisait si chaud que même les crotales et les geckos cherchaient de l'ombre. Nous avons traversé le lit du fleuve asséché dans son véhicule de patrouille, et roulé parmi des touffes de mouron grillé par le soleil et des arbustes si racornis que leurs baies toxiques cliquetaient comme des billes de plastique creuses. Il s'est arrêté pour me montrer les trous dans la clôture, avec le grillage replié en pans argentés.

« Une petite pince coupante fourrée dans un sac plastique et scotchée à la cheville. Ils traversent le Rio Grande à la nage, ils remontent le long de la rive en rampant et ils taillent dans la clôture pour passer, avait-il dit en haussant les épaules avec résignation. Rien de plus facile. »

Le ciel commençait à s'obscurcir quand nous sommes arrivés sur le ponton. En descendant l'accotement pour gagner la plage, nous sommes passés devant un bosquet d'agaves si maladifs que même les bouilleurs clandestins ne les auraient pas regardés. Nos bottes soulevaient des nuages d'une poussière de couleur rouille. Des étoiles planaient à l'est, sur la ligne d'horizon, projetant des éclats de lumière métallique sur l'eau.

Mon père a mis le moteur en route et on s'est lancés dans la baie. Suspendu entre jour et nuit, le ciel était d'un violet intense et luisant, aussi brillant que la peau d'une aubergine. La puanteur huileuse des gaz d'échappement se mêlait aux odeurs de la créosote et des rosiers Cherokee. D'un côté, le pied des collines fauves de l'ouest du Texas déroulait ses ondulations bosselées sous un banc de nuages aux lisières pourpres. De l'autre, les Sierras profilaient des lignes de crête aiguës, avec des pans de lumière bistre embrasés entre les sommets. Un feu de broussailles se consumait au loin vers le nord, lançant des faisceaux vacillants de flammes qui repoussaient les ténèbres. Les étoiles planaient au-dessus de leurs reflets dans le delta du Rio Grande, sur une ligne d'eau parfaitement lisse là où le fleuve rencontrait l'océan.

Mon père a lancé une fusée éclairante vers le ciel. Comme la comète rouge décrivait son arc de cercle, il a cligné des yeux pour scruter la surface de l'eau alors illuminée par le sillage de plus en plus large.

« Ils ne comprennent pas que c'est très dangereux, dit-il. Les tourbillons et les courants sous-marins. Il faut se battre contre un courant très fort pendant toute la traversée. »

Il a sorti un cigare Black Cat de sa poche de chemise et l'a allumé avec une allumette.

« Je ne devrais pas me sentir responsable, vraiment, a-t-il repris. C'est pas comme si je les forçais à plonger. Mais tout le monde croit que le soleil brille davantage de l'autre côté de la rue. »

Je balance encore quelques directs tandis que les battements de mon cœur tombent au rythme pré-combat. La sueur commence à perler, en gouttes claires et inodores qui surgissent sur mon front ou bien s'emmêlent aux poils courts de mes poignets. Je tourne le robinet du lavabo et asperge mon visage d'eau froide et sulfureuse. Une fente laiteuse traverse le miroir de part en part, elle court le long de la partie gauche de mon cou jusqu'à ma mâchoire, puis elle décrit un angle net, qui me coupe les lèvres en deux avant de continuer sa trajectoire vers le haut sur ma joue et ma tempe. Je regarde fixement mon visage séparé en portions inégales : le front marbré de nœuds de tissu cicatriciel sous-cutané et le nez cassé au milieu, avec le cartilage qui décrit un angle obtus. De fragiles doigts de lumière rampent à la base de mon crâne, plongeant dans le noir mes orbites enfoncées.

Trente-sept ans. Pas si vieux. Mais trop vieux pour tout ça.

Pour mon quatorzième anniversaire, mon père m'a conduit au Top Rank, une salle de boxe qui appartenait à un ex-poids mi-moyen du nom de Exum Speight. Je m'étais bagarré à l'école et je crois qu'il pensait que ce sport pourrait canaliser mon agressivité. Nous avons passé la porte noire d'un bâtiment plat au toit de tôle, pour inspirer un air plus frais mais aussi plus dense que celui de la rue. La salle d'entraînement était aussi vaste qu'une salle de bal, très sombre, aussi, avec des lampes à vapeur installées au plafond. Le ring était dressé au centre, avec une rangée de chaises pliantes disposées devant. Une plate-forme avec un sac de frappe se tenait entre deux fenêtres aux vitres teintées et poussiéreuses sur la gauche. Une vieille affiche de film était accrochée au mur taché d'humidité : « L'Histoire de Joe Louis », *Il avait la grandeur de l'Amérique dans ses POINGS*, comme disait l'accroche, *La grande histoire du cinéma dans son CŒUR !* Un homme noir trapu travaillait à la poire sur un rythme lourd tandis qu'un poste de radio Philco passait « Boogie, Oogie, Oogie », par le duo A Taste of Honey.

Un petit homme mince d'à peine quarante ans sortit du bureau. Il portait une veste à carreaux aux coudes renforcés de ronds en suédine et un feutre mou marron avec de vagues taches de sel dessinant comme une chaîne de montagnes autour du ruban.

« Comment ça va, les amis ?
– Vous êtes Speight ?
– Exum est à Chicago avec un boxeur, annonça l'homme à mon père. Moi, c'est Jack Cantrales. Je m'occupe de la boutique pendant son absence. »

Jack m'a fait sauter à la corde pendant quelques minutes, puis il a mentionné un tarif mensuel d'entraînement. Mon père lui a serré la main à nouveau.

« Je reviens dans une heure ou deux, Eddie », m'a-t-il dit.

Durant les deux années suivantes j'ai passé chacune de mes minutes de temps libre au Top Rank. Comme Exum Speight s'occupait des poids lourds, ma formation incomba à Cantrales. Jack était un aimable déconneur, toujours à plaisanter, peu avare de conseils, mais je me suis rendu compte par la suite qu'il était en fait un de ces mecs qui grouillent et hantent les clubs de boxe, les « fondus du ring ». Ces gars-là étaient des anciens ou des ratés du monde pugilistique – le record professionnel de Cantrales n'avait jamais dépassé les trois victoires pour douze défaites et deux nuls, et sa seule qualité était sa capacité à bouffer des quantités énormes de cuir rouge – qui erraient, comme des spectres, autour des boxeurs prometteurs. Ces gars-là sont aussi connus pour être de vraies pinces, côté pognon, et Cantrales était à la hauteur de cette réputation : un jour, il a glissé le pied sur une pièce qu'un gosse avait laissée tomber et, en haussant les épaules, il lui a dit que la pièce avait dû glisser dans la bouche d'égout.

C'était une pièce de dix *cents*. Dix *cents*...

Durant ma dernière année de lycée, Cantrales m'a déniché mon premier combat, au Rosalita's, un bastringue à la frontière. S'ils l'avaient su, mes parents n'auraient jamais permis cela, j'ai donc dû me sauver par la fenêtre de ma chambre après l'extinction des feux pour retrouver Cantrales au coin de la rue. Il conduisait une Chevelle 454 SS – une bagnole qui fonçait comme un chat ébouillanté.

« Alors, tranquille ? » demanda-t-il pendant que nous dévalions l'Interstate 38, vers Norias.

Les hannetons martelaient le pare-brise, leurs exosquelettes se brisaient avec un son aigu et prolongé, et les corps explosaient en giclées jaune pâle.

« Oui, ai-je répondu, sans toutefois pouvoir m'arrêter de trembler. Tranquille.

– C'est bien. »

Cantrales avait récemment échangé son feutre mou pour une casquette de capitaine rappelant un peu celle qu'arbore le capitaine Merrill Stubing dans *La Croisière s'amuse*. Les lumières du tableau de bord se reflétaient dans la visière en plastique noir, conférant à ses traits une allure maléfique.

« Tu vas le bouffer tout cru, ce *frito bandito*. »

Le Rosalita's était une gargote en bois, bâtie au milieu d'un bosquet de joncs. Des hectares entiers de joncs et de bambous ondulaient sous la poigne du vent, les tiges sèches se heurtaient avec un bruit creux, comme un carillon de bois sec.

À l'intérieur, il faisait noir et ça sentait le renfermé. Hank Snow se lamentait à propos du cœur fourbe d'une femme, dans un Wurlitzer faussé par la chaleur. Dans un coin : un ring incliné en planches, avec des cordes rouges et bleues lâchement accrochées aux poteaux des quatre coins. Je me suis courbé pour passer entre les cordes avant de glisser d'un coin à un autre tout en boxant dans le vide. Un rassemblement peu amène de fans sanguinaires pivota sur les tabourets de bar.

« Bravo, la forme, mon garçon ! » cria quelqu'un.

Mon adversaire était un Mexicain d'environ trente-cinq ans, maigre comme un coucou. Des tennis blanches, pas de chaussettes, une serviette propre passée autour du cou. Les cheveux plaqués en cordes noires sur son crâne. Il paraissait épuisé. Les boxeurs mexicains traversaient souvent la frontière en douce le soir même du combat et se retrouvaient au Rosalita's, trempés par leur traversée à la nage et égratignés par le fil de fer barbelé, parfois même avec des morsures infligées par les chiens errants qui rôdaient dans les terres basses.

J'ai pris une sacrée raclée. Ce fut un massacre en quatre reprises, de trois minutes chacune. Ces douze minutes sont devenues une éternité, surtout les trois dernières, avec mes paupières gonflées au point de ne plus me laisser que deux toutes petites fentes, et les entrailles douloureuses après les assauts impitoyables du Chicano. Le gars en connaissait un rayon, question vitesse et force, des choses que je n'avais jamais apprises lors des séances d'entraînement, comment donner un certain angle à un crochet pour qu'il m'érafle l'abdomen et me coupe le souffle, en me laissant des traces de chair brûlée par les gants. On aurait dit qu'il possédait des informations secrètes quant à l'emplacement de mes organes, qu'il savait où trouver les reins et le foie, ou alors m'enfoncer des coups croisés bien tassés dans les fausses côtes. J'ai pissé du sang pendant des jours. Entre les reprises, le barman – qui officiait également comme soigneur – s'occupait de mon visage qui s'était mis très vite à doubler de volume. Il portait une visière, du genre de celles qu'arborent ceux qui donnent les cartes au black jack, avec de la vaseline étalée sur la bordure en plastique vert. Il levait la main pour en prendre une noisette et me graisser les joues.

« T'es en train de le démolir, a menti Jack. Cogne et bouge, Eddie. »

À la dernière reprise, le Mexicain eut l'air légèrement honteux. Il esquivait agilement les coups, tout en me filant de petits directs au visage ou en s'accrochant à moi pour un corps-à-corps. Un chœur de hou-hou s'éleva : les fantomatiques clients du bar s'attendaient à un KO. Le seul coup un peu sérieux que j'ai réussi à placer de la soirée fut un crochet du droit dans l'entrejambe du Mexicain. Je ne l'avais pas fait exprès : mes yeux étaient si gonflés que je ne voyais plus sur quoi je tapais. Il a pris ce coup irrégulier dans la bonne humeur, m'a tiré vers lui jusqu'à ce que nos têtes se touchent et il m'a murmuré : « *Cuidado, Señor* Coup bas, *cuidado.* »

Après, je me suis retrouvé assis sur le capot de la Chevelle de Jack, un sac de glace appuyé sur mon cou. J'entendais une légère sonnerie dans mes oreilles et la lune ne projetait qu'une pénombre vacillante. Je me concentrais pour ne pas vomir. Cantrales m'a tendu mon enveloppe, cinq dollars, frais de manager et de transport déduits.

« T'étais tendu. Va falloir que t'apprennes à lâcher une ou deux patates si tu veux te faire respecter. Il t'a mis le cul sur le tapis cinq ou six fois, mais à chaque fois tu t'es relevé. Et ça, ça compte, pas vrai ? Ce petit salopard était bon, a admis Jack. Un sacré combattant. »

J'ai vaguement hoché la tête, je ne prêtais pas beaucoup d'attention à ses paroles, car je me souciais plutôt de savoir comment j'allais expliquer mon état à mes parents.

« Tu te bats, tu perds. Tu te bats, tu gagnes. Tu te bats, quoi », a suggéré Jack en se dirigeant à nouveau vers le bar pour acheter une flasque de Johnny Red à emporter.

Le Mexicain sortait du Rosalita's. Il a pénétré le champ de joncs en écartant de ses mains toujours couvertes de bandages les tiges coupantes comme des rasoirs. Des éclairs de chaleur crépitaient derrière un banc de nuages nocturnes, baignant le pied des collines d'une lueur cramoisie. Le boxeur avançait avec précaution, sans mouvement inutile. Il s'est arrêté devant un bosquet de palmiers nains et il a levé les yeux, pour s'orienter, vers une lune basse couleur bronze, avant de se fondre dans les arbres. J'ai pensé aux heures qui allaient suivre, quand il s'avancerait vers la frontière et escaladerait la clôture, derrière laquelle peut-être un bateau l'attendait, amarré dans les roseaux. Il se battrait ensuite contre les courants du Rio Grande, qui l'entraîneraient vers le large, puis une autre marche le conduirait jusqu'à une maison en pisé, dans un des hameaux qui bordaient la frontière. Je m'imaginais ses enfants et sa femme : son visage ovale et ses mains fines, les rayons orange du soleil de l'aube qui tomberaient à l'oblique par une fenêtre ouverte pour caresser les yeux fermés de sa fille. Cette image était peut-être en contraste total avec une abjecte réalité – l'homme n'avait peut-être rien pour quoi se battre –, peut-être que tout ce qui l'attendait était une pièce sans lumière, et une bouteille de mescal.

En y repensant, je ne crois pas que c'était le cas. Une fois que vous avez atteint une certaine expérience, vous ne vous battez plus sans raison. Vous avez vu trop de boxeurs souffrir, se faire tuer même, pour traiter les matchs comme autant de concours de la bite la plus longue. Se battre devient un boulot, et on monte sur un ring comme on pointe à l'usine. C'est une poursuite pragmatique, il s'agit de prendre la mesure de l'adversaire en utilisant une science physique chimérique fondée sur la distance, la hauteur, l'espace, l'énergie et le cœur. Vous n'iriez pas davantage vous battre en dehors d'un ring qu'un ouvrier à la chaîne ne voudrait faire une rotation supplémentaire sans être payé. J'avais livré mon premier combat pour une raison bien simple, pour voir si j'en étais *capable*, pour tester ce que je croyais savoir face à une réalité inconnue. J'avais perdu parce que j'étais un bleu, c'est sûr, mais aussi parce qu'il n'y avait pas vraiment d'enjeu : ma vie n'en aurait pas été substantiellement meilleure ou pire, que je perde ou que je gagne. Le Mexicain avait enjambé les cordes avec l'air sombre de l'homme qui pénètre dans son petit espace de travail. Quand il avait compris que ça allait être du gâteau, il s'était appuyé contre le dossier de sa chaise et avait ôté ses chaussures à coups de pied. Il n'avait pas donné au public ce qu'il voulait, il ne m'avait pas fait mal sans motif. Son boulot consistait à battre son adversaire, ce qu'il avait fait. Mais il ne serait pas venu sans une bonne raison. Il se battait pour l'argent, pour ceux qu'il aimait.

Une famille l'attendait de l'autre côté du fleuve. Je le sais, maintenant. Je sais ce que cela veut dire, avoir une raison de se battre.

Le couloir est éclairé par des ampoules de quarante watts protégées par de petites cages en grillage. Le ciment transpire, tout comme les tuyaux de cuivre oxydés au-dessus de nos têtes. Des filets d'eau brune coulent des solives. L'endroit est une aciérie fermée pour faillite. Des rognures de fer en tire-bouchon s'écrasent sous mes bottes. L'air sent la pierre moisie et l'ozone. À travers les couches de béton, les fils électriques et la tuyauterie, la foule fait entendre, en se rassemblant, un bourdonnement qui vient battre contre mes tympans.

Nous combattons à mains nues, ou quasiment. Quelques nostalgiques voient ça comme un retour en arrière, vers l'époque où des dockers baraqués se battaient sur des barges ancrées dans le port de New York. Ce n'est pas tant un retour en arrière qu'une régression. Un combat de chiens. Pas d'arbitre. Pas de compte de dix. Le gagnant, c'est le dernier qui reste debout. Coups du lapin, coups bas, énucléations, coups de boule – j'ai un jour vu un hameçon déchirer le visage d'un homme, de la lèvre au haut de l'oreille. Les combattants enrichissent les bandages de leurs mains avec du papier de verre, ils les trempent dans de l'essence de térébenthine ou bien ils enroulent du barbelé autour de leurs phalanges.

Je me bats à la loyale. J'essaie, en tout cas.

J'ai obtenu mon diplôme de fin d'études secondaires en 1984. J'étais excellent en anglais et en langues, et j'ai donc obtenu une bourse pour Wiley College. Ce mois d'août-là, je suis parti au nord, à Marshall, et j'ai vécu pendant trois ans dans le sous-sol de ma sœur Gail, je faisais mes études tout en continuant à boxer. Steve, le mari de Gail, était au départ ouvrier charpentier et maçon ; il a transformé le sous-sol en appartement : une chambre et une kitchenette, avec un petit espace d'entraînement pour sauter à la corde et travailler mon jeu de jambes. Je me planquais dans mon trou en milieu de trimestre et au moment des examens, mais en dehors de cela je passais tout mon temps à lire dans le salon, à faire des paniers dans l'allée, ou à piller le frigo. Quand

Gail trébuchait sur mon sac de gym ou surprenait une paire de bandages étalée sur l'accoudoir de son fauteuil préféré, il lui arrivait de piquer une crise, mais la plupart du temps on s'entendait bien. Steve était routier et couvrait de longues distances, entre San Antonio et Sioux Falls. Le jour de mon vingt et unième anniversaire, il a acheté une caisse de Lone Star et on s'est assis sur la galerie derrière la maison jusqu'à ce que les dalles soient couvertes de bouteilles vides et que nous nous retrouvions à hurler à la lune.

Avec les déplacements de Steve, et comme Gail avait décroché un boulot d'employée de banque à la Marshall First Trust, le baby-sitting m'était retombé dessus. Mon neveu Jacob avait dix mois quand je suis venu m'installer chez eux. Un petit garçon curieux au caractère doux. Ce gosse ne cessait de disparaître en rampant partout, dans les coins ou derrière les rideaux, avec des genoux qui cavalaient si vite que j'étais sûr que la friction allait brûler la moquette. On avait un jeu, tous les deux ; Jake fourrait ses doigts dans ma bouche, et moi je repliais les lèvres sur mes dents et je le mordais doucement en grognant ; Jake hurlait – une espèce de gargouillis de syllabes, « areuh-areuh ! » ou « ta-ta-boum » ou « boo-ta-boo-ya » – avant de retirer sa main. Cela pouvait durer des heures, puis je finissais par avoir vaguement la nausée à cause du goût des mains de Jake, un mélange de transpiration et de morve, auquel s'ajoutait le résidu des micro-sites bactériens qu'il avait pu explorer ce jour-là. Je me souviens de la façon dont le regard de Jake se bloquait sur le mien, de ses doigts à quelques centimètres de ma bouche, de ses yeux qui brillaient, littéralement *embrasés*, comme pour dire...

« Regarde-moi cet avorton ! Il va se faire démolir !
– Va donc voir ton père, eh minable ! »

Les spectateurs balancent d'autres insultes, aussi, mais ces deux-là, je les ai clairement entendues. On dirait qu'ils sont à peu près une centaine, ou un peu plus, rangés autour d'une barricade de chevalets volés sur un chantier : des disques halogènes orange vif clignotants sont vissés aux poutres horizontales. Les lumières éclairent de manière intermittente les visages des spectateurs de lueurs jaunes spectrales : une meute de cinglés assoiffés de sang qui brandissent des dollars. Les rayons de lune pénètrent par les trous que la rouille a creusés dans le toit ; des faisceaux argentés éclairent les traverses et font briller des formes duveteuses nichées dans les poutrelles. Un son hypnotique sous-tend les hurlements de la foule : comme un choc cyclique, distant et à peine audible, le son de machines abandonnées depuis longtemps, et qui reprennent difficilement vie en tremblant.

Mon adversaire est un jeune avec des dreadlocks qui fait cinq bons centimètres et presque vingt kilos de plus que moi. Un gars du nom de Nicodemus. Torse nu, avec des bras gonflés, monstrueux. Des tatouages tribaux sillonnent la musculature en tablettes de son ventre ; des fioritures compliquées entourent son nombril protubérant, lui donnant l'apparence d'un œil aveugle. Il se tourne vers son soigneur.

« C'est qui, celui-là, le cireur de chaussures ? lui demande-t-il. C'est sûrement mon anniversaire, aujourd'hui ! »

Nous nous retrouvons au centre du ring, où l'organisateur du match, avec son cigarillo, annonce les enjeux du combat : mille dollars au gagnant, cinq cents au perdant.

Nicodemus m'attaque par surprise, alors que le type est toujours en train de donner les enjeux, un coup de salaud qui vient me toucher en haut de la joue, faisant éclater l'os. Le choc me met à genoux. Un vent statique et froid pénètre mon cerveau, des serpents électriques patinent le long des os de mes bras et de mes jambes. Nicodemus hausse les épaules et sourit, comme pour dire : *Hé, mec, tu savais bien à quoi t'attendre en montant là-dessus*, avant de s'avancer d'un pas chaloupé. On peut dire que le match a commencé sans moi. Ce n'est pas rare.

J'ai fini mes études en 87 et je suis parti encore plus haut vers le nord, en Pennsylvanie. Je m'étais entraîné et j'avais combattu régulièrement durant toutes ces années, j'avais donc un score d'amateur de treize victoires contre une défaite. Teddy Hutch, un entraîneur de boxe olympique, avait vu un de mes combats et m'avait invité à son centre d'entraînement de Butler. La division des mi-moyens était peu importante, avait-il dit ; je pourrais me gagner une place dans l'équipe de qualification. Le programme incluait la nourriture et le logement. Les espoirs travaillaient dans une usine locale qui fabriquait des boîtes.

Je suis arrivé à Butler fin septembre. Les arbres, l'eau, et même le ciel : tout était différent. Le ciel du Texas n'était jamais complètement bleu ; sa couleur, comme je l'ai constaté au fil du temps, tenait plus du lavande pâle. Les ciels de Pennsylvanie étaient d'un bleu perçant et monotone ; ils vous pesaient dessus d'un poids palpable. Les lambeaux de nuages transparents que j'avais connus depuis mon enfance avaient cédé la place à d'épaisses formations de cumulus. Et puis ce froid, surtout – moi et un boxeur hawaïen du nom de David Tua, on restait emmitouflés dans nos pulls et dans nos vestes, même lors des journées d'automne les plus douces, ce qui faisait bien rire les gars du Minnesota ou des deux Dakota venus s'entraîner là.

Les espoirs étaient cantonnés dans une sorte de ranch de plain-pied. Derrière la maison, le terrain s'étendait jusqu'à un lac entouré de sapins ciguës et de pins, avant de s'élever en un escarpement boisé. On nous réveillait à cinq heures tous les matins et on prenait notre petit-déjeuner à de longues tables, avant de nous habiller pour une course de cinq kilomètres autour du lac. Après cela, nous grimpions dans un bus scolaire qui nous emportait à Olympia Paper, où nous passions les neuf heures suivantes plantés le long de lignes d'assemblage avec le sifflement pneumatique des machines à plier et à coller qui nous rendait à moitié fous. À la fin de la rotation, on nous conduisait au Cyclone, une salle de boxe du centre-ville. On s'entraînait jusqu'à huit heures, puis on rampait jusqu'au bus, avant d'engloutir notre dîner et de nous glisser dans le lit à temps pour l'extinction des feux.

C'était une vie rude et nombre de boxeurs ne pouvaient pas la supporter : les jeunes espoirs allaient et venaient à un tel rythme que Teddy songeait à installer un tourniquet. Mais ce régime donnait des résultats : je me suis fait cinq kilos de muscles en huit mois, et mon endurance cardio-vasculaire a grimpé au plafond. Mon partenaire d'entraînement était un poids mi-moyen du Sud profond, qui s'appelait Jimmy Carmichael. Jimmy avait un croisé du gauche percutant ; nous nous battions comme des brutes sur le ring, mais nous passions nos journées de congé ensemble, on allait d'abord au cinéma à la matinée du dimanche, puis on engouffrait d'énormes parts de tarte aux noix de pécan chez Marcy's, dans Lagan Street.

Jake est venu me rendre visite ce mois de mars-là. Steve conduisait une cargaison à Rochester et il avait amené Jake qui voulait me voir. Steve l'a déposé un jour en milieu de matinée, et nous avons décidé de nous retrouver plus tard, pour le dîner. Je fus surpris de voir combien Jake avait grandi. Ses joues, encadrées par la capuche doublée de fourrure d'un nouvel anorak, étaient toutes rouges.

« Alors, qu'est-ce que tu deviens, le microbe ? lui ai-je dit.

– Ça roule, ma poule », me répondit-il, en répétant la phrase que je lui avais apprise.

Jake était excité, après une aussi longue route. Nous avons marché jusqu'au lac. Une brume basse flottait sur l'eau gelée, avec de vagues ondulations qui s'épaississaient en brouillard à la lisière des arbres. Nous nous donnions la main. Tous les sapins avaient l'air recouverts de sucre en poudre. La main de Jake glissa de la mienne et il se mit à courir devant moi.

« J'ai jamais vu autant de blanc à la fois », a-t-il dit.

Le lac était une feuille lisse et opaque. Une colonie de corbeaux s'était rassemblée dans un arbre qui ployait sous le poids de la neige. Les garçons venus du nord du pays patinaient là, les fins de semaine ; je pouvais voir les traces laissées par leurs lames dans la neige. Jake s'est élancé, il est tombé, il a glissé, il s'est relevé et s'est remis à courir encore plus vite.

« Hé ! l'ai-je appelé. Pas si vite, mon vieux ! »

J'avais été élevé dans une partie du Texas où la seule glace qui existait était du genre glaçon. Je n'avais jamais vu la neige, sauf dans les films de Noël. Je veux dire, qu'est-ce que je connaissais, en fait, de la glace ? Je savais qu'elle me faisait du bien quand je l'appuyais sur ma nuque entre deux reprises. Mon neveu âgé de cinq ans courait droit devant lui, sa capuche rabaissée sur ses épaules, ses fins cheveux clairs et sa peau lisse et hâlée éclairée par le soleil. Que savait-il, lui aussi, de la glace ? Peut-être simplement qu'elle fondait vite quand on en mangeait, l'été, sur le trottoir devant la maison. Mais le savait-il ? Nous étions tous les deux ignorants. Seulement moi, j'aurais dû faire attention.

Nicodemus se rue à travers le ring, ses poings sont deux marteaux piqueurs. Il décoche une série de patates, si lentement qu'il aurait tout aussi bien pu me les télégraphier la semaine dernière ; je feinte à partir d'une position agenouillée et lui balance un crochet du gauche dans le cul, en plein sur le nerf sciatique. Il hurle et recule en boitant. Je me relève avec peine et pédale vers l'autre côté du ring. De temps à autre, quelqu'un crie le nom de Nicodemus ; sous ces cris, le bourdonnement distant des machines.

Il lance un ample coup droit que j'esquive, et je me redresse avec un croisé court dans le ventre. Il me bloque dans un coin. Je feinte et tente de me dégager, mais il me marche sur le pied et me frappe d'un droit asséné par-dessus l'épaule. Les lèvres s'écrasent contre les dents, la bouche s'emplit d'un goût de rouille et d'os. L'air se met à miroiter, des éclats de lumière filigranée pleuvent comme de petits bouts de papier alu brillants dans une parade. Je tombe lourdement sous un chevalet et lève les yeux vers une sombre forêt de jambes.

Je ne peux plus me souvenir consciemment du son qu'a produit la glace en se brisant. Parfois j'entends un autre bruit – le bruit sourd d'une boîte de bière quand on l'écrase ; le crissement d'un vieux clou qu'on arrache à une planche détrempée – ; un bruit similaire, d'une certaine façon, qu'il s'agisse du timbre, du ton ou de la résonance, et je me rends compte que ce bruit vit maintenant quelque part en moi. Je me rappelle la ligne de faille alors que je m'élance vers lui, une fente argentée qui coupe la glace comme un coup de fouet. Elle semblait avancer lentement, comme un mince serpent léthargique qui dessine des zigzags ; comme s'il me suffisait de hurler : « Recule ! » pour qu'elle continue sa route devant lui sans lui faire de mal.

L'eau jaillissait en de fines aiguilles pressurisées à partir des minuscules fêlures, sous les pieds de Jake. Il a fait un écart sur le côté, les bras écartés pour rechercher son équilibre. La couverture de glace s'est coupée en deux, des plaques se sont élevées, ainsi qu'un V d'eau gelée au milieu duquel Jake a disparu.

J'ai ri. Peut-être que Jake a eu l'air idiot en tombant, la bouche et les yeux grands ouverts, les mains qui tentent de s'accrocher à la bordure brisée de la glace s'émiettant sous sa prise comme du sucre filé. Peut-être que je ne me rendais pas compte du danger : je nous voyais tous les deux assis devant le feu, en sécurité dans la grande maison, une couverture autour des épaules de mon neveu, une tasse de chocolat chaud et des filets de vapeur qui montent de son pantalon trempé en train de sécher.

« Tiens bon, mon pote ! ai-je dit. Fais le moulin avec tes bras et tes jambes ! »

Mes bottes glissaient sur la glace. J'ai perdu l'équilibre, je suis tombé. Jake, en gigotant, faisait bouillonner de l'écume, et ses vêtements se gonflaient d'eau. Tout semblait aller bien jusqu'au moment où j'ai vu la peur et la confusion creuser des rides minces et profondes, déplacées sur un visage si jeune ; j'ai vu, avec cette qualité onirique qui teinte tous les souvenirs de cet événement, des molécules d'eau se coller à ses joues et à son nez. J'ai rampé en avant, avec les bras écartés pour répartir mon poids sur la glace. Jake battait des mains et des jambes et appelait en un murmure aigu, car son nez et sa bouche dépassaient à peine. La glace se craquelle sous mes mains, des morceaux flottent sur l'eau et les arbres de la rive toute proche sont enveloppés de couches de glace transparentes. Tant de glace, partout...

Il a brusquement cessé de lutter, il est resté là, en suspens, les yeux clos, avec de l'eau qui lui entrait doucement dans la bouche. Seuls son menton et le bout de ses doigts étaient encore au-dessus du niveau de l'eau. J'ai atteint le bord du trou et j'ai tendu le bras. La bordure de glace qui me supportait a cédé et ma poitrine et ma tête ont glissé sous la surface. De l'eau froide et noire est venue se presser contre les globes de mes yeux. J'ai surpris un mouvement à travers l'eau brune et j'ai attrapé quelque chose – quelque chose de lisse et de doux, peut-être la manche d'un anorak – mais le froid rendait mes doigts maladroits et j'ai lâché prise. Le lac me poussait d'un côté puis de l'autre, les courants étaient plus forts que ce que j'avais imaginé. Des formes musculeuses se retournaient dans l'obscurité, comme des bébés phoques en train de jouer.

J'ai pu ressortir la tête, l'eau me sortait par tous les orifices, et je devais essuyer les filets de morve qui coulaient de mon nez. J'ai ensuite scruté l'obscurité tourbillonnante à la recherche d'un mouvement, d'une jambe qui rue ou de doigts qui veulent saisir quelque chose. J'ai plongé un bras, je l'ai remué sous l'eau, plein d'espoir : juste quelques herbes aquatiques drapées autour de mes doigts engourdis. Ne sachant plus quoi faire, j'ai crié son nom. « Jake ! » L'écho m'est revenu, inutile, sur cette étendue plane.

Ce n'est que lorsque ma voix s'est assourdie que j'ai entendu : un coup retentissant et prolongé. Je n'aurais pas su dire d'où cela venait. La glace tremblait. Une forme noire se pressait contre la surface crayeuse, à quelques dizaines de centimètres sur la gauche, piégée sous la glace. La forme se tordait et se débattait, frappant la glace.

J'ai rampé vers la forme – rampé à quatre pattes comme un putain de petit bébé. La glace était piquetée de cratères et de furoncles à force d'avoir fondu et gelé à nouveau. J'ai distingué une vague silhouette par en dessous, une créature faite de lignes et d'angles grossiers. La glace fut soudain ébranlée ; la neige fraîchement tombée rebondit sur la surface puis retomba. Mes doigts étalés sur la blancheur laiteuse, mes oreilles bouchées par l'eau gelée du lac, et un bourdonnement frénétique entre les deux.

J'ai serré mon poing droit pour taper sur la glace. Elle s'est déformée, s'est fendillée, mais a tenu bon. La douleur est remontée dans mon bras jusqu'à mon épaule, comme un éclair chauffé à blanc. J'ai à nouveau levé le poing droit – mon poing avant, ma droite explosive – et j'ai écrasé la glace. Elle s'est brisée et mon poing a plongé dans l'obscurité, cherchant désespérément à saisir quelque chose, mais se refermant sur rien. Un puissant courant s'est alors emparé de Jake qui a dérivé sur le côté, hors de ma portée. Quelque chose m'est passé entre les doigts – un lacet de chaussure ?

J'ai pisté la forme sous la glace. L'eau qui regelait sur mes bras craquait comme du vieux métal. J'avais les dents qui claquaient et j'ai crié son nom. Peut-être même que j'ai hurlé.

Comme il passait sous une zone de glace parfaitement claire et transparente comme du verre, j'ai vu son visage à travers la fine couche glacée. Les lèvres et les narines bleues comme la coquille de l'œuf d'un rouge-gorge, le reste d'un gris crémeux. La joue écrasée contre la glace, car la flottabilité de sa chair le poussait vers le haut. Des yeux si bleus, si lumineusement bleus, avec des bulles d'air nacrées qui venaient se coller à ses cils sombres. Un éclat blanc sinueux en dessous, la courbe soyeuse du ventre d'une truite.

Ma main était méchamment fracturée : jointures éclatées, chair écorchée jusqu'au poignet, beaucoup de sang, des os. J'ai frappé la glace d'un coup violent de la main gauche. La glace s'est brisée en une sorte de réseau de toiles d'araignée. L'eau jaillissait par les fissures. Ma main qui éclate comme une assiette de porcelaine. Je n'ai rien senti, sur le coup. Jake a alors cessé de chercher à saisir quelque chose, il a cessé de frapper. Il avait les yeux ouverts mais on n'en voyait plus que le blanc sous le fin réseau des fêlures. J'ai donné un autre coup de boutoir du poing gauche, pour briser la couche de glace du lac. J'ai attrapé sa capuche, mais l'orifice était trop petit et j'ai dû me battre avec ma main libre, pour casser des morceaux de glace dont les bords acérés m'ouvraient les doigts jusqu'aux os.

Le trou fut enfin assez grand pour que je puisse le tirer. Une longue traînée de boue sur le front de Jake, des cheveux collés en tire-bouchons qui regèlent rapidement. Il a le nez cassé, et c'est moi qui le lui ai cassé, en lui écrasant la glace sur le visage. Je l'ai pris dans mes bras et j'ai remonté la pente avec peine jusqu'à la maison.

« Je t'en prie, je me souviens avoir répété, encore et encore, en un murmure essoufflé. Je t'en prie… »

Ernie Munger, un poids mouche qui se soignait une côte cassée, avait passé quelques étés comme maître-nageur sauveteur. Il lui a fait la réanimation d'urgence pendant que le cuisinier téléphonait pour appeler de l'aide. Les mains épaisses de Munger pompaient l'eau saumâtre hors des poumons de Jake, lui insufflant ainsi de la vie. Jake respirait au moment où les secours sont arrivés. Ils lui ont enfilé un tube de caoutchouc dans la gorge. Un peu plus tard, je me suis retrouvé devant une large baie vitrée qui donnait sur le lac. Le trou, qui avait la taille d'une pièce de dix cents de ce point de vue lointain, regelait dans le froid du soir ; de minuscules points rouges représentaient les traces laissées par mes mains ensanglantées sur la glace. Les os fendus palpitaient : j'en avais cassé quarante-cinq sur cinquante-quatre.

Je me relève et m'appuie contre un chevalet, j'attends que les dents s'alignent et que la mécanique se remette en route. Nicodemus tourne en rond quelque part sur la gauche, il danse d'un côté à l'autre, se faufile entre des faisceaux d'ombre bleue comme un liquide animé. Un salopard me donne un coup de pied dans le dos. « Lève-toi et bats-toi, espèce de sale fils de pute ! » Une fois debout, je me demande combien de temps je suis resté au tapis. Huit secondes ? Y a pas d'arbitres, alors personne ne compte. Deux mains m'attrapent les épaules et me poussent, pendant que la même voix reprend : « Mais vas-y donc, espèce de pauvre merde ! » Je réponds d'un coup de coude et touche quelque chose de charnu, ça rentre comme dans du beurre. Un craquement sourd. Les mains me lâchent.

Nicodemus s'avance et me frappe au visage. Il attrape une poignée de cheveux et me plie sur le chevalet, en me martelant de son poing. La peau, au-dessus de mes yeux, se déchire, une chair tendre se sépare du tissu cicatriciel profondément suturé. Le sang jaillit en une brume fine. Je chasse ce rouge en clignant des yeux et je le frappe dans les reins. Il se dégage en arrière, pour se masser le flanc. Tout en essuyant le sang que j'ai dans les yeux avec mes doigts repliés, je m'approche en lançant des directs. Le crâne de Nicodemus est bizarrement aplati, comme la tourelle d'un tank, et mes coups glissent dessus. Ses poings sont ramassés devant sa bouche, il a les bras placés en position d'entonnoir retourné se terminant devant son menton : une ouverture parfaite, mais pas tout à fait. À l'aveugle, il m'attrape les bras et m'attire contre sa poitrine. Il frotte les bandages de ses mains contre mes yeux et je grimace sous la brûlure de la térébenthine. Je décoche un uppercut, qui lui atterrit sous le cœur.

Les murs de la chambre d'hôpital étaient en carrelage brillant, avec des fenêtres aux vitres renforcées de grillage. Jake gisait dans un lit d'hôpital surélevé, torse nu, la poitrine couverte des rondelles de l'électrocardiographe. Au-dehors, une lourde brume tombait, qui nimbait la lune et les étoiles. Teddy était passé plus tôt aux urgences, il avait jeté un coup d'œil sur mes mains et m'avait dit que je ne boxerais plus jamais. J'avais pris du Dilaudid pour la douleur, et de l'Haldol pour les nerfs. Mon esprit était plongé dans une morne perplexité. Une machine aidait Jake à respirer. Son père était assis à côté du lit et lui tenait la main bien serrée.

« Il va… ça va aller ?

– Il est vivant, Ed. »

Steve ne m'avait jamais appelé comme ça. C'était toujours Eddie.

« Il est… il va se réveiller bientôt ?

– Personne ne peut le dire. Il y a eu des… dégâts. Des trucs qui sont détruits. Je ne sais pas trop quoi, exactement.

– On se… on se donnait la main. Il m'a lâché la main. Il n'avait jamais fait ça avant. C'était vraiment bizarre. On se donnait la main, et puis tout d'un coup il ne voulait plus et il m'a lâché la main. C'est humain, quoi. Je l'ai laissé aller. Y avait pas de problème. Je me suis dit, il grandit, c'est bien. »

Steve lissa le drap blanc sur les jambes de Jake.

« Le laps de temps fatidique. C'est… un certain moment. Trois minutes, trois minutes et demie. Le temps où le cerveau peut survivre sans oxygène. C'est juste quelques minutes, mais le médecin a appelé ça le laps de temps fatidique. C'est… tellement bête.

– Si tu savais comme je suis désolé. »

Steve ne m'a pas regardé. Ses mains lissaient toujours le drap.

Je traque Nicodemus, en me gardant sur la gauche, hors de sa portée. Il a les yeux injectés de filaments rouges et son regard vacillant est rivé sur l'obscurité qui s'étend derrière moi. Je frappe en avant, je place mon poids sur mon pied d'appui, avant de pivoter vivement au niveau de la hanche et de lever la main gauche vers le bout de son menton.

Quand j'étais enfant, un fermier me donnait dix *cents* pour chaque gecko que je tuais. Je fourrais les lézards dans un sac et écrasais la toile de jute grouillante contre une grosse pierre.

Lorsque mon poing touche Nicodemus le bruit ressemble terriblement à celui que faisaient ces geckos.

L'impact lui enfonce la mâchoire dans le cou, ce qui touche un gros paquet de nerfs. Ma main se brise sous le choc, les os se cassent suivant leurs vieilles lignes de fracture. Les paupières de Nicodemus palpitent de manière incontrôlable alors qu'il tombe en arrière. Sa chute est une sorte de défi à la gravité, le corps suspendu sur un plan horizontal, les bras le long des flancs, les paumes des mains tournées vers le ciel. Son visage a une étrange expression. Pas un sourire, non, pas exactement, mais quelque chose de proche. Une expression paisible.

Jake a vingt ans, maintenant. Il est dans le coma depuis quinze ans. Sans une certaine mollesse des traits, il serait un beau jeune homme. Il a une barbe clairsemée, que sa mère rase au rasoir électrique. Je suis allé plusieurs fois lui rendre visite, au fil des années. Je restais assis à côté du lit et lui tenais la main, une main beaucoup plus grande que celle que j'avais tenue bien des années plus tôt. Il souriait au son de ma voix et riait à l'une de nos vieilles blagues. Peut-être juste les nerfs et de vieux souvenirs. Chaque *cent* que je gagne est pour lui. Gail et Steve les prennent parce qu'ils en ont besoin et parce qu'ils savent que j'ai besoin de donner cet argent.

Il y a d'autres façons de faire. Je le sais. Vous pensez vraiment que je ne sais pas ?

Mais c'est la seule façon qui me semble juste.

Nicodemus se relève sur un genou. Il a l'air d'une créature qui surgit d'une crypte, sa mâchoire fracassée pend de guingois, ses yeux injectés sont rouges comme ceux d'un albinos. La douleur chante dans ma main brisée et je me souviens vaguement d'une chanson que ma mère me chantait lorsque j'étais très jeune, que je m'asseyais sur ses genoux et qu'elle me berçait pour m'endormir, de beaux mots étrangers doucement fredonnés dans mes cheveux.

Il arrive à traverser le ring et je m'avance consciencieusement à sa rencontre. Nous nous faisons face, en chancelant légèrement. Mes yeux gonflés ne sont plus que des fentes et il évolue dans une matrice de douce lumière ambrée.

Et voici ce que je vois :

Une paire d'yeux à la fois jeunes et vieux qui s'ouvrent, des yeux bleu clair. Une main qui échappe à la succion d'une eau noire, un poing qui a fendu la couche de glace et un corps qui se traîne jusqu'à la surface. Un garçon qui gît sur la glace dans la lumière cireuse du soir, des poumons qui aspirent l'air propre de l'hiver, des yeux tournés vers un ciel où même les étoiles les plus pâles brûlent intensément après une aussi longue obscurité. Je vois un homme qui marche sur le lac, venant de l'ouest, son corps projette une ombre fine. Il offre sa main : tordue, arthritique, une vraie serre. Le visage du garçon est lisse, sans une ride, il est préservé sous la glace ; celui de l'homme est comme une carte routière de nœuds, de cicatrices et d'os mal ressoudés. Pendant un long moment, le garçon ne bouge pas. Puis il lève le bras, prend cette main. L'homme serre très fort ; le garçon a le souffle coupé devant la force de cette poigne. Je les vois qui marchent vers une maison lointaine. Des carrés de lumière qui brûlent à quelques fenêtres, un feu qui crépite, des couvertures, du chocolat chaud. L'homme se penche et murmure quelque chose. Le garçon rit – un beau rire bien sonore, avec de fines gouttelettes d'eau qui jaillissent de son nez. Ils marchent ensemble. Personne ne mène ni ne suit. Je vois tout cela se dérouler. Je crois toujours en cette possibilité.

Nous tournons dans un anneau de lumière vacillante, les pieds écartés, les poings serrés, les genoux pliés. La foule recule, tout comme les bruits qu'elle fait. Le seul son qui subsiste est une pulsation souterraine et distante, le battement du cœur d'un géant. Une brume argentée et tremblante tombe à travers les trous du toit et cette froideur me paraît agréable sur la peau.

Nicodemus avance sur son pied d'appui, sa main gauche décrit une courbe serrée, vers le sol, et des gouttelettes de sang coulent de son front au moment où sa tête part en arrière sous le choc. Je m'avance sur mon pied droit, je glisse ma jambe entre les siennes et dégage ma tête de la trajectoire de son poing, mais pas assez vite toutefois, je me contracte tandis que ma main droite brise sa garde, passant de justesse dans l'étroite fente ; je fais une rotation de l'épaule, j'y mets tout ce que j'ai, je vais le ratatiner, ce salaud, et l'espace étincelant d'une seconde, au centre de ce ring toujours plus sombre, nous nous rencontrons.

Cette nouvelle est extraite du recueil
Un goût de rouille et d'os (2006).

La femme du chasseur

d'Anthony Doerr

Traduit par Valérie Malfoy

C'était la première fois que le chasseur quittait le Montana. Il se réveilla, encore marqué par la vision de son ascension à travers des cumulus rosés, celle de maisons et de granges pareilles à des points au creux des vallées enneigées, tout le pays défilant sous ses yeux dans son habit de décembre – collines brunes et noires striées de neige, miroitements de lacs complètement gelés, les longues tresses d'une rivière brillant au fond d'un canyon sombre. Au-dessus de l'aile, le ciel avait foncé pour devenir d'un bleu si pur qu'il comprit que les larmes viendraient s'il continuait à regarder.

À présent, c'était la nuit. L'avion descendait sur Chicago, sa galaxie de lumières électriques, les vastes banlieues se précisant tandis que l'appareil approchait de l'aéroport – réverbères, phares, quantité de bâtiments, patinoires, un camion virant à un feu, restes de neige au-dessus d'un entrepôt et antennes qui clignotaient sur des collines distantes, enfin les longues parallèles convergentes des lumières bleues de la piste d'atterrissage, et voilà qu'il était arrivé.

Il traversa l'aéroport, franchit les portiques de sécurité. Déjà il avait l'impression d'avoir perdu quelque chose, une magnifique perspective, un beau rêve dissipé. Il était venu à Chicago pour revoir sa femme après une séparation de vingt ans. Elle-même devait se produire devant quelque sommité de l'université locale. Même les universités, apparemment, s'intéressaient à son cas.

Dehors, le ciel était brumeux, gris, balayé par le vent. Il y avait de la neige dans l'air. Une femme de la faculté se présenta et l'escorta jusqu'à sa Jeep. Il ne cessa de regarder par la vitre.

Le trajet dura quarante-cinq minutes et ils passèrent d'abord par la haute architecture éclairée du quartier commerçant, puis devant des chênes de banlieue dépouillés de leurs feuilles, des monticules de neige déblayée, des stations-service, des installations électriques et des fils téléphoniques. La femme lui demanda s'il assistait souvent aux prestations de sa femme.

Non, dit-il, c'est la première fois.

Elle se gara dans l'allée d'une demeure contemporaine compliquée, avec des balcons carrés suspendus au-dessus de deux garages trapézoïdaux, de grandes fenêtres triangulaires en façade, des colonnes aux lignes pures, des globes en applique, un toit de schiste en pente.

À l'intérieur, une trentaine de badges étaient disposés sur une table. Personne, semblait-il, n'était encore là. Il trouva le sien et le fixa à son pull. Une fille taciturne, en smoking, apparut et disparut avec son manteau.

Le hall était tout de granit, moucheté et lisse ; au fond un escalier d'honneur s'enroulait depuis une base large qui se rétrécissait vers le haut. Une femme en descendit. Elle s'arrêta à quatre ou cinq marches du sol et dit : Hello, Anne, à celle qui l'avait conduit ici, puis, à lui : Vous devez être M. Dumas. Il prit sa main, une chose pâle et osseuse, qui ne pesait rien, comme un oiseau déplumé.

Son époux, le président de l'université, était en train de mettre son nœud papillon, dit-elle en riant toute seule, comme si les nœuds papillons étaient une chose qu'elle désapprouvait avec ardeur. Au-delà du hall s'ouvrait un vaste salon, avec de hautes fenêtres et de la moquette. Le chasseur se dirigea vers une rangée de fenêtres, écarta le rideau et jeta un coup d'œil à l'extérieur.

Dans la faible lumière, il discerna un pont de bois qui courait sur toute la longueur de la maison, avec des angles et des marches, dont aucune n'était de la même largeur, et une rambarde basse. Plus loin, dans l'obscurité, il y avait un petit étang cerné par des haies, et au milieu une vasque en marbre. Par-delà cet étang, des arbres dépouillés de feuilles – chênes, érables, un sycomore blanc comme un os. Un hélicoptère faisait la navette, son feu vert clignotant.

Il neige, dit-il.

Ah oui ? dit l'hôtesse, prenant un air concerné, peut-être feint. Il était impossible de distinguer le vrai du faux. Celle qui l'avait véhiculé était allée au bar où elle tenait délicatement un verre et contemplait fixement la moquette.

Il laissa le rideau retomber. Le président descendit l'escalier. D'autres invités entraient en voltigeant. Un homme en velours côtelé gris, avec un badge marqué BRUCE MAPLES, l'aborda. M. Dumas, dit-il, votre femme n'est pas encore là ?

Vous la connaissez ? demanda le chasseur. Oh, non, répondit Maples, qui secoua la tête. Non, je ne la connais pas. Il écarta les jambes et fit pivoter ses hanches comme s'il s'étirait avant une course à pied. Mais j'ai lu des choses à son sujet.

Le chasseur regarda entrer un homme grand et d'une minceur remarquable. Ses joues caves et ses orbites creusées lui donnaient un air très âgé et cadavérique – comme s'il venait d'un autre monde, moins consistant. Le président l'aborda, lui donna l'accolade et le retint un moment.

Lui, c'est le président O'Brien, dit Maples. Il est assez connu dans le milieu. Affreux, ce qui est arrivé à sa famille. Maples piqua les glaçons dans son verre avec sa paille.

Le chasseur acquiesça, ne sachant que dire. Pour la première fois il commençait à regretter d'être venu.

Vous avez lu les ouvrages de votre femme ? demanda Maples.

Le chasseur hocha la tête.

Dans ses poèmes, son mari est un chasseur.

Moi je suis guide de chasse. Il regardait par la fenêtre, vers les haies où se déposait la neige.

Ça ne vous gêne pas ?

Quoi ?

De tuer des animaux. Pour gagner votre vie, j'entends.

Le chasseur regarda les flocons de neige disparaître au contact de la fenêtre. Était-ce cela, la chasse, dans les esprits ? Tuer des animaux ? Il mit les doigts sur la vitre. Non, dit-il, ça ne me gêne pas.

Il avait rencontré sa femme à Great Falls, Montana, au cours de l'hiver 1972. L'hiver était venu instantanément, tout d'un coup – on l'avait vu arriver. Deux rideaux blancs apparurent au nord, blancs jusqu'au ciel, se dirigeant vers le sud tel le jugement dernier. Ils chassaient le vent devant eux qui courait comme une meute de loups, comme de l'eau passant par une digue lézardée. Le bétail galopait le long des clôtures en meuglant. Des arbres furent déracinés ; le toit d'une grange s'effondra sur la route. La rivière changea de direction. Des grives hurlantes furent projetées dans la gorge du canyon, empalées sur des épines dans des attitudes grotesques.

Elle était l'assistante d'un magicien ; très belle, seize ans, orpheline. Ça n'avait rien d'inédit : une robe rouge à paillettes, de longues jambes, un spectacle de magie itinérant qui se produisait dans la salle de réunion de la Central Christian Church. Le chasseur passait par là, des provisions plein les bras, quand le vent l'intercepta et le poussa dans l'allée derrière l'église. Il n'avait jamais vu un vent aussi violent ; il s'était retrouvé plaqué, le visage contre une fenêtre basse, à travers laquelle il put assister au spectacle. Le magicien était un petit homme, à la cape bleue et sale. Au-dessus de lui, une banderole détendue vantait LE GRAND VESPUCCI. Mais le chasseur ne vit que la fille ; elle était gracieuse, jeune, souriante. Tel un catcheur, le vent l'immobilisait contre la fenêtre.

Le magicien était en train d'attacher la fille à l'intérieur d'un cercueil en contreplaqué aux décorations criardes, des éclairs rouge et bleu. Sa nuque et son cou dépassaient d'un côté, ses chevilles et ses pieds de l'autre. Elle souriait d'un air réjoui ; jamais personne n'avait paru aussi content d'être emprisonné dans un cercueil. Le magicien démarra une scie électrique et fendit le cercueil en faisant beaucoup de bruit, coupant son assistante en deux. Puis il sépara les morceaux, jambes d'un côté, torse de l'autre. La tête de la jeune fille retomba, son sourire s'effaça, son regard chavira. Les lumières se tamisèrent. Un enfant pleura. Remuez vos orteils, ordonna le magicien en brandissant sa baguette magique, et c'est ce qui arriva ; les orteils amputés remuèrent dans leurs sandales pailletées à hauts talons. Le public poussa des cris, ravi.

Le chasseur regarda attentivement ses joues roses, ses traits délicats, ses cheveux déployés, sa gorge offerte. Son regard accrocha le spot. Le voyait-elle ? Voyait-elle sa figure plaquée contre la fenêtre, le vent cinglant son cou, ses provisions – oignons, paquet de farine – dégringolées à ses pieds ? Sa bouche tressaillit ; était-ce un sourire, un demi-salut ?

Jamais il n'avait rien vu d'aussi beau, dans le genre. Les flocons se glissaient dans son cou et s'accumulaient à ses pieds. Le vent avait décru mais la neige tombait dru, et pourtant il restait rivé à cette fenêtre. Au bout d'un moment, le magicien réunit les deux moitiés de cercueil, détacha les sangles, agita sa baguette, et la jeune fille reprit sa forme. Elle sortit de la boîte et fit la révérence avec sa robe brillante et fendue. Elle souriait telle la Résurrection incarnée.

C'est alors qu'un pin s'abattit en face du tribunal et le courant vacilla et sauta, réverbère par réverbère, à travers toute la ville. Avant qu'elle n'ait pu faire un geste, que les membres du service d'ordre n'accompagnent la foule au-dehors avec des lampes de poche, le chasseur s'introduisit dans la salle, gagna la scène et l'appela.

Il avait trente ans, deux fois son âge. Elle lui sourit, se pencha depuis l'estrade, dans la lueur rougeâtre des veilleuses signalant les issues de secours, et secoua la tête. Le spectacle est terminé, dit-elle. Dans son pick-up, il pista la caravane du magicien à travers le blizzard jusqu'à son prochain spectacle, une soirée de gala donnée au profit d'une bibliothèque à Butte. Le lendemain soir, il la suivit à Missoula. Il se précipitait vers la scène après chaque représentation. Je vous demande juste de dîner avec moi, l'implorait-il. Dites-moi votre nom. C'était une chasse. À Bozeman, elle céda. Son nom était quelconque : Mary Roberts. Ils mangèrent de la tarte à la rhubarbe dans un hôtel-restaurant.

J'ai compris l'astuce, lui dit-il. Les pieds dans le cercueil sont factices. Vous mettez vos jambes contre votre poitrine et faites bouger les pieds factices à l'aide d'une corde.

Elle se mit à rire. C'est ça votre occupation dans la vie ? dit-elle. Suivre une fille à travers quatre villes pour lui dire que sa magie n'est pas au point ?

Non, dit-il. Je chasse.

Vous chassez. Et quand vous ne chassez pas ?

J'en rêve. Elle se remit à rire. Ce n'est pas drôle, dit-il.

Vous avez raison, dit-elle en souriant. Ce n'est pas drôle. C'est pareil pour moi, la magie. J'en rêve. J'en rêve tout le temps. Même quand je ne dors pas.

Il regarda dans son assiette, électrisé. Il cherchait quelque chose à dire. Ils mangèrent. Mais j'ai d'autres ambitions, reprit-elle ensuite, après avoir mangé deux parts de tarte, avec circonspection, à la cuillère. Sa voix était douce et grave. Il y a des choses en moi. Je ne vais pas passer ma vie à être sciée en deux par Tony Vespucci.

Je n'en doute pas, dit-il.

Je savais que vous me croiriez.

Mais l'hiver suivant, Vespucci la ramena à Great Falls et la scia dans le même cercueil de contreplaqué. Et l'hiver d'après. À chaque fois, après le spectacle, le chasseur l'emmena au Bitterroot Diner et la regarda manger deux parts de tarte. L'observer était ce qu'il préférait : la boule à la gorge quand elle avalait, la façon dont la cuillère ressortait, toute nette, d'entre ses lèvres, dont ses cheveux tombaient par-dessus son oreille.

Puis elle eut dix-huit ans et, après le restaurant, elle se laissa conduire jusqu'à sa cabane, à soixante kilomètres de Great Falls, en remontant le Missouri, puis vers l'est, dans la vallée de la Smith River. Elle n'emportait qu'un petit sac à main en vinyle. La camionnette dérapa et fit une embardée alors qu'il manœuvrait sur des routes non dégagées, les roues chassant dans la neige profonde, mais elle ne semblait pas effrayée ni s'inquiéter de savoir où il l'emmenait, ni craindre de s'enliser dans une congère et de mourir de froid dans son manteau vert pomme et sa robe à paillettes. Son haleine formait un panache devant elle. Il faisait − 28 °C. Bientôt, les routes seraient recouvertes de neige, impraticables jusqu'au printemps.

Chez lui, dans sa cabane d'une seule pièce aux murs tapissés de fourrures et de vieux fusils, il ouvrit le garde-manger enterré et lui montra ses stocks pour l'hiver : une centaine de truites fumées, des faisans dépouillés et des quartiers de venaison congelés, pendus à des crochets. Assez pour deux comme moi, dit-il. Elle promena son regard sur les livres au-dessus de la cheminée, une monographie consacrée aux mœurs de la grouse, une collection de revues sur le gibier à plume des hautes terres, un épais volume simplement intitulé *Ours*. Fatiguée ? lui demanda-t-il. Tu veux voir quelque chose ? Il lui donna une combinaison de ski, lui mit aux pieds une paire de raquettes et l'emmena écouter le grizzli.

Elle n'était pas trop empotée avec cet attirail. Ils allèrent faire crisser la neige festonnée par le vent, dans un froid à la limite du supportable. L'ours hibernait chaque année dans le même cèdre creux, dont la cime avait été emportée par une tempête. Avec sa masse énorme et noire, ses trois branches, on aurait dit sous les étoiles une main de squelette ayant jailli du sol, un visiteur macabre s'étant frayé un chemin depuis les enfers en grattant la terre.

Ils s'agenouillèrent. Au-dessus de leurs têtes, les étoiles étaient des pointes de couteaux, dures et blanches. Mets ton oreille là, chuchota-t-il. Le souffle qui portait ses paroles se cristallisa et se dissipa, comme si les mots eux-mêmes avaient pris forme avant de rendre l'âme, accablés. Ils écoutèrent, face à face, oreilles collées aux trous forés dans le tronc par les pics. Elle entendit au bout d'une minute, cela ressemblait à un soupir somnolent, une longue expiration, fruit d'un sommeil paisible. Ses yeux s'écarquillèrent. Une bonne minute passa. Cela se reproduisit.

On peut le voir, chuchota-t-il, mais il ne faut pas faire de bruit. Ces bêtes ont le sommeil léger. Parfois il suffit de marcher sur des brindilles pour qu'elles se redressent.

Il commença à creuser. Elle se releva et se mit en retrait, bouche ouverte, yeux dilatés. Plié en deux, le chasseur écopait la neige entre ses jambes. Ayant atteint une profondeur de un mètre il tomba sur une couche de glace lisse qui masquait un grand trou à la base de l'arbre. Délicatement, il en délogea des plaques et les mit de côté. L'ouverture était sombre, comme s'il avait pénétré d'un coup de poing dans quelque grotte, le monde des ténèbres. Depuis ce trou, l'odeur de l'ours monta jusqu'à elle, une odeur de chien mouillé, de champignons des bois. Le chasseur retira quelques feuilles. Dessous, il y avait un flanc hirsute, un pan de fourrure brune.

Il est sur le dos, murmura le chasseur. Ceci est son ventre. Ses membres antérieurs doivent être par là... Il désigna un point du tronc plus élevé.

Elle mit une main sur son épaule et s'agenouilla au-dessus de la tanière. Ses yeux étaient grands ouverts et ne cillaient pas ; sa bouche béante. Par-dessus son épaule, une étoile quitta sa galaxie et se désintégra en traversant le ciel. J'ai envie de le toucher, dit-elle. Sa voix paraissait forte et déplacée dans ce bois, sous les cèdres nus.

Chut ! murmura-t-il. Il fit non de la tête. Pas si fort.

Juste une minute.

Non, dit-il entre ses dents. Tu es folle. Il la tira par le bras. Avec les dents, elle ôta le gant de sa main libre et se pencha. Il la tira encore en arrière mais perdit l'équilibre et tomba à la renverse, étreignant un gant vide. Sous ses yeux horrifiés, elle plaça ses deux mains, doigts écartés, dans l'épaisse fourrure broussailleuse de la poitrine de l'animal. Puis elle abaissa sa figure, comme si elle se désaltérait, et y appuya ses lèvres. Sa tête avait entièrement disparu à l'intérieur de l'arbre. Elle sentit les pointes douces et argentées de la fourrure effleurer sa joue. Contre son nez, une côte énorme fléchit légèrement.

Elle entendit les poumons s'emplir et se vider. Elle entendit le sang pulser dans ses veines.

Tu veux savoir à quoi il rêve ? Sa voix résonna jusqu'en haut de l'arbre et ressortit par le bout arraché des branches creuses. Le chasseur sortit son couteau. À l'été, fit la voix. Aux mûres. Aux truites. À traîner ses flancs contre les cailloux de la rivière.

J'aurais bien aimé, dit-elle plus tard, revenue dans la cabane où il préparait un feu, ramper là-dedans, me nicher entre ses pattes. Je l'aurais pris par les oreilles et je lui aurais baisé les yeux.

Le chasseur observa l'âtre, les flammes coupant et sciant, chaque bûche un pont incendié. Trois ans qu'il attendait ceci. Trois ans qu'il rêvait de l'avoir chez lui. Mais ça n'était pas du tout ce qu'il avait imaginé : il avait cru que ce serait comme une chasse – quand on attend des heures près d'une mare bourbeuse, avec le fusil à canon rayé sur le paquetage, pour voir la tête énorme d'un wapiti mâle couronné de ses andouillers se dresser contre le ciel, entendre tout le troupeau derrière lui inspirer, puis s'égailler au bas de la colline. Si on avait son ouverture, on tirait, ensuite on allait chercher la bête, et c'était tout. Toute incertitude effacée. Mais là, c'était différent, comme s'il n'avait aucun choix à faire, pas le moindre contrôle sur la suite. Exactement comme trois ans plus tôt, quand il avait été détourné de son chemin devant l'église, conduit contre une fenêtre basse par le vent ou quelque autre force supérieure.

Reste avec moi, chuchota-t-il à elle, au feu. Passe l'hiver ici.

À côté de lui, Bruce Maples donnait des coups de paille contre ses glaçons.

Moi, je suis dans le sport, dit-il. Je dirige la section athlétisme ici.

Vous l'avez déjà dit.

Ah ? Je ne me rappelle pas. J'entraînais des coureurs. Course d'obstacles.

Course d'obstacles, répéta le chasseur.

C'est ça.

Le chasseur l'examina. Qu'est-ce qu'il foutait là, Bruce Maples ? Quelle étrange curiosité, ou peur, l'avait conduit ici, lui et ces gens qui défilaient à présent, en costume et robe noirs ? Il observa l'homme mince et affligé, le président O'Brien, qui se tenait dans un coin du salon. À tout moment, des invités s'approchaient pour lui prendre les deux mains.

Vous savez sans doute, dit le chasseur à Maples, que les loups sont d'excellents athlètes. Parfois, leurs poursuivants tombent sur un obstacle caché et les empreintes ont disparu. Comme si toute la meute avait bondi en haut d'un arbre pour s'y évanouir. En fait, les traces réapparaissent, à une dizaine, une quinzaine de mètres de là. On croit à de la magie – des loups qui volent. Mais c'est de saut qu'il s'agit ; d'un grand saut collectif.

Bruce regardait autour de lui. Ah, dit-il, j'ignorais.

Elle resta. La première fois qu'ils firent l'amour, elle cria si fort que des coyotes grimpèrent sur le toit et ululèrent par la cheminée. Il roula sur le dos, en nage. Les coyotes toussèrent et gloussèrent toute la nuit, comme des enfants qui bavardent dans le jardin, et il fit des cauchemars. Cette nuit, tu as fait trois rêves, et à chaque fois tu étais un loup, lui chuchota-t-elle. Tu étais mort de faim, tu courais sous la lune.

Était-ce vrai ? Il ne se rappelait pas. Il avait peut-être parlé dans son sommeil.

En décembre, la température ne monta jamais au-dessus de − 26 °C. La rivière gela – il n'avait jamais vu ça. Le soir de Noël, il fit le chemin en voiture jusqu'à Helena pour lui acheter des patins à glace. Le lendemain matin, ils s'emmitouflèrent des pieds jusqu'à la tête dans des fourrures pour aller patiner sur la rivière. Elle s'agrippa à ses hanches et ils glissèrent dans l'aube bleue, remontant avec peine les rapides et les écueils gelés, passant sous les aulnes et les peupliers de Virginie aux branches dépouillées, les extrémités nues du saule dépassant seules de la neige. Devant eux, de vastes étendues blanches de rivière se fondaient dans les ténèbres. Un hibou sur sa branche les surveillait de ses gros yeux. Joyeux Noël ! lui cria-t-elle dans le froid. Il écarta ses larges ailes, se lâcha de son perchoir et disparut dans la forêt.

À un tournant poli par le vent, ils tombèrent sur un héron mort dont les pattes avaient été prises dans la glace. Il avait essayé de se libérer à coups de bec, frappant d'abord la glace, puis ses pattes fines et écailleuses. Quand enfin il était mort, il était mort debout, les ailes repliées, le bec ouvert dans un ultime cri désespéré, les pattes enracinées tels des roseaux jumeaux.

Elle tomba à genoux devant lui. Les yeux étaient gelés et vitreux. Il est mort, dit doucement le chasseur. Viens, tu vas prendre froid.

Non ! dit-elle. Elle ôta sa mitaine et lui ferma le bec. Presque aussitôt, ses yeux se révulsèrent. Oh ! gémit-elle. Je le *sens*... Cela dura plusieurs minutes, le chasseur attendant debout, les jambes gagnées par le froid, craignant de la toucher. La main de la fille devint d'abord blanche, puis bleue.

Enfin, elle se releva. Il faut l'enterrer, dit-elle. Il tailla la glace avec la lame de son patin et enfouit l'échassier dans une congère.

Cette nuit-là, elle resta contractée, sans dormir. Ce n'est qu'un oiseau, dit-il, ne sachant ce qui la troublait, mais troublé lui-même. On ne peut rien pour lui. C'était bien de l'enterrer, mais demain un autre animal le trouvera et le sortira de là.

Elle se tourna vers lui, les yeux écarquillés ; il se rappela son regard quand elle avait mis les mains sur l'ours. Quand je l'ai touché, dit-elle, j'ai vu où il allait.

Quoi ?

J'ai vu où il allait à sa mort. Il était au bord d'un lac, avec d'autres hérons, une centaine, tous tournés dans la même direction, et ils pataugeaient parmi des pierres. C'était l'aube, ils regardaient le soleil monter au-dessus des arbres de l'autre côté du lac. Je l'ai vu aussi distinctement que si j'avais été là.

Il roula sur le dos et regarda le jeu des ombres au plafond. C'est l'hiver qui ne te réussit pas, dit-il. Le matin venu, il décida de veiller à ce qu'elle sorte chaque jour. Il croyait en cela : sortir tous les jours en hiver, pour ne pas dérailler. Le journal regorgeait de faits divers où des épouses de ranchers, bloquées par la neige et prises de folie, avaient envoyé leur bonhomme ad patres avec un couteau de boucher ou une alêne.

Le lendemain il l'emmena dans le nord à Sweetgrass, sur la frontière canadienne, pour admirer l'aurore boréale. De grandes plaques violettes, ambre et vert pâle s'élevèrent au fond du ciel. Des formes semblables à la tête d'un faucon, à un foulard et à une aile ondulèrent au-dessus des montagnes. Ils étaient assis dans la cabine du pick-up, le chauffage soufflant sur leurs genoux. Derrière l'aurore brillait la Voie lactée.

Ça, c'est un aigle ! s'exclama-t-elle.

Il expliqua qu'il s'agissait d'un phénomène causé par le champ magnétique. Un vent soufflant depuis le soleil crée des bourrasques au niveau de la terre, déplaçant des particules électrisées. C'est ce qu'on voit. Le jaune-vert, c'est de l'oxygène. Le rouge-violet à la base, de l'azote.

Non, dit-elle, butée. Le rouge, c'est un faucon. Tu vois son bec ? Ses ailes ?

L'hiver assiégea la cabane. Il l'emmenait dehors tous les jours. Il lui montra un millier de coccinelles qui hibernaient en formant une boule orangée au creux d'une berge ; deux grenouilles dormant dans la vase gelée, leur sang cristallisé jusqu'au printemps. Il dénicha un essaim d'abeilles qu'il sortit de leur ruche, bourdonnant au ralenti, stupéfiées d'être soudain exposées, chacune remuant, en manque de chaleur. Quand il le déposa entre ses mains, elle défaillit, ses yeux se révulsèrent. Elle voyait tous leurs rêves à la fois, les songeries hivernales d'un tas d'abeilles ouvrières, chacune d'une vivacité blessante : pistes éclatantes à travers des épines jusqu'à un bouquet d'églantines, centaines de rayons débordant d'un miel qu'on y avait déposé avec soin.

Chaque jour elle en apprenait davantage sur ses pouvoirs. Une sensibilité inconnue, aiguë, bouillonnait dans ses veines, comme si une graine plantée depuis longtemps était en train de germer. Plus l'animal était gros, plus elle était ébranlée. Ceux dont la mort était récente étaient de virtuelles mines de visions, qui se diffusaient avec une force allant décroissant comme si on coupait, une à une, une longue suite d'attaches. Elle ôtait ses mitaines et touchait tout ce qu'elle pouvait : chauves-souris, salamandres, un jeune cardinal tombé du nid, encore chaud. Dix couleuvres rayées lovées sous un rocher, paupières baissées, langues au repos. Chaque fois qu'elle touchait un insecte pétrifié, ou une bête amphibie assoupie, un être mort depuis peu, ses yeux se révulsaient et son corps était traversé par les visions de cette créature, ses paradis.

Ainsi passa le premier hiver. Quand il regardait par la fenêtre, il voyait des traces de loup traversant la rivière, des rapaces nocturnes chassant depuis les arbres, un édredon de neige de deux mètres d'épaisseur prêt à être rejeté. Elle, elle voyait des rêveurs nichés sous les racines pour se défendre de ce long crépuscule, leurs rêves ondulant jusqu'au ciel telles des aurores boréales.

L'amour toujours logé dans son cœur comme une écharde, il l'épousa dans les premières boues du printemps.

Bruce Maples encaissa le coup quand la femme du chasseur arriva enfin. Elle fit son entrée tel un cheval de concours, les yeux modestement baissés mais la démarche assurée ; ses talons claquaient contre le granit. Le chasseur ne l'avait pas revue depuis vingt ans, et elle avait changé – devenant une femme plus raffinée, moins sauvage, et d'une certaine façon, aux yeux du chasseur, plus dangereuse. Elle avait des ridules autour des yeux et bougeait comme si elle cherchait à éviter tout contact, comme si la table du hall ou la porte d'un placard étaient susceptibles de lui sauter à la gorge. Elle n'avait ni bijoux ni alliance, rien qu'un simple costume croisé noir.

Elle trouva son nom sur la table et épingla le badge à son revers. Tout le monde la regardait à la dérobée. Le chasseur comprit que c'était elle, l'invité d'honneur, pas O'Brien. En un certain sens, ils étaient en train de la courtiser. C'était leur façon de faire, celle du président – barman taciturne, filles de vestiaire en smoking, boissons fraîches et alcoolisées. Donnez-lui plutôt de la tarte, songea le chasseur. À la rhubarbe. Montrez-lui un grizzli endormi.

Ils s'installèrent autour d'une table tout en longueur, avec de chaque côté une quinzaine de fauteuils à haut dossier, plus deux autres aux extrémités. Le chasseur fut placé loin de sa femme. Elle regarda dans sa direction, enfin, avec un air de reconnaissance, une certaine chaleur, puis détourna les yeux. Elle devait le trouver vieux – il avait toujours dû lui paraître vieux. Elle ne le regarda plus.

Des serveurs en vestes blanches amidonnées apportèrent de la soupe à l'oignon, des langoustines, du saumon poché. Autour de lui, on parlait à mi-voix de gens qu'il ne connaissait pas. Il regardait fixement les fenêtres et les tourbillons de neige.

La rivière dégela et charria de grandes soucoupes de glace vers le Missouri. Le murmure de l'eau vive, de la délivrance, de la fonte, mêlé de craquements, entrait par les fenêtres ouvertes. Le chasseur ressentait cette démangeaison familière, cette allégresse de l'âme ; il se réveillait dans la vaste aube rose, prenait sa canne à mouche et se hâtait vers la rivière. Déjà les truites pointaient le nez hors des eaux brunes et froides pour gober les premiers insectes. Bientôt, des clients se mirent à téléphoner, et sa saison de guide commença.

De temps à autre, un client voulait un puma ou une expédition avec des chiens pour chasser le gibier à plume – mais la fin du printemps et l'été étaient voués à la truite. Il sortait tous les jours avant l'aurore, allait chercher en voiture, avec une thermos de café, un avocat, un veuf, un politicien ayant un faible pour les truites « gorge-coupée » locales. Après avoir déposé ses clients, il s'empressait de repartir en repérage en vue de la prochaine expédition. Il restait dehors jusqu'à la tombée de la nuit et parfois plus tard, guettant une truite, à genoux dans les saules. À son retour, il puait les viscères de poisson et la réveillait avec des anecdotes enthousiastes, une truite gorge-coupée franchissant des hauteurs de quatre mètres cinquante, une truite arc-en-ciel têtue coincée sous un obstacle caché en surplomb.

En juin, elle se sentit seule et s'ennuya. Elle se promenait dans les bois, mais sans jamais s'éloigner. La forêt, dense et animée, n'avait plus rien d'un cimetière paisible. En été, on n'y voyait pas à six mètres. Rien ne dormait très longtemps :

tout émergeait de cocons, battait des ailes, bourdonnait, se multipliait, donnait la vie, prenait du poids. Des oursons s'ébattaient dans la rivière. Des oisillons réclamaient des vers à grands cris. Elle regrettait le silence de l'hiver, la longue hibernation, le ciel nu, le bruit de castagnettes des andouillers de wapitis se cognant aux arbres. En août, elle alla à la rivière regarder son mari pêcher à la mouche avec un client, les boucles soulevées par sa canne semblables à un sort jeté sur la rivière. Il lui apprit à nettoyer le poisson dans le courant pour en chasser l'odeur. Elle incisait les ventres, regardait les viscères défaire leurs anneaux au fil de l'eau, les ultimes, extatiques visions de la truite s'éteignant lentement sur ses poignets, s'échappant dans la rivière.

En septembre, vinrent les chasseurs de gros gibier. Chaque client désirait une chose différente : wapiti, antilope, orignal, biche. Ils voulaient voir des grizzlis, pister un glouton, ou même tirer des grues du Canada. Ils voulaient des têtes de wapiti impérial pour leur bureau. Régulièrement, il revenait avec une odeur de sang sur lui, et des histoires de clients stupides : le Texan qui s'était assis dans la neige en soufflant comme un asthmatique, incapable d'atteindre le sommet de la colline où il devait tirer ; un New-Yorkais sanguinaire qui disait vouloir seulement photographier des ours noirs et avait sorti un pistolet de sa botte pour faire feu sauvagement sur deux oursons et leur mère. Tous les soirs, elle frottait sa combinaison tachée de sang, regardait la couleur se diluer, passer du rouille au rouge et au rose dans l'eau de la rivière.

Il était absent toute la journée, sept jours par semaine, ne rentrait que le temps de préparer des saucisses ou couper des rôtis, nettoyer son fusil, récurer sa carnassière, répondre au téléphone. Elle ne comprenait pas grand-chose à ce qu'il faisait, sinon qu'il aimait cette vallée et avait besoin de s'y promener, d'observer les corbeaux, les martins-pêcheurs et les hérons, les coyotes et les lynx, de chasser presque tout le reste. Il n'y a pas d'ordre en ce monde, lui dit-il un jour, en désignant d'un geste vague Great Falls, les villes au sud. Sauf ici. Ici, je vois des choses que je ne verrai jamais là-bas, des choses auxquelles la plupart des gens sont aveugles. Sans gros effort d'imagination, elle le voyait dans cinquante ans, toujours en train de lacer ses bottes, de ramasser son fusil, et mourant heureux en n'ayant connu que cette vallée au monde.

Elle se mit à dormir, faisant de longues siestes l'après-midi, de trois heures ou plus. Dormir, apprit-elle, était un don comme un autre, comme être scié en deux et reconstitué, ou deviner les visions d'un rouge-gorge mort. Elle apprit à dormir malgré la chaleur, le bruit. Des insectes se jetaient contre les moustiquaires, des frelons s'introduisaient dans la cheminée, le soleil dardait ses rayons avec insistance par les fenêtres au sud ; et pourtant elle dormait. Quand il rentrait, chaque soir d'automne, épuisé, les avant-bras tachés de sang, elle dormait depuis plusieurs heures. Dehors, le vent dépouillait déjà les peupliers de Virginie – trop tôt, se disait-il. Il s'allongeait et prenait sa main. Tous deux étaient dominés par des forces incontrôlables – le vent de novembre, les révolutions de la Terre.

Ce fut le pire hiver de son existence : à dater de Thanksgiving, ils furent bloqués par la neige et le pick-up se retrouva enfoui sous deux mètres de congère. Le téléphone fut coupé en décembre et le resta jusqu'en avril. Janvier commença par un *chinook* suivi d'un terrible coup de gel. Le lendemain, une croûte de glace épaisse de huit centimètres recouvrait la neige. Au sud, du bétail passa au travers et saigna à mort en voulant se dégager. Des chevreuils firent de même avec leurs petits sabots et furent étouffés. Les collines étaient veinées de sang.

Au matin, il trouva des empreintes de coyotes devant la porte du garde-manger, cinq centimètres de bois de feuillus entre eux et toutes ses réserves pour l'hiver congelées sous le plancher. Il renforça la porte avec des plaques de four, les clouant à même le bois, par-dessus les charnières. Deux fois, il fut réveillé par des bruits de griffes grattant le métal, et fonça dehors pour donner de la voix.

De tous côtés, un être expirait sans grâce, enlisé dans une congère ; un wapiti tournant de l'œil, une biche décharnée cliquetant des sabots sur la glace tel un squelette ivre. La radio signala d'énormes pertes en bétail dans les ranchs du Sud. Chaque nuit, il rêvait aux loups ; mêlé à la meute, il franchissait d'un bond des clôtures et déchiquetait des carcasses de bœufs fumantes sous un manteau de neige.

Et la neige tombait toujours. En février, il se réveilla à trois reprises en entendant des coyotes sous la cabane et, la troisième fois, une simple gueulante ne suffit pas à les chasser ; il empoigna son arc et son couteau et se précipita dehors, les pieds nus et déjà engourdis. Cette fois, rongeant et creusant la terre gelée, ils avaient réussi à s'introduire en se glissant sous la porte. Il déverrouilla ce qu'il en restait et l'ouvrit.

Un coyote, qui avait avalé de travers, toussait. D'autres remuaient et haletaient. Ils étaient dix, peut-être. Il n'avait à sa disposition que des flèches à wapitis en aluminium avec des pointes de chasse. Il s'accroupit dans le passage sombre – leur seule issue –, l'arc bandé au maximum et une flèche déjà encochée. Au-dessus, il entendait sa femme se déplacer discrètement sur le plancher. Un coyote toussa. Il se mit à lâcher ses flèches régulièrement dans le noir. Il entendait certaines mordre dans les fondations, d'autres se planter dans des chairs. Tout le carquois y passa : une douzaine de projectiles. Les glapissements des blessés s'élevèrent. Quelques-uns l'attaquèrent et il les frappa de son couteau. Il sentit des dents chercher l'os de son bras, des haleines brûlantes sur ses joues. Il frappa des côtes, des queues, des crânes. Ses muscles hurlaient. Les coyotes étaient déchaînés. Le sang fleurissait sur son poignet, sa cuisse.

En haut, elle entendit les clameurs surnaturelles des coyotes à travers le plancher, les grognements et jurons de son mari. C'était comme si l'enfer avait trouvé un débouché sous sa maison et ce qui s'y déroulait maintenant était la pire des violences. Elle s'agenouilla devant la cheminée et sentit l'âme des coyotes monter au ciel.

Couvert de sang et affamé, grièvement mordu à la cuisse, il passa néanmoins toute sa journée à dégager le pick-up. S'il ne se procurait pas de la nourriture, ils mourraient de faim, et il s'efforça de se concentrer sur cette tâche. Il traîna de l'ardoise et des écorces afin de les coincer sous les pneus, retira à la pelle un monceau de neige du plateau. Enfin, la nuit venue, il fit tourner le moteur au ralenti et amena l'engin au-dessus de la neige durcie par le vent. Pendant un bref et merveilleux instant, le véhicule roula sur cette surface, incliné par un mouvement de gîte, l'habitacle éclairé par les étoiles, roues patinant, moteur tournant, ce qui semblait être la route se déroulant sous ses phares. Puis le sol céda. Lentement, péniblement, il se remit à creuser.

C'était sans espoir. Il finirait toujours pas crever la surface. Nulle part la couche de glace ne serait assez épaisse pour supporter ce poids. Pendant vingt heures, il fit ronfler le moteur et roula au-dessus de deux mètres cinquante de neige. Mais par trois fois, encore, la glace s'effondra et le pick-up s'enfonça jusqu'au pare-brise. Finalement, il l'abandonna. Il était à quinze kilomètres de chez lui, à quarante-cinq kilomètres de la ville.

Il fit un pauvre feu qui fumait, s'allongea et tenta de dormir, sans y parvenir. Au contact de cette chaleur, la neige fondait et des ruisselets coulaient lentement dans sa direction, se figeant avant de l'atteindre. Jamais les étoiles, qui tourbillonnaient dans leurs constellations, ne lui avaient paru si lointaines et si froides. Dans un état intermédiaire entre sommeil et lucidité, il vit des loups tourner autour du feu, dissimulés dans l'ombre, maigres et l'écume aux lèvres. Un corbeau se laissa choir à travers la fumée et sautilla jusqu'à lui. Pour la première fois il songea qu'il pouvait mourir. Ayant réussi à se mettre à genoux, il repartit vers sa maison en rampant. Autour de lui, il devinait les loups, leur odeur de sang, leurs pattes griffant la glace.

Il progressa toute la nuit et tout le lendemain, guetté par la catatonie, tantôt debout, le plus souvent à quatre pattes. À certains moments, il croyait être un loup, à d'autres qu'il était mort. Quand enfin il atteignit la cabane, il n'y avait aucune trace sur la véranda, rien n'indiquait qu'elle était sortie. La porte du garde-manger était restée grande ouverte et des débris du revêtement extérieur et du chambranle étaient éparpillés devant, comme si quelque créature démoniaque s'était échappée de là pour s'enfuir dans la nuit.

Elle était agenouillée au sol, de la glace dans les cheveux, perdue dans une sorte de torpeur hypothermique. Avec ses toutes dernières forces, il fit du feu et la força à avaler un bol d'eau chaude. En s'endormant, il se vit lui-même, comme de très loin, pleurer et étreindre le corps presque pétrifié de sa femme.

Il ne restait plus dans les placards que de la farine, un bocal d'airelles gelées et des biscuits. Il alla dehors seulement pour fendre du bois. Quand elle put parler, sa voix était calme et détachée. J'ai fait des rêves extraordinaires, murmura-t-elle. J'ai vu où les coyotes s'en vont après leur mort. Je sais où vont les araignées, les oies…

La neige tombait sans discontinuer. Il se demanda si le monde était entré dans une nouvelle ère glaciaire. La nuit était éternelle ; le jour passait dans un souffle. Bientôt la planète deviendrait une sphère blanche et anonyme, projetée dans l'espace, sans repère. Chaque fois qu'il se levait, sa vue se perdait dans des bandes de couleurs qui lui donnaient la nausée.

Des stalactites pendaient du toit et rejoignaient la véranda, colonnes de glace condamnant la porte. Pour sortir, il dut employer la hache. Il alla pêcher avec des lanternes, pelleta la neige au-dessus de la rivière, fora la couche de glace à l'aide d'une perceuse manuelle et frissonna au-dessus du trou en agitant une boulette de farine humide à un hameçon. Quelquefois, il rapportait une truite, qui avait le temps de geler entre la rivière et la cabane. Sinon, ils mangeaient un écureuil, un lièvre, certain jour un chevreuil famélique dont il avait broyé et fait bouillir les os pour finalement les réduire en bouillie, voire seulement des poignées de faux fruits d'églantiers. Dans les pires jours de mars, il déterra des massettes dont il éplucha et fit cuire les tubercules à la vapeur.

Elle mangeait à peine, dormait dix-huit ou vingt heures par jour. Quand elle se réveillait, c'était pour griffonner sur des calepins avant de replonger dans le sommeil, s'agrippant aux couvertures comme pour y puiser son soutien. Il y avait, apprenait-elle, une force cachée au cœur de la faiblesse, une terre ferme au fond du précipice le plus vertigineux. L'estomac vide et le corps apaisé, délivrée des nécessités quotidiennes, elle avait l'impression de faire d'importantes découvertes. Elle n'avait que dix-neuf ans et avait perdu dix kilos depuis son mariage. Nue, elle n'avait plus que la peau sur les os.

Il lut ses gribouillis, des sortes de poèmes absurdes qui ne lui apprenaient rien d'elle. Ainsi écrivait-elle :

L'Escargot glisse sur des feuilles sous la pluie.
Grand-duc : fixe les yeux sur le lièvre, tombe comme de la lune.
Cheval : parcourt les plaines avec ses frères.

En fin de compte, il s'en voulait de l'avoir amenée ici, de l'avoir mise en quarantaine dans cette cabane pendant tout un hiver. Elle était en train de devenir folle – et lui aussi. Tout était de sa faute.

En avril, la température monta au-dessus de – 18 °C, puis de – 7 °C. Il attacha la batterie de secours à son sac et alla dégager le pick-up. Cela prit toute la journée. Il conduisit ensuite lentement en haut de la petite route recouverte de neige fondue au clair de lune, rentra et lui demanda si ça lui dirait d'aller en ville. À sa grande surprise, elle accepta. Le lendemain, ils firent chauffer de l'eau pour la toilette et mirent des habits qu'ils n'avaient pas portés depuis six mois. Elle glissa une ficelle sous les passants afin de ne pas perdre son pantalon.

Derrière son volant, il se sentit soulagé de l'avoir avec lui, de circuler dans le pays, de voir le soleil au-dessus des arbres. Le printemps était déjà là : la vallée se faisait belle. Regarde ! avait-il envie de lui dire, ces oies qui passent en bande par-dessus la route. La vallée est vivante. Même après un pareil hiver.

Elle lui demanda de la déposer à la bibliothèque. Il acheta de la nourriture – une douzaine de pizzas surgelées, des pommes de terre, des œufs, des carottes. La vue de bananes faillit lui tirer des larmes. Assis sur le parking, il but presque deux litres de lait. Quand il repassa par la bibliothèque, elle s'y était inscrite et avait emprunté vingt livres. Ils s'arrêtèrent au Bitterroot pour manger des hamburgers et de la tarte à la rhubarbe. Elle en prit trois parts. Il la regardait manger, la cuillère glissant entre ses lèvres. C'était mieux comme ça. Plus conforme à ce qu'il avait imaginé.

Eh bien, Mary, dit-il, on s'en est tirés.

J'adore la tarte, dit-elle.

Dès que les lignes furent rétablies, le téléphone recommença à sonner. Il emmenait les pêcheurs à la rivière. Installée sur la véranda, elle lisait, lisait.

Bientôt, la bibliothèque publique de Great Falls ne put suffire à combler son appétit de lecture. Elle voulut d'autres livres, des essais sur la sorcellerie, des ouvrages d'initiation à la magie et à la prestidigitation qu'on devait se faire expédier du New Hampshire, de La Nouvelle-Orléans, ou même d'Italie. Une fois par semaine, le chasseur descendait en ville chercher un colis au bureau de poste : *Arcana Mundi, Le Dictionnaire Seer, Parangon de sorcellerie, La Science occulte des anciens*. Il ouvrit une page au hasard et lut : *Apportez l'eau, attachez un tendre filet autour de votre autel, faites-y brûler des brindilles fraîchement coupées et de l'encens mâle...*

Elle retrouva la santé, reprit de la vigueur, ne restait plus à rêver toute la journée sous des fourrures. Elle était levée avant lui, à préparer le café, le nez déjà entre les pages. Soumis à un régime strict de viande et de légumes, son corps s'épanouit, ses cheveux brillaient, ses yeux et ses joues avaient de l'éclat. Comme elle lui semblait belle pendant les quelques heures où il était chez lui ! Après le dîner, il la regardait lire à la lueur des flammes, des plumes de merle dans les cheveux, un bec de héron entre les seins.

En novembre, il prit son dimanche et ils allèrent randonner à ski. Ils tombèrent sur un wapiti qui était mort de froid, dans une ravine, des corbeaux croassant à leur approche. Elle s'agenouilla et apposa sa paume sur le crâne tanné. Ses yeux se révulsèrent. Là, gémit-elle. Je le sens...

Que sens-tu ? lui demanda-t-il. Qu'est-ce que c'est ?

Elle se releva. Je sens sa vie qui s'écoule, dit-elle. Je vois où il s'en va, ce qu'il voit.

Mais c'est impossible ! C'est comme si tu disais que tu vois mes rêves.

Je les vois. Tu rêves de loups.

Mais ce wapiti est mort depuis au moins un jour. Il ne va nulle part. Il va dans le jabot de ces corbeaux.

Comment lui faire comprendre ? Comment lui demander de comprendre ? Qui aurait pu comprendre ? Ses livres ne lui avaient pas enseigné cela.

Plus clairement que jamais, elle s'apercevait qu'il n'y avait qu'une ligne subtile entre rêves et réalité, entre les morts et les vivants, une ligne si ténue qu'elle n'existait plus, parfois. C'était encore plus évident en hiver. En hiver, dans cette vallée, la vie et la mort n'étaient plus tellement distinctes. Le cœur d'un triton hibernant était complètement gelé, pourtant elle pouvait le réchauffer et le réveiller dans sa paume. Pour le triton, il n'y avait pas de ligne, pas de barrière, pas de Styx, rien qu'une zone entre vie et mort, comme un champ de neige entre deux lacs : un lieu où les habitants parfois se rencontraient en allant de l'autre côté, où rêves et réalité se touchaient, où il n'y avait que l'état d'être, ni vivant ni mort, où la mort n'était qu'un possible et où des visions s'élevaient, miroitantes, jusqu'aux étoiles telle une fumée. Il suffisait d'une main, de la chaleur d'une paume, d'un contact des doigts.

Cet hiver-là, en février, le soleil brillait dans la journée et la glace se formait la nuit – des plaques recouvraient les champs de blé, les toits et les routes. Après l'avoir déposée à la bibliothèque, le chasseur repartit en faisant cliqueter ses chaînes de pneus pour remonter le Missouri en direction de Fort Benton.

Vers midi, Marlin Spokes, un conducteur de chasse-neige qu'il connaissait depuis l'école primaire, dérapa sur le pont de la Sun River au volant de son engin et fit une chute de treize mètres. Il mourut avant d'être désincarcéré. Elle était en train de lire à la bibliothèque, non loin de là, quand elle entendit le véhicule se fracasser dans le lit de la rivière comme un millier de poutres. Quand elle se précipita au niveau du pont, courant en jean et T-shirt, des hommes étaient déjà dans l'eau – un employé des Télécoms venu d'Helena, le bijoutier, le boucher avec son tablier, tous dévalaient les berges, pataugeaient dans les rapides, forçaient la portière. Elle descendit de biais la pente couverte de neige et s'avança à leur hauteur en soulevant des gerbes d'eau. Les hommes sortirent Marlin de l'habitacle et l'emportèrent en chancelant. De la vapeur s'élevait de leurs épaules et du capot broyé. Sa main sur le bras du bijoutier, sa jambe contre la jambe du boucher, elle chercha la cheville de Marlin.

Quand son doigt toucha ce corps, son regard chavira aussitôt et une simple vision lui sauta à l'esprit : Marlin à bicyclette, et derrière lui un gosse – son fils – casqué et sanglé dans un siège adapté à sa taille. Des paillettes de lumière dérivaient par-dessus ces personnages qui descendaient un chemin sous des arbres gigantesques, tentaculaires. L'enfant, de sa menotte, chercha à atteindre les cheveux de son père. Des feuilles mortes se retournèrent dans leur sillage. La vitrine d'une boutique capta leur fugace passage. Cette vision paisible – tel un riche ruban de soie – se déroula lentement et en toute fluidité, avec une grande puissance, et elle en fut remuée. C'était elle qui pédalait sur ce vélo. C'était ses cheveux que tirait l'enfant.

Les hommes qui la touchaient, ou touchaient Marlin, virent ce qu'elle voyait, éprouvèrent ce qu'elle éprouvait. Ils ne tentèrent pas d'en parler, mais après les obsèques, au bout d'une semaine, ils ne purent garder cela pour eux. Au début, ils n'en parlaient que chez eux, la nuit, mais Great Falls n'était pas une grande ville et il ne s'agissait pas d'une chose qu'on peut garder chez soi, sous clé. Bientôt ils en parlèrent partout, au supermarché, aux pompes à essence. Des gens qui ne connaissaient ni Marlin ni son fils, pas plus que la femme du chasseur ou aucun de ceux qui s'étaient trouvés dans la rivière, commentaient l'événement en experts. Il suffisait de la *toucher*, déclara un coiffeur pour hommes, pour voir la même chose. Un chemin merveilleux, s'extasia le patron d'une épicerie fine. Des arbres gigantesques. Ce n'était pas seulement qu'on baladait le gamin, chuchotait-on au cinéma, on *l'aimait*.

Il pouvait avoir entendu ça n'importe où. Dans la cabane, il fit du feu, feuilleta distraitement son tas de bouquins. Il n'y comprenait rien – l'un n'était même pas en anglais.

Après le dîner, elle alla déposer les assiettes dans l'évier.

Tu lis l'espagnol, maintenant ? lui demanda-t-il.

Ses mains se figèrent dans l'évier. C'est du portugais. Un peu, seulement.

Il tourna sa fourchette dans ses mains. Où étais-tu quand Marlin Spokes est mort ?

J'aidais à le sortir du camion. Je n'ai pas été très utile, en fait.

Il fixa son crâne. Il avait envie de planter sa fourchette dans la table. C'est quoi, ton truc ? Tu les hypnotises ?

Ses épaules se raidirent. Sa voix s'éleva, furieuse : Pourquoi ne peux-tu..., commença-t-elle, mais sa fureur retomba. Ce n'était pas un truc, marmonna-t-elle. Je les aidais à le porter.

Quand elle se mit à recevoir des appels, il raccrocha au nez des correspondants. Mais ça n'arrêtait pas : une veuve éplorée, l'avocat d'un orphelin, un reporter du *Great Falls Tribune*. Un père qui pleurait comme un veau fit tout le chemin pour la supplier de venir au funérarium, et finalement elle lui céda. Le chasseur insista pour l'y conduire. Ce n'était pas bien pour elle, déclara-t-il, d'y aller seule. Il attendit dans le parking, moteur tournant, radio geignante.

Je me sens si vivante, dit-elle ensuite, quand il l'aida à remonter dans la cabine. Ses vêtements étaient trempés de sueur. Comme si mon sang pétillait à l'intérieur. À la maison, elle resta réveillée, lointaine, toute la nuit.

Elle fut rappelée et rappela, et chaque fois il la conduisait sur place. Certaines fois, c'était après avoir passé toute la journée à pister des wapitis et il s'endormait comme une masse en l'attendant. À son réveil, elle était auprès de lui, tenant sa main, les cheveux mouillés, le regard halluciné.

Tu as rêvé que tu étais avec des loups et que tu dévorais du saumon, lui dit-elle. Les poissons s'étaient échoués sur des bancs de sable et vivaient encore. C'était tout près de la cabane.

Minuit était passé depuis longtemps et il devait se lever à quatre heures du matin. Avant, les saumons venaient, dit-il. Quand j'étais petit. En telles quantités qu'il suffisait de plonger la main dans la rivière pour en toucher un. Il la ramena à la maison au-dessus des champs obscurs. Il essaya de mettre de la douceur dans sa voix. Qu'est-ce que tu fais, là-bas ? En réalité ?

Je les console. Je leur permets de prendre congé d'êtres chers. Je les aide à savoir quelque chose qu'ils n'auraient jamais su autrement.

Non, dit-il. C'est quoi, ton truc ? Comment tu fais ?

Elle retourna ses mains et lui montra ses paumes. Aussi longtemps qu'ils me touchent, ils voient ce que je vois. Viens la prochaine fois. Viens et tiens-leur la main. Tu comprendras.

Il garda le silence. Les étoiles au-dessus du pare-brise semblaient fixées à leur place.

Des familles voulaient la payer ; la plupart ne la laissait pas repartir tant qu'elle n'avait pas accepté. Elle remontait dans le pick-up avec cinquante, cent dollars – une fois, quatre cents – pliés dans sa poche. Elle se laissa pousser les cheveux, se procura des talismans afin de théâtraliser ses prestations : une aile de chauve-souris, un bec de corbeau, une poignée de plumes de faucon nouées par un brin de feuille de cigare. Un carton plein de bouts de chandelles. Puis elle partit pour les week-ends, disparaissant avec le pick-up avant qu'il soit levé, en conductrice intrépide. Elle s'arrêtait en voyant une victime de la route pour s'agenouiller – un porc-épic en accordéon, un chevreuil démoli. Elle appliquait ses paumes contre la calandre du pick-up où fumait une centaine de membranes d'insectes. Les saisons passaient. Elle fut absente la moitié de l'hiver. Chacun d'eux était seul. Ils ne parlaient jamais. Quand la route était longue, il y avait des moments où elle était tentée de continuer tout droit pour ne plus revenir.

Dès que la glace commença à fondre, il alla à la rivière, tâchant de se perdre dans le rythme de la pêche au lancer, dans le bruit des galets charriés par le courant, qui s'entrechoquaient. Mais même la pêche avait perdu de son charme. Tout, semblait-il, lui était retiré – son pick-up, sa femme, le cours même de son existence.

Quand vint la saison de la chasse, il se mit à divaguer. Il sabotait des occasions, se mettant dans le vent par rapport à un wapiti ou disant à un client d'arrêter trente secondes avant qu'un faisan ne jaillisse des fourrés pour lentement s'envoler, tranquille, dans le ciel. Quand un autre rata sa cible et toucha de sa flèche une antilope au cou, le chasseur fustigea son inattention, s'agenouilla au-dessus des empreintes et prit des poignées de neige ensanglantée. Vous ne comprenez pas ce que vous avez fait ? gueula-t-il. Maintenant la hampe va heurter les arbres, l'animal va courir, courir, les loups trottant derrière pour l'empêcher de se reposer. Le client était cramoisi, fâché. Quels loups ? répliqua-t-il. On n'en voit plus depuis une vingtaine d'années.

Elle était à Butte ou à Missoula quand il découvrit son argent dans une botte : six mille dollars et quelques. Il annula ses expéditions et fut dans tous ses états pendant deux jours, arpentant la véranda, fouillant dans ses affaires, ruminant ses arguments. Quand elle l'aperçut, la liasse de billets dépassant de sa poche de chemise, elle s'arrêta à mi-chemin, son sac à l'épaule, les cheveux ramenés en arrière.
Ce n'est pas bien, dit-il.
Elle passa devant lui et entra dans la cabane. J'aide les gens. Ça me plaît. Tu ne vois pas combien je me sens bien, après ?
Tu profites d'eux. Ils sont en deuil et tu leur prends du fric.
C'est *eux* qui insistent ! cria-t-elle d'une voix stridente. Je les aide à voir quelque chose qu'ils veulent voir !
C'est de l'escroquerie. Du charlatanisme.
Elle ressortit sur la véranda. Non, dit-elle. Son ton était calme et ferme. C'est réel. Aussi réel que la vallée, la rivière, les arbres, tes truites au garde-manger. J'ai un talent. Un don.
Il eut une moue méprisante. Un don pour les tours de passe-passe. Pour siphonner les économies des veuves. Il lança l'argent dans la cour. Le vent éparpilla les billets sur la neige.
Elle le frappa à la bouche, une seule fois, avec violence. Comment oses-tu ? aboya-t-elle. Toi, entre tous, tu devrais comprendre. Toi qui rêves de loups toutes les nuits.

Il sortit seul le lendemain soir et elle suivit sa trace dans la neige. Il était monté sur une plate-forme de chasse, sous une couverture. Il portait un camouflage blanc, avait peint des bandes noires sur son visage. Elle se tapit à une centaine de mètres de là, pendant quatre heures ou plus, mouillée et tremblant dans la neige derrière son mirador. Elle le croyait assoupi quand elle entendit une flèche siffler du haut de l'observatoire et frapper à la poitrine une biche qu'elle n'avait même pas remarquée. La bête regarda autour d'elle, extrêmement surprise, et partit au galop à travers les arbres. Elle entendit la tige d'aluminium cogner contre des branches, entendit l'animal plonger dans un fourré. Le chasseur resta immobile un moment, puis descendit de son perchoir et se mit à le suivre. Elle attendit de l'avoir perdu de vue pour l'imiter.

Elle n'eut pas à aller loin. Il y avait tellement de sang qu'elle crut qu'il en avait blessé d'autres, qui devaient avoir galopé sur la même route, répandant le flot de leurs vies. La biche haletait entre deux arbres, le fût mince de la flèche dépassant de son épaule. Un sang si rouge qu'il était presque noir jaillissait par intermittence et ruisselait le long de son flanc. Le chasseur se dressa au-dessus d'elle et l'égorgea.

Mary bondit de là où elle s'était tenue cachée, sur des charbons ardents, se rua dans la neige avec sa parka et, d'un geste preste, saisit d'une main le membre antérieur encore chaud. De l'autre, elle saisit le poignet du chasseur et s'y cramponna. Le couteau était encore dans la gorge et, quand le chasseur chercha à se dégager, du sang coula en abondance dans la neige. Déjà les visions de la biche déferlaient en elle – cinquante chevreuils pataugeant dans une rivière étincelante, tendant le cou pour arracher des feuilles d'aulnes en surplomb, sous des ruissellements de lumière, un mâle portant ses andouillers avec noblesse. Une goutte d'eau argentée pendait à son museau, accrocha un rayon de soleil, et tomba.

Quoi ? – le chasseur faillit s'étrangler. Il lâcha son couteau. Il tirait pour se dégager, tirait de toutes ses forces. Elle tenait bon ; une main à son poignet, l'autre broyant le membre de la biche. Il les traîna dans la neige, la biche laissant son sang derrière eux. Oh, murmura-t-il. Il sentait le monde – les grains de neige, les bouquets d'arbres nus – se dissiper. Le goût des aulnes était dans sa bouche. Une rivière dorée coulait sous son corps ; le soleil pleuvait sur lui. Le grand cerf dressait la tête, croisait son regard. Tout baignait dans une lumière ambrée.

Le chasseur tira une dernière fois sur son bras et se retrouva libre. La vision s'éloigna à toute allure et s'évanouit. Non, murmura-t-il. Non. Il frotta son poignet, là où elle l'avait touché, et secoua la tête comme pour chasser un malheur. Il se mit à courir.

Mary passa un long moment allongée dans la neige rougie, la chaleur de la biche remontant dans son bras jusqu'à ce que la forêt ait retrouvé sa froideur et elle sa solitude. Elle dépeça l'animal avec le couteau du chasseur, divisa la carcasse et la rapporta sur ses épaules. Son époux était au lit. La cheminée était éteinte. Ne t'approche pas, dit-il. Ne me touche pas. Elle fit un feu et s'endormit par terre.

Dans les mois qui suivirent, elle déserta le domicile de plus en plus souvent et pour de plus longues périodes, visitant des maisons, des sites d'accidents et des funérariums dans tout le Montana. Finalement, elle fit cap vers le sud et ne revint plus. Ils avaient été mariés cinq ans.

Vingt ans plus tard, au Bitterroot Diner, il regarda la télévision fixée au plafond et la vit répondre à une interview. Elle habitait Manhattan, avait parcouru le monde, écrit deux livres. Toute l'Amérique s'arrachait ses services. Communiquez-vous avec les morts ? demanda le journaliste. Non, dit-elle. J'aide les gens. Je communique avec les vivants. Je leur apporte la paix.

Eh bien, dit l'interviewer en se tournant face à la caméra, moi j'y crois.

Le chasseur acheta ses livres et les lut en l'espace d'une nuit. Elle avait composé des poèmes sur la vallée dédiée aux animaux : toi le coyote rampant, toi le superbe cerf. Elle était allée au Soudan effleurer l'épine dorsale d'un stégosaure fossilisé et avouait sa frustration de n'avoir rien pu en tirer. Une chaîne de télévision l'envoya au Kamtchatka embrasser l'énorme encolure hirsute d'un mammouth qu'on tractait hors du permafrost – là, elle eut plus de chance, décrivit toute une horde qui marchait d'un pas lourd dans la neige fondue, arrachant de l'herbe marine que leur trompe portait à leur bouche. Dans certains poèmes il y avait même de vagues allusions à lui – une présence morose et trempée de sang qui rôdait dans les marges, comme les tempêtes en préparation, comme un assassin caché au sous-sol.

Il avait cinquante-huit ans. Vingt ans, c'est long. La vallée s'était amoindrie lentement mais de façon perceptible : les routes arrivaient et les grizzlis s'en allaient, vers d'autres altitudes. Les bûcherons avaient éclairci presque toutes les étendues boisées accessibles. À chaque printemps, les eaux de ruissellement empruntant les couloirs des bûcherons donnaient à la rivière une teinte chocolat, et le sol des forêts anciennes était emporté par le Missouri. Il avait abandonné l'idée de trouver un loup dans cette contrée, mais ils venaient encore à lui dans ses rêves et le laissaient bondir avec eux, sur les plaines gelées, sous la lune. Il n'avait jamais eu d'autre femme. Dans sa cabane, il se pencha au-dessus de la table, écarta les livres, prit un crayon et lui écrivit.

Une semaine plus tard, Federal Express montait jusque chez lui. Dans l'enveloppe, il y avait sa réponse sur papier à lettres gaufré. Hâte et efficacité caractérisaient son écriture. *Je serai à Chicago*, disait-elle, *après-demain. Ci-joint un billet d'avion. Ne te sens pas obligé de venir. Merci d'avoir écrit.*

Après le sorbet, le directeur fit tinter sa cuillère contre un verre et convia ses hôtes à passer au salon. Le bar avait été démonté ; à sa place, on avait disposé trois cercueils sur la moquette. C'étaient des bières d'acajou ciré, aux reflets chauds. Celle au centre était la plus grande. Sur les couvercles, un peu de neige – elles avaient dû attendre au-dehors – était en train de fondre et dégoulinait sur la moquette, formant des auréoles sombres. Tout autour, des coussins. Une douzaine de bougies brûlaient sur la cheminée. On entendait le personnel ranger dans la salle à manger. Le chasseur s'adossa au chambranle et regarda les invités déambuler avec gêne, qui avec des tasses de café, qui avalant des doses de gin ou de vodka. Pour finir, tout le monde s'assit par terre.

La femme du chasseur entra alors, élégante dans son costume noir. Elle s'agenouilla et fit signe à O'Brien de se mettre à sa droite. Ce dernier avait les traits tirés et une expression insondable. De nouveau, le chasseur eut la sensation qu'il n'était pas de ce monde mais d'un autre, un peu moins consistant.

Président O'Brien, dit-elle. Je comprends votre peine. La mort peut sembler si définitive, comme si une lame nous avait coupés en deux. Mais ce n'est pas, par essence, une fin ; ce n'est pas une falaise sombre d'où l'on se jette. J'espère vous montrer que ce n'est qu'une brume, qu'on peut traverser du regard, quelque chose qui doit être compris et affronté, et non pas obligatoirement craint. À chaque vie qu'on nous prend nous sommes diminués. Mais même dans la mort, il y a de quoi se réjouir. Ce n'est qu'une transition, parmi tant d'autres.

Elle entra dans le cercle et détacha les couvercles ; de sa place, le chasseur ne voyait pas l'intérieur. Ses mains voltigeaient comme des oiseaux. Réfléchissez, disait-elle. Pensez à quelque chose que vous aimeriez voir résolu, à une erreur du passé que vous voudriez réparer – peut-être concernant vos filles, un moment, une impression perdue, un vœu désespéré.

Le chasseur plissa les yeux. Il se surprit à songer à sa femme, à leur long malentendu, au jour où il l'avait traînée, elle et une biche blessée, dans la neige. Pensez, disait-elle, à des instants merveilleux, à une belle minute radieuse que vous avez partagée avec votre famille réunie. Sa voix berçait. Sous ses paupières à lui, les bougies diffusaient une uniforme lumière orangée. Il savait que les mains de sa femme se tendaient vers ce qui reposait dans les cercueils. Quelque part en lui, il la sentit s'étendre à travers la pièce.

Sa femme expliqua encore que beauté et douleur étaient une seule et même chose, que c'était ce qui ordonnait le monde, et il sentit se produire un phénomène – une étrange chaleur, une présence fugace, quelque chose de pâle et troublant comme une plume passée sur sa nuque. À ses côtés, des mains cherchèrent les siennes. Des doigts entrelacèrent les siens. Il se demanda si elle l'avait hypnotisé, mais ça n'avait pas d'importance. Il n'avait pas à lutter, à réagir. Elle était en lui maintenant ; elle avait tendu les mains à travers la pièce et fouillait en lui.

Sa voix s'estompa et il se sentit soulevé en hauteur, comme s'il montait au plafond. L'air circulait avec légèreté dans ses poumons ; la chaleur pulsait dans les mains qui tenaient les siennes. En esprit, il vit une mer émerger de la brume. Vastes et calmes, ses eaux étincelaient tel un métal poli. Il sentit des brins d'herbe balayer ses tibias et le vent sur ses épaules. La mer était extrêmement brillante. Tout autour de lui, des abeilles allaient et venaient au-dessus des dunes. Au loin, un oiseau marin plongeait pour attraper des crabes. Il savait qu'à quelques centaines de mètres de là, deux fillettes édifiaient des châteaux de sable ; il les entendait fredonner en cadence.

Auprès d'elles était leur mère, allongée sous un parasol, une jambe fléchie, l'autre droite. Elle buvait du thé glacé et il en percevait le goût dans sa propre bouche, doux-amer et légèrement mentholé. Chaque cellule de son corps semblait respirer. Il devint ces petites filles, l'oiseau qui plongeait, les abeilles ; il était la mère de ces filles et leur père ; il sentait qu'il s'épanchait à l'extérieur, se dissolvait, barbotait dans le monde ainsi que la toute première cellule au sein de la grande bleue...

Quand il ouvrit les yeux, il vit les rideaux de lin, des femmes en robe, agenouillées. On voyait des larmes sur les joues de plusieurs personnes – O'Brien, le président, Bruce Maples. Son épouse avait la tête penchée. Le chasseur lâcha doucement les mains qui tenaient les siennes et gagna la cuisine, passa devant les éviers pleins de vaisselle savonneuse, les piles d'assiettes. Il sortit par une petite porte et se retrouva sur le long pont de bois qui faisait toute la longueur de la maison, déjà sous cinq centimètres de neige.

Il se sentit attiré par la pièce d'eau, la vasque, les haies et le jardin endormi. Il marcha jusqu'au bord. La neige tombait avec lenteur et sans effort, et le ventre des nuages avait une lueur jaune qui reflétait les lumières de la grande ville. À l'intérieur de la maison, l'électricité était complètement éteinte ; on ne voyait que la douzaine de bougies sur la cheminée qui tremblotaient à travers les fenêtres, une mini-constellation prise au piège.

Peu après, sa femme sortit à son tour pour le rejoindre. Il s'était préparé à dire certaines choses, concernant une croyance ultime, qu'il avait foi en son idée, voulait lui exprimer sa gratitude pour lui avoir fourni une raison de quitter la vallée, fût-ce seulement pour une nuit. Il voulait lui dire que même si les loups étaient partis, et cela peut-être de toute éternité, ils venaient toujours dans ses rêves. Qu'ils puissent courir là, sauvages et sans entraves, était sans doute suffisant. Elle comprendrait. Elle avait compris longtemps avant lui.

Mais il eut peur de parler. Il sentait que ce serait briser un lien très fragile, comme lorsqu'on frôle du pied un pissenlit monté en graine, et que la sphère impalpable de son corps s'éparpille. Ainsi restèrent-ils simplement ensemble, sous les flocons qui voltigeaient pour se fondre dans l'eau où tremblaient leurs propres images reflétées, tels deux êtres immobilisés derrière les vitres d'un monde parallèle, et, alors, il lui tendit la main.

Cette nouvelle est extraite du recueil
Le Nom des coquillages (2003).

Le plongeon du guerrier indien
de Louise Erdrich

Traduit par Isabelle Reinharez

Je n'ai jamais voulu grand-chose, et j'avais besoin de moins encore, mais il s'est trouvé qu'on m'a tout apporté sur un plateau. C'était parce que j'étais un Kashpaw, pensais-je autrefois. Notre famille était respectée car nous étions les derniers chefs héréditaires de cette tribu. Mais les Kashpaw étaient en voie d'extinction par ici, les gens oubliaient, et je continuais à recevoir des propositions.

Quel genre de propositions ? Vous n'avez qu'à demander…

De boulot, par exemple. Je suis sorti de l'école indienne de Flandreau avec les oreilles bourdonnantes à force de jouer au football, et la première chose qu'on m'a dite c'était : « Nector Kashpaw, pars à l'ouest ! Hollywood a besoin de toi ! » On tournait tout un tas de westerns, à l'époque. Je n'en parle pas souvent, mais on engageait des gens pour une scène dans le Dakota du Sud, et en dernière année un découvreur de talents m'avait repéré. Sa boîte recrutait des figurants pour les scènes de train. En raison de ma taille, j'ai été engagé pour le plus grand rôle d'Indien. Mais ils ne savaient pas que j'étais un Kashpaw, parce que je devais mourir tout de suite.

« Tiens-toi la poitrine et tombe de ton cheval », m'a-t-on ordonné.

Terminé. La mort, c'était tout ce que jouait un Indien au cinéma.

Alors j'ai pensé qu'il était bien suffisant d'être tué la fois où l'on doit mourir dans cette vie-ci, et j'ai laissé tomber. J'ai sauté dans un train pour partir au sud dans les États céréaliers de la Wheat Belt, la Ceinture du Blé, où j'ai fait les battages. Là-bas aussi, j'ai reçu des propositions. Le boulot se trouvait facilement. J'ai bossé un an. J'envisageais de rester, mais alors on m'a proposé un truc qui m'a découragé pour de bon de rester dans le Kansas.

En ville, j'ai rencontré une vieille femme pleine aux as. Elle a fait arrêter sa voiture quand elle m'a vu passer.

« Demande au chef s'il voudrait travailler pour moi », a-t-elle ordonné à son domestique, à l'avant. C'est ce que son domestique, un Noir, a fait.

– Quel genre de travail ? ai-je demandé.

« Je veux qu'il pose pour mon chef-d'œuvre. Dis-lui qu'il n'aura qu'à rester debout sans bouger pendant que je peindrai son portrait.

– Ça m'a pas l'air bien compliqué. »

J'ai accepté.

C'était payé cinquante dollars. Je suis allé chez elle. On m'a donné à manger, et ensuite on m'a envoyé dans sa grange. Je suis entré. Quand je l'ai vue en blouse blanche avec un chapeau comme une petite crêpe noire sur la tête, elle m'a fait pitié. C'était une pauvre loque. Aux dents mal rangées. Elle m'a planté sur un bloc de bois et m'a dit :

« Dévêts-toi. »

Personne ne m'avait jamais demandé, de but en blanc, de retirer mes vêtements. Alors j'ai fait semblant de ne pas avoir compris.

« Des quoi ? ai-je dit.
— Dévêts-toi », a-t-elle répété.
Je suis resté planté là, l'air perdu. Lamentable ! ai-je pensé. Puis elle a commencé à me donner l'exemple, en tirant sur ses boutons. Je m'apprêtais à aller l'aider quand elle a lancé presque dans un hurlement :
« Déshabille-toi ! »
Elle voulait me peindre nu comme un ver, tiens.
C'était plein de tableaux de nus dans sa grange. J'ai refusé. Elle m'a proposé de l'argent, encore de l'argent, et finalement elle m'a proposé une telle somme que j'ai été forcé d'oublier ma dignité. Cette femme m'a donc payé deux cents dollars tout rond pour rester debout sans bouger, avec une couche de bébé sur les fesses.
Je n'en suis pas revenu, ensuite, quand elle m'a montré le tableau. *Le Plongeon du guerrier indien*, c'était le titre. Plus tard, ce tableau deviendrait célèbre. Il serait accroché au Capitole de Bismarck. J'étais là, sautant du haut d'une falaise, nu, évidemment, dans une rivière parsemée de rochers. Une mort certaine. Vous vous souvenez de la maxime du général Custer ? *Un bon Indien est un Indien mort* ? Eh bien, d'après mes rapports avec les Blancs, j'ajouterais à cette citation : *Un Indien intéressant est mort, ou à l'agonie, après être tombé à la renverse de son cheval.*
Quand j'ai vu que le vaste monde ne s'intéressait qu'à ma perte, je suis rentré chez moi en profitant du train. « Alors que je brûlais le dur, une nuit, la lune était dans le wagon de marchandises. » Il faisait frisquet. J'ai repensé à ce tableau, et j'ai su que Nector Kashpaw bernerait la pitoyable femme riche qui l'avait peint et survivrait aux flots déchaînés. Je retiendrais ma respiration au moment de toucher l'eau et laisserais le courant me ramener à la surface, me guider autour

des rochers déchiquetés. Je ne me débattrais pas, et de cette façon je rejoindrais la rive.

De retour à la maison, il sembla en être ainsi pendant un temps. Tout était calme. Je vivais avec ma mère et Eli dans la vieille maison, je chassais, vadrouillais ou coupais un peu de bois. Je pensais sans arrêt au seul livre que j'avais lu au pensionnat. Pour je ne sais quelle raison, pendant les quatre années de scolarité ce prêtre de la Flandreau Indian School n'enseignait pas d'autre livre que *Moby Dick*, l'histoire de la grande baleine blanche. Je connaissais ce bouquin par cœur. J'en avais même volé un exemplaire et je l'avais rapporté chez moi dans ma valise.

Ce qui causa un autre fameux malentendu.

« Tu passes ton temps à lire ce livre, me dit un jour ma mère. Qu'est-ce qu'il y a dedans ?

— L'histoire de la grande baleine blanche. »

Elle n'en crut pas ses oreilles. Au bout d'un moment, elle demanda :

« C'est qui encore, cette balèze blanche ? »

Je lui expliquai que la baleine était un poisson aussi gros qu'une église. Elle ne me crut pas davantage. Mais qui m'aurait cru ?

« Appelez-moi Ismaël », disais-je parfois, rien que pour moi. Car il avait survécu au grand monstre blanc comme je m'étais sorti du tableau de la dame riche. Il avait laissé l'eau propulser son cercueil vers le haut. Dans ma vie, jusqu'ici, j'avais pris les choses tranquillement et je m'étais retrouvé en haut, comme lui. Mais la rivière n'en avait pas encore terminé avec moi. Je flottais dans les passages calmes et agréables, pourtant quelque part elle se ramifiait.

Jusqu'ici, je n'ai pas parlé des autres propositions qu'on m'avait faites. Ces propositions c'était pour des sucreries, de tendres sucreries sur l'oreiller. Y avait des filles comme du caramel mou, des femmes mariées genre bonbons acidulés très durs, des veuves guimauve moelleuse, et même un homme, sel gemme et sucre d'orge dans une jungle de mauvaises herbes. Je n'ai jamais rien fait pour susciter ces propositions. Elles sont arrivées, c'est tout. Je n'ai jamais réfléchi à deux fois. Et puis je suis tombé amoureux pour de bon.

Lulu Nanapush était celle qui aiguisait ma gourmandise.

Au pensionnat, quand nous étions enfants, je la traitais comme ma propre sœur, et dans le car je partageais avec elle mes sandwichs au beurre de cacahuètes et à la mélasse, pour qu'elle arrête de pleurer. Je la laissais traîner après moi au bourg. Au cinéma, je lui achetais de la réglisse. Ensuite nous avons grandi loin l'un de l'autre, je suis revenu chez nous, et je l'ai vue danser dans la foule du vendredi soir. Elle papillonnait avec deux autres types. Pour la première fois, en la voyant, j'ai su exactement ce que je voulais. On s'est dragués. On s'est retrouvés derrière la salle de bal pour s'embrasser. Je savais que je voulais davantage de la saveur sucrée de sa bouche. Chacun de nous était emporté en souplesse vers les bras de l'autre.

Et puis Marie est apparue, et c'est ce que je n'arrive pas à comprendre : comment d'un seul coup le cours de votre vie peut changer.

Je sais simplement que j'ai gravi la colline du couvent avec l'intention de vendre des oies et que j'ai redescendu la colline, les oies toujours suspendues à mon bras. À côté de moi marchait une gamine qui avait une bouche comme un hôtel borgne, alors qu'elle était innocente. Elle m'a accordé à contrecœur de la prendre par la main. Et pourtant, cette main, je n'arrivais pas à la lâcher pour laisser la fille marcher toute seule.

Son goût était plus amer. J'avais un besoin maladif de cette différence, après toutes ces années de douceurs faciles. Mais j'aimais toujours autant les sucreries. Je n'étais jamais rassasié des deux, c'était là mon problème et la raison pour laquelle, longtemps après avoir passé la ramification dans ma vie, j'ai continué à penser à Lulu.

Non pas que j'avais beaucoup de temps pour penser, une fois venues les années de mariage. J'aimais chacun de nos bébés, mais parfois je jonglais avec, des deux bras, et je perdais prise. Nous perdions prise, Marie et moi. En un an, deux sont morts, un petit garçon et une petite fille. Il y eut une longue période de calme, de calme affreux, avant que les bébés ne réapparaissent dans tous les coins. Il y en eut partout dans la maison, quand ils furent de retour. Dans le bas des placards, dans la coiffeuse, dans des lits gigognes. Vous souleviez une couverture et un petit bout de chou hurlait en dessous. Je perdis le compte entre les nôtres et ceux que Marie avait recueillis. Cela l'avait aidée, de les recueillir, après la disparition de nos deux petits. Et ce n'était pas terminé. Les plus jeunes dormaient entre nous, dans le lit qui abritait notre bonheur, et je leur rampais dessus pour en faire d'autres. Apparemment, c'était sans fin.

Parfois, je m'évadais. J'avais besoin de souffler. J'allais boire et me faisais sonner les cloches par Marie. Au bout de quelques années, les bébés commencèrent à marcher, mais cela signifiait simplement qu'il leur fallait des chaussures aux pieds. Je capitulai. Je me collai le nez à la roue. Et l'y laissai de longues années, sans presque jamais lever la tête pour me rendre compte que le monde continuait à tourner, plein de prodiges et de créatures, pendant que je vieillissais à faire les foins pour des fermiers blancs.

Tellement de temps a passé dans cet éclair que cela me surprend encore. Beaucoup d'eau sous les ponts, comme on dit. C'étaient peut-être des rapides, un tourbillon qui m'a emporté si vite que je ne pouvais regarder ni d'un côté ni de l'autre mais devais rester les yeux fixés sur ce qui approchait. Dix-sept ans de vie conjugale et des enfants qui vont et viennent.

Et puis on aurait dit que la rivière s'étalait pour former un plan d'eau.

Peut-être ai-je quitté le courant des yeux trop précipitamment. Peut-être que le mouvement rapide du temps m'avait donné le tournis. Ce fut le choc. Je me souviens du jour où c'est arrivé. J'étais assis sur les marches, à réparer avec du fil de fer une marmite qui était cassée, quand tout devint silencieux. Les enfants cessèrent de crier. Marie cessa de ronchonner. Les bébés dormaient. Les vaches aussi. Les chiens étaient couchés de tout leur long en plein soleil. Rien ne bougeait. Ni une feuille, ni une cloche, ni un être humain. Pas de bruit. L'air semblait s'être effondré.

Dans le silence, je levai la tête et regardai autour de moi.

Et je vis le temps qui passait, chaque minute s'accumulant dans mon dos avant que je n'en aie extrait la moindre goutte de vie. Il allait si vite, voilà ce que je dis, que j'étais assis immobile au beau milieu. Le temps filait de part et d'autre comme l'eau qui passe de chaque côté d'un gros rocher mouillé. À la seule différence que je n'étais pas aussi durable que les pierres. Très vite, je serais érodé. C'était déjà ce qui se passait.

Je portai la main à mon visage. Il y avait moins de moi. Moins de muscle, moins de cheveux, moins de mâchoire solide, moins de ce qui se passait en dessous autrefois. Des propositions plus rares. Nous étions en 1952 et j'avais fait ce qu'on attendait de moi – eu des enfants, été président du conseil tribal. Rien de plus. Ne vous laissez pas non plus tromper par la seconde partie. Être au premier plan de la vie politique locale, cela signifiait un salaire de misère et pas un remerciement. Je n'ai jamais brigué ce poste. Quelqu'un avait inscrit mon nom sur les bulletins de vote, et le soir où j'ai accepté je suis devenu quelqu'un de moins, presque aussitôt. J'ai attrapé des cheveux gris en dormant. Le lendemain matin, ils pendaient aux dents du peigne.

Et de moins en moins, jusqu'à ce que je me retrouve assis sur les marches devant chez moi, en 1952, en train de penser que je devrais m'accrocher à ce qui pouvait encore me rester.

Voilà l'état d'esprit dans lequel je me trouvais quand je commençai à penser à Lulu. À dire vrai, je ne m'en étais jamais remis. Je repensai à la vitesse à laquelle chacun de nous avançait vers la tendre étreinte de l'autre avant que tout ne s'embrouille et ne m'emporte plus loin. En imagination, je voyais ses bras tendus, pleins de désir, tandis que je rapetissais à l'horizon bleuté du mariage. Même si c'était arrivé sans aucun effort de ma part, pour repartir en arrière il faudrait que je nage contre le courant du temps.

Je secouai la tête pour m'éclaircir les idées. Les enfants se mirent à crier. Marie ronchonna, les bébés commencèrent à pleurnicher, la vache martela le sol du sabot, et les chiens gémirent. Le moment de silence était terminé ; il avait été bref, mais le fait est que lorsque je quittai les marches, j'étais transformé.

Je posai la marmite réparée sur la table, pris mon chapeau au portemanteau, sortis et partis au bourg au volant de mon pick-up. Mon cerveau m'envoyait le genre de douleur sourde qui d'ordinaire annonçait une longue cuite, et pourtant ce n'était pas ce qui me tentait.

De toute façon, quand j'arrivai en ville et m'arrêtai devant les bureaux de l'administration tribale, une cuite était hors de question. Il y avait une urgence.

Et c'est là que de nouveau les événements se mettent en boucle autour du sac d'embrouilles.

Nous sommes en juillet. Le soleil est une féroce boule blanche. Deux gros semi-remorques de la Polar Bear Refrigerated Trucking Company sont garés devant les bureaux, dans la cour de l'agence, et que croyez-vous qu'ils transportent ? Du beurre. Exact. Dix-sept tonnes d'excédent de beurre par une journée brûlante de 1952. C'est ce qu'il faut pour nous réunir, Lulu et moi.

Coïncidence. Je suis planté là à m'engueuler avec les chauffeurs, qui veulent décharger le beurre, quand Lulu arrive en voiture. Je la vois, qui passe avec lenteur et souplesse sur les amortisseurs grand luxe de sa Nash Ambassador Custom.

Je crie :

« Hé, Lulu ! en lui faisant signe d'entrer dans la cour vide et écrasée de chaleur. Tu n'aurais pas une heure ou deux de libres ? »

Elle baisse sa vitre et répond peut-être. Elle est froide et dédaigneuse depuis le temps de notre jeunesse. Je ne pense à rien d'autre, je le jure, sinon à livrer ce beurre. Et pourtant, quand elle descend, je ne peux pas m'empêcher de remarquer un détail intéressant de sa robe. Lulu se tourne sur le côté. Je vois comment la robe est boutonnée de haut en bas. Les boutons sont petits, carrés, rebondis, comme les pastilles de menthe qu'on vous offre à côté de la caisse dans un restaurant chic.

J'ai été à Washington. Là-bas, j'ai appris que cracher son jus de tabac, c'est mal vu. Pour me guérir de l'habitude de chiquer, je me suis mis à rouler mes cigarettes. J'ai donc tout ce qu'il faut dans ma poche, et je m'en roule une en vitesse pour éviter de me demander si ces boutons lui font mal quand elle s'assoit dessus.

Je me renseigne.

« Elle est climatisée, ta voiture ? »

Elle répond que oui. Et puis je la prie, d'un ton poli et naturel, de m'aider à livrer ces cartons de vingt-cinq kilos de surplus de beurre, qui ne manqueront pas de fondre et de couler si on les laisse là en plein soleil.

Elle soupire. Elle a l'air agacé. Ses cheveux frisottent dans son cou. Pour elle, Nector Kashpaw est un raseur. Elle ne voit plus rien de leur jeunesse à tous les deux. Il est devenu ennuyeux. Guindé. Difficile à croire, pense-t-elle, comme il guinchait autrefois ! Même ses sourcils sont un peu gris maintenant. Difficile de croire que les filles ne le lâchaient pas d'une semelle !

Mais, après tout, il a besoin de la climatisation, et alors ? Je le devine dans le haussement d'épaules qu'elle m'adresse.

« Charge-les dans ma voiture », dit-elle.

Alors la voiture est chargée. Je me glisse sur le siège côté passager et nous commençons à livrer le beurre. Il n'y a pas de méthode dans notre façon de faire, puisqu'il s'agit d'une cargaison inattendue. Lulu se gare dans la cour des gens et je sors un carton, ou deux, s'ils ont de la place. Entre les livraisons, nous ne parlons pas.

Chaque fois que nous entrons dans la cour de l'agence pour recharger l'auto, il y a moins de beurre dans les semi-remorques. Le bruit a couru et les gens viennent chercher les cartons eux-mêmes. Cela paraît surprenant, mais toute cette cargaison part vite, trop vite, parce qu'il n'y a pas encore eu un mot échangé entre Lulu et moi dans la voiture. L'après-midi est chauffé à blanc, et cela durera plusieurs heures. L'intérieur de la voiture est moelleux, garni de coussins profonds, et frais. Je déteste en descendre quand nous arrivons dans les cours. Lulu sourit et parle aux gens qui sortent de leurs maisons. Dès que nous sommes seuls, pourtant, elle la boucle et fredonne un air qu'elle a entendu à la radio. J'essaie de lui faire comprendre plusieurs fois.

« Je suis désolé pour Henry », dis-je.
Son mari a été tué sur la voie ferrée. Je n'ai jamais eu l'occasion de lui dire que j'étais désolé.
« C'était un brave homme. »
Voilà tout ce qu'elle me répond.
Ensuite, je demande :
« Comment vont tes garçons ? »
Je sais qu'elle en a beaucoup, mais jamais on ne le devinerait. Elle paraît si jeune.
« Très bien. »
En désespoir de cause, j'ajoute qu'elle a une plate-bande de pétunias qui fait l'envie de plus d'une lointaine voisine. Marie en a souvent parlé.
« Mes pétunias, me déclare-t-elle d'un ton morne, ne te regardent pas. »
Cela me cloue le bec pour un moment. Je comprends que c'est inutile. Quoi que je fasse, ce n'est pas ce qu'elle veut. Et pour être franc, je ne sais pas non plus ce que je cherche. Peut-être une simple remarque signalant que moi, Nector Kashpaw, convoyeur de beurre d'âge mûr, j'étais le jeune homme musclé qui l'émoustillait et la draguait il y a si longtemps.
Mais il s'avère que j'obtiens bien davantage. Non pas grâce à quelque chose que je fais ou dis. C'est plus mystérieux que cela.
Nous retournons à l'agence, une fois distribué le dernier chargement, et il ne reste plus que deux cartons sur le siège arrière, le sien et le mien. Depuis les pétunias, elle n'a même pas fredonné. Alors je suis plus que surpris quand, dans un élan inattendu, elle remarque qu'il serait drôlement agréable de monter jusqu'au panorama pour admirer la vue.
Maintenant, c'est à moi d'être timide.
« Il faut que je rentre, dis-je, avec ce beurre. »

Mais elle prend simplement le virage qui grimpe dans la colline. Sa peau rayonne, comme si elle était toute dorée sous le ton brun. Sa chevelure est sèche et électrique. Je l'ai entendue raconter à quelqu'un, chez qui nous nous sommes arrêtés, qu'elle n'avait pas le temps de se mettre des bigoudis. Les frisottis de la permanente se mettent en court-circuit ici et là au-dessus de son front. Sur certaines femmes cela pourrait avoir une drôle d'allure, mais sur Lulu c'est élégant, comme ses minuscules boucles d'oreilles en cristal et son fard à joues.

Je ne la compare pas à Marie. Cela ne me viendrait pas à l'idée. Mais le désir douloureux que j'ai de Lulu, brusquement, est atroce et triste.

« Je ne crois pas que ce soit bien », lui dis-je, quand nous nous arrêtons.

Les ombres s'étirent, souples et bleues, au pied des arbres.

« Comment ça, bien ? »

Se tournant vers moi, sa bouche un mince triangle luisant, ses pommettes hautes et pointues, son menton une petite coupe, ses yeux brillants, elle m'observe.

« De rester là, tout seuls, comme ça.

— Mais bon sang ! s'écrie-t-elle. Je ne vais pas te mordre ! Je voulais simplement admirer la vue. »

Et c'est ce qu'elle fait. Elle se carre dans son siège. Laisse pendre son bras à la fenêtre. L'air est doux. Elle baisse les yeux vers l'étendue d'arbres et de marécages. Puis elle ferme les paupières.

« C'est sacrément joli, ici », dit-elle.

Sa voix est voilée et satisfaite. Elle n'a plus l'air fâchée contre moi, et du coup je peux lui demander ce que sans le savoir je voulais lui demander depuis le début. Je suis surpris d'entendre ces mots sortir de ma bouche.

« Veux-tu bien me pardonner ? »

Elle ne répond pas tout de suite, ce qui me va, parce qu'il faut que je m'habitue à l'idée que je l'ai dit.

« Peut-être, finit-elle par répondre, mais je ne suis plus la même. »

Je suis sur le point de remarquer qu'elle n'a pas changé, et puis je me rends compte combien elle a changé. Elle est devenue bien plus intelligente que moi, elle qui a compris qu'elle est différente.

« Moi aussi je suis différent, maintenant », suis-je capable de reconnaître.

Elle me regarde, et une chose merveilleuse se passe sur son visage. Il s'ouvre, comme une fleur qui s'épanouit subitement, ou la lune qui sort de derrière un nuage. Elle sourit.

« Dis donc, ton beurre va fondre ! » s'écrie-t-elle, puis elle rit de bon cœur.

Elle tend le bras vers la banquette arrière et en attrape une plaquette. Écrasée, molle, mais encore fraîche, elle est empaquetée dans du papier paraffiné. Lulu m'en étale un peu sur le visage. Je suis tellement étonné que je reste assis là un instant, me sentant idiot. Puis j'essuie le beurre que j'ai sur la joue. Je lui prends la plaquette des mains et la pose sur le tableau de bord. Quand nous nous empoignons l'un l'autre pour nous embrasser, nous avons du beurre sur les mains. Il s'en va quand nous nous caressons, puis nous nous déshabillons l'un l'autre. Que de boutons ! Je la fais pivoter pour n'en arracher aucun, et je les défais avec soin.

« Tu as changé, reconnaît-elle à présent, en mieux. »

Je ne veux pas qu'elle ajoute quoi que ce soit. Je lui dis de s'allonger en silence. De rester tranquille. J'abaisse le dossier à l'aide des manettes. Je sais comment m'y prendre parce que j'y ai pensé, à tout hasard, pendant qu'on roulait. Je n'ai pas préparé ce qui est arrivé, pourtant. Comment aurais-je pu le préparer ? Comment aurais-je pu savoir que je prendrais le beurre sur le tableau de bord ? Je lui en frotte une bonne poignée sur la clavicule, tourne ensuite autour de sa poitrine, puis le laisse glisser dans le creux entre ses seins et sur les petites pointes rugueuses. Je frotte le beurre en rond sur son ventre.

« Tu es mignonne comme ça, dis-je. Toute graissée. »

Elle rit, allongée là, et touche les endroits où je devrais en mettre davantage. Je m'exécute. Puis avec ses mains elle me guide dans son corps.

Minuit me trouva dans mon pick-up, par ce soir de juillet. J'étais étonné, crevé, plus qu'un peu effrayé par ce que nous avions fait, et je me sentais tellement bien. Je me sentais agile et fort dans le vent nocturne, en rentrant chez moi dans le ronflement du moteur, l'air frais aspirant la sueur à travers mes vêtements, mes veines pleines d'eau tiède et sucrée.

Au moment de m'engager sur notre route, je vis la lampe, qui brillait toujours. Ce qui signifiait que Marie m'attendait, probablement pour s'assurer que je dormirai dans la cabane du jardin, au cas où je serais soûl.

J'entrai, en laissant la porte-moustiquaire se refermer derrière moi avec une douce plainte.

« Bonsoir », murmurai-je, dans l'espoir de passer dans la pièce voisine plongée dans le noir et de me cacher au lit. Marie était assise à la table de la cuisine, le nez dans un vieux catalogue. Elle ne quitta pas les illustrations des yeux.

« Tu as faim ?
– Non. »

Elle savait déjà, à ma démarche ou au son de ma voix, que je n'avais pas bu. Elle feuilleta quelques pages.

« Regarde cette machine à laver. »

Je me penchai pour l'examiner. Elle remarqua que je sentais la baratte. Je lui parlai des dix-sept tonnes de beurre en train de fondre que j'avais passé mon temps à transporter depuis le début de l'après-midi.

« T'as nagé dedans, dit-elle, en jetant un coup d'œil à mes vêtements. Où est le nôtre ?
– Notre quoi ?
– Notre beurre. »

Je l'avais oublié dans la voiture de Lulu. J'avais la langue bloquée. J'en étais muet, de prendre la mesure de ma soudaine culpabilité.

« Tu l'as oublié. »

Elle jeta brutalement le catalogue sur la table et éteignit la lampe.

J'avais un boulot de veilleur de nuit dans une usine d'attelage de semi-remorques. Cinq fois par semaine, j'allais m'asseoir dans le bureau du gardien. La moitié de la nuit, je poussais un balai ou bricolais un peu. L'autre moitié, je somnolais ou rédigeais mes rapports de président du conseil tribal, faisais quelques rondes. La sixième nuit de la semaine, je quittais la maison, comme d'habitude, mais dès que j'atteignais la route où vivait Lulu Lamartine, je m'engageais dans le virage. Je cachais le camion au creux d'un vallon broussailleux. Puis je remontais la route vers sa maison, dans l'obscurité.

Cette sixième nuit, on aurait cru que je laissais mon corps derrière le volant immobile du pick-up pour en habiter un autre, plus jeune. Je marchais, eau magique. J'étais troué de gouffres, parcouru de rapides. En grimpant par la fenêtre de sa chambre, j'enflais. J'étais un déluge qui forçait les ponts. Impossible à contenir. Je me précipitais en Lulu, et le miracle c'était qu'elle pouvait m'endiguer. Elle pouvait me contenir sans céder. Ou pouvait filer avec moi, se déployant en nappes et en vagues sinueuses.

Je pouvais me tordre tel une corde. Je pouvais disparaître sous la surface. Je pouvais m'arrêter net et Lulu serait là à tout moment, rien qu'elle, et pas de bébés à éviter, entortillés quelque part dans les draps.

Et cela dura cinq ans.

Comment je me débrouillai pour vivre deux vies fut un exploit aux proportions considérables. La plupart du temps, je me déplaçais dans une vague brume de fatigue pure. Je n'ai jamais eu une matinée entière de sommeil, pendant ces années-là, parce qu'il y avait des bébés fourrés dans tous les coins, prêts à lâcher leurs glapissements à l'instant même où je commençais à m'assoupir. Oh oui, Marie continua à recueillir des bébés tout le temps. Comme pour le beurre, il y avait un surplus de bébés sur la réserve, et apparemment nous recevions de temps à autre des cargaisons imprévues.

Je devins tendu, ce qui n'était pas surprenant, avec toutes ces exigences qui pesaient sur moi. Quant à Lulu, ce qui avait commencé de façon insouciante et irrégulière devint d'une précision d'horloge. Je devais être là-bas, ponctuel, la sixième nuit de la semaine, partir juste avant l'aube, donner et prendre tout le plaisir que je trouvais l'énergie de supporter entre les deux. Plus je voyais Lulu, plus je me rendais compte qu'elle n'appartenait pas au pays mystérieux de la Nash Ambassador, mais que c'était une femme réelle, comme Marie, avec une longue liste de choses qu'il fallait faire ou dire pour lui plaire.

Je devais parcourir leurs deux listes, celle de Lulu et celle de Marie. J'avais bien du mal à ne pas mélanger ce que chacune d'elles voulait, et quand.

À l'époque, il se trouva que Lulu eut un enfant.

Ce fut lorsqu'elle était enceinte que je commençai à comprendre que cette femme n'avait pas seulement les pieds sur terre, mais qu'elle avait un esprit aussi dur qu'un coin de bûcheron. Par exemple, elle refusa d'admettre qu'elle était enceinte.

« Je me goinfre. »

Elle claquait la langue, en se tapotant le ventre, qui était haut et rond tandis que le reste de son corps demeurait mince.

Une nuit où je la tenais tout contre moi, je sentis bondir le bébé. Elle ne dit rien, se contenta de sourire. Ses dents blanches luirent dans le noir. Elle essaya de me mordre, pour jouer, comme le ferait un animal. Elle me découragea ainsi de demander si le bébé était de moi. J'étais jaloux, et elle le savait fort bien. J'étais jaloux parce que je ne pouvais pas la contrôler ni savoir où elle allait. Je savais quelle silhouette fringante à la chair tendre elle avait.

Et pourtant je ne pouvais pas lui demander d'être fidèle, puisque je ne l'étais pas. Je trompais Lulu en étant marié à Marie, et vice-versa, bien sûr. Lulu me tenait fermement au moyen de cette corde tandis qu'elle tournoyait de son côté en s'éloignant. Qui elle voyait, ce qu'elle faisait, je n'aurai jamais aucun moyen de le savoir. Mais je suis convaincu que le gamin ressemblait à un Kashpaw.

De temps à autre, j'essayais de nouveau d'arrêter le temps en me trouvant un endroit tranquille où m'asseoir. Mais au moment où, adossé à un arbre, dans mon pick-up à l'arrêt, assis avec les vaches, ou simplement en train de fumer sur un rocher, le sentiment de calme s'insinuait, une foule de problèmes d'amour et de politique me submergeaient. C'était comme si je m'étais asséché le cerveau rien que pour être de nouveau englouti sous, disons, davantage de problèmes.

La politique tribale chippewa était une épine dans mon jean. Je n'avais jamais brigué la présidence de la tribu, ni rien d'autre d'ailleurs, et pourtant j'étais au cœur de la politique. J'allais à Washington. Je parlais au gouverneur. Je devais me battre comme une fouine, mais je me battais avec une patte attachée dans le dos parce que je me disputais à propos de l'achat d'une machine à laver pour Marie.

Pendant un moment, Marie ne voulait plus de moi qu'une seule chose. Ni de l'amour ni du sexe, rien qu'un lave-linge équipé d'une essoreuse à main. Je ne le lui reprochais pas, avec toutes les couches, les salopettes et les chemises. Mais notre petite réserve d'argent était dépensée avant même d'arriver à ressembler à un acompte.

Ces disputes et ces bagarres se poursuivaient sans relâche. C'était pire qu'avant que je me sois arrêté ou que j'aie pris le beurre sur le tableau de bord. Lulu me donnait un coup de vieux tout en me ramenant au temps de ma jeunesse. Je vivais sur un rythme frénétique, passais si rapidement du boulot à la maison, de la maison au travail, du travail aux bras de Lulu, et retour à la case départ, que je réussissais tout juste à garder l'esprit clair à tout moment. Je ne pouvais pas non plus lutter contre. Je devais foncer là où on me demandait. Je croyais simplement que je serais rejeté sur le rivage quand tous ceux qui voulaient quelque chose de Nector Kashpaw l'auraient essoré jusqu'à la dernière goutte.

J'étais donc prêt pour les deux événements qui arrivèrent en 1957. Ce fut presque un soulagement, à vrai dire, parce qu'il fallait qu'ils changent le cours de ma vie.

Le premier était un Cree, représentant de commerce à Minneapolis, plein de bagout, au visage de lune, qui se pointa et gara sa voiture dans la cour de Lulu. C'était le frère d'Henry, Beverly Lamartine, un type prospère et sournois, prêt à pendre Lulu pour un dollar. Je l'avertis. Elle se contenta d'en rire.

« Il ne ferait pas de mal à une mouche, assura-t-elle.

– S'il pose une main sur toi, je le tue. »

Elle me jeta un regard signifiant qu'elle ne prendrait pas au mot un truc aussi bête, ni ne reviendrait sur des évidences, sauf pour dire, en me criblant de balles :

« S'il n'y avait pas Marie...
— Quoi ? »
Elle se mordit la lèvre, en m'observant. J'en fus glacé. Il me vint à l'idée qu'elle songeait à épouser cet Indien de la ville, ce type aux cheveux gras avec des tatouages plein les bras, qui avait fait la guerre.
« Oh non, m'écriai-je, tu n'irais pas jusque-là. »
Cette pensée me mit dans un état épouvantable, mais je fus incapable d'influencer sa tête de pioche. Je l'allongeai sur le dos. Lui retins les bras au-dessus de la tête. Lui tirai les cheveux si bien que son menton pointa vers le haut. Puis je m'efforçai de mon mieux d'en faire ma marionnette, une marionnette que je puisse faire danser de-ci de-là au gré de mes mouvements. Voilà ce que je fis. Son corps transpira et se tordit.

Je la forçai à prendre mon plaisir. Mais quand je retombai sur le dos, je n'avais toujours pas de moyen d'avoir Lulu, sinon un — me séparer de Marie — qui n'était pas envisageable.

Du moins le croyais-je.

Ce soir-là, je quittai Lulu dès qu'elle retomba dans les oreillers. Je montai dans mon pick-up et me rendis au bord du lac. Je me garai, tout seul. J'éteignis les phares. Et puis, parce que même à l'heure la plus calme, au bord de l'eau, je n'étais pas calme, j'ôtai mes vêtements et m'avançai nu vers la rive.

Je nageai jusqu'à ce que je sente au fond de mon âme une nette secousse m'invitant à rentrer chez moi et à oublier Lulu. Ce soir-là, je me dis que je l'avais vue pour la dernière fois. Je renonçai à elle et plongeai au fond du lac, là où c'était froid, obscur, silencieux, comme au plus profond d'une tombe. Peut-être aurais-je dû y rester sans lutter. Peut-être aurais-je dû respirer. Mais je n'en fis rien. L'eau me propulsa vers le haut. Je dus retourner au cœur de ma vie.

Le lendemain, je me félicitai d'être arrivé à la conclusion de quitter Lulu pour toujours. Le réaménagement du secteur fut voté. Je me félicitai, car si je n'avais pas trahi Lulu avant, il faudrait que je le fasse maintenant, à cause du terrain même sur lequel elle vivait. Il ne lui appartenait pas. Elle avait beau planter des pétunias et poser la vasque à oiseaux sous sa fenêtre, elle n'était pas propriétaire du lieu, parce que les Lamartine l'avaient squatté. Je fus navré de découvrir qu'il avait toujours appartenu à la tribu, car à présent le conseil tribal avait décidé que c'était l'endroit idéal pour implanter une usine.

Oh, j'argumentai. Je fis tout mon possible. Mais l'argent du gouvernement se balançait devant leur nez. À la fin, dans mon rôle de président, on me présenta une lettre tapée à la machine qu'il me faudrait signer, donnant officiellement acte que Lulu était expulsée.

Ma main s'abaissa comme en rêve. J'écrivis mon nom sur la ligne en pointillés. La secrétaire lécha l'enveloppe et puis quelqu'un l'apporta chez Lulu. Je tâchai de laisser les choses aller toutes seules, mais j'étais coincé derrière le volant. Que cela me plaise ou non, je pilotais un engin que je ne maîtrisais pas.

Ce soir-là, j'essayai de me rendre à l'improviste sous la fenêtre de Lulu. Ce n'était pas la sixième nuit de la semaine, mais je sais qu'elle m'attendait. Je le sais parce qu'elle refusa de m'ouvrir.

Et c'est là que la souffrance et la brûlure s'installèrent en moi avec une férocité qui me dépassait. J'avais à peine quitté Lulu que je voulais la retrouver.

C'est une chaude nuit d'août. Je suis assis dans la flaque de lumière, à ma table de cuisine. C'est la sixième nuit, mais je suis à la maison avec Marie et les enfants. Ils sont tout autour de moi, respirant profondément ou marmonnant en rêve. Aurelia et Zelda sont recroquevillées dans le lit à roulettes à côté du fourneau. Zelda geint dans la pénombre et dit : « Oh, vite ! » Ses jambes remuent et s'agitent comme si elle poursuivait quelque chose. Sa tête est pleine de pinces noires entrecroisées.

J'ai ma serviette en vachette marron à côté de moi, ouverte, débordant de dossiers bien rangés, de prospectus et de notes. Je sors un bloc de papier bleu réglé et un crayon tout neuf. Je le taille avec mon canif. Puis je nettoie le couteau, le referme et me demande si je vais vraiment écrire ce qu'a décidé une partie de moi-même.

Je me lèche le pouce. Le crayon effleure le papier. *7 août 1957.* Ma main part vers la gauche. *Chère Marie.* Je saute deux lignes comme on me l'a appris à l'école du gouvernement. *Je te quitte.* J'appuie si fort que la mine du crayon casse net.

Zelda s'assoit bien droite, et hume l'air. Elle a toujours eu un sommeil agité. Petite, elle traversait la maison pour venir nous voir. Il m'arrivait souvent de me réveiller et de la trouver debout au pied de notre lit, tenant le montant à deux mains, comme s'il l'entraînait quelque part.

À présent, presque à sa taille adulte, Zelda fronce les sourcils dans son rêve puis replonge lentement sous sa couverture et disparaît, excepté la tache de son front. Je cède. Je prends le crayon et me mets à écrire.

Chère Marie,

Je ne me vois pas continuer comme ça alors que chaque jour je m'enfonce davantage. C'est sûr que je t'ai aimée autrefois, mais pendant tout ce temps-là j'ai aussi vu Lulu. Maintenant elle fait pression sur moi et il est temps que j'y aille. Je suis désolé. Avec elle j'ai trouvé le véritable amour.

Je n'ai pas le choix. Mais ça ne veut pas dire qu'un jour Nector Kashpaw oubliera les siens.

Après avoir écrit cette lettre, je la plie à la hâte et la pose sur la serviette. Ensuite j'arrache une autre page et en commence une autre.

Chère Lulu,

Tu me veux depuis si longtemps. Eh bien, tu m'as maintenant. Tu n'as qu'à te baisser pour me ramasser, ma belle, je suis tout à toi. Voilà ma demande en mariage officielle, par écrit.
Bien à toi jusqu'à la Saint-Glinglin,

Nector

Et puis, peut-être parce que je ne suis pas sérieux, que j'ai simplement besoin de me sortir ces histoires de la tête, j'enferme les lettres dans ma serviette, éteins la lampe et me fraie un chemin entre les enfants endormis pour rejoindre Marie. Je suspends ma chemise et mon pantalon au montant du lit et me glisse à côté d'elle. Elle dort toujours sur le côté, le dos tourné vers moi, pelotonnée autour du bébé, qui est près du mur pour éviter qu'il ne tombe. Elle dort de cette façon depuis la fois où j'ai roulé sur un des petits. Je me colle à elle et passe mon bras autour de sa taille.

Elle sent le lait, la cendre de bois et le linge séché au soleil. Marie n'a jamais utilisé un flacon de parfum. Ses mains sont grandes, tailladées par des couteaux tranchants, rêches à force de détergent. Son dos est aussi dur qu'une planche. Et pourtant elle me réchauffe. J'ai envie de la supplier, mais je ne sais pas de quoi. Je suis allongé derrière elle, à écouter son souffle aller et venir dans un soupir, et la douleur empire. Elle m'emplit la gorge comme un morceau de métal brut. Je veux serrer Marie fort contre moi et ne jamais la lâcher, lui hurler ce que j'ai fait.

Je produis un son entre mes dents et elle remue, toujours dans ses rêves. Elle attire mon bras plus près, marmonne dans son oreiller. Je prends une respiration avec sa respiration. Une autre. Et puis mon corps devient son corps. Nous respirons comme un seul être, et je m'enfonce doucement dans le sommeil, toujours sans savoir ce qui va se passer.

Je dors comme si j'avais été matraqué, toute la nuit, très profondément. Quand je me réveille, elle est déjà partie au bourg avec Zelda. Elles se sont levées tôt, pour mettre des pommes en conserve. Les bocaux sont entassés et retournés à un bout de la table, d'un rouge doré, jolis avec le soleil qui brille à travers. Je prépare mon café du matin et mastique la galette froide qu'elle m'a laissée. Je me demande toujours ce que je vais faire. On dirait que de toute ma vie, jusqu'à aujourd'hui, je n'ai pas eu de décision à prendre. J'ai simplement fait ce qui se présentait, je suis allé là où mes pas me menaient, j'ai accepté quand on est venu me chercher. Je n'ai jamais dit non. Mais maintenant c'est l'une ou l'autre, et mon esprit n'arrive pas à se projeter assez loin pour le comprendre.

Je sors et pendant un long moment je m'occupe en coupant du bois. Les enfants savent se débrouiller tout seuls. Je tape de toutes mes forces sur les rondins, les fends avec un coin et pèse lourdement sur la hache, comme si, une fois le tas assez gros, il me dira que faire.

Tout en travaillant, je pense brusquement à Lulu. Il me vient une image d'elle bien nette, assise sur les genoux de son beau-frère. Je vois le gros poing de Beverly s'avancer et se poser sur son épaule. La tête de Lulu s'incline sur le côté et ses yeux brillent comme ceux d'un oiseau. Beverly lui fait un signe de tête. Et puis il laisse tomber sa bouche sur celle de Lulu.

Je jette la hache. Les deux tourtereaux me propulsent dans la maison. Je suis comme un fou, à fouiller dans ma serviette. Je trouve la lettre adressée à Marie, la sors, la lis une fois, l'arrime à la table à l'aide du pot de sucre. Ensuite je fourre la lettre pour Lulu dans ma poche, et je m'en vais.

Tout ce que je vois, tandis que je dévale les marches et file dans les bois, c'est la petite langue rouge de Lulu qui passe sur ses dents. Mon esprit frémit, mais je ne peux pas m'empêcher d'en voir davantage. Je vois le gros visage de Beverly se fourrer sous le menton de Lulu. Je vois les mains de celle-ci s'envoler pour lui empoigner la tête. Elle fait onduler son corps de façon experte sous celui de Beverly, et puis je fonce dans la forêt, écartant les feuilles d'une gifle, presque trop aveuglé pour distinguer la vieille piste de cerfs qui serpente à travers bois.

J'arrive près de chez elle à pas feutrés, comme si j'allais les surprendre, alors que j'ai entendu dire qu'il est rentré à Minneapolis. Je m'accroupis sous des buissons au sommet de la colline, en m'attendant à ce qu'à tout moment les chiens flairent mon odeur. Je surveille. Sa maison est fraîchement peinte, en jaune avec une finition noire, gaie comme une abeille. Ses pétunias sont disposés devant, dans deux vieux pneus de tracteur peints en blanc. Au bout d'un moment, les chiens ne m'ayant toujours pas trouvé, je comprends qu'ils sont partis quelque part. Et puis je vois que je suis un triple idiot. La maison est silencieuse. Pas de Beverly. Pas non plus de garçons, en train de réparer des voitures ou de s'entraîner au tir à la cible dans la cour. Ils sont partis, laissant Lulu toute seule.

Je pose mes mains sur mon front. Il est brûlant comme si j'avais la fièvre. Depuis la Nash, je n'ai jamais déshabillé

Lulu en plein jour, et il me vient à l'idée, maintenant, que je pourrais le faire si je descendais jusque chez elle. Alors je me glisse hors de la forêt touffue.

Pour la toute première fois, je m'avance vers sa porte d'entrée et frappe. Cela paraît tellement normal que j'en suis presque effrayé. Quelque chose en moi est prêt à éclater. J'ai besoin que Lulu me montre quelle est cette chose effrayante. J'ai besoin que sa main me tire à l'intérieur, me mène dans sa chambre, et que sa voix me dise que le destin nous a faits l'un pour l'autre. J'ai besoin qu'elle me dise que mon choix est le bon.

Mais personne ne vient m'ouvrir. Il n'y a pas de bruit. C'est un après-midi chaud et tranquille, et rien ne bouge dans l'herbe terne de Lulu, bien que loin dans les arbres, de toutes parts, j'aie l'impression que quelque chose approche lentement. Un animal qui est grand, couvert d'une grosse fourrure, sans nom. Ces pensées sont extravagantes, je le sais, et je tente de les chasser de mon esprit. Je contourne la maison. La cour de derrière est le seul endroit où la nature ordonnée de Lulu a été mise en échec. Le sol est encombré de pièces automobiles, de casseroles d'huile de vidange, de bouts de parpaings et de tout un bric-à-brac utile.

Personne non plus ne vient ouvrir la porte de derrière, alors je m'assois sur la galerie. Je me dis que peu importe le temps qu'il faudra à Lulu pour rentrer, j'attendrai. Je ne suis pas doué pour attendre, contrairement à mon frère Eli, qui peut rester assis une heure sans bouger un muscle pendant que des cerfs approchent. Je ne suis pas doué pour attendre, mais j'essaie. Je roule une cigarette et la fume le plus lentement possible. J'en roule une autre. J'essaie de penser à tout sauf à Lulu, à Marie ou à mes enfants. Je repense au capitaine fou dans *Moby Dick* et à la façon dont il a eu la jambe arrachée. Je m'étais peut-être trompé, à propos d'Ismaël, parce qu'à présent je vois des traces du capitaine en moi. Je me penche, ramasse une boîte en fer-blanc et l'écrabouille. Sans raison ! Un peu plus tard, je martèle le côté de la maison jusqu'à en avoir mal aux poings. Je laisse tomber ma tête dans mes mains. Je demande à Lulu, tout haut, de revenir vite. Je ne sais pas ce que je vais faire si elle ne revient pas.

Je suis fatigué. Je me suis mis à trembler. C'est là que je sors la lettre que j'ai mise en bouchon dans ma poche. Je décide de la lire cent fois, très lentement, avant de faire quoi que ce soit d'autre. Donc je la lis, mot après mot, jusqu'à ce qu'ils n'aient plus de sens. Je continue à lire. Je tiens un compte précis, attentif, quand tout à coup je pense à Marie.

Je la vois trouvant l'autre lettre. Du sucre se répand sur la table au moment où elle s'assoit, en poussant un cri, sous le choc. Un bocal de pommes explose. Les enfants hurlent, effrayés. De la graisse bouillonne sur le fourneau. Les chiens glapissent. Elle saisit la lettre et la déchire.

Je perds le compte. J'essaie de lire la lettre de Lulu une fois de plus, mais je n'arrive pas au bout. Je la froisse en boule, la jette par terre, puis allume une autre cigarette et me mets à la fumer très vite pendant que j'en roule une deuxième pour m'occuper les mains.

Voici, en réalité, comment arrive le truc horrible.

Je suis tellement pressé de fumer la cigarette suivante que je ne vois pas que le bout de celle que j'ai jetée à moitié fumée est encore allumé. Je l'envoie droit dans la boule de papier. La lettre fume. Je ne remarque pas tout de suite ce qui se passe, et puis le papier s'enflamme.

Curieux, hébété, je regarde brûler la lettre.

Je jure que je ne fais rien pour attiser le feu.

Des mauvaises herbes roussissent en un cercle minuscule, et puis un paquet de chiffons graisseux s'enfle et prend feu. Il brûle rapidement. Je quitte les marches. Une vieille bande de tapis se vrille et propage le feu à une nappe d'huile cachée dans l'herbe. Les brins d'herbe brune crachent et crépitent jusqu'à ce que la flamme atteigne un tas de copeaux de bois. Derrière, il y a des bidons d'essence que les garçons ont sortis de voitures en panne. Je recule. Le soleil se couche dans les fenêtres, noires et rouges. Je me baisse vivement. Les bidons d'essence ronflent, explosent. Des éclairs bleus éclatent sous mes paupières, et maintenant de longues flammes huileuses lèchent le côté de la maison, s'avançant tel un serpent le long des fenêtres de la galerie, se faufilant dans la cuisine où est stocké le pétrole, et où Lulu garde ses paquets de vieux journaux soigneusement ficelés.

Le feu est impossible à arrêter. Les fenêtres sont une fournaise. Elles volent en éclats, il pleut du verre, mais je ferme simplement les yeux et je suis indemne.

Je n'ai rien fait.

Je sens la chaleur grimper le long de mes jambes et s'accumuler, brûlant pour Lulu, mais la brûlure l'évacue de mon corps.

Je ne sais pas combien de temps je suis resté là, à reculer centimètre par centimètre tandis que le feu passait en roulant à travers les planches, mais j'ai presque atteint les bois avant que la chaleur sur mon visage ne me fasse finalement renoncer au spectacle et tourner les talons.

Et là, je vois que je n'étais pas seul.

Je vois Marie debout dans la forêt. Elle a quatorze ans et a retrouvé sa minceur. Je ne peux qu'écarquiller les yeux, figé sur place. Elle se tient là, grande, droite et sérieuse comme un ange. Elle m'observe. Des flammes rouges montant de la maison en feu brillent et dansent dans ses yeux. Sa peau rayonne de lumière. Nous sommes face à face, et puis elle commence à s'élever sur des vagues de chaleur. Sa poitrine est un bouclier étincelant. Son bras est une épée chauffée à blanc. Quand elle la brandit, derrière elle la forêt se déploie, s'ouvrant en flamboyant comme des ailes.

Je tombe à genoux, homme de chiffon et d'amadou. Je suis prêt à mon tour à être brûlé dans le brasier, mais elle tend le bras et me relève.

« Papa, dit-elle, partons d'ici. Allons-nous-en. »

Cette nouvelle est extraite du recueil
La Décapotable rouge (2012).

Les meilleurs sont déjà pris

de Ben Fountain

Traduit par Michel Lederer

Il était minuit passé quand l'avion se posa enfin sur la piste, et le rugissement de la tornade déclenchée par le C-130 refléta assez bien l'état d'esprit de Melissa. Des vivats s'élevèrent des familles massées le long de la barrière, composées d'enfants en pyjamas et chaussons éculés décorés de personnages de dessins animés, de mères éreintées qui, dans la chaleur, s'efforçaient de mettre un peu d'ordre dans leur coiffure et leur maquillage ainsi que parmi leur progéniture surexcitée ; ils avaient cuit des heures sur le parking pendant que l'information leur parvenait régulièrement du terminal auquel ils ne pouvaient accéder : *Retardé, Retardé, Retardé,* jusqu'à ce que Melissa crût qu'elle allait découper le grillage avec ses dents. Elle n'avait pas vu son mari depuis huit mois, et pour la jeune femme, chaque minute avait été sur le front domestique l'équivalent d'une guerre de tranchées. On avait même réussi à leur infliger dix semaines supplémentaires, *un grand honneur,* avait dit le capitaine, alors que les autres membres du groupe avaient été exfiltrés en mars, *vous devriez être fière.* Fière, oui, elle aurait été fière de clouer sur le mur le cul de ce planqué de Clinton, mais qu'est-ce qu'elle y pouvait ? FEMME DE FORCES SPÉCIALES, lisait-on sur les T-shirts du musée des Bérets verts, LE BOULOT LE PLUS DUR DE L'ARMÉE, et elle supposait qu'elle était fière, ou plutôt le serait, quand il lui reviendrait. Même au sein de l'élite, Dirk avait montré des qualités exceptionnelles, et sa maîtrise du français et du créole acquise en un temps record lui avait valu une prolongation de ses « Vacances haïtiennes », cette mission piège connue par le reste du monde sous le nom de « Opération Soutenir la démocratie ».

Mon petit troufion, avait-elle écrit dans sa dernière lettre, *à ton retour on va baiser jusqu'à ce que tu tombes dans le coma !* Melissa avait vingt-quatre ans, et à peine mariée depuis quinze mois, elle avait ressenti son départ comme une amputation – des semaines durant, elle avait eu l'impression qu'il lui manquait un bras ou une jambe, et sa peau la picotait là où son mari aurait dû la toucher. Comme tout homme qui l'avait déshabillée du regard, ou de quelque autre manière, l'aurait pensé, le célibat était un crime avec un physique comme le sien : des seins hauts et ronds, des fesses fermes de garçon, des abdos sur lesquels on aurait pu faire rebondir des balles de golf, un corps plutôt petit mais de proportions parfaites, surmonté d'un joli visage en forme de cœur encadré par une cascade de boucles châtain clair tirant sur le roux. Qu'elle soit en outre intelligente, sensible et socialement bien adaptée ne l'empêchait pas d'avoir de fréquentes attaques de panique à l'idée que le sexe était un moteur qui opérait sur la personne tout entière. Un mois plus tôt, alors qu'elle buvait un verre en compagnie d'amis, sa résistance avait été mise à mal par un bel homme plus âgé qu'elle à la mâchoire carrée et aux muscles impressionnants qui jouaient sous son polo. Il s'appelait James, ex-para et ex-opérations spéciales, maintenant sous contrat privé avec le Département de la Défense ; sa simple présence, leurs bras et leurs jambes qui s'effleuraient par accident déclenchaient en elle un frémissement sensuel, un flot pavlovien d'hormones qui menaçait de l'emporter. Après quoi, il y eut un déjeuner, de gentils coups de téléphone au bureau, puis de nouveau, un soir, quelques verres suivis d'une séance où, le dos pressé contre l'aile de la Corvette rouge cerise de James, elle le laissa explorer sa bouche de sa langue douce et agréable.

La sirène de l'alarme de la Corvette la sauva in extremis. En larmes, elle rentra chez elle, maudissant Dirk pour son absence et se demandant comment elles avaient pu endurer cette épreuve au cours des siècles, toutes ces femmes fidèles qui attendaient le retour de leurs maris partis pour les croisades ou les guerres, sans parler des pêches à la baleine, des expéditions polaires, africaines, amazoniennes ou en quête de n'importe quoi sous le seul prétexte que cela existait. James continua à appeler ; Melissa recourut aux douches froides et à la masturbation, jusqu'au moment où le capitaine téléphona de Fort Bragg pour annoncer que Dirk arrivait maintenant, aujourd'hui, heure estimée : 22 heures. Elle n'y crut vraiment qu'en le voyant descendre de l'avion, les manches de son treillis relevées, le béret légèrement incliné sur le côté, le port de tête d'un douze-cors. Comme si elle venait d'apprendre la mort de quelqu'un, ainsi lui apparut cet instant, avec toute la force tragique qui s'inversait soudain –, et elle dut s'appuyer contre la barrière le temps que la terre retrouve son équilibre, tandis qu'un sanglot lui déchirait la gorge. Puis elle se redressa et, à son tour, se mit à pousser des acclamations.

Ils vivaient dans une modeste caravane non loin de la base, en bas d'un chemin sablonneux au milieu d'une forêt de pins et de copalmes à la périphérie de Fayetteville, ou Fayette-*Nam* comme on la surnommait quand Melissa était petite, située à une soixantaine de kilomètres de l'autoroute. Grâce au pouvoir d'achat des militaires, Fayetteville pouvait s'enorgueillir de posséder davantage de boîtes à arnaque et de bars à putes que toute autre ville de cette taille aux États-Unis, et le premier devoir de Melissa en tant qu'épouse avait été d'échapper aux tentacules pervers de la ville. *Tu n'as pas peur là-bas, toute seule ?* lui demandait-on, les femmes en général – sa mère et ses sœurs qui habitaient Lumberton, ses tantes ménopausées, des copines de lycée qui s'étaient mariées avec des garçons du coin. *Il y a des choses pires dont on doit avoir peur,* répondait-elle, passant sous silence qu'elle craignait plus pour l'avenir de son couple que de voir n'importe quel serpent ou chien sauvage jaillir de la forêt. La peur de se réveiller un matin et de trouver à ses côtés un étranger curieusement familier – elle avait parfois ce sentiment face au visage fermé de Dirk et à sa tendance à s'exprimer par monosyllabes brusques qui la pousseraient peut-être à le quitter dans vingt ans. Et celui qui n'était pas encore un étranger faisait en dormant des bruits de pistolet peut-être drôles, *pan-pan, pof-pan-pan-pan,* comme un gosse s'amusant avec une arme imaginaire. Sur qui tirait-il dans le royaume de ses rêves ? Le matin, quand elle se moquait de lui à ce sujet, il éclatait de rire, et c'était le Dirk en qui elle avait confiance, le gentil garçon, l'amuseur capable de chanter, à la note près, l'hymne américain en rotant, et qui avait le truc pour la lécher derrière les oreilles. Il fallait être un peu cinglé pour s'engager dans les Bérets verts, des guerriers endurcis qui savaient tuer à mains nues de trente-sept manières différentes.

« Ahhh », soupira-t-il avec un large sourire en entrant dans la caravane, abandonnant sur le seuil huit mois de service commandé. Melissa se haussa sur la pointe des pieds pour l'embrasser sur la joue.

« Qu'est-ce que tu dirais d'un petit coup à boire ? »

Elle avait déjà tout disposé sur la table basse : les verres, le sel et les citrons verts, la bouteille de tequila. Le carburant de la passion.

« Eh bien, dit-il en riant et en rougissant comme un adolescent à son premier bal. C'est surtout d'une bière dont je mourais d'envie. Mais il faut d'abord que j'aille pisser... »

Ils allèrent chacun de leur côté, lui aux toilettes, elle dans la cuisine. Les sons portaient tellement qu'ils pouvaient se parler d'un bout de la caravane à l'autre.

« Tout a l'air impeccable ! s'exclama-t-il.

– J'espère bien ! » Elle ouvrit les bières et coupa un citron en quartiers pendant qu'une assiette de nachos chauffait en crachotant dans le micro-ondes. « Pendant huit mois, je n'ai rien eu d'autre à faire que le ménage.

– De l'eau chaude ! cria-t-il du fond du couloir. Des serviettes propres ! Oh, doux Jésus, du savon Dial ! J'ai l'impression d'être parti depuis six ans.

– À qui le dis-tu », murmura Melissa entre ses dents. Elle planta un quartier de citron sur le bord de chaque verre. « On a un sacré retard à rattraper. »

De retour dans le séjour, alors qu'ils étaient assis cuisse contre cuisse sur le canapé, elle le laissa manger une poignée de nachos et boire deux ou trois gorgées de bière avant de se jeter sur lui et de s'installer sur ses genoux, la jupe adroitement remontée sur ses hanches.

« Alors, c'est comment d'être de retour à la maison ? demanda-t-elle, le visage à quelques centimètres du sien.

– Plutôt formidable. »

Elle se recula en se balançant afin de l'examiner. Il avait le teint cuivré, il paraissait aminci et ses quelques rondeurs avaient comme fondu au soleil. Elle l'avait rencontré trois ans auparavant au cabinet juridique où elle travaillait. Il accompagnait un copain poursuivi pour conduite en état d'ivresse, et pendant que ce dernier s'entretenait avec son avocat derrière une porte close, ils avaient bavardé un peu dans le hall de réception. Il parlait avec lenteur et circonspection, à la façon d'un homme mâchouillant un cactus – il s'avéra qu'il venait de Vadolsta, encore plus au sud. Grand, costaud, il avait des yeux marron clair très expressifs et de petites boules de muscles à l'articulation des mâchoires, mais c'était son sourire qui l'attirait et lui faisait l'effet d'une drogue, sans compter son côté rusé comme un coyote, son côté macho, sa suffisance. Assise sur ses genoux, lui caressant les cheveux et scrutant son visage, elle trouva qu'il n'avait pas trop changé – l'air un peu ailleurs, sans doute, et indiscutablement plus âgé avec ses pattes d'oie apparues au coin des yeux. Peut-être que le climat d'Haïti faisait vieillir ? Il n'avait que vingt-huit ans.

« Tu as maigri », dit-elle, lui palpant le torse. Il était dur comme du bois. « Il va falloir t'engraisser un peu.

– Ce ne sera pas de refus. »

Elle commença à lui déboutonner sa chemise d'uniforme avec toute l'habileté d'une crocheteuse de serrures. Ses fesses se calèrent sur les genoux de Dirk dont elle sentit aussitôt le membre raidi se presser contre sa chair, et ce contact suffit à lui arracher un gémissement. Son esprit se relâchait, se vidait pour ne plus laisser place qu'aux sensations pures.

Dirk lui saisit doucement les poignets.

« Lissa, arrête. Il faut qu'on parle.

– C'est les mauviettes qui parlent », bredouilla-t-elle comme si elle avait bu. Elle se colla de nouveau contre lui.

« Non, écoute-moi, je suis sérieux. » Cette fois, il la repoussa franchement. Elle avait les oreilles qui sifflaient comme une mèche allumée, et la tête lui tournait sous l'effet du désir et d'un sentiment de culpabilité. Comment l'avait-il appris ? Il ne pouvait pas savoir. Alors, comment...

« On ne peut pas, ce soir », dit-il. Il avait passé un bras autour de ses épaules, un geste de vaine compassion d'où se dégageait une tendresse toute fraternelle qui flanqua à Melissa une trouille bleue. « Demain, oui, on pourra le faire toute la journée et je dois avouer qu'il n'y a rien que je désire plus au monde. Mais ce soir, c'est impossible. » Il s'interrompit un instant. « Je ne peux pas faire l'amour le samedi. »

Les poumons de la jeune femme se bloquèrent – il n'y avait plus d'air dedans, plus rien pour formuler une réponse. Elle réussit néanmoins à tirer un souffle de l'intérieur de sa bouche. « Qu'est-ce que tu as dit ?

– J'ai dit... écoute, c'est assez compliqué, mais il y a une chose que tu dois savoir : je suis toujours ton mari et je t'aime plus que tout. »

À présent, elle était terrifiée. Jamais il ne lui avait parlé ainsi.

« Il est arrivé quelque chose là-bas, reprit-il, quelque chose de merveilleux en un sens. Mais tu n'as pas à avoir peur, je te le promets. Sois patiente, il va me falloir un certain temps pour t'expliquer. Aie confiance en moi et tout ira bien.

– Dirk, gémit-elle. Qu'est-ce qui se passe ? »

Au début, elle ne parvint pas à suivre son histoire bizarre de poudre magique, de prêtre vaudou, de son initiation au culte vaudou, puis son récit confus à propos d'une cérémonie et de quelqu'un nommé Erzulie. Une personne, ou pas tout à fait une personne... un esprit peut-être ? Que Dirk aurait épousé ? Melissa pensa qu'elle allait vomir.

« Tu veux dire que tu t'es marié ?

– Eh bien, oui. À un dieu. Ce n'est pas si rare dans ce pays. »

Melissa n'en croyait pas ses oreilles. « Mais c'est avec moi que tu es marié !

– Et c'est toujours vrai. » Il lui prit la main. « Je sais que c'est dur à comprendre, mais ne t'inquiète pas, il n'y a rien de changé. Tu es toujours ma femme, je t'aime toujours et je suis toujours le même. »

Elle le regarda : en effet, il était toujours le même, au point qu'elle en eut le cœur brisé.

« S'il n'y a rien de changé, pourquoi on ne peut pas faire l'amour ?

— C'est seulement le mardi et le samedi. Ces soirs-là, je les consacre à elle.

— À elle ?

— Pour être avec elle. Dormir avec elle.

— Qu'est-ce que tu veux dire, dormir avec elle ? Coucher avec elle, tu veux dire ?

— D'une certaine façon, oui. C'est plutôt difficile à expliquer. »

Elle avait l'impression qu'on lui avait enlevé une partie du cerveau, le lobe de la raison, de la logique et de la pensée rationnelle. Il lui manquait tous les outils normaux de la discussion, aussi demeura-t-elle pratiquement silencieuse durant tout le temps où Dirk lui raconta son parcours au sein du vaudou haïtien, entamé dans le cadre de sa mission et selon la stratégie consistant à « conquérir les cœurs et les esprits » employée par les Forces spéciales : contacts et coopération avec les structures de pouvoir locales. À Haïti, cela impliquait des relations amicales avec le prêtre vaudou du village qui, dans la lointaine ville côtière où l'équipe était stationnée, se trouvait être un certain Moïse Dieuseul. Grâce à sa relative maîtrise du français, Dirk fut chargé d'établir des contacts, et dès leur première rencontre, Moïse manifesta une sympathie particulière envers le jeune Américain.

« Il m'appelait son fils, dit-il à Melissa. Il disait que c'était Dieu qui nous avait réunis. Au début, je croyais qu'il me passait de la pommade, tu comprends ? Ce type est un survivant, et je pensais qu'il cherchait juste à se mettre du côté des vainqueurs. Seulement, il s'est produit un tas de choses bizarres entre lui et moi, et au bout d'un moment, tu vois, il a bien fallu que je commence à réfléchir. »

Quel genre de choses bizarres ?

Des rêves, des coïncidences, des prédictions étranges. Puis Moïse prouva définitivement sa bonne foi en prévenant Dirk d'un complot ourdi par les Macoutes en vue d'empoisonner toute la patrouille des Forces spéciales, à la suite de quoi, Dirk assista aux cérémonies qui se prolongeaient des nuits entières et il s'immergea de plus en plus dans le vaudou. Ce qui se conclut par l'initiation, la révélation et enfin le mariage mystique ; le récit devenu une espèce de bouillie incompréhensible, Melissa regarda l'heure et constata qu'il était cinq heures du matin.

« Tu parles d'une femme en chair et en os ?

– C'est Erzulie, Lissa, un dieu. Un *loa*. La déesse vaudoue de l'amour.

– Mais il me semble que tu as dit qu'il y avait une femme en robe de mariée ?

– Oui, elle est arrivée et elle a pris possession d'une femme du temple. C'est comme ça que les choses se passent dans le rituel vaudou. Elle s'est servie du corps de cette femme pour la cérémonie. »

Melissa frissonna et poursuivit : « Et après ? Après ton... ton mariage, il y a eu des... des relations sexuelles ?

– Non. Enfin, oui et non. C'est très difficile à expliquer. » Il marqua une pause. « C'est plutôt sur un plan spirituel. »

Melissa faillit s'étrangler. Elle leva les yeux au ciel – est-ce qu'il la prenait pour une imbécile ? « Merde, Dirk, pendant huit mois j'ai grimpé aux murs comme une bonne petite épouse de soldat, et tu viens me raconter... me raconter que... » Elle s'interrompit, n'osant aller plus loin. « Est-ce que oui ou non, tu as couché là-bas avec une autre femme ?

Je veux dire une vraie femme, une femme vivante ? Ou quoi que ce soit ?

— Non, non, ma chérie, la question ne se pose pas en ces termes. » Il prit son visage entre ses mains et le tourna vers lui ; elle plongea son regard dans le sien, dans ses yeux pareils à des puits d'ambre clair au fond desquels se reflétait sa minuscule image.

« Non, répéta-t-il doucement. Il n'y a que toi. Tu es la seule femme sur la terre qui compte pour moi. »

L'aube pointait et les fenêtres s'éclairaient d'une pâle lumière laiteuse ; dehors, les oiseaux se mettaient à chanter ainsi que des centaines de clochettes qui sèmeraient partout leurs notes comme des graines. Le lever du soleil libéra Dirk de sa promesse, et au petit matin, ils firent l'amour, encore que ce fût loin de ressembler au film érotique que Melissa s'était projeté dans sa tête pendant des mois. Ce fut, au contraire, aussi doux que s'ils baignaient dans un lent courant, tandis que Melissa pleurait sans bruit et que Dirk s'abritait derrière un mystérieux sourire entendu.

Tout avait commencé par des rêves, voluptueux, concrets, où deux belles femmes, une Blanche et une Noire, faisaient l'amour avec lui — Dirk attribuait ces rêves aux frustrations sexuelles des militaires en mission combinées aux fantasmes alimentés par *Penthouse,* propres à n'importe quel garçon américain. La patrouille fut ensuite envoyée à Bainet pour participer à la reconstruction de la nation, et Dirk rencontra là-bas les notables qui avaient survécu, le maire névrotique, le *député*, un Hitler en herbe, le prêtre catholique efféminé, et enfin M'sieur Dieuseul, le prêtre vaudou, une célébrité locale. Moïse reçut le jeune sergent comme s'il était le général Schwarzkopf en personne, et il l'invita à s'installer à l'ombre de son temple au toit de chaume où ils parlèrent de la *situa-*

tion en buvant un café, évoquant la politique internationale confuse – et ses intrigues –, qui semblait devenir chaque jour plus difficile à comprendre. C'était de la diplomatie à ras du sol, dans la droite ligne de la stratégie « des cœurs et des esprits ». Dirk s'était déjà mis à entrecouper son français d'argot créole, et pendant l'entretien, il jetait des regards sur les dieux vaudous peints sur les murs, les *loas* cornus, à queue de poisson, vaguement humanoïdes, pareils à des créatures échappées du cerveau d'un Dr. Seuss sous l'emprise de la drogue, puis sur les serpents enroulés autour du poteau central du temple, l'air de doubles hélices d'ADN éclairées au néon. Le vaudou était déjà devenu un objet d'éternelle plaisanterie au sein de l'équipe, et le cri de *vaudou vaudou vaudou* constituait leur code pour désigner tout ce qui était à la fois étrange et merveilleux dans ce meilleur des mondes. Soudain, Moïse sourit, donna une petite tape amicale sur le genou de Dirk, et déclara :

« Maîtresse Erzulie t'aime bien. »

Sur ce, il entreprit de décrire le duo de choc qui habitait de manière si réaliste les rêves du jeune homme – la beauté noire était Erzulie Dantor, et la blanche, Erzulie Freda, deux incarnations jumelles de la déesse de l'amour. Une semaine plus tard, en mission de reconnaissance dans les collines, Dirk et ses hommes s'arrêtèrent dans un village où une vieille femme annonça qu'elle voyait flotter les deux Erzulie autour du jeune sergent. Cette femme, à qui il manquait sans doute une case, l'air d'une grand-mère sautillante, avait les lobes des oreilles entaillés, un tas de colifichets africains autour du cou, des amulettes, des flacons, des sachets en toile de jute, et de sa bouche jaillissait en crachotant un flot de créole, tandis qu'elle s'exclamait que c'était formidable pour Dirk : *deux Erzulie !* Ce qui voulait dire qu'il avait la tête bien faite et beaucoup de chance. La nouvelle se répandit à travers le marché à la vitesse de l'éclair et au milieu d'une cascade de rires : *blan sa-a se moun voodoo li ye !* Le blanc est un homme vaudou !

« Alors, comment ils sont, tes rêves ? demanda Melissa.

— Parfois, très chauds. Très bandants.

— Dirk, espèce de cochon.

— Hé, c'est comme ça, ma chérie, du vrai cul. Comme entre toi et moi.

— Bon, bon.

— Parce que ce n'était pas le vrai truc, hier soir ? »

Sûr de lui comme le jour où elle l'avait rencontré, ce qui ne voulait pas dire qu'il n'était pas revenu changé, plus réfléchi, plus attentif, plus enclin à la patience et moins macho, moins porté à dominer. Dès le début, c'est elle qui avait fait des efforts, elle qui avait sacrifié sa fierté aux humeurs et aux caprices de Dirk pour aller ensuite pleurer de rage dans la salle de bains, mais huit mois parmi les damnés de la terre lui avaient façonné un mari plus tendre, plus gentil, qui appréciait l'amour qu'on lui vouait. Les rêves, pourtant, l'inquiétaient, ces forces, ces vecteurs de conscience et de contrôle qu'elle ne voyait pas ni ne comprenait. Est-ce qu'ils lisent dans les pensées ? se demandait-elle. Est-ce qu'ils se glissent à l'intérieur du crâne ?

« En tout cas, reprit Dirk. Elle apparaîtra sans doute bientôt dans tes rêves à toi. »

Melissa se raidit. « Non, je ne crois pas.

— Peut-être pas, mais en général c'est ainsi que ça se passe. Nous sommes tous reliés maintenant. »

Et James, il était relié, lui aussi ? Il l'appelait au bureau tous les deux ou trois jours, « Juste comme ça, disait-il. Juste pour savoir comment tu vas. » « Tu es une petite femme pas comme les autres, disait-il aussi. Je veux que nous restions toujours amis.

— Bien entendu, James, nous sommes amis.

– S'il ne te traite pas correctement, tu me préviendras. Je n'ignore pas combien ça peut être dur quand un soldat rentre chez lui, et s'il y a quoi que ce soit, je veux que tu saches que je suis là.
– Je te remercie, mais mon mari me traite très bien.
– Si jamais tu as besoin de parler, on peut déjeuner ensemble, ou peut-être boire un verre... »
Est-ce que partir pour la guerre n'était pas censé les démolir ? Pourtant, c'était elle qui broyait du noir et qui prenait tout sur elle, sans réellement feindre, mais en s'efforçant de faire bonne figure et d'empêcher la cocotte-minute qui était sous pression en elle d'exploser. Dans la chambre d'amis, Dirk érigea un autel dans une vieille armoire en acajou. « Pour que tu puisses la fermer quand on a du monde, expliqua-t-il. Je ne veux pas que tu te sentes embarrassée. » Il fourra dedans tout un bric-à-brac, une véritable brocante en miniature sous laquelle croulaient les étagères : des bibelots, des parfums, un peigne et une brosse assortis en argent, des confiseries, des mignonnettes de champagne et de liqueur, une statuette en plâtre de la Vierge. Par ailleurs, des images bon marché de la Vierge étaient punaisées à l'intérieur des portes, deux Vierges différentes, l'une noire avec des cicatrices sur la joue, l'autre blanche avec le cœur transpercé par une épée incrustée de pierres précieuses. Le mardi et le samedi, au coucher du soleil, il allumait des cierges sur l'autel, faisait brûler un peu d'encens et mettait à fond sa cassette de tambour vaudou dont le rythme africain ébranlait les murs et battait les tempes de Melissa comme la pire des migraines. Lovés l'un contre l'autre sur le canapé, ils regardaient la télévision, mais dès que les shows de Leno ou de Letterman commençaient à traîner en longueur, Dirk lui souhaitait gentiment bonne nuit, puis il se rendait à pas feutrés dans la chambre d'amis.

Je vais me faire inviter à l'émission d'Oprah, se disait Melissa. L'autre femme de mon mari est une déesse vaudoue ! L'impression d'une tierce présence finit par lui procurer un sentiment de culpabilité, comme si venaient la hanter toutes les mauvaises actions qu'elle avait accomplies. Le vaudou, ici même, dans sa maison : elle avait gardé assez de souvenirs de son éducation baptiste pour savoir ce qu'ils diraient. *Chasse ce démon ! Vade retro satanas ! Le salut est dans la vraie foi !* Ici, au cœur de la « Bible Belt », les messages religieux étaient disponibles sous toutes leurs formes, depuis les chuchotis mielleux jusqu'aux crétineries des bouseux en passant par le martèlement des prières et des réponses scandées. Les personnes sensibles se trouvaient facilement bombardées de messages, et Melissa l'était pour la première fois de sa vie, bien que la religion lui semblât toujours quelque chose d'étrange. Dieu était peut-être là, quelque part, croyait-elle, sinon toutes les options restaient ouvertes, mais au fil des semaines, tandis que Dirk lui racontait ce qui était arrivé, elle commença petit à petit à comprendre qu'un choc pouvait déclencher un trip religieux. Mais en existait-il qui ne le soit pas ? *En pleine figure*, ainsi parlait-il de Haïti, un pays où tu te prends tout d'un seul coup en pleine figure, la nourriture, la chaleur et la transpiration, la merde, la grâce, Dieu, le sexe, la mort, le cru et le cuit de la vie qui te tombent dessus sans rien du vernis contemporain.

« Un jour, on a établi un barrage sur la route, lui dit-il. On fouillait les 4 × 4 à la recherche d'armes. Et puis un gros camion à plateau s'est pointé en cahotant, et là, empilées à l'arrière, il y avait des montagnes de têtes de vaches, des centaines et des centaines de têtes de vaches ensanglantées. Une fois qu'il est passé, on a tous éclaté de rire en criant : "Hé, t'as vu ça ? C'est pas croyable, hein ?" Parce que, ensuite, on n'était plus vraiment sûrs de l'avoir vu. »

Elle comprenait tant bien que mal combien l'esprit pouvait devenir libre et fluide quand l'existence prenait la nature d'une hallucination. Et combien cela pouvait envoyer valser tout son système de valeurs. Chaque jour, Dirk méditait au centre du living, ce que Melissa prit d'abord pour une plaisanterie – les Bérets verts, les « mangeurs de serpents », ne méditaient pas, ni personne de sa connaissance hormis les fidèles de Chapel Hill. « C'est pour ancrer les images dans la réalité », expliquait-il ; pendant ce temps-là, Melissa analysait le contenu de ses rêves avec inquiétude et voyait ses journées continuellement marquées par nombre de signes et de présages. LE FRUIT DÉFENDU, C'EST LA DÉCONFITURE ! proclamait le message de la semaine sur le panneau de l'église baptiste du Calvaire devant laquelle Melissa passait chaque jour sur le chemin de son bureau. Un peu plus loin, la Première église méthodiste posait la question : ÉTERNITÉ – FUMER OU NE PAS FUMER ? Songeant aux œuvres de Satan tout en s'efforçant de mener une vie normale, elle ressentait une espèce d'angoisse mêlée de détachement plutôt qu'une crainte véritable, ou peut-être était-ce juste une peur diffuse. Et puis, un mardi soir, pelotonnés sur le canapé pour regarder une rediffusion de M*A*S*H tandis que les tambours vaudous faisaient onduler les cloisons, Melissa, comme pour plaisanter, pour taquiner son mari, lui posa la main sur la cuisse et joua à la petite bête qui monte, qui monte, jusqu'à atteindre son entrejambe. Dirk sourit et, sans quitter l'écran des yeux, lui écarta doucement la main.

Trente secondes plus tard, elle recommença.

« Melissa.

– Oui ? fit-elle, affichant un petit air innocent.

– Tu sais très bien que ce soir, je ne peux pas.

– Mais je ne fais rien, protesta-t-elle sans vergogne, tout en pouffant de rire et en sentant le sexe de Dirk se durcir.

— Melissa ! » L'affolement qui perçait dans sa voix déclencha chez la jeune femme un sentiment de triomphe. Il était à sa merci et elle pouvait se le faire quand elle voulait.

« Melissa, arrête.

— Je ne fais rien !

— Si, et tu le sais parfaitement. Je te demande de cesser, s'il te plaît. »

Cette fois, elle lui sauta carrément dessus puis, se soulevant sur les genoux, elle empoigna sa ceinture, cependant qu'il se débattait en agitant les jambes. Elle l'immobilisa de nouveau contre les coussins. Tous deux riaient, un peu hors d'haleine.

« Lissa, Lissa !

— Donne-m'en, j'en veux ! » Elle avait réussi à lui arracher sa ceinture qu'elle faisait tournoyer comme un lasso.

« Melissa, arrête ! On ne peut pas.

— Si, on peut ! s'écria-t-elle.

— Melissa, arrête », répéta-t-il d'une voix moins assurée, moins tendue ; quel homme ne rêvait-il pas d'être violé ainsi ? Elle lui avait baissé la fermeture éclair de sa braguette et elle s'apprêtait à fondre dessus quand, avec un frisson, il lui saisit les mains et la repoussa.

« Melissa, dit-il d'un ton redevenu ferme. Maintenant, ça suffit.

— Dans ce cas, tu ne couches pas ici ce soir. » Sa propre voix, venimeuse à l'instar de celle d'une harpie, la fit sursauter. Elle regrettait déjà ses paroles.

« Mais il faut que je couche ici.

— Foutaises ! » Elle connaissait sa force et elle savait qu'il pourrait lui briser les poignets aussi facilement que s'il s'agissait d'allumettes.

« J'ai fait une promesse...

— Ah bon ? Il me semble qu'à moi aussi, tu as fait quelques promesses.

– Oui, et je n'ai pas oublié.
– Je n'ai pas la même impression. »

Il s'ensuivit la pire des disputes depuis qu'ils étaient mariés – du moins la pire pour Melissa qui ne parvint pas à le mettre une seule seconde en colère. C'était comme boxer contre des ombres, et sa frustration atteignit son paroxysme lorsque Dirk, après lui avoir plaqué un baiser indifférent sur la joue, annonça qu'il se retirait dans la chambre d'amis.

« Tu ne coucheras pas avec elle ! hurla-t-elle alors qu'il lui tournait le dos pour quitter la pièce. Non ! » Il sortit. « Va te faire foutre, Dirk ! » cria-t-elle encore, avant que ne lui apparaisse toute la futilité de sa rage et qu'elle ne comprenne combien il était vain de croire qu'on pouvait contrôler sa vie. Elle se rendit dans la cuisine, entrechoqua les casseroles et les poêles durant un moment puis, profondément déprimée, elle se décida à se mettre au lit. Elle éteignit la lumière et se masturba sans passion, un acte de vengeance qui ne lui apporta aucun plaisir. Après quoi, les yeux grands ouverts dans l'obscurité, immobile, elle se demanda si elle allait pouvoir continuer à vivre ainsi.

Cinq ans plus tôt, à la fin de l'entretien d'embauche, M. Bryan avait fait asseoir Melissa dans un coin de son bureau pour lui tenir ce qu'elle appela par la suite « un discours ». « C'est un sale boulot », la prévint son futur patron, un homme de petite taille caustique et jovial avec des poches sous ses yeux vert olive pareilles à des sacs Gucci, et une tignasse de cheveux d'un noir de jais à la Little Richard. « Nous voyons entrer ici des violeurs, des assassins, des trafiquants de drogue, des bourreaux d'enfants, bref tout ce qui existe en matière de malfrats, et notre devoir, ainsi que nous l'avons juré devant la Constitution, consiste à travailler comme des malades pour tirer toutes ces ordures des mains de la justice. Vous vous sentez capable de l'assumer ? »

Melissa n'avait pas encore dix-neuf ans. Elle venait de quitter le foyer familial et elle aurait encore préféré casser des cailloux plutôt que d'y retourner. « Oui, monsieur, répondit-elle. Je crois que oui. »

Fayetteville n'était peut-être pas ce qu'on appelait la grande ville, mais elle offrait toutes les distractions qu'une fille de la campagne pouvait raisonnablement souhaiter. Au cours de la première des nombreuses années qu'elle passa dans ce cabinet d'avocats, elle fut victime d'un exhibitionniste, menacée d'un couteau, témoin d'un règlement de comptes dans le hall de réception et contrainte de signaler aux services sociaux une prostituée qui avait giflé son bambin trois fois en trois minutes. Pour son éducation, elle n'aurait guère pu rêver mieux, et les aventures sans lendemain qu'elle eut au cours de ces années-là y participèrent de même et, peut-être, contribuèrent d'une certaine manière à la parfaire. À l'époque, elle pensait que la vie devait se vivre à fond, en quête de l'essence même de son être, encore qu'elle fût régulièrement choquée par ce qu'elle y découvrait. Est-ce que les autres femmes éprouvaient le même sentiment ? se demandait-elle. Elle soupçonnait l'existence en elle de choses innommables, un trou noir de luxure qui risquait de l'engloutir sans espoir de retour, et elle repoussa très loin ses limites – beaucoup d'hommes ne furent que trop heureux de profiter de ses appétits sexuels. Par bonheur, Dirk était arrivé dans son existence au moment où elle était sur le point de s'abîmer dans un cynisme prématuré.

« Alors, quel est le programme aujourd'hui ? s'enquit M. Bryan ce matin-là, la cravate déjà desserrée.

– Vous avez le témoignage du psychiatre à dix heures, au sujet du type qui a tué le chien de son ex, répondit-elle au travers de la porte de son bureau. Ensuite, vous avez rendez-vous à onze heures et demie chez le juge Hershoff pour faire constater le vice de procédure au sujet du kilo de cocaïne de James Fenner. Voyons les coups de téléphone... » Elle consulta un deuxième agenda. « Vous vous souvenez de Mlle Blinn, notre strip-teaseuse ? Elle a appelé pour dire qu'une durite de sa voiture avait éclaté et qu'elle nous réglerait le plus tôt possible, mais en tout cas pas aujourd'hui. La mère d'Artis McClellan a téléphoné pour nous prévenir que le bracelet électronique de son fils avait de nouveau provoqué une infection. Et puis Roland Nash, pour dire que D'Shawn Weems était un sac de ce que vous savez, et que si jamais il racontait aux flics ce qu'il vous a raconté, il lui foutrait une raclée et lui plongerait la tête dans la cuvette des WC. »

Un soupir pareil à un petit nuage de poussière s'éleva du bureau de son patron.

Pendant les deux heures qui suivirent, Melissa répondit au téléphone, tapa des lettres et des convocations, reçut quelques clients puis chercha à retrouver la trace de témoins disparus dans la nature. Même si elle ne tenait pas à bout de bras le système judiciaire à elle toute seule, elle empêchait au moins qu'il ne se grippe complètement, et cela bien qu'elle se sente ce matin des envies de meurtre. Ses émotions dérapaient comme sur une plaque de verglas, tout un chargement de colère et d'angoisse existentielle qui se mettait en travers de la route et bloquait la circulation d'une journée normale. Dirk dormait encore quand elle était partie, si bien que, théoriquement, leur dispute n'était pas finie ; *temps mort !* songea-t-elle quand James appela, et elle éprouva quelque chose qui ressemblait à du soulagement. Ils bavardèrent quelques minutes. Il lui donna du « mon ange ». Sa voix était douce et sucrée comme un grog au miel.

« Et si on déjeunait ensemble ? » proposa-t-il.

Elle hésita.

« Juste un déjeuner, mon ange. Je veux t'emmener dans un endroit formidable. »

Melissa soupira. Tout cela la rendait triste.

« Je ne crois pas que ce soit possible.

— Tu ne crois pas ! s'écria-t-il d'un ton toujours enjoué, mais dans lequel pointait un soupçon d'énervement. Tu dois quand même manger, non ?

— Oui, mais James... » Elle baissa la voix. « Je pense qu'il vaut mieux qu'on ne se voie plus.

— Melissa ! »

Sa gorge se noua.

« Il faut qu'on parle, reprit-il. C'est pour ça que je voudrais qu'on déjeune ensemble. Il faut qu'on parle de ce qui s'est passé l'autre soir, en sortant du bar, quand nous avons...

— Je sais très bien ce que nous avons fait.

— Ce n'est pas une simple passade pour moi. Je pense qu'il y a quelque chose de profond entre nous.

— Écoute, James, ce n'était rien de plus qu'une séance de pelotage sur un parking.

— Tu sais parfaitement que ce n'était pas que ça. Tu sais où ça nous aurait conduits si l'alarme ne s'était pas déclenchée au moment où...

— Mais elle s'est déclenchée. C'est la vie. Et puis mon mari est de retour et la situation a changé. »

Il prit une inspiration. « Bon, bon. En tout cas, je te connais, j'ai rencontré des types avec qui tu as baisé, et ils m'ont raconté combien tu avais le feu au cul... »

Ses yeux la piquèrent soudain. *Fumierfumierfumier...*

« ... tu joues peut-être à la bonne petite épouse, mais je sais que tu n'es qu'une salope, une suceuse de bites... »

Elle raccrocha brutalement et, d'un coup de pied, fit reculer le fauteuil de son bureau. Non, elle ne pleurerait pas, mais avec cette ordure de mec et deux déesses nymphomanes qui tournaient autour de son mari, elle en aurait peut-être le droit – à moins qu'elle n'ait que ce qu'elle mérite, une malédiction qui, à cause d'elle, retombait sur Dirk et sur elle-même. Quelque sombre et avide créature jaillie de ses entrailles. *Repens-toi de tes péchés !* avait hurlé la radio ce matin. ATTENTION, annonçait le panneau de l'église baptiste du Calvaire, L'EXPOSITION À SATAN PROVOQUE DES BRÛLURES ! Vingt mille soldats américains avaient envahi Haïti, et il avait fallu que ces femmes, ces succubes choisissent Dirk. Melissa savait qui elle pourrait appeler à l'aide, une personne qu'elle connaissait depuis longtemps, mais c'était quelqu'un de sa famille, ce qui ne faisait en général que compliquer les choses. Après avoir tergiversé durant tout le reste de la matinée, elle finit par prendre l'annuaire posé sur son bureau. Alors qu'elle composait le numéro, elle faillit renoncer en s'apercevant que PARAPSYCHOLOGUES ET PSYCHOLOGUES figuraient sur la même page jaune.

« Allô ? » Sa cousine Rhee avait décroché à la première sonnerie. Melissa commença à expliquer qu'elle était la fille cadette de Margaret Poole et donc la cousine...

« Je sais qui tu es », la coupa Rhee en riant – elle ne paraissait pas plus surprise que si elles avaient l'habitude de se téléphoner deux fois par jour.

Melissa demanda si elle pouvait la rencontrer. Pour parler d'un petit... un petit problème personnel...

« On pourrait déjeuner ensemble, proposa Rhee.
– Tout à l'heure, tu veux dire ?
– Oui, pourquoi pas ? »

Melissa chassa la pensée qui lui effleurait l'esprit, à savoir que Rhee s'était attendue à son appel. Elles convinrent d'un restaurant, puis Melissa demanda comment elle allait reconnaître sa cousine qu'elle n'avait pas vue depuis des années et dont elle se souvenait à peine.

« Oh, répondit celle-ci, riant de nouveau, ne t'inquiète pas, moi, je suis à peu près sûre que je te reconnaîtrai. »

Ses cheveux étaient, comment dire, si ce n'est orange, du moins presque, de la couleur d'un feu de joie. La cousine de Melissa était une femme trapue d'une cinquantaine d'années au visage terreux mais agréable avec ses joues rondes et ses yeux gais, francs et intelligents d'un bleu de porcelaine Wedgewood. Sur la suggestion de Rhee, elles s'étaient retrouvées à l'India Palace près de Fort Bragg – Melissa n'avait jamais mangé de nourriture indienne, et la pénombre qui régnait dans la salle ne manquait pas de conférer au restaurant un côté exotique. Les accents pleureurs du sitar diffusé par les haut-parleurs lui évoquaient des cris de chattes en chaleur.

« Oh ! ma chérie ! s'écria Rhee en la serrant dans ses bras à l'étouffer. Je suis tellement contente de te voir ! Regarde-toi ! Mon Dieu, quelle belle femme tu es devenue ! » La voix étrangement familière de sa cousine, capable de débiter mille mots à la minute, rappela aussitôt à Melissa ses parents. Elle adorait sa famille, mais au bout de deux heures à Lumberton, elle se sentait suffoquer sous la pression des liens qui bridaient son énergie et la comprimaient comme une balle de caoutchouc.

Pendant qu'elles faisaient la queue au buffet, Melissa se remémora l'histoire de sa cousine. Rhee avait mené une vie d'un conformisme exemplaire jusqu'au jour où, dans sa cuisine, une applique lumineuse était tombée et l'avait assommée. Après quoi, elle avait commencé à se comporter d'une manière bizarre, consistant surtout, pour autant que Melissa le sache, à pratiquer des sports, à répondre à son mari, à apprendre à jouer de la batterie, ainsi qu'à mentionner négligemment aux membres de la famille qu'elle captait les signaux venus d'ailleurs. Elle finit par quitter son mari et déménager à Fayetteville où, au grand dam de tous, elle s'installa comme parapsychologue. Et, disait-on, l'une des plus consultées : il se murmurait qu'elle était très demandée par les détectives privés et les familles dans la détresse, et que même certaines institutions policières avaient recours à ses services.

Nerveuse, Melissa remplit son assiette à ras bord, tandis que sa cousine se contentait de pain chapati et de riz. Pendant qu'elles patientaient, elles parlèrent de la famille, si bien que la jeune femme se sentit gagnée par la torpeur que ce sujet semblait toujours engendrer chez elle, mais une fois qu'elles eurent regagné leur box et déballé leurs couverts, Rhee déclara :

« Donc, tu t'en es sortie. Mes félicitations. »

Melissa sursauta, comme si on venait de lui enfoncer une aiguille dans la colonne vertébrale.

« Et tu l'as fait alors que tu étais encore jeune, poursuivit Rhee d'un ton enjoué. Tu vois comme tu es intelligente ? Moi, il m'a fallu quarante ans et un coup sur la tête pour comprendre que Lumberton, c'était la mort. Le génie, c'est la sagesse alliée à la jeunesse, tu sais qui a dit ça ? Moi non plus, mais je suis sûre de ne pas être un génie, et j'ai gâché la moitié de mon existence à faire ce qu'on attendait de moi. Il faut vivre sa vie, et c'est ce que tu fais. Je suis tellement fière de toi ! Bon, maintenant, parle-moi un peu de toi. »

Melissa résuma – le départ, le mariage, le travail – pendant que sa cousine mangeait son riz et son pain chapati à petites bouchées affectées de dame qui fréquente les salons de thé, séquelle de son existence antérieure. Melissa s'entendit décrire Dirk comme « un type merveilleux » ; quant au sujet des enfants, il entra dans la catégorie des « on y songe ». Rhee l'écoutait avec tant d'attention que c'en était à la fois flatteur et gênant. Elle avait l'air de tout absorber, mais son visage épanoui et blanc comme de la farine ne laissait rien paraître de ce qu'elle pensait.

« On dirait que tu t'es débrouillée à merveille, fit remarquer Rhee lorsque Melissa eut fini.

— J'ai eu de la chance.

— De la chance, oui. » Rhee eut un sourire ironique, un peu distant, comme si on venait d'évoquer un de ses amoureux du temps jadis. « Et j'espère que tu es heureuse, Melissa. Parce que je ne veux que ton bonheur.

— Eh bien... » La jeune femme se contraignit à rire. « Dans l'ensemble, oui. »

Sa cousine attendit la suite, souriante et patiente comme une vendeuse devant une cliente, et après quelques secondes, Melissa comprit que Rhee ne briserait pas le silence, aussi n'eut-elle pas d'autre choix que d'expliquer ce qui se passait.

« Tu sais, dit Rhee une fois que Melissa l'eût mise au courant pour Erzulie et Dirk, ça ne cesse pas de m'étonner.

— Ah bon ?

— Et pourtant, ça se produit tout le temps, cette manière étrange et merveilleuse qu'a le monde de réunir une chose et son opposé. Réfléchis, Melissa – ton mari, un Blanc, et qui plus est un Blanc du Sud et un soldat du pays le plus puissant de la terre, qui s'unit à l'esprit d'une femme noire d'Haïti. La déesse de l'amour, l'opposé de la guerre. Et ça ne se limite pas à une simple aventure, ils sont comme mariés ! Qu'est-ce qui pourrait exister de plus fort ? » Des larmes jaillirent soudain des yeux de Rhee et, comme accablée ou somnolente, elle se tassa sur son siège, les traits figés, présentant une face de lune que Melissa trouva curieusement fascinante. Au bout d'un moment, sa cousine finit par se secouer et se redresser.

« Bon, dit-elle. Alors, comment tu réagis ?

— J'ai l'impression de devenir folle. »

Rhee hocha la tête comme si c'était la réponse la plus sensée possible. « Dirk te traite comment depuis son retour ? »

Brusquement démoralisée, Melissa promena son regard sur la salle. « Mieux que jamais, répondit-elle avec un sanglot étranglé.

— Pourtant, tu résistes.
— Je suppose que oui.
— Et pourquoi résistes-tu ? »

Le ton de Rhee était précis et si empli de respect pour elle-même et pour les autres que Melissa se sentit obligée de concentrer ses pensées. Peut-être dans le but de savoir ce qui comptait réellement dans sa vie. « Eh bien, il y a eu quelqu'un. Pendant l'absence de Dirk. » Elle parla alors de James.

« Cet homme, tu éprouves des sentiments pour lui ?
— Plus maintenant. En fait, je ne crois pas en avoir jamais éprouvé.
— Mais il t'attirait. Physiquement.
— Oui, je pense que oui.
— Tu trouves ça bizarre ?
— Je trouve ça mal.
— Tu t'imaginais que tu finirais tes jours sans jamais désirer coucher avec un autre homme ?
— Je ne sais pas. Je présume que je n'y ai pas réfléchi. »

Rhee la considéra un instant. « Tu l'as dit à Dirk ?
— Oh non ! Seigneur, non. » Elle se tut une seconde avant de reprendre : « Tu crois que je devrais ? »

Sa cousine haussa les épaules. « Dirk n'a pas une liaison avec une femme réelle, tu le sais très bien. Ce n'est pas vraiment comme s'il te trompait.
— Non, en effet.
— Et il n'a pas l'air de chercher à te cacher quoi que ce soit ?

– Mon Dieu, non. Il tient à ce que je sache tout. C'est simplement que... » Elle chercha ses mots. « Ça m'effraye, poursuivit-elle, se demandant si c'était la peur qui donnait une réalité aux choses. Je ne sais pas à quoi je suis confrontée, je ne sais pas ce qu'il a ramené ainsi à la maison, je ne sais pas s'il ne joue pas avec quelque chose de diabolique, de satanique. Tu comprends ce que je veux dire ? »

Rhee adopta une expression de neutralité pensive qui, malgré son sourire, ne trahissait rien. « Eh bien, d'après ce que tu m'as raconté, cette Erzulie semble représenter un tas de choses différentes. Une putain, un sex-symbol qui est en même temps une sainte et la Vierge Marie, une sorte d'ange gardien désirable – mon Dieu, pas étonnant qu'il soit d'une certaine façon amoureux d'elle. Mais représente-t-elle le mal ? » Rhee parut se plier littéralement en deux. « J'ai besoin de quelques jours pour réfléchir. En attendant – elle avait surpris le regard paniqué de Melissa –, ne fais rien de précipité. Sois gentille avec Dirk et laisse-le être gentil avec toi. Je pense qu'il traverse une phase délicate après son séjour dans un endroit pareil. Essaye de voir les choses sous cet angle.

– Bon, d'accord. Mais qu'est-ce que je fais avec James ?

– Comment, qu'est-ce que tu fais ?

– S'il recommence à me harceler ?

– Enfin, Melissa, ce n'est pas difficile. Tu appelles les flics. »

Qui sait si des cérémonies vaudoues ne se déroulaient pas depuis toujours sous son nez, une version poulet frit propre à la Caroline du Nord et qu'elle n'aurait pas remarquée ? Peut-être là, quelque part, pendant qu'elle se rendait à son travail au volant de sa voiture et qu'elle regardait défiler les champs découpés en rectangles qui s'étendaient jusqu'au mur sombre des arbres dans le lointain, ce voile dentelé de vert lumineux qui rappelait les jungles plus impénétrables de l'esprit. Il y avait du vaudou à Haïti, alors pourquoi pas ici ? Sur son insistance, Dirk lui décrivit les cérémonies qui lui semblèrent d'une nature assez chaotique, encore que joyeuse, un peu comme quand on se baigne dans de grosses vagues. Melissa tenta de se représenter son mari, le plus blanc des Blancs, en train de danser au milieu de deux ou trois cents Haïtiens.

« Tu ne te sentais pas bizarre, le seul Blanc parmi cette foule ?

– Non, je me sentais bien, répondit-il. J'avais l'impression d'être tout à fait à ma place. »

Alors, où était le mal dans tout cela ? Le mal, c'était le charnier que ses hommes et lui découvrirent derrière la caserne de l'armée haïtienne, les vingt cadavres qu'ils déterrèrent. Le mal, c'était La Normandie, le club des Tontons macoutes de Port-au-Prince avec ses photos de victimes placardées sur les murs. Le mal, c'était la mort qui planait partout, les cimetières et leurs dizaines de tombes de petits enfants. Le soir, allongée dans leur lit après qu'ils avaient fait l'amour, Melissa, tenant la main de Dirk, l'écoutait raconter jusqu'à ce qu'il s'endorme et retourne à ses exercices de tir. *Pan-pan, pof-pan-pan-pan.* Son congé s'était terminé la semaine précédente et il faisait ses huit heures/dix-sept heures à Fort Bragg, à s'entraîner en vue de sa prochaine mission. Colombie, Bosnie, Moyen-Orient ou peut-être Haïti 2ᵉ épisode – les rumeurs variaient d'un jour à l'autre. Elle redoutait le moment où il allait repartir. Au bureau, elle recevait sans arrêt des appels où elle n'entendait que le souffle de son correspondant qui raccrochait aussitôt, tandis que le samedi suivant puis le mardi, Dirk lui souhaita gentiment bonne nuit pour aller coucher avec sa déesse. Comment les gens normaux vivaient-ils ? Elle tâcha de s'en souvenir. Entre-temps, elle attendit le coup de téléphone de Rhee comme on attend des résultats d'analyses, ce qui la rongea davantage qu'elle ne l'aurait cru ; et lorsque sa cousine appela enfin le mercredi, Melissa eut l'impression que le sentiment d'indépendance qu'elle avait cultivé durant toutes ces années s'écroulait lamentablement. *Merci mon Dieu pour l'existence de la famille.*

« Je perçois de drôles de vibrations dans cette histoire, lui annonça Rhee. Je pense que si je pouvais passer chez vous, ça m'aiderait. J'aimerais beaucoup voir cet autel qu'il a érigé. »

Elles organisèrent sa visite pour le lendemain : elles se retrouveraient au cabinet d'avocats vers midi et elles rentreraient ensemble à la caravane manger un morceau.

Un déjeuner entre femmes, rien de plus. Après avoir raccroché, Melissa se contraignit à penser qu'elle n'était pas folle. Ce serait plutôt la réalité qui était devenue folle, tandis qu'elle, elle chevauchait son petit balai de santé mentale au cœur du tourbillon cosmique.

Le jeudi, la journée fut chaude, humide et brumeuse, le ciel couvert de nuages mousseux couleur graisse de bacon figée. L'atmosphère était lourde, impaludée – phénomène rarissime, il y avait eu une petite épidémie près de Myrtle Beach, preuve supplémentaire s'il en fallait du réchauffement de la planète –, et en route pour la caravane, Melissa mit l'air conditionné à fond, de sorte que les mèches sur son front se soulevaient et s'agitaient comme des tornades miniatures. Elles parlèrent de l'ami de Rhee, un sergent de la Delta Force en retraite qui cultivait des roses de concours. « C'est un type bien, non ? demanda Melissa, cependant que les champs de tabac défilaient comme un jeu de cartes que l'on bat. C'est sérieux, vous deux ?

– Disons que nous sommes sérieusement heureux comme ça. Nous avons notre relation, nous avons chacun notre espace vital et c'est très bien ainsi. Ni lui ni moi n'avons envie d'habiter ensemble.

– Il paraît que ces militaires de la Delta Force sont de sacrés durs à cuire.

– Oui, bien sûr », répondit Rhee d'un ton désinvolte. Elle regarda un instant par la vitre les basses collines sablonneuses plantées de bruyères et de pins. « Mais les hommes sont bizarres. Je n'en ai jamais rencontré un qui n'ait pas besoin d'être materné, ne serait-ce qu'un peu, et je pense que les gens sous-estiment cet aspect du sexe, l'aspect maternel de ce qui se passe dans un lit. Il y a le côté animal et aussi cette quête dont personne ne parle. Parce qu'on se sentirait trop vulnérable, je suppose.

– Le sexe est un véritable marigot », dit Melissa en guise d'approbation. Elle tourna pour s'engager dans le chemin gravillonné qui menait à la caravane, et la forêt se referma autour d'elles, formant comme un brouillard vert. Les cimes des peupliers et des pins transperçaient la voûte du feuillage des cornouillers et des chênes des marais. Melissa s'imaginait qu'il y avait une présence au sein de ces bois touffus, une présence dormante, à l'instar d'un groupe de maisons vides. Au bout du tunnel d'arbres, la clairière apparut, inondée de lumière, brillant comme un coffret à bijoux. « C'est magnifique ! » s'exclama Rhee quand Melissa s'arrêta devant la caravane, une longue boîte en aluminium munie de minces volets noirs que la jeune femme avait arrangée de son mieux en semant tout autour des azalées et des massifs de fleurs qui faisaient comme des coussins jetés pêle-mêle. Elles entrèrent, et Melissa conduisit tout de suite sa cousine à la chambre d'amis. L'estomac noué, elle lui ouvrit la porte. L'autel semblait encore plus clinquant que d'habitude, aussi insensible à la raison que pourrait l'être un juke-box hurlant à fond. Rhee s'approcha, les mains jointes. Ne sachant pas ce qu'elle était censée faire, Melissa demeura sur le seuil.

« Tu préfères peut-être que je te laisse seule ?

— Peu importe », répondit sèchement Rhee.

Melissa éprouva le besoin impérieux de se rendre utile, aussi elle referma doucement la porte derrière elle, puis alla dans la cuisine préparer à déjeuner tout en réfléchissant aux vertus thérapeutiques des travaux domestiques. Ce qui expliquait peut-être, songea-t-elle en sortant la salade de poulet du réfrigérateur, pourquoi dans sa famille les femmes étaient toutes des cuisinières exceptionnelles. Quelques minutes plus tard, alors qu'elle mettait la table, elle entendit un bruit venant du couloir, un choc sourd pareil à celui d'un sac de pommes de terre heurtant le sol.

« Rhee ? »

Dans le séjour, l'horloge, une imitation d'ancien, égrena trois coups grêles.

« Rhee, ça va ? »

Arrivée devant la chambre d'amis, elle frappa. « Rhee, qu'est-ce qui se passe ? » Elle entrebâilla la porte et découvrit sa cousine étendue jambes et bras écartés sur le tapis à longues mèches, les yeux fermés, la bouche ouverte, le visage figé dans une expression d'extase. Melissa se précipita et s'agenouilla pour lui prendre le pouls et plaquer sa paume sur son front — son pouls battait normalement, et sa respiration était aussi régulière que le flux et le reflux. Quoi que ce soit, en conclut-elle, cela relevait du domaine psychique plutôt que médical, aussi elle s'assit, prit la tête de Rhee sur ses genoux et essuya le filet de bave qui luisait sur le menton de sa cousine. Pendant toute une succession de non-moments, sorte d'attente forcée mais pas désagréable, comme lorsque l'on patiente dans sa voiture devant un passage à niveau, Melissa resta là, à caresser les cheveux de Rhee et à écouter les oiseaux ainsi que les cigales dont le cri strident évoquait de minuscules tronçonneuses. Un délicieux sentiment de calme l'enveloppa, et pour un temps qui lui parut à la fois long et bref, ses angoisses se trouvèrent suspendues ; l'étrangeté de la situation n'avait soudain plus aucune importance. Au bout d'un moment, la sensation du plancher disparut, comme si elle flottait, enfermée dans sa bulle d'apesanteur, puis elle s'aperçut que ses pensées, vagues et diffuses, entourées d'une aura de tendresse, s'étaient portées vers Dirk. Elle aimait son mari, elle en avait la certitude, et alors qu'elle allait avoir une révélation, les yeux de Rhee cillèrent et s'ouvrirent, étonnés, puis se fixèrent sur Melissa.

« Ahhh, fit-elle, poussant un profond soupir accompagné d'un sourire. Melissa.

– Ne bouge pas.

– Non, non, je me sens très bien. Je l'ai vue, Lissa, elle est belle, une splendide sœur noire. » Rhee se redressa avec un grognement, à l'image d'un mécanicien qui s'extirpe de dessous une voiture. « J'ai vu la blanche, aussi, mais elle était en retrait. Aujourd'hui, c'était l'autre qui était devant. Waouh ! » Elle se passa la main dans les cheveux. « C'était quelque chose !

– Tu es sûre que ça va ?

– Oui, oui, j'ai juste besoin de reprendre un peu mes esprits. J'aimerais bien un verre d'eau et deux aspirines si tu en as. » Elle s'était mise à genoux, déterminée à se lever. Melissa l'aida à marcher jusque dans la cuisine, où elle accepta de s'asseoir. « Une sœur superbe, une peau noire comme de l'ébène et des cheveux tressés magnifiques qui lui descendent jusqu'aux fesses. Un corps à se damner. Mon Dieu, quelle beauté !

– Huh-huh, fit Melissa sans se compromettre, fouillant dans le placard.

– Et hautaine, poursuivit Rhee. Une diva, la reine des abeilles. Et si vieille ! Elle est là depuis le commencement. Une des ancêtres.

– Bon, dit Melissa, contente d'avoir quelque chose à faire. Est-ce qu'elle t'a... parlé ? »

Rhee réfléchit une seconde. « En fait, non ! Pas que je me souvienne. On s'est juste regardées un moment. Des fois, ça se passe de cette manière.

– Mais les autres fois ? Est-ce qu'elles parlent, je veux dire ? » Melissa posa les aspirines et le verre d'eau sur la table puis s'assit à son tour.

« Pas vraiment. » Rhee avala un comprimé. « C'est plutôt comme un courant qui circule, des pensées qui s'échangent.

– Ah bon. » Melissa regarda le deuxième comprimé disparaître. Elle rassembla son courage ; il fallait qu'elle pose la question carrément : « Tu crois qu'elle a un pouvoir maléfique ?

– Bon Dieu, Melissa, comment le saurais-je ? C'est une puissance qui a surgi dans ta vie, une force, une source, une cause, comme tu préfères. Quelque chose de naturel et qui va aussi au-delà, voilà comment je vois ça. » Rhee fit claquer ses lèvres. « Sinon, c'est à toi de répondre à la question. Je peux t'aider dans une certaine mesure, mais quant à savoir si c'est quelque chose de bien ou de mal, ça dépend surtout de toi. Tu es la seule à pouvoir en décider. »

Melissa s'était plus ou moins attendue à cette réponse, une variation sur le thème naguère familier du « quand tu seras grande » ; apparemment, le passage à l'âge adulte exige qu'on devienne son propre parapsychologue. Elles déjeunèrent, encore que Rhee, en état de léthargie, toucha à peine à son assiette. Sur le trajet du retour en ville, elle s'endormit, et arrivée dans le parking du cabinet d'avocats, Melissa dut la secouer pour la réveiller.

« Tu te sens capable de conduire ?
— Oui, ça ira, répondit Rhee, l'air d'aller déjà mieux.
— Tu es sûre ?
— Oui, oui !
— Bon. » Melissa se tut pendant que sa passagère cherchait son sac. « Je ne sais pas comment je pourrais te remercier.
— Oh, Lissa, le peu que j'ai fait, je l'ai fait avec plaisir. Tu es ma cousine ! Et puis, nous sommes pareilles, les deux vilains canards de la famille. Mais crois-moi, tôt ou tard, ils viennent tous frapper à ma porte. »

Melissa pouffa de rire ; elle se sentait soulagée, et elle brûlait d'envie de savoir : « Qui ?

— La vie est beaucoup plus intéressante qu'on ne le croit. » Après avoir récupéré son sac, Rhee ouvrit sa portière. « Tu serais très étonnée. Prends bien soin de toi, Lissa. »

Le soir en rentrant, Melissa trouva un message de Dirk sur le répondeur : il serait en retard, retenu à la base par une réunion avec les jeunes recrues. Elle se changea et alla courir, puis elle entreprit de préparer le dîner, tandis que la sueur qui séchait sur sa peau laissait un résidu collant comme de la sève. Il faisait déjà assez nuit pour voir au dehors danser les lucioles quand elle remarqua combien tout était silencieux ; en général, elle mettait de la musique et chantait dans la cuisine, mais ce soir, elle n'y avait pas pensé, un oubli qui la mit mal à l'aise et lui donna la chair de poule. Elle s'interrompit dans sa tâche et écouta, le regard fixé sur la fenêtre. Elle commençait à avoir peur, envahie d'un effroi quasi religieux à la pensée que James l'observait, caché parmi les arbres. Soudain, elle pivota et se précipita pour fermer la porte à clé, puis elle demeura immobile, l'oreille tendue, la main sur le loquet. Un instant plus tard, elle se ravisa et le souleva.

Si tu croyais vraiment qu'il était là, est-ce que tu aurais rouvert ? s'interrogea-t-elle. Es-tu si courageuse ? Elle alla inspecter toutes les pièces puis, sans raison particulière, elle entra dans la chambre d'amis. Il y avait juste assez de lumière pour lui permettre de distinguer l'autel, le bric-à-brac digne d'un étalage de marché aux puces qui jonchait les étagères ainsi que les images de la Vierge aux couleurs de mauvaises bandes dessinées. Elle s'approcha et joignit les mains comme Rhee l'avait fait ; dans la clarté laiteuse, les deux madones semblaient la considérer avec cet air de supériorité propre aux top models.

Melissa attendit, plantée là. Elle entendait sa respiration, son cœur qui cognait dans sa poitrine. De petites douleurs, des démangeaisons se manifestèrent. Au bout d'un moment, il lui parut nécessaire de dire quelque chose :

« Je... », commença-t-elle. Le mot avait claqué comme un coup de feu dans la petite pièce. Je quoi ? Je sais que vous êtes là ? Ça avait l'air complètement idiot. Elle prit une inspiration et essaya de nouveau : « J'arriverai peut-être à vivre avec vous, dit-elle, se demandant si elle ne perdait pas la tête. Mais je tiens à ce que vous sachiez que Dirk est à moi. C'est moi qui l'ai trouvé la première, je l'ai épousé, il est pris. Et si vous vous figurez que je vais renoncer à lui... »

Elle ressentit un fourmillement, un picotement le long de la colonne vertébrale. Est-ce que cela avait une signification ?

« ... eh bien, vous vous trompez. »

Une espèce de spasme, un sentiment d'exaspération, un rire étranglé. Qu'est-ce qui se passait ? Elle était forte, elle avait l'esprit clair, et elle éprouva une bouffée d'affection fraternelle pour cette... cette chose, cette Erzulie qui avait bouleversé son univers. Melissa percevait maintenant tout l'humour qu'il pouvait y avoir dans cette histoire, et les madones elles-mêmes semblaient amusées, ce qui s'exprimait par de petites rides autour des yeux et de légères ombres aux commissures des lèvres. Contre quoi, exactement, se battait-elle ? Contre, peut-être, une espèce d'organisme étranger, et elle resta un moment à réfléchir, sachant avec certitude, mais sans être capable de se l'expliquer, qu'elle était parvenue à quelque chose. Une pointe de lucidité, peut-être. Un retour à un certain équilibre. Elle se sentait plus âgée, et elle comprit que ce ne pouvait être que positif. Elle retourna dans la cuisine, pénétrée de ce sentiment, et allumant la chaîne stéréo, elle se demanda si cela voulait dire que sa vie venait de changer.

Cinq minutes plus tard, Dirk entrait en trombe, plaquait son bassin contre le sien en l'embrassant. Il prit une bière dans le réfrigérateur et fit sauter la languette.

« Eh bien, baby, dit-il, c'est le Koweït. »

Melissa poussa un cri.

« Hé, c'est pas si terrible. Il y a environ trois millions de mines laissées par la guerre et on va montrer à leurs gars comment les déterrer. »

Des mines. Melissa résista à l'envie de s'arracher les cheveux. « Tu pars quand ?

– Pas avant six semaines. » Il l'attira contre lui et glissa la main sous l'élastique de son short. « Tu crois que tu pourras me supporter tout ce temps-là ? »

Dans le courant de la nuit, Melissa eut l'occasion de se faire la réflexion que le sexe sentait beaucoup comme une salade mélangée, composée de radis, de fenouil, de carottes râpées et, peut-être, assaisonnée d'une cuillerée à soupe d'échalotes hachées. Cette pensée lui vint alors que, nue dans le lit, les genoux levés, elle faisait une tente avec le drap. Couché à côté d'elle, Dirk dodelinait de la tête pendant qu'ils passaient en revue les événements de la journée. Melissa mentionna qu'elle avait déjeuné en compagnie de sa cousine, la parapsychologue.

« Parapsychologue, dit-il d'une voix lointaine. Je la connais, cette dame ?

– Non, tu ne l'as jamais rencontrée.

– Ah bon ? Elle pratique le vaudou ?

– Disons plutôt qu'elle suit son propre chemin.

– J'aimerais bien faire sa connaissance, dit-il, apparemment prêt à s'endormir.

– Eh bien, je vais l'inviter avant ton départ. » Melissa changea de position, et les draps crépitèrent doucement. « Raconte-moi, comment ça va être là-bas, au Koweït ?

– Chaud, répondit-il d'une voix à peine audible. Du sable. Des chameaux et des chameliers partout.

– Du vaudou ? »

Il murmura une réponse incompréhensible. Une minute peut-être s'écoula. Melissa entendit une chouette hululer. Des milliers de grillons des champs chantaient à l'unisson comme autant de maracas synchronisées.

« Encore que d'une certaine façon, je crois que tout est du vaudou.

– Hein ? »

Elle hésita, analysa ses sentiments puis en conclut que, somme toute, elle n'allait pas si mal. « J'ai dit que, d'une certaine façon, tout était du vaudou », répéta-t-elle. Elle ajouta qu'elle ne comprenait pas vraiment, mais qu'elle assumerait. S'il estimait que c'était essentiel à sa vie, elle lui ferait confiance, elle tâcherait de s'adapter. Parce qu'elle voulait qu'ils...

« Ma chérie, je t'aime tant », lâcha-t-il soudain avec un accent dramatique, presque larmoyant.

L'espace d'une seconde, elle crut qu'il se moquait d'elle, jusqu'à ce qu'il reprenne sur le même ton : « Le capitaine a pris les choses en main. Pas question de déconner, c'est les ordres. Pigé ? Position de tir. »

Ainsi, il avait dormi pendant tout son grand discours de compromis. *Pan,* soufflait-il dans son oreille. *Pan-pan, pof-pan-pan-pan ;* l'exercice de tir était parti pour la nuit, en mode semi-automatique. Melissa soupira et allongea les jambes, si bien que le drap s'épanouit autour d'eux comme une fleur géante. Dans six semaines, elle serait donc de nouveau seule. L'épisode James jetait une ombre sur son esprit, comme une tache inquiétante sur une radio ; elle redoutait le départ de Dirk, mais dans le même temps, elle avait hâte de savoir si, cette fois, elle s'en sortirait mieux. Elle repensa au petit drame qu'elle avait vécu devant l'autel et tenta de tirer des conclusions du picotement, de la présence qu'elle avait cru percevoir, ce qui, avec le recul, lui paraissait aussi anodin qu'une petite décharge d'électricité statique. Elle ne savait plus trop quoi penser de tout cela : le vaudou, le désir, les esprits portés sur le sexe, les rêves qui canalisaient les informations comme un flux vidéo – si tout cela existait, la question de notre identité n'était pas près d'être résolue. On pouvait devenir fou à force de se la poser, supposait-elle. Certains le devenaient, mais est-ce que d'autres y trouvaient la paix ? Enfin, il restait au moins ça, songea-t-elle en se tournant vers Dirk pour épouser ses creux et ses bosses. En tout cas, et quoi que la vie leur réserve, ça, c'était réel. Elle n'avait pas de mots pour mieux le définir. Melissa embrassa l'épaule de son mari, ferma les yeux et attendit le sommeil.

Cette nouvelle est extraite du recueil
Brèves rencontres avec Che Guevara (2008).

Pièces détachées

de Holly Goddard Jones

Traduit par Hélène Fournier

J'avais une fille. Quand elle était âgée de onze ans, mon mari et moi l'avons emmenée à Spring Acres, le parc aquatique du coin, pour qu'elle apprenne à nager. Elle portait un maillot de bain violet, le bikini que je lui avais permis de mettre malgré les grognements de protestation d'Art, et elle a légèrement bondi sur le plongeoir, a sauté, et s'est aussitôt retrouvée dans le grand bain. Les éclaboussures d'eau teintée de bleu ont formé une coquille fragile autour d'elle, magnifique, puis elle a disparu sous l'eau. Elle était intrépide. Il y eut cet instant que ressent une mère quand le cœur s'arrête et que la gorge devient sèche, la crainte – ou le désir, peut-être – d'expérimenter ce moment critique quand tout change et qu'il vous faut changer aussi afin de donner du sens à tout cela. Voilà un mot étrange : le désir. Mais il est bel et bien là. Quand vos roues n'adhèrent plus à la chaussée un jour de pluie, que vos freins deviennent soudain inopérants, que la pédale est lâche sous votre pied ; quand vous êtes à deux doigts de corriger trop vertement votre enfant et que la dureté de votre cœur vous terrifie et vous ravit tout à la fois. C'est inexplicable, ce désir, et peut-être devrait-il rester inavoué, mais j'ai décidé que le désir était salutaire et non pas honteux. Parce qu'il vous empêche de devenir fou quand le pire arrive. Et le pire arrive bel et bien.

J'ai vécu ce moment, et puis Felicia a fendu la surface de l'eau et nous avons repris souffle ensemble. Art, assis à côté de moi, n'a pas un instant levé les yeux de sa revue médicale – le luxe de la paternité.

J'aime ce souvenir d'elle : jeune et vivante, tant d'années avant l'horreur de cette nuit dans sa chambre de la résidence universitaire. Son innocence et la mienne. Elle a repris souffle cet après-midi humide de juillet et, je le jure, c'était comme au moment de sa naissance : l'inspiration, le cri de joie et de peur. Elle m'a fait un signe de la main, j'ai fait de même et nous avons ri ensemble. Felicia.

Elle a été assassinée huit ans plus tard, lors de son premier semestre de deuxième année. Le garçon qui l'a tuée et qui s'en est tiré à bon compte s'appelait Simon Wells, et ils s'étaient rencontrés quelques jours plus tôt, lors d'une fête arrosée à la bière sur State Street. Il lui avait fait des avances, mais ce soir-là elle avait préféré rentrer avec l'ami de Simon. On l'a appris lors du procès, et Marty, le garçon avec qui elle est rentrée, est celui qui a raconté le gros des événements. La police a reconstitué le reste. Voici l'histoire : les garçons sont allés dans la chambre de Felicia – « pour voir si elle voulait faire la fête », a dit Marty. Ils ont fumé des joints, discuté un moment, et puis Felicia et Marty se sont seulement pelotés et embrassés pour ne pas mettre Simon mal à l'aise. « C'est un type solitaire, a déclaré Marty. J'avais pitié de lui. » Après ça, Marty a dit que Simon était devenu « terriblement jaloux », qu'il l'a écarté et a abusé de Felicia. Quand elle a commencé à crier, Simon lui a plaqué un oreiller sur la bouche pendant un court instant – un oreiller fantaisie en forme de poisson avec des rayures aux couleurs de l'arc-en-ciel, que je lui avais moi-même acheté – et quand elle a recommencé à crier, il lui a de nouveau plaqué l'oreiller sur le visage, et elle était morte quand il l'a retiré la deuxième fois. Ou du moins, elle avait l'air morte, a corrigé Marty. Elle ne bougeait pas. Elle n'avait pas l'air de respirer. C'était arrivé tellement vite – il n'avait pas imaginé Simon capable de lui faire du mal comme ça, sinon il aurait tenté quelque chose, il aurait risqué sa vie pour la sauver. C'était arrivé tellement vite.

« Puis Simon m'a demandé d'aller démarrer la voiture, a déclaré Marty à la barre. Je ne savais pas ce qu'il allait faire. Je n'avais plus vraiment les idées claires. »

Il y avait tellement de blancs. Tellement de raisons de douter. Mais je veux croire que Marty a dit la vérité parce que Felicia l'avait considéré comme quelqu'un de bien, quelqu'un de suffisamment bien pour coucher avec lui. J'ai passé les cinq années qui se sont écoulées depuis la mort de Felicia à essayer de concilier la fille que je connaissais, l'enfant que j'avais consacré ma vie à aimer, avec les secrets qui ont éclaté au grand jour à sa mort. Soit vous faites la part des choses, soit vous perdez la personne une seconde fois, c'est comme ça.

Quand Marty a quitté la chambre, Simon s'est employé à dissimuler son crime. Il a vaporisé une bombe de désodorisant sur Felicia, il a enveloppé d'un édredon les deux extincteurs de la chambre, a fermé les fenêtres et les a verrouillées. Il a jeté l'aérosol vide sur le lit, aussi efficace qu'un explosif, puis il a craqué une allumette, l'a lancée sur Felicia, est sorti de la chambre en courant et a refermé derrière lui. Les portes de Keough Hall sont en chêne massif et elles se verrouillent automatiquement. Le premier officier de la police du campus arrivé sur place après le déclenchement de l'alarme incendie a sécurisé les lieux mais n'a pas ouvert la chambre de Felicia. Il a attendu l'arrivée des pompiers, et le temps qu'ils enfoncent la porte, la pièce était devenue une enveloppe noire et fumante, et Felicia, qui aurait dû cesser de respirer, respirait encore.

Dans une autre vie – la vie avant mon mariage et même avant qu'Art et moi sortions ensemble, la vie avant la maternité, à l'époque où j'avais encore des centres d'intérêt, des ambitions et des espoirs qui existaient en dehors de ma fille – j'ai étudié la littérature anglaise dans une bonne université. Et comme quiconque étudie l'anglais à l'université, j'ai pris un cours d'introduction à l'œuvre de Shakespeare que j'appréciais de manière automatique, sans passion. C'était trop démesuré pour moi, trop grandiose, des rois renversés, des amants morts, des vieillards brandissant le poing face aux orages et à Dieu. Je croyais au talent de Shakespeare tout comme je croyais à la bonté de Dieu : de manière hypothétique, en faisant passer l'opinion de la majorité avant mon propre désintérêt. À l'époque, je n'avais pas connu de tragédie. Je n'avais pas de véritables raisons de croire ou de douter.

La pièce de théâtre que j'ai aimée ce semestre-là était celle que je n'étais pas censée aimer, *Titus Andronicus*. Le professeur nous la présenta comme une curiosité et parfois comme une plaisanterie. « Shakespeare nous fait *Massacre à la tronçonneuse* », avait-il dit en affectant un air sérieux. Il lisait des passages à voix haute en babillant de manière théâtrale pour gagner nos faveurs, tel un comique, et plus tard je me dirais qu'il donnait l'impression d'être désespéré, comme si l'unique façon d'excuser la pièce, de défendre Shakespeare à nos yeux, était de crier le dédain qu'il aurait préféré garder pour lui. Ce qui m'ennuyait, c'est que la pièce me touchait plus profondément que je ne pus l'admettre lors de l'examen final, quand j'écrivis scrupuleusement sur ma copie que l'on pouvait « facilement la laisser de côté bien qu'elle fût digne d'attention en ce qu'elle représentait un terrain d'expérimentation des thèmes dont Shakespeare tirerait meilleur profit plus tard ». Voilà un aperçu : un illustre général romain, Titus, se fait mal voir de Tamora, une femme puissante qui devient impératrice. Titus a de nombreux fils dont la plupart meurent au cours de la pièce, mais ce que vous devez savoir c'est qu'il a une fille, Lavinia. Lavinia est violée par les fils de Tamora qui lui coupent ensuite la langue et les mains pour l'empêcher de dénoncer les coupables. Lavinia ne meurt pas mais elle passe le restant de ses jours à mimer et pleurer en silence, puis Titus lui-même la tue à la fin, ainsi qu'une flopée d'autres.

Voilà l'image dont je ne pouvais me débarrasser : Lavinia, amenée sur scène par ses tortionnaires, privée de sa langue et de ses mains. La monstruosité de la situation. Sa cruauté.

Je n'ai jamais songé à la pièce du vivant de ma fille, toutes ces belles années de santé et d'abondance. Je n'avais aucune raison de le faire. Nous étions une famille heureuse. Quand Felicia préféra la fac du coin à l'université Vanderbilt dont Art et moi étions sortis, Art avait râlé – mais il avait signé, sans trop ciller, les chèques qui couvraient les frais de scolarité et d'hébergement, et il faisait une demi-heure de route au moins une fois par semaine pour lui faire une visite-surprise sur le campus, ce dont elle se réjouissait. C'était une fille bien. Elle aimait son père. Et le simple fait qu'elle existe n'avait cessé de consolider tout ce qui menaçait de se détériorer entre Art et moi. Unis dans cet amour que nous lui portions, nous nous sentions mieux ensemble que nous aurions pu l'être séparés. Ce n'était pas une vie parfaite, mais avec le recul, je suis convaincue qu'elle était aussi proche que possible de l'existence qu'Art et moi avions méritée.

Et puis tout fut balayé. Je me suis soudain retrouvée assise au chevet de Felicia, à écouter les à-coups et le sifflement du respirateur, m'éloignant de temps à autre pour permettre aux médecins et aux infirmières de changer la literie qu'elle mouillait fréquemment – les liquides s'échappant d'elle aussi vite qu'ils lui étaient injectés par intraveineuse – et ses pansements qui lui servaient de peau. Son corps était tellement enflé et bandé qu'elle était méconnaissable, ses cheveux châtains consumés presque intégralement, les mèches qui collaient à son front aussi fragiles et sombres que des fioritures dessinées au graphite. Le chauffage de la chambre était poussé à son maximum, presque 38 degrés, car – ironie parmi tant d'autres – sa peau brûlée ne pouvait absolument pas conserver la chaleur. Les médecins et les infirmières avaient un essuie-mains autour du cou. Art ne portait qu'un maillot de corps sans manches.

À un moment, je suis tombée dans les pommes. Je suis revenue à moi dans une pièce située au bout du couloir, et je me suis juré de ne plus jamais me montrer faible, de ne pas la quitter. À mon retour, Art faisait les cent pas devant la porte en se frottant énergiquement le visage des deux mains. Il avait pleuré. C'est évident, nous avions tous les deux pleuré. Mais j'ai bien vu que quelque chose de nouveau le rendait malade.

« Ils vont l'amputer des deux mains », m'a-t-il annoncé. Il aurait été incapable d'adoucir ses propos. « Son état n'est pas suffisamment stable pour qu'elle aille en salle d'opérations et donc ils essaient de stériliser sa chambre. Ils vont faire ça sur place. »

Je l'ai dévisagé, encore étourdie. Ça ne tenait absolument pas debout.

« Elle ne peut pas vivre comme ça, a-t-il poursuivi d'une voix aiguë, étranglée. Ce n'est pas possible. Ce n'est pas juste. »

À cet instant-là, je ne savais pas ce que Felicia avait enduré avant l'incendie. Il était six heures du matin, ça faisait environ cinq heures que nous avions reçu le coup de téléphone, et nous pensions qu'elle n'avait été victime que d'un terrible accident ; il ne m'était même pas venu à l'esprit de me poser des questions. Plus tard ce même jour, Marty Stevenson arriverait avec quinze minutes de retard à son cours sur l'histoire des États-Unis qui débutait à 11 h 30, il trébucherait en se dirigeant vers sa table au fond de la pièce et aurait une crise de nerfs qui ferait tellement peur à certains de ses camarades qu'une poignée d'entre eux quitteraient la salle. C'est à ce moment-là que la vérité, bien que déformée et fragmentée, commença à émerger. Quand le chef de la police du campus arriva à l'hôpital pour nous faire part, à Art et à moi, des aveux de Marty, Felicia n'avait plus de mains et elle avait perdu une oreille. Elle s'était détachée et elle était tombée dans la main du médecin, comme un fruit trop mûr.

C'est alors que j'ai pensé à Lavinia. Ma fille était allongée, muette, inconsciente, sur son lit d'hôpital, sans savoir ce qu'elle avait perdu. Tout son corps était bandé, la plongeant ainsi dans l'anonymat, ses bras élagués, empaquetés et étrangement précieux, posés sur son ventre, telles les pattes d'un animal. « Vous devriez la toucher », m'a dit une infirmière en repliant la couverture thermique au pied du lit. Je l'ai observée attentivement tandis qu'elle retirait un bas, dévoilant un pied couleur pêche, lisse, à peine abîmé, et les ongles recouverts d'un vernis bleu vif. Pouvez-vous vous le représenter ? Ce petit pied parfait, les orteils ronds, presque potelés, le vernis de couleur vive, gaie. Je l'ai pris dans mes mains, j'ai pressé ma joue contre lui. J'ai embrassé chaque orteil, comme je le faisais quand elle était bébé. J'ai murmuré à l'intérieur de la délicate voûte plantaire.

Art fut incapable de le faire. C'est pourtant un homme, un père, un médecin. De lui, Felicia avait hérité son front haut et ses mains. Elle avait hérité son nom. Mais quand je me suis éloignée de son pied et que je lui ai fait signe, il a pincé les lèvres presque pudiquement et a secoué la tête : un petit mouvement rapide, gauche-droite. Comme un enfant qui refuserait de manger des légumes. Dégoûté. Effrayé. Absolument déterminé. Et c'est alors que j'ai commencé à comprendre que notre mariage ne survivrait pas à ça, même si Felicia y parvenait. Art était déjà en train de s'éloigner d'elle, de souhaiter sa mort, de vouloir mettre un terme à ses souffrances et commencer à la pleurer. Il ne voulait pas être le père d'un être aussi anéanti, alors que, de mon côté, j'étais fermement décidée, par égoïsme, à me cramponner au peu qu'il restait d'elle, même si mon étreinte la réduisait en cendres. Titus avait tué Lavinia parce qu'il ne pouvait pas supporter de la voir vivre couverte de honte. À mes yeux, le fait qu'Art se détourne du pied de sa fille était l'acte le plus cruel qui soit, parce qu'il s'enracinait non pas dans l'amour ou dans l'égoïsme, mais dans la faiblesse.

Felicia mourut trois jours plus tard.

Tu as vécu ce qu'aucune mère ne devrait avoir à vivre, m'a dit Art au cours des semaines qui suivirent son décès. Et il avait raison. Je travaillais à temps partiel à la bibliothèque municipale, un travail que j'avais trouvé quand Felicia était entrée à l'université, et désormais je passais des matinées calmes derrière l'ordinateur à faire des recherches sur cette affaire, à surfer sur Internet, à lire des articles de journaux, à parcourir les blogs. *Simon est un type bizarre, on a certains cours ensemble et il est entièrement responsable*, ai-je lu en éprouvant le plaisir amer de la certitude absolue. *C'est vraiment triste mais elle a baisé avec les deux, et c'est le genre de merde qui arrive*, ai-je également lu, et cette satisfaction s'est transformée en colère et en honte, et je ne pense pas exagérer en disant que moi aussi j'aurais pu tuer si j'avais su qui avait, avec autant de légèreté et de lâcheté, écrit ça. J'étais en train de craquer, mes heures de sommeil ne se distinguant de mes heures de veille que par mes rêves, grâce auxquels mon chagrin devenait plus concret. À maintes reprises, Felicia sautait dans la piscine de Spring Acres. À maintes reprises, elle ne parvenait pas à remonter à la surface. Et le moi qui rêvait se disait, en regardant l'eau calme, que ce serait un tort de sauter dans l'eau pour aller la secourir car l'eau éteignait les incendies. C'est à ce moment-là que, le plus souvent, je me réveillais.

C'est le genre de merde qui arrive. Je me suis mise à inspecter sa chambre, à fouiller dans les affaires qu'elle avait laissées après s'être installée sur le campus : le coffret à bijoux bon marché avec, à l'intérieur, la petite ballerine qui tourne sur elle-même, sa poupée Patouf avec ses cheveux en fil de coton, les posters de musiciens affichés au mur. J'ai regardé sous son matelas. J'ai écarté des sous-vêtements propres et des chaussettes roulées en boule et n'ai trouvé qu'un sachet de lavande et un œuf en plastique fissuré, de ceux dans lesquels étaient présentés les mi-bas, avec un seul mi-bas à l'intérieur, entortillé comme un truc mort. Elle avait emmené son moi secret à l'université, et les objets de cette vie-là avaient pris feu avec elle. Je me suis retrouvée avec des poupées, des albums-souvenirs des années de lycée et les vêtements que je lui avais achetés, la vie que je lui avais accordée quand elle vivait sous mon toit, les vestiges d'une Felicia que j'avais connue et comprise.

Je suis douée pour noircir le tableau et j'ai tendance à me complaire là-dedans. Je pense à des choses auxquelles je ne devrais pas penser : je me dis que Felicia s'est réveillée après que le feu a pris et qu'elle m'a appelée en criant ; que Simon et Marty ont ri quand ils se sont retrouvés dans la voiture, tope là, et qu'ils ont allumé une cigarette avec le briquet ou la boîte d'allumettes qui avait servi à allumer l'incendie. Je songe aux moments où Art se retrouvait seul avec elle, quand elle était petite. L'a-t-il frappée ? L'a-t-il touchée ? Art est un homme bien et il n'aurait jamais agi de la sorte, mais certains soirs – quand la dernière goutte de vin est bue et que je sens la présence de Felicia autour de moi, en moi, même, comme mon pouls – tout ce dont je devrais être convaincue ne me paraît plus aussi sûr, et je songe à appeler Art, dans sa nouvelle maison à l'autre bout de la ville, où il dort à côté de sa nouvelle femme : l'as-tu aimée ? M'as-tu aimée ?

Il voulait juste tourner la page, m'a dit Art pendant que je faisais mes valises le jour où je suis partie ; il voulait se rappeler le goût du bonheur. Je ne me posais pas de questions : où j'allais m'installer, comment j'allais payer mon loyer. Et j'aurais vraiment dû sentir quelque chose quand il m'a tendu cette liasse de billets de vingt dollars tout neufs – l'intégralité du contenu de son portefeuille – tout en m'assurant que je pouvais également continuer à utiliser la carte bancaire aussi longtemps que j'en aurais besoin. Quelque chose d'autre que de la gêne ou de la reconnaissance, car après tout c'était aussi mon argent. Mais j'ai pris les billets, je les ai fourrés dans mon sac à main et j'ai murmuré un truc comme *Merci* d'une voix que je ne reconnaissais pas.

« De rien », a-t-il répondu en se penchant pour prendre mes bagages. L'homme posé, le gentleman. Ça faisait cinq mois que notre fille était morte et le procès n'avait pas encore commencé. « Où vas-tu t'installer ? »

Je l'ignorais. Mes parents étaient morts et ma sœur vivait dans l'Ohio. J'avais des amies en ville – des femmes qui, du moins, s'apparentaient à des amies –, mais la plupart étaient aussi épouses de médecin, et seul un petit nombre était capable d'autre chose que de partager occasionnellement un déjeuner léger au club. À la mort de Felicia, aucune ne m'avait appelée mais toutes avaient envoyé des compositions florales : des bouquets gigantesques qui, réunis, avaient dû coûter plus cher que ma première voiture. « À l'hôtel, j'imagine.

— Prends une chambre au Washington House. Je serai plus rassuré. »

J'ai hoché la tête.

Il a reposé les bagages, s'est avancé et m'a prise dans ses bras. Je l'ai laissé faire. J'ai d'abord tenté de me raidir mais j'avais besoin de ce contact physique — mon Dieu, j'en avais toujours eu besoin — et il me fit fondre, cette expression ridicule que je détestais, typique des cartes Hallmark et des chansons d'amour populaires.

« Tu n'es pas obligée de partir », a-t-il dit.

J'ai respiré la bonne odeur de son cou, le parfum Old Spice qu'il continuait à mettre parce que son père l'avait toujours fait. Il y avait des raisons de l'aimer, aujourd'hui encore j'en suis convaincue.

« Je t'appelle demain », ai-je dit.

Il s'est reculé et a repris mes bagages. Galant jusqu'au bout, mais j'aurais dû remarquer que mon départ se passait très facilement — trop facilement. *On ne met pas comme ça un terme à vingt-deux ans de mariage*, me suis-je dit tandis qu'il chargeait la voiture et m'embrassait, tandis que je faisais tourner le moteur et quittais notre allée. Un mariage ne peut pas expirer comme ça. Pas s'il était vivant au départ.

Il est gynécologue, l'un des deux seuls à exercer encore à Roma, une ville qui, dans le passé, attirait les médecins qui fuyaient les procès pour erreur médicale et faisait partir ceux qui étaient vraiment doués. Mais Art, qui aurait pu avoir une existence plus glorieuse que celle qu'il avait choisie, est compétent. Très compétent. Ses patientes, de tous âges, lui sont fidèles, et aujourd'hui encore, quatre ans après notre divorce, il arrive qu'on m'aborde car on me reconnaît d'après le vieux portrait de famille qu'il conserve toujours dans son cabinet. C'est fou mais c'est vrai. Pour me dire : « Quel homme bon. Et tellement compréhensif. » Généralement je hoche la tête en signe d'assentiment et je m'en tiens là. Il y a bien des façons d'être compréhensif, pourrais-je rétorquer – bien des façons d'être bon –, mais quelle importance ?

Nous nous étions mis d'accord, dès notre mariage, sur le fait que ce serait mieux pour moi d'aller consulter un autre médecin en cas de besoin. Encore une décision qui avait peut-être été prise trop rapidement, mais ça nous convenait. Quand Felicia, à seize ans, m'a parlé de contraception, je l'ai emmenée – discrètement – consulter mon gynécologue à Bowling Green pour qu'il l'examine et lui fasse une ordonnance. Art et moi pouvions fonctionner comme ça quand elle était encore là, avec ces existences autonomes qui se suffisaient à elles-mêmes et qui, en aucun cas, ne se croisaient. Dans la mienne : la vie sexuelle de Felicia, que je me sentais capable, à moi seule, de comprendre et même de soutenir un peu ; les tâches ménagères et quelques petites courses insignifiantes ; et mes livres, dévorés souvent avec un ou deux verres de vin. Dans la sienne : ses déplacements mensuels à Nashville avec Beau Markham et Robert Zipes, l'anesthésiste et le chirurgien – des voyages d'affaires, disait-il, même si nous savions tous deux que je n'étais pas dupe. Je m'étais résignée à ce que, très probablement, ils jouent au golf et se soûlent ; et peut-être allaient-ils aussi dans des boîtes de strip-tease, mais je n'avais jamais réfléchi, ou je ne m'étais jamais autorisée à réfléchir, au degré de trahison derrière tout ça.

Son travail faisait aussi partie de cette vie-là. Un soir, pendant le dîner, alors que Felicia, qui avait alors huit ans, jouait chez un voisin, une question – peut-être la question la plus évidente – m'est venue à l'esprit pour la première fois, j'ai posé ma fourchette, et l'expression de mon visage a dû être suffisamment étrange pour qu'Art s'interrompe au milieu d'une phrase. « Est-ce qu'il t'arrive d'être excité sexuellement au travail ? ai-je demandé.

— Non », m'a-t-il répondu avec suffisamment de douceur pour que je le croie. Pourtant, au lit ce soir-là – au moins une heure après que je me fus endormie – il m'a secoué l'épaule. « De temps en temps, a-t-il murmuré, et j'ai tout de suite deviné de quoi il parlait. Une fois tous les trente-six du mois. Et ça me choque.

— Ça arrive quand ? »

Je me suis retournée mais je ne pouvais pas distinguer son visage parce qu'il était dos à la fenêtre, ce qui projetait une ombre sur lui.

« Parfois pendant un examen des seins. Le plus souvent, juste avant l'examen, quand j'aperçois une bande de peau là où bâille la blouse jetable.

— Et pendant... »

J'étais incapable de terminer ma phrase.

« L'examen gynécologique ? » Son ombre trembla. « Jamais. Je pourrais tout aussi bien être en train de pétrir de la pâte à pain. »

Mon estomac se souleva. « Mon Dieu.

— Tu me prends pour une espèce de pervers, hein ?

— Non », ai-je répondu.

Et je crois que j'étais sincère.

« Parce que c'est plutôt fréquent. » Il roula sur le dos et soupira. « C'est une blague répandue en fac de médecine. Mais de toute façon, avec le temps, ça arrive de moins en moins.

— On s'habitue.

— C'est un peu ça. »

Je me suis encore plus emmitouflée dans les couvertures. « Tu t'inquiètes au sujet de mon médecin ? » lui ai-je demandé.

Il bâillait. « Hein ?

— Le docteur Nickell. Est-ce que tu t'inquiètes à l'idée qu'il puisse avoir la trique quand il me palpe les seins ?

— Non, a répondu Art en riant. C'est vraiment rare, ma chérie. Dans quatre-vingt-dix-neuf pour cent des cas, on les considère comme des pièces détachées.

— Des pièces détachées », ai-je répété.

Il tapota mon bras. « Oui. Comme Picasso : un sein ici, une jambe là. Quand tu bandes, ça ne veut généralement rien dire. Ce n'est pas forcément une belle femme ni même une jeune fille, juste quelqu'un qui aiguise tes sens.

— Merci beaucoup, ai-je dit.

— J'aime tes pièces détachées », a-t-il répondu en tirant l'élastique de mon pantalon de pyjama vers le bas afin de pouvoir glisser sa main entre mes jambes. Il s'est collé à moi. « C'est ça, a-t-il articulé lentement. C'est ça qui me fait de l'effet. »

De la pâte à pain, je n'arrêtais pas de penser. Mais nous avons quand même fait l'amour.

Quand Art m'a appelée il y a trois semaines, j'ai compris qu'il avait du nouveau à m'annoncer. Il ne téléphone que pour me faire mal avec son bonheur et il fait toujours précéder ses annonces de : « Je voulais que tu sois la première à le savoir. » Comme s'il m'offrait un cadeau, un joli petit paquet de désespoir : *Dana, je vends la maison. Dana, j'ai rencontré une femme. Dana, on va se marier.*

« Dana, Stephanie est enceinte. On va avoir un bébé. »

Une seule chose me semblait claire : Felicia aurait vingt-quatre ans. Tandis qu'Art continuait à blablater, cette pensée m'a trotté dans la tête, d'abord sous forme de mots, puis d'images : la cérémonie de remise des diplômes à laquelle elle n'avait jamais assisté, le petit ami – l'élu de son cœur – qu'elle n'avait jamais rencontré, qu'elle n'avait jamais eu l'occasion d'amener à la maison. Certains jours, je me demandais si ma vie serait différente – en quoi elle serait différente – si Felicia avait eu un accident de voiture ou un cancer, si elle était partie d'une façon qui n'était pas aussi monstrueuse. Le chagrin est-il quantifiable ?

« Elle est au milieu du deuxième trimestre », a dit Art, et je suis très vite retombée sur terre. Stephanie. Elle travaille à la chambre de commerce et je vois toujours sa photo dans le journal local : elle coupe un ruban lors de l'inauguration d'un nouveau magasin dont personne ne veut dans cette ville – un Blockbuster ou un Burger King, ce genre d'aberration –, elle organise un déjeuner du Rotary, « guinche » (les termes employés par le *News Leader*) pendant le Tobacco Festival Street Dance. Elle a trente-cinq ans, et bien que ces douze années qui nous séparent me rongent parfois, je suis heureuse qu'Art n'ait pas choisi quelqu'un de l'âge de Felicia. Il aurait pu. Il est plus séduisant aujourd'hui qu'il ne l'a jamais été : hâlé, en forme, le genre d'homme à porter la cinquantaine comme une Rolex, symbole de sa bonne éducation et de sa réussite. Je trimballe la mienne comme un ulcère. « Environ vingt semaines, a-t-il conclu.

– C'est déjà bien avancé, fut tout ce que je dis.

– Eh bien, ça commence à se voir. » J'entendais la télévision derrière ses mots, et comme un bruit de placards qu'on ouvre et qu'on referme, d'assiettes prises et empilées. J'imaginais Stephanie, le tablier noué avec soin autour de son adorable petit ventre de femme enceinte, en train de préparer le dîner et de jeter sur Art des regards inquiets, code de communication conjugal : *Est-ce qu'elle va bien ? Est-ce qu'elle*

devient hystérique ? Tu veux une ou deux côtelettes de porc ?
« Mais on a voulu garder ça pour nous pendant un moment, s'assurer que tout allait bien. On n'a pas vingt ans.

– Vous avez fait faire une amniocentèse », ai-je dit en sachant, au moment même où ces mots sortaient de ma bouche, que j'avais raison. Pas d'enfant trisomique pour Art.

« Bien sûr. »

Il s'éclaircit la voix.

« Félicitations.

– J'aimerais qu'elle te connaisse. Et Stephanie aussi. On aimerait que tu fasses partie de sa vie.

– C'est donc une fille. »

J'ai pincé l'arête de mon nez pour faire en sorte que mon conduit lacrymal se tienne bien. J'ai songé aux traits que Felicia avait hérités de son père : ses yeux bleus et écartés, son front haut. Et ses mains aussi : de longs doigts agiles qu'elle n'avait pas eu le temps de mettre au service d'une vocation ou d'un talent particulier, la chirurgie, le piano, ou n'importe quel autre vieux cliché. Quand elle était petite et que j'avais encore les cheveux longs – jusqu'à la taille ou presque –, elle aimait me les coiffer avec ma grosse brosse plate, de longs mouvements qui la préparaient mieux à la sieste que des bercements ou du lait chaud. Comme Art était parti travailler, on s'allongeait dans l'immense lit parental où on somnolait, et il arrivait qu'elle tende le bras pour caresser mon visage avec ses petits doigts encore potelés : *Maman*, disait-elle. Comme une bénédiction.

« Ouais, une petite fille, m'a dit Art.

– Qu'est-ce qui te fait dire que j'aurais envie de connaître ton enfant, Art ? Enfin, il ne t'est pas venu à l'esprit que la situation puisse être un peu gênante pour nous tous ?

– Parce que c'est la sœur de Felicia », a-t-il répondu.

Ça, c'est Art tout craché : il peut être vraiment bon – foutrement magnanime, même – et en même temps monstrueux. Qui serais-je pour cette enfant ? Tante Dana ? La baby-sitter ?

« Je ne pense pas que ce soit une bonne idée », ai-je dit.

À l'autre bout du fil, un bruit de friture, le dîner était presque prêt. Aussi incroyable que cela puisse paraître, mon ventre gargouillait ; j'ai décidé de prendre la voiture pour aller acheter un hamburger chez Hardee's que je mangerais à la maison avec un verre – ou deux, ou trois – de ce bon vin rouge que je rapporte de mes séjours épisodiques à Nashville. J'ai pris environ neuf kilos depuis la mort de Felicia, et quand j'ai vu ma sœur à Noël, elle a eu l'audace de me dire que c'était pour me « protéger des hommes » – comme si ma principale difficulté après le décès de ma fille était de réapprendre à sortir avec quelqu'un. Comme si un homme pouvait être une solution.

« C'est une proposition à durée illimitée. Indéterminée, d'accord ? » a dit Art.

On s'est dit au revoir et on a raccroché. *Indéterminée* : le mot me fit presque sourire. Cette proposition qu'il me faisait – pour atténuer sa culpabilité à l'égard d'une ancienne épouse, d'une ancienne vie – serait oubliée dans quelques semaines, elle aurait disparu comme Felicia. Il allait y avoir les échographies et les premiers coups de pied, une chambre d'enfant à préparer, des cigares – les bons cigares cubains – à faire venir et à distribuer aux amis. Je ne rencontrerai son enfant que par hasard et sans doute plus souvent que je ne le souhaiterais : Roma est une petite ville. Dans quelques années, elle commencera à venir à la bibliothèque, et quand j'animerai « l'heure du conte » ou une lecture publique estivale, peut-être sera-t-elle l'un de ces petits visages levés vers moi. Peut-être ? Mon Dieu, c'était probable. Il n'y avait qu'une bibliothèque et si Art continuait à être le père exigeant qu'il avait été – il avait voulu que Felicia soit aussi motivée et réussisse aussi bien que lui, même s'il avait considéré comme naturels mes modestes capacités intellectuelles et mon manque d'ambition matérielle –, il voudrait que son enfant aille à la bibliothèque. Contre vents et marées.

J'ai fouillé dans le panier qui se trouve près de la porte de derrière pour en extirper les clefs de ma voiture, j'ai décroché mon blouson et vérifié que j'avais de l'argent dans mon porte-monnaie : huit dollars. Je ne serai pas partie longtemps. Chez Art, ils étaient en train de se mettre à table, le soulagement palpable entre eux, peut-être même avoué à haute voix : « Dieu merci, on est deux. »

Je n'aurai jamais un autre enfant. C'est une vérité que j'ai acceptée il y a longtemps parce que j'avais quarante-deux ans à la mort de Felicia, et quand l'idée d'avoir un nouveau bébé s'était présentée comme une solution – *Oui, je pourrais en avoir un autre* – Art était parti, et mon corps changeait, me jouait des sales tours comme, inévitablement, le corps de toute femme. Je ne suis pas une femme moderne comme l'était ma fille : Felicia, dont la sexualité confiante me fascinait et m'impressionnait même un peu, moi qui étais tellement naïve à son âge ; Felicia qui considérait l'université comme une des étapes d'une évolution logique ; qui avait trouvé tout naturel de choisir son propre chemin dans la vie, d'aller lentement, de considérer les rendez-vous amoureux comme une récréation et non comme une chasse au mari. Je ne suis pas une femme moderne, mais je ne peux pas m'empêcher de tempêter un peu contre l'injustice de la situation – l'aptitude d'Art à tourner tout simplement la page, à remplacer notre fille par un nouvel enfant avec autant de facilité qu'il avait remplacé notre vieille Toyota Camry par un Cadillac Escalade. La classe au-dessus. Je me surprends à penser de plus en plus au jour où je l'ai quitté : je croyais le quitter, faire un choix décisif, mais je me rends compte aujourd'hui qu'Art m'a élégamment poussée hors du mariage comme il m'a élégamment poussée hors de la maison cet après-midi-là.

Certains soirs, tout ce dont je suis absolument sûre – tout ce sur quoi je devrais pouvoir compter, comme la pesanteur, l'oxygène et le lever du soleil – n'a plus d'influence sur moi. Je sais qui a tué Felicia. J'ai rencontré son regard une demi-douzaine de fois au tribunal et j'ai été tout simplement convaincue, j'ai senti la culpabilité irradier de lui comme la fièvre et se poser sur moi, malsaine, moite et empoisonnée. C'est tout ce que je sais. Mais certains soirs, c'est Art que je veux voir détruit, que je veux voir brisé. Je veux qu'il se sente aussi mal que moi, qu'il connaisse la solitude – la solitude d'une femme, ce que l'on ressent quand on est sans enfant, sans mari, et que rien d'autre ne nous définit, ne nous anime.

Nous nous sommes rencontrés à l'université Vanderbilt. J'étais en deuxième année, Art commençait médecine. Et c'est dans ma chambre que nous avons fait l'amour pour la première fois – la toute première fois pour moi –, ma colocataire étant partie dans sa famille pour le week-end. Nous avons verrouillé la porte, mis la radio à fond pour que personne ne nous entende dans le couloir. Je ne me rappelle pas ce qui passait à la radio, mais je me rappelle la médiocrité du son, la rugosité de mes couvertures ; la fraîcheur du mur que mon bras gauche ne cessait d'effleurer pendant que nous nous embrassions, le lit était si petit. Il y eut naturellement la douleur et le sang, et quand Art eut fini, j'ai pleuré parce que j'avais l'impression d'être une traînée, parce que je me demandais ce que mon père en penserait. Mon père qui avait vendu dix hectares de terre agricole fertile afin de pouvoir payer les frais que ne couvraient pas ma bourse.

Le sexe est toujours violent. Même le sexe consenti ou « l'amour physique », comme disaient toujours les femmes de médecin, une expression que je trouvais tout à la fois pudique et vulgaire. Je ne dis pas que je détestais ça – ce serait faux – ou qu'Art était en quelque sorte plus violent que d'autres, parce qu'il n'était pas violent du tout. Ce soir-là, dans la chambre de la résidence universitaire, quand je me suis mise à pleurer, il m'a serrée contre lui, a caressé mes cheveux et m'a murmuré à l'oreille qu'il n'était pas question que nous recommencions si je ne le souhaitais pas. Ce qui est arrivé à Felicia, la façon dont notre mariage a été anéanti : rien de tout cela ne retire à Art sa décence intrinsèque même s'il m'arrive de le souhaiter. J'ignore si Art est un homme bon, mais parfois un homme décent est ce que l'on peut espérer de mieux.

Deux jours après son coup de téléphone, j'ai pris ma voiture pour me rendre sur la tombe de Felicia mais je me suis retrouvée à Bowling Green, devant la Wells Brothers Furniture Company. La voiture de Simon – une Corvette noire plus récente que celle dans laquelle je l'avais vu monter et d'où je l'avais vu émerger une demi-douzaine de fois au cours du procès de Felicia – était garée sur le parking du magasin, en travers de deux emplacements pour que ses portes ne soient pas abîmées. Il avait fait la même chose au tribunal, et les jours de grande chaleur – sans doute fin juillet – il installait un pare-soleil métallisé sur le pare-brise. Je le voyais souvent depuis la salle d'audience : un scintillement de lumière, comme un océan lointain ou un mirage.

Son procès dura quinze jours, et la délibération du jury deux heures et demie : acquitté des neuf chefs d'accusation. Aucune preuve physique n'établissait un lien entre lui et la chambre de Felicia, qui avait brûlé, puis avait été inondée quand le système d'extinction automatique avait fini par s'enclencher – pas de sperme, pas d'empreintes digitales, aucun signe de lui sur les bandes de vidéosurveillance de Keough Hall, bien que la fille responsable de l'accueil ait reconnu qu'il n'était pas difficile d'entrer sans se faire remarquer – et l'enquête fut bâclée par l'équipe d'enquêteurs qui n'avaient jamais eu à traiter de situations plus complexes que des nuisances sonores, des conduites en état d'ivresse, ou le vol occasionnel d'un vélo ou d'un sac de cours. Simon a brandi un alibi dès que la police l'a embarqué, mais l'inspecteur a commencé à l'interroger sans le vérifier, un point que la défense n'a cessé de critiquer violemment pendant le procès. Il était chez ses parents, a affirmé le père à la barre – il était incontestablement rentré à trois heures du matin, au moment où l'alarme incendie s'était déclenchée. Tout le monde était réveillé, insista le père : une famille heureuse, assise autour d'une table pour discuter à cœur ouvert et en pleine nuit des inquiétudes de Simon quant à sa carrière. C'était, après tout, un étudiant de vingt-trois ans, sur le point d'hériter d'une chaîne régionale de meubles comptant plus de trente magasins.

Son ami Marty est en prison. Il a plaidé coupable d'homicide volontaire un an avant le procès en échange d'une peine allant de vingt ans à la perpétuité. Son témoignage était censé assurer la condamnation de Simon, mais finalement il lui a fait plus de mal que de bien : les habiles avocats de Simon ont coincé Marty sur quelques incohérences insignifiantes, ils l'ont déstabilisé quand il était à la barre et l'ont fait passer pour un imbécile et un menteur. Je ne le plains pas. Mais la haine, qui est devenue tellement présente dans ma vie que je peux presque dire qu'elle fait partie de moi, comme mes yeux ou mes mains, est dirigée contre Simon. Pourtant, c'est une haine inutile, une haine que je n'ai ni le courage ni même l'ambition de transformer en une arme bien aiguisée. Mais j'aime l'idée de vengeance – d'une vengeance exemplaire, de celle sur laquelle Shakespeare a écrit. Dans *Titus Andronicus*, Titus tue les violeurs de sa fille et les sert à leur mère dans une tourte à la viande. Acte cruel, ridicule – c'est ce que nous avait dit notre professeur. Mais également bénéfique. J'ai entendu dire que nous vivons dans un pays civilisé, à une époque civilisée. Nos films sont violents mais nos lois sont justes. Le système judiciaire doit servir nos intérêts. Et c'est là que je mets mes espoirs parce que je suis une femme entre deux âges, que j'ai été femme au foyer pendant une bonne partie de ma vie, et que je ne pouvais même pas me résoudre à donner des fessées à Felicia quand elle le méritait. Qu'étais-je censée faire quand le système judiciaire m'a laissée tomber ? Si ce n'est détruire ce qui restait de ma propre existence au lieu de celle des meurtriers de ma fille ?

Je savais que Simon travaillait dans le plus grand magasin de la chaîne en fin de journée. Il était passé au journal télévisé local moins d'un an plus tôt, polo rouge « Wells Brothers » rentré dans un pantalon kaki impeccablement repassé, mèches blondes mais cheveux encore coupés court : un homme fiable et cent pour cent américain. On le voyait en train de décharger des marchandises aux côtés de son père, les muscles bien dessinés au moment où il soulevait des canapés et des fauteuils inclinables enveloppés de plastique ; de rendre la monnaie à un client et de dire, alors qu'il y avait une pause dans le commentaire : « Passez une bonne journée ». L'interview fut bienveillante à son égard. Le journaliste signala que la voiture de Simon avait été vandalisée, qu'il avait été accosté un soir devant un bar. « J'essaie juste de mener une existence honnête et d'oublier tout ça, avait dit Simon. Je ne suis pas rancunier. » Quel culot !

PIÈCES DÉTACHÉES

Je n'étais jamais entrée à l'intérieur du magasin, même du vivant de Felicia. Ils ne proposaient pas le genre de meubles que j'aurais aimé avoir chez moi – en tout cas, pas à l'époque où j'étais encore femme de médecin. J'étais passée devant une fois en voiture, avant que Felicia entre à la fac, en me disant que je pourrais trouver une étagère bon marché et suffisamment petite pour tenir dans sa chambre de la résidence universitaire. Mais c'était fermé et j'ai fini par en acheter une chez Target.

J'y suis entrée. La salle d'exposition avait une odeur froide et synthétique, pas l'odeur naturelle du bois et du cuir. Ils vendaient de la camelote, ça frisait les produits jetables : meubles multimédia en aggloméré et tables de cuisine en contre-plaqué, fauteuils de vinyle rembourrés bordeaux, verts et marron. Des vases et des lampes en céramique encombraient des tables basses à plateau de verre, les vases étaient remplis de tiges d'eucalyptus poussiéreuses avec leur odeur de médicament que j'avais toujours détestée, comme celle de l'herbe coupée et de l'anis. C'était un mercredi, en fin d'après-midi, et tout était calme : à l'autre bout du magasin, un couple regardait les tables de salle à manger, mais il n'y avait personne d'autre. Les meubles étaient disposés en différents petits espaces censés imiter les pièces d'une maison : les canapés avec les fauteuils et les tables basses, les tables de cuisine dressées pour le dîner avec des sets et des assiettes. Je me suis demandé si Simon en avait agencé certains et j'en ai été pratiquement sûre. C'était pertinent : cet homme, qui ne comprenait rien à la fragile construction d'une famille, bricolait des scènes minables à partir de meubles minables.

La porte à double battant entre la réserve et la salle d'exposition s'est ouverte et Simon est apparu. Il m'a vue, s'est dirigé vers moi.

Je suis restée immobile et j'ai attendu qu'il s'approche suffisamment pour marquer de la méfiance, puis encore un peu pour être convaincu : j'ai attendu qu'il comprenne que la mère de la fille qu'il avait tuée l'affrontait enfin, qu'elle faisait ce que la peur et la faiblesse l'avaient empêchée de faire pendant le procès. J'avais passé tant de jours dans cette salle d'audience – Art assis à côté de moi mais attentif à ce que son bras ou sa jambe ne m'effleure pas – à regarder ce jeune homme dans son impeccable costume bleu marine. J'avais croisé son regard tant de fois, j'avais vu en lui ce que, j'en étais convaincue, ses parents avaient été capables de nier ou d'ignorer : un mélange de faiblesse et de méchanceté, de haine de soi et de vanité. J'avais deviné, bien mieux que Simon lui-même, qu'il y avait là une combinaison dangereuse, que ces traits de caractère pouvaient – dans des circonstances défavorables – pousser un garçon par ailleurs normal à agir comme un psychotique. Je savais tout ça mais je n'avais rien pu faire.

Il s'arrêta à moins d'un mètre de moi. « Puis-je vous aider, madame ? »

Nous nous sommes regardés droit dans les yeux. J'ai attendu. Dans un instant, j'en étais sûre, il allait réagir : son corps se raidirait ou sa main commencerait à trembler ; il dirait quelque chose comme : « Pourquoi êtes-vous ici ? » ou : « Je le jure, je n'ai rien fait. » J'avais imaginé cette rencontre bien des fois, de bien des façons – j'avais réfléchi au dialogue qui suivrait –, mais voilà l'élément que j'avais toujours considéré comme une évidence : il me regarderait et il comprendrait.

« Madame ? » dit-il. Il s'est frotté la nuque et j'ai noté pour la première fois que son visage était plus rond, trois ans après le procès – un détail qui n'était pas apparu à la télévision. Je voyais bien qu'il était nerveux, mais uniquement parce qu'il était confronté à une situation qu'il ne savait pas gérer sur-le-champ. Fallait-il amadouer cette folle ? Appeler les types en blouse blanche ?

J'ai regardé le sol. « Je jette un coup d'œil, ai-je dit.

– Oh, d'accord. » Il hocha la tête. « Faites comme chez vous ; et appelez si vous avez besoin de quoi que ce soit. On fait une promotion sur le similicuir jusqu'à Memorial Day, gardez ça en tête.

– Comptez sur moi », ai-je répondu.

Il recula, un sourire circonspect aux lèvres. Avant qu'il se retourne – avant qu'il traverse la salle d'exposition en direction du couple qui se trouvait dans l'espace salle à manger – j'ai cru lire quelque chose sur son visage. Je suis repartie à ma voiture en me disant que je me faisais sans doute des illusions, que mon visage comptait aussi peu pour lui que la vie de Felicia. Il avait tourné la page, comme tout le monde. Tout le monde sauf moi.

Je pense qu'il y a des moments dans la vie où l'on doit abandonner une part de soi, comme si l'on muait, pour avancer. En ce qui me concerne, la naissance de Felicia fut le premier de ces moments-là : au cours des semaines qui suivirent l'accouchement, j'ai compris que mon corps n'était pas le seul à avoir changé à jamais, que mon âme, elle aussi, avait changé. Des pertes, mais des profits encore plus importants. Quand elle est morte, j'ai dû muer de nouveau mais je m'y suis mal prise et je ne suis jamais allée au bout, parce que je me lève le matin en me sentant encore mère, et que je me couche le soir en pleurant une fois de plus ma fille. Si la colère fait partie de moi, la perte de Felicia est comme une amputation, et je n'ai pas encore découvert comment vivre sans elle.

Ce soir-là, en sortant du magasin de Simon, j'ai compris qu'une vie était vraiment peu de chose – j'ai réalisé la vitesse à laquelle elle apparaissait et disparaissait, et constaté que même les personnes endeuillées, comme mon ex-mari, pouvaient évoluer, s'adapter et trouver de nouveaux moyens de s'en sortir. Je suis rentrée chez moi en pensant au bébé d'Art. Il y avait quelque chose d'enivrant à imaginer cette enfant, la sœur de Felicia. Elle est tout à la fois un miracle et une malédiction : la moitié d'Art et rien de moi.

La bibliothèque n'est pas un endroit bruyant mais l'énergie qui la traverse n'est jamais la même. Au printemps, avant que les collégiens soient en vacances et que les cars scolaires se mettent en branle l'après-midi, la lumière traverse les fenêtres autrement, et les livres donnent presque l'impression de soupirer, répandant des particules de poussière tourbillonnantes. Assise à l'accueil, je lis un roman ou un magazine, et la grosse pendule de l'entrée – celle que la ville a achetée l'année de son bicentenaire – égrène la nouvelle heure en émettant des sons anciens et cuivrés, graves et printaniers. Ce bâtiment n'est ni le plus vieux ni le plus charmant du monde. On y a apporté beaucoup d'« améliorations » dans les années 1980 en abattant le plafond et en installant un éclairage froid au néon. Il y a cinq ans, on a recouvert le parquet de moquette berbère bleue – afin d'atténuer le bruit et de retenir la chaleur, a expliqué le responsable de la bibliothèque, mais maintenant les tennis des enfants butent contre les films de protection en plastique qui traversent le sol dans tous les sens, et je trébuche au moins une fois par jour. Une femme aux cheveux grisonnants en gilet, jupe kaki et mocassins de cuir impeccables : la vieille fille bibliothécaire typique, ou presque.

Hier, Stephanie est arrivée durant cette heure silencieuse qui précède la période de pointe de l'après-midi. Bientôt, filles et garçons débarqueraient en trombe, et bien qu'ils se montrent étonnamment respectueux ici – l'unique endroit en plus de l'église, peut-être, à avoir une telle emprise sur des enfants – les murs eux-mêmes vibrent en leur présence. En attendant qu'ils rentrent dîner chez eux d'un pas nonchalant, je suis captivée, et c'est pendant cette courte période de la journée que j'oublie un peu Felicia. J'adore les regarder s'installer à une table, donner des coups de pied dans les barreaux de chaise, le menton au creux des mains. Ils tournent les pages des livres avec tellement de soin, ces petits.

C'est pendant le silence qui précède que je suis la plus vulnérable. C'est physique – le vide autour de moi et en moi, comme une coque vide où l'on peut pleurer toutes les larmes de son corps, un endroit presque agréable car anesthésié. Et c'est ainsi que Stephanie m'a trouvée : installée sur ma chaise habituelle, avec son assise rembourrée usée, en train d'imprimer une pile de lettres de retard à envoyer, tout en dormant les yeux ouverts.

« J'espérais vous trouver là », a-t-elle dit.

Que dire d'une femme comme Stephanie ? Elle est séduisante, mais j'étais plus séduisante qu'elle à trente-cinq ans ; intelligente – une évidence quand on lui parle –, mais pas particulièrement profonde ni sensible, voilà ce qu'Art disait aimer chez moi : *C'est fou ce que tout te touche. Tout ce que tu ressens, tout le temps.* Polie, pas forcément aimable. C'est le genre de femme qui épouse un type comme Art, qui est capable de comprendre, avec une perspicacité qui frise le calcul, que ses humbles appas ont plus de valeur parce qu'elle est le dernier modèle en date.

Mais c'est aussi une de ces femmes à qui la grossesse donne plus de substance. Et ça m'a fait mal de la voir comme ça – des cheveux bruns bien coupés et un peu plus en désordre que d'habitude ; une marinière mal taillée, bien ajustée à la ceinture, mais qui pendait sous les bras, ce qui la rendait à la fois triste et ravissante. L'espace d'un instant, j'entrevis ce que l'on pouvait aimer chez elle.

« Contente de vous voir, ai-je dit, un mensonge tellement gros et vide de sens qu'on en fut, je crois, toutes deux gênées.
– Moi aussi. » Elle agrippait le comptoir d'accueil. Ses ongles étaient uniformément recouverts d'un vernis rouge corail. « Ça fait un moment que je souhaite vous parler. »
La bibliothèque était très calme. Le seul lecteur était un homme d'un certain âge – un de ces retraités qui passent tous les jours et restent des heures – et il se trouvait dans un coin, au fond de la salle, caché par le rayon romans policiers. Un après-midi, ce vieil homme – Jimmy, c'est son nom – s'était tenu à l'endroit même où se tenait Stephanie et, pendant ce qui m'avait paru durer des heures, il m'avait raconté un des livres qu'il était en train de lire. *The Red Light Murders.* Je l'avais laissé faire. Les victimes étaient des jeunes femmes, m'expliqua-t-il, de prétendues starlettes et des prostituées qui vivaient dans le quartier malfamé de Los Angeles aux environs de 1925. Le meurtrier les découpait en filets comme des poissons et conservait leurs yeux en guise de trophée. Et l'auteur avait prouvé, grâce à de nouvelles techniques d'identification génétique et à de vieux documents trouvés sur les terres de sa famille, que son propre grand-père était vraisemblablement le coupable. « Quelle histoire, avait dit Jimmy en tapotant la couverture du livre. C'est la preuve que... », avait-il répété à plusieurs reprises – *C'est la preuve que* – mais il n'avait jamais fini sa phrase, ne m'avait jamais dit ce que ça prouvait, ni quel sens on pouvait donner à une mort ignoble.
« Comment allez-vous ? » ai-je demandé à Stephanie. Je me suis surprise à faire un geste en direction de son ventre, me sentant aussitôt ridicule.
« Bien. » J'étais contente qu'elle ne pose pas ses mains de chaque côté de son ventre en arborant un sourire serein, comme le font toujours les femmes à la télé – comme je l'avais fait à plusieurs reprises pendant ma grossesse, donnant

l'impression de transporter les secrets de l'univers ; moi, la déesse Mère, la première femme à avoir jamais créé la vie.
« En ce moment, ça va. Ma mère n'arrête pas de me dire que dès juillet, je vais souffrir. Et l'humidité est tellement désagréable en plein été.

– À votre place, je ne me ferais pas autant de souci. J'ai bien profité de ma grossesse jusqu'aux deux, trois derniers jours.

– Oh, j'en profite, a aussitôt rétorqué Stephanie. J'ai juste horreur de la chaleur. »

La pendule sonna la demie et les poils de mes bras se hérissèrent. Je n'avais pas envie que Stephanie me fasse un sermon, elle qui semblait tellement pleine de bonnes intentions qu'elle aurait pu les trimballer partout au lieu de porter le bébé d'Art. Je savais ce qu'elle allait me dire, j'aurais pu le lui écrire au dos d'une de ces fiches de classement que nous n'utilisions plus mais que l'on garde comme papier de brouillon : *C'est très important pour Art. Réfléchissez-y, d'accord ?*

« Stephanie, ai-je dit. Que faites-vous ici ?

– Je voulais vous dire que j'étais d'accord avec vous. Que je pense qu'un rapprochement entre le bébé et vous serait une mauvaise idée. Ou une idée bizarre, en tout cas.

– Oui, bizarre », ai-je répété en hochant la tête.

Je n'enregistrais pas vraiment ce qu'elle me disait. J'ai baissé les yeux sur son ventre rond, le nœud rouge sur le devant de sa marinière pendait avec une longueur de ruban beaucoup plus basse que l'autre.

« C'est vraiment important pour Art. Mais parfois, il est incapable de se projeter dans l'avenir. »

J'ai de nouveau hoché la tête, mais uniquement parce que c'était ce qu'elle attendait de moi. Pendant tout le temps qu'avait duré notre mariage, Art s'était toujours projeté dans l'avenir : la prochaine voiture, la prochaine promotion, les prochaines grandes vacances.

« Cette petite fille n'est pas encore une personne à ses yeux. » Puis elle caressa son ventre. « Il la voit juste comme une façon de retrouver un peu Felicia. On ne peut pas déposer ce genre de fardeau sur les épaules d'une enfant. Elle doit vivre sa propre vie.

– Si vous avez suffisamment de chance », ai-je répondu. C'était injuste, sans doute, mais je me suis sentie dans mon bon droit quand j'ai croisé le regard de Stephanie : compatissant, ce regard, et dénotant une telle assurance. *Pas moi. Pas mon bébé.* Comme si la raison, ou le désir, gouvernait ce genre de choses.

« J'imagine que c'est entre les mains de Dieu », a-t-elle répondu. J'ai bien vu qu'elle y croyait – qu'elle croyait dans son Dieu, avec ses grandes mains au ciel. C'était approprié, vraiment. Réduire Dieu à ses mains, à des pièces détachées – de grandes mains masculines qui pouvaient cogner, faire mal, sur un coup de tête : comme celles de Simon, comme celles de Marty. Comme celles d'Art, putain, ces beaux doigts, longs, dont notre fille avait hérité, qui m'avaient caressée un nombre incalculable de nuits et qui, un jour – il y a un million d'années, me semblait-il –, m'avaient tendu ces billets neufs. Je me représentais Dieu comme deux mains.

« Je comprends ce que vous voulez dire », ai-je répondu.

Elle ajusta la bandoulière de son sac à main et sourit. « Il vous aime encore, Dana. Tout comme il aime encore Felicia. Ça me va. Je savais dans quoi je m'embarquais avec lui. Je savais qu'il trimballait... » Elle hésita.

« Quoi ? » ai-je demandé, m'attendant à ce qu'elle dise « des problèmes ». Stephanie semblait être le genre de femme capable de faire de la psychologie de bazar.

Elle secoua la tête, ces cheveux si bien coupés. « Des fantômes. »

Je m'interdis de pleurer – pas devant elle, surtout pas. Mon visage resta impassible.

Stephanie contourna le comptoir, prit ma main et la posa sur son ventre, sur le côté, entre l'arrondi et l'os saillant de la hanche. À cet endroit-là, la peau était tendue, ferme mais souple, et je trouvai l'intimité de ce geste exaspérante et injuste : un mauvais calcul, un calcul honteux, et je pense que Stephanie s'en rendit compte au moment même où elle prit ma main. Je sentais son parfum – léger et floral – avec, en fond, une note aigre de transpiration. Il y eut une agitation soudaine sous mes doigts, si familière que, l'espace d'un instant, j'en eus le souffle coupé. « Je suis désolée », a-t-elle murmuré. Dehors, les freins d'un bus scolaire sifflèrent puis chuintèrent. J'ai retiré ma main.

Il y a deux ans, deux ou trois mois après son mariage avec Stephanie, Art a débarqué chez moi avec un carton contenant des affaires ayant appartenu à Felicia, qu'il avait récupéré dans sa cave, et une bouteille de Jim Beam. *Je n'ai pas pu faire ça tout seul*, m'a-t-il dit, et donc on a tout trié ensemble, ce qu'on décidait de garder et de donner, et on a constaté qu'on voulait tout garder. On s'est assis côte à côte sur mon canapé et on a feuilleté les pages jaunissantes d'albums de photos, on a ri en voyant des photos de nous – jeunes, minces, bronzés avant que le bronzage ne devienne tabou –, on a pleuré devant des photos de notre fille, on a bu à même la bouteille et on s'est retrouvés au lit avant qu'aucun de nous deux n'en ait envisagé l'éventualité. À un moment, avant de décider d'aller dans la chambre, nous avons compris que tout pouvait de nouveau changer, et sans doute pour le pire – mais le désir est un drôle de truc, c'est parfois la seule façon de s'en sortir, et nous n'avons pas hésité longtemps.

   Nous nous sommes heurtés dans le noir, maladroits, rouillés ; nous ne nous étions pas touchés depuis des années, et je savais que mon corps avait changé depuis la dernière fois que nous avions fait l'amour. Et d'ailleurs, c'était quand ? Je n'ai pas le souvenir précis de cette ultime fois, juste la vague impression que ça s'était passé avant le coup de téléphone concernant Felicia – un ou deux jours ou une semaine plus tôt – et qu'il n'y avait rien eu après sa mort malgré quelques tentatives tièdes et désastreuses. Art se montra attentionné et même déférent. Et bien que je n'aie pas une seule fois nourri l'espoir qu'il me revienne, il y eut cet instant – quand il posa son oreille pour écouter mon cœur et que je sentis ses battements s'accélérer sous sa chaleur, traître comme il l'avait toujours été – où je crus, malgré tout, que si je donnais suffisamment de moi, ils me reviendraient tous les deux. Que le désirer suffisamment fort pouvait changer les choses.

Cette nouvelle est extraite du recueil
Une fille bien (2013).

Bank of America

de Richard Lange

Traduit par Cécile Deniard

Une fois que nous avons pris le contrôle d'une banque et maîtrisé le vigile, c'est mon boulot de surveiller les clients pendant que Moriarty franchit le comptoir d'une glissade et vide les caisses. Je ne sais pas bien pourquoi cette tâche m'est revenue. Même après tout ce temps, je ne fais pas le méchant le plus convaincant. J'ai travaillé ma posture et tout le reste dans le miroir, je me suis entraîné aux regards mauvais et aux rictus déstabilisants, mais j'ai encore peur que quelqu'un ne voie clair en moi.

Le pistolet que je porte aide bien. Un horrible gros machin argenté, relativement imparable. Mais je fais attention de ne pas abuser de l'avantage qu'il me donne. Quand on voit des psychopathes jouer à ça au cinéma, on est toujours content quand ils récoltent ce qu'ils méritent. Et puis j'ai été de l'autre côté aussi, peu de temps après mon installation à L.A. Je sais ce que ça fait. Un soir où je sortais du magasin de spiritueux, des gangsters en herbe me sont tombés dessus en brandissant un flingue. Mon portefeuille s'est pratiquement envolé de ma poche jusque dans leurs mains. Il m'a fallu des semaines pour arrêter de trembler. J'ai vomi direct sur le trottoir. Je garde ça en tête quand on fait notre business. Inutile d'en rajouter.

Aujourd'hui est un jour spécial. Nous sommes réunis dans le tout petit bureau depuis lequel Moriarty fait du démarchage pour des assurances auto à prix cassés afin de faire le point sur son plan pour notre dernier coup. Moriarty, parce que c'est le cerveau de la bande. Sous sa direction, nous avons mené à bien vingt-sept braquages de banque en trois ans (plus que Jesse James) et pendant tout ce temps, nous n'avons jamais été pris, nous n'avons jamais eu les flics à nos trousses, nous n'avons même jamais tiré une balle.

Il doit faire cinq cents degrés dehors. Même avec deux ventilos qui vrombissent et toutes les fenêtres ouvertes, l'air stagne, chaud et lourd comme de la graisse de bacon. Un étage plus bas, sur Hollywood, une vieille femme arménienne pleure. Assise à un arrêt de bus, elle se balance d'avant en arrière, un foulard noir sur la tête. Ses sanglots me distraient de l'exposé de Moriarty. Il pose une question et je ne l'entends même pas.

« Hé, mon vieux, rouspète-t-il. Vas-y. Sérieux.

– Je te suis, je te suis. » Je me lève de l'appui de fenêtre et me dirige vers le distributeur de Coca où il garde toujours des bières en stock. La cannette que j'en sors est bien fraîche ; je la presse contre ma nuque et je lui fais signe de continuer.

C'est le même scénario que pour le dernier coup et pour celui d'avant. À notre niveau, on ne finasse pas trop. Nous ne faisons pas sauter de chambre forte, nous ne violons pas de systèmes de sécurité perfectionnés. À la base, ce sont des raids-éclair. On ramasse tout le fric qu'on peut avant que quelqu'un ne déclenche une alarme et ensuite on court comme des tarés jusqu'à la voiture volée en vue de notre fuite. Moriarty a toujours voulu qu'on ait l'air d'amateurs.

Sa théorie, c'est que les flics feront moins attention à nous comme ça. Nous avons aussi pris d'autres précautions. Il y a toujours au moins trente kilomètres entre deux coups et nous varions les déguisements : lunettes de ski, bas, perruques et barbes postiches. Nous avons porté des têtes d'extraterrestres une fois, et une autre fois nous y sommes allés en turban et cirage à chaussures, histoire de nous amuser un peu.

Moriarty me fait suivre du doigt notre itinéraire à l'aller et au retour, après quoi il froisse la carte et la brûle dans un cendrier. J'admire sa minutie. Ça me rend fier d'être son associé. Et ce contrôle qu'il exerce sur lui-même – mon Dieu ! Il maîtrise ce bordel qu'est l'existence. Tous les jours, il prend une banane au petit-déjeuner et un sandwich au thon au déjeuner. Tous les jours ! Et toute sa semaine est gravée dans le marbre de la même façon. Jeudi soir : billard de neuf à onze au Smog Cutter et deux bières – ni plus, ni moins. Samedi : ciné, exercices de tir, une heure de méditation et la soirée à étudier l'histoire. Le dimanche, il se lève à six heures pour lire le *New York Times* et le *L.A. Times* de la première à la dernière page. Je le crois quand il dit que vivre de cette façon lui donne le temps de penser. C'est tout à fait logique : il est un train lancé à pleine vitesse et ses habitudes sont ses rails ; il n'a plus qu'à se concentrer sur le fait d'avancer. Ça ne veut pas dire qu'il soit parfait – il habite toujours chez sa mère, postillonne un peu trop quand il parle des armes à feu et croit dur comme fer que Waco n'était qu'un avant-goût de ce qui nous attend. Mais cette volonté qu'il a !

« C'est clair pour tout le monde ? demande-t-il. Pas de lézard ?

– Clair, *mon commandant.* » Réplique de Belushi, le troisième de la bande, allongé sur le canapé avec une nouvelle cigarette.

Moriarty sort de derrière sa table et ouvre le frigo du bureau. Il lance une glace à l'eau à Belushi, une autre à moi, et nous les suçons là en silence. L'Arménienne pleure toujours en bas et ça commence à tous nous taper sur les nerfs. Belushi craque le premier et grogne : « Putain de merde, mettez de la musique ou quelque chose. » Moriarty glisse un CD dans le ghetto-blaster et *Whole Lotta Rosie* sort en braillant des haut-parleurs.

« On devrait peut-être descendre voir ce qui ne va pas, je suggère.

– Je vais te dire ce qui ne va pas, répond Belushi, et un gloussement secoue le mucus qui tapisse sa gorge. Il fait trop chaud, l'air est dégueu et le monde est aux mains de vieillards malfaisants. On pourrait s'arracher les yeux que les larmes continueraient de couler. »

C'est un de ces indécrottables prophètes de malheur, Belushi, et un junkie (d'où le surnom), mais il a aussi le sens de l'argent comme personne. D'après la rumeur, il viendrait d'une famille aisée, alors peut-être qu'il a ça dans le sang. Il a été notre chauffeur pour tous nos coups, et notre comptable. Notre objectif quand nous nous sommes lancés dans cette histoire, c'était un quart de million chacun (de quoi tout envoyer péter) et aujourd'hui mon compte en Suisse affiche un solde créditeur de 248 320 dollars. On ne le devinerait jamais, à le voir vautré comme il l'est maintenant, avec ce grand sourire aux dents jaunies et cassées, mais Belushi a pris tout notre butin et, grâce à de savantes combines offshore, il l'a plus que triplé. C'est pour ça que c'est notre dernier coup. Ce ne sera guère qu'une formalité, mais il faut qu'on s'en tienne au plan, parce que c'est ce qui nous a menés jusque-là.

Moriarty branche sa machine Ms. Pac-Man d'époque et elle s'anime dans une avalanche de bips et de couinements. Une goutte poisseuse de sa glace, qui fond rapidement, tombe sur l'écran et il l'essuie du pouce.

« Alors, comment vont les amours ? » demande-t-il à Belushi. Et c'est reparti.

« Ça te regarde pas.

— Il n'y a pas de mal à payer pour ça, tu sais. C'est un crime sans victime.

— Ce n'est pas ce que disent celles qui se retrouvent avec toi.

— Ta mère déblatère encore sur moi ? »

Belushi feint un gros rire gras et rassemble ses jambes et ses bras élancés pour s'extirper du canapé. La journée la plus chaude de l'année, et il est habillé tout en noir. « On se voit jeudi, les marioles », dit-il.

Quand la porte se referme derrière lui, Moriarty secoue la tête.

« Sacré coco, pas vrai ? dit-il.

— C'est quelque chose », je réponds.

Une feuille avec les scores actuels de notre tournoi perpétuel est scotchée sur le côté de la machine Ms. Pac-Man. Moriarty y jette un œil, puis lance sa partie. Je retourne à l'appui de fenêtre pour boire ma bière et essayer de choper un courant d'air. De là, je regarde Belushi sortir de l'immeuble et s'approcher de la femme arménienne, qui pleure toujours, même si je ne l'entends pas à cause de la musique. Je n'entends pas non plus ce que lui dit Belushi, mais quoi qu'il en soit, cela arrête son balancement frénétique. Il sort de l'argent de sa poche et le lui donne. Elle prend sa main entre les siennes pour la baiser et il lui file une petite tape dans le dos avant de se sauver dans la rue.

Ouais, vraiment un sacré coco.

Belushi et Moriarty m'appellent John Q parce que je suis le mec normal, c'est-à-dire que j'ai femme et enfant et que tous les matins je me mets immédiatement à la recherche d'un moyen de gratter assez d'argent pour maintenir ma famille à flot. Quand nous aurons atteint notre objectif après ce dernier coup et que nous aurons enfin, par consentement mutuel, accès à notre argent, Belushi mettra les bouts pour Amsterdam, où il se fera enregistrer comme drogué pour recevoir gratuitement de l'héroïne distribuée par l'État, et Moriarty s'installera enfin tout seul, dans l'Idaho, dernier espace de liberté en Amérique ou un truc du genre. Moi, je veux juste une franchise Subway dans un coin tranquille où il y a de bonnes écoles. Un quatre-pièces Kaufman & Broad et une voiture correcte. Braquer des banques est une façon super compliquée de grimper quelques échelons, je sais, mais est-ce qu'on ne nous dit pas tout le temps d'aller là où est l'argent ? On peut faire dire ce qu'on veut à n'importe quelle phrase, si on essaie.

Quand je rentre, Maria est en train d'éplucher des pommes de terre dans la cuisine pour ses fameuses frites, qui accompagneront les hamburgers que je vais jeter sur le barbecue. Je lui ai dit que je partais faire une offre pour un chantier de peinture. Elle me demande comment ça s'est passé.
« Ça se présente bien, je réponds. C'est une grande maison. Ça pourrait m'occuper un mois et quelque.
– Hip-hip-hourra, alors ?
– On verra, on verra. »
Elle prend un couteau et coupe les pommes de terre en longues lamelles fines qu'elle met dans un saladier rempli d'eau.
« Les voisins se sont fait cambrioler, on leur a volé leur télé, dit-elle.
– Tu plaisantes.
– Ils dormaient quand c'est arrivé. Ils n'ont rien entendu.
– Ben mon vieux.

– Je sais. Ça fait peur. »

Elle ne cherche pas à me donner mauvaise conscience, mais c'est raté. J'aurais dû les emmener, elle et Sam, loin de ce quartier il y a des années, quand les premiers graffitis ont fleuri, quand la portière de la voiture a été forcée pour la première fois. Je croyais toujours que les choses allaient s'arranger. J'étais comme ça à l'époque, toujours à voir le bon côté, l'espoir chevillé au corps. Mais aujourd'hui je me rends à l'évidence. Et après jeudi (dernière expédition du gang de Hole-in-the-Wall), nous dirons adieu à la malchance.

« Commençons à chercher une autre maison », dis-je en m'approchant de Maria par-derrière pour la prendre dans mes bras et enfouir mon visage dans ses cheveux. J'adore ses cheveux. J'ai toujours adoré ses cheveux.

« Peut-être du côté de Glendale, dit-elle.

– Et pourquoi pas plus loin ? Pourquoi pas les montagnes ? Carrément très loin d'ici ?

– Ne me fais pas marcher.

– Je suis sérieux, chérie. C'est le moment. »

Elle se retourne pour m'embrasser. Ses mains mouillées sur mon visage sentent la patate et la terre. Elle est cubaine, elle a la peau brune et douce. Ses parents l'ont suppliée de ne pas m'épouser. Ils avaient un ami de la famille sur les rangs, un étudiant en médecine, mais elle était aussi têtue alors qu'aujourd'hui.

« D'accord, les montagnes, dit-elle.

– Les montagnes. »

Nous restons l'un contre l'autre une seconde, puis elle rit et me repousse. « Ah, tu es fou. J'ai rapporté quelques interros à corriger à la maison. Va voir ce que fait Sam et laisse-moi travailler. »

Je m'arrête sur le pas de la porte et je la regarde s'asseoir à la table et prendre son stylo. Les rideaux de la fenêtre derrière elle se gonflent et dansent dans la brise du soir, et les ombres du réfrigérateur et du grille-pain sont plus longues et plus fraîches à chaque minute qui passe. Elle pose son front sur sa main, sourit, et je comprends enfin pourquoi les gens ont tellement peur de mourir. Je veux être avec elle pour toujours.

« Papi, dit Sam. Hé, Papi, regarde. »
Je me réveille en sursaut d'une profonde sieste sans rêve et le brusque retour de la vue me brûle les yeux. Un instant je contemplais par la fenêtre de notre séjour les feuilles sèches du palmier qui piquaient du nez et l'instant d'après j'étais parti. Même quand je ne travaille pas, je suis tout le temps fatigué.
« Papi ! »
Sam a presque cinq ans. La semaine dernière, il m'a dit qu'il voulait être docteur quand il sera grand pour pouvoir réparer les cœurs brisés. Ce soir, il est très occupé à démantibuler sa collection de figurines et à recombiner les morceaux pour créer de nouvelles formes de vie. Il en glisse une vers moi sur la table basse pour que je regarde.
« C'est l'homme qui a découvert qu'il était un robot, explique-t-il. Il a regardé dans le miroir et il a enlevé son visage, et il y avait une tête de robot en dessous. Maintenant il boit de l'huile et il est très, très triste. Des fois, il s'énerve et il casse des choses.
— Est-ce qu'il a des amis ? » je demande.
Sam fait la moue, réfléchit. « Il est trop effrayant et trop triste. Il pleure trop. S'il avait de l'argent, il s'achèterait une nouvelle tête, mais il n'en a pas.
— Combien coûterait une nouvelle tête ?
— Environ dix dollars, je pense.

– Tiens, dis-je en faisant semblant de donner quelque chose au petit homme. Voilà dix dollars. Va t'acheter une nouvelle tête.
– Il ne t'entend pas, dit Sam. Il a des oreilles de robot aussi. »

Sam barbote dans sa petite piscine gonflable pendant que j'installe le gril et que je démarre les briquettes. Certains habitants des autres pavillons du lotissement dînent aussi dehors et nous nous saluons à travers la cour sur laquelle donnent toutes nos portes. Il y a beaucoup d'ombre maintenant. Le soleil est bas sur l'horizon, il recouvre de miel toutes les feuilles de tous les arbres, et les oiseaux sont en plein *happy hour*. L'air résonne de cris rauques tandis qu'ils grouillent sur un carré de pelouse fraîchement semé.
« Regarde, papi. »
Allongé sur le ventre, Sam plonge le visage sous l'eau. Des bulles pétillent autour de sa tête. Il se redresse, attend mon sourire et mon approbation, puis replonge. Un des voisins allume une radio et de la musique mexicaine rivalise avec le bavardage des oiseaux. Quand on s'installera dans les montagnes, je construirai moi-même notre maison. Un de ces trucs en bois en forme de dôme dont on peut commander les plans, un genre de chalet futuriste, ce genre-là. Je m'imagine scier des planches et planter des clous. Ça paraît tout à fait possible.
Nous mangeons sur la véranda, avec des bougies à la citronnelle pour repousser les insectes et la nuit qui s'épaissit. Des hamburgers, les frites de Maria et une salade d'avocats et de tomates en rondelles bien mûres avec de l'huile, du vinaigre et plein de poivre. Les cheveux humides de Sam lui collent au front et la serviette avec laquelle Maria l'a séché est encore sur ses épaules. Maria le gronde quand il rote, mais ensuite je

rote à mon tour. Elle fronce le nez de dégoût et verse encore du thé glacé. Les oiseaux se sont tus et au loin on entend le léger *pop pop pop* d'une fusillade. Je regarde Maria et Sam, mais ni l'un ni l'autre ne réagit, alors je me dis que c'est parce qu'ils n'ont pas entendu les coups de feu, pas parce qu'ils se sont habitués au bruit.

Plus tard, nous regardons ensemble un vieux film d'épouvante, celui sur la tarentule géante qui fait un carnage dans le désert. Je passe du thé glacé à la bière. Sam est recroquevillé autour d'un coussin devant la télévision et Maria est allongée avec moi sur le canapé. Le poids de la journée me tombe dessus et mes paupières deviennent insupportablement lourdes. Je m'endors au bruit d'une femme qui hurle. Lorsque je me réveille après minuit, Maria s'est allongée sur le sol, près de Sam, et ils sont tous deux endormis. Je prends Sam et je l'emporte au lit, puis je réveille doucement Maria, qui se dirige en vacillant vers la salle de bains.

Quelqu'un de célèbre vend un truc bon marché à la télé. Je l'éteins. Un bruissement devant la porte d'entrée étrangle tout en moi comme un nœud. J'éteins la lumière et je m'approche à pas de loup de la fenêtre. En écartant les rideaux rien qu'un peu, je regarde la véranda, mais il n'y a rien là, juste une serviette que nous avons oubliée en débarrassant. Maria revient en peignoir et demande ce qui ne va pas. Je lui réponds de ne pas s'inquiéter, que je suis seulement parano après ce qui est arrivé chez les voisins. Nous partageons un verre d'eau glacée et nous allons nous coucher.

Le lendemain matin, la piscine de Sam a disparu.

Moriarty me dit de le retrouver au lac Hollywood. On appelle ça un lac, mais en réalité c'est un réservoir niché au creux des collines où vivent les stars de cinéma, un trou tapissé de ciment et entouré d'un grillage métallique. Assez joli, si on n'y regarde pas de trop près. Moriarty court dix kilomètres par jour sur la route qui en fait le tour, il tourne, tourne, qu'il pleuve ou qu'il vente. À côté de lui, je me fais l'effet d'une chiffe molle.

Je me gare là où il m'en a donné l'instruction et je m'approche du grillage. L'eau immobile et noire est nappée d'une couche de poussière qui étincelle au soleil, et le brouillard de pollution est tellement dense qu'on distingue à peine les arbres de l'autre rive. Au-dessus de moi, une grande maison fait saillie sur une colline, soutenue par quelques maigres poutrelles en bois. La vue depuis la terrasse doit être fabuleuse en octobre ou novembre, quand l'atmosphère s'éclaircit ; on peut sans doute voir jusqu'à l'océan, et je parie que les gens qui habitent là sortent tous les soirs pour s'accouder à la rambarde et regarder le coucher de soleil.

Moriarty passe à fond en sprint à côté de moi et continue sur une centaine de mètres avant de faire demi-tour. Il revient au petit trot, en boxant les airs.

« Hé, souffle-t-il. Ça va ?
– Je vais bien », je réponds.

Il soulève son T-shirt et s'en sert pour essuyer la sueur de son visage. Un autre coureur passe et ils échangent un salut.

« Attends-moi à ta bagnole », me dit-il.

Je traverse la route et je m'adosse à ma Nissan. Les doigts croisés derrière la tête, je considère le réservoir et contemple le film de poussière dorée qui flotte à la surface. Ça n'a pas l'air très hygiénique, ce système de retenue. Maria me tanne pour qu'on se paie de l'eau en bouteille et je commence à comprendre son point de vue. Si ce qui coule de notre robinet vient d'ici, qui sait quel genre de saloperie mortelle y est mêlé.

Moriarty est garé non loin de là sur la route. Il tire un sac de sport de sa voiture. Je reconnais la chanson qu'il siffle en s'approchant. C'est une marche de Sousa, pour laquelle mon père connaissait des paroles grivoises :

*Oh, le singe salue les officiers qui vont au mess
Et il se retourne
Pour leur montrer ses fesses.*

Un truc du genre. J'étais plié de rire quand j'étais gosse.
Moriarty pose le sac à l'arrière de mon pick-up et ouvre la fermeture éclair pour me montrer le fusil à canon scié qu'il contient.
« Il y a aussi une boîte de cartouches, dit-il.
— Merci.
— Enferme ça dans un endroit où ton gamin ne peut pas l'attraper. Fais pas le con.
— Je t'en prie.
— Tu sais t'en servir ? Tu n'auras probablement pas besoin, parce que le cambrioleur de base se chie dessus quand il entend les cartouches glisser dans la chambre, mais juste au cas où ?
— J'imagine que ça n'a rien de compliqué. »
Moriarty sourit et referme le sac. « Tu vises et tu tires. »
Une vieille dame descend de la voiture de Moriarty et crie : « Stuart, je ne veux pas être en retard !
— Ouais, Ma, okay ! crie-t-il à son tour. La messe, m'explique-t-il en levant les yeux au ciel. On se voit jeudi.
— Et comment. »
Nous nous serrons la main et il regagne sa voiture à petites foulées. Je jette un autre regard vers la grande maison au-dessus de moi et je ne peux pas m'empêcher (appelez ça de la jalousie si vous voulez) d'imaginer le déclenchement du grand tremblement de terre, le Big One, et la surprise et la terreur sur le visage des propriétaires quand ces poutrelles se

briseront comme des cure-dents et qu'ils finiront par faire le toboggan sur la colline dans cette baraque prétentieuse, qu'ils traverseront le grillage et couleront direct au fond de cette saloperie toxique de lac Hollywood.

J'étais une loque quand Moriarty m'a rencontré par hasard, si crispé à l'intérieur que parfois je n'arrivais même pas à respirer assez profondément pour remplir mes poumons. Sur l'autoroute ou dans la file d'attente du supermarché, je me surprenais à suffoquer comme un astronaute privé de son casque sur Mars. Un an plus tôt, lorsque mon chèque de paie avait été refusé pour la troisième fois de suite, j'avais dit à l'entrepreneur pour lequel je bossais d'aller se faire voir et j'avais retiré toutes nos économies pour m'installer à mon compte. Peindre des maisons n'était pas une passion, mais j'imaginais accumuler rapidement assez de capital pour me reconvertir dans l'achat et la rénovation de biens mal entretenus que je revendrais avec un bénéfice. Mais douze mois plus tard, je n'avais décroché que quatre chantiers et pour les obtenir j'avais dû proposer un prix tellement bas que je m'y retrouvais à peine. D'une bière le soir, j'étais passé à trois, puis six. « C'est quoi, cet abruti que tu as épousé ? » je demandais à Maria, et elle répondait quelque chose de gentil, mais ce n'était pas ce que je voulais entendre, alors je demandais encore : « C'est quoi, cet abruti que tu as épousé ? » Je posais la question jusqu'à ce qu'elle pleure.

Moriarty m'a trouvé à l'agence pour l'emploi de Hollywood. Je ne lui ai pas répondu la première fois qu'il m'a abordé : tout le monde avait l'air tellement défoncé et cinglé, et qui savait ce que manigançait cet enfoiré blond avec son sourire en coin. *Qu'on me laisse remplir mes formulaires et me casser*, c'était ma philosophie ce matin-là, mais il ne m'a pas lâché, il m'a demandé de lui prêter une partie de mon journal et m'a suivi dehors jusqu'à la buvette mobile garée au bord du trottoir, où nous sommes restés à nous observer à travers la vapeur qui montait de nos cafés.

Il dit qu'il a su tout de suite que j'étais le bon, mais j'ignore comment. Dans mon souvenir, cette première conversation s'est limitée aux banalités échangées entre deux étrangers ordinaires : un peu de sport, un peu de musique, chacun de nous en faisant peut-être un petit peu trop pour convaincre l'autre qu'il valait mieux que les trois cents dollars la semaine pour lesquels nous faisions la queue. Dans ma version, ce n'est que plus tard (quand nous nous sommes réfugiés dans un bar pour rincer notre gosier de la honte de la matinée) que la vérité a commencé à se faire jour. Quand Moriarty a posé ses mains autour de sa bière, comme en prière, et qu'il a soupiré : « Je vais te dire, je n'en peux plus de ramer » ; c'est là que j'ai pensé pour la première fois qu'on avait peut-être quelque chose en commun.

Il s'est avéré que nous habitions le même quartier de Hollywood, alors nous avons commencé à sortir prendre des pots ensemble quelque chose comme une fois par semaine. L'idée des braquages de banque a tout de suite été une plaisanterie récurrente entre nous, du moins je prenais ça pour une plaisanterie. Moriarty disait : « Je suis sérieux. » Et je répondais en rigolant : « Mais je sais. » Pour moi, c'était comme de dire : « Hé, si on faisait un film » ou « Si on ouvrait une pizzeria » – un de ces projets communs irréalisables dont les mecs se servent parfois comme excuse pour continuer à se voir quand ils sont trop coincés pour admettre qu'ils apprécient la compagnie l'un de l'autre. « Il ne s'agit pas seulement de boire ; on doit parler affaires », vous voyez. On en arrive à fantasmer ensemble, à se confier nos projets pour tout l'argent qu'on va gagner, à jouer un peu les imbéciles.

Même quand Belushi est arrivé dans le tableau (un vieux copain de fac de Moriarty), que Moriarty s'est lancé dans le trafic d'assurances et que nous avons commencé à nous réunir à son bureau plutôt qu'au bar parce qu'il avait décidé qu'il ne fallait plus qu'on nous voie ensemble en public, je ne prenais toujours pas ça au sérieux. Et comment j'aurais pu ? Voyons, nous trois (nous !) en train de soupeser des pistolets et de discuter minutage tout en étudiant les plans tracés par Moriarty pour les diverses banques qu'il avait surveillées – c'était hilarant. Je me rappelle avoir ri tout seul la première fois que nous sommes réellement sortis en voiture pour reconnaître l'itinéraire de notre fuite, parce que je savais qu'une heure après je serais à la maison en train de jouer à tiens-voilà-main-droite avec Sam et d'aider Maria à nettoyer la salle de bains. C'était la vraie vie. Ma vie.

Comment, dans ce cas, expliquer ce qui s'est passé ensuite ? Je ne l'explique pas. Je ne peux pas. BOUM ! Me voilà, dans une de ces mêmes banques, sur des jambes qui tremblent comme une paire de ressorts. J'ai un flingue à la main, un collant sur la tête, et quand je crie « Couchez-vous ! » on croirait que c'est Dieu lui-même qui tonne dans un ciel d'orage à voir les clients se jeter à mes pieds. Je m'étais toujours imaginé que, quand on franchit la ligne rouge, on le voit venir, mais en réalité cela ressemble davantage à la paisible traversée de l'équateur en pleine mer. Ne vous laissez pas raconter d'histoires, ça n'a rien d'extraordinaire, ce passage d'un côté à l'autre.

El Jefe téléphone de bonne heure le lundi matin pour me proposer quelques jours de boulot sur une maison de Los Feliz. C'était un gros bonnet dans l'armée du Nicaragua jusqu'à ce qu'ils l'expédient voir ailleurs après la révolution. Maintenant il a une entreprise de peinture à la petite semaine ici, et la plupart de ses chantiers lui arrivent grâce à des prospectus qu'il dépose dans les boîtes aux lettres et sur les pare-brise. Quand des Blancs l'embauchent, il fait appel à moi parce qu'il fait grimper ses tarifs pour eux en s'imaginant qu'ils râleront moins si ça va en partie à un autre gringo. Et puis, explique-t-il, les Blanches se sentent plus à l'aise avec un des leurs dans les parages « pour nous tenir à l'œil, nous autres voleurs et violeurs ». C'est cent dollars nets d'impôts par jour et ça m'empêchera de penser au casse.

La baraque est grande, une maison de style espagnol à deux étages, qu'on va faire passer d'un beige terne à une teinte légèrement plus sombre. Je ferai le boulot avec deux Indiens du Guatemala, petits et taciturnes, pendant qu'El Jefe supervisera entre deux cigares et deux conversations sur son portable.

Le gros avantage de la peinture, c'est que ça a un rythme qui permet de s'évader. Ce matin, je me passe le film de notre premier Noël dans les montagnes, réglant peu à peu la vision jusqu'à ce qu'elle soit d'un seul coup parfaitement nette, jusqu'au miroitement de bris de verre de la neige fraîche, le crépitement des bûches dans la cheminée et l'odeur du sapin que Sam et moi allons couper et traîner jusqu'à la maison dans la forêt hivernale. L'image est si belle que la morsure du soleil sur ma nuque ne m'ennuie pas du tout et que je rechigne presque à poser mon pinceau et à descendre de l'échelle quand arrive l'heure du déjeuner.

Je prends les sandwichs et la thermos de limonade que Maria m'a préparés dans la glacière à l'arrière de mon pick-up, et je m'adosse, côté ombre, à un palmier planté sur le carré d'herbe entre la rue et le trottoir. Les Guatémaltèques s'assoient au bord du trottoir à quelque distance et discutent tranquillement en déballant leurs burritos. Nous n'avons pas échangé deux mots de toute la matinée, mais c'est comme ça sur ces chantiers. Je pense qu'ils savent pourquoi El Jefe me fait venir, alors je ne vais pas les rejoindre l'air de rien et me laisser tomber à côté d'eux en leur faisant le coup du « on est tous dans le même bateau », alors que ce n'est pas vrai et qu'ils le savent parfaitement.

El Jefe s'extrait de sa BMW cabossée, où il est assis avec la clim à fond depuis une demi-heure. Il marmonne quelque chose aux Guatémaltèques, qui baissent la tête et acquiescent, répugnant à croiser son regard, puis traverse le jardin d'un pas décidé pour voir où nous en sommes. Par habitude, j'imagine, il se tient encore comme un militaire : le dos droit, les épaules carrées, une main toujours posée sur la hanche, là où se trouverait son arme de poing s'il était en uniforme. C'est marrant de le voir se pavaner comme ça maintenant qu'il s'est ramolli et qu'il s'est laissé pousser le bide, mais je n'ose pas rire, pas avec son passé et le regard de dément qu'il a.

Il va à l'arrière de la maison, puis revient quelques instants plus tard et, d'un mouvement vif du poignet, me fait signe de le rejoindre. Nous parcourons à pas feutrés une allée de pierre qui mène à une terrasse couverte d'où nous apercevons la piscine, en contrebas. Deux hommes nus prennent le soleil, côte à côte sur des chaises longues. Pendant que nous regardons, l'un d'eux se lève et embrasse l'autre avant de plonger dans l'eau.

« Saloperie de *maricones* », murmure El Jefe. Il épaule un fusil imaginaire et le braque sur les hommes.

« Qu'est-ce que ça peut faire ? je demande.

– Ça me rend malade, ces *putos*. » Il enlève ses lunettes de soleil et essuie la sueur de ses yeux avec la paume de sa main. « À Managua, on s'est débarrassé de notre merde. »

Je hausse les épaules et je réponds : « On vit en pays libre, tout ça.

– Et c'est ça, la liberté, de baiser un autre homme ?

– De baiser qui on veut, j'imagine. Quelle importance ?
– Quoi ? » dit-il en me regardant d'un air dégoûté.

Je ne veux pas rentrer là-dedans, alors je retourne à l'avant de la maison et je me prépare à me remettre au travail. Mais El Jefe est très remonté et refuse de laisser tomber. Il piaffe derrière moi et dit : « Ce pays ne sait plus où il en est.

– Ouais, ouais, je rétorque. Et vous, vous faisiez des merveilles avec un aiguillon électrique et des tenailles. J'ai du boulot, okay ? »

Je ne l'avais jamais rembarré comme ça avant et j'ai peur de lever les yeux pour voir l'effet que ça lui a fait. De la sueur dégouline sur mon front, mon nez, mes joues, et quelques gouttes tombent dans le bidon de peinture que je suis en train de remuer. Au bout d'un moment, son ombre se retire et je l'entends qui traverse la pelouse. Quand il arrive à sa BMW, il m'interpelle :

« Hé, gringo ! »

J'essaie de prendre une posture de défi en me redressant pour lui faire face.

« Tu crois que je suis un mauvais homme ? »

Il a presque l'air triste maintenant, presque honteux, mais je ne vais pas me démonter. « Je crois que vous avez fait de mauvaises choses », je réponds.

Une datte verte tombe d'un palmier au-dessus de sa voiture et rebondit sur le capot avec un grand bang. Il se raidit à ce bruit, un léger tressaillement, puis se détend à nouveau et dit : « Alors c'est une chance que Dieu seul soit notre juge à tous les deux. »

Avant que je puisse dégoter une réponse, il m'adresse un bref salut, se glisse dans sa voiture et part. À l'heure d'arrêter, il revient avec une haleine chargée d'alcool et tend à chacun son salaire dans une enveloppe cachetée, comme à son habitude. J'ouvre la mienne à un stop sur le chemin de la maison et trouve un billet de cinquante dollars en plus au milieu des billets de vingt.

La chambre est sombre ; plus sombre encore la silhouette qui remplit l'embrasure de la porte. Je m'efforce de bouger les bras et les jambes, j'essaie de m'asseoir, de rouler au sol, de hurler, mais rien ne marche. Il s'approche lentement du côté du lit et m'enfonce le canon d'un pistolet dans la bouche, force le passage entre mes lèvres et mes dents, appuie sur la détente. Un putain de mauvais rêve. Je me réveille avec les oreilles qui bourdonnent et le cœur qui pousse contre mes côtes comme un animal qui se débattrait pour échapper à un piège. J'ai un goût de poudre et de métal huilé dans la bouche, et avant même que le monde ne se soit complètement figé, je suis debout. Le fusil et les cartouches que Moriarty m'a prêtés sont cachés sur l'étagère du haut du placard, dans un vieux sac de gym. Je les emporte au salon et je m'assois sur le canapé.
La lumière du perron teinte les rideaux en orange. L'ombre immense d'un papillon de nuit file sur eux. Il fait assez clair dans la pièce pour que je distingue la télé, le lecteur de DVD, la stéréo, tout bien à sa place. Je ne suis jamais venu là tout nu avant. C'est bizarre de sentir mes couilles posées sur le vinyle frais du canapé. Je lève le fusil jusqu'à mon nez et l'odeur fait remonter mon cauchemar. Un frisson me parcourt.
Il y a un truc pointu sous mon pied nu. Je me penche pour ramasser l'objet, un des jouets de Sam, l'homme qui a découvert qu'il était un robot. Il me paraît important d'aider le petit homme en lui donnant la nouvelle tête qu'il veut. Je vais le réparer et le laisser pour que Sam le découvre au matin, une sorte de miracle. Songeant qu'il doit y avoir d'autres figurines éparpillées, je glisse par terre et m'allonge sur le ventre. Je balaie de la main la caverne sombre et poussiéreuse sous le

canapé, mais je ne trouve rien d'autre qu'une vieille paille de soda et un penny.

« Chéri ? »

Maria me fait sursauter. Je roule sur le côté, attrape le fusil et le braque sur elle, puis le rabaisse tout aussi rapidement quand je réalise ce que je viens de faire. Bon Dieu. Bon Dieu de merde.

« Qu'est-ce qui se passe ? demande-t-elle.

— Rien.

— C'est un fusil ? »

Le réfrigérateur gronde tout bas dans la cuisine.

« C'est un ami qui me l'a donné, je dis. Avec tous ces cambriolages, j'ai pensé que ça pourrait être bien d'en avoir un.

— Alors tu vas tirer sur quelqu'un ?

— Lui faire peur peut-être. »

Je me hisse sur le canapé, renverse la boîte de cartouches. Elles tombent au sol une à une, claquent et roulent, claquent et roulent. Je suis un imbécile. Maria entre dans la lueur orange, les bras croisés sur son peignoir, son air inquiet tempéré par un sourire interrogatif. Ma honte n'en est que plus cuisante quand elle s'assoit à côté de moi et, probablement apeurée, pose une main sur mon épaule. Ses lèvres touchent ma joue et je me sens aussi mou et noir qu'un morceau de fruit véreux. Je serre l'homme qui a découvert qu'il était un robot avec tant de violence qu'il m'entaille la paume. Comment les gens normaux font-ils pour vivre avec toutes les erreurs qu'ils ont commises ?

Le mercredi, après le boulot, je passe au supermarché pour prendre du lait et des œufs, et qui j'aperçois ? Belushi. Voûté dans le rayon des condiments, le front plissé, il se frotte les tempes avec ses index. Sa silhouette vêtue de noir oscille comme un arbre secoué par le vent.

Je sais qu'il habite le quartier, mais nos chemins ne se sont jamais croisés avant et je m'étonne de constater à quel point sa présence est incongrue au milieu des autres clients. De grosses lunettes de soleil rondes lui cachent les yeux et des taches de léopard tatouées descendent en cascade de la manche de son T-shirt, lequel fait de la réclame pour le broute-minou à cinq *cents*.

Je ne l'ai pas, moi, ce cran qu'il faut pour se distinguer comme ça. Je me suis fait percer les oreilles un jour, mais ça n'a duré qu'une semaine, le temps qu'un menuisier du chantier sur lequel je bossais à ce moment-là fasse une fine remarque.

« Bouh », fais-je à Belushi en me glissant finalement à côté de lui.

Il regarde dans ma direction et me sourit comme si nous faisions ça tous les jours. « Vingt-cinq sortes de sauce barbecue, dit-il. Et toute cette moutarde, mon vieux. » Il parle d'une voix pâteuse et d'épais filets de salive s'étirent entre ses lèvres.

« Tu fais tes courses ? je demande.

– Nan, nan. Je suis entré prendre des cigarettes et je me suis laissé distraire. »

Il perd l'équilibre et manque de tomber à la renverse. Un vigile au bout de l'allée observe attentivement.

« À vrai dire, je suis pas mal défoncé. Tu pourrais me reconduire chez moi ? »

Son appartement n'est qu'à quelques rues de là, dans un bel immeuble, bien plus beau que chez moi. Ça doit être vrai ce que dit Moriarty, qu'il vient d'une famille riche. Il m'invite à prendre une bière et je réponds oui bien sûr, parce qu'on dirait qu'il pourrait avoir besoin d'aide pour aller jusqu'à sa porte.

Les parois et le plafond de l'ascenseur sont couverts d'une mosaïque de minuscules miroirs. Je m'accroupis, je fais une grimace de singe et c'est comme si je me regardais dans des myriades de petites télés. Quand nous arrivons à son appartement, Belushi se dirige en chancelant vers la cuisine. Il a un ordinateur et un écran plasma, et il y a deux ou trois guitares électriques qui traînent. Au lieu d'un canapé, de gros coussins entourent une table basse couverte de ces bougies votives qu'on trouve dans les boutiques mexicaines.

Belushi revient avec une bouteille de Heineken et me la tend, puis se laisse tomber sur un des coussins. Ça fait un peu folklore hippie, mais je le rejoins. J'aimerais bien qu'il ouvre une fenêtre ou au moins qu'il fasse pivoter les lames des stores pour laisser entrer un peu de soleil. On dirait l'antre d'une bête là-dedans, ou la fin d'une route sombre. J'imagine des ossements dans les ténèbres, des pierres aux bords taillés, du vieux bois calciné. Il prend une bouffée bruyante sur un bang violet et me demande d'une voix aiguë, étranglée, si j'ai peur pour le coup de demain.

« Bien sûr, je réponds. Je dors à peine. Et toi ?
— Je suis carrément en vrac, dit-il en souriant. C'est le dernier. Le gros. Ta nana ne sait pas ce qui se passe, hein ?
— Jamais de la vie. Non. Elle piquerait une crise.
— Comment tu vas lui expliquer d'où vient l'argent ? »

Je hausse les épaules pour éviter de répondre. J'y ai beaucoup réfléchi, mais il n'a pas besoin de le savoir. Il a bien d'autres raisons de se foutre de ma gueule.

« Moriarty et toi, vous êtes amis depuis longtemps, hein ? »

Belushi allume une cigarette. Le cendrier est un crotale enroulé sur lui-même avec des yeux en brillants rouges.

« Ouaip. Je le connais depuis des lustres, ce pédé. C'est mon martien préféré. Le même vaisseau spatial nous a largués, lui et moi, sur cette planète-prison et depuis on cherche à s'évader.
— C'est vrai ?

– Oui, réplique-t-il.
– Tu sais faire ça ? » je lui demande en faisant le salut vulcain de *Star Trek*.

Il rit et répond : « Engage. » Saisissant la télécommande, il allume la stéréo. Une étrange musique envahit l'appartement, plusieurs couches de guitare qui grincent sur le *chunk chunk* d'un tambour monotone. On dirait une usine qui se désintègre dans un ouragan. Le poing de Belushi marque les temps, martèle son genou. Il y a un poster au mur, le pape qui parade avec des nazis.

« Je sais ce que tu penses, dit Belushi en montrant la télé, les guitares et le reste, mais j'ai besoin de cet argent autant que toi.

– Je comprends », je réponds, et je crois que c'est vrai. Il y a plus d'une façon d'être misérable.

« Tu me manqueras quand ce sera fini », dit-il.

Cette déclaration me prend au dépourvu, mais je hoche la tête et je réponds : « Toi aussi. »

J'apporte son café à Maria, pose la tasse sur la coiffeuse pendant qu'elle se prépare pour le travail. Elle me sourit dans le miroir quand je m'accroupis à côté d'elle et appuie mon menton sur son épaule. Je passe les mains sous sa chemise de nuit pour prendre ses seins dans mes paumes. Tournant le visage vers son cou, je lèche le grain de beauté qui s'y trouve et j'inspire profondément. Il faut que je mémorise tout ça au cas où quelque chose tournerait mal.

« Tu as des cernes, dit-elle. Toujours des insomnies ?

– Je vais bien. Ne t'inquiète pas. »

Le grand jour est enfin arrivé. Quand la nuit tombera, il se pourrait que je sois riche, ou mort. Quelle sensation insaisissable. Je n'arrive pas à mettre le doigt dessus.

Sam est assis par terre dans le salon, devant la télé, un bol de céréales sur les genoux. Ses yeux sont rivés à l'écran, où un vaisseau spatial de dessin animé s'écrase, en flammes.

« Envahisseur X neutralisé », déclare-t-il en imitant la voix d'un héros dans un casque à visière.

Je me rappelle le plaisir que j'avais à m'oublier comme ça quand j'étais enfant. Ça semble un tel don aujourd'hui. Je résiste à l'envie de le prendre dans mes bras, de faire intrusion, et au lieu de ça je m'assois sur le canapé pour l'aimer de loin.

Nous quittons le pavillon tous les trois ensemble et j'accompagne Maria et Sam jusqu'à la Sentra. Maria le déposera au jardin d'enfants sur le chemin de l'école. Je les embrasse tous les deux et j'attends d'être sûr que la voiture démarre parce que la batterie se décharge ces temps-ci. C'est dur de les laisser partir, ce matin. Des larmes me piquent les yeux lorsque la voiture franchit la crête de la colline devant notre lotissement et surgit de l'ombre pour entrer dans le soleil vorace.

Le plan, c'est rendez-vous à trois heures sur le parking d'un mini-centre commercial à quelques rues de la banque. Jusque-là, routine. Les Guatémaltèques sont déjà sur leurs échelles quand j'arrive à la maison de Los Feliz. El Jefe sort de sa BMW et me regarde décharger mon pick-up. Il fume un cigare et boit du jus d'orange à même la bouteille.

Je repeins tout en haut sous les avant-toits ce matin, ce qui est sympa parce que je suis à l'abri du soleil, mais infernal à cause des araignées. Si c'était mon chantier, j'aurais enlevé les toiles au tuyau d'arrosage la veille et laissé le mur sécher pendant la nuit, mais El Jefe n'est pas trop pour les préparatifs, alors je me sers d'une brosse pour balayer les toiles. Elles sont épaisses comme du coton par endroits et constellées de mouches desséchées qui sautent et crépitent. Les toiles se collent à moi en tombant, s'accrochent à mon visage avec une raideur spectrale et s'insinuent dans mes poumons en profitant de ma respiration. Et les monstres qui les ont tissées ! De grosses araignées noires tombent comme une pluie empoisonnée. Je les chasse quand elles se carapatent sur mes bras, mon cou, mais c'est trop. Je suis obligé de prendre une pause, de m'asseoir dans l'herbe, la tête entre les genoux.

Après le déjeuner, je commence à me motiver pour arriver à m'enfoncer un doigt dans la gorge. C'est comme ça que je partirai : je vomirai et je dirai à El Jefe que je suis trop mal pour continuer, peut-être que je mettrai ça sur le compte d'une piqûre d'araignée. Alors que je suis en train d'ouvrir un nouveau bidon de peinture, mon téléphone sonne. C'est Maria. Il y a de l'inquiétude dans sa voix. Sam a fait une chute au jardin d'enfants et il s'est peut-être cassé la jambe. Elle ne peut pas quitter l'école tout de suite et se demande si je pourrais passer le prendre pour le conduire à l'hôpital. Pas de problème, je réponds. Détends-toi. Tout ira bien.

« Jefe ! je crie en allant vers sa voiture en courant. Je dois y aller. C'est une urgence. »

Il baisse la vitre. De l'air réfrigéré se brise sur moi comme une vague. « Je ne te paye pas pour aujourd'hui, alors, dit-il. Il faut travailler toute la journée pour être payé.

– Faites comme vous voulez. Je passerai prendre mes affaires plus tard. »

C'est seulement lorsque je m'éloigne en voiture que je pense à consulter ma montre. 13 h 15. Dans moins de deux heures, je suis censé avoir un flingue dans la main et une âme à l'épreuve des balles.

Sam est couché sur un lit de camp à l'infirmerie de l'école. Il fixe le plafond de crainte de bouger, le visage blême et en sueur.

« J'ai mal, dit-il, mais je ne saigne pas. »

Il geint quand je le prends dans mes bras, réclame d'une voix larmoyante ses chaussures, que l'infirmière lui a enlevées. Elle les lui donne, il entortille ses doigts dans les lacets et les tient bien serré. Je protège ses yeux du soleil en le portant à travers le parking. Une sonnerie retentit derrière nous, des portes s'ouvrent avec un chuintement et des hordes d'enfants se précipitent en hurlant dans la cour de récréation.

Il est couché sur la banquette. Le sommet de sa tête repose contre ma cuisse. Il me regarde conduire, la lèvre inférieure entre les dents. Je sais qu'il a mal, mais pas une seule fois il ne se plaint, alors que dans chaque rue il semble y avoir un nid-de-poule qui fait trembler le pick-up comme un ivrogne en manque.

« Tu veux mettre de la musique ? » je propose. Normalement, il n'a pas le droit, mais j'ai besoin de le voir sourire. J'allume la radio et je dis : « Vas-y. »

Il tend une main hésitante, comme si ça pouvait être un piège, et appuie sur un des boutons, change de station. Comme aucune réprimande ne s'ensuit, il s'y met pour de bon. Nous écoutons des bribes d'un rappeur quelconque, les Eagles, les infos, une radio mexicaine, puis retour à la case départ, et il rit de la cacophonie qu'il crée. Je regrette de l'avoir jusque-là privé de ce plaisir, de lui avoir tapé sur la main en criant : « Ça suffit. »

Pendant ce temps, mes associés attendent et le tic-tac de ma montre est plus bruyant à chaque seconde qui passe. Si je ne rapplique pas, ils annuleront le coup, mais je connais Moriarty et son principe de faire les choses jusqu'au bout. Il en programmera tout bonnement un autre et c'est hors de question. Je veux que ce soit fini maintenant. Je veux redevenir un citoyen. Je veux dépenser mon putain de fric.

Je pose une main sur la poitrine de Sam. Son cœur bat aussi vite que le mien.

« Je vais t'apprendre une chanson, dis-je : *Oh, le singe salue les officiers devant le mess...* »

Quand ils emmènent Sam sur un lit à roulettes pour ses radios, j'appelle Maria à l'école. Son téléphone est éteint, alors j'essaie le bureau. La secrétaire me met en attente, puis revient me demander si je voudrais laisser un message parce que Mme Blackburn n'est pas disponible pour le moment.

« C'est son mari. Dites-lui que j'ai conduit notre fils au Kaiser Hospital de Hollywood.

– Attendez que je note, dit-elle. Vous êtes son mari ? »

Je n'ai pas le temps pour ça, alors je lui raccroche au nez et j'appelle Moriarty. Pas de réponse, mais je décide de ne pas laisser de message. On ne sait jamais qui écoute. Ensuite j'essaie à nouveau l'école. La même bonne femme répond et je raccroche brutalement.

J'ai les mâchoires tellement serrées que j'en ai mal aux dents. Quelque chose en moi va exploser d'une minute à l'autre. Je m'appuie contre le mur, je ferme les yeux et je respire profondément, ce qui ne fait qu'empirer mon état car l'air du couloir empeste la merde et le médicament. Il y a une télé allumée quelque part. Une femme y demande : « Est-ce que tu m'aimes ? » et l'homme répond : « Je ne sais plus. » « Est-ce que tu m'aimes ? » hurle la femme. Je commence à arpenter le couloir, dix pas dans un sens, dix pas dans l'autre. Le monde se réduit à une bande de lino vert morve sur laquelle j'exerce un contrôle parfait. Ça devrait toujours être aussi facile.

Soudain Maria arrive, toute rouge et les mains moites. Une collègue a pris sa classe, ce qui lui a permis de quitter l'école plus tôt. Elle avait oublié son portable dans son bureau. Le médecin nous informe que Sam a une fêlure du tibia. Rien de grave, mais il va lui falloir un plâtre. Il est deux heures et demie. Je peux encore être à mon rendez-vous avec Moriarty et Belushi si je pars maintenant.

« Hé, j'ai laissé mon matos sur le chantier, dis-je à Maria, je devrais probablement aller le chercher avant qu'ils plient pour la journée.
– D'accord. Vas-y.
– Ça ira, toute seule ici ?
– On se retrouve à la maison. »
Je l'embrasse sur la joue et je me force à ne pas courir tant qu'elle peut encore me voir.

BOUM ! C'est parti, nous déboulons, venus de la chaleur et du bruit, pour détruire le calme soyeux et climatisé de la banque. Aujourd'hui, c'est masques de catch mexicain et T-shirts *smiley*, une tenue de fête pour commémorer notre dernier casse. « Couchez-vous au sol ! » je crie en montrant mon arme. Il y a un, deux, trois clients, et ils se laissent tomber comme si des trappes s'étaient ouvertes sous leurs pieds. Moriarty file tout droit vers le vigile, qui tend docilement les mains pour être menotté. Un, deux, trois clients, tous sous contrôle. Je me demande si les plantes dans les coins sont vraies ou en plastique. Quelque chose me chatouille dans le cou. Je l'attrape et je tire dessus, un long cheveu noir de Maria. Je le porte à mes lèvres pendant que Moriarty saute par-dessus le comptoir et passe d'un guichetier à l'autre. Pas de souci de ce côté-là. On leur a appris à ne pas résister. Juste appuyer sur l'alarme silencieuse et reculer. Enfin, théoriquement silencieuse. Le signal me remonte la colonne vertébrale comme un dé à coudre sur un *washboard*, et tous mes pores hurlent. Un, deux, trois, vieille dame, gros lard, jeune Latino. Chaque seconde est déconnectée de la précédente, si bien qu'elles rebondissent partout comme des perles détachées d'un collier. Moriarty a fini. Il se dirige vers la porte, le sac sur l'épaule. Je le suis jusqu'à la voiture, m'engouffre dedans et Belushi frappe le volant avec un grand : « *Yes !* » Il s'engage dans la circulation et nous sommes engloutis dans la gueule fumante de la ville, où nous disparaissons pour de bon.

S'il est vrai qu'El Jefe et moi serons jugés par le même Dieu, je veux qu'on porte ceci au dossier : pour finir, je n'ai pas menti à ma femme. Quand elle s'est demandé d'où venait l'argent, j'ai lâché le morceau. Je n'avais pas prévu, mais je l'ai fait.

« Où tu as pris ça ? a-t-elle demandé.
– J'ai braqué une banque. Beaucoup de banques. »
Elle s'est raidie entre mes bras (nous étions au lit à ce moment-là), puis elle s'est retournée pour observer mon visage.
« Ils vont t'attraper ?
– Non. »
Il a fallu le reste de la nuit pour digérer. Maria estimait que j'avais mis l'avenir de la famille en danger et voulait des réponses à beaucoup de questions que je n'avais pas osé me poser jusque-là de crainte que les réponses ne m'arrêtent net et ne détruisent l'élan impitoyable qui m'avait permis de faire ce qui devait l'être. Je lui ai expliqué de mon mieux pendant qu'elle balançait entre les larmes et l'indignation. L'aube nous a trouvés silencieux et vidés à la table de la cuisine, devant un café. Les murs de la maison craquaient sous la chaleur croissante et la jeune lumière du nouveau jour butait sur les fissures laissées dans le plâtre par le dernier tremblement de terre. Sa décision s'est traduite par un simple geste. Elle a tendu les mains sur la table et pris les miennes : nous allions continuer.

Assis sur le canapé, je dessine un astronaute au marqueur sur le plâtre de Sam. Il n'arrête pas de se pencher en avant pour surveiller l'opération et n'est pas satisfait de la tournure que ça prend.

« Non, papi, son corps n'est pas comme il faut. »

Le téléphone sonne et Maria décroche dans la cuisine. Encore un agent immobilier. Nous allons à Big Bear samedi pour visiter des maisons. Il ne s'est passé qu'une semaine depuis le hold-up et déjà les choses changent. Tellement de possibilités, tellement de décisions. Pour dire la vérité, ça me donne un peu le vertige. Je suis comme un chien qui aurait enfin réussi à sauter la barrière et qui, plutôt que de prendre ses jambes à son cou, s'assiérait devant le portail en attendant que son maître lui permette de rentrer.

Sam me demande de lui donner le feutre pour finir l'astronaute lui-même. Je le laisse à son travail et je passe dans la cuisine, où Maria prend des notes sur un bloc, le combiné coincé entre l'épaule et l'oreille. Je suis trop grand pour la maison, ce soir. Si je bouge trop vite, je vais casser quelque chose.

« Je sors », dis-je tout bas en montrant la porte.

Maria fronce les sourcils et lève une main pour m'indiquer que je devrais attendre qu'elle ait fini. Quand je ressors de la chambre après avoir enfilé une chemise propre, elle est toujours au téléphone, alors je lui fais signe et je pars. Sam est occupé à son dessin. Il ne m'entend pas quand je lui dis au revoir.

Je fais un saut au Smog Cutter. Une chanson country passe dans la machine à karaoké et le vieux Fred chante. J'attrape un tabouret et je m'installe pour voir si Moriarty va venir pour sa traditionnelle soirée de billard du jeudi. Nous ne nous sommes pas revus depuis le braquage, depuis que Belushi nous a remis nos numéros de compte et que l'association a été dissoute. Pour des raisons de sécurité, nous sommes convenus de suivre des chemins séparés à partir de ce moment-là, mais j'ai juste envie de dire bonjour et de prendre de ses nouvelles.

Parce que je le peux, j'offre une tournée générale et, l'espace de cinq minutes, je suis le meilleur ami de tout le monde. Ça me fait marrer de voir comme c'est facile, et comme ça retombe vite.

Neuf heures arrivent et repartent, puis dix, et toujours pas de Moriarty. Il a dû changer ses habitudes. Merde, il est peut-être déjà dans l'Idaho. Et Belushi n'est pas non plus chez lui, ou du moins il ne répond pas quand j'appuie sur le bouton de l'interphone. Bon, tant pis, alors. « À nous, les mecs », dis-je en levant un demi-litre de bourbon sur le parking d'un magasin de spiritueux. Le seul avantage de cet instant, c'est que je suis à peu près sûr, aussi longtemps que je vivrai, de ne plus jamais me sentir aussi seul.

Le fusil que Moriarty m'a prêté est enfermé sous clé dans la boîte à outils à l'arrière de mon pick-up, là où je l'ai mis quand Maria m'a demandé de le sortir de la maison cette nuit-là. Je comptais m'en débarrasser et le moment ne paraît pas plus mal choisi qu'un autre.

Je vais au lac Hollywood. Les lumières des villas sur les collines qui entourent le réservoir se reflètent dans sa noirceur d'encre. Je colle mon visage au grillage métallique, puis me retourne pour regarder la maison sur pilotis qui a attiré mon attention lors de mon précédent passage. À l'intérieur, quelqu'un joue du piano. Encore une rasade de bourbon et je lève le fusil pour tirer deux coups en l'air. Les détonations retentissent au-dessus du réservoir et reviennent.

Je lance le fusil par-dessus le grillage et il tombe dans l'eau, où il disparaît. Le piano est silencieux et une silhouette indistincte accroupie sur la terrasse de la maison m'observe. Je lève les yeux vers lui et j'incline à nouveau la bouteille dans l'espoir de lui foutre encore plus les jetons, mais quand je me débine, c'est tous phares éteints pour qu'il ne puisse pas lire ma plaque d'immatriculation.

Trois voitures de police sont garées dans la rue devant le lotissement lorsque je rentre. Leurs lumières, rouge et bleu, déteignent au-dessus des arbres. Mes mains se mettent à trembler quand je passe devant au pas pour essayer de voir ce qui se passe. Les flics sont sur la place et les portes de toutes les maisons sont ouvertes.

Je devrais continuer ma route, revenir plus tard juste au cas où, mais je ne peux pas. Ma famille est là, effrayée probablement, inquiète. Je me gare en bas de la rue et je remonte la colline à pied. Je me laisserai faire si on en arrive là. Ils n'auront pas besoin de me filer de coups de matraque ni de me tordre les bras pour me passer les menottes. Si Sam voyait ça, il pourrait être marqué à vie.

Les flics se crispent quand j'arrive sur place. Quelques mains s'approchent des flingues.

« Papi ! » crie Sam. Il clopine vers moi en traînant son plâtre, Maria sur les talons. « Il y a eu un cambrioleur », dit-il. Je me penche et je le prends dans mes bras.

« Les Flores ont surpris quelqu'un en train d'entrer chez eux, explique Maria. Il s'est enfui par-derrière quand ils sont arrivés.

– Seigneur. »

Maria me serre fort et me murmure à l'oreille : « Qu'est-ce que j'ai eu peur. » Je lui demande pardon, je lui dis que tout ira bien.

On sera comme ça pendant un petit moment, à se raidir à la vue des voitures de police, perdant l'espoir à chaque fois qu'on frappera à la porte. Mais les années passeront, la peur s'estompera, Maria arrêtera de se demander quels autres secrets je dissimule et un jour je ne serai même plus celui qui a braqué ces banques. Ce sera une histoire dingue qu'on m'aura racontée plutôt qu'une chose que j'aurai vécue.

Sam refuse que je le pose. Il veut être porté. Je passe mon autre bras autour de Maria et nous allons vers la maison, nous entrons et nous refermons à clé derrière nous. En sécurité – oh, par pitié, faites que nous soyons en sécurité – au moins pour une autre journée encore.

Cette nouvelle est extraite du recueil
Dead Boys (2009).

Sous la bannière étoilée

de Benjamin Percy

Traduit par Renaud Morin

À la fin des cours, on allait tous les deux dans mon jardin pour se battre. On essayait de s'endurcir mutuellement. Alors Gordon et moi, dans l'herbe, à l'ombre des pins et des genévriers, on bazardait nos sacs à dos et on délimitait la surface d'un ring avec un tuyau d'arrosage vert pâle. Ensuite on enlevait nos chemises, on enfilait nos gants de boxe couleur or, et on se battait.

Chaque round durait deux minutes. Celui qui sortait du ring avait perdu. Celui qui pleurait avait perdu. Celui qui était KO ou criait « Stop ! » avait perdu. Après on buvait des Coca et on fumait des Marlboro, la poitrine haletante, la gueule dans tous les tons de noir, de rouge et de jaune.

On avait commencé à se battre après que Seth Johnson – un footballeur sans cou avec des dents comme des grains de maïs et des mains comme des côtes de bœuf – avait tellement dérouillé Gordon que son visage tuméfié s'était couvert de crevasses violacées sur les bords. Il avait fini par cicatriser, les croûtes sèches se détachant pour révéler un visage différent de celui dont je me souvenais, plus vieux, plus carré, plus féroce, son sourcil gauche fendu par une cicatrice blanche et opaque. C'était une idée à lui, qu'on se batte. Il voulait être prêt. Il voulait faire mal à ceux qui lui faisaient mal. Et s'il allait au tapis, ce serait en vendant chèrement sa peau, comme son père l'aurait voulu. Et c'était tout ce qu'on voulait, faire plaisir à nos pères, qu'ils soient fiers, même s'ils nous avaient abandonnés.

Ça se passait à Tumalo, Oregon, une ville située sur les hauts plateaux désertiques, au pied de la chaîne des Cascades. Tumalo, 1 500 habitants, un Dairy Queen, une station BP, un Food-4-Less, une usine de conditionnement de viande, un terrain de football vert vif irrigué par l'eau d'un canal, et l'assortiment standard de tavernes et d'églises. Rien ne nous distingue de Bend, de Redmond, ou de La Pine ni d'aucun autre trou perdu le long de la Route 97, à ceci près que nous abritons le 2e bataillon du 34e régiment des marines. La base, construite dans les années 1980, est un ensemble de bâtiments en parpaings de plain-pied éparpillés sur vingt-cinq hectares de bromes et de sauges. À ce qu'il paraît, les conditions climatiques de cette partie de l'Oregon vouée à l'élevage sont très proches de celles qu'on trouve au Moyen-Orient, notamment dans les zones montagneuses d'Afghanistan et du nord de l'Irak, et pendant toute mon enfance j'ai entendu, en mettant ma main en cornet, le mugissement du bétail, le bêlement des moutons, la détonation des fusils d'assaut au sommet des collines.

Nos pères – celui de Gordon et le mien – étaient comme les autres pères de Tumalo. Tous, ou presque, s'étaient engagés comme soldats à temps partiel, des réservistes payés à la journée d'entraînement : plusieurs milliers de dollars pour un simple soldat, quelques milliers de plus pour un sergent. L'argent de la bière, ils appelaient ça, et chaque année, pendant deux semaines, plus un week-end par mois, ils s'entraînaient. Ils enfilaient leurs treillis, remplissaient leurs sacs à dos, nous embrassaient, et puis les grilles du 2ᵉ bataillon se refermaient derrière eux.

Nos pères disparaissaient dans les collines hérissées de pins pour nous revenir le dimanche soir, le visage rougi par le grand air, les biceps tremblant de fatigue, les mains sentant la graisse de fusil. Ils employaient des termes tels que ECP, PRP, MEU, MWD, faisaient des pompes au milieu du salon, disaient *dix huit zéro zéro* pour six heures du soir, se tapaient dans les mains pour se saluer et criaient « Semper Fi ![1] ». Et puis au bout de quelques jours ils redevenaient ce qu'ils étaient, les hommes que nous connaissions : des buveurs de Coors, lanceurs de balles de base-ball, gratteurs d'entrejambe, des pères parfumés à l'Aqua Velva.

Plus maintenant. En janvier, le bataillon a été appelé, et en mars ils ont été envoyés en Irak. Nos pères – entraîneurs, professeurs, coiffeurs, cuisiniers, pompistes, postiers, shérifs adjoints, pompiers et mécaniciens –, nos pères, en si grand nombre, étaient montés dans les bus scolaires vert olive, avaient pressé leurs paumes contre la vitre, nous avaient donné le sourire le plus courageux, le plus optimiste que vous puissiez imaginer, et avaient disparu. Comme ça.

La nuit, j'allais parfois faire un tour dans les collines et les canyons du comté de Deschutes avec ma Honda de cross. Le moteur grondait et trépidait sous moi, tandis que tout autour le vent, comme une chose vivante, me chahutait, essayait de m'arracher à ma moto. Un monde sombre défilait tandis que je rétrogradais, me penchais dans un virage, et accélérais dans une ligne droite – à cent vingt, puis cent trente, me concentrant uniquement sur les vingt mètres de route qui luisaient

---

1. Devise des marines, abréviation de *Semper Fidelis*, « toujours fidèle ».

devant moi. Sur cette moto je pourrais rouler sans jamais m'arrêter, loin d'ici, par-delà les Cascades et la Willamette Valley, jusqu'à l'océan, où les larges dos noirs des baleines brisaient régulièrement la surface, et même plus loin encore – toujours plus loin –, jusqu'à rattraper l'horizon, où mon père m'attendrait. Invariablement, je me retrouvais au Cratère.

Il y a des années de cela une météorite était tombée du ciel dans un bruit strident et avait formé un cratère d'un kilomètre et demi de large et de cent mètres de profondeur. En hiver le Cratère est fréquenté par tout ce que la jeunesse de Tumalo compte de lugeurs fous, et l'été par des géologues barbus de l'université intéressés par les fragments de métal disséminés au fond du trou. Les pieds pendant dans le vide, appuyé sur les coudes, je contemplais le ciel – pas de lune, seulement des étoiles – d'un noir à peine moins noir qu'une aile de corbeau. Toutes les deux, trois minutes, une étoile semblait se détacher, striant la nuit d'un éclair brillant qui se consumait dans le néant. Non loin, la lueur vert grisâtre de Tumalo humectait le ciel et nous rappelait que, cinquante ans plus tôt, nous avions failli être rayés de la carte. Un morceau de glace stellaire ou une bourrasque de vent solaire aurait pu, juste au bon moment, faire légèrement dévier la météorite, qui, au lieu de s'écraser ici, se serait écrasée là-bas, à l'intersection de Main et Farwell. Pas de Dairy Queen, pas de lycée, pas de 2e bataillon. Il ne fallait pas beaucoup d'imagination pour prendre conscience que quelque chose peut tomber du ciel et tout changer.

Nous étions en octobre, et Gordon et moi nous nous tournions autour dans le jardin après l'école. On portait nos gants de boxe dorés, craquelés par le temps, et qui s'effritaient quand on les cognait. L'herbe roussie crissait sous nos baskets, et de petits nuages de poussière s'élevaient comme des signaux de détresse.

Gordon était plus que mince, il était squelettique. Ses clavicules saillaient sous sa peau comme s'il avait avalé un cintre. Sa tête était trop grosse pour son corps, ses yeux trop gros pour sa tête, et les footeux – dont Seth Johnson faisait partie – le balançaient régulièrement dans les poubelles et le surnommaient E.T. Il avait passé une sale journée. Et je voyais à son expression – les yeux humides, les lèvres tremblantes découvrant, en flashes rapides, ses dents en avant – qu'il voulait, qu'il avait *besoin* de me frapper. Alors je l'ai laissé faire. J'ai monté ma garde, coudes au corps, et Gordon a bondi, ses bras claquant comme des élastiques. Je n'ai pas bougé, laissant ses poings labourer mon corps, le laissant décharger sa colère sur moi, jusqu'à ce qu'il finisse par être trop épuisé pour cogner. Alors j'ai fait un pas de côté et l'ai allongé d'un crochet du droit à la tempe. Il était là, étendu dans l'herbe, avec un petit sourire sur son visage d'E.T. Il a dit « merde » d'une voix douce. Une goutte de sang a perlé au coin de son œil et a coulé sur sa tempe et dans ses cheveux.

Mon père portait des chaussures coquées, des jeans Carhartt, un T-shirt vantant tel ou tel endroit qu'il avait visité, peut-être Yellowstone ou Seattle. Il avait la tête de quelqu'un que vous auriez pu croiser chez Bi-Mart en train d'acheter de l'huile de moteur. Il masquait son front dégarni avec une casquette John Deere qui jetait une ombre sur son visage. Ses yeux marron clignaient au-dessus d'un nez considérable souligné par une moustache grise. Comme moi, mon père était petit et râblé, un bulldog. Il avait le ventre comme un sac gonflé et des épaules larges, sur lesquelles il m'avait porté petit pendant les défilés et les fêtes foraines. Il riait beaucoup. Il aimait les jeux télévisés. Il buvait trop de bière, fumait trop de cigarettes et passait trop de temps avec ses potes, à pêcher, à chasser, à faire des conneries, ce qui n'a sans doute pas été étranger au fait que ma mère finisse par divorcer et par s'installer à Boise avec un coiffeur triathlonien prénommé Chuck.

Au début, après son départ, il envoyait des mails dès qu'il le pouvait, comme tous les autres pères. Il me racontait la chaleur, les litres de flotte qu'il buvait tous les jours, le sable qui se mettait partout, les bains qu'il prenait avec des lingettes pour bébés. Il me disait qu'il ne risquait rien, rien du tout. C'était pendant qu'il était stationné en Turquie. Et puis le 2e bataillon a été envoyé à Kirkouk, où les insurgés et les tempêtes de sable frappaient presque chaque jour. Les mails se sont faits de plus en plus rares. Entrecoupés de semaines de silence.

Parfois, sur l'ordinateur, je cliquais sur la touche *envoyer-recevoir*, plein d'espoir. En octobre, j'ai reçu un mail qui disait : « Salut Josh. Je vais bien. Ne t'inquiète pas. Fais tes devoirs. Baisers, Papa. » Je l'ai imprimé et scotché sur ma porte.

Pendant vingt ans mon père a travaillé chez Noseler – la fabrique de cartouches installée près de Bend – et les marines en ont fait un technicien en munitions. Gordon aimait raconter que son père était sergent d'artillerie, ce qu'il était, mais on savait aussi qu'il était cuistot au mess du bataillon, et c'était également comme cuistot qu'il gagnait sa vie à Tumalo, en charge du gril au Hamburger Patty's. On connaissait leurs titres, mais on ne savait pas, pas exactement, ce qu'ils signifiaient, ce que nos pères *faisaient* là-bas. On les imaginait en train de faire des trucs héroïques. Arrachant des bébés irakiens à des huttes en flammes. Dézinguant des kamikazes avant qu'ils puissent se faire exploser dans une rue bondée. On s'inspirait de Hollywood et de CNN pour broder des scénarios complexes, dans lesquels peut-être, au crépuscule, pendant une marche dans les montagnes du nord de l'Irak, des insurgés barbus armés de lance-roquettes prenaient nos pères en embuscade. On imaginait leurs silhouettes se profiler sur fond d'explosion. On les imaginait s'enfouissant dans le sable comme des lézards et décharger leur M16, leurs balles zébrant l'obscurité comme les météorites que j'observais pendant mes nuits d'insomnie.

Quand on se battait, Gordon et moi, on se peignait le visage – noir, vert, marron – avec la crème de camouflage que nos pères avaient laissée derrière eux. Ça nous faisait des yeux et des dents d'une blancheur saisissante. Et ça salopait nos gants comme l'herbe la semelle de nos baskets, et le ring devenait un cercle de boue, une boue d'une couleur rougeâtre qui ressemblait beaucoup à celle de la chair cicatrisée. Une fois Gordon m'a cogné l'épaule tellement fort que je n'ai pas pu lever le bras pendant une semaine. Une autre fois, je lui ai donné un coup de coude dans les reins et il a pissé du sang. On se frappait si souvent et avec une telle force que les gants dorés sont tombés en miettes et qu'on voyait nos phalanges à travers la mousse trempée de sueur et de sang comme des dents à travers une lèvre fendue. Alors on s'est acheté chacun une nouvelle paire tandis que dehors l'air fraîchissait de plus en plus et qu'on se battait en crachant des nuages de vapeur.

Nos pères nous avaient quittés, mais il restait des hommes à Tumalo. Il y avait les vieux, comme mon grand-père, avec qui je vivais – des hommes qui avaient payé leur dû, qui avaient trimé toute leur vie, fait leurs guerres, et qui désormais passaient leurs journées à la station-service, à boire du café dans des gobelets en polystyrène, à se plaindre du temps, à se chamailler sur la meilleure période pour le fauchage de la luzerne. Et puis il y avait les incapables. Des hommes qui se rasaient rarement et qui regardaient la télévision pendant la journée dans des sous-vêtements jadis blancs. Des hommes qui vivaient dans des caravanes et remplissaient leur caddie avec de la Busch Light, du salami, et des cookies Oreo.

Et puis il y avait les vautours, comme Dave Lightener – des hommes qui pillaient ce que nos pères n'avaient pas emporté. Dave Lightener était officier de recrutement. Je suppose que c'était le seul officier de recrutement de l'Histoire à rouler en Vespa avec un fanion *Support Our Troops* aimanté à l'arrière. On la voyait parfois garée devant le domicile de jeunes femmes dont le mari était parti à la guerre. Dave avait de grandes oreilles, de petits yeux, et arborait la coupe réglementaire des marines : brosse courte et tempes rasées. Il parlait souvent, et trop fort, de tous les insurgés qu'il avait abattus quand il était chef de patrouille à Fallujah. Il vivait avec sa mère à Tumalo, mais passait ses journées à Bend et à Redmond, rôdant sur les parkings de Best Buy, ShopKo, Kmart, Wal-Mart et Mountain View Mall. Il cherchait des gens comme nous, des gens en colère, frustrés et pauvres.

Mais Dave Lightener savait pertinemment qu'il ne fallait pas venir nous embêter. Quand il était de service il ne mettait jamais les pieds à Tumalo. Recruter ici, ça aurait été comme de braconner dans la partie calcinée de la forêt, où les cerfs, côtes saillantes et jambes tremblantes, reniflaient la cendre pour y trouver un peu de vert.

On ne comprenait pas tout à fait la raison pour laquelle nos pères se battaient. Seulement qu'ils *devaient* le faire. La nécessité de la chose faisait que son bien-fondé n'entrait pas en ligne de compte. « Ça fait partie du jeu, disait mon grand-père. C'est comme ça. » On pouvait seulement croiser les doigts, s'en remettre aux étoiles filantes et appuyer sur la touche *envoyer-recevoir*, en espérant qu'ils nous reviendraient, en priant pour ne jamais trouver Dave Lightener sur notre véranda en train de prononcer les mots : « Nous avons le regret de vous informer... »

Un jour, mon grand-père nous a déposés, Gordon et moi, au Mountain View Mall, et là, près de l'entrée vitrée, se tenait Dave Lightener. Il portait son uniforme kaki froissé et discutait avec une bande d'adolescents mexicains. Ces derniers riaient, secouaient la tête et s'éloignaient de lui quand nous nous sommes approchés. On avait baissé nos casquettes et il ne nous a pas reconnus.

« Une question pour vous, messieurs, a-t-il dit avec la voix des télémarketeurs et des Témoins de Jéhovah. Que comptez-vous faire de vos vies ? »

Gordon a retiré sa casquette avec un grand geste de prestidigitateur, son visage en guise de lapin. « J'ai l'intention de descendre quelques musulmans tarés, a-t-il répondu avec un sourire forcé. Et toi, Josh ?

— Ouais, j'ai dit. Tuer des gens, et puis me faire tuer. » J'ai fait la grimace même si je jouais le jeu. « Ça me paraît bien comme plan. »

Les lèvres de Dave Lightener ne formaient plus qu'une mince ligne, il s'est raidi et nous a demandé ce que penseraient nos pères, s'ils nous entendaient, là tout de suite. « Ils sont là-bas à risquer leurs vies, à défendre notre liberté, et vous, vous faites des blagues douteuses. Je trouve ça dégueulasse. »

On le détestait à cause de ses mains douces et de son uniforme propre. On le détestait parce qu'il envoyait des gens comme nous à la mort. Parce qu'à vingt-trois ans il était plus gradé que nos pères. Parce qu'il couchait avec des femmes de soldats. Et là on le détestait encore plus parce qu'il nous faisait nous sentir minables. J'avais envie de sortir un truc sarcastique, mais Gordon a été plus rapide. Il a tendu la main, les doigts refermés sur une bouteille imaginaire. « Tiens, ton sirop d'érable. » Et quand Dave lui a demandé : « C'est pour quoi faire ? », Gordon a répondu : « Pour que tu me bouffes le cul avec. »

Juste à ce moment-là un type genre skater avec des cheveux verts et un anneau dans le nez est sorti du centre commercial, un sac plein de DVD se balançant dans son poing, et Dave Lightener nous a oubliés. « Hé, l'ami, disait-il. Je peux vous demander quelque chose ? Vous aimez les films de guerre ? »

En novembre on a pris nos bécanes pour aller chasser dans les bois. Le soleil filtrait à travers les grands pins, les bosquets de bouleaux, et formait des flaques sur les chemins forestiers qui serpentaient au-delà des collines regorgeant de myrtilles et des moraines où des coyotes détalaient à notre approche en provoquant de minuscules éboulements. Il n'avait pas plu depuis presque un mois, si bien que les herbes hautes et les aiguilles de pin avaient perdu leur couleur, aussi sèches et blondes que des feuilles de maïs, craquant sous mes bottes, quand le chemin que nous suivions s'est arrêté et que je suis descendu de ma moto. Dans ce calme aride, on entendait chaque tamia à un kilomètre à la ronde, remuant les aiguilles de pin à la recherche de pignons, et quand un vent froid se levait la forêt devenait un murmure géant.

On a déposé notre tente et nos sacs de couchage près d'une grotte en basalte où bouillonnait une source, et Gordon a dit : « En avant, soldats », tenant son fusil de biais devant sa poitrine, comme le ferait un soldat. Il était aussi habillé comme un soldat, portant la tenue de camouflage trop grande de son père au lieu du gilet orange fluo de rigueur. À quinze mètres l'un de l'autre on s'est mis à descendre la colline, franchissant la forêt, un fourré de myrtilles, une zone défrichée hérissée de souches, prenant garde à ne pas faire trop de bruit et à ne pas glisser sur les aiguilles de pin qui tapissaient le sol. Un tamia qui mordillait une pomme de pin a crié sa stupéfaction quand un faucon pèlerin a fondu sur lui pour s'en emparer, l'emportant entre les arbres vers quelque endroit secret. Ses ailes ne faisaient aucun bruit, pas plus que le chasseur orange fluo quand il a surgi dans une clairière quelques centaines de mètres en contrebas.

Gordon a fait un geste de la main, genre Forces spéciales, qui voulait dire, je crois, « Reste baissé », et je me suis prudemment dirigé vers lui. De derrière un gros rocher, on a regardé à travers nos lunettes de visée pour pister le chasseur, lequel – avec son gilet et son bonnet à oreilles – ressemblait à une monstrueuse citrouille. « Cet enfoiré... », a murmuré Gordon d'une voix rauque. Le chasseur était Seth Johnson. Il portait son fusil en bandoulière, et ses lèvres remuaient, il parlait à quelqu'un. Au coin de la clairière il a rejoint quatre membres de l'équipe de foot, assis sur des rondins autour d'un feu de camp fumant, leurs bras dodelinant comme des têtes de puits de pétrole quand ils portaient leur bière à la bouche.

J'ai cessé de regarder dans ma lunette et remarqué que Gordon tripotait la détente de son calibre trente. Quand je lui ai dit d'arrêter de déconner, il a brusquement éloigné sa main de la crosse et a souri d'un air coupable en disant qu'il voulait juste savoir ce que ça faisait, d'avoir ce pouvoir sur quelqu'un. Alors, avec son index il a touché la cicatrice blanche et opaque qui fendait son sourcil. « Je suis d'avis qu'on les fasse chier un peu. »

J'ai fait *non* de la tête.

« Rien qu'un peu... pour leur faire peur.

– Ils sont armés, j'ai dit.

– Alors on y retourne ce soir. »

Plus tard, après avoir dîné de viande séchée, de fruits secs et de Gatorade, je suis tombé sur un cerf quatre-cors qui broutait de l'herbe-d'ours. J'ai calé mon fusil sur une souche et j'ai tiré. Il est tombé à la renverse et s'est effondré, une rose rouge s'épanouissant derrière son épaule, là où le cœur était caché. Gordon est accouru, on s'est mis autour du cerf et on a fumé quelques cigarettes en regardant le sang artériel couler de sa gueule. Ensuite on a sorti nos couteaux et on s'est mis au boulot. J'ai entaillé le pourtour de l'anus, enlevant le pénis et les testicules, et puis j'ai ouvert le ventre comme on remonte une fermeture à glissière, révélant sous la peau la chair rose et délicate et les vaisseaux verdâtres dans lesquels nos mains ont disparu. Le sang fumait dans l'air glacé de la montagne, et quand nous avons eu fini – une fois le cerf dépouillé, les articulations sectionnées, l'échine découpée, les épaules, les hanches, le cou et les côtes détaillés en côtelettes, rôtis et steaks, la viande divisée en quatre de manière à pouvoir l'empaqueter dans nos sacs de selle isolants – Gordon a soulevé la tête du cerf par les bois et l'a mise devant la sienne. Le sang qui dégouttait du cou crépitait sur le sol, et dans le demi-jour du début de soirée Gordon a entamé une petite danse, pliant les genoux et tapant du pied.

« Je crois que j'ai une idée », a-t-il dit en faisant mine de me charger avec les bois. Je l'ai repoussé, et il m'a dit : « Ne te défile pas, Josh. » J'étais épuisé et j'empestais le sang, mais je pouvais néanmoins comprendre son désir de vengeance. « Juste pour leur foutre la trouille, d'accord, Gordo ?

– D'accord. »

On a traîné la viande jusqu'au campement. Gordon a rapporté la peau du cerf. Il a pratiqué un trou en son milieu et passé la tête au travers si bien que la peau pendait lâchement autour de lui, comme un sac velu, et je l'ai aidé à se barbouiller de boue et de sang. Ensuite, avec son couteau suisse, il a découpé les bois, les a pris dans ses mains et a cinglé l'air comme si c'était des griffes.

La nuit était tombée, et la lune, suspendue au-dessus des Cascades, éclairait notre chemin d'une lumière grise tandis que nous progressions silencieusement dans la forêt, nous imaginant en territoire ennemi, avec des fils-pièges, des miradors et des chiens féroces dans tous les coins. De derrière le rocher qui surplombait leur camp, on a observé nos ennemis partager des histoires de chasse, plaisanter sur les gros roberts de Jessica Robertson, faire passer une bouteille de whisky et boire avec excès, finissant par éteindre le feu en pissant dessus. Quand ils se sont retirés dans leurs tentes nous avons attendu une heure avant de descendre la colline, en faisant tellement attention que nous avons mis une heure de plus avant d'être sur eux. Un hululement de chouette s'est fait entendre quelque part, à peine audible dans le concert de ronflements qui s'élevait de leurs tentes. La Bronco de Seth, immatriculée S-MAN, était garée à proximité et tous leurs fusils se trouvaient dans la cabine. Après m'en être emparé et les avoir mis en bandoulière, j'ai crevé les pneus au couteau, et puis on s'est retrouvés devant sa tente.

J'avais toujours mon couteau à la main, et au moment où un nuage a voilé la lune, plongeant la clairière dans une obscurité totale, j'ai planté mon couteau dans le nylon et, d'un geste vif, j'ai éventré la toile. Gordon s'est précipité, toutes griffes dehors. Je ne distinguais que des ombres, mais j'ai entendu Seth crier comme une petite fille tandis que Gordon le labourait avec ses bois, sifflait, hurlait comme un monstre des cavernes affamé de chair humaine. Quand les tentes alentour ont commencé à résonner de voix confuses, Gordon est reparu, un horrible sourire sur la figure et je l'ai suivi à l'assaut de la colline, à travers les broussailles, laissant à Seth le soin de comprendre le cauchemar qui s'était abattu sur lui sans crier gare.

L'hiver est arrivé. La neige tombait, on a enfilé nos combinaisons de mécano, monté nos pneus à clous, avant de filer au Cratère, tractant nos luges derrière nos motos avec de la corde de remorquage. Nos moteurs remplissaient le silence blanc de l'après-midi. Nos roues arrière soulevaient des gerbes de poudreuse et dérapaient dans les virages serrés, et nous nous retrouvions étalés par terre, au milieu de la route, en sang, hilares, sans peur.

Plus tôt, pour le déjeuner, on s'était fait cuire une livre de bacon dans une plaquette de beurre. On s'est servi de la graisse, qui avait formé en durcissant une flaque blanche et cireuse, pour farter le dessous de nos luges. Parce que c'était la vitesse qu'on recherchait. L'un à la suite de l'autre on s'est élancés sur la pente la plus raide du Cratère jusqu'au fond, cent mètres plus bas. On se suivait dans les mêmes traces, damant la neige pour créer une piste de descente, bleutée et parfaitement lisse. Le froid nous givrait les yeux, le vent rugissait dans nos oreilles, nos estomacs nous remontaient dans la gorge, tandis qu'on filait à toute allure avec l'impression d'avoir cinq ans – et puis on a commencé à gravir lentement la pente jusqu'au sommet et on a eu l'impression d'en avoir cinquante.

On portait des crampons et on est montés en décrivant des épingles à cheveux. Ça nous a pris presque une heure. Le ciel commençait à virer au violet avec le soir quand nous nous sommes retrouvés au bord du cratère, transpirant dans nos combinaisons, embrassant la vue à travers le brouillard de notre haleine. Gordon a fait une boule de neige. J'ai dit : « T'as pas intérêt à me la lancer. » Il a armé son bras d'une manière menaçante et souri, et puis il s'est laissé tomber à genoux pour faire de la boule quelque chose de plus gros. Il l'a roulée dans la neige jusqu'à ce qu'elle devienne aussi grosse qu'un homme recroquevillé en position fœtale. Il est allé chercher à l'arrière de sa moto le bout de tuyau d'arrosage dont il se servait pour siphonner l'essence des voitures étrangères tape-à-l'œil, l'a enfoncé dans son réservoir, suçant l'extrémité jusqu'à ce que l'essence coule. Il a arrosé la boule de neige géante comme s'il espérait la voir germer. Elle n'a pas fondu – il l'avait suffisamment compactée – mais elle s'est légèrement ratatinée et avait l'aspect du plomb, et lorsque Gordon a sorti son Zippo, l'a allumé et approché de la boule, les vapeurs ont pris feu et tout le bazar s'est embrasé dans un grand souffle qui m'a fait chanceler en arrière.

Gordon s'est précipité et, d'un coup de pied, a envoyé la boule de feu rouler au fond du cratère en suivant notre piste comme un météore. La neige en dessous fondait instantanément pour regeler aussi vite, dessinant un ruban bleu et glissant. Quand on l'a descendu à notre tour, on allait si vite que ça nous vidait la tête et qu'on avait l'impression de voler et de tomber en même temps.

Aux infos, des insurgés irakiens tiraient avec leurs fusils d'assaut. Aux infos, une voiture piégée faisait exploser sept soldats américains à un check-point à Bagdad. Aux infos, le président déclarait qu'il n'estimait pas opportun de proposer un calendrier pour le retrait des troupes. Je vérifiais mes mails avant le petit-déjeuner et ne trouvais rien d'autre que des spams : promesses de prêts hypothécaires défiant toute concurrence, analgésiques bon marché, performances érectiles accrues.

Gordon et moi, on se battait dans la neige, chaussés d'après-ski. On se battait tellement que nos blessures n'avaient jamais le temps de cicatriser et que nos visages ont pris un air de délabrement permanent. On avait les poignets enflés, les genoux douloureux, l'impression que toutes nos articulations étaient pleines de petites guêpes desséchées. Et quand ça a fini par faire trop mal, on s'est mis à boire. Le week-end, on allait à Bend à moto, à trente bornes de là, on achetait de la bière qu'on rapportait au Cratère et on picolait jusqu'à ce qu'un trait de lumière brillante apparaisse sur l'horizon et illumine le désert enneigé. Personne ne nous demandait nos papiers, et quand on soulevait nos bouteilles vides et qu'on contemplait notre reflet dans le verre, déformé et spectral, on savait pourquoi. Et nous n'étions pas seuls. Des valises noires se formaient sous les yeux des fils, des filles et des femmes de Tumalo, leurs épaules s'affaissaient, des rides encadraient leurs bouches comme des parenthèses.

Nos pères nous hantaient. Ils étaient partout. Chez l'épicier quand on tombait sur un pack de trente Coors en promo pour dix dollars. Sur la grand-route quand on doublait un Dodge sur son cric avec une douzaine de balles de foin entassées sur son plateau. Dans le ciel quand un jet passait en rugissant, nous rappelant des pays lointains. Et maintenant, alors que l'on prenait du muscle, qu'on ne se rasait plus et qu'il nous poussait des touffes de barbe, on voyait nos pères même dans la glace. On commençait à leur ressembler. Nos pères, qu'on nous avait pris, étaient partout, tout le temps, et nous emprisonnaient.

Le père de Seth Johnson était sergent-chef. Comme son fils, c'était un type costaud, mais pas suffisamment. Juste avant Noël, il avait marché sur une bombe à fragmentation. Larguée par un avion militaire américain et camouflée par le sable, elle l'avait déchiqueté en menus morceaux. Le jour où Dave Lightener a gravi les marches de la véranda avec un brassard noir et une expression sinistre, Mme Johnson, qui était en train de cuire un jambon au miel, s'est évanouie dans sa cuisine. Seth avait déboulé sur le seuil et frappé Dave au visage, lui cassant le nez avant qu'il n'ait pu prononcer les mots : « J'ai le regret de vous informer… »

En apprenant la nouvelle, on s'est sentis mal pendant dix bonnes secondes. Et puis on s'est sentis bien parce que c'était son père et pas les nôtres. Et puis on s'est sentis mal à nouveau, et le soir de Noël on est allés chez Seth déposer sur sa véranda les fusils qu'on avait volés, avec un pack de Coors, et puis, au moment où on allait repartir, Gordon a fourré la main dans sa poche arrière, en a sorti son portefeuille et a glissé sous le pack de bière tout l'argent qu'il avait, deux ou trois billets de cinq, quelques coupures de un dollar. « Putain de Noël », il a dit.

On s'est enhardis, on fréquentait les bars – Golden Nugget, Weary Traveler, Pine Tavern – où on dansait des quadrilles avec des femmes plus âgées portant du fard à paupières violet, des boucles d'oreilles brillantes en forme d'attrape-rêves, des soutifs rembourrés et des talons hauts cliquetants. On leur racontait qu'on était des marines de retour d'un déploiement de six mois, et elles faisaient « Vraiment ? » et nous : « Oui, m'dame », et quand elles demandaient nos noms, on leur donnait ceux de nos pères. Ensuite on leur payait à boire, elles buvaient à grandes gorgées avides et nous soufflaient à la figure leur haleine brûlante, et on posait nos lèvres sur les leurs, elles sentaient la cigarette au menthol, comme une odeur de pastille d'urinoir brûlée. Après quoi on les raccompagnait jusqu'à leurs caravanes, leurs lits à eau, où, au milieu de leurs animaux en peluche, on les baisait.

Milieu d'après-midi et il faisait déjà nuit noire. Sur le chemin du Weary Traveler, on est passés chez moi pour taper de l'argent à mon grand-père, et on est tombés sur Dave Lightener qui nous attendait. Il était au milieu des marches de la véranda quand nos phares l'ont éclairé d'un halo anémique, et il s'est retourné pour nous faire face avec une expression chiffonnée, comme s'il essayait de se rappeler qui on était. Il portait le brassard noir et, sur le nez, une attelle maintenue par des pansements blancs.

On n'a pas éteint nos moteurs. On les a laissés tourner et on s'est posés dans l'allée, les pots d'échappement de nos motos et nos haleines obscurcissant l'air. Au-dessus de nos têtes une étoile a traversé le clair de lune en sifflant, vaguement brillante, comme une lampe allumée dans une pièce éclairée par la lumière du jour. Et puis Dave a commencé à descendre les marches, et nous on a sauté à bas de nos motos pour se porter au-devant de lui. Avant qu'il ait pu l'ouvrir, je lui ai enfoncé mon poing dans le diaphragme, ce qui lui a coupé le souffle. On aurait dit un acteur qui vient de se prendre une balle dans un western, se cramponnant le ventre à deux mains, plié en deux, sa figure offrant une cible parfaite pour le genou de Gordon. Un claquement sec a précédé la chute de David sur le dos, son nez cassé pissait déjà le sang.

Il s'est protégé avec les mains, mais ça ne nous a pas empêchés de cogner. Je lui ai latté les côtes, une fois, deux fois, tandis que Gordon touchait la colonne et le ventre, et puis on est restés là à reprendre notre souffle, et on l'a laissé se relever péniblement. Une fois debout, il s'est essuyé le visage avec la main et du sang a goutté de ses doigts. Je me suis avancé et lui ai collé deux crochets circulaires, du gauche et du droit, des coups à lui dégonder la tête. Il s'est effondré à nouveau, sac à viande sanguinolent. Ses yeux chavirés ont tenté de distinguer les brutes penchées au-dessus de lui. Comme il ouvrait la bouche pour parler, j'ai pointé le doigt sur lui et j'ai dit, avec suffisamment de haine dans la voix pour casser un homme en deux : « Dave, je ne le répéterai pas : Ne dis pas un mot. Ne t'avise pas de l'ouvrir. Pas un mot. »

Il a fermé la bouche et tenté de s'enfuir en rampant, alors j'ai appuyé ma botte sur sa nuque et l'ai laissée là un moment, lui écrasant la tête dans le sol, si bien que quand il l'a relevée, la neige gardait l'empreinte rouge de son visage. Gordon est entré dans la maison et en est ressorti peu après avec un rouleau de ruban adhésif. Après lui avoir ligoté les poignets et les chevilles, on a balancé Dave sur une luge et on l'y a attaché en faisant plusieurs tours, après quoi on a attelé la luge à la moto de Gordon et on est partis au Cratère à un train d'enfer.

La lune brillait et la neige luisait d'une lumière bleu pâle cependant qu'on fumait des cigarettes en regardant au fond du trou, Dave à nos pieds. Il y avait quelque chose d'enfantin dans la façon dont notre haleine sortait de nos bouches en tout petits nuages. Comme si on imitait des locomotives à vapeur. Et pour un instant, un instant seulement, on était à nouveau des gamins. Juste une paire de stupides gamins. Gordon a dû penser la même chose parce qu'il a dit : « Maman ne me laissait même pas jouer avec des pistolets en plastoc quand j'étais petit. » Et il a poussé un gros soupir comme s'il n'arrivait pas à comprendre comment, lui comme moi, on en était arrivés là.

Puis, brusquement, Dave a commencé à se débattre et à nous hurler dessus d'une voix pâteuse. Les traits contractés par la colère, j'ai posé mes mains sur lui et l'ai poussé lentement jusqu'au bord du cratère ; et il s'est tu. Pendant un moment j'ai tout oublié, le regard perdu dans ce gouffre noir. C'était beau et terrifiant. « Je pourrais te balancer tout de suite, ai-je dit. Et si je le faisais, tu serais mort.

– Je t'en supplie », a-t-il imploré d'une voix qui se brisait. Il s'est mis à pleurer. « Oh, putain. Ne fais pas ça. S'il te plaît. » Les grands sanglots qui lui secouaient le corps ne m'ont pas procuré la satisfaction que j'espérais. Au contraire, je me suis senti comme je m'étais senti le jour où, il y a si longtemps, on s'était foutus de lui sur le parking du Mountain View Mall : honteux, hypocrite.

« Prêt ? » j'ai demandé. « Un ! », je l'ai poussé un peu plus près du bord. « Deux ! » Et en le poussant encore, je me suis senti emprunté, à la fois surexcité et épuisé, comme si mon corps avait pris vingt, trente, quarante ans. J'ai dit : « Trois » d'une voix à peine audible.

On l'a laissé là, à sangloter au bord du cratère. On a enfourché nos motos et on est repartis pour Bend, en roulant si vite que je me suis imaginé en train de prendre feu, comme une météorite, me désintégrant dans un flash, hurlant pendant que la chaleur me consumait, tandis qu'on se dirigeait vers le centre de recrutement de l'armée où, enfin, l'on répondrait au terrible appel de la guerre, où l'on coucherait nos noms sur le papier et où nous ferions la fierté de nos pères.

Cette nouvelle est extraite du recueil
Sous la bannière étoilée (2009).

L'Homme-Lézard

de David James Poissant

Traduit par Michel Lederer

Je déboule dans l'allée. Cam est sur ma véranda avec son fils Bobby. Il se lève. C'est un homme impressionnant, lourd et musclé après avoir longtemps travaillé dans le bâtiment. De l'épaule au poignet, ses bras sont couverts comme par des manches de dragons verts tatoués. Il prétend qu'en regardant bien, on voit deux femmes nues sur chacune des écailles.

Quand Crystal l'a quitté, Cam a obtenu la garde de l'enfant, ce qui montre bien quel genre de mère elle était. Cam est le seul ami qui me reste. Quand il ne boit pas, c'est un saint, et il ne touche plus à l'alcool depuis dix ans.

Il pose la main sur l'épaule du garçon, mais Bobby lui échappe. Il court me rejoindre à côté du pick-up, agrippe ma jambe et se colle à elle. Je m'avance vers Cam. Bobby rebondit en riant à chaque pas.

On se serre la main, mais Cam conserve une expression neutre.

« Toujours de nuit ? » demande-t-il.

Mon tablier brun roulé dépasse de ma poche et j'empeste le graillon.

« Ouais », je réponds. Je ne lui ai pas dit que je m'étais emporté contre un client, hurlant qu'il y avait des gens qui ne savaient pas ce que *à point* signifiait et que si je travaillais de vingt-deux heures à six heures du matin, c'était uniquement pour qu'on ne me coupe pas l'eau et l'électricité.

« Bobby, dit Cam. Va jouer une minute, tu veux ? »

Le garçon me lâche et regarde son père, l'air perplexe.

« Ne m'oblige pas à le répéter », dit celui-ci.

L'enfant part en courant et, la mine renfrognée, se laisse tomber jambes croisées au pied de ma boîte aux lettres.

« Rentre à la maison », lui dit Cam. Lentement, Bobby se relève et obéit en boudant.

« Qu'est-ce qu'il y a ? » je demande.

Cam hésite. « Red est mort », me répond-il.

Red, c'est son père. « Ce salaud me foutait des trempes », m'a dit Cam un soir alors qu'on avait tous les deux trop bu et qu'on se racontait des histoires tristes. À dix-huit ans, il s'était engagé et avait fait la première guerre du Golfe. La dernière fois qu'il avait vu son père, le vieil homme titubait sur la pelouse, complètement ivre. « Vas-y ! criait-il. Va te faire tuer pour ton putain de pays ! » Bobby n'a jamais su qu'il avait un grand-père.

J'ignore si Cam est bouleversé ou bien soulagé, et je ne sais pas quoi dire. Il doit s'en rendre compte, car il reprend :

« Mais ça va, ça va.

— Comment c'est arrivé ?

— Il picolait au comptoir. Le barman a dit que Red était en train de rire, et qu'une seconde plus tard, il s'est effondré, la tête sur le bar. Quand on l'a secoué pour le réveiller, il était déjà mort.

— Waouh ! » C'est ridicule de pousser une telle exclamation, mais j'ai passé la nuit debout, j'ai l'impression d'avoir encore les doigts crispés autour d'une spatule, et je sens la graisse jusque sous mes ongles.

« J'ai un service à te demander, dit Cam.

– Je t'écoute. » Quand j'étais en prison, c'est lui qui a versé la caution pour me faire sortir. Quand ma femme et mon fils sont partis à Baton Rouge, c'est lui qui a frappé à ma porte, m'a engueulé, a vidé sur la pelouse le contenu de mes bouteilles avant d'y mettre le feu puis m'a trouvé un boulot au snack de l'un de ses amis.

« Je voudrais que tu me conduises chez Red, dit Cam.

– Oui, bien sûr. » Cam n'a plus de voiture depuis des années. La moitié des gens de notre rue n'ont pas les moyens de s'acheter des volets antitempête, et encore moins des voitures, mais nous sommes à St. Petersburg, une ville piétonnière, et le centre se trouve à cinq minutes à pied.

« Ne t'avance pas trop vite, dit-il. C'est à Lee.

– Lee, en Floride ? »

Cam acquiesce. C'est au nord d'ici, à quatre heures de route, l'une des dernières villes sur l'Interstate 75 avant de passer en Géorgie.

« Aucun problème du moment que je suis de retour ce soir à dix heures.

– Encore de nuit ? demande Cam.

– Ouais.

– Bon, alors on part tout de suite. »

Il y a un an, j'ai balancé mon fils par la fenêtre de la salle de séjour. Je ne me rappelle pas comment cela s'est produit, en tout cas pas exactement. Je me souviens d'être entré dans la pièce. Je me souviens d'avoir vu Jack la bouche sur celle de l'autre garçon, les mains s'activant sur son entrejambe, et quelques instants plus tard, de m'être tenu au-dessus de lui dans le jardin. Lynn s'est ruée hors de la maison en hurlant.

Elle a découvert Jack et elle m'a giflé. Elle m'a bourré de coups de poing les épaules et le torse. Dans l'encadrement de la fenêtre, l'autre garçon observait la scène, tout tremblant, ses bras grêles serrés autour de lui. Jack était allongé par terre, complètement immobile, seule sa poitrine se soulevait. Le carreau était cassé mais il n'y avait pas de sang. Quelques éclats de verre gisaient au milieu des fleurs. L'un des bras de Jack était replié sous sa tête, comme s'il s'était endormi dans cette position, le coude en guise d'oreiller.

« Appelle les urgences ! a crié Lynn au garçon planté devant la fenêtre.

– Non », ai-je dit. S'il y avait des choses que j'ignorais alors, je n'ignorais pas en revanche qu'on ne pouvait pas se payer le luxe d'une ambulance. « Je vais le conduire.

– Non ! a hurlé Lynn. Tu vas le tuer !

– Je ne vais pas le tuer. Viens ici, ai-je dit en faisant signe à l'autre garçon qui a secoué la tête en reculant d'un pas. S'il te plaît. »

Après un moment d'indécision, il a enjambé l'appui en brique de la fenêtre et a sauté, écrasant quelques débris de verre sous ses baskets.

« Prends-le par les chevilles », lui ai-je dit. J'ai saisi Jack sous les aisselles et nous l'avons soulevé. Un de ses bras pendait dans le vide. Nous l'avons porté ainsi vers la voiture dont Lynn avait ouvert le hayon. Nous l'avons allongé à l'arrière puis recouvert d'un plaid, ce qui semblait être la chose à faire, d'après ce qu'on voit à la télé.

Quelques voisins étaient sortis pour regarder. On ne leur a pas prêté attention.

« Je vais avoir besoin de ton aide, ai-je dit au garçon. Après, je te ramènerai chez toi. » Les yeux brillants de larmes, il tordait les pans de sa chemise entre ses mains. « Je ne te taperai pas dessus, si c'est ça qui t'inquiète. »

Nous sommes partis pour l'hôpital, suivis par Lynn au volant de mon pick-up. Le garçon était assis à côté de moi, réfugié contre la portière et agrippé à sa ceinture de sécurité. À chaque cahot, il se retournait pour surveiller Jack.

« Comment tu t'appelles ? lui ai-je demandé.
– Alan.
– Et tu as quel âge, Alan ?
– Dix-sept ans.
– Dix-sept ans, dix-sept ans. Et tu as déjà couché avec une fille, Alan ? »

Le visage vidé de ses couleurs, la main nouée autour de la ceinture, il m'a considéré en silence.

« C'est une question toute simple, Alan : tu as déjà couché avec une fille, oui ou non ?
– Non, a-t-il répondu. Non, monsieur.
– Alors comment tu sais que tu es gay ? »

À l'arrière, Jack a remué. Il a gémi puis s'est tu. Alan s'est tourné vers lui.

« Regarde-moi, Alan. Je t'ai posé une question. Si tu n'as jamais couché avec une femme, comment tu peux savoir que tu es gay ?
– Je ne sais pas. C'est comme ça. »

Nous sommes passés devant la boulangerie, la laverie automatique, le supermarché, puis nous sommes arrivés en ville. Au loin, on apercevait la silhouette d'un hélicoptère sur le toit de l'hôpital. Le pick-up était à quelques mètres derrière nous.

« Tes parents, ils sont au courant ? ai-je demandé.
– Oui.
– Et ils approuvent ?
– Pas vraiment.
– En effet, je suppose que non. Je suis même prêt à parier que non. »

J'ai jeté un coup d'œil dans le rétroviseur. Jack n'avait pas ouvert les yeux, mais il avait plaqué une main sur sa tempe. L'autre, celle située à l'extrémité de son bras cassé, reposait contre son flanc. Les doigts bougeaient, saisis de spasmes.

« Il y a encore quelques trucs que j'aimerais savoir », ai-je dit à Alan.

Il était tout pâle. Il fixait la route qui défilait devant nous. Il avait peur de moi, il avait peur de regarder Jack.

« Qu'est-ce qui te permet de faire de Jack un homo ?

— C'est pas moi ! a-t-il protesté. C'est pas moi !

— Ah bon ? Alors, comment tu appelles ça ? Ce que tu faisais sur le canapé ?

— M. Lawson », a-t-il répondu d'une voix changée. J'ai eu l'impression que c'était une autre personne qui s'exprimait. « Sauf votre respect, monsieur, c'est Jack qui m'a dragué.

— Jack n'est pas gay.

— Si, il est gay. Je le sais. Jack le sait. Et votre femme aussi le sait. Je me demande comment vous avez pu ne pas le voir. Je ne comprends pas comment vous avez pu ne pas reconnaître les signes. »

J'ai essayé en vain d'imaginer de quels signes il s'agissait. Je ne me rappelais rien qui aurait indiqué que je finirais là, à conduire à l'hôpital mon fils souffrant d'une commotion cérébrale et d'une fracture au bras. Ni rien qui aurait laissé deviner qu'ensuite, après que j'aurais passé deux mois dans un motel et deux autres dans une cellule de prison, la femme que j'avais épousée vingt ans plus tôt obtiendrait le divorce parce que, selon ses propres paroles, j'étais plein de haine.

Je me suis garé devant l'entrée des urgences, et Alan m'a aidé à sortir Jack de la voiture. Une infirmière s'est précipitée à notre rencontre avec un fauteuil roulant. On a installé Jack dessus, et l'infirmière l'a poussé.

Après avoir mis la voiture au parking, je suis revenu à l'entrée des urgences où le garçon m'attendait au bord du trottoir, à la même place.
« Où est Lynn ? lui ai-je demandé.
– À l'intérieur. Jack a repris connaissance.
– Bon, je vais les rejoindre et je te suggère de retourner chez toi.
– Vous aviez dit que vous me ramèneriez !
– Oui, mais j'ai changé d'avis. »
Abasourdi, Alan m'a dévisagé, ses mains battant l'air.
« Regarde, ai-je dit. Je te donne un conseil. » J'ai levé le pouce comme un auto-stoppeur, et je suis entré dans l'hôpital.

Je me réveille. Cam emprunte une succession de petites routes criblées de nids-de-poule.
« Allez, debout ! Bienvenue à Lee ! »
Il est près de midi. Le soleil brille et on étouffe dans la cabine. J'essuie le dépôt blanc aux coins de mes yeux et la bave sur mes lèvres. Cam regarde la route tout en lisant les indications qu'il a notées à l'encre noire au dos d'une boîte de céréales. Il ne connaît pas la maison où son père a vécu ses dernières années.
On tourne dans une route en terre. Le pick-up fait une embardée en roulant dans une ornière remplie d'eau. Le chemin est bordé de pins dont les aiguilles frissonnent à notre passage. On prend encore d'autres routes dont à peine la moitié sont signalées. De temps en temps, on passe devant une allée menant à une maison enfouie au milieu des arbres. C'est un endroit sinistre et je n'ai nulle envie de m'attarder.
« Merde, je crois qu'on est perdus ! » s'exclame Cam.
On continue cependant. Je pense à Bobby tout seul à la maison. Cam lui a laissé six cassettes vidéo en lui disant : « Quand tu les auras toutes regardées, je serai de retour. » Il

a mis la première dans le lecteur, un truc de Disney, et on est partis.

« Ça ira, avait dit Cam. Il ne se rendra même pas compte qu'on n'est plus là.

– On devrait l'emmener avec nous », avais-je insisté. Mais Cam avait refusé.

« On ne sait pas ce qui nous attend là-bas », avait-il expliqué.

Devant nous, sur le bas-côté, il y a un enfant. Cam s'arrête et descend sa vitre. C'est une fillette. Elle s'approche, jette un coup d'œil par-dessus son épaule, puis vers nous. Elle est pieds nus et elle a la figure crasseuse. Elle porte une robe marron et elle a un nœud vert dans les cheveux. Un fil est enroulé autour de son poignet, au bout duquel flotte un ballon bleu.

« Bonjour », lui dit Cam. Il se penche par la portière, main tendue, mais la gamine ne la lui serre pas. Elle fixe ses bras, les dragons lovés. Elle fait un pas en arrière.

« Tu lui fous la trouille », dis-je.

Cam se tourne vers moi, les sourcils froncés, puis il rentre la tête et repose la main sur le volant avant d'adresser son plus chaleureux sourire à la fillette.

« Tu sais où se trouve Cherry Road ? lui demande-t-il.

– Oui, bien sûr », répond-elle.

Elle tend le bras, et le ballon suit le mouvement.

« C'est par-là. » Elle montre la direction d'où nous venons.

« Et c'est loin ? demande Cam.

– Pas la prochaine route, mais celle d'après. C'est un cul-de-sac. Y a qu'une seule maison. » Son poignet fléchit et le ballon heurte son poing.

Cam consulte la boîte de céréales. « Oui, c'est ça, dit-il.

– Oh ! s'exclame la gamine qui reste un instant silencieuse avant de reprendre : Vous allez chez l'Homme-Lézard. Je l'ai vu. Je l'ai vu une fois. »

Cam me regarde. Je hausse les épaules. La fillette donne un petit coup à son ballon. Cam fait demi-tour et elle nous dit au revoir de la main.

« Mignonne, cette petite », dis-je.

On s'engage dans Cherry Road.

« Une sale môme qui te file la chair de poule, oui », dit Cam.

La maison est cachée dans les pins, et le jardin envahi par les mauvaises herbes. Il y a des traces de pneus à l'endroit où se trouvait auparavant l'allée. Des flamants roses en plastique parsèment le jardin, dont les becs incurvés émergent au milieu des hautes herbes. Leurs pattes en fer sont rouillées et leur corps est décoloré.

Le toit de la maison est jonché d'aiguilles de pin et de piles de bardeaux, sans doute laissées sur place après des travaux abandonnés. La véranda s'est affaissée, le revêtement extérieur est pourri et les planches sont disjointes. J'appuie sur le bois mou, et mon ongle s'enfonce dedans.

Je me demande pourquoi nous sommes là. Pas de corps à identifier ni de papiers à signer. Pas d'héritage et pas de funérailles. Je me doute pourtant de la raison de notre présence : c'est ainsi que Cam compte lui dire adieu.

La maison semble attendre le retour de son occupant. La lumière du couloir est allumée. Le climatiseur ébranle le carreau au-dessus de l'évier de la cuisine. Le papier peint marron part en lambeaux, pareil à de l'écorce de bouleau, dévoilant des coulures de colle jaunâtre sur les murs.

On distingue des voix. Cam m'arrête d'un geste et met un doigt sur ses lèvres, puis il porte la main à sa hanche, à la recherche du revolver qu'il n'a pas. L'espace d'une minute, nous demeurons immobiles, puis Cam s'esclaffe.

« Merde ! s'écrie-t-il. C'est la télé ! » Il hurle de rire, se passe la main dans les cheveux. « Ça m'a flanqué une sacrée trouille. »

Nous entrons dans la pièce principale. Là aussi, le désordre règne. Les abat-jour sont recouverts d'une épaisse couche de poussière, une table basse croule sous une montagne de journaux et de courrier qui n'a pas été ouvert. Il y a un vieux canapé, l'air inquiétant avec ses accoudoirs rafistolés au moyen de chatterton. Un ressort a percé le coussin, parfait pour attraper le tétanos.

Seul tranche le téléviseur. Il est superbe, tout à la gloire de son écran 72 pouces. « Regarde un peu cette image », dis-je. On se recule pour mieux voir. Le téléviseur est réglé sur la chaîne *Armées*, qui diffuse des programmes saugrenus sur le câble. Des bombardiers B-24 sillonnent le ciel en noir et blanc. Leurs hélices paraissent immenses. Sur le poste sont posés un flacon de lave-vitre et un chiffon ainsi que plusieurs télécommandes. Cam en prend une, l'examine, puis presse un bouton. Le son enfle. Le bruit des moteurs d'avion et des échanges de tirs éclate. Je sursaute et Cam affiche un large sourire.

« On l'emporte, dit-il. On emporte cet engin. »

Il presse un autre bouton, et l'image se réduit à un point blanc au centre de l'écran, qui diminue puis s'éteint.

« Ah non ! s'écrie Cam. Non !

— Qu'est-ce que tu as fait ?

— Je ne sais pas. Je ne sais pas ! »

Il secoue la télécommande, en prend une deuxième, presse des touches au hasard, en saisit une troisième, appuie. Le téléviseur bourdonne, l'image tremblote puis réapparaît.

« Ahhh », fait Cam. On s'assoit pour regarder, veillant à éviter le ressort. Les plages de Normandie sont prises d'assaut, deux bombes sont lâchées et la guerre est gagnée. On est en plein Vietnam quand Cam déclare : « Je vais aller voir sa chambre. » Il est clair qu'il ne veut pas que je l'accompagne. Quand il revient une demi-heure plus tard, il a une allure effrayante. Il est livide et il a les yeux rougis. Il tient un carton à chaussures sous le bras. Je ne lui demande pas d'explications et il ne m'en fournit pas.

« On charge le poste à l'arrière et on fiche le camp, dit-il. Je vais chercher le pick-up. »

J'entends derrière moi une porte vitrée coulisser, puis se refermer. J'entends quelque chose qui ressemble à un cri, puis la porte s'ouvrir de nouveau. Je me retourne. Il a l'air encore plus effrayant qu'un instant plus tôt.

« Qu'est-ce qui se passe ?
– Énorme, dit Cam. Dans le jardin de derrière.
– Hein ? Qu'est-ce qui est énorme dans le jardin de derrière ?
– Un énorme alligator. »

C'est en effet un énorme alligator. J'en ai déjà vu, au cinéma, au zoo, mais jamais d'aussi gros et jamais d'aussi près. On le contemple, médusés. À défaut de pouvoir le vérifier, on décide que c'est un mâle. Il est réellement énorme. C'est un truc de dingue.

Et c'est aussi le truc le plus triste que je connaisse. Dans le jardin se dresse une espèce de cage ovale grillagée. À l'intérieur, l'alligator est couché en travers d'une vieille piscine d'enfant dont les bords en plastique craquelé s'affaissent sous son poids. Son ventre baigne dans quelques centimètres d'une eau brunâtre et visqueuse, tandis que ses pattes pendent à l'extérieur. Sa queue, de la taille d'un homme, est enroulée contre le grillage.

À notre vue, l'alligator siffle et ses pattes avant battent l'air. Ses mâchoires s'ouvrent sur des dents jaunâtres et une gorge de la couleur d'une peau de dinde retournée. Des nuées de mouches et de moucherons s'engouffrent dans sa gueule béante et se posent sur ses dents. D'autres grouillent sur les plaies à vif de son dos.

« Qu'est-ce qu'il fabrique là ? demande Cam.
– Apparemment, Red était l'Homme-Lézard », je réponds.

On regarde l'alligator. L'alligator nous regarde. J'examine la cage. Je m'interroge : est-ce qu'il peut se retourner là-dedans ?

« Il a l'air de s'ennuyer », dit Cam. Et c'est vrai. Il a l'air de s'ennuyer, et il a l'air malade. Sa gueule se referme, et seuls ses yeux indiquent qu'il est vivant.

« On ne peut pas le laisser là, dit Cam.
– Il faudrait appeler quelqu'un. » Mais qui ? La police ? Les services vétérinaires ?

« Non, impossible, dit Cam. Ils le tueraient. »

Il a raison. Je l'ai déjà entendu, aux infos. Un abruti élève un alligator. L'alligator s'échappe. Il a été nourri à la main, il n'a pas peur des hommes. Et l'histoire se termine toujours de la même façon : *malheureusement, l'alligator doit être abattu.*

« Je ne vois pas comment faire autrement, dis-je.
– On a le pick-up », réplique Cam.

Ma bouche dit non, mais mon regard a dû dire oui, car avant même que j'aie pu réaliser, nous sommes dans le jardin devant la maison à étudier le plateau que Cam mesure en écartant les bras.

« Ça ne marchera pas », dis-je. Cam ne me prête pas attention. Il prend sur le siège arrière une bâche bleue qu'il déroule par terre à côté du camion.

« Il est trop grand, dis-je.
– Non, ça ira. De justesse, mais ça ira.
– Cam, dis-je. Attends. Réfléchis. » Il s'adosse à la portière et plante ses yeux dans les miens. « Supposons qu'on arrive à sortir l'alligator de sa cage pour l'installer dans le pick-up,

poursuis-je. Supposons qu'on réussisse à le faire sans perdre la moitié de nos doigts. On l'emmène où ? Enfin, Cam, qu'est-ce qu'on peut faire d'un animal vivant de près de quatre mètres de long ? Et la télé ? Je croyais que tu voulais l'emporter.

– Merde, j'avais oublié la télé. »

On contemple le pick-up. Je lève les yeux. Le ciel est passé de bleu vif à bleu clair, et le soleil a disparu derrière un banc de nuages. Un coin de la bâche volette sous la brise, et l'œillet doré semble nous adresser des clins d'œil.

Comme sous le coup de l'affliction, Cam baisse la tête. « On pourrait peut-être mettre le poste debout.

– Cam, on peut prendre l'alligator ou le téléviseur, mais pas les deux. »

Cam pense que le plus difficile sera de lui ficeler la gueule avec du ruban adhésif.

« Tout sera difficile », dis-je, mais il n'écoute pas.

Il trouve une côte de bœuf dans le réfrigérateur. La viande est avariée, mais l'alligator ne s'en souciera probablement pas. Cam la dépose près de la cage, et l'animal s'extrait de sa piscine. Il presse son museau contre le grillage. Sa puissante odeur de musc ajoutée à celle de la viande pourrie me retourne l'estomac et me donne des haut-le-cœur.

« Tu dégueules et je te flanque mon poing dans la figure », me prévient Cam.

On a fait une descente dans le garage de Red. À nos pieds gisent un coupe-boulons, un rouleau de chatterton, une pelote de ficelle, un gros cordon élastique, une dizaine de madriers, ma bâche et, sans que j'en voie bien l'utilité pour le moment, une tronçonneuse.

« Pour nous défendre », explique Cam, poussant du pied le vieux modèle Sears. La chaîne rouillée pend autour de la lame, et j'imagine Cam mettant la tronçonneuse en route, la chaîne qui claque, s'envole et atterrit loin dans les hautes herbes. J'essaye de me représenter le combat entre l'homme et la bête, Cam coincé sous les deux cent cinquante kilos de l'alligator, la tête dans la gueule du monstre qui le traîne autour du jardin, hurlant, agitant bras et jambes. Et dans aucune des versions de ce scénario la tronçonneuse ne me paraît servir à quoi que ce soit.

Cam a enfilé des maniques, un compromis qu'il a accepté de mauvaise grâce après avoir constaté qu'avec les gants de boxe qu'il avait dénichés et qui offraient une meilleure protection, il n'était pas assez adroit de ses mains.

« C'est ridicule, dis-je. On va vraiment le faire ?

– Oui, on va le faire. » Cam chasse une mouche de sa main gantée.

Entendant un cliquetis, on se retourne. L'alligator a toujours le museau collé contre le grillage. Il s'ébroue, fixe la côte de bœuf, claque des mâchoires. Il est d'une taille réellement impressionnante.

Cam a garé le pick-up dans le jardin de derrière. Il enlève ses maniques, abaisse le hayon. Le plateau est vide. On installe les madriers pour faire une rampe, puis on les attache avec le cordon élastique. Les madriers mesurent plus de trois mètres de long, de sorte que les lois physiques jouent en notre faveur. On devrait pouvoir le hisser dessus.

On reporte notre attention sur l'alligator qui tente de se jeter contre le grillage, mais il n'a pas assez d'espace pour reculer et prendre de l'élan. Au-dessus de sa tête, il y a une petite trappe grillagée fermée par un cadenas à chiffres qui, à chaque impact, tressaute puis retombe avec un bruit métallique. À chaque fois, moi aussi, je tressaute.

« Il ne peut pas s'échapper, dit Cam, se baissant pour ramasser le coupe-boulons.

– Tu en es sûr ?

— S'il le pouvait, il l'aurait déjà fait, tu crois pas ? » Il place la pince sur l'anneau du cadenas, s'arc-boute et, le visage écarlate, il coupe. Il grogne, un claquement sec retentit et le cadenas tombe. Un mouvement éclair, et Cam hurle avant de basculer en arrière. La gueule de l'alligator dépasse de l'ouverture. Je ne distingue que des dents.

« L'enculé ! s'exclame Cam.

— Tu n'as rien ? » je m'inquiète.

Il montre ses mains, agite ses dix doigts. « Bon, dit-il. Bon. » Il prend la côte de bœuf et la lance à l'alligator. Elle atterrit sur son museau puis rebondit et glisse.

« Ce n'est pas un chien, dis-je. Il n'est pas capable de l'attraper. »

Cam remet ses maniques et avance lentement la main vers le morceau de viande qui repose dans l'herbe à un mètre à peine des rangées de dents. L'enclos semble soudain plus fragile, et on se dit que l'animal pourrait quand même très bien s'en échapper.

La cage tremble, mais cette fois sous l'impact du vent qui a forci. Je me demande s'il n'y a pas une tempête à St. Petersburg. Cam devrait être chez lui avec Bobby, et je suis à deux doigts de le lui faire remarquer. De fait, il a une lueur farouche dans le regard. Il est déterminé dans sa résolution.

Il dit : « Je vais lui fourrer la viande dans la gueule, et à ce moment-là, tu lui enroules le ruban adhésif autour.

— Pas question. Je refuse de mettre la main à portée des mâchoires de ce monstre. »

Et d'un seul coup, tout me revient : mon fils sort de ma mémoire pour pénétrer dans mes pensées. Son bras forme un angle bizarre au niveau du coude. L'infirmière demande ce qui s'est passé et il lève les yeux, prêt à mentir pour me sauver la mise. Il y a une certaine beauté dans le silence entre cette question et celle d'après. Puis la main du policier s'abat sur mon épaule. « Veuillez me suivre, s'il vous plaît. » La phrase que j'ai entendue des centaines de fois. Elle ne me quitte jamais. C'est un murmure. C'est une condamnation à la prison.

Je voudrais remettre moi-même le coude en place. Je voudrais remonter le cours du temps. Je voudrais que Jack ait cinq ou dix ans. Je voudrais qu'il soit sur mes genoux, lové contre moi comme un petit chien. Je voudrais qu'il écrive sur les murs avec un crayon orange et dise que ce sont les anges qui habitent dans le grenier qui l'ont fait. Je voudrais l'entendre avant que sa voix descende de deux octaves, avant qu'il apprenne à se tenir debout, une main sur la hanche, avant que ses idées s'embrouillent. Je voudrais retrouver mon fils.

« Viens ! me crie Cam. Ne me lâche pas maintenant. Dès qu'il ouvre la gueule, tu passes le ruban adhésif autour.
– Donne-moi tes gants.
– Non !
– Donne-moi tes gants et je le fais.
– Tu ne pourras pas tenir le rouleau.
– Fais-moi confiance, je me débrouillerai. »

On s'y met. Cam brandit le morceau de viande devant l'alligator qui claque des mâchoires puis s'en empare. On entend un craquement surnaturel tandis que l'os en T se scinde en deux lettres, puis en une pluie de virgules. Je glisse une longueur de chatterton sous la gueule de l'animal, puis je commence à l'enrouler à toute vitesse. Le rouleau se dévide en un long ruban pareil à un ver noir tout plat. Quand je me recule, l'alligator a la gueule fermée et j'ai les mains qui tremblent.

« Je n'arrive pas à le croire, dit Cam. Je n'arrive pas croire que tu aies réussi un truc pareil. »

L'alligator est foutrement lourd. On le cravate, les bras noués autour de son cou et de ses pattes de devant, les doigts accrochés à sa peau écailleuse. On s'avance en biais vers le pick-up, tandis que la queue de l'animal trace un sillon dans l'herbe. Ses pattes arrière labourent le sol, mais il ne se contorsionne pas, ne se débat pas. Cet alligator n'est pas en bonne santé. Je m'arrête.

« Allez, me dit Cam. On y est presque.
– Qu'est-ce qu'on fait ?
– On charge un alligator dans ton pick-up, répond-il. Allez, viens.
– Mais regarde-le. »

Cam jette un coup d'œil sur l'animal, sa tête verte, ses narines placées haut sur la tête et ses yeux ronds comme des balles de ping-pong. Puis il se tourne vers moi.

« Non, dis-je. Examine-le bien.
– Pourquoi ? » Cam s'impatiente. Il modifie sa prise. « Je ne vois pas où tu veux en venir.
– Il ne lutte pas. Il est trop malade. Même si on le remet en liberté, comment peut-on savoir qu'il ne va pas mourir tout de suite après ?
– On ne peut pas.
– Exactement. On ne sait pas d'où il vient. On ne sait pas où l'emmener. Et si Red l'avait élevé ? Comment survivrait-il en milieu naturel ? Comment apprendrait-il à chasser, à attraper du poisson, tout ça ? »

Cam hausse les épaules, secoue la tête.

« Alors ? je demande. Pourquoi on fait ça ? »

Cam me regarde dans les yeux. Au bout d'un instant, je détourne les miens. J'ai les bras qui faiblissent sous le poids de l'alligator, j'ai les jambes qui flageolent. On repart péniblement.

Je n'ai pas laissé à Jack le temps de mentir. J'ai reconnu être coupable de voies de fait, épargnant ainsi à tout le monde d'avoir à comparaître devant le tribunal. J'ai été condamné à quatre mois de prison dont deux ferme, plus une amende et des travaux d'intérêt général. Si l'affaire s'était terminée là, je n'aurais pas eu à me plaindre. Seulement voilà, j'ai perdu ma femme et mon fils.

La dernière fois que j'ai vu Jack, il était devant la voiture de sa mère et montrait à Alan son permis de conduire tout neuf. Penchés au-dessus du capot comme des filles, ils riaient comme des hommes en contemplant la coquille sur le document. *Poids : 750 kg.* Je les observais du seuil de la maison. Jack gardait ses distances. Dès que j'approchais trop, il esquissait un mouvement de recul.

Alan m'a aidé à charger le camion. À chaque meuble qu'on portait, je repensais au corps de Jack, à la manière dont il se balançait et oscillait entre nous deux cet après-midi-là, comme lorsque, pour jouer, on saisit un garçon par les chevilles et les poignets pour le jeter à l'eau du haut d'un ponton.

Tout ce que Jack et Lynn possédaient, nous l'avons mis dans le camion de déménagement. Je n'étais pas censé savoir où ils allaient, mais j'avais découvert au milieu d'une pile d'objets divers des cartes ainsi que l'adresse de leur nouveau domicile à Baton Rouge, que j'avais notée. Je pouvais pardonner à Lynn de ne plus vouloir de moi, mais je n'acceptais pas qu'elle m'enlève mon fils.

J'ai décidé que j'irais là-bas un jour, un jour qui me semble de plus en plus lointain à mesure que les mois passent. Comment réagirait Jack en me voyant ? Dans mes rêves, c'est toujours lui qui répond à mon coup de sonnette. Je lui ouvrirais les bras. Je lui dirais ce que je ne lui avais pas dit.

L'après-midi du déménagement, c'est Alan qui a convaincu Jack de venir jusqu'à moi. Lynn attendait dans le camion, prête à partir. Alan a fait un geste dans ma direction, puis Jack et lui ont discuté à voix basse. Finalement, à ma grande surprise, Jack s'est avancé vers la maison. Planté sur le pas de la porte, je n'ai pas bougé. Jack s'est arrêté devant la véranda.

Que pourrais-je dire au sujet de mon fils ? Il avait été un bel enfant, et tandis qu'il se tenait devant moi, je constatais qu'il était devenu quelqu'un de différent : un homme que je ne comprenais pas. Son T-shirt, trop petit pour lui, laissait voir son nombril. Une strie de poils bruns partait de son ventre et disparaissait sous la boucle en argent de sa ceinture. Il avait les ongles peints en noir. On lui avait retiré son plâtre, et son bras droit était couvert de poils frisés.

J'aurais voulu lui dire : *J'aimerais tant te comprendre.*

J'aurais voulu lui dire : *Je ferais tout pour mériter ta confiance.*

J'aurais voulu lui dire : *Je t'aime*, mais cela, je ne l'ai pas dit, pas à Jack – oui, je suis de ces hommes-là. Je ne supportais pas l'idée de dire ces mots à mon fils pour la première fois et de ne pas les entendre en retour.

Donc, je me suis tu.

Jack m'a tendu la main, et nous avons échangé une poignée de main comme deux étrangers.

Je la sens encore, l'infinitude de cette poignée de main : les deux paumes l'une contre l'autre, la chair de ma chair.

Il pleut à torrents et les essuie-glaces ont du mal à suivre la cadence. C'est moi qui conduis. Cam est assis à côté de moi. Il a posé le carton à chaussures sur le siège entre nous. Il a le bras sur le couvercle, comme pour protéger le contenu. À l'arrière, l'alligator et les madriers sont bringuebalés. Nous avons attaché la bâche au-dessus du plateau afin de cacher notre cargaison, mais la toile n'est pas assez tendue, de sorte qu'elle s'affaisse sous le poids de la pluie et menace d'étouffer l'animal.

Cam allume la radio, et on perçoit des bribes du bulletin météo avant que la voix soit noyée sous les parasites :

« ... *avis de tempête tropicale... formation d'un ouragan... le vent forcira en traversant le golfe... atteindra les côtes au nord de la Floride... et au sud, vers St. Petersburg...* »

Cam éteint la radio. La pluie ruisselle sur le pare-brise balayé par l'éclair noir des essuie-glaces.

Je ne demande pas si Bobby a peur des tempêtes. Quand j'étais petit, elles me terrorisaient. Jack, par contre, se postait devant la fenêtre pour regarder les branches voler dans la rue et les fils électriques onduler sur les trottoirs. Il restait là, souriant, jusqu'à ce que Lynn l'arrache à sa contemplation et qu'on se réfugie dans la salle de bains avec nos couvertures et nos lampes de poche. Et c'est seulement là que, blotti dans le noir, il pleurait parfois.

« On devrait rentrer, dis-je. Le courant sera peut-être coupé.

– Bobby est un gamin solide, répond Cam. Il ne risque rien.

– Cam...

– Au cas où tu l'aurais oublié, il y a un alligator à l'arrière de ton pick-up. »

Je me tais. De toute façon, me dis-je, c'est Cam le responsable. Moi, je n'y suis pour rien.

Un coup de tonnerre ébranle le véhicule. Non loin, un éclair illumine une antenne mobile. Une pluie d'étincelles s'abat sur la route. Les voitures et les camions sont comme saupoudrés de flammèches. Personne ne s'arrête.

J'ignore où nous allons, mais Cam m'annonce que nous sommes presque arrivés.

Cam, me dis-je, après ça, je ne te devrai plus rien. Quand ce sera fini, nous serons quittes.

« Si c'est pour ton boulot que tu t'inquiètes, dit Cam, je parlerai à Mickey. Je lui raconterai pour Red et il comprendra pourquoi tu es un peu en retard.

– Ce n'est pas Mickey qui m'inquiète. » Je n'ajoute pas : *Mickey, je l'emmerde.* Ni : *Mickey et toi, vous pouvez aller vous faire foutre.*

« Je sais pourquoi tu travailles de nuit, reprend Cam, Mickey m'a parlé du client que tu as engueulé. Mais là, c'est différent. Il comprendra. »

Je reconnais tout de suite la douleur que je ressens au fond de la gorge. Dès que je serai seul, il faudra un miracle pour m'empêcher de prendre une bouteille.

« On sort ici, dit Cam. Ensuite, tu tournes à droite. » J'emprunte la bretelle et me dirige vers Grove Street.

L'eau contenue dans la bâche clapote et se déverse sur la cabine. L'alligator est ballotté, et ses pattes grattent le revêtement en plastique ondulé du plateau.

« Où est-ce que tu nous conduis ? je demande.

– À Havenbrook. » J'attends qu'il dise qu'il plaisante. Mais il ne plaisante pas.

Le plus grand des lacs est à cheval sur le green du dix-septième trou. Cam y a déjà vu des alligators, de grosses charognes qui viennent se dorer au soleil sur la rive et flanquer la trouille aux golfeurs. Je n'ai jamais joué au golf de ma vie, et Cam non plus, mais il a dirigé les travaux de réparation du toit du club-house après l'ouragan de l'an passé. Il se souvient du code à cinq chiffres, lequel est toujours valable. La grille s'ouvre et nous nous engageons sur la route pavée réservée à l'entretien.

Il n'y a personne sur le parcours. Des branches arrachées jonchent les greens. Près du quinzième trou, une voiturette blanche gît sur le flanc.

Des éclairs zèbrent le ciel. Le pare-brise est transformé en un rideau de pluie, et les rafales de vent secouent le pick-up, si bien que je dois m'accrocher au volant pour ne pas faire d'embardées. Même Cam a les yeux agrandis de peur et s'agrippe à la banquette. Le carton à chaussures rebondit entre nous.

On arrive au lac, mais une distance égale à la moitié d'un terrain de football nous sépare de la rive. Le green est détrempé, inondé, et le lac déborde déjà. Si un seul pneu mord le bas-côté, on s'enlisera et on restera coincés.

« Impossible d'aller plus loin », dis-je à Cam. À cause du vent, des trombes d'eau et des coups de tonnerre, je suis obligé de crier. Le paysage a des allures de fin du monde.

Cam répond quelque chose que je ne comprends pas, puis il descend du camion et claque la portière derrière lui. Je saute à terre à mon tour, et le froid humide me saisit. En l'espace d'une seconde, je suis trempé jusqu'aux os dans mes vêtements qui me semblent peser des tonnes. Je n'entends que le vent. J'ai l'impression de me déplacer sous l'eau.

À peine Cam a-t-il détaché la bâche qu'elle s'envole. Elle se déploie dans le ciel comme un parachute bleu en flammes et va se prendre dans les branches d'un arbre, claquant sous les rafales.

Cam me hurle quelque chose. Ses dents lancent des éclairs, mais ses mots sont avalés par le vent. Je me tapote l'oreille et il hoche la tête. Il désigne l'alligator. Nous nous avançons doucement. Je m'attends à ce que l'animal nous charge, mais il ne bouge pas. Je regarde sa gueule. Elle est toujours bâillonnée. Je réalise que c'est le dernier défi que nous avons à relever. S'il s'échappe avant qu'on ait pu défaire le ruban adhésif, il est condamné.

Je suis en train de me demander lequel de nous deux va grimper sur le plateau du pick-up quand l'alligator se met en mouvement. Nous nous écartons d'un bond tandis que quelques centaines de livres de chair saurienne se déversent du camion. Sous le poids, le hayon cède et, charnières cassées, se balance un instant dans le vide. L'alligator est maintenant sur le gazon. On reste immobiles, et lui aussi.

Les mains en porte-voix, Cam approche sa bouche de mon oreille. Dans le froid et la pluie, son souffle brûlant sur mon visage me fait l'effet d'un électrochoc.

« Je crois qu'il s'est assommé, crie-t-il. Il faut en profiter pour enlever le chatterton. »

J'acquiesce. Je suis épuisé, angoissé, et je sais qu'on ne pourra jamais traîner l'alligator jusqu'à l'eau. J'ignore s'il y arrivera et si la chute du haut du camion lui a été ou non fatale. Peut-être que demain, les hommes s'occupant de l'entretien du terrain découvriront un cadavre d'alligator à cinquante mètres du lac. Voilà qui ferait la une du *St. Petersburg Times*. Un alligator géant victime de l'ouragan. Personne ne saurait quoi en penser.

« Va te mettre à califourchon sur son cou ! hurle Cam. Et appuie-lui sur la tête pendant que j'essaye de détacher l'adhésif !

– Non. » Je pointe le doigt sur ma poitrine, puis je fais le geste de dérouler. Cam paraît surpris, mais il me crie à l'oreille : « D'accord. À mon signal... » Je le repousse.

Je n'attends pas et, un instant plus tard, allongé dans la boue, je plante mes ongles dans le ruban adhésif. Mes yeux sont à quelques centimètres de ceux de l'alligator. Il cligne de ses paupières réduites à une fine membrane translucide qui voile ses globes oculaires. C'est un sacré spectacle. Il m'adresse un clin d'œil entendu. Je me sens en sécurité.

Le chatterton est plus difficile à dérouler qu'à enrouler. La pluie l'a ramolli et la colle est devenue gluante. À chaque tour ou presque, le ruban m'échappe, et je finis par le laisser s'entortiller autour de mon poignet comme un serpent. Mon poing ressemble bientôt à un gros fruit noir tout collant. Une fois le museau libéré, je roule sur moi-même pour m'éloigner de l'alligator. Je me relève. Cam me tire vers lui et me soutient. L'alligator fait jouer ses mâchoires, puis il ouvre grand la gueule et la referme dans un claquement. Après quoi, il file vers l'eau en zigzaguant.

Il est rapide et puissant, et je suis content qu'il fasse froid et qu'il pleuve pour que Cam ne voie pas les larmes qui sillonnent mes joues ; qu'il ne sache pas que je suis secoué de sanglots et non de tremblements causés par le froid. Il me lâche. Je crois que je vais tomber, mais je me mets à courir. À courir ! Je ris, je crie et je fais des bonds. Je brandis le poing. Je hurle : « Vas-y ! Vas-y ! » Et juste avant que l'alligator atteigne le lac, je me jette vers lui, et le bout de mes doigts effleure les dessins et les écailles de l'extrémité de sa queue qui fouaille l'air. Les éclairs illuminent le ciel, et je vois ce corps monstrueux, si lourd et maladroit sur le sol, glisser dans l'eau, là où est sa place. Vif, lisse et luisant, il fend la surface du lac avant de plonger et de disparaître dans le monde auquel il appartient, en sûreté au sein de la chaleur et du silence de la boue, parmi les poissons et les choses invisibles qui peuplent les profondeurs vertes.

Pendant le trajet de retour, nous ne parlons pratiquement pas. Il pleut moins fort et on commence à se geler dans la cabine. Cam a les mains devant le mince souffle d'air chaud qui s'échappe des grilles de chauffage. « On a fait ce qu'il fallait », dit-il. Je suis d'accord, mais je me demande quel sera le prix à payer. On écoute la radio. La tempête s'est déplacée vers le nord. Les reporters sont partis pour d'autres villes : Clearwater, Homosassa, Ocala.

« Un jour, il y a environ cinq ans, j'ai parlé à Red », finit par dire Cam.

Première nouvelle, et qui ne manque pas de m'étonner.

« Je lui ai téléphoné, reprend Cam. Je lui ai téléphoné et je lui ai dit : "Papa ? Je veux juste t'annoncer que tu as un petit-fils. Il s'appelle Robert et je pense qu'il devrait connaître son grand-père." Et tu sais ce que ce salaud a fait ? Il a raccroché. Le seul mot qu'il m'ait dit en vingt ans, c'est "Allô".

– C'est triste, dis-je.

– Si au moins il m'avait dit une fois qu'il regrettait, je lui aurais tout pardonné. Je lui aurais pardonné ce qu'il m'a fait, tout. »

Il se frotte vigoureusement les mains pour tâcher de les réchauffer.

« Tu sais pourquoi j'ai tous ces tatouages ? poursuit-il. Pour cacher les cicatrices des blessures que Red m'a infligées un soir avec un couteau à lever les filets. S'il m'avait dit quelque chose au téléphone, n'importe quoi, je lui aurais même pardonné ça. »

Cam ne tremble pas, ni ne pleure ou ne cogne sur le tableau de bord, mais quand je détourne le regard, je surprends son reflet dans la vitre. Il a les deux poings enfoncés dans les orbites, et je regrette aussitôt mon impatience, la mauvaise humeur que j'ai manifestée durant tout l'après-midi.

« Mais tu as essayé, dis-je. Au moins, tu ne passeras pas ta vie entière à te poser des questions. »

Nous roulons un moment en silence. Le tambourinement régulier de la pluie sur le toit m'apaise.

« Tu sais, j'ai servi avec des types qui étaient gays pendant la guerre du Golfe », dit soudain Cam. Le pick-up fait un brusque écart, et le rétroviseur gauche frôle la glissière de sécurité avant que je redresse le camion.

« Bon Dieu ! s'écrie Cam. Je voulais simplement dire que c'étaient des types bien, et que si Jack est gay, ce n'est pas pour autant la fin du monde.

— Jack ne sait pas où il en est, dis-je. Il n'est pas gay.

— Bon, soit il l'est, soit il l'est pas, et ce que tu penses ou désires n'y changera rien.

— Cam, avec tout le respect que je te dois, ça ne te regarde pas.

— Je sais », répond-il. Nous sommes presque arrivés. Il se redresse sur son siège, attrape la poignée de la portière. « Je voulais juste dire qu'il n'est pas trop tard. »

On s'engage dans l'allée. Cam saute du pick-up sans attendre. Le jardin est jonché de branches cassées et d'ordures. Deux volets ont été arrachés. La boîte aux lettres est couchée. Il ne semble pas y avoir d'autres dégâts. Je regarde un peu plus loin dans la rue. Ma maison est toujours debout.

Ce que je vois ensuite me brise le cœur. Cam traverse la pelouse en courant. Bobby est devant le grand bow-window, les mains pressées contre la vitre. Il a le visage rouge et bouffi. Cam s'engouffre à l'intérieur et réapparaît à côté du garçon. Il s'agenouille, attire Bobby vers lui. Ses lèvres forment les mots « Pardon, pardon » qu'il répète sans arrêt, et son fils se blottit contre lui, enfouit sa tête contre sa poitrine, et mon ami étreint son enfant dans les dragons qui ornent ses bras.

Ils restent ainsi pendant plusieurs minutes, encadrés par la fenêtre, tandis que la maison et le ciel s'obscurcissent. Je les observe encore un peu, puis je soulève le couvercle du carton à chaussures.

J'ignore à quoi je m'attendais, mais certainement pas à cela. Le carton contient des lettres, une centaine de lettres. Environ une par mois pendant une dizaine d'années, et aucune n'est ouverte. Chacune est datée et marquée du tampon RETOUR À L'EXPÉDITEUR. La dernière remonte à une semaine. Le nom et l'adresse du destinataire, toujours le même, sont écrits d'une main tremblante : M. Cameron Starnes, et l'expéditeur, toujours le même lui aussi, c'est Red.

Alors, je comprends qu'il n'y a pas eu de coup de téléphone, pas de pardon de la part de Cam qui ne s'est jamais approché du monstre avant que celui-ci ne soit hors d'état de nuire.

Contemplant les lettres, je sais qui il veut m'empêcher de devenir.

Je sors de l'allée en marche arrière. Je m'arrête devant la boîte aux lettres de Cam et je descends pour poser dessus le carton à chaussures. Ensuite, j'emprunte la rue jusqu'au panneau stop. J'hésite entre tourner à droite ou à gauche, puis je prends la direction de l'autoroute. Il y a une tenue de rechange toute propre au snack, et en faisant vite, je ne serai pas en retard au travail.

Mais je ne vais pas y aller.

Baton Rouge est à dix heures de route, mais je ferai le trajet en huit heures. J'arriverai au petit matin. Je vais rouler vers le nord en suivant la tempête. Je vais rouler dans le vent et la pluie. Je vais rouler toute la nuit.

Cette nouvelle est extraite du recueil
Le Paradis des animaux (2015).

Les enfants de Dieu

d'Eric Puchner

Traduit par Laurent Bury

L'annonce disait qu'ils cherchaient quelqu'un pour mettre en place des « mécanismes de survie ». Lors de l'entretien, une femme qui avait l'affiche du film *E.T.* collée sur sa porte me présenta l'emploi en question.

« Vous vous occuperez de deux personnes qui ont des besoins spécifiques, dit-elle, et vous travaillerez chez eux. »

Je n'étais déjà pas capable de m'occuper de moi, mais il me fallait un boulot.

« Ils sont attardés ?

– Eh bien... euh... C'est un mot qu'on n'utilise plus. »

Elle se força à ne pas froncer les sourcils, d'une manière qui laissait entendre que j'étais le seul candidat.

« Il existe un nouveau nom pour ça : handicap développemental. »

Moi aussi, je reçus un nouveau nom : moniteur de vie en communauté. C'était à Portland, dans l'Oregon. Je me mis à travailler chez deux hommes d'âge adulte qui ne savaient même pas nouer leurs lacets, pour les aider à aller jusqu'au bout de leurs journées.

Jason était le plus mal loti. Âgé de vingt-huit ans, il souffrait de tant de maladies que ses médicaments lui étaient livrés par sacs-poubelle entiers. En comparaison, Job sur son tas de fumier n'était qu'un geignard. Gonflée par l'hydrocéphalie, sa tête pendait du haut de son corps tordu dans un fauteuil roulant comme si elle essayait de se dévisser. Sa bouche baveuse restait ouverte en permanence. Ses mains, affaiblies par la dystrophie, se recroquevillaient comme s'il avait voulu saisir ses propres poignets. Entre autres choses, il était sujet aux attaques et aux crises de catalepsie. Il était atteint de diarrhée chronique. Tous les soirs, après le dîner, j'étais accueilli par une odeur tellement stupéfiante que je devais me boucher le nez avec de la ouate. Je poussais le fauteuil vers la chambre à coucher pour changer la couche d'un Jason souriant et maculé d'excréments. « J'ai fait un gros, gros caca ! hurlait-il en agitant les bras. Maintenant, ça pue le graillon ! » L'essentiel de son vocabulaire consistait en une série d'expressions toutes faites apprises auprès d'anciens aides-soignants, expressions généralement bizarres et assez déplaisantes au premier abord. « Ça pue le graillon » ou, par exemple, « Tu l'as dit, bouffi ». Parfois, il parvenait à s'exprimer avec une clarté étonnante. Il adorait les films d'action, surtout ceux où la nature se venge de l'humanité, et il vous racontait la mort d'un chasseur de dinosaures comme une blague hilarante.

Pour Jason, le décrottage du soir était cependant le grand moment de la journée. Il gloussait et rugissait de rire quand je le soulevais de son fauteuil, ses bras s'accrochaient à mon cou lorsque je le portais jusqu'au lit. Pendant ce court trajet, il ne manquait jamais de m'enfoncer sa langue dans l'oreille.

Dominic était plus sérieux. Méditatif, souffrant d'imprévisibles pertes d'équilibre, il titubait comme un ivrogne à travers la maison. La trisomie lui avait aplati les traits et son visage en pâte à modeler ressemblait à celui d'un gangster de série B. Sa beauté particulière surprenait les femmes. Il avait trente-deux ans et possédait un vélo muni d'une selle banane et de stabilisateurs. Théoriquement, il était impossible d'en tomber. Dominic s'attachait un casque sur la tête et, à force de tortillements, s'introduisait dans une armature de protection, puis il partait faire un tour dans le quartier et revenait généralement dix minutes après, amoché. Je devais alors nettoyer ses plaies avec une éponge. Une dizaine de fois par jour, il se glissait dans la salle de bains pour « fraîchir son haleine ». Il laissait toujours la porte ouverte et je le regardais parfois depuis le couloir ; il commençait par téter le robinet, le suçant jusqu'à ce que sa bouche soit pleine d'eau. Puis il se redressait tout à coup et bombait le torse d'un air triomphal, le visage tourné vers le plafond. Il lui arrivait de garder cette position pendant trente secondes : il gémissait, les bras tendus, les yeux bien fermés comme un chamane recevant une prophétie, avant de vomir ses entrailles dans le lavabo.

Lorsqu'il parlait, c'était d'une voix somnolente qui semblait venir de très loin. Il préférait le milieu des mots. Il aimait ainsi s'exclamer : « Agnife ! », pour « Magnifique ! ». Lorsqu'il racontait une histoire, on aurait cru entendre Rocky Balboa possédé par une créature démoniaque.

Je m'étais installé à Portland après avoir passé un mois à dormir dans ma voiture, à parcourir l'Ouest américain à l'aveuglette, achetant de l'essence et des provisions dans les stations-service grâce à la carte de crédit Mobil de mon père. Je roulais au hasard à cause de la frénésie qui agitait mon estomac. J'avais l'impression d'être le Vil Coyote du dessin animé qui, continuant à courir dans les airs alors qu'il n'est plus sur la terre, tente de revenir vers le bord de la falaise avant de dégringoler. Dans la boîte à gants, fermé par un couvercle et entouré d'un élastique, un gobelet en carton contenait une partie des cendres de ma mère que j'avais volées au columbarium quand j'avais douze ans. Je le gardais comme porte-bonheur. Avant ce mois passé au volant, j'avais posé du Placoplâtre dans l'Idaho, vendu des aspirateurs à Missoula, Montana, et travaillé comme bagagiste à l'aéroport de Salt Lake City.

Pour passer le temps, j'emmenais régulièrement Jason et Dominic en balade. Il y avait un minibus à cet effet dans le garage, et je prenais soin d'attacher les roues du fauteuil de Jason pour qu'il ne bascule pas. Ce véhicule de couleur violette avait été offert par un magicien ambulant. On allait soit au café, soit à la fête foraine, ou encore au cinéma. Ils aimaient écouter des chansons des années 1970, et je mettais le son à fond, autant que le permettait le vieil autoradio. Je baissais les vitres et j'écoutais Jason hurler certains mots de toutes ses forces, nommant toutes les créatures sur notre passage, tel Adam sur des montagnes russes. « Chien ! s'écriait-il. Fille ! Livreur pizza ! » Dominic passait la tête par la vitre du siège passager, les cheveux explosant au vent. Quelqu'un lui avait appris à faire un doigt d'honneur et il adressait ce geste aux piétons que nous croisions. C'était un bon moyen de tester leur personnalité et j'aimais voir ses victimes mettre en doute la simplicité de l'innocence.

Un jour, à un feu rouge, un étudiant riposta sur le même ton puis s'approcha à grands pas de Dominic, escorté par sa petite amie. Il tendait le bras pour faire bien voir son doigt d'honneur, qu'il suivait comme une carotte.

« Putain, mec, dit-il à Dominic, tu veux un deuxième trou du cul ? »

Dominic agita son doigt sous le nez du type, avec un plaisir immense.

« On va s'acheter des glaces », ai-je expliqué.

L'étudiant a regardé Dominic de plus près et son visage s'est empourpré. Il a baissé le bras et jeté un coup d'œil en direction de sa petite amie, qui le contemplait d'un air dégoûté.

« Vous devriez leur apprendre la politesse, marmonna-t-il. On n'est pas au cirque, merde. »

Chez Häagen-Dazs, on a fait la queue pendant que des clients mangeaient leurs glaces à la petite cuillère sous nos yeux. Dominic lorgnait les filles. Il était obsédé, mais uniquement à cause de son QI peu élevé ; sinon, il aurait dissimulé son intérêt, comme tout le monde. C'était plus métaphysique que sexuel. Parfois, je le surprenais en train de reluquer un top model en petite tenue, dans les pages d'un magazine, hébété de ferveur, les lèvres bougeant silencieusement, comme en prière.

Pendant que nous attendions notre tour, Jason s'est avachi dans son fauteuil et j'ai essuyé la bave de son menton. La femme qui était devant nous n'arrêtait pas de se retourner. C'était toujours la même mimique, une sorte de sourire codé qui s'adressait également à moi, comme si nous partagions un secret concernant la vie dans l'au-delà.

Finalement, n'y tenant plus, elle s'est accroupie à côté de Jason.

« C'est quoi, ton parfum préféré ? » brailla-t-elle comme si elle avait eu affaire à un étranger.

Il parut peser le pour et le contre avant de répondre.

« Autant essayer de vendre un survêtement à Jésus-Christ !
– Tu as raison », murmura la femme sans plus oser lui parler.

Quand est venu le tour de Dominic, il a contourné le comptoir avant que j'aie pu l'en empêcher et il est allé se planter à côté de la caisse. La serveuse a éclaté de rire. Il regardait fixement ses seins, sans rien dire. J'aurais pu faire quelque chose pour éviter la catastrophe, mais je voulais voir ce qui allait se passer.

« Montre-moi ce que tu veux », lui a-t-elle demandé.

Elle n'aurait pas dû. Dominic a saisi l'un de ses seins.

« Eh ! » s'est exclamée la fille en riant.

Elle a tenté de se dégager mais il tenait bon, s'accrochant à son T-shirt. Sur son visage, on lisait un désespoir profond, incrédule.

« Eh ! » répéta-t-elle.

J'ai fini par venir à son secours, en attrapant Dominic à deux mains pour le ramener du côté clients, où il ne parut éprouver aucun remords.

C'était toujours pareil : le monde les méprisait mais ils restaient eux-mêmes, librement et ouvertement. Je les admirais beaucoup. On tenta de commander des glaces, mais la serveuse, encore sous le choc, refusa de nous servir.

J'habitais un studio qui n'avait même pas le téléphone. Le seul meuble était un canapé vert que j'avais acheté à l'Armée du Salut et que j'avais hissé moi-même au cinquième étage. Pendant trois jours, à cause de ma nullité en géométrie, il était resté bloqué à la verticale sur le palier. Je continuais à prendre mes repas dans les stations-service grâce à la carte Mobil de mon père : *donuts* au sirop d'érable, hot dogs et thé glacé. J'avais des cartons de livres et une caisse d'ustensiles de cuisine, mais je ne les ai jamais déballés.

Mon père avait déménagé alors que j'étais à la fac et s'était installé avec une ancienne star de cinéma. En fait, ce n'était pas du tout une star, mais elle servait de doublure aux stars quand une scène était trop longue ou pénible à régler. Elle n'avait plus tourné depuis des années mais elle aimait parler de « Bob » Redford et de « Marty » Sheen.

Mon père lui avait fait croire qu'il était riche. Ils vivaient désormais dans l'Utah, en plein désert, et il s'occupait de ses enfants à elle.

Un jour, au cours de ce mois passé dans ma Subaru, j'ai appelé mon père d'une cabine.

« C'est pas possible ! s'est-il exclamé. Tu es où ?
— À Las Vegas.
— Eh bien ! Qu'est-ce que tu fais à Las Vegas, Drew ?
— Je m'éclate. Je suis avec des amis. »

En réalité, j'avais passé l'après-midi dans les toilettes d'un casino, frissonnant sur la cuvette et luttant contre mes fantasmes suicidaires, où je me voyais baignant dans une mare de sang après m'être fait sauter la cervelle.

« J'avais envie de venir passer deux ou trois jours avec vous.
— Oui, ce serait bien. Je veux dire, ce serait formidable. Tu es le bienvenu ! »

Il hésita et j'entendis une voix de femme à l'arrière-plan.

« C'est Drew, dit mon père. Drew ? Attends une seconde, d'accord ? »

Il a mis la main sur le récepteur. Pendant un long moment, je n'ai plus entendu que le bruit d'une machine à sous derrière moi. Puis le son est revenu et j'ai saisi le bout d'une phrase à l'arrière-plan, une voix de femme disant « c'est pas un hôtel, ici ».

« Drew ? Ce week-end, c'est un peu la folie. Tu sais, on est déjà cinq et il y a un de ces foutoirs. »

J'ai ri, sa voix semblait aussi lointaine que la machine à sous. *Cling cling cling.*

« Le problème, a repris mon père, c'est que je ne sais pas trop où on pourrait te faire dormir.
— Jackpot ! T'entends ça ? » ai-je crié avant de raccrocher.

Tous les après-midi, chez Jason et Dominic, on s'asseyait à la table de la salle à manger pour trier le courrier de la journée, en ricanant quand des lettres publicitaires étaient adressées à « l'Amateur de cigares » ou au « Zappeur fou ». Parfois, de la boîte aux lettres du coin de la rue, je leur envoyais des cartes postales anonymes, achetées au cours de mon périple à Orchard Homes, Montana, ou Mexican Hat, Utah. J'y écrivais des messages du genre « Vous me manquez » ou bien « Je m'amuse comme un fou ! ». Nous rangions ces cartes dans une boîte à chaussures au cas où cet heureux inconnu se manifesterait.

Un jour, en mars, Dominic a reçu un bulletin de participation à un concours et on l'a ouvert avec fébrilité. Je l'ai complété avec les informations nécessaires, en lui montrant comment coller les vignettes sur les petits carrés. Une fois le bulletin renvoyé, il a paru troublé, imprévisible, pendant toute une semaine. Il était particulièrement excité par le premier prix, une Mustang 1969 décapotable avec un cheval au galop sur la grille du radiateur, dont je l'aidai à coller la photo sur le réfrigérateur.

Après une nuit particulièrement perturbée, je fus réveillé en sursaut à cinq heures du matin par le grincement de la porte d'entrée. Je suis descendu illico et j'ai trouvé Dominic en T-shirt, assis sur le seuil comme un ivrogne lugubre, plissant les yeux pour percer la pénombre de la rue.

« Qu'est-ce que tu fais là, Dominic ? ai-je demandé en lui posant la main sur l'épaule.

— Elaaa, a-t-il répété plusieurs fois d'une voix monocorde.

— Oui, fais là. Il est cinq heures du matin. »

Il m'a lancé un regard bizarre.

« Atu », a-t-il dit pour « voiture ».

Comme sa gamme de sujets était limitée, j'avais appris à traduire ses mots en leur équivalent probable.

« Voiture rouge sans toit ! » a-t-il expliqué.
Dans mon état de fatigue, je me suis représenté la décapotable rouge arrivant dans la rue, ceinte d'un énorme ruban. Je lui ai expliqué qu'il avait une chance sur cent milliards.
« Il n'y a pas de voiture, Dominic. C'est juste une arnaque, enfin, un jeu, tu vois ? On a fait ça pour s'amuser. Tu n'as aucune chance de gagner. »
Il m'a dévisagé sans comprendre.
« Voiture ! Voiture rouge va vite !
— Et puis tu ne sais pas conduire. Même si on te l'offrait, tu aurais sûrement un accident.
— Pas accident ! » riposta-t-il avec fureur, en se levant.
La salive s'envola de ses lèvres. Quelle rage ! J'aurais donné n'importe quoi pour être aussi passionné. J'ai fini par ramener Dominic dans sa chambre mais je suis resté éveillé sur le canapé, m'abandonnant à mes fantasmes suicidaires. Je me suis souvenu que c'était le jour de l'anniversaire de Jason et que, de nous trois, j'étais le seul à savoir faire un gâteau.
Dans l'après-midi, je suis revenu à la maison afin de tout préparer pour la fête. J'avais acheté des pétards et des petits chapeaux et nous avons accroché des ballons. Les parents de Jason étaient censés arriver à quinze heures. À quatorze heures quarante-cinq, le téléphone a sonné et une voix de femme se mit à parler timidement dans mon oreille. Elle me raconta que leur voiture était au garage pour un problème de freins.
« Je suis désolée. Je sais que Jason comptait sur nous.
— Il attend ses cadeaux », dis-je.
Elle manipula le combiné.
« Je sais bien. Nous sommes absolument confus.
— Eh bien, écoutez, c'est nous qui allons venir. Donnez-moi votre adresse. J'apporterai le gâteau et les pétards. »
Silence gêné.

« Oh non. Ne vous donnez pas tout ce mal. Je veux dire, c'est un trajet beaucoup trop long pour eux. Ça ne les amusera pas.

– Ce n'est pas un problème, dis-je très fort. Ils adorent faire de la route. »

Le trajet fut long et certaines chansons furent diffusées deux fois. Jason était installé à l'arrière, sans rien manifester de son euphorie habituelle.

« C'est ton anniversaire », lui rappelais-je constamment.

Quand je lui dis que nous allions voir ses parents, il s'est contenté de regarder par la vitre, la tête penchée mollement comme un tournesol. Nous avons fini par trouver la bonne sortie d'autoroute et par gravir une route au milieu des collines, s'élevant au-dessus du grand trèfle à quatre feuilles du nœud autoroutier pour pénétrer dans une zone pavillonnaire récemment construite. J'examinais le visage de Jason pour y discerner des signes de reconnaissance, mais je compris qu'il n'était peut-être encore jamais venu ici.

Les parents de Jason nous accueillirent à la porte et nous invitèrent à entrer dans la cuisine. Malgré la saison pluvieuse, tous deux avaient des coups de soleil. Derrière leur sourire, leur visage restait inexpressif : si on l'avait secoué comme une ardoise magique, il aurait disparu. Les Kreighbaum semblaient embarrassés par leur fils, ils lui parlaient d'une voix particulière, en échangeant des regards furtifs. M. Kreighbaum paraissait à bout de souffle, ce qui faisait ressortir la rougeur de son visage, comme s'il venait de faire une vingtaine de pompes. Il me regarda vider le sac que j'avais apporté, en examinant les objets que je déposais sur le plan de travail.

Cette maison me donnait le mal de dents. En fait, je les serrais de rage.

« Mettez un petit chapeau, ordonnai-je à M. Kreighbaum.

– Je ne pense pas que ça m'irait, gloussa-t-il en consultant sa femme.

– J'ai promis à Jason. »

Il a pris le chapeau que je lui tendais, jetant un coup d'œil par la fenêtre avant de passer l'élastique sous son menton. Sous le cône de carton, sa tête paraissait gigantesque. Nous nous sommes dirigés vers la salle à manger en marchant, en roulant et en titubant, puis nous nous sommes assis à la longue table de chêne où étaient posés quelques misérables cadeaux. Mme Kreighbaum apporta des assiettes de salade de fruits et les plaça devant nous sans rien dire. Je suis allé chercher le gâteau à la cuisine. Nous avons chanté *Joyeux anniversaire* à Jason mais il est resté immobile, refusant de souffler ses bougies. Il avait les yeux chassieux, affolés. J'ai tenté de le ragaillardir en faisant éclater un pétard mais, de l'une de ses serres, il l'a écarté de son visage.

« À quand remonte la dernière fois où vous avez vu Jason ? » ai-je demandé à Mme Kreighbaum.

Elle a regardé son mari.

« Je ne sais pas. Mon Dieu. Il a l'air tellement heureux là où il est, dit-elle en me souriant.

– Je vais lui foutre une raclée qu'il aura le cul tout rouge », a dit Jason.

M. Kreighbaum a tenté de l'intéresser aux cadeaux, mais il les a repoussés avec indifférence, d'un geste large. Sans se laisser décourager, M. Kreighbaum a ouvert la plus grande boîte, feignant la surprise en en découvrant le contenu. C'était une truite en plastique qui remuait la queue quand on s'en approchait et qui chantait *Les Petits Poissons dans l'eau*. On était censé l'accrocher au mur. Visiblement, cet homme plein de ressources avait foncé au drugstore avant notre arrivée pour y acheter la première chose venue.

Il a sorti le jouet de sa boîte et l'a posé devant nous en vue d'une démonstration. La truite était plutôt convaincante comme allégorie de la mort, agitant sa queue contre la table en implorant notre pitié. Fait incroyable, Jason ne manifesta guère d'intérêt. Finalement, M. Kreighbaum dut se pencher sur les cadeaux pour les ouvrir lui-même, coiffé de son petit chapeau, brandissant chaque jouet pour le soumettre à notre approbation.

Mme Kreighbaum essaya de bavarder avec Dominic, sans doute par politesse.

« Elle est bonne, la salade de fruits ? demanda-t-elle.

— Agnife !

— Tout à fait d'accord, dis-je à Dominic. Je suis exactement de ton avis. »

Dominic demanda où se trouvait la salle de bains et je dus répéter la question avant que Mme Kreighbaum lui réponde. Il a fait une brusque embardée pour quitter sa chaise. J'ai cru qu'il allait renverser quelque chose, mais il a réussi à atteindre le couloir sans provoquer de dégâts. Nous l'avons entendu se racler la gorge, cracher et vomir avec exultation.

« C'est masturbatoire, ai-je expliqué en tâchant de dissimuler mon amusement. Il est frustré sexuellement. »

À mi-parcours du déballage des cadeaux, Jason a pris un air penaud et concentré. L'odeur était abominable. Ce n'était pas une illusion : nous faisions équipe. J'ai laissé les Kreighbaum mariner un peu. Ils contemplaient leurs assiettes tandis que la maison résonnait de grondements boulimiques.

« Vous avez des couches ? » ai-je fini par demander.

Mme Kreighbaum m'a fait signe que non. Je suis parti tirer une couche du kit d'urgence laissé dans le camion puis je l'ai lancée sur les genoux de M. Kreighbaum. Je suis parvenu à lui demander de changer Jason dans la chambre, en conférant à cette tâche une valeur honorifique. Il a jeté un coup d'œil désespéré à son épouse, puis m'a regardé d'un air piteux.

« Je pense que Susie serait plus qualifiée que moi.
— Il ne tolère que les hommes, ai-je déclaré.
— Mais je suis sa mère ! s'écria Mme Kreighbaum.
— Je vous en prie, ce n'est pas le moment d'y voir une attaque personnelle. Prenez un seau et des torchons, ai-je dit en me tournant vers M. Kreighbaum. Vous devrez d'abord le laver. »

Il a hoché la tête. Tenant la couche comme un livre, M. Kreighbaum s'est levé docilement et a fouillé sous l'évier de la cuisine jusqu'à ce qu'il trouve un pot de peinture vide. Il me l'a montré pour avoir mon feu vert, puis il a poussé le fauteuil de Jason jusqu'au bout du couloir. La porte s'est refermée derrière eux, comme scellant leur destin. J'ai picoré des miettes de gâteau dans mon assiette, comme Mme Kreighbaum. À voir la tête qu'elle faisait, le regard désemparé qu'elle fixait sur son assiette, j'ai éprouvé un soupçon de culpabilité.

Les bruits ont enfin cessé et Dominic est revenu dans la salle à manger en titubant, épuisé mais souriant, les yeux vitreux après tous les efforts accomplis pour vomir. Il a souri à Mme Kreighbaum et a dit quelque chose que je fus incapable de décrypter. Elle s'est tournée vers la porte close au bout du couloir, avec l'air du chien qui attend son maître. Était-il si difficile de changer une couche ? Je lui ai demandé de surveiller Dominic et je suis parti aux renseignements.

C'était pire que je ne l'avais prévu. Nu et blanc comme un linge, Jason était blotti sur le grand lit, le postérieur et les jambes maculés d'un barbouillage digne d'un peintre. M. Kreighbaum se tenait face à lui, les épaules tombantes, les cheveux trempés de sueur, tenant un torchon qui gouttait sur le tapis. Son petit chapeau avait glissé et pointait sur son front. Il avait l'air d'une grosse licorne atteinte de mélanome cutané. Il y avait de la merde sur sa chemise, et il y en avait partout sur le couvre-lit en jean. Il tremblait. Il m'a lancé un regard désespéré, désireux d'avouer sa défaite, comme un réparateur de frigos à qui on aurait demandé de disséquer un cadavre.

J'ai gravé cette image dans mon esprit, en la savourant tant que je le pouvais encore.

Après avoir écarté M. Kreighbaum et nettoyé Jason, je lui ai changé sa couche et l'ai rassis avec précaution dans son fauteuil. Il s'est tourné vers son père et a éclaté de rire.

« Tu joues avec le feu ! » s'est-il exclamé.

Il gloussa tout le long du chemin nous ramenant à la salle à manger, devenu d'humeur joyeuse, comme par magie. Dominic, en revanche, avait disparu.

« Je vous avais demandé de le surveiller ! » dis-je.

Mme Kreighbaum s'accrocha à sa chaise.

« J'ai eu besoin d'aller aux toilettes. »

Elle pleurait. Mes dents avaient enfin cessé de me faire mal, mais je ne me sentais guère mieux. Nous sommes partis à la recherche de Dominic et l'avons trouvé dans la rue, sur le trottoir d'en face, penché sur une Volkswagen, lorgnant à travers le pare-brise comme un cambrioleur. Au soleil, les pellicules scintillaient dans ses cheveux. Il a levé vers nous des yeux mi-clos, pleins de désir.

« Rouge, a-t-il marmonné. Ma voiture vite.

– Ce n'est pas ta voiture, ai-je dit. Ce n'est pas du tout la bonne maison. »

Sur la route du retour, nous avons fait un arrêt au Burger King et nous sommes assis à côté d'une femme âgée dont les yeux gigantesques remplissaient ses lunettes. Elle observait Jason et Dominic qui malmenaient leur nourriture et m'a offert ce sourire si particulier lorsque son regard a croisé le mien.

« Ce sont les enfants de Dieu », a-t-elle murmuré en se penchant vers moi et en hochant la tête avec sérieux.

Je n'ai pas pu m'empêcher de rire. Jason, qui nous épiait d'un air amusé, m'a tiré par le coude.

« Qu'est-ce qu'elle a dit ?
– Elle vous a appelés "les enfants de Dieu". »

Il s'est esclaffé.

« Les enfants de Dieeeeuuuu ?
– Exact », ai-je dit en manquant m'esclaffer à mon tour.

La dame a blêmi. Dominic a compris la plaisanterie et s'est mis à rire avec nous, s'étouffant en de grands hennissements sauvages. Nous étions tous les trois hilares au point que nous avons failli tomber de nos chaises.

De temps en temps, après m'être occupé de Jason et de Dominic, j'allais me saouler dans un bar. C'est le genre d'endroit qui a un verre de Martini en néon en guise d'enseigne et où une crotte insubmersible flotte dans les toilettes. Chaque fois, la même femme, dans la cinquantaine, m'offrait un verre. Elle faisait le ménage à bord des yachts naviguant sur la Willamette River et sa peau empestait les produits d'entretien. Des années au soleil lui avaient buriné le visage. Elle suivait des cours au centre de hatha-yoga, à côté, et passait sa vie au bar avec son sac de couchage à proximité, comme une SDF.

Quand elle était ivre, elle faisait le poirier pour prouver qu'elle était en état de conduire. C'est la seule fan de yoga alcoolique que j'aie jamais rencontrée. Un jour, elle m'a demandé ce que je faisais dans la vie.

« Je travaille avec des débiles.
– Je vois ce que tu veux dire », dit-elle en s'apitoyant.

Au bout de quatre ou cinq verres, j'attendais qu'elle aille aux toilettes pour m'enfuir dans la nuit.

Le matin, avant de partir travailler, je faisais de longues promenades dans le quartier industriel de Portland, parlant tout seul dans une torpeur somnolente. J'arpentais chaque jour les mêmes rues mais je ne savais jamais où j'étais. Des lambeaux de brume restaient suspendus dans l'air ; je franchissais des portails secrets et je trouvais le soleil. En revanche, je ne pouvais échapper à mes fantasmes, à ce brouillard suicidaire qui embrumait ma tête. J'ai songé plus d'une fois que j'étais en train de perdre la raison, car la beauté de la ville me rendait fou, ces murs couverts de lierre et ces ponts à l'armature élégante. Dans les magasins, j'avais du mal à parler aux gens : de ma bouche suintait un galimatias de voyelles à la Dominic qui inspirait un mouvement de recul aux vendeurs dégoûtés. J'avais l'impression d'être un extraterrestre, habitant le corps de quelque misérable Terrien.

« Tout va bien ? » m'a demandé quelqu'un un jour où j'avais du mal à faire mes courses.

La petite machine placée sur le comptoir, bientôt rejointe par le type de la caisse lui-même, n'arrêtait pas de me demander mon code. Je savais que ce numéro correspondait à ma date de naissance, là n'était pas le problème. Le problème, c'est que je n'arrivais pas à me rappeler quand j'étais né.

« Bien sûr que non, dis-je en perdant patience. C'est une question... rhétorique ? »

L'homme s'éloigna.

« J'essayais de vous aider.

– Écoutez, vous m'énervez. »

Je pleurais sans raison, parfois pendant des heures. C'était pathologique. Mon cœur était comme un oignon qui me faisait pleurer. Je me suis mis à arriver de plus en plus tôt chez Jason et Dominic, prenant la relève avant que l'équipe du matin ait terminé.

Un jour, en rentrant du cinéma, nous sommes passés devant un cimetière interminable, hérissé de pierres tombales. Jason parut très intéressé par les tombes, même celles où aucun ballon n'était attaché. Dans le rétroviseur, j'ai vu son visage devenir méditatif.

« Des morts, ai-je expliqué.
– Pourquoi ? a-t-il demandé en regardant par la fenêtre.
– Tu veux savoir pourquoi ils sont morts ? Excellente question. Génial. »

J'étais impressionné par sa curiosité. Je tentai de réfléchir, effort douloureux.

« Ils étaient peut-être jaloux des morts. Je veux dire, quand ils étaient vivants. Ils en avaient marre de chier dans leur froc. Tu sais, c'est comme une évasion, mais qui te mène sous terre.
– Sous terre ? a-t-il répété en souriant mais d'un air intrigué. Alors qu'est-ce qu'ils mangent ?
– Ce ne sont que des os. Ils ne savent pas manger. »

J'ai cru que cela risquait de l'inquiéter, mais il a trouvé ma réponse très amusante.

« Ils ne savent pas... manger ? » a-t-il craché avant de se tordre de rire.

Dominic a paru apprécier la plaisanterie et tous deux ont gloussé de concert, avec force grimaces. Bien sûr que c'était drôle, tous ces squelettes complètement idiots. En rentrant, je les ai menés jusqu'à ma voiture pour leur montrer le gobelet rempli de cendres dans la boîte à gants, en leur expliquant que cette poussière grise était jadis une personne. Je pensais qu'ils devaient connaître toutes les alternatives. Cette idée fut accueillie avec mépris, par Dominic en particulier. « Pas propre ! » a-t-il dit. J'ai confié les cendres à Jason qui, croyant qu'il s'agissait de médicaments, a tenté de les porter à sa bouche.

Le lendemain, alors que nous allions dans un café sur Hawthorne Boulevard, nous avons croisé la femme qui aimait m'offrir un verre. Elle nous a dévisagés quand nous avons commandé trois cafés au lait avec des pailles. En plein jour, assise toute seule au comptoir, elle semblait moins toxique. Je lui ai présenté Jason et Dominic, tout impressionnés de rencontrer une femme.

« Elle pue l'eau bleue, a dit Dominic en lui reniflant les doigts.
— Boucle-la, lui ai-je ordonné.
— L'eau bleue des toilettes ! »
Elle m'a regardé en fronçant les sourcils.
« C'est tes collègues ?
— Mes meilleurs amis », ai-je plaisanté, en faisant comme si ce n'était pas vrai.
Dominic lui a touché les cheveux. J'avais oublié son prénom et elle m'a rafraîchi la mémoire, d'un air crispé.
« Mensa ? Comme l'association de surdoués ? »
Elle a haussé les épaules.
« Ma mère aimait bien le nom. »
Je l'ai emmenée chez Jason et Dominic, pour lui faire visiter la maison où je passais le plus clair de mon temps. Pour les amuser, elle a roté et a laissé Dominic lui toucher les seins. Nous n'avions pas l'habitude de recevoir et nous nous regardions constamment dans le miroir placé au-dessus du meuble-classeur. Au bout d'un moment, Mensa s'est levée et a commencé à fouiller dans les placards de la cuisine.

« Ils n'ont rien à boire dans cette maison ? s'est-elle étonnée.
— Je ne pense pas que ce soit un de leurs mécanismes de survie.
— Génial. Et nous ? »

Plus tard, nous nous sommes retirés dans la chambre de Jason, sur son lit d'hôpital, tandis que Dominic et lui regardaient une vidéo dans le salon. Le visage de Mensa était couturé de rides, comme celui d'un explorateur de l'Arctique. Je l'ai serrée dans mes bras et j'ai replié mes jambes contre son ventre. Des dinosaures grondaient en bruit de fond. Elle a tenté de m'intéresser à autre chose, ce qui m'a agacé : je voulais juste me faire câliner. J'avais entendu parler d'une machine inventée par un autiste, qui vous serrait dans une gigantesque main en caoutchouc aussi longtemps que vous en ressentiez le besoin.

« Tu es l'amant le plus minable que j'aie jamais eu », dit-elle en sondant du doigt l'une de ses narines.

Elle se curait le nez sans vergogne, comme on savoure une bonne cigarette.

« Je sais.

– Jusque-là, je croyais que c'était moi qui avais des problèmes... »

Mensa prit l'habitude de venir l'après-midi, arrivant en bleu de travail après sa journée. Elle avait toujours une flasque d'alcool ornée d'une balle de golf, qu'elle avait volée dans un des yachts où elle travaillait. Nous nous blottissions l'un contre l'autre dans le lit de Jason, enlacés jusqu'à ce que mon bras s'engourdisse. Ses cheveux en sueur sentaient le débouche-tout. Je ne méritais pas la moindre once de pitié, même méprisante, mais personne n'avait pris la peine de le lui faire savoir. Après, elle faisait du yoga dehors sous la bruine, allongée, sur la pelouse, se soulevant lentement en creusant la colonne vertébrale, comme un bâtiment vu à l'envers. Ces postures portaient des noms mystérieux : Chien tête en bas, Salut au soleil. Un jour, je l'ai surprise étendue dans l'herbe, les membres écartés, les paumes tournées vers le ciel.

« Le Cadavre, m'expliqua-t-elle par la suite. C'est merveilleux comme sensation. »

Deux mois après la visite chez ses parents, Jason fit une crise d'épilepsie. Elle eut lieu en présence de l'équipe du matin, mais je suis arrivé à temps pour croiser les infirmiers chargeant son corps épuisé dans l'ambulance, à temps pour voir la perplexité sur son visage émacié. Il y eut une réunion extraordinaire et le coordinateur des soins nous mit en garde : Jason pouvait mourir d'un instant à l'autre, il avait déjà dépassé son espérance de vie. Sans lui, la maison semblait déserte, et je me demandais si ses parents allaient lui rendre visite à l'hôpital.

C'est un Jason pâle et apathique qui nous revint. Je continuais à changer ses couches, mais il ne ricanait plus, il ne me fourrait plus sa langue dans l'oreille. Quand j'essayais de lui apprendre de nouvelles expressions, il se contentait de me regarder, la tête ailleurs.

Sa mère se mit à passer de temps à autre, me traitant comme un domestique maintenant qu'elle était chez son fils. Elle lisait à Jason des livres d'images pendant que je faisais cuire des hamburgers ou que je préparais ses médicaments. Elle partait toujours au bout d'une demi-heure, en plein milieu d'une histoire, lorsqu'elle avait apaisé la culpabilité qu'elle éprouvait à vouloir qu'il meure. Son père ne venait jamais.

Pour le requinquer, j'invitais Mensa. Elle lui rotait à la figure, chose qu'il adorait auparavant, mais il se contentait désormais de la dévisager sans rire. Puis il roulait des yeux, se tournait vers le mur, prisonnier d'un rêve. Dominic s'installait sur le seuil, comme à son habitude, contemplant la rue d'un air déterminé, les mains croisées sur les genoux, tel un millénariste attendant le Ravissement. Il aurait pu rester ainsi pendant des millions d'années, jusqu'à ce que les glaciers fassent leur retour, et que les requins sortent de l'océan. Cela m'inspirait une jalousie éperdue qui me rendait malade.

« On aurait pu croire que ça l'embêterait, le fait que son colocataire soit mourant, ai-je dit à Mensa.

– Ça ne doit pas vouloir dire grand-chose pour lui. La vie et la mort. »

Je suis sorti et j'ai interrompu Dominic alors qu'il montait la garde.

« Voiture rouge ! a-t-il crié en sursautant. Va vite !

– Dominic, tu veux bien la fermer ? »

Il titubait, tout excité. J'ai dû l'empoigner par les épaules pour le maintenir debout.

« Il n'y a pas de voiture qui arrive.

– Voiture rouge va vite !

– Dominic, écoute-moi !

– Voiture magnifique !

– Tu ne gagneras rien du tout ! lui ai-je assené en le secouant, alors que sa tête s'agitait d'avant en arrière. Tu ne peux pas te mettre ça dans ton gros crâne ? »

Jason ne fut plus jamais le même. Assis à l'arrière du minibus, il s'économisait pour les grandes occasions, ne criant par la vitre que pour des spectacles particulièrement réjouissants comme la vue d'un chien ou d'un hippie. Au cinéma, il ne jouissait plus du malheur des autres et ne s'esclaffait plus quand un personnage était tué ou dévoré.

Désormais, quand nous passions devant le cimetière, il regardait fixement par la fenêtre, d'un air méfiant.

« Des gens morts », a-t-il déclaré un jour.

Sa bouche avait changé de forme, mais j'étais incapable de savoir s'il souriait ou s'il faisait la moue.

« Ouais. »

Je savais ce qui allait venir.

« Ils savent pas manger.
– Exact, ai-je répliqué gaiement. Ils sont trop bêtes.
– On est plus malins qu'eux », a-t-il murmuré, tête baissée, comme s'il en faisait le vœu.

Avec Mensa, on avait trouvé un garage pas cher du côté de Burnside et on y a conduit ma Subaru pour un petit travail de peinture. J'avais mis de côté assez d'argent, à force d'utiliser la carte Mobil de mon père pour les dépenses quotidiennes. Quand la carrosserie fut prête, nous sommes repartis vers la maison, en garant la voiture au bord du trottoir. J'ai fait sortir Dominic les yeux bandés, je l'ai aidé à descendre les marches du perron puis je lui ai retiré son bandeau avant qu'il ne tombe sur la tête.

Il est resté planté là une minute, à se frotter les yeux. À part dans les films, je n'avais jamais vu personne se frotter les yeux de stupeur, mais il a bel et bien mis ses poings sur ses yeux et les a enfoncés dans ses orbites.

« Voiture rouge », a-t-il fini par articuler.

Il était comme pétrifié sur le trottoir. C'est la seule fois où je l'ai vu se tenir debout sans vaciller, comme un mât.

« Ma voiture cadeau !
– Il n'y a pas de place pour elle ici, lui ai-je dit. Alors elle dormira chez moi. »

Il s'est mis au volant et on est partis faire un tour. Il terrorisa les voisins en fonçant à toute allure dans une impasse. Une fois rentrés, Mensa et moi avons disparu dans la chambre. L'enthousiasme de Dominic m'était monté à la tête ; je fis de mon mieux pour l'égaler, en imaginant ce qu'il aurait fait à ma place. Nous nous sommes mis au lit et j'ai caressé les seins de Mensa à travers son bleu de travail, en humant son odeur. Je tremblais tant j'étais excité, mais j'ai réussi à la déshabiller sans trop de mal. Elle avait le corps blanc et lisse, comme avait dû l'être autrefois son visage. Par chance, j'étais encore habillé lorsqu'on a entendu une voiture se garer dans l'allée. Les donateurs. Je les avais complètement oubliés. J'ai regardé Mensa, allongée en sous-vêtements à côté de moi.

« Ils viennent visiter la maison.
– Maintenant ? Tu veux dire, là, tout de suite ?
– Ne bouge surtout pas. »

Je l'ai enfermée dans la chambre et je suis parti accueillir le donateur en costume trois-pièces et son épouse qui examinaient les parterres d'azalées du jardin. C'étaient ces gens, riches et coupables, qui faisaient des dons à l'agence. Je leur ai présenté Jason, qui a déclaré qu'ils s'avançaient en terrain glissant avant de repartir regarder une cassette vidéo évoquant la fin du monde. Je leur ai fait rapidement visiter les lieux, en évitant soigneusement la chambre à coucher. Alors que nous sortions de la maison, Dominic est revenu d'une promenade à vélo censée célébrer l'arrivée de son cadeau, couvert de bleus et d'égratignures.

« Il saigne ! a dit l'homme.
– C'est normal. Il est hémophile.
– Vous voulez dire que ça ne va pas s'arrêter ? Il ne faut pas l'emmener à l'hôpital ? »

J'ai éclaté de rire.

« Ce n'est pas une hémophilie de ce type-là, Dieu merci ! »

Sous son casque, Dominic arborait un sourire triomphal. Je lui ai donné une claque dans le dos et les donateurs se sont détendus, touchés par notre camaraderie. L'homme avait envie de voir le jardin en entier. Je tentai de détourner son attention en décrivant les qualités les plus admirables de Jason et de Dominic, mais il insista pour voir l'endroit où « les résidents avaient planté des tomates ». C'était sans doute son critère pour vérifier si son argent était bien dépensé. Je les ai menés à l'arrière de la maison, mais en atteignant la pelouse je me suis retourné et je les ai vus au milieu du chemin, comme paralysés. Ils regardaient fixement Mensa par les portes-fenêtres de la chambre. Au moins, elle s'était rhabillée, mais elle était recroquevillée au centre de la pièce, le visage figé dans une moue spectrale.

« Je pensais qu'ils n'étaient que deux, dit l'homme.
– Elle est arrivée la semaine dernière », ai-je expliqué.

Mensa nous observait à travers la vitre. Elle se mit à se balancer, l'air toujours renfrognée. Elle s'est arrêtée et a ramassé une de ses santiags qu'elle s'est mise à mâcher comme un steak.

« Que fait-elle ? demanda respectueusement la femme, en se penchant vers moi.
– C'est un de nos cas les plus graves. Elle ne quitte jamais sa chambre. »

Une fois la visite terminée, ils ont serré la main de Jason et de Dominic, et on les a raccompagnés jusqu'à leur voiture. Visiblement émus, ils ont pris un Polaroïd de nous trois devant la maison (l'homme parla d'une « photo de famille »), et nous avons vu avec stupeur nos visages apparaître peu à peu sur le papier.

« Bon travail, mon jeune ami, dit l'homme. Vos parents doivent être fiers de vous. »

Arriva le 1er juillet. Le printemps s'adoucit et offrit à Portland les plus beaux moments de l'année. Les nuages s'entrouvrirent et la ville se révéla pour la première fois, le fleuve scintillant au soleil. L'éclat de l'eau restait dans vos yeux même quand vous regardiez ailleurs.

Mensa passait de longues heures sur la pelouse, se métamorphosant en formes harmonieuses, comme une sorte d'alphabet antique. Jason, Dominic et moi nous pressions près de la fenêtre en nous demandant ce qu'elle écrivait. Nous l'admirions tandis qu'elle se dressait sur les avant-bras et basculait son corps par-dessus sa tête, en forme de scorpion.

Un jour, elle me héla pour que je la rejoigne. J'ôtai mes chaussures et la suivis sur le gazon, sentant la chaleur de l'herbe entre mes orteils. Elle m'apprit quelques postures, celles qui lui venaient à l'esprit : le Guerrier, le Cobra, le Chien tête en haut. Alors que je pliais mon corps à ces formes, j'avais la sensation de laisser un message pour quelqu'un que je ne voyais pas. Mensa et moi, on est restés vautrés sur la pelouse, les yeux fermés, sans bouger, pendant un moment qui parut infini. Puis on s'est levés et elle m'a montré comment saluer le soleil.

Plus tard, on a décidé d'emmener la Subaru rouge faire un tour. J'ai dit à Dominic que c'est moi qui devrais conduire, du moins en attendant qu'il passe son permis, mais qu'il pourrait m'aider à tenir le volant s'il le désirait. Jason s'est allongé sur la banquette arrière, la tête sur les genoux de Mensa. Elle lui caressait les cheveux et nommait ce qu'elle voyait. « Une bouche d'incendie, dit-elle. Des anarchistes. » J'ai accéléré sur l'autoroute, en mettant l'autoradio à fond. C'était comme avant. J'ai laissé Dominic tenir le volant et il a klaxonné à l'adresse de deux femmes dans une Jeep, sûr de son charme irrésistible.

On arriva dans l'arrière-pays, où la radio ne captait pas. Les vaches erraient comme des fantômes. Quand nous nous arrêtions pour leur dire bonjour, elles tentaient de mémoriser nos visages.

Sur le chemin du retour, une bourrasque s'est levée, et brandi par le vent un vieux panneau s'est soulevé de l'arrière d'une benne à ordures qui roulait devant nous. Il a volé vers nous au ralenti, comme en lévitation, au-dessus de la route. LIVRAISON GRATUITE, annonçait-il. J'ai failli fermer les yeux.

ERIC PUCHNER

J'ai quitté notre voie et perdu le contrôle du véhicule qui a basculé dans le fossé, et la boîte à gants s'est ouverte avec une bouffée de poudre grise. Le choc nous a fait rebondir tous les quatre sur nos sièges. Une deuxième rafale de vent s'est engouffrée dans la Subaru et s'est évanouie dans le silence.

Nous avions le visage saupoudré de cendres.

« Pauvre connard ! a crié Mensa au chauffeur de la benne à ordures, j'imagine.

– On est vivants, ai-je dit. C'est tout ce qui compte.

– Vivants ? » a demandé Jason.

Le cœur battant, nous avons échangé de longs regards, puis j'ai redémarré et pris le chemin du retour.

Cette nouvelle est extraite du recueil
La Musique des autres (2008).

Benny

de Jon Raymond

Traduit par Nathalie Bru

Quand je suis allé chez ma mère à Clackamas, elle m'a appris que le père de Benny voulait me voir. Elle l'a mentionné au détour d'une phrase, en nous préparant des sandwichs pour le déjeuner, comme si ça n'avait pas plus de poids que des politesses de voisinage.

« Le père de Benny ? » ai-je demandé, méfiant.

Ça faisait des années que je ne l'avais pas vu, mais je me souvenais très bien de lui. Un vrai connard, plein de grandes idées sur l'honneur et la propriété, qu'il s'était fait un devoir d'infliger à ses fils. Quand Benny et moi étions gosses, j'avais été témoin chez eux de nombreux éclats de voix, si bien que j'avais fini par considérer son père comme l'un des principaux responsables de tous les problèmes accumulés par Benny au fil des ans.

Ma mère savait ce que pensais. Mais à l'entendre, le père de Benny s'était adouci depuis. Il passait maintenant la plupart de son temps à faire du soutien scolaire à la bibliothèque, m'a-t-elle appris.

« Il veut juste parler de Benny, a-t-elle insisté. Rien de plus.

– Qu'est-ce que je sais de Benny, moi ? Je ne l'ai pas vu depuis des lustres.
– Son père est inquiet.
– Sans doute à raison.
– Tu fais ce que tu veux, a-t-elle conclu, en me tendant mon assiette, dans laquelle elle avait ajouté quelques carottes. Je ne fais que transmettre. Il est à deux pas, et ça lui ferait très plaisir de te voir. »

Elle n'avait pas à en dire plus. Elle était du genre conciliatrice et avait toujours eu un petit faible pour Benny, comme pour tous les canards boiteux. Je lui ai donc promis de passer le voir dès que possible.

Après déjeuner, j'ai installé un nouveau thermostat, puis fort à propos, ma mère a fait une sieste. Désœuvré, je suis sorti sans but précis par la porte de derrière ; et en moins de deux, j'avais traversé la cour en direction du portillon.

Le chemin jusqu'à la maison de Benny était resté gravé dans ma tête. Enfant, je le parcourais au moins quatre fois par jour. L'été, on passait presque toutes les nuits chez l'un ou chez l'autre. On jouait au ballon dans la rue. À l'époque du collège, quand tout avait commencé à se gâter chez lui, Benny avait même habité quelque temps avec nous. Ce trajet, j'aurais pu le faire les yeux fermés.

J'ai ouvert le portail, longé la pelouse impeccable du voisin, traversé le parking du lotissement et pris à droite sur Sunset Drive. Sa maison, quatre allées plus bas, n'avait pas bougé. Un terne pavillon de plain-pied aux doubles fenêtres embuées, avec des carillons rouillés suspendus aux avant-toits et des piles de cartons humides sur le côté. Les murs, privés de soleil par les pins qui poussaient à l'arrière, s'étaient laissé envahir par la mousse qui grimpait dans les joints du revêtement en vinyle. Tout semblait suintant, en décomposition, sans qu'il soit facile de mettre le doigt sur ce qui, au juste, n'allait pas. La maison ne différait pas tant que ça de celles des voisins. Mais que tout le désordre dont je me souvenais ait pu perdurer à ce point relevait presque du miracle.

J'ai sonné, espérant qu'il n'y aurait personne, mais le père de Benny est apparu aussitôt. Un rideau qui se froisse, un claquement de serrure, et la porte s'est ouverte, laissant échapper une odeur tiède de renfermé.

« Daryl ! a-t-il lancé, souriant. Comment vas-tu ?
– Bonjour monsieur Reger », ai-je répondu en lui serrant la main.

Ma mère avait raison, ça sautait aux yeux. Le père de Benny était bien plus amène qu'avant. Le changement était en partie physique : son visage s'était empâté, les contours de sa mâchoire effacés. Mais c'était surtout dans ses yeux que la différence était notable. La vieille lueur menaçante avait disparu, émoussée par les années de constante déception. Tous les nobles idéaux avec lesquels il avait embrassé la paternité s'étaient trouvés vains, si bien qu'il avait fini par en arriver au point de ne plus faire confiance à ses propres instincts. Ça me faisait un peu mal de le voir ainsi, mais je me disais aussi que, dans un sens, c'était mieux pour lui. Son échec sans fin lui avait permis de gagner en gentillesse et peut-être même en sagesse.

Les hommes devraient faire leurs enfants sur le tard, ai-je pensé. Ils faisaient ainsi de meilleurs pères. Ce n'est qu'après avoir été longuement malmenés par la vie qu'ils étaient enfin prêts. Tant de violence inutile et de discipline injustifiée pourraient être évitées s'ils acceptaient d'attendre.

Le père de Benny m'a invité à entrer et j'ai fait un pas dans l'obscurité fétide. J'avais oublié l'odeur si particulière de la maison, ce mélange de remugle, de désodorisant et de fumée de cigarette incrustée. La collection poussiéreuse de figurines de Mexicains endormis n'avait pas bougé, les photos de famille exposées au mur non plus. J'étais moi-même sur une ou deux d'entre elles, maigre et torse nu, riant sous le soleil.

Le père de Benny s'est installé dans son vieux fauteuil inclinable au tissu beige décoloré par la sueur et m'a fait signe de prendre une chaise à l'autre bout de la pièce. Dans la pénombre, il avait l'air épuisé. Sa peau était pâle et parcheminée, et ne lui restaient pour toute chevelure que de petites mèches rousses éparses.

« Comment va Mme Reger ? » ai-je demandé.

Autant nous mettre en train sur les sujets les plus faciles. La mère de Benny avait toujours été adorable. Tout le monde l'appréciait.

« Elle va bien, m'a-t-il dit. Elle croise ta mère à l'épicerie. Elle demande toujours de tes nouvelles. »

J'ai réussi à émettre un petit rire amical.

« Ma mère adore faire circuler les nouvelles. J'entends aussi très souvent parler de vous tous, vous savez.

– Je devrais te féliciter pour ton mariage, a dit M. Reger. On était vraiment contents pour toi.

– Jusqu'ici tout se passe bien », ai-je répondu.

J'étais marié depuis presque trois ans. À l'idée que j'aurais sans doute dû les inviter, j'ai ressenti une pointe de culpabilité passagère.

« Elle est chinoise, n'est-ce pas ? a-t-il poursuivi.

– Vietnamienne.

– Eh bien, tout ça m'a l'air fantastique. »

Nous sommes ensuite passés à autre chose, pour éviter les commentaires embarrassants.

Les frères de Benny se portaient bien. Ils étaient dans les affaires et aimaient toujours surfer. Mon père envisageait de prendre sa retraite et ma mère faisait du bénévolat au refuge pour animaux. Sa femme avait eu d'assez graves soucis de

santé quelques années plus tôt, mais à présent tout allait bien. Nous avons égrené la liste, passant d'une personne à l'autre pour nous rapprocher de notre point de mire, le seul nom qui comptait. Et quand M. Reger a posé sa question, celle-ci a paru presque aussi anodine qu'une conversation de salon :
« Tu as vu Benny récemment ?
– Non, pas depuis longtemps, monsieur. »
C'était peut-être bien la première fois de ma vie que je disais ainsi « monsieur ».
M. Reger a secoué la tête en soupirant. Puis il a tourné le regard vers la vitre embuée.
« C'est dommage. J'espérais que tu l'aurais vu. Vous avez toujours été si proches.
– Je le croisais plus souvent dans le temps. Je ne sors plus beaucoup maintenant. J'imagine que vous êtes sans nouvelles depuis un moment.
– Très longtemps, oui. »
Nous n'avons plus rien dit pendant quelques instants, saluant à notre manière la gravité de la trajectoire rebelle de Benny. Le chemin qui l'avait conduit à la ruine était long et tortueux. La seule pensée de l'argent gaspillé à essayer de l'aider était écrasante. J'imaginais combien son dernier séjour au centre de désintoxication de Newberg leur avait coûté.
« Il devrait vraiment rentrer, dit M. Reger. On voudrait simplement être sûrs qu'il va bien. Il devrait nous donner des nouvelles.
– Je ferai en sorte de transmettre le message, si je le vois.
– Je me disais que tu saurais peut-être où chercher, insista-t-il prudemment. Nous ne savons même pas par où commencer. Peut-être que, si ça n'est pas trop compliqué, tu pourrais te renseigner à droite à gauche... je ne sais pas... »
M. Reger s'est effondré dans son vieux fauteuil. Un général vaincu, les seuls qui vaillent. Il a détourné le regard vers le

téléviseur éteint. La charge qui m'incombait était lourde, mais je lui ai dit que je ferais de mon mieux.

Ses frères auraient dû s'en charger, mais ils en avaient sans doute assez d'essayer. Ils l'avaient déjà retrouvé dans toutes les situations possibles et imaginables. En prison. Endormi sous un pont. En sang dans la rue. Et ils n'avaient désormais plus de temps à lui consacrer. Leur patience avait atteint ses limites depuis longtemps déjà.

Alors, il ne restait plus grand monde vers qui se tourner. On avait rarement entendu Benny mentionner des copines. Il n'avait pas de boulot, et donc aucun collègue. Il était même possible qu'il ait quitté la ville. Nous n'en savions rien. Il avait pu partir pour Seattle, pour San Francisco, pour le Montana et être resté coincé là-bas. Et s'il était encore en ville, il avait tellement dérivé dans sa propre galaxie que le retrouver n'allait pas être si facile.

Notre dernière rencontre remontait à deux ans. Comme on habitait tous les deux le même quartier à l'époque, on faisait l'effort de se voir une fois de temps en temps. Un jour, il était venu chez moi avec son ballon de basket en caoutchouc rayé, l'air débraillé, égaré. Il était hirsute, transpirant, les yeux exorbités, mais je n'avais fait aucun commentaire. Ça n'était pas mes affaires. On était allés se balader, faire quelques paniers au gymnase.

Benny n'avait jamais été un grand basketteur, mais ce jour-là, c'était vraiment la catastrophe. Ses mains semblaient comme dissociées de ses bras et claquaient l'une contre l'autre dans le vide plusieurs secondes après que le ballon fut passé à sa portée. Ses tirs partaient vers le panier de manière très approximative. Il se trouvait des excuses, mais il s'en fichait pas mal en réalité. Et moi aussi d'ailleurs. On était là davantage pour se détendre, pour passer un peu de temps ensemble.

BENNY

    On avait pourtant fini à deux contre deux, avec face à nous un adolescent grassouillet et un nain avec une queue de rat. Le nain mesurait littéralement moins d'un mètre, il avait le haut du crâne à hauteur de la boucle de ceinture de Benny, ce qui ne l'empêchait pas d'accumuler les points sans problème. Il dribblait autour de Benny, le dépassait comme une flèche et mettait panier après panier. Benny était tombé au moins deux fois en essayant de le rattraper. Et en un rien de temps, on était vaincus. Les gosses se sont congratulés du plat de la main et nous ont regardés presque avec pitié.
    Après coup, Benny s'était plaint que le marquage au sol était de traviole. Il était même allé chercher un mètre chez lui pour vérifier le tracé des lignes et la hauteur du panier. Il s'était mis dans la tête de demander de l'argent à l'équipe des Trail Blazers pour remettre le terrain en état. Il n'avait sans doute pas fermé l'œil depuis une semaine.
    Plus tard, sur le ton de la plaisanterie, j'avais dit à nos amis que les délires amphétaminiques de Benny avaient fini par nuire à mon style de vie. Pour moi, l'humiliation au basket avait été le bouquet : il devait se faire soigner. Je plaisantais, mais le fait est que je ne l'avais pas revu depuis et ne savais pas vraiment où démarrer mes recherches.
    J'ai commencé par notre ancien quartier quelques semaines après avoir parlé à son père. Je ne pouvais plus continuer à remettre ça au lendemain. Si je détestais jouer les ambassadeurs d'un monde que Benny tentait de fuir, j'avais quand même envie de le voir. Et ça me faisait une bonne excuse pour sortir de la maison. C'était facile d'y rester coincé dès qu'il se mettait à pleuvoir.
    Le quartier qu'on habitait dans le temps avait pas mal changé. Dans tous les terrains vagues, immeubles et maisons poussaient comme des champignons, des bâtiments souvent montés à la va-vite – un garage de bonne taille avec, derrière

et au-dessus, la partie habitable. Quelques autres cependant étaient un peu plus luxueux, avec leurs façades en cèdre brut, leurs larges avant-toits et leurs baies vitrées ouvrant sur des terrasses pimpantes à l'étage. Ils étaient même plutôt beaux, assortis à leurs jeunes et beaux propriétaires.

J'étais heureux de constater que le quartier n'avait quand même pas perdu tout son caractère. J'ai évité de justesse un SDF à vélo qui traînait derrière lui un attelage composé d'une poussette et d'une tondeuse à gazon rouillée.

À l'ancienne adresse de Benny, appartement situé dans un misérable cube du nom de Cynthia Arms, sur Killingsworth, vivait désormais un type d'à peu près mon âge. Entrebâillant à peine sa porte fissurée, le blanc de son œil souligné par la chaîne de sûreté, il m'a dit n'avoir jamais entendu parler de Benny. L'appartement, m'a-t-il indiqué, avait eu plusieurs occupants depuis. Les derniers étaient une famille mexicaine de huit personnes.

« Désolé de vous avoir dérangé », ai-je conclu, mais la porte s'était déjà refermée.

Je suis ensuite passé voir le concierge. Il habitait au rez-de-chaussée, dans un local qui ressemblait fort à une grotte. Les fenêtres étaient aveuglées par des couvertures sombres et la télé qui dispensait sur les murs ses lueurs bleutées rappelait un feu préhistorique. Je m'attendais presque à trouver des os par terre.

« Vous vous souvenez de Benny Reger ? Il habitait au 206 il y a quelques années. »

Le concierge, un brave homme au front proéminent et aux yeux chassieux, voyait tout à fait de qui je parlais.

« Il m'a laissé un putain de chantier. J'ai dû appeler des déménageurs. On se serait crus dans un magasin d'électronique. Sauf que tout était bousillé. À quoi ça rimait ? Je vous le demande.

« – Mais vous ne l'avez pas vu ces derniers temps ?
– Ça fait des lustres qu'il est parti. Sur la fin, il avait un colocataire. Peut-être que lui saurait.
– Vous connaissez son nom ? » ai-je demandé.

Jamais je n'avais entendu parler d'un colocataire.

« Blue, a-t-il répondu, mais ça va sans doute pas beaucoup aider. Un Noir, pour ce que ça vaut.
– Vous ne savez pas où Benny aurait pu aller ? ai-je insisté. Est-ce qu'il a laissé une adresse ou quelque chose ? »

Les chances étaient maigres, mais j'avais promis de faire de mon mieux. Et puis jouer les détectives me plaisait bien.

Le concierge s'est frotté le menton avant de pincer la chair de son cou. Il s'est penché dans l'embrasure sombre de la porte et, une fois en pleine lumière, a froncé les sourcils, les yeux vers le ciel. J'ai eu la sensation qu'il était sur le point de cueillir dans les airs un petit renseignement utile comme il l'aurait fait d'un moucheron, mais il a finalement reculé, plongeant à nouveau dans la pénombre du salon.

« Aucune idée. Il n'a rien dit. Un beau jour, il a disparu, c'est tout. »

Grâce aux vieux épisodes de *New York District*, d'où je tirais la quasi-intégralité de mes connaissances en matière d'enquêtes, je savais qu'après l'ancienne adresse personnelle de Benny, il fallait que je m'intéresse à son dernier boulot.

Benny avait travaillé sur des chantiers dans le temps, et comme j'étais moi-même charpentier, j'ai pu sans difficulté aller faire un tour à la permanence du syndicat pour voir ce que je pourrais trouver. Benny n'avait pas sa carte, mais c'était une petite ville. Les entrepreneurs n'étaient pas si nombreux et il en avait connu plusieurs. Bill Sandstrom se rappelait vaguement l'avoir embauché une fois. Le nom, au moins, lui disait quelque chose. Et une fois ma description de Benny achevée – ses cheveux noirs frisés, ses bras maigrichons, son rire –, il ne faisait quasiment plus de doute à ses yeux qu'on parlait du même.

« Ça fait au moins deux ans, m'a-t-il dit. Il venait de démissionner de chez Plaid Pantry.

– Même trois, à mon avis », ai-je corrigé.

La dernière fois que je l'avais vu, Benny était au chômage déjà depuis un bon moment. Et comme ça remontait à deux ans, il avait travaillé pour Bill il y a trois ans.

« Merde, a-t-il sifflé entre ses dents. Le temps passe. Vous avez raison, ça doit être ça.

– J'imagine que vous ne savez pas où il est...

– Je doute que lui-même le sache.

– Il n'allait pas très bien, alors ? »

Question de pure forme, en fait. Benny pouvait-il aller bien ? Benny était-il toujours Benny, d'ailleurs ?

« Disons-le comme ça, répondit Billy. Il n'enlevait jamais ses lunettes de soleil. Je crois pas avoir jamais vu ses yeux. Finalement, j'ai dû le virer.

– Pourquoi ça ? Il s'était passé quelque chose ?

– On avait eu des petits soucis lui et moi, mais je croyais que c'était du passé. Il arrivait à l'heure, il bossait bien. Et puis un jour, il quitte son poste pour aller perdre cinq heures à nettoyer la mousse sur une clôture dans le jardin. La clôture, elle valait rien. On avait prévu de l'arracher. Mais voilà qu'en rentrant, on le trouve en train de la décaper. Elle est presque entièrement bouffée par les ronces, vous voyez, et lui, il est là, à la récurer planche par planche. C'était comme récurer un tas d'ordures, quoi. Il prenait des amphètes. Je voulais lui donner sa chance. Moi aussi, j'ai connu ça vous savez ? Mais lui, il était pas encore prêt à arrêter. J'espère qu'il s'en est tiré, mec, j'espère. »

BENNY

Je m'étais, me semblait-il, déjà pas mal démené pour essayer de retrouver Benny : d'abord sa dernière adresse, puis son dernier employeur... Mais, selon la logique que je suivais, je n'avais pas tout à fait fini. Il me fallait encore essayer un bar.

J'ai opté pour Mork's, un bar miteux où on avait l'habitude de traîner, et où son ex, Janet, travaillait peut-être encore. Je doutais qu'ils soient restés en contact, mais peut-être aurait-elle des nouvelles récentes. Et puis, il restait toujours une maigre chance que lui-même s'y montre.

Mork's se trouvait à Albina, un quartier louche à l'époque ; mais en garant la voiture, j'ai vite vu que c'était du passé. J'avais devant moi, à deux angles de rues, de nouveaux complexes résidentiels, et à un troisième, des fondations à demi creusées. Ni surprenant ni déprimant, en fait. Bétonnez, me suis-je dit. On n'y perd pas grand-chose. Peut-être les habitants auraient-ils un de ces jours une épicerie. Je me souvenais pourtant encore de l'époque où il paraissait impossible que le centre arrive à s'étendre jusque-là un jour. Quelques années plus tôt, Mork's se trouvait à la périphérie.

À l'intérieur, l'odeur de bière et de cigarette avait quelque chose de rassurant. Les murs couverts d'affiches et de stickers m'étaient familiers, comme le plafond avec ses spirales peintes à la bombe. Quant aux jeunes, c'étaient toujours les mêmes. Mêmes chemises de bûcheron, mêmes jeans, mêmes coupes de cheveux, mêmes vestes de mécanicien. On aurait tout aussi bien pu être en 1973 ou 1985 qu'en 2004.

Aucun n'a fait attention à moi. Ils ne se doutaient pas que j'avais été l'un d'entre eux. Autant dire, donc, que ce n'était plus le cas.

Je me suis assis au bar et j'ai attendu en faisant durer ma bière. Il y avait de la bonne musique dans le juke-box, des vieux groupes que je prenais toujours plaisir à écouter. D'une certaine façon, c'était reposant d'être assis là. Au moins, ça incitait à réfléchir. Je me suis souvenu de quelques-uns des meilleurs moments que Benny et moi avions passés ensemble. Benny était un pitre. Ce qu'il faisait n'avait souvent aucun sens, mais il y avait du génie. J'ai repensé au jour où il avait mangé la photo de notre ami Eric. Une photo prise à l'école, qu'il avait sortie de sa poche et glissée à l'intérieur de son hamburger avant de tout avaler. Qu'est-ce que ça voulait dire ? Je n'étais pas sûr que lui-même l'ait su, mais c'était tordant. Et puis il y avait cette fois où il avait trouvé un chat momifié sous sa terrasse. La plupart des gens ne l'auraient pas touché. Mais Benny, lui, l'avait coupé en deux et avait attaché deux jambes de poupée à son corps, avant de lui coudre une petite chemise rayée et un béret. Il avait conservé ça des années sur sa cheminée. Tout le monde avait des anecdotes à raconter sur Benny.

Je me disais qu'il aurait dû être artiste. Mais il ne savait tout simplement pas comment l'exprimer, ni trouver la discipline. Il ne parvenait pas à extérioriser ce qu'il y avait de meilleur en lui. Et puis, il aimait trop la défonce. Et l'avenir à ses yeux n'avait jamais eu de poids.

Vers vingt-trois heures, Janet est venue prendre son service. Je l'avais toujours trouvée sympa. Elle était plantureuse, avec une coiffure à la Betty Page et un sourire joufflu. Elle n'avait pas vu Benny depuis des mois, mais elle était contente de remonter le temps en ma compagnie. Elle m'a rappelé cette fois où nous étions tous allés à la rivière et où Benny avait grimpé à l'arbre au sommet de la falaise, histoire d'agrémenter son saut de risques inutiles. Une journée que j'avais oubliée, mais il n'a pas fallu grand-chose pour que l'épisode remonte à la surface. Je revoyais Benny figé en plein ciel, des feuilles qui voletaient derrière lui et l'eau qui scintillait en bas.

D'autres choses nous sont aussi revenues en mémoire. Les fêtes dans le sous-sol, les feux d'artifice. Et aussi la fois où

Benny s'était endormi comme une masse en mâchant un Filet O'Fish pour se réveiller plus tard la bouche pleine de poisson et de pain détrempés. C'était agréable de parler de lui. Il y avait quelque chose dans le fait de connaître Benny qui tendait à lier les gens pour la vie.

Par contre Benny, bien sûr, ne s'est pas montré. Janet a mentionné quelques autres endroits où aller me renseigner, mais je n'avais pas beaucoup de temps devant moi. Ce ne serait pas pour ce soir-là, si j'y allais un jour.

Bien après minuit, je suis ressorti dans l'air froid, sous le halo jaune d'un lampadaire. En face, dans le trou béant, se dressait une grue. J'ai remarqué sans m'y attarder qu'ils avaient sur le site un nouveau modèle d'élévateur.

Dans le temps, à chaque nouvel immeuble qui sortait de terre, la ville semblait se transformer un peu. Chaque nouveau restaurant, chaque nouveau club apportait sa touche minuscule au caractère de l'ensemble. Mais on n'en était plus là. Les changements étaient désormais trop rapides pour être remarqués.

En quittant le parking, j'ai dû admettre que j'avais le plus souvent du mal à me faire à cette nouvelle réalité. Pourtant, me suis-je dit, il était temps de m'y habituer. Je faisais partie de ceux qui étaient restés coincés pour de bon dans une ville qui n'existait plus.

Pendant quelques mois, je n'ai plus cherché Benny. Je me disais que j'avais fait ce que je devais faire, et puis j'avais mes propres soucis. Mon boulot était prenant et on avait des journées chargées, mais on n'allait pas s'en plaindre. Et puis il fallait aussi retaper la maison qu'on avait achetée à Saint-Johns. L'apport que Minh et moi avions versé nous avait mis à sec, et il restait encore pas mal de choses à y faire. Étant mon seul client et unique employé, je cravachais dur. J'ai installé de nouvelles étagères en merisier dans la salle à manger. Repeint la chambre du haut en vert sombre. Réparé les fuites dans la salle de bains du rez-de-chaussée. Le travail ne manquait pas.

Le week-end, on écumait brocantes et vide-greniers, le plus souvent sans rien acheter, pour le simple plaisir de nous promener avec un vague objectif en tête. Comme je m'étais lancé dans la construction d'un bar exotique dans le sous-sol, lorsque je tombais sur des peintures intéressantes ou des meubles en bambou, j'essayais, avec la permission de Minh, de me faire plaisir. Je ne savais plus à quand remontait mon intérêt pour le mobilier exotique ; ça avait commencé un peu par hasard, sans but particulier, mais à la longue, j'étais, me semblait-il, devenu connaisseur.

Un dimanche après-midi, après une longue journée passée à faire les boutiques sur la 82e Avenue, j'ai reçu un coup de fil de ma mère. Le père de Benny était malade et voulait savoir si j'avais du nouveau sur son fils. Je lui ai dit que non. Elle m'a alors appris qu'on l'avait vu à un arrêt de bus en plein quartier de Southeast. Elle avait noté l'endroit exact sur un bout de papier.

Le week-end suivant, je me suis donc traîné jusque là-bas, à l'angle de la 98e et de Foster, espérant y retrouver sa trace. Je me sentais comme un flic en planque, pâtisserie et café inclus. Écouteurs aux oreilles, j'ai regardé se jouer devant moi le spectacle de la vie quotidienne.

Au cours des heures passées là, j'ai vu mon lot de scènes étranges – un homme en larmes ordonnant à sa femme de ne plus lever les yeux sur lui ; une femme qui servait des hamburgers à ses enfants à même le banc en plastique. Et des gens comme Benny. Des paumés qui n'avaient nulle part où aller, et de toute façon pas de boussole pour les y mener. Le trottoir se remplissait puis se vidait au passage d'un bus, pour se remplir à nouveau et se revider, récoltant au passage emballages et canettes vides, jusqu'au lundi où tout serait balayé.

Après y être retourné sans résultat deux week-ends d'affilée, j'ai essayé un jour de semaine, pendant une heure avant d'aller travailler, puis le soir ; les yeux toujours rivés au même morceau de macadam. J'ai vu les gens partir bosser le matin et rentrer chez eux en fin de journée. Mon copain Benny, en revanche, ne s'est jamais montré.

Un dimanche soir, une bagarre a éclaté devant moi entre deux jeunes Salvadoriens. Une sale embrouille. Soudain, sans que je sache comment tout avait commencé, l'un des deux a sorti un couteau et le sang s'est répandu sur le trottoir. En quelques secondes, les flics étaient là, tous gyrophares allumés, et ils ont embarqué une poignée de badauds. L'ambulance est arrivée quelques minutes après. Dieu seul sait si ces types s'en sont tirés. Un truc insensé, vraiment triste à voir. Je ne pouvais pas m'empêcher de penser à quel point ces gosses étaient loin de chez eux.

J'ai appelé quelques vieux amis, dans l'espoir qu'ils pourraient m'aiguiller, mais personne n'avait d'informations à me donner. Je leur ai demandé de dire à Benny que je le cherchais, et tous ont répondu « bien sûr », tout en doutant de le voir débarquer. C'était bien de reprendre contact avec la plupart d'entre eux, j'en aurais appelé d'autres si j'avais eu leurs numéros. Certains s'étaient installés ailleurs, d'autres étaient tombés dans la marginalité, et du coup il n'était pas si simple de mettre la main sur leurs coordonnées. D'autant qu'en fin de compte, je ne connaissais pas la plupart de leurs vrais noms. Qui était Jack Le Vilain ? Ou Amy Starpower ? En les voyant, je les aurais reconnus, mais ces gens ne figuraient nulle part dans les annuaires.

La ville était petite, cependant. Alors, qu'on le veuille ou non, on finissait toujours par croiser à peu près tout le monde.

Un mois après ma planque, j'étais sorti faire quelques courses et me balader dans la 6ᵉ Rue, que je reconnaissais à peine. Les nouveaux lofts, les artères élargies, toutes ces plaques de paysagistes et de graphistes sur les façades des magasins, pour moi c'était nouveau.

J'aurais pu ne pas reconnaître Benny non plus si je n'avais pas autant pensé à lui ces derniers temps. Je cherchais un magasin d'affiches que j'aimais bien dans le temps quand tout d'un coup je l'ai remarqué, devant un bar gay sur Davis Street. Il n'était vraiment pas beau à voir. Je ne l'avais jamais vu aussi maigre, les joues si creuses et abîmées. Il portait des chaussures au moins deux fois trop grandes pour lui et un sweat-shirt à capuche grenat sous un teddy avec, dans le dos, un cheval qui ruait. Il cherchait des mégots dans le sable d'un cendrier d'extérieur.

Pourtant, son visage s'est illuminé quand il m'a vu, et dans ses yeux j'ai reconnu le petit garçon que je connaissais depuis presque aussi longtemps que je me connaissais moi-même.

« Daryl ? a-t-il fait. Waouh, mec. Dingue !

— Benny », ai-je dit.

On est tombés dans les bras l'un de l'autre. Je me fichais pas mal de ses vêtements crasseux, ou de l'odeur fétide qu'il dégageait. J'étais juste content de l'avoir enfin en face de moi.

« Qu'est-ce que tu fiches là ? » a-t-il demandé, comme si ce coin de rue était son domaine privé. Ou comme si sa vie était si éloignée de la mienne que le simple fait de partager un bout d'espace et un peu de temps relevait de l'impossible.

« Rien de particulier, je me balade, ai-je répondu. J'ai beaucoup pensé à toi, mec.

— Ah ouais ? » a-t-il dit, un instant suspicieux.

Il n'avait jamais pu cacher quoi que ce soit, et toutes ces années d'émotions incontrôlées avaient fini par lui déformer les traits. Je voyais bien qu'il était déjà prêt à s'emballer, à nier, à se débattre. Et puis c'est passé. Même lui était capable de comprendre que je n'avais aucune arrière-pensée.

« On va boire quelque chose ? » ai-je proposé.

En face, les baies vitrées d'un snack sans âme éclairé au néon nous faisaient signe. Benny a accepté.

Nous avons commandé deux cafés et des muffins avant de nous installer à une table en plastique jaune. Comme tous ceux qui habitaient cette ville depuis assez longtemps, nous avons surtout parlé des changements en cours.

Benny avait ses idées sur la question. Il était loin d'être bête après tout. Peut-être indiscipliné, à côté de la plaque, manipulateur et peu fiable, mais bête non, jamais. Il lisait les journaux. Grappillait des trucs à la télé. À condition qu'on le croise au bon moment, il avait des théories bien argumentées sur à peu près tout.

Il m'a dit que l'immobilier allait bientôt s'effondrer.

« Retiens ça, mec, m'a-t-il assuré. L'an prochain, tout ça, c'est fini.

– Tu crois ? »

À l'époque, presque personne ne doutait de la hausse sans fin, inéluctable, du marché. Mais Benny et moi avions toujours partagé le même pessimisme. On saisissait la moindre occasion de douter, et plus le désastre à venir était grand, mieux c'était. J'étais content de voir que, sur ce point-là au moins, rien n'avait changé.

« Tu sais de combien le prix moyen du mètre carré a grimpé cette année ? a-t-il demandé. Cent cinquante pour cent, putain. Comme l'an dernier. Une bulle économique classique. Ils te soutiennent que non parce que c'est de l'immobilier, mais pourtant si. On a déjà connu ça. Ça s'appelle la putain de Grande Dépression.

– Ça serait logique, ai-je répondu. Puisque je viens juste d'acheter...

– Ah ! s'est-il exclamé. La noblesse terrienne ! »

Nous avons parlé musique, politique, copains, météo. Benny en connaissait un rayon sur la nutrition et avait envie de transmettre son savoir. Compléments alimentaires à base de plantes et médecines alternatives n'avaient pour lui aucun secret ; plutôt ironique, vu son style de vie, mais son intérêt n'était pas feint. À cause du sucre raffiné et du sirop de maïs, il a d'ailleurs refusé de terminer son muffin.

Je lui ai un peu parlé de ma nouvelle maison, de ma femme. Il m'a dit qu'il avait appris et m'a félicité du fond du cœur. Et puis on est repassés à lui.

Ce jour-là, il ne pouvait pas s'empêcher de parler. Il parlait tant, d'ailleurs, que je me suis demandé s'il n'était pas défoncé, bien qu'à plusieurs reprises il m'ait assuré être clean. Clean depuis trois mois, soi-disant. Et parler beaucoup, c'était juste son caractère. Il donnait l'impression de craindre ce que quelqu'un pourrait dire s'il prenait une respiration entre deux phrases.

« J'essaie de convaincre un pote d'ouvrir un magasin de musique, m'a-t-il raconté. Ce type, il tenait Apple Music dans le temps. Il connaît le business par cœur, mon gars. Tous les vendeurs. Et puis il sait – il sait vraiment, je veux dire – qu'un bon magasin de musique ne serait pas de trop dans cette ville. Putain, il faut bien qu'ils achètent leurs guitares quelque part, ces gosses de riches qui arrivent de partout, les poches gavées des billets de papa-maman. On pense à prendre une boutique sur Grand Avenue. Il y a plein de passage, là-bas.

– Génial, Benny, ai-je répondu. Super idée. »

Dehors, il avait commencé à pleuvoir, et le jour baissait. Les gouttes crépitaient sur la vitre. Comparé à beaucoup de ses projets précédents, celui-là paraissait presque plausible. Venant de quelqu'un d'autre, il aurait même pu sembler presque brillant. Mais venant de lui, je savais qu'il n'aboutirait jamais.

« Bon, j'ai vu ton père, il y a quelques mois, ai-je dit, avant tout pour changer simplement de sujet.

– Ça m'en fait une belle, a répondu Benny.

– Il m'a dit qu'il aimerait te voir.

– Et pour quoi faire ? »

La simple mention de ses parents mettait Benny mal à l'aise. Et amenait trop vite regrets, ressentiment, récriminations. Mieux valait rester à quai.

« Pas de raison particulière, je crois, ai-je répondu.

– Il a toujours une raison, a-t-il dit. Fais-moi confiance. Des raisons, il en a des milliers. »

Je ne voulais pas discuter. De toute façon, Benny s'était déjà lancé dans une histoire décousue, reprochant à sa famille de lui avoir fait faux bond pendant sa dernière crise. Il a mentionné quelque chose à propos d'un acte notarié, d'un prêt, d'un héritage qu'on lui devait. Peut-être était-il en train de me confier quelque chose, mais les faits ne collaient pas. L'histoire changeait même en cours de route, et de toute façon, je n'écoutais que d'une oreille. J'avais transmis le message qu'on m'avait demandé de transmettre. J'avais fait mon boulot. À présent, je me contentais de regarder ses dents qui brillaient sur le fond noir de sa bouche, les mouvements de ses rides autour de ses yeux. Je n'avais aucune intention, ce jour-là, d'accabler Benny davantage.

Dans la rue, juste avant qu'on se dise au revoir, Benny m'a tapé de l'argent au détour d'une phrase comme si l'idée venait tout juste de l'effleurer. Il devait être payé le lendemain, m'a-t-il dit, il lui fallait juste de quoi passer la journée ; mais c'était clair qu'il n'y avait pas le moindre salaire en vue.

Je m'y attendais, dans un sens, mais ça ne m'a pas empêché d'être déçu.

« Désolé mon pote, lui ai-je dit. Je suis à sec. »

Ce n'était pas complètement faux, même si j'avais beaucoup plus que Benny.

« Allez, a-t-il insisté. Juste quelques dollars.

– Mec, je racle les fonds de tiroir en ce moment, ai-je répondu.

– C'est juste un prêt. »

J'ai secoué la tête.

« Désolé. La prochaine fois, peut-être. »

Il s'est rembruni. Il a rejeté ses cheveux en arrière et fourré les mains au fond de ses poches. L'espace d'une seconde, j'ai pensé lui donner quelque chose, simplement pour éviter qu'on se prenne la tête, mais j'avais moi-même atteint mes limites. Je n'avais pas envie qu'on se serve de moi. Pas envie d'être un pigeon anonyme de plus que l'on bernait sur le trottoir. Ça me faisait mal au cœur que Benny gâche ainsi ce qui avait failli être un échange plutôt réussi.

« Et puis merde, a lâché Benny avant de cracher par terre.

– J'aurais aimé pouvoir t'aider…

– Épargne-moi ta tirade.

– Allez, on passe un moment sympa.

– T'as toujours pensé qu'à toi, hein, Daryl ? a lancé Benny. Tu le sais aussi bien que moi. »

Et, sans rien ajouter d'autre, il a tourné les talons. Il ne voulait plus me voir. J'aurais pu le rattraper et lui glisser quelques billets dans la main, mais je n'ai pas bougé. Je suis resté là, à le regarder doubler un Noir à la démarche bancale et s'éloigner d'un pas pressé sur le trottoir pour s'éclipser dans les phares des voitures qui remontaient la rue.

Tout là-haut, la lune était ronde. Le ciel terne mais beau. Des nuages légers glissaient sur l'ardoise lisse du firmament.

Au moment où Benny a disparu au coin de la rue, j'ai eu la nette impression d'être frôlé par quelque chose. Quelque chose qui avait jailli de terre en tournoyant et qui, enfin, s'élevait dans les airs, vers le trou blanc de la lune. Je ne savais pas ce que c'était. Le crépitement de quelque force invisible qui, à ma hauteur, s'est scindée en deux. Je n'avais plus qu'à espérer qu'elle soit aussi passée près de Benny.

Au cours des semaines qui ont suivi, je n'ai pas cessé de ressasser notre conversation, pour évaluer le niveau de rancœur dans sa voix. Tout se serait-il terminé autrement si j'avais agi différemment ? Sans doute pas, Benny n'était pas raisonnable.

Alors comme ça, je n'avais pensé qu'à moi ? Va te faire foutre, Benny, me suis-je dit. Tu as déjà porté secours à quelqu'un, toi ? À mes yeux, refuser de le traiter comme un gosse ce soir-là était au contraire une preuve du respect que je lui portais.

Pourtant, pendant que je calfeutrais les vitres ou que je ratissais le jardin, la pensée de Benny me taraudait. Oui, en effet, je n'avais pensé qu'à moi, c'était vrai. En quoi était-ce un crime ? Toi aussi, Benny, tu ne t'occupais que de toi. Sauf que tu n'as jamais été bien doué pour le faire.

L'hiver n'en finissait plus, cette année-là. Les journées de grisaille s'accumulaient, mois après mois, et j'ai fini par ne plus penser autant à Benny. J'ai recarrelé la cuisine, réparé la fuite sur le toit, puis il y a eu le mariage de la sœur de Minh à Los Angeles. Je me disais qu'on finirait bien par se revoir et recoller les morceaux. On recommencerait alors à zéro, comme on l'avait toujours fait.

Au printemps, dans le jardin de derrière, les cornouillers ont sorti leurs bourgeons. Les coins ensoleillés offraient leurs parts de fleurs roses tandis qu'à l'ombre la végétation restait éparse et maigrelette. La menthe et l'origan étouffaient la lavande et le lilas. Le fenouil jaillissait du sol en un mur touffu et violacé.

Un jour, je posais des traverses de chemin de fer dans le jardin lorsque le téléphone a sonné. Quand Minh m'a tendu le combiné, j'ai lu tout de suite dans ses yeux noirs que quelque chose n'allait pas. C'était ma mère. Elle pleurait. À cause de Benny, m'a-t-elle dit.

« Ils l'ont trouvé.

– Quoi ? Qui ? ai-je demandé.

– Dans Washington Park, juste à côté du chemin. Allongé sous un rhododendron en fleur. »

Une overdose, a-t-elle ajouté, tout seul ou avec quelqu'un, ils n'en savaient trop rien.

Ma mère m'a ensuite raconté tout ce qu'elle savait d'autre. Benny était sorti de prison depuis à peine quatre jours. D'après ce que j'avais entendu une fois à la radio, la semaine qui suivait la remise en liberté était la plus dangereuse pour les toxicos. Leur corps n'y étant pas préparé, les accidents étaient communs.

« Voilà comment on s'occupe des gens dans notre pays, a-t-elle conclu. C'est moche. Tout à fait honteux. »

J'ai raccroché et tendu l'appareil à Minh. Elle m'a dit d'appeler les parents de Benny, ce que j'ai fait. J'ai laissé un message sur leur répondeur, après quoi je n'ai plus trop su quoi faire. Si j'avais été croyant, je serais allé à l'église ou j'aurais lu la Bible. Mais ça n'était pas le cas.

J'ai fini d'installer les traverses. Puis, faute d'une meilleure idée, je suis descendu au sous-sol.

Le bar exotique était quasiment achevé. Au retour des vacances, j'avais couvert le petit comptoir en cuir d'un faux toit de chaume, avec des spots de couleur dont la lumière se reflétait sur les verres. Pour la décoration murale, j'avais adroitement associé éventails en papier de riz et peintures sur velours représentant l'océan, éclairées par des appliques en laiton. J'avais même un bocal de vieux petits parasols en papier destinés à orner les cocktails que je préparerais un jour prochain. Lors d'une fête à venir. En l'honneur de quoi, je ne savais pas trop.

    Je me suis servi un scotch et me suis assis au bar, étrangement soulagé que mon plus vieil ami soit mort. Face à ce drame sordide, ma vie à moi gagnait du lustre, en quelque sorte. D'un autre côté, j'en étais aussi totalement mortifié. J'avais toujours pensé que Benny ferait partie de ma vie jusqu'à mon dernier souffle. J'étais content pour ses parents qu'ils ne l'aient pas vu ces derniers mois. Ça leur aurait sans doute brisé le cœur.

    Bizarrement, un souvenir en particulier me revenait sans cesse. On devait avoir treize ans à l'époque, et on traînait dans la forêt près de Reese Road. Je revoyais encore distinctement la scène. Benny était assis sur le tronc blanc d'un arbre abattu, à l'ombre des larges feuilles d'érable, en chaussures de combat et avec un de ces lourds imperméables noirs qu'on portait en ce temps-là. Je me trouvais quant à moi sur une souche, à écarter les écailles desséchées d'une pomme de pin. L'air entre nous était laiteux de fumée de cigarette.

    On n'avait rien à faire, comme d'habitude. Aucun moyen d'aller nulle part et rarement de l'inspiration pour trouver quelque chose qui vaille la peine dans les environs. En général, on tuait le temps à fumer dans les bois et à discuter, sans que je puisse me souvenir de quoi.

    À un moment donné, ce jour-là, on avait décidé de se mettre à lancer des pierres. Sans raison particulière, mais on n'en avait pas besoin. On s'était rendu compte que lancer des pierres pouvait représenter une fin en soi.

    On avait commencé par des petites, des cailloux de la taille d'une noix qu'on envoyait voler jusqu'au claquement sourd qui, si on était chanceux, nous indiquait qu'on avait touché quelque chose. Puis on avait choisi des projectiles plus gros. On avait un peu pété les plombs, ce jour-là. On soulevait des pierres pour les frapper violemment contre les arbres, entamant la chair jaune. On faisait rouler de petits rochers dans la pente tapissée de fougères jusqu'à ce qu'ils se fendent rageusement contre quelque chose au fond du ravin. On cognait contre les troncs au point d'en finir essoufflés, les bras en compote. On avait donné à la forêt une leçon dont elle se souviendrait.

Je voyais encore Benny qui transpirait dans ce ridicule trench au tissu épais. Les doubles crochets à la ceinture, le large col. Il avait porté ce manteau pendant des années. Même dans le sous-bois moucheté par les chauds rayons du soleil de fin d'été, Benny semblait se préparer au pire.

La porte s'est ouverte en haut des escaliers et Minh m'a demandé si j'avais besoin de quelque chose. Je lui ai dit que non, que tout allait bien. Elle a refermé, et quelques minutes plus tard j'ai entendu de l'eau couler dans une casserole puis le bruit d'un couteau à trancher contre le plan de travail. Très vite, j'ai senti l'odeur de l'ail en train de frire.

Je me suis servi un autre verre, les yeux perdus sur les bouteilles de l'autre côté du bar. J'étais un mec plutôt chanceux, me suis-je dit. Pour l'instant, ma vie tenait le cap. J'avais une femme bien, un toit. Minh ne me comprenait peut-être pas toujours, mais l'inverse était vrai aussi. Sur ce point, nous n'étions finalement pas si différents de tout un chacun.

Je l'entendais qui marchait dans la cuisine, je savais que ça lui ferait plaisir si je remontais me confier à elle. Pourtant, je n'ai pas bougé. J'aurais pu partager tout un tas d'anecdotes sur Benny, mais je n'en voyais pas vraiment l'intérêt. Pour quoi faire ? Après tout, Minh n'avait jamais habité notre quartier. Elle n'avait jamais vu la cabane derrière la maison de Benny, ni dormi sur la moquette élimée chez ses parents. Mes souvenirs ne représenteraient rien pour elle, peu importe le temps que je passerais à lui en parler ou les photos que je sortirais. Ces jours étaient révolus. Révolus depuis longtemps déjà. Il était trop tard pour que Minh comprenne ce que Benny avait représenté pour moi. Trop tard pour qu'elle comprenne qu'on aurait tout aussi bien pu être frères.

Cette nouvelle est extraite du recueil
Wendy & Lucy (2010).

Ce que savent les saumons

d'Elwood Reid

Traduit par Freddy Michalski

Avec Marley c'est tout ou rien. Il ouvre la route, je suis, et après le boulot, ça veut dire le Klondike Bar de Cheap Charlie. À patauger dans la boisson jusqu'aux genoux.

T'y vas ou tu meurs, dit Marley. Qu'est-ce que t'en dis, Craig ?

Je fais l'inventaire des dégâts : six pichets de bière, deux dosettes de bourbon tord-boyaux et une rebuffade de la part d'une nana esquimaude en pantalon de satin hyper moulant. Au comptoir, un groupe d'Indiens menacent de tanner le cuir du jeune et tendre barman s'il ne réussit pas à leur sortir du seau quelques tickets gagnants.

Quoi ? je crie pour couvrir le juke-box.

On va à la pêche, dit-il en se penchant. Moi et toi et pas de discussion.

Et le boulot, alors ?

Il prend son regard de tueur en cavale et dit : Rien à foutre, ils ne peuvent pas nous virer, parce qu'on est foutrement bons.

Je lui raconte comme quoi je pense à accepter ce boulot juteux comme monteur de charpente dans une nouvelle usine à jus de fruits à Hawaii. C'est pas le boulot à proprement parler, c'est juste de me tailler qui me branche, mais Marley n'est pas comme ça. Il est branché loyauté, le genre à planter ses deux pieds bien ferme en un endroit, jusqu'à ce que mort s'ensuive.

Je vais pas laisser tes miches de country club abandonner l'Alaska aussi facilement que ça, dit-il. Ses yeux noirs basculent dans leurs orbites tandis qu'il essaie de choper la serveuse qui fait tout ce qu'elle peut pour nous éviter.

Elle se pointe vite fait à notre table pour nous dire que le barman ne veut plus nous servir, mais qu'elle serait heureuse de nous apporter du café ou des Coca-Cola. Normalement Marley pique une belle rogne quand on le met au régime sec, mais dix heures passées à clouer des pointes dans les doublages en contreplaqué ont ôté à sa hargne tout son mordant. Il hoche la tête et laisse repartir la fille flottant dans la foule comme un bouchon sur l'eau, des bouteilles de bière vides dans les mains.

Qu'est-ce que ce sera ? dit Marley. Pêche ou crève ?

J'hésite.

Il y a plus le temps, collègue. Je prends une décision d'autorité.

Tout ce que je peux faire, c'est approuver et quitter le bar sur ses talons parce que Marley croit que la pêche peut tout changer, un manque de bol, un mariage qui vire à l'aigre ou un boulot merdique.

On attrape notre attirail, et direction Delta, jointures toutes blanches et mains crispées sur le volant. On ferme pas l'œil, rien que du café et des beignets au levain tout graisseux au comptoir de cette caravane double largeur qui essaie de se la jouer restau.

On roule pendant des heures jusqu'à ce que l'air soit froid et plus rare. Il y a des arbres dans toutes les putains de directions, des montagnes qui se dressent à ma droite et quand ça me revient à l'esprit de les regarder, ça me coupe le souffle.

L'Alaska, c'est une carte postale des enfers.

Cinq heures plus tard on arrive à la sortie de la Delta Clearwater et la neige se met à tomber.

Yee-hah, dit Marley, en descendant sa vitre pour laisser les flocons fondre tout autour de nous.

Nous nous garons à côté du relais routier de la Delta et nous marchons jusqu'à la rivière. La fumée d'un incendie de forêt d'arrière-saison donne au paysage l'aspect d'un champ de bataille tandis que nous nous frayons péniblement un chemin au milieu des buissons de myrtilles, les cannes pointées devant nous comme des baïonnettes.

Marley accroche une Pixee, une cuillère en argent brillant avec une fente rose en son milieu. En une heure de temps, il sort quatre saumons, deux femelles pleines d'œufs et deux mâles. Nous buvons de la bière et du café mélangés en espérant que, bon Dieu, ça nous fera quelque chose !

J'en ai un ! s'écrie Marley. Et maintenant, bats-toi, enfoiré !

Il se cambre, face à sa canne ployée, et sourit. La ligne se tend et pendant une minute, on dirait qu'il est en train de sortir des eaux une sorte de courant électrique.

Je connais ce sentiment-là. Partout j'ai essayé de le retrouver, et je suis allé loin pour ça.

Marley dit qu'il s'arracherait le cœur jusqu'au fond des tripes, tous les jours de sa vie, rien que pour sentir cette toute première secousse du poisson sur la ligne. La fumée dérive sur la rivière. J'aurais bien l'usage d'un peu de la chaleur de cet incendie, mais c'est surtout un feu de broussailles et de pin vert qui se consume le long du bassin de la rivière, un petit incendie de rien du tout pour l'Alaska. Lors de notre dernier arrêt pour faire le plein, le caissier nous a dit qu'une tribu d'Indiens Tananas à bout de ressources avait mis le feu à des herbes sèches avec l'espoir que l'État allait les embaucher pour éteindre le brasier.

Marley dit qu'il aimerait bien être pompier volant, tombant du ciel en hurlant, accroché à son parachute, prêt à attaquer les incendies à la hache et à la pelle. La théorie de Marley veut que l'Alaska soit le seul endroit assez vaste pour qu'il y meure. Qu'il a besoin de montagnes, de permafrost et d'ours par légions pour retenir son âme une fois qu'il ne sera plus là. De tous les endroits vers lesquels j'ai fui, c'est l'Alaska qui m'a accroché au plus profond. Un coup de moins vingt degrés et c'était assez pour me signifier que ce pays, il fallait l'aimer suffisamment pour vouloir mourir pour lui, ou sinon le quitter.

Je sens plus mes mains, dis-je à Marley.

Il a sorti le poisson sur la berge et essaie d'enfiler sa brochée au travers des ouïes. C'est une femelle, grosse de tous ses œufs, qui fait dans les treize, quatorze livres. Je regarde l'arc-en-ciel de ses écailles se vider de ses couleurs pour se changer en gris terne.

Merde, dit-il, tu m'aurais dit ça il y a deux heures. C'est la dernière fois que j'avais senti un semblant de touche. Il rigole et jette la femelle à côté des autres poissons, et le saumon tire sur le mou et essaie sans conviction de nager vers l'amont jusqu'à ce que l'accroche-poisson et le poids des autres prises lui disent qu'il n'en est pas question.

T'en veux combien encore ? je lui demande, en lançant mon leurre dans le courant. Marley essuie le sang de ses gants sur l'herbe gelée. Des poissons, il n'en a jamais assez, et il aime bien avoir le congélo plein jusqu'au printemps.

Jusqu'à ce qu'on ait fini, ajoute-t-il.

Nous en capturons deux autres chacun. J'essaie, sans résultat, de faire un feu. Le vent l'emporte sur la flamme de mon briquet. J'ai l'impression que mes mains se sont changées en briques. Et Marley, pour compenser, se décide pour une défonce.

Il me passe le joint et j'en tire une ou deux lattes, mais le froid m'empêche de décoller.

À ce stade, notre partie de pêche au saumon est devenue une bataille. Nos lignes sont givrées par la glace et nous avons perdu pour trente dollars de leurres qui se sont accrochés. Marley attend de choper encore un poisson avec sa ligne.

Allez, viens, je lui dis. On remballe. On va boire de la bière et se mettre au chaud.

Faut d'abord qu'on les vide, ces saletés, dit Marley, avec un doigt en poignard vers la brochée pleine de poissons. Avant de balancer une nouvelle fois sa ligne dans le courant. Le leurre rebondit en tintant sur un rocher, avant que le courant l'agrippe. Je le regarde qui se dandine au passage des ombres de poissons qui remontent en amont vers quelque lieu secret où ils pourront frayer, dépérir et ensuite mourir.

Tu penses toujours à ce boulot à Hawaii ? demande Marley, les yeux verrouillés sur son leurre.

À courir la thune, dis-je.

Faudrait que tu te fasses tatouer ça sur le cœur.

C'est bien ce que je ferai.

Hawaii, c'est la vie pépère, dit-il.

Y a des volcans, je rétorque.

Surestimé.

Des requins ? Des cancers de la peau ?

Qui est-ce qui est assez stupide ?

J'abandonne, alors. Tu m'as eu, je dis. Mais je me suis promis de ne jamais faire la fine bouche devant du bon argent.

J'ai aucune envie d'être un vieux jeton qui manie le marteau pour six misérables sacs de l'heure.

Ce n'est pas ce que je veux dire. Bon Dieu, si j'arrive à cinquante balais et que je suis toujours en train de taper le bois, t'as ma permission pour m'abattre ! Euthanasier mes miches de débile.

C'est juste un boulot, je dis.

Ouais, ben, deux mois de ces conneries de soleil-trempette et tu vas chanter le blues. Garanti, mon kiki.

Je courrai le risque.

C'est justement ce que je veux dire, Craig. Il n'y a pas de risques. Des endroits comme ça, t'es même pas obligé de faire quoi que ce soit, nom de Dieu. Le soleil se lève tous les matins. Il fait toujours chaud. T'as des fruits qui poussent sur les arbres et des femmes bronzées. Faudrait être le dernier des imbéciles pour ne pas s'en sortir à Hawaii.

C'est bien de ça qu'il s'agit, je lui dis.

C'est d'ici qu'il s'agit, dit-il, d'une voix qui se casse. Ici, et pas ailleurs, exactement, mec, dit-il. Un pas de travers et tes miches, on te les vire. Fin de la partie. L'histoire est terminée. Huit millions de façons de mourir, c'est ce qui donne à la vie toute sa valeur.

Je lui parle des vingt-cinq dollars de l'heure, seulement c'est trop tard, il secoue déjà la tête vers moi comme du genre convaincu jusqu'à preuve du contraire que je vais pas avoir de cran et céder à la facilité.

Arrivé midi, le soleil est un point rouge sang derrière la brume de fumée de l'incendie. Le visage de Marley ressemble à un morceau de paleron de bœuf à cause du vent et de la bière. Ses cheveux sombres pendouillent de sous sa capuche en paquets gelés. Je fixe mon reflet dans l'eau et j'ai la même allure.

Marley dit : Qu'est-ce tu dirais de se trimballer nos prises sur la piste et de retourner au relais routier ? Y a un bac à étriper le poisson et un brasero. Comme ça au moins on ne va pas se geler ce qui nous reste de nos mains en les étripant dans l'eau ici.

Il ôte ses gants en laine et agite neuf doigts dans ma direction. Il a fait don du petit à une scie circulaire Skil au début de cette année et ainsi saboté le record de sécurité du chantier après vingt et un jours sans même une écharde. Osborne Construction fait en sorte que tous les ouvriers d'un chantier reçoivent une petite Thermos minable si nous tenons trente jours de boulot sans accident grave. Cinquante, et c'est une perceuse. Soixante-quinze jours et tout le monde reçoit une veste en satin noir avec le logo Osborne Construction surpiqué dans tout le dos. Il n'y a pas un chantier qui tienne cent jours sans un foirage quelconque – trop d'ivrognes et de connards débiles avec des outils électriques. Mais trente, voire cinquante jours, et la promesse d'un prix suffit pour que toute l'équipe, même les mecs payés à la tâche, cavalent en tous sens en se comportant comme des chrétiens un Vendredi saint.

Comme ils n'ont pas pu lui recoudre son doigt, Marley l'a enterré sous l'une des plantes en pots qu'il garde dans le jardin. Et Marley ressemble aujourd'hui à tous les autres sur le chantier – infecté par le boulot. J'en ai réchappé de peu pour ma part avec un coup de scie Sawzall sur l'avant-bras lorsqu'une bleusaille à la figure pleine de boutons a joué au bravache et a continué à rectifier une huisserie de porte qui n'était pas d'équerre, en oubliant que j'étais de l'autre côté en train d'extraire des pointes à placo. Les chefs de chantier en casque blanc lui ont fait faire une analyse-pipi et l'ont viré quand les résultats se sont révélés positifs. Et je me suis ramassé trente-deux points de suture.

Hé, Burke, tu vas continuer à les regarder ou tu bosses ?

Je les regarde juste remonter le courant, je lui réponds. Je veux continuer à discuter le coup avec lui à propos de mon départ, mais le simple fait de contempler ces poissons qui se décarcassent en vain pour se libérer du cordage donne l'impression que tout ça ne colle pas. Personne ne va me tirer hors de l'eau et me sectionner les branchies. Je vais sauter dans un avion pour le Pacifique et commencer à me ramollir.

Marley se prend une pause et souffle sur ses mains, en regardant une colonne de fumée se tortiller à la surface des eaux.

Le dernier poisson de l'année, dit Marley, en posant la main sur le cœur comme s'il voulait prier ou prêter serment.

Une autre colonie de poissons remonte le courant à grands sauts devant nous. Ils sont en train de mourir, pourrissant de l'intérieur, leurs babines crochetées en rictus délibérés, la peau rouge et creusée de cicatrices.

Marley sort péniblement la première moitié de ses prises et entasse son attirail de pêche sous l'autre bras. Je l'observe qui bande ses muscles pour charger ses poissons à l'épaule. Des poissons qui se battent contre lui, qui glissent et dérapent sur son dos en laissant une traînée de mucus et de sang sur son gilet de pêche.

Saletés de saletés, c'est qu'ils sont lourds, ces bestiaux, dit Marley, en regagnant péniblement la terre ferme. Je patauge dans l'eau et attrape ma moitié du chargement que je balance sur mon épaule, où les saumons commencent à battre de la queue et à se bagarrer comme des chiots dans un sac.

D'habitude on leur taperait dessus jusqu'à ce que mort s'ensuive avec notre gourdin à poisson, une mini-batte de base-ball au fût alourdi de clous, mais Marley l'a oublié ce coup-ci. Et donc je marche, en espérant que l'air froid et le manque d'oxygène vont les expédier ad patres.

Les flocons de neige recommencent à tomber, de ceux qu'on attrape bouche ouverte pour les goûter. Je suis Marley le long de la piste, la brochée chargée de poissons m'entaillant la main. Mais pour la première fois depuis une heure je sens la douleur.

La piste se tortille depuis la rivière. Des buissons malodorants et des fougères gelées s'alignent de chaque côté. J'ai le regard fixé sur le dos de Marley et sa cargaison de poissons aux ouïes qui font des heures sup, et aux yeux qui fixent la terre alentour. Je commence à me sentir un peu coupable de les laisser mourir de cette manière, à suffoquer sur la terre ferme, la neige frappant leurs écailles tandis que l'air froid raidit les barbillons de leurs ouïes.

Peut-être qu'on aurait dû leur sectionner les ouïes là-bas, dans l'eau ! je hurle à Marley.

Il s'arrête une minute, change un peu les poissons de position, en les laissant gigoter tout à leur aise, quand une bourrasque de vent lui arrache sa capuche. Il reste là, planté sur place, ses cheveux gelés battant au vent, semblable à quelque primitif traînant son dîner jusqu'à sa caverne.

Et pis merde, c'est que des poissons après tout, dit-il, avant de reprendre sa marche.

Nous sortons des pins pour déboucher sur un champ pas très large. Je vois le relais routier devant avec quelques véhicules, des camions et des Suburban, garés tout contre les murs pignons en rondins. Juste comme Marley s'arrête pour modifier une nouvelle fois la position de ses poissons, ceux-ci gigotent une toute dernière fois, et l'un des mâles lâche sa laitance sur le dos de Marley.

T'as de la purée plein le dos, je lui dis.

Va te faire foutre, dit-il. Il rit et continue à avancer. Deux autres mâles se libèrent sur son dos et alors une femelle commence à laisser choir ses sacs d'œufs qui s'écrasent sous mes bottes.

Saloperie ! hurle Marley, en faisant dégringoler ses poissons au sol.

Il s'offre un petit pas de danse, essayant de brosser le foutoir dans son dos avant qu'il ne gèle. Je tombe par terre dans le champ, en rigolant, et je me rends compte que les poissons ont fait la même chose dans mon dos. Je relève les yeux vers le tourbillon blanc du ciel tandis que les poissons se tortillent et sautent tout autour de moi, en libérant leur sperme et leurs œufs sur le sol gelé. Pendant un instant, je ne sais plus où j'en suis au milieu du magma visqueux et glissant du frai en train de mourir, et je crois que je sais ce que Marley veut dire.

Ça nous pendait au nez, dit Marley.

Je m'assieds, ma main patouillant dans une flaque de frai tandis que Marley ôte un sac d'œufs de son épaule avant de le balancer dans la neige. Un duo de corbeaux pique de son perchoir dans les arbres et se met à picorer les œufs.

Bordel, y a plus moyen qu'ils nous laissent entrer dans le relais maintenant, je dis.

Et mon camion alors ? Faut qu'on roule avec toute cette merde sur nous !

Au moins j'ai plus froid, je lui dis.

Eh ben, se faire gicler de la semence dessus, ça t'enlève le froid de la peau, comme qui dirait.

Autour de moi, les poissons commencent à se raidir, s'abandonnant au froid. Je n'ai plus envie de rire même si je sais que ça fera une bonne histoire à raconter aux gars lundi.

Nous traînons les poissons le restant du chemin pour finir par les balancer sur une table bâtie de bric et de broc, des morceaux de chevrons de récupération et une plaque de contreplaqué stratifié. Quelques pêcheurs sont à l'œuvre tout près, à ratisser l'eau avec des leurres vibrants et des cannes à perches. Des GI de la cambrousse, probablement stationnés dans l'une des bases éparpillées tout autour de nulle part en Alaska. Personne ne les apprécie beaucoup, en tout cas pas les vrais habitants de l'Alaska, bien que le gouverneur dise que les bases militaires sont le moteur de l'économie et que nous devrions accueillir chaque nouveau GI tout sourires et les bras grands ouverts. Je ne suis pas très chaud sur tout ce tralala de bon voisinage. Marley partage le même sentiment, avec en plus la revanche au cœur parce qu'il s'est fait un jour piquer une jolie petite Esquimaude bien roulée avec bronzage intégral par un pilote de Fort Eielson. Parce que en Alaska on ne perd pas ses femmes – seulement son tour.

Je vais commencer à vider la poiscaille, et toi, tu te débrouilles pour nous rapporter quelques bières du bar, je dis à Marley.

Marché conclu, dit-il.

Et je l'aide à brosser le reste des œufs de son dos avant qu'il remonte à pas lourds vers le relais routier.

J'ouvre le poisson du trou à pisse jusqu'aux branchies et je me mets à vider les entrailles à l'aide d'une grosse cuillère qui me sert d'écope. La chair rouge vif est chaude au contact et elle se raidit quand elle est exposée à l'air. Au-dessus de ma tête, les corbeaux tournent en cercles et me disent par leurs croassements de balancer la tripaille sur les rochers.

J'en suis à la moitié de mon ouvrage sur le troisième poisson quand l'un des GI regagne la berge en pataugeant comme un canard. Il est vêtu des pieds à la tête d'une tenue de campagne hivernale. Avec un nom cousu juste au-dessus de la poche de poitrine : GREER.

Z'en avez pris queq'zuns, dit-il en m'offrant son sourire toutes dents dehors de bon vieux pote de l'armée.

Je balance un tas de tripaille aux corbeaux avant de répondre.

Ça y ressemble bien, pas vrai ?

Qu'est-ce que vous avez utilisé ? demande-t-il. Il porte une canne à lancer bien chétive, avec un leurre vibrant qui pendouille à un bout.

C'est pas des perches ici, je lui dis. Il fronce les sourcils, remettant en position une noix de chewing-gum entre ses joues. Ses yeux se rétrécissent et il me regarde en coin un instant.

C'est mon pote qui m'a monté cet équipement, dit-il fièrement, en indiquant sa canne.

Y a combien de temps que vous êtes en Alaska ?

Depuis ce printemps, tout juste. Y fait trop froid pour que le poisson morde, c'est pas comme au Kentucky. Là-bas, l'eau ressemble à du café.

Le poisson ne mord pas parce qu'il veut manger, je lui dis. Y mord parce qu'il est fou furieux. Y protège son territoire, on pourrait dire.

Le visage de Greer s'embrume comme si sa cervelle s'était ramollie d'un coup pour avoir trop fréquenté le stand de tir au pistolet en ratant à chaque coup.

Hein ?

Y va pas mordre à des appâts pour perche. Faut que vous utilisiez des cuillères ou une Spin'n Glo. Je lui dis ça lentement.

C'est quoi, une Spin'n Glo ?

Jetez un œil là-bas, dis-je, en lui montrant ma boîte à leurres.

Vous croyez que peut-être je pourrais m'en trouver une de ces Spin'n Glo ? Pasque permettez-moi de vous dire, c'est de sacrés beaux poissons que vous avez là, il me dit.

Allez-y, sortez-en une. Elles sont dans le fond. Les Pixee, c'est bien aussi.

Greer se traîne jusqu'à la boîte, crache une ligne de jus marron sur les rochers et se met à farfouiller dans mes leurres. Quelques hameçons rouillés lui entaillent les doigts et le voilà qui se met à sucer le sang de la plaie, mais l'air est trop froid et ce qui fait mal ne fait pas mal bien longtemps.

Sacré foutoir, ce paquet de leurres. Faut que je montre ces trucs à mon pote. C'est un très bon pêcheur, dit-il, en pointant un doigt ensanglanté en aval. Je hoche la tête et me retourne vers le relais routier, attendant le retour de Marley.

C'est une Spin'n Glo, ça ?

C'est bien ça, je réponds.

Merde, mais on peut rien attraper du tout avec ce truc. Vous vous fichez de moi, m'sieur. Il éclate de rire et crache une nouvelle fois. J'aperçois Marley, des bières à la main, qui descend la pente vers l'évier à vider les poissons.

Comment va ? dit Greer. Marley le salue d'un signe de tête.

L'a fallu un peu de cajoleries, mais j'ai réussi à avoir ça de la barmaid, dit-il.

Tu t'es réchauffé ? je lui demande.

Y a pas que ça. Pas mal, ce petit endroit, en plus, dit-il. La barmaid ressemble à une ourse.

Il se tapote l'épaule et je sais qu'il ne frime pas, l'intention est sincère. Marley adresse un de ses regards de teigneux à Greer et Greer bat en retraite de quelques pas.

Marley continue sur sa lancée. Après y a ce gugusse à la dégaine de Kris Kingle qui m'a montré un tour avec un bout de nylon de pêche et un billet de vingt dollars. J'avais deviné le truc mais je lui ai dit que j'avais un pote qui mordrait à l'hameçon bille en tête.

Greer cesse de tourner autour de l'évier.

Marley le regarde. T'as une question ? Un problème ?

Les mecs, vous vous êtes trouvé un petit coin en or où tous les poissons vous sautent dans la nasse, pas vrai ? demande Greer. Bon Dieu, mec, j'ai rien pris de toute la matinée à part des engelures.

Je te présente le Roi de la Perche, je dis à Marley.

Greer essaie un sourire niais.

Merde, mec, lâche-moi un peu, je viens du Kentucky – tout ce qu'on a là-bas, c'est de la perche, dit-il.

À l'armée, hein ? demande Marley.

Greer acquiesce.

Allez, les mecs, dites-moi où vous avez chopé ces bestiaux pasque je parierais qu'y sont vachement bons à manger. Mon pote dit que les filets ont le même goût que la noix d'entrecôte.

J'en sais rien du tout, je dis, en tendant à Marley le couteau et la cuillère à vider les poissons.

Attendez une minute, dit Greer. Laissez-moi aller chercher mon pote, comme ça vous pourrez lui dire tout ce qu'y a à savoir sur les Spin'n Glo.

Il part vers la rivière en battant des bras et se met à hurler le nom d'un certain Chester.

Marley attend que Greer soit suffisamment éloigné pour se pencher vers moi.

Pourquoi t'as pas simplement dit à Tête de cruche le troufion de se casser ? demande-t-il. Il porte la cannette de bière à la bouche et y va avec ardeur, jusqu'à la vider à moitié.

Y pense pas à mal, je lui dis. L'essaie juste de s'attraper un peu de poisson. Et puis, faut pas oublier, c'est nous les enfoirés de débiles, avec toute la laitance de poisson qu'on avait dans le dos.

Marley a un grand sourire. Il a les dents de travers, toutes marquées à cause de trop de café et de cigarettes.

Je ne manquerai pas de te rappeler ce que tu viens de dire, quand son pote Chester va venir baver sur nos poissons, en essayant de nous baratiner pour en avoir quelques-uns gratos.

Peu de temps après Greer revient de la rivière, avec Chester à la remorque. Chester ressemble à un scribouillard tout suant et gras. Je pense aussi à un joueur de bowling. Il porte une casquette de base-ball avec le sigle de la NRA enfoncée bas sur sa tronche boursouflée et couverte de marbrures.

Dites à Chester le genre de leurres que vous avez utilisés, les mecs, dit Greer. Et racontez-lui aussi comme quoi les poissons mordent pasqu'y font la gueule.

Chester s'offre un grand numéro de raclage de gorge et roule des yeux dans leurs orbites charnues. Et toujours haletant après sa petite marche jusqu'à nous, il regarde Marley qui vide les trois derniers poissons.

Des Spin'n Glo, je lui dis. Greer hoche la tête et commence à bourrer de coups de poing l'épaule de Chester comme un jeune frangin.

Chester l'ignore.

Comment vous les pêchez, exactement ? demande Chester.

Tu te les colles dans le cul et tu tires un bon coup, dit Marley.

Bas de ligne et ensuite le plomb, je réponds. Une trentaine de centimètres, tout dépend de la profondeur à laquelle vous voulez pêcher.

Et les cuillères, alors ? demande Chester.

Tu te les colles dans le cul et tu tires un bon coup, dit Marley.

Chester le regarde et dit : Je vais faire comme si j'avais pas entendu.

À ce moment-là, Greer murmure quelque chose à l'oreille de Chester. Ils rient.

Saute-mouton, dit Greer.

Chester fait les gros yeux et sort la langue.

Bêêê ! dit-il.

Les deux hommes se plient en deux en gloussant. On les regarde, Marley et moi, aux prises avec leur petite blague très privée. Je retiens l'envie qui me démange de leur demander de quoi ils causent, bordel de merde.

Prenez-les, dit Marley, en leur indiquant les leurres.

Bien sûr que non – on va les acheter, dit Chester, l'air tout finaud et supérieur. Greer acquiesce et remet ses cheveux en place sous son capuchon.

Allez-y, servez-vous, je dis, pour me débarrasser de Chester et de Greer.

Ils sont sérieux, Chester, dit Greer, toujours souriant de leur petite plaisanterie. Chester roule des yeux, passant et repassant la langue sur ses lèvres couleur bacon, comme s'il les lapait, tandis qu'il réfléchit à notre proposition.

Vous les avez vraiment pris avec ces trucs-là ? demande Chester.

Marley et moi faisons oui de la tête.

Ben, dans ce cas, je pense qu'on pourrait peut-être vous en emprunter quelques-uns. Tenter notre chance. Se faire quelques lancers, dit Chester. Tant que ça ne pose aucun problème.

Demande-leur où se trouve leur coin à pêche miracle, Chester, vas-y, demande-leur. Je te parie que les poissons grouillent comme des mouches, dit Greer, en tournant autour de son pote, un sourire de petit toutou stupide figé sur le visage.

Chester l'ignore et va jusqu'à la boîte à leurres, de laquelle il sort deux Pixee et trois Spin'n Glo.

Messieurs, dit Chester, en rentrant le bide. Messieurs, nous vous remercions pour votre sagesse et votre générosité.

Il place la main sur le cœur une minute comme pour nous bénir. Quelque chose dans la voix de Chester incite Greer à rabattre sa capuche pour relever la tête au ciel.

Marley ne bouge pas, il se contente de secouer la tête.

Attrapez-les, je leur dis, en essayant de ne pas rigoler. Et que ce soit leur fête.

Chester et Greer saluent, avant de reprendre le chemin de la rivière, Greer en orbite autour de la masse imposante de Chester, s'arrêtant de temps à autre pour lui offrir une tape dans le dos ou lui déranger la casquette.

C'était pour de vrai, ces conneries, ou j'ai rêvé ? demande Marley.

On leur donne des fusils et ils ont le droit de faire des virées à bord d'un tank, je lui dis.

Bon débarras, putain de merde, dit Marley. J'ai besoin d'une bière.

C'est toi qui régales ?

À condition que tu ne remettes pas sur le tapis tes conneries hawaïennes.

Parole de scout, je lui réponds.

On se fait le relais routier, à passer Moe Brandy sur le juke-box, à jouer les tournées aux dés. Je me laisse avoir par le tour des vingt dollars au bout du nylon de pêche, et je me cogne la tête en essayant de choper le billet, offrant ainsi au vieux grisonnant une bonne rigolade. La barmaid ressemble à une sorte d'ourse, mais elle a un beau sourire et après quelques bières, je la baratine. Elle s'appelle Sherise et elle me laisse palper les muscles de ses épaules.

Couper le bois, dit-elle. Ça fait des merveilles pour le corps.

Marley commence à fredonner le générique de *Hawaii Police d'État* et me traite de fils de pute au cœur tendre.

Juste à ce moment Greer refait surface dans le bar et nous tape dans le dos.

Ça marche, ils mordent, dit-il. Vous devriez voir celui que Chester est en train de sortir en ce moment !

Marley décroche la main de Greer de son épaule.

On allait justement reprendre la route, je dis.

Allez, les mecs, faut que vous voyiez Chester.

On veut pas voir Chester, dit Marley.

Ça marche, ils mordent. Chester, il en a un qui est deux fois plus gros que tout le fretin que vous étiez en train de vider, vous les branleurs.

Il écarte les bras pour nous donner une idée de la taille de la bête.

Des branleurs, hein ? demande Marley.

Je me rends compte que Greer est à la fois stupide et ivre.

Merde, mec, je plaisantais quand je parlais de branleurs, dit Greer. Venez juste jeter un œil à la bête !

L'est grande comment ? demande Marley, en se rapprochant jusqu'à envahir l'espace personnel de Greer. Je vois bien que l'idée d'un connard de GI attrapant un gros poisson grâce à ses leurres fait bouillonner Marley.

Pourquoi pas, après tout. Ensuite, faut prendre la route, dis-je.

Le visage illuminé par un sourire de citrouille évidée, Greer sort du bar comme une flèche et se dirige vers la rivière.

On suit. Après le bar et la bière, le froid n'est pas si méchant. Mais je vois la rivière, à ce moment-là, les rayons du soleil qui rebondissent à la surface de ses eaux glacées, les montagnes au loin, hautes et silencieuses, comme des fantômes. Une perfection, jusqu'à ce que je voie Greer qui s'avance dans les hauts-fonds au milieu des éclaboussures comme une sorte de pom-pom girl au cerveau retardé, puis Chester debout sur la rive, penché au-dessus de sa canne ployée. Le fil vibre et bourdonne sous les à-coups du poisson qui tire sur la ligne.

Marley m'attrape et pointe le doigt. Tu vas laisser l'Alaska à des idiots de cet acabit ? demande-t-il.

Chester se retourne, le visage rougi par l'épuisement. C'est une putain de Moby Dick, grommelle-t-il.

Le poisson crève la surface et il est tellement gros qu'on s'arrête un instant tous les deux pour admirer le bloc de son dos massif et la musique de la ligne tendue à se rompre quand l'animal essaie une nouvelle fois de se libérer.

Laisse-le filer et essaie de l'échouer, dit Marley.

Chester acquiesce et se remet à la tâche, rembobinant la ligne quand le poisson lui donne du mou, obéissant au courant.

Tire, Chester, tire ! hurle Greer.

Le poisson refait surface, en essayant de se libérer du leurre. Juste avant de piquer sur nous tandis que Chester remonte vite fait sur la berge, en rembobinant.

C'est ça – ramène-le, tout doux. Tout doux.

Tire sur ta canne, je lui dis.

Chester tire et tire sur la canne jusqu'à ce que le poisson désorienté ricoche sur les pierres dans l'eau peu profonde. Greer court derrière la proie et la chasse d'un coup de pied sur la berge comme s'il s'agissait d'un ballon rond.

Le poisson frétille et se cogne contre les pierres, ses branchies se soulèvent et retombent, elles se gonflent de l'air étrange qu'il respire. Chester s'affale en arrière sur un gros rocher et agrippe sa poitrine.

Tu l'as eu ! hurle Greer. Regarde-moi la taille de cet enfoiré ! C'est un putain de nom de Dieu de monstre !

La ferme et lève les filets, lâche Chester d'une voix sifflante en jetant son couteau à Greer.

Frappez-le d'abord avec une pierre, je dis.

Mais Greer se contente de secouer la tête, ramasse le couteau et bondit sur le poisson. La bête fait des bruits de gargouille et Marley me regarde.

Mais qu'est-ce qu'ils fabriquent, putain ? me demande-t-il.

J'observe Chester qui se laisse tomber à genoux, le visage mouillé par la sueur. Du sable et de petits gravillons sont collés à ses joues, on dirait des larmes. Marley s'apprête à dire quelque chose mais il s'arrête quand Greer plonge le couteau dans l'épaule du poisson et tire la lame vers la queue. L'animal se tortille et tressaute, le sang gicle partout à mesure que le long filet rouge se détache de lui. Greer se dépêche de faire de même sur l'autre flanc du poisson paralysé. Il lève les deux tranches de chair rouge qui semblent frissonner et remuer comme si elles étaient en vie. À ses pieds, la bête serpente à l'entour des rochers, elle n'a plus de flancs et saigne comme un bœuf. Chester se relève et dégage le leurre de la gueule du poisson. Je me rapproche alors que Greer s'offre une petite gigue avec la viande qu'il tient entre les mains tandis que Chester rejette d'un coup de pied la bête dans la rivière. L'animal y reste immobile une minute, désorienté par ses chairs manquantes, avant d'essayer de remonter vers l'amont.

Marley se tient à côté de moi, ouvrant et refermant le poing.

Que je sois pendu, dit Chester. T'as oublié un bout de viande à la queue. Il montre le poisson se démenant toujours vers l'amont pour y frayer.

Tuez ce foutu poisson, dit Marley. Tuez-le, sinon c'est votre cul que je vais détailler en putains de filets ! Il serre les poings. Je me rapproche de l'eau et je regarde deux autres saumons nager derrière leur frère scalpé.

Y va mourir, dit Chester.
Conneries, je lui dis. Pas avant d'avoir frayé.
Chester a l'air perplexe. Greer arrête sa gigue au poisson, les filets pendouillant à ses flancs comme des ailes brisées.
Et alors, qu'il fraye. Qu'est-ce que ça peut te faire ? dit Chester.
Je regarde toujours tandis que le poisson file un peu plus loin dans le courant, il parvient en dépit de ses blessures à trouver le moyen de se stabiliser.
C'est alors que Marley pousse Greer dans l'eau.
Vas-y. Tue-le, ou je vais me mettre à tanner du cul de troufion, dit Marley.
Greer se tourne vers Chester pour un appel à l'aide.
Tue-le, ce poisson, qu'il arrête de souffrir, dit à nouveau Marley. Il est plus calme maintenant, peut-être un peu ivre, et il me reluque pendant que je m'avance dans l'eau vers le milieu du courant.
Pas toi, dit Marley.
Dis à ton pote de laisser tomber, dit Chester.
Je hausse les épaules et je me penche plus près de la surface pour regarder le poisson qui nage dans le nuage de son propre sang. Je vois son cœur qui bat sous la peau, cognant et pompant comme s'il n'allait jamais renoncer.
Je reste là un moment, à fixer les profondeurs du ciel. Je me retourne vers Marley, il a les yeux comme deux œufs, paupières retroussées, les poings prêts à partir. Hawaii me semble maintenant tout petit, simple tache marron sur la carte entourée de bleu, plein d'insulaires décontractés qui s'habillent en chemise à fleurs et qui disent des trucs comme : « Te fais pas de bile » et « Vise-moi les vagues ». Quelque chose en moi veut faire son trou ici et tracer une ligne dans le sable, tout comme Marley. Cracher au vent et me colleter dans des bagarres que je pourrais perdre – défendre l'Alaska

contre Greer et Chester. Je veux savoir ce que savent les saumons quand ils remontent le courant à toute blinde, envers et contre tout, pour mourir.

Marley repousse Greer dans le courant jusqu'à ce que celui-ci se retrouve planté tout à côté de moi.

Halte, dit Chester. Il ramasse sur lui-même son corps rondouillard et lève les poings. Ses yeux se rétrécissent en fentes tandis qu'il souffle à la manière kung-fu.

Marley se tourne vers lui et dit : Ferme ta putain de gueule !

Mais Chester avance, frappant le vide de ses poings, l'air sifflant au sortir de sa bouche.

Marley ramasse des pierres et s'en charge les poings. Il se place face à Chester. Devant moi Greer continue à patauger en direction du poisson, agitant les mains sous l'eau comme les deux mâchoires d'un piège d'acier pendant que je prie au cœur du plus profond de mon cœur que le poisson parvienne à lui échapper pour laisser les eaux faire leur œuvre de mort et non pas quelque GI stupide au visage rougeaud.

Marley frappe Chester en arc de cercle, qui encaisse le coup dans le bide et répond en s'accrochant, dans une embrassade maladroite. Ils tombent sur la rive, roulant l'un sur l'autre, bras et jambes emmêlés, Chester sifflant et grognant, Marley continuant à frapper à la tête de ses poings chargés de pierres.

Je me fige sur place et je laisse le courant filer entre mes jambes. Les saumons se cognent à moi en remontant vers l'amont. Greer poursuit toujours le poisson ensanglanté qui nage maintenant sur le flanc, un œil vers le ciel qui contemple quelque chose, l'autre qui fouille les gravillons du lit de la rivière à la recherche de sa frayère. Et moi ? Je pourrais bien rester là où je suis pour toujours, à regarder, à attendre plus, un petit quelque chose de mieux qui me tirerait dans un sens ou dans l'autre. Mais il y a Marley, des pierres dans les poings, le visage moucheté par le sang de Chester. Et le poisson, qui fuit en serpentant loin de nous tous, trop stupides pour reconnaître le moment où on doit laisser tomber et mourir.

Cette nouvelle est extraite du recueil
Ce que savent les saumons (2001).

extrait de
Souvenirs d'enfance sur la conquête de l'Ouest
de Karen Russell

Traduit par Valérie Malfoy

 Cet hiver-là, notre mère se procura *L'Histoire des Territoires de l'Ouest* et fit lire ce livre à mon père, que l'idée enthousiasma...

 Mon père, le Minotaure, est plus entêté que n'importe quel homme. C'est vrai, c'est lui qui décida de liquider notre ferme et de s'atteler à ce chariot bâché de deux tonnes pour aller dans l'Ouest. Mais si mon père mordit dans la pomme, ce fut ma mère la Tentatrice. C'est elle qui lui montra l'*Almanach Fremont des Terres Inhabitées* !

 Miss Tourtillott, l'une des vieilles biques du club de couture, le lui avait prêté à titre de curiosité. L'ouvrage comprenait dix-huit récits véridiques de pionniers, des coupons pour de la quinine et des grains d'orge, et des cartes hypothétiques des territoires concernés. En première page, une aquarelle représentait le Nouveau Monde, un paradis de trèfle et de champs de chaume dorés. Le ciel était vieux rose, avec çà et là des petites colombes dodues. Dans le médaillon central, précisément là où auraient dû figurer des habitations, il n'y avait qu'une verte vacuité.

Pâturages vierges ! disait la légende. *Saisissez votre chance !*
« Tu imagines, Asterion ? »
Souriant comme une petite fille, ma mère laissa son doigt s'assoupir sur la page.
« Toute cette terre... sans aucun être humain. »
On voyait bien qu'elle-même, en dépit de son sens pratique, était charmée par cette idée. Des hivers doux, des torrents frais. Personne pour cancaner sur son mari, se moquer de sa tête de taureau laineuse et grisonnante. Son doigt se fixa sur le mot « chance », gage d'une vie nouvelle. Elle suivit la ligne hachurée des montagnes, clôture au-dessus de laquelle nulle commère ne pourrait regarder.
« Regarde, fiston, me dit mon père en souriant. C'est plus d'herbe que je ne pourrai jamais en brouter de toute ma vie. Tout cet espace pour jouer au ballon. Ça ne te fait pas envie ? »
Je me rembrunis. Chaque fois que mes parents me promettaient quelque chose, ça finissait toujours par être à la fois plus et moins que je ne l'avais espéré. Mes sœurs, par exemple. J'avais passé neuf mois à peaufiner une chimère fraternelle, jusqu'au jour où maman donna naissance à Maisy et Dotes, les jumelles. Cette Terre promise, c'était plutôt attirant, mais ça devait cacher quelque chose.
D'ailleurs, on avait bien assez de verdure comme ça. Depuis que papa ne faisait plus la tournée des rodéos, il menait une vie rangée. Nous avions une petite ferme consacrée à la culture des fleurs et à l'élevage des oies, et il en avait négocié le bail de façon très avantageuse. L'asile de fous était tout près, et la parcelle intermédiaire n'était pas occupée. Mon père aurait préféré être propriétaire, et ma mère gardait un pistolet dans l'arrosoir, au cas où nos voisins les fous nous auraient rendu visite ; mais cette parcelle vierge, c'était un formidable terrain de jeu.

« Ne dis donc pas de bêtises, Asterion, fit ma mère en grognant, une habitude qu'elle tenait de lui. Toute ma famille habite cette petite ville. Si on allait dans l'Ouest, je ne les reverrais plus de ma vie ! Mes sœurs, ma mère...
– Serait-ce une tragédie ? »
Il y eut un échange de regards chargés.
Depuis qu'il s'était retiré, mon père avait pris de la bouteille ; sans être gros il était corpulent et atteignait la hauteur impressionnante de dix-huit paumes au garrot. Il racla le sol en terre battue de ses sabots. (Maman se plaignait toujours de ces sillons dans la cuisine. « Va donc te défouler dehors, espèce d'animal ! »)
« Asterion, dit-elle en refermant sèchement le livre. Je te prie de ne plus penser à cette sottise... »
Ma mère est une femme simple, avec un tout petit crâne humain qui n'attire pas l'attention, mais elle peut être tout aussi soupe au lait que lui.
« Nous avons fait notre vie ici ! »
Dehors, les rayons du soleil couchant étaient filtrés par nos rideaux. Dans cette lumière inégale, les cornes de mon père semblaient animées d'une faible pulsation. Ses oreilles, des triangles blancs, étaient plaquées contre son crâne. Son expression me surprit. Qui était cet être aux yeux chavirés ? Jamais je n'avais vu quelqu'un à ce point transporté. Ce regard absent avait quelque chose d'extatique, d'inhumain. Sans ses bretelles à pois, on aurait pu le prendre pour un vieux taureau standard.
« Et tu te contentes de cette vie, Velina ? Tu n'aspires pas à mieux ? »
Ceci fut noyé par les cris des fous qu'on entendait toujours, ponctuellement, à cinq heures de l'après-midi, et qui ne manquaient jamais de nous glacer les sangs. Ma mère tressaillit, et je vis que papa avait marqué un point.

« Pourquoi ne pas prendre un nouveau départ ? C'est trois cents hectares qui nous attendent : il suffit de demander ! Tu seras l'épouse d'un homme très riche. Pense aux enfants ! Tous ces mineurs de fond célibataires – tes filles ne manqueront jamais de cavaliers pour danser. Jacob aura une ferme à lui avant son vingtième anniversaire.

– Asterion..., soupira ma mère en désignant notre environnement, paumes en l'air. Sois raisonnable. Tu n'es pas un pionnier. Où trouverais-tu l'argent pour un simple attelage de bœufs ?

– Femme ! tonna papa. (Il bomba son torse flasque.) Tu as épousé un Minotaure ! C'est moi qui tirerai le chariot. »

Maman leva les yeux au ciel.

« Quoi ! Toi qui t'essouffles rien qu'à cueillir des marguerites... ! »

J'en étais toujours à me balancer dans le fauteuil en osier, tout en buvant du lait à grands traits.

« Ton mari est plus fort qu'une douzaine de bœufs ! » rugit-il.

Il tapota ses muscles ornementaux, acquis en cueillant des fleurs et en plumant les oies.

« As-tu donc oublié notre ancienne vie, quand je me produisais dans les rodéos ? »

Il braqua ses cornes dans sa direction avec une malice que je ne lui avais encore jamais vue, puis il la chargea, la poussant vers la porte de la chambre. Et ma mère gloussa, soudain timide et enfantine, avant de s'abandonner contre lui. Je toussotai et fis encore un peu plus de bruit en buvant mon lait, mais ils m'avaient complètement oublié.

« On est ensemble, beugla-t-il. Et le reste, on l'apprendra en route... »

Cela me parut ahurissant, la façon dont une aquarelle d'une douteuse fidélité à l'original avait changé notre vie en un éclair. Il y avait eu ce livre ouvert, cette idée folle – et puis cinq minutes plus tard, le livre était refermé et on s'en allait. C'était aussi simple que ça.

Voilà plus d'un mois que nous cheminons. Hier soir, on a campé à Soap Creek Bottom. Là-bas, ce n'est que gadoue verdâtre et bulles de lumière jaune. Pas d'eau potable pour le bétail, et à peine assez pour nous. Les herbes qu'on suce pour tromper la soif sont cireuses et amères. Maman se plaint d'avoir la migraine et ce sont les jumelles qui préparent la plupart des repas. En gros, cela veut dire qu'elles se réveillent assez tôt pour aller quémander du café et des œufs de caille auprès des autres pionniers. Dotes met des grumeaux de sel dans le jaune et appelle ça une « omelette ». Apparemment, mes sœurs n'ont pas encore maîtrisé cette alchimie qui fait que le cru devient cuit. Si jamais je dois manger encore une compote de pommes, j'emménage chez les Grouse.

Sur les instances de ma mère, nous nous sommes joints à leur groupe. C'est un modeste convoi, une douzaine de familles, parmi lesquelles les Quigley, les Howell, les Hatfield, les Gustafson, les Pratt, un groupe de huit bûcheronnes, et une vieille fille gentille et farfelue, Olive Oatman, qui veut devenir maîtresse d'école. Olive nous suit sur une mule édentée dont chaque pas semble devoir être le dernier. « Pressons, Olive ! » lui crient les hommes, et les femmes claironnent leur inquiétude – elle pourrait se perdre ou être victime des Indiens. Mais personne ne l'invite dans son chariot.

Au début, tout le monde glosait sur les joies du plein air – voyez les enfants d'Hebadiah perchés sur leur chariot ! Écoutez Gus gazouiller dans son harmonica ! Ah, dormir à la belle étoile ! Fermer les yeux, s'imbiber du paysage par tous les pores de sa peau !

Mais désormais, chacun est le plus souvent renfrogné et rêve dans son coin d'eau fraîche et d'un bon lit. Il fait froid, le ciel est nuageux, et le vent toujours contraire. Nous nous trouvons dans une très vaste prairie. Les rares arbres sont robustes et d'un gris rosé, comme des cochons ; les broussailles se prennent à l'essieu des roues comme si elles voulaient nous suivre jusqu'à un ailleurs plus vert. Le dos musclé de papa est constellé de cloques rouges. Sa peau s'en va par plaques. Des mouches viennent mourir dans les fosses poilues de ses naseaux. À chaque kilomètre, il secoue sa tête plus vivement pour empêcher les petits vautours de se poser sur ses cornes recourbées.

Nous n'arrêtons pas de passer devant ces bizarres banquettes de terre fraîchement retournée. Maman a dit aux jumelles que c'est l'effet de la pluie, les dômes des maisons des chiens de prairie, mais moi je sais qu'il s'agit de sépultures. Les familles n'ont pas laissé d'épitaphe, car à quoi bon ? Nul ne reviendra jamais se recueillir. On a décidé de les compter, Clem et moi. Comme s'il était utile de tenir le score :

Parcouru trente-cinq kilomètres... dépassé sept sépultures.

Tout le monde en vient à la lugubre conclusion que nous sommes trop chargés. Nos objets de première nécessité, ceux sans lesquels on n'aurait pas pu vivre il y a seulement deux semaines, sont devenus de luxueux fardeaux. La piste est jonchée de rebuts : miroirs anciens, métiers à tisser, poupées cassées tendrement aimées. Papa a donné aux jumelles la permission de percher le service en porcelaine de Chine de mamie dans un arbre. Notre mère a jeté son antique mortier, et pleuré un peu.

À la tombée de la nuit, nous avons pénétré dans une forêt profonde. Clem a repéré un putois qui, vautré dans la boue, était en train de grignoter la petite aiguille d'une horloge. Des bouilloires en cuivre reluisent dans la pénombre. Jalonnant la piste, des berceaux vides se balancent sans bruit au gré du vent.

Dans la journée, ma mère est assise dans la chaise haute et crie ses instructions à mon père. Maisy et Dotes écossent des haricots à l'intérieur. Mes parents me supplient de monter, mais je refuse. Puisque mon père est sensible au poids d'une soucoupe en porcelaine, je ne veux pas en rajouter.

Alors, je marche en queue de convoi avec les bûcheronnes. J'aime bien ces femmes. Elles sont veuves, grivoises, et transpirent par la langue, comme les chiens. Parfois, elles me laissent rouler à l'intérieur des gros bidons en fer-blanc qu'elles poussent. Elles posent plein de questions gaies et indiscrètes au sujet de papa, ce qui est bien plus supportable que la franche horreur des autres enfants ou la pitié voilée de leurs mères.

« Ton père, c'est celui avec... »

Là, elles brassent l'air au-dessus de leurs tempes, et sifflent.

« Heureusement que vous, les enfants, vous tenez de votre mère ! »

Je ne vois pas en quoi c'est une chance. Moi, j'aurais aimé naître avec une tête colossale de taureau – la plus grosse possible. Les gens se comportent comme si ma normalité apparente était tout aussi étrange, voire encore plus suspecte. Nous avons des taches de rousseur, nous sommes des enfants ordinaires, et les autres mères en sont mal à l'aise. Je pourrais être le frère de Clem ; mes sœurs sont juste aussi mignonnes que les siennes. Cela semble les alarmer. Elles froncent légèrement le nez en notre présence, comme si on était les porteurs sains de quelque mal hideux.

C'est mon père qui est à la peine. Il transpire sous l'effort, plonge dans l'eau glaciale, dans des rivières si profondes que parfois seule la pointe de ses cornes est visible. Mais jamais je ne l'ai vu aussi heureux. Les gens ont besoin de lui. En ville, il y avait toujours comme un léger froid quand il allait avec ma mère à des fêtes d'anniversaire ou des lancers de citrouilles – surtout quand il y avait des barbecues. Mais sur la piste, la terreur de ces femmes est comme tempérée. Leurs maris viennent le solliciter avec des calumets de la paix et des demandes obséquieuses :

« Monsieur le Minotaure, seriez-vous assez aimable pour déboucher ce bocal ? Monsieur le Minotaure, quand vous aurez un moment, pourriez-vous tuer ces loups d'un coup de corne ? »

Et moi, je suis fier de lui, le plus fort, le moins mortel, le plus généreux des pionniers.

Maman aussi en est fière, même si elle ne l'avouerait jamais devant lui. Elle a dit à Louvina Pratt qu'il est comme quand elle l'a épousé, avant qu'il ne devienne un père. C'est difficile à imaginer, vu les poils gris sur son ventre et ses cornes émoussées, mais il a été célèbre. Aux premiers temps des rodéos – ma mère conserve toutes les affichettes sur vélin entre les pages de sa bible –, il désarçonnait tous les cowboys dégingandés du circuit. On le mettait en tête d'affiche :

« Le bronco au torse humain, à la corne ébréchée, et au pedigree douteux ! »

Chez nous, les gens racontaient tant d'histoires sur lui ! Surtout ceux qui ne l'avaient jamais vu à l'œuvre. Que c'était un imposteur, un comédien ; que la pureté de ses origines semi-divines s'était altérée au fil du temps – à cause du métissage avec des vaches sauvages et des « femmes fardées ». Mes propres cousins le traitaient de monstre. J'aurais voulu qu'ils voient en lui le père qu'il était, couvert de squames d'oie ou poussant une brouette pleine de coquelicots. Ici, sur la piste, les gens apprennent enfin à voir toutes ses facettes.

Quant à ma mère – eh bien, ça pourrait aller mieux. Elle passe le plus clair de son temps à ramasser des fagots, des bouses de bison séchées, et à prier à haute voix avec les autres femmes. Son visage est brun et flétri comme une pomme laissée au soleil. Son corps semble ratatiné, voûté par l'absence de menus plaisirs : la laitue fraîche, les mélodies saisonnières des oies, le lit bien stable qu'elle partageait avec mon père. Je crois qu'elle se languit même de l'asile et de sa folie sans surprise.

Les femmes se retrouvent derrière les chariots, pour soi-disant battre le linge sur des rochers ou confectionner des chapeaux affreux avec des brins de paille. Mais en fait, c'est en général pour faire des insinuations.

« Velina, comme vous devez être fière de votre mari... (Louvina sourit.) Le mien ne consentirait jamais à tirer le chariot comme du bétail.

– C'est vrai ! s'exclament les sœurs Quigley. Il vaut bien une paire de bœufs !

– Nos maris vont tous se tuer à la tâche ! » lance ma mère.

Toutes les lignes de son visage plongent vers le bas, comme des petites bouches boudeuses.

« Qu'ils tractent ou qu'ils mènent, quelle importance ? Nous avons troqué tout ce qui faisait notre bonheur contre quelques arpents arides... »

« Ne fais pas attention », déclare mon père en riant, un peu plus tard.

Nous sommes assis à la lisière du feu de camp, tandis que les hommes dansent autour des flammes pâles. Papa déloge des petits galets incrustés dans ses sabots et me les remet pour ma collection. Ils sont d'un jaune translucide, criblés de trous par l'érosion, façon nid-d'abeille. Les enfants trottinent vers notre rondin, jouant à chat. Les étoiles ont un brillant exceptionnel.

« Velina ne voit pas les choses comme moi... »

Papa prétend que les femmes humaines sont congénitalement nerveuses et un peu bornées.

« Des taupes, fiston ! Si jamais ta mère a des envies de maïs vert ou si son pantalon bouffant est mouillé par la rosée, plus rien ne compte ! Crois-moi, quand on aura franchi ces montagnes et qu'elle verra cette Terre promise... Tout sera différent quand on sera là-bas. Je te le promets. »

Cela, au moins, j'y crois...

Nous venons de subir une succession de semaines ternes où l'eau a été rare. Chacun est irrité et cherche un coupable. Le convoi avance cahin-caha – des petits pois dans une cosse –, rongé de l'intérieur par les termites et les moisissures. Notre chemin est truffé de périls – trous et serpents venimeux, plaies suppurantes. Cette journée aurait été exactement comme les autres si Clem et moi n'étions enfin allés jouer.

Dès qu'on a fini d'installer le camp et d'entraver les chevaux, nous partons en exploration. Au nord de l'endroit où l'on campe, au bord de la rivière, on découvre une clairière dans un bosquet de pins. Au centre, un lac rétréci d'un bleu irréel, bordé de roseaux. Derrière nous, on peut voir les voiles blanches des chariots, qui enflent au-dessus des arbres. Et le ciel ! Le ciel a cette couleur qu'on a toujours désirée. Un surnaturel alliage d'orange et de violet, prélude à un orage en fin de journée, et à une nuit de pluie.

« Regarde ! »

Je désigne la tempête naissante, un voile de poussière et d'éclairs. La pluie future, enclose dans les filaments rouges d'un nuage.

« Clem ! Tu as vu ? Mon père dit qu'autrefois...
– Jacob. (Clem lève les yeux au ciel.) On joue, oui ou non ? »

Maman a insisté pour que j'emmène les jumelles, histoire qu'elles prennent l'air, ce que je trouve exaspérant car ce sont des filles qui devraient faire des choses de fille comme jouer à la marelle ou porter des rubans jaunes là où ça ne dérange personne. On les place contre des rochers – elles nous serviront à délimiter le terrain.

« Prêt, Jacob ? »

J'envoie la balle à une altitude délirante, par-dessus les bouleaux flamboyants. Maisy et Dotes applaudissent poliment, tandis que Clem court récupérer la balle. Une seconde plus tard, on entend un terrible grognement. Les bouleaux se mettent à trembler et je m'empresse d'aller le rejoindre. Nous jetons un coup d'œil entre les feuillages dorés.

« C'est pas ton père ? » me dit Clem.

Papa est en train de muer. Sa chemise est suspendue à un arbrisseau. Une fourrure noire est accrochée aux branches basses tels des fragments de nuages. Et voici mon père qui se frotte la tête contre une souche d'arbre fendue ; des étincelles jaillissent de ses cornes.

« Aahhh, grogne-t-il en insistant, et son dos en a des spasmes de plaisir.

– Non ! » dis-je.

Mais il m'a entendu et redresse la tête.

« Les garçons ! Qu'est-ce que vous faites ici ? »

Je m'en veux de l'avoir renié, et j'ai honte pour nous deux. Papa préfère faire certaines choses discrètement.

« Euh... monsieur-le-père-de-Jacob, dit Clem d'une voix émue. C'est qu'on jouait avec les jumelles... »

En fait, il s'avère que les jumelles sont allées vers le lac afin de satisfaire d'autres besoins pressants. Maisy a déroulé le « rideau de modestie » à petits carreaux et le tient pour Dotes. Se voyant regardée, elle pousse un cri et lâche tout. Le rideau s'envole, emporté par le vent, montrant une Dotes horrifiée, jambes nues et accroupie au-dessus d'un buisson d'indigo.

« Hiiiii !!!!! »

Elle plonge derrière un rocher.

« Seigneur ! bougonne mon père, en détournant les yeux. Remets donc ta culotte, Dotes ! »

Sur la piste, la pudeur est une chose difficile à préserver, même si ce rideau de modestie est fait du tissu le plus épais : flanelle ou laine bouillie.

Mon père récupère sa chemise et entreprend de la reboutonner. Il passe la main sur les croûtes roses de ses oreilles et de sa nuque – c'est surprenant, ces parties imberbes, si semblables à ma propre peau. Il évite de nous regarder.

« Qui t'a dit d'amener les filles ici ? me lance-t-il. Qui t'a permis de quitter le groupe ?

– Maman.

– Ah, je vois ! »

Il fait les gros yeux à Clem à travers un nuage de bourre.

« Eh bien moi, je les ramène... »

Là, il part d'un bon pas vers le ruisseau où Maisy est en train de tordre le rideau trempé, et emporte les jumelles dans ses bras. Il fait de longues enjambées royales en direction du camp, comme toujours quand il se sent observé.

Par la suite, impossible de retrouver notre balle. On s'assoit sur un rondin, boudant, enregistrant les progrès de l'orage, attendant qu'on nous appelle pour le dîner. Nos estomacs gargouillent de concert. Un nuage de pollen passe sous nos yeux.

« Au fait, dit Clem, pourquoi tu ne ressembles pas à ton père ? »

Il a parlé sur le ton du défi, de l'accusation, comme si c'était une vieille pomme de discorde entre nous.

« Quoi ? Mais si, je lui ressemble ! »

Je dilate mes narines et souffle, pour imiter mon père quand il est en colère.

« Si, je lui ressemble ! Et toi, pourquoi tu ne ressembles pas à ton père ? »

Je cherche encore à renâcler, mais ne parviens qu'à éternuer.

Clem me sourit, singeant la propre expression de ses parents, mélange mielleux de compassion et de piété hypocrites. Il me tapote le dos.

« Pauvre Jacob... à tes souhaits ! »

Ah, il l'aura cherché ! Je fonce sur lui avec mes cornes invisibles, et soudain nous voilà en train de rouler par terre comme des bêtes sauvages, griffant, mordant, donnant des coups de pied avec une passion débordante, une joie brûlante. Ça continue ainsi jusqu'à l'appel de la cloche. Alors soudain, comme par magie, nous voici de retour au camp, à nous remplir la panse de galettes d'avoine et de gâteaux aux œufs de caille – rabibochés.

Cette nuit-là, je vais m'asseoir auprès de mon père, un peu à l'écart du feu de camp. Les hommes font un barbecue et cela le met toujours un peu mal à l'aise. Ils mordent dans la viande d'antilope comme des sauvages. Le jour, ils ont des chemises, mais la nuit, ils se mettent torse nu. Puis ils se jettent les uns contre les autres, à moitié pour plaisanter, et brandissent leur bouteille d'un air à la fois fatigué et tendu. Au centre du corral, Olive, ivre et joyeuse, a retroussé ses jupes. Elle est sur les genoux de Gus, et joue du tambourin qu'elle frappe contre ses jambes nues. Les épouses prennent un air scandalisé, mais tapent néanmoins dans leurs mains pour marquer la cadence.

« Papa, tu veux bien me couper les cheveux ?

– Mais oui, mon garçon ! »

C'est notre rituel. Il chausse ses lunettes et sort une petite paire de ciseaux de son ceinturon. Puis il se met à couper mes boucles. Il s'y prend avec une affectueuse précision, tirant la langue et plissant les yeux.

Ensuite, il applique le bord froid et plat des ciseaux contre mon cuir chevelu.

« Tu sens tes cornes, là ? »

Et j'ai un sourire ravi, car oui, je les sens pousser, mes cornes secrètes. Et je sais bien qu'en dépit du qu'en-dira-t-on, je suis bien le fils de mon père.

Hier soir, on a eu droit à notre première vraie tempête. Des arpents et des arpents d'éclairs ! Une chaleur étouffante, et cette odeur suffocante de cendre et d'armoise. La vaste prairie ondulante s'est annoncée par clichés successifs, apocalyptiques et familiers. Tout le monde est sorti des tentes pour trouver refuge sous les bâches des chariots. Une grêle bleue soufflait à l'intérieur. Les toiles trempées claquaient, et ce bruit se confondait avec nos propres tremblements, cette vibration des colonnes vertébrales, des crânes et des ventres, pendant les coups de tonnerre.

J'ai dit : « Maman », pour dire quelque chose.

J'avais attendu avec impatience une catastrophe de ce genre. Orages, loups, morsures de serpent, inondations – c'est autant d'occasions de savoir ce que votre père pense de vous, s'il vous croit fort et utile. Mais en réalité, je ne suis pour lui qu'un petit veau. J'ai vu les garçons plus âgés sauter des barres d'attelage tout autour de moi, pieds nus. Clem, dans un nuage de poussière. Obadiah, pressé de participer.

Mais personne ne m'a appelé, surtout pas mon propre père. Je suis resté blotti dans les jupes de ma mère tandis que les hommes se lançaient des ordres, lestant les chariots afin qu'ils ne soient pas renversés. La toile du nôtre était en bon état. Bien avant le départ, M. Gustafson était venu la traiter avec de l'huile de lin pour qu'elle brille comme de l'opale, mais désormais on voyait des gouttes de pluie en suspension au-dessus de nos têtes. Il faisait un froid de canard. J'ai jeté un coup d'œil au-dehors, cherchant mon père perdu dans le vent et le halo des lanternes. Le train de chariots se déplaçait tout autour de nous, tel un serpent déroulant ses anneaux.

Les jumelles ne cessaient de hurler de terreur, et les trésors qu'on avait cousus dans les poches de la bâche commençaient à dégringoler – cuillères en étain, jouets en bois, poudre de roche volcanique, le fusil de papa. Comme celui-ci était chargé, c'est un miracle que personne n'ait été tué. Ma mère, glaciale, maudit notre malchance, c'est-à-dire : Dieu, mon père, tous les pères. Moi, je pensais à mon lit, à tout ce que je détestais chez nous – respecter le sabbat, cueillir les roses, s'occuper des oies –, et tout cela, je le regrettais amèrement.

Les loups ont dû dévorer Olive. Quand la pluie a cessé, elle avait disparu. Les adultes ont tous fait la même grimace, s'efforçant de donner un air d'authenticité à leur tristesse.

« Pauvre Olive ! »

C'est Jebediah Hatfield qui a retrouvé sa mule à une douzaine de kilomètres, dans un ravin ; elle broutait au milieu des fourrés, son nez gris tacheté de rouge par les baies. Un bout de ruban jaune pendait aux branches les plus basses. Des lambeaux de jupe étaient accrochés aux groseilliers. Mon père s'est porté volontaire pour mener les recherches.

« Vous êtes fou ? (M. Gustafson secoua sa tête grisonnante.) Pour perdre toute une journée ? À cette allure, on ne sera jamais arrivés... »

Mon père les regarda tour à tour, incrédule.

« Qu'est-ce qui vous prend ? »

Ses cornes tremblaient involontairement – il ne pouvait s'en empêcher.

« Et le contrat ? »

Avant le départ, le pasteur avait béni notre convoi. Chaque famille avait dû signer le contrat : beaucoup de roues, une seule destination, « tous pour un » jusqu'au bout de la piste.

Quelqu'un ricana :

« Le contrat, monsieur le Minotaure ? »

Et j'ai rougi en voyant mon père comme les autres le voyaient – sa figure ahurie, hirsute, son regard bovin.

Notre groupe s'est réuni pour discuter, et presque tout le monde est convenu que c'était sans espoir. Seuls mon père et Clyde, qui est à moitié aveugle, ont voté en faveur des recherches, mais ensuite Clyde a prétendu qu'on n'avait pas compris qu'il était juste en train de s'étirer.

« Réfléchissez, monsieur le Minotaure », déclara Grouse avec une lueur sombre dans l'œil, tout en tripotant le ruban.

Il avait les joues rouges, comme s'il racontait une blague salace.

« Qu'est-ce qui a bien pu lui arriver ? Qui a envie de perdre une demi-journée à enterrer ses restes ?

– Velina ! »

Tout le monde se retourna. Accroupie à quelques mètres de là, Mme Grouse faisait des signes à ma mère.

Elle plongea la main dans une sacoche trempée et sortit l'un des chemisiers à dentelles, noirci, d'Olive.

« Vous n'en voulez pas, Velina ? Je crois que c'est votre taille... »

Hier, papa fut l'avant-dernier à traverser la Great Snake River. Nous, on était passés à bord des radeaux improvisés, serrés contre des chats albinos, des bébés et des seaux de graisse d'ours. Les hommes nageaient aux côtés de leurs bœufs. Depuis l'autre berge, on regardait, Clem et moi, nos pères respectifs. Je ne l'aurais jamais avoué, mais j'ai eu très peur. Comme les vaches avaient soulevé de la vase et de la boue et avaient de l'eau jusqu'au cou, j'ai perdu de vue papa. Pendant un instant affreux, il s'est fondu dans cette mêlée. Et si les autres hommes, préoccupés par leur propre bétail, ne pensaient pas à l'aider si jamais il menaçait de se noyer ?

« T'as pas peur, parfois, qu'il... cale ? » me demanda Clem d'une voix prudente.

Le sien était en train de lutter en contrebas contre les rapides, qui emportaient son pied.

« Je veux dire : avant d'arriver ? »

Je fis non de la tête.

« Bien sûr qu'il arrivera ! Mon père est un héros. »

Toute ma vie, je n'ai cru qu'aux aspects les plus brillants du mythe paternel, mais n'empêche : papa a quand même attrapé froid et il a dû s'arrêter pour reprendre haleine sur un petit îlot rocheux. J'ai fait du feu et ma mère s'est agenouillée dans le sable pour essorer sa fourrure imbibée au niveau du cou ; elle murmurait quelque chose dans ses oreilles humides, terreuses. Je ne crois pas que c'était très gentil. En ce moment même, ils sont encore en train de se disputer dans le chariot.

« Parce que tu te crois immortel, peut-être ? J'aurais dû écouter ma mère ! Jamais je n'aurais dû épouser un Minotaure. »

Maman aime raconter qu'elle aurait pu choisir un meilleur parti. Mes tantes ont épousé des receveurs des postes, des maires moustachus et bien sous tous rapports.

« Ta mère ! rétorque papa. Vous les femmes, vous êtes toutes les mêmes...

– Il n'est pas trop tard, tu sais. On peut faire demi-tour...

– Écoute, Velina. Bien sûr qu'il est trop tard ! On doit aller de l'avant. Nos oies ont été mangées. Des inconnus habitent notre maison... »

Il y a un fracas qui semble avoir été délibérément provoqué, puis un bruit métallique. Et pour finir, le silence de ma mère.

Pour la première fois, je suis aussi désolé pour elle que pour lui. On voudrait tous aller chez nous, mais où est-ce, « chez nous » ?

Aujourd'hui, on a fait halte dans un bosquet d'indigo, au bord du lit asséché de la Snail Creek. Un endroit frais et plaisant. Après les biscuits, j'ai trouvé un crotale mort que j'ai écorché et j'ai fait pour mes sœurs un joujou avec la sonnette. Toutes deux sont confinées dans le chariot, à cause de la fièvre. Elles ont la figure gonflée et bleuâtre, comme des montgolfières. Maisy tousse moins que Dotes, mais a plus souvent la diarrhée. Mes parents ne se parlent plus depuis trois jours.

J'ai demandé à Clem de quoi parlaient les siens dans l'intimité.

« Euh…, a fait Clem. Parce qu'ils se parlent, les tiens ? »

Et, haussant les épaules, il a ajouté :

« La plupart du temps, ma mère cogne ses casseroles, ou plie les couvertures en pestant. Parfois, ils prient ensemble. »

Sans que personne ne s'en soit jamais étonné à haute voix, petit à petit, nous nous sommes retrouvés à la traîne. La troisième fois que mon père s'est évanoui, maman a abandonné la place du cocher pour aller se glisser sous la bâche. Désormais elle refuse de conduire. Elle se pelotonne avec les filles sur un édredon et passe la journée à dormir. C'est à moi qu'il incombe, à présent, de guider mon père.

Tous les jours, je m'éveille à l'aube. Le ciel est encore piqueté d'étoiles et il s'écoulera encore une heure avant que le premier ruban de fumée ne s'élève du premier feu de camp. Je secoue mon père pour le réveiller et l'aide à mettre le collier – c'est un joug spécial, fait sur mesure. Il boit un petit verre d'eau-de-vie – son petit-déjeuner – tandis que j'ajuste la sangle et que je vérifie l'état de ses fers. Puis je prends les rênes. Une fois qu'on est lancés, ça va, mais je suis encore un peu hésitant quand il s'agit de le faire s'arrêter ou redémarrer.

« Hue... Euh, non... pardon, papa. Stop ! »

Même quand j'ai les yeux fermés, je vois son dos qui oscille devant moi : la graduation des vertèbres violacées par le soleil et les efforts, son abondante tignasse blanchie au soleil, couleur de lait caillé, qui s'échappe de son chapeau.

Gus ayant troqué son harmonica contre une chaussette et un sac de millet, nous cheminons désormais en silence. Je regrette l'ambiance d'autrefois, quand tout le monde avait le même but et qu'il y avait de la musique même aux pires moments. Plus nos chariots s'allègent, plus le silence s'éternise, et plus nous sommes décidés à nous débarrasser les uns des autres. Les bûcheronnes sont muettes et ronchonnes ; on n'entend que le grondement caverneux de leurs bidons. La nuit, une fois le camp établi, elles sortent de leur silence pour quémander du whisky, des allumettes et des biscuits, entre autres.

« Ne leur donne rien, Jacob, me dit ma mère. N'oublie pas : ce que tu donnes à ces femmes, tu l'ôtes de la bouche de tes sœurs. »

Depuis quelque temps, mes parents n'ont plus l'air de s'entendre sur la valeur des choses. La nuit dernière, il était plus de onze heures du soir quand mon père est revenu, penaud et hors d'haleine, après avoir fait du troc avec des Indiens.

« Velina ! Ferme les yeux et ouvre la bouche. J'ai une surprise pour toi ! »

Là, il lui a mis un grain de maïs sur la langue et a attendu, radieux, sa réaction.

Ma mère a eu un sourire magnifique, tout en roulant le grain dans sa bouche.

« Oh, Asterion ! Où as-tu trouvé ça ?

– J'ai vendu notre palonnier », a-t-il dit fièrement.

Il a sorti un épi vert de sa poche et, avec un moulinet du bras digne d'un magicien, a passé les feuilles soyeuses sur sa joue.

« Tu as... quoi ? »

Ma mère a rouvert aussitôt les yeux. Elle lui a craché le grain au visage.

« Qu'est-ce que tu as fait ? »

Là, elle s'est saisie de ses cornes pour l'attirer à elle, lentement, mi-riant, mi-pleurant, et presser son visage contre le diamant blanc de son mufle.

« Tu as fait quoi ? »

Les naseaux de papa se sont dilatés. Il a baissé la tête et raclé la terre tassée. J'ai plongé à l'intérieur du chariot afin de me glisser sous les couvertures, aux côtés de mes sœurs. Les bougies avaient entièrement fondu, mais le clair de lune s'infiltrait à travers les accrocs dans la toile.

« Les filles ? »

Maisy ouvrit un œil et posa le doigt sur ses lèvres. Dotes avait le poing dans sa bouche pour s'empêcher de tousser. J'ai été fier de constater qu'elles avaient compris qu'il valait mieux feindre de dormir. Dehors, mes parents se disputaient toujours.

« C'est tout ce qu'on vaut pour toi ?... criait ma mère. Cinq dollars et un épi de maïs ?

– ... mais, c'est toi qui en voulais, du maïs...

– Sais-tu au moins réparer un palonnier, Asterion ?... Eh bien, j'espère que ce sera une consolation pour toi, quand les loups dévoreront tes filles.

– Allez », dis-je en desserrant la sangle à l'arrière, pour faire descendre mes sœurs.

Je les ai portées jusqu'au chariot des Grouse.

« Clem, on peut dormir chez vous, cette nuit ?

– Non, répondit-il tristement. Maman dit qu'on a le droit d'être amis seulement à l'église. Ils disent que ton père m'a refilé des poux. »

Et puis il a souri.

« Mais vous pouvez dormir là-dessous ! »

On a regardé sous le chariot. La caisse en bois d'aubier était blanche et vermoulue. De la lumière passait par les interstices entre les planches, une lueur tremblotante, absorbée par la sombre mosaïque du sol. Au centre, ça remuait un peu. Dotes étouffa un soupir. C'était une masse de chiens – des chiens tachetés, jaunes ou marron, blottis les uns contre les autres pour se tenir chaud.

« Toi d'abord », dit Maisy.

Aujourd'hui, je circulais aux abords du camp, cherchant des pierres pour ma collection, quand j'ai entendu des hommes parler de mon père.

« Ce Minotaure donne des poux à nos enfants, disait M. Grouse, tout rouge et tremblant, avec une fureur disproportionnée. Il titille les vaches laitières et fait cailler le lait destiné à nos enfants ! »

Aplati contre le sol, je me suis avancé en rampant. Les autres se donnaient des airs soucieux et opinaient. La méchanceté de M. Grouse se répandait entre eux comme un virus, une chaleur – une fièvre désirée.

De quoi vous dégoûter des gens.

Je suis allé trouvé Clem en courant. Il était en train d'attraper des lézards derrière le corral.

« Salut, Jacob... Oups ! »

Je lui ai flanqué un coup de tête dans les côtes, en espérant sincèrement avoir hérité de la force de mon père. Une fois, deux fois, avant de piétiner ses mocassins.

« Qu'est-ce que j'ai fait ?

— Si tu ne sais pas, je ne te le dirai pas ! »

Je suis reparti en courant dans le soleil couchant, versant des larmes brûlantes de frustration, maudissant les Grouse de toutes mes forces. Puis j'ai perdu de vue le convoi et je suis revenu parce que j'avais peur de me perdre, en espérant que Clem n'était pas en train de m'observer.

Pendant que tout le monde était réuni autour des marmites, je me suis glissé dans son chariot. J'ai volé les poupées de ses sœurs, celles qu'elles ont confectionnées avec des feuilles de maïs, et je les ai mangées. Ma fureur était telle que j'ai oublié d'ôter les boutons qui représentaient les yeux. J'en ai encore des crampes d'estomac.

J'espère que l'Ouest est assez grand pour que tout le monde puisse se disperser. Ce serait terrible si, une fois là-bas, ces gens-là étaient toujours nos voisins.

Avant-hier, je dormais sous notre propre chariot, mes bras et ma figure couverts d'une fine sciure de cèdre et rêvant aux choses les plus ordinaires, comme de la craie et des oreillers, un plafond au-dessus de ma tête, des brocs de citronnade et des tartes aux groseilles, quand j'ai été réveillé par le contact d'une main qui me pinçait la joue.

« Jacob, réveille-toi ! »

J'ai roulé sur moi-même et je me suis retrouvé face à la bottine de ma mère. J'ai rampé à l'air libre. Maman avait Maisy dans un bras, et Dotes dans l'autre. Les yeux de mes sœurs étaient brillants et exorbités ; leurs gorges comme enflées à force de s'empêcher de tousser. Sentant le danger, je me suis figé.

« Allons, viens (ma mère parlait tout bas, avec prudence).
Va chercher tes affaires.
– Pourquoi ? »
J'étais surpris de me découvrir aussi lucide, bien réveillé,
pas du tout groggy.
« Les circonstances nous obligent (elle lança un regard
inquiet par-dessus son épaule) à quitter votre père. »
Je l'ai regardée sans comprendre tout de suite. Depuis
quelque temps, je pressentais un changement ; je m'y préparais, le souhaitais, ou du moins m'efforçais de le souhaiter,
comme quand je priais pour qu'il pleuve. Mais quitter notre
père, c'était un acte absurde, extrême, épouvantable, comme
déterrer des cercueils pour se procurer du bois.
« Jacob ! me supplia-t-elle. Dépêche-toi ! »
On s'est regardés longuement. Puis j'ai ramené la couverture sous mon menton, avant de reprendre ma place.
« Non. »
Maman s'est accroupie dans la poussière. Elle était tout
près de moi, et j'ai cru voir mon nom s'inscrire dans l'air
froid : « Ja-cob ! »
Mais je me suis accroché à un essieu et lui ai jeté un regard
noir, la défiant de m'en arracher. Les rayons de la roue ont
très légèrement bougé, projetant une fine poussière de sable
et de silex. Notre chariot s'est éclairé de l'intérieur.
« Velina, c'est toi ? »
Avec un petit cri déçu, ma mère s'est relevée. Elle m'a
regardé encore une fois, en se tenant la joue. Puis elle est
repartie en direction de la voix, de la lueur ambrée. La piste
est pleine de surprises. Le lendemain matin, M. Grouse a
déclaré que deux familles avaient rebroussé chemin : les Quigley et les Howell. Ma mère était assise près des feux de camp,
à faire bouillir l'eau pour le porridge, et elle a accueilli cette
nouvelle par un vague marmonnement. J'ai attendu qu'elle

me regarde, mais elle s'est contentée de fixer l'eau frémissante d'un air absent.

Alors que j'étais assiégé par toutes sortes de craintes, nouvelle surprise : à travers les transparences orangées de notre bâche goudronnée, j'ai vu les silhouettes confondues de mes parents former une ombre monstrueuse. J'ai regardé par un trou dans la toile. La tête de papa reposait sur les genoux de ma mère. Ses gros yeux étaient clos. Ma mère tenait un fichu sale et elle était en train de tamponner ses plaies sous sa fourrure avec une solution de borax, de sucre et d'alun. Mon père, lui, passait sa longue langue rêche sur les bottines de ma mère. Ses cornes raclaient les planches.

« Je t'aime », répétait ma mère inlassablement, tout en désinfectant ses plaies. « Je t'aime », comme si elle s'efforçait de comprendre le sens véritable de ces mots. Mon père grommela une réponse.

Il y a tant de choses entre eux que je ne comprends pas. C'est comme s'ils se parlaient dans une langue étrangère, animale. Dans la journée, mon père continue à tracter notre chariot. Ma mère n'a plus jamais évoqué ce fameux soir...

Les bœufs de M. Grouse sont morts sur la piste, aujourd'hui. Ils étaient deux, Quick et Nimble. Il a fallu trois hommes pour les détacher. Moi, j'étais concentré sur la corde poisseuse de sang. Clem n'aura sans doute plus envie de jouer pendant un certain temps. Toutes les mères ont mis la main sur nos yeux et nous ont chassés vers les chariots. Elles ont dit que les bœufs ont eu « une défaillance » – un euphémisme pour protéger les plus jeunes, ce qui me semble absurde puisque tout le monde a dû passer devant leurs cadavres.

« Maman, a dit Dotes, tout en fabriquant une guirlande de marguerites en papier dans le chariot. Si jamais je meurs, j'aurai une tombe assez profonde pour que les loups ne me déterrent pas ? »

Maman a détaché les yeux de son tricot avec une expression horrifiée.

« Oh, ma chérie. (Elle a passé la tête dehors.) Tu entends ça, Asterion ? »

Papa se tenait dans les herbes hautes avec les autres hommes. Sous leur direction, il utilisait ses sabots pour tasser de la terre par-dessus Nimble – pour la forme. Depuis quelque temps, les hommes se montrent moins obséquieux quand ils ont quelque chose à lui demander. L'autre jour, par exemple, Vilner Pratt l'a persuadé de se mettre une cloche autour du cou pour prévenir quand il arrive. (« Vous avez tendance à surgir sans crier gare, monsieur le Minotaure, a-t-il dit, mi-figue, mi-raisin. Et, pour vous dire la vérité, cela effraie nos épouses. »)

En entendant ma mère, papa a relevé la tête et l'a saluée de loin. Ses cornes et sa fourrure sont plus foncées ; la peau de ses bras est flasque.

« Maman, a demandé Maisy qui suçait la mèche d'une vieille chandelle, il va avoir une "défaillance", papa ? »

Autrefois, ma mère aurait dit non ; son rire ou son expression choquée nous auraient rassurés. Mais ces temps-ci, elle laisse nos questions sans réponse.

« Comment le saurais-je, Maisy ? Va demander à ton père. Va donc... »

Ses yeux brillaient comme des têtes de clou.

« Va donc lui dire tes craintes... »

Enfin, nous avons atteint les promontoires. D'ici, on peut voir le désert alcalin du Grand Bassin, et cela signifie qu'on est à mi-chemin. Drôle d'endroit. Une terre étrange, sans aucun arbre. Même les nuages semblent plats et asséchés. Un large canal coupe ce désert, un sillon raviné par le passage de milliers de chariots. C'est comme la colonne vertébrale du désert. Ça me rappelle les rainures que papa creusait avec ses sabots dans notre cuisine. Quand j'ai dit ça à maman, elle a ri pour la première fois depuis bien longtemps.

Ici, c'est comme un morne et sempiternel midi. Le moral des bûcheronnes est au plus bas ; il n'y a pas de bois à couper. Maintenant, ce sont de vrais jurons qu'elles poussent. Des loups rôdent autour de nous en plein jour, mais hors de portée des fusils. Pour les chasser, Clem et moi chantons des chants religieux ou patriotiques.

Dans notre chariot, Dotes grelotte sous trois peaux de cheval tannées. Maisy dort en permanence. Hier, maman a voulu qu'on s'arrête, mais papa avait peur de perdre les autres. La nuit, ils sont encore sortis pour discuter. Maman m'a fait tenir le rideau de modestie, à présent souillé et élimé, par égard pour les voisins.

« Tu vois un médecin par ici ? » a demandé papa, faisant mine de regarder sous une pierre.

Il a pris cette pierre dans sa main et l'a pulvérisée.

« Et ça, c'est un remède ? Courage, Velina. Il faut se presser, maintenant. Nous sommes à mi-chemin... »

Soudain, il s'est tu. J'avais abaissé le rideau. C'est que j'avais mal aux bras, et puis mon nez me démangeait. Nos regards se sont croisés, et quelque chose dans mon expression a dû le faire revenir vers moi.

« Jacob... »

Il a vacillé un peu, les yeux brillants, hirsute, plein d'une gaieté fausse, comme un homme ivre. Puis il m'a effleuré la joue de sa corne.

« N'écoute donc pas ta mère, fiston. On y arrivera. Aie confiance en ton père... »

Là, il m'a pris dans ses bras et emmené par-delà les cendres de notre feu de camp.

« Tiens-toi bien, mon fils ! »

Il a chargé dans le vide, faisant claquer ses épaules comme de la toile cirée – un rodéo impromptu.

« Stop ! l'ai-je supplié, rigolant malgré moi. Non... hue ! »

Ensuite, il m'a entraîné loin des jupes de ma mère et du camp, jusqu'au bord du promontoire.

« Regarde, Jacob. Regarde tout le chemin parcouru... »

Vu depuis les épaules de mon père, le désert s'étendait à l'infini, plat et sans aucun repère. Un horizon immense où chaque dune se reproduisait sur des milliers d'hectares de sable. En cette nuit calme, l'Ouest aurait pu être n'importe où. La chaleur me faisait douter de moi-même : ces vagues taches bleues au loin, était-ce des montagnes ou bien des mirages ? La présence des colonnes de chariots ne nous renseignait pas. On aurait dit des asticots blancs. Des feux pailletaient l'obscurité.

« Alors, tu vois ? »

J'ai scruté le désert.

Je me demandais ce qu'il pouvait bien voir – ou voulait me faire voir. Toujours cramponné à ses cornes, je me suis tourné lentement dans la direction que j'espérais être l'Ouest.

« Ah, mais oui ! »

Papa a souri. Le clair de lune enluminait les endroits où le pelage manquait, ses brûlures. Une touffe de poils me resta dans la main. Il me reposa à terre et me chuchota à l'oreille, comme si c'était un secret entre hommes :

« Il paraît que le trèfle pousse là-bas à foison, Jacob. Si vert, si dense, si luxuriant ! Si haut que ça recouvre ta figure... »

Cette nouvelle est extraite du recueil
*Foyer Sainte-Lucie pour jeunes filles
élevées par les loups* (2014).

Un lien fraternel

de Wells Tower

Traduit par Michel Lederer

Parfois, mais rarement, après cinq ou six verres bien tassés, il m'arrive de penser que ce serait une bonne idée d'appeler mon petit frère. Il faut beaucoup de solvant pour effacer de mauvais souvenirs comme celui de la fête organisée pour mon neuvième anniversaire, quand Stephen, alors âgé de six ans, s'est précipité derrière moi et m'a poussé dans le bassin à poissons rouges d'Umstead Park où je me suis étalé, face dans la vase. L'eau m'arrivait aux mollets, et je me suis relevé, l'air d'un cochon dérapant sur la glace, avant de m'écrouler de nouveau à plat ventre. Mes copains en pleuraient de rire. Notre mère a allongé Stephen en travers de ses genoux et l'a corrigé en le frappant sur les cuisses avec le dos de sa brosse à cheveux, ce qui, aux yeux de mes invités, n'a fait que confirmer Stephen dans son rôle de petit comique héroïque prêt à souffrir pour son art.

Et la fois où, en seconde au lycée, on m'a donné un rôle face à une fille nommée Dodi Clark dans la comédie musicale *Grease* qu'on avait montée. On interprétait un couple passant presque inaperçu au milieu de la mêlée des danseurs déchaînés, et nous avions peut-être quatre répliques à nous deux. Dodi était une petite souris au menton fuyant et aux canines de lapin. Elle ne m'intéressait pas le moins du monde, et pourtant, à la vue du couple que nous formions, Stephen est devenu follement jaloux. Il lui a fait une cour effrénée, l'inondant d'affiches, de stylos, d'autocollants et de gadgets en cristal qui jetaient des arcs-en-ciel sur l'appui de sa fenêtre. Ses assauts ont porté leurs fruits, mais quand Dodi a fini par entrouvrir ses lèvres émues pour recevoir son baiser, m'a raconté Stephen des années plus tard, il a eu un mouvement de recul. « Ces dents ! C'était comme essayer d'embrasser un requin-taureau. Je me demande bien pourquoi je l'ai draguée. » Moi, je sais pourquoi. Et lui aussi : telles qu'il conçoit les choses, je ne dois rien goûter d'agréable avant qu'il n'ait d'abord exercé ses droits dessus.

Et aussi ce jour de printemps, alors que j'avais seize ans et lui treize, où il m'a trouvé dans sa chambre à écouter ses disques. Que mes oreilles puissent entendre la musique qu'il adorait, cela constituait une souillure irrémédiable, si bien qu'il a pris les albums que je venais de passer et, un par un, les a fracassés sur un coin de son bureau en me demandant de désigner également ceux que j'aimais pour qu'il leur fasse subir le même sort.

Ou encore cette matinée d'hiver où notre mère était sortie et où j'avais fermé la porte à clé et laissé mon frère dehors en pyjama pendant une bonne heure, me moquant de lui à travers le panneau vitré tandis qu'il frappait à coups redoublés et que je me délectais de le voir sangloter de rage. Je suis incapable d'expliquer pourquoi je faisais des choses pareilles, sinon que j'ai au-dedans de moi un petit lutin pour qui la colère de mon frère est un nectar. Les fureurs de Stephen sont des merveilles de haine extatique, pornographique en un sens, l'exact opposé du spectacle fascinant de deux personnes en train de faire l'amour. Je riais encore lorsque, une heure plus tard, je lui ai ouvert la porte en lui tendant dans un esprit de conciliation une tasse d'épais chocolat chaud. Il l'a saisie de ses doigts rougis de froid, l'a vidée, puis il s'est emparé d'un ouvre-boîtes qui traînait sur le comptoir de la cuisine et me l'a lancé, m'entaillant la lèvre inférieure. J'en ai gardé une cicatrice de cinq centimètres en forme de parenthèse blanche, l'éternel sourire en biais du lutin.

Après six verres, pourtant, nos relations orageuses s'apaisent et se résument à une simple et triste constatation : j'ai les yeux qui se gonflent de larmes de regret à la pensée des trente-neuf ans que nous avons passés, perdus l'un pour l'autre.

En tout cas, c'est ce que je ressentais un soir d'octobre après avoir liquidé la moitié d'une bouteille de rhum Meyer. Je me trouvais sur une montagne que j'avais récemment achetée dans le comté d'Aroostook, État du Maine. Au cœur du crépuscule, je suis monté vers le sommet dans l'atmosphère lourde de l'odeur humide des lupins, de la mousse et des fougères. Dans le ciel gagné par l'obscurité, des chauves-souris fondaient sur les moucherons. J'étais là depuis quatre mois et la beauté du paysage continuait à imprimer chaque jour sa marque sur moi. Stephen et moi ne nous étions pas parlé depuis le printemps, mais ce soir-là, tandis que le soleil jetait ses dernières lueurs rougeoyantes sur les dents des Appalaches, j'avais l'impression d'un trop-plein de splendeur. L'hiver serait bientôt là et je désirais entendre la voix de Stephen. Au sommet, les communications passaient, aussi je l'ai appelé.

« Stephen Lattimore à l'appareil. » Le ton était posé, circonspect, prêt à attaquer. Trois paroles de lui suffisaient à doucher ma bonne humeur.

« Stephen, c'est Matthew.

– Matthew, répéta-t-il comme on dirait "cancer" après le diagnostic du médecin. Je suis avec un patient. » Stephen faisait profession de musicothérapeute.

« Bon, dis-je. Juste une question. Qu'est-ce que tu penses des montagnes ? »

Il y eut un silence prudent. J'entendis le bruit de quelqu'un qui s'acharnait sur un tambourin.

« Je n'ai rien contre, finit-il par répondre. Pourquoi ?

– Eh bien, j'en ai acheté une. Je t'appelle avec mon portable depuis le sommet.

– Félicitations, dit Stephen. C'est le Popocatépetl ? Ou tu comptes installer des supérettes sur le Matterhorn ? » Au fil des années, j'avais gagné pas mal d'argent dans l'immobilier, et pour des raisons qui m'échappent, cela choquait Stephen. Il n'est pas pratiquant, mais il a toujours les mots de piété et de sacrifice à la bouche, et il se vante des hautes valeurs qui sont les siennes. Pour autant que je le sache, ces hautes valeurs se limitent à manger des tonnes de nouilles japonaises, à baiser environ une fois tous les quinze ans et à se hérisser à la vue de gens comme moi – à savoir des gens qui ont réussi et qui ne puent pas la misère.

J'aime Stephen parce que c'est le seul parent qui me reste. Une crise cardiaque a emporté notre père quand j'avais dix ans et Stephen sept. L'alcool a tué notre mère avant que j'aie terminé mes études, et c'est à peu près à cette époque que nous avons commencé à nous éloigner l'un de l'autre. Stephen était convaincu qu'il connaîtrait la gloire en tant que pianiste, et quand il ne travaillait pas son piano, il se sentait coupable et pleurnichait. Ce n'était pas un génie, mais le piano lui permettait de se couper d'un monde qu'il jugeait cruel et compliqué, et qui le lui rendait bien.

Quant à moi, j'ai toujours pensé que la vie est comme elle est, un contrat sans garanties, et que si on veut en tirer quelque chose, on a intérêt à se bouger. Je me suis marié jeune et souvent. J'ai acheté mon premier bien à dix-huit ans. Et aujourd'hui, à quarante-deux ans, j'ai divorcé deux fois à l'amiable. J'ai vécu et prospéré dans neuf villes américaines. La nuit, quand le sommeil me fuit et que l'idée que mon ambition m'ait privé de certaines des récompenses offertes par une existence normale (longue intimité, enfants, racines) m'oppresse, je fais le tour astral des centaines de biens immobiliers qui me sont passés entre les mains au cours des années. Songeant au nombre de gens reconnaissants qui vivent ou ont investi avec profit dans les propriétés dont j'ai été le premier à deviner la valeur cachée, mes angoisses s'atténuent. Les mâchoires de l'étau qui enserre ma poitrine s'écartent et je sombre béatement dans le sommeil.

Stephen dilapida une partie de son héritage en s'inscrivant dans une école où il étudia la composition. Sa musique, du moins ce que j'en ai entendu, était sinistre, le genre qu'on mettrait dans une voiture, moteur tournant au ralenti dans un garage, après qu'on a relié un tuyau au pot d'échappement, mais rien qu'on puisse chantonner. Voyant qu'aucun orchestre ne lui passait de commandes, il fit une déprime d'artiste et alla s'exiler à Eugene, Oregon, pour polir ses œuvres et vivoter en apprenant aux esprits faibles à acquérir la santé mentale en soufflant dans des harmonicas. Quand, il y a deux ans, je suis venu le voir après un congrès à Seattle, j'ai constaté qu'il habitait au-dessus d'un magasin de bougies fantaisie dans un appartement minable qu'il partageait avec une chienne colley agonisante. Elle ne pouvait plus uriner, de sorte que Stephen devait la porter dehors jusqu'à la pelouse qui bordait le trottoir où il se plaçait à califourchon sur la pauvre bête afin de lui vider la vessie selon une technique horrible à regarder. On n'aime pas trop voir son seul parent vivant se livrer à des pratiques de ce genre. J'ai dit à Stephen que sur un plan purement pragmatique, il vaudrait sans doute mieux faire piquer l'animal. Ce qui a déclenché une violente dispute, mais franchement, il me semblait qu'un type qu'on apercevait tous les matins au bord de la route à masturber une chienne à moitié morte n'était pas de ceux chez qui on se précipiterait pour prendre des leçons destinées à recouvrer son équilibre mental.

« La montagne n'a pas encore de nom, lui dis-je. Tiens, je vais la baptiser d'après toi. Elle s'appellera la colline C.E.P. » (Un acronyme familial : « Calvitie Et Puanteur. » Stephen avait en effet commencé à perdre ses cheveux dès l'âge de vingt-cinq ans, et il avait un nez retroussé qui lui conférait un air réprobateur, comme s'il reniflait tout le temps de mauvaises odeurs.)

Il eut un petit rire sans joie. « Si ça t'amuse. Maintenant, je raccroche.

— Tu veux que je t'envoie des photos de mon bungalow ? L'électricité est fournie par une éolienne. Le fin du fin. Il faut que tu viennes.

— Et Charleston ? Où est Amanda ? »

Je crachai un zest de citron vert dans ma paume et le lançai en direction des chauves-souris pour voir si elles allaient le manger. Elles n'y touchèrent pas.

« Aucune idée.

— Tu plaisantes ou quoi ? Qu'est-ce qui s'est passé ? » Son ton s'était fait soudain professionnel, empreint d'une espèce de solennité froide, encore que le massacre au tambourin en fond sonore en atténuait les effets.

Je n'ai pas honte d'avouer que je me trouvais alors dans une période transitoire. Comme nombre de personnes avisées et responsables, j'avais été pris au dépourvu par un soudain renversement de tendance du marché immobilier de Charleston. J'avais dû emprunter une certaine somme à ma fiancée de l'époque, une femme riche que les questions d'argent ne préoccupaient pas, du moins tant qu'elle n'avait pas à en prêter. Cela avait entraîné une tension entre nous, suivie par la rupture de nos fiançailles. J'avais utilisé mes dernières liquidités pour acheter la majestueuse colline au sommet de laquelle je me tenais. Deux cents hectares et un bungalow presque entièrement aménagé grâce à mon charmant voisin George Tabbard qui m'avait également vendu le terrain. Le seul problème, c'est que je devais résider un an ici avant de pouvoir le vendre par lots en évitant les impôts monstrueux frappant les spéculateurs non résidents et de pouvoir partir ensuite en croisière pour mes prochaines aventures, les voiles gonflées par le souffle puissant de mes bénéfices, puis prendre quelques vacances à la maison par-dessus le marché.

« Rien, répondis-je. Elle était dure d'oreille et elle puait de la chatte. En tout cas, j'ai acheté un superbe coin d'Amérique vierge pour une misère. Viens me voir.

– Le moment n'est pas particulièrement bien choisi, répondit-il. De plus, je n'ai pas de quoi me payer l'avion. Et puis, Matthew, je suis avec un patient ! Rappelle-moi plus tard.

– Je me fous de l'avion ! répliquai-je. Je te le paye. Je veux te voir. »

À dire vrai, ce n'était pas une offre que j'avais eu l'intention de faire. Je suis persuadé que Stephen a plus d'argent que moi sur son compte en banque, mais sa situation financière qu'il invoquait comme excuse m'exaspérait et exerçait sur moi un effet magique. J'étais incapable de l'entendre plus d'une seconde sans avoir envie de l'assommer avec un sac de doublons. Il ajouta que de toute façon, il ne pouvait pas laisser Beatrice (la chienne colley était donc encore en vie !). Bon, dis-je, s'il trouvait un poumon d'acier où la loger, je me ferais un plaisir de régler cette note-là aussi. Il allait réfléchir. Un air de marimba retentit, et Stephen coupa la communication.

La conversation m'avait irrité et je retournai à mon bungalow de fort méchante humeur. Apercevant George Tabbard sur ma terrasse-véranda dont une moitié de la charpente était encore à nu, je me repris. Perché sur une échelle, il fixait une décoration sur le pignon de devant. « Bonsoir, mon grand, m'accueillit-il. Je m'ennuyais, alors je suis venu t'installer un truc que j'ai dégoté. »

Il ne me dérangeait pas, naturellement. On travaillait ensemble sur la maison presque tous les jours et on dînait ensemble presque tous les soirs. George approchait les soixante-dix ans, mais nous étions copains comme cochons. Sa famille était établie dans la région depuis les années 1850, il s'était marié plusieurs fois, avait essaimé des enfants par-ci, par-là, puis il avait bourlingué avant de revenir planter sa tente dans le coin une dizaine d'années auparavant. Il avait pratiquement construit mon bungalow à lui tout seul, et il paraissait se moquer que je le paye à peu près la moitié de ce qu'il aurait gagné en ville. Plus que son travail, j'adorais sa compagnie qui agissait sur moi comme un léger narcotique. Il pouvait passer des soirées entières à rire, à boire et à tuer le temps en discourant sur les tronçonneuses, les femmes et le matériel d'entretien de manière à ce qu'on ait l'impression qu'il n'existait plus rien d'autre à quoi penser.

Quelques grincements de tournevis électrique, et il finit de mettre en place la décoration, une espèce de baguette d'un mètre de long découpée en petites boules de bois tourné, le genre qu'on imaginerait accroché au pare-brise de la voiture d'un dealer mexicain. Je n'avais pas tari d'éloges sur la première qu'il avait rapportée et depuis, il avait orné chaque avant-toit et soffite de décorations ouvragées, de sorte que la maison paraissait crouler sous les dentelles. Environ tous les trois jours, il arrivait avec un nouveau colifichet. Le bungalow commençait à ressembler à un cadeau qu'on offrirait à sa maîtresse pour qu'elle le porte à l'occasion d'un week-end dans un motel minable. Comme il n'y avait personne aux alentours pour s'en offusquer, je n'y attachais pas trop d'importance, encore qu'il m'était venu à l'esprit que je serais sans doute condamné à supporter ces fioritures dégoulinantes jusqu'à ce que George déménage ou meure.

« Et voilà, dit-il, se reculant pour juger de l'effet. Joli, non ?
– J'en suis sur le cul, George. Merci infiniment.
– Bon, et maintenant si on se faisait une partie de backgammon ?
– Pourquoi pas ? »

J'allai chercher le jeu, le rhum et les olives que j'avais achetées plus tôt dans la journée. George était mauvais joueur et les parties se résumaient à de futiles empoignades, ce qui ne nous empêchait pas de rester des heures dans la fraîcheur du soir à siroter du rhum devant les pions laqués et à cracher les noyaux d'olive par-dessus la balustrade où ils atterrissaient en silence dans les ténèbres.

À ma vive surprise, Stephen me rappela. Il annonça qu'il viendrait, et on arrêta une date. Il fallait une heure vingt pour descendre au village d'Aiden où se trouvait le petit aéroport. Quand, deux semaines plus tard, on y arriva, George et moi, l'avion de Stephen n'était pas encore là. J'entrai dans le préfabriqué qui tenait lieu de terminal. Une petite femme en blouson de cuir marron, les cheveux gris coiffés en chignon, lisait un journal devant l'émetteur radio. J'étais déjà venu une dizaine de fois, mais elle ne fit pas mine de me reconnaître, ce qui me semblait représentatif de l'attitude générale des gens du cru. L'impolitesse était probablement voulue, ce qui, d'une certaine façon, m'arrangeait. On serre trop de mains, et bientôt on a tellement d'amis qu'on ne peut plus se curer le nez sans que tout le pays le sache. Je me sentais néanmoins déprimé à l'idée de m'être installé dans un endroit où le sel de la terre se montrait plus grossier qu'un docker de Newark.

« Le vol de mon frère est censé arriver de Bangor à onze heures, dis-je à la femme.
– Il est pas là.
– Je le vois bien. Savez-vous où il est ?
– Bangor.
– Et quand l'attendez-vous ?
– Si je savais, je serais pas là à me tourner les pouces, pas vrai ? »
Elle retourna à son journal, mettant un terme à la conversation. En première page de l'*Aroostook Gazette* figurait la photo d'un chow-chow sous le titre : « Animal mystérieux trouvé mort à Pinemont. »
« Sacré mystère, dis-je. "L'affaire du Chien qui est un Chien."
– "Origine inconnue", c'est écrit.
– C'est un chien, un chow-chow, dis-je.
– "Origine inconnue" », répéta la femme.

Ayant du temps à tuer, on passa à la scierie d'Aiden où j'achetai des planches pour finir la véranda que je chargeai dans mon pick-up, puis on retourna à l'aéroport. Toujours pas d'avion. George s'efforçait de cacher son irritation, mais je voyais bien qu'il n'était pas ravi de gaspiller ainsi sa matinée. Il voulait aller à la chasse au chevreuil, et il mourait d'envie d'en abattre un avant que les conditions météo deviennent trop mauvaises. Ici, remplir son congélateur de la viande d'un animal tué de ses propres mains procédait manifestement d'un rite automnal incontournable, et George et moi chassions deux fois par semaine depuis l'ouverture de la saison. Jusque-là j'avais décapité à bout portant une oie squelettique, sinon nous étions rentrés bredouilles. Lorsque j'avais suggéré de prendre un quartier de bœuf ou je ne sais quoi à la boucherie, George avait réagi comme si je lui proposais de violer une loi fondamentale. Le gibier frais était cent fois meilleur que n'importe quelle autre viande, prétendait-il. De plus, on ne perdait pas trop d'argent dans le cas assez fréquent où le congélateur était vidé par les pilleurs qui opéraient dans la campagne.

Pour lui remonter un peu le moral, je l'invitai à déjeuner dans une taverne d'Aiden où on mangea des hamburgers arrosés de trois whiskies-sodas chacun. George ne râlait pas trop, encore que, sourcils froncés, il ne cessait de consulter sa montre en soupirant. Je sentais monter en moi une colère sourde à la pensée que Stephen ne s'était même pas donné la peine d'appeler pour me prévenir que son vol avait du retard. Il était de ces types à vous gâcher une journée entière pour économiser un coup de téléphone. Je broyais du noir quand le barman vint me demander si je désirais autre chose. « Ouais, une tequila-chantilly, répondis-je.

– Une liqueur de café-chantilly, vous voulez dire ? »

C'était en effet ce que j'avais voulu dire, mais entre Stephen et la femme de l'aéroport, j'estimais avoir eu ma dose pour aujourd'hui. « Et si vous m'apportiez simplement ce que j'ai commandé ? » répliquai-je, et il alla me le préparer.

Pendant que je me contraignais à ingurgiter cette épouvantable mixture, le barman, ricanant, m'en proposa une autre, aux frais de la maison.

On retourna à l'aéroport. L'avion était arrivé et reparti. Il tombait une pluie fine. Stephen était devant le portail, au bord d'un fossé, perché sur son sac, le menton appuyé sur son poing. Il me parut plus mince que la dernière fois où je l'avais vu, et il avait de larges cernes violacés sous les yeux. Il était trempé et ce qui lui restait de cheveux était tristement collé sur son crâne. Son manteau en laine et son pantalon de velours à grosses côtes étaient aussi vieux qu'ils lui allaient mal. Le vent soufflait en rafales et Stephen se gonflait comme une bâche mal fixée.

« Salut, mec ! » lui criai-je.

Il me décocha un regard incendiaire. « C'est quoi ce bordel, Matthew ? J'ai passé la nuit dans un avion pour attendre ensuite deux heures assis au bord d'un fossé ? Je rêve ou quoi ?

— Je suis là depuis trois heures, ripostai-je. J'avais du boulot à faire aujourd'hui, Stephen. Et maintenant, George est bourré, je ne suis pas loin de l'être, et la journée est foutue.

— Oui, c'est vrai, dit-il. J'ai fait retarder l'avion rien que pour t'emmerder.

— Ce que je veux dire, ducon, c'est qu'un coup de fil aurait été gentil de ta part.

— Un coup de fil comment, tête de nœud ? cracha Stephen. Tu sais très bien que je n'ai pas de portable. C'est ta saloperie de... de région. Je ne pensais pas que tu aies besoin qu'on te dise que ça ne se fait pas de laisser les gens poireauter comme ça sous la pluie. »

Je voulais lui rétorquer qu'il aurait pu attendre dans le préfabriqué en compagnie de la femme à la radio, mais je le soupçonnais de s'être mis là exprès pour m'offrir l'image de la détresse absolue. Il faisait piètre figure. Il tremblait, il avait les joues et le front enflés à la suite des nombreuses piqûres des terribles moustiques d'hiver qui sévissaient dans le coin. En ce moment même, l'un d'eux se gorgeait de sang sur le lobe de son oreille, et son ventre luisait comme un pépin de grenade dans le froid soleil pâle. Je lui abandonnai le soin de le chasser.

« Tu devrais peut-être chialer un coup, Stephen, dis-je. Après une bonne crise, tu te sentirais mieux. » Je fis semblant de pleurnicher, et il devint livide.

« Très bien, espèce d'enculé, puisque c'est comme ça, je me tire. » Il s'étranglait de fureur. « Ravi de ce petit voyage et de constater que tu es toujours le même sale con, Matty. On remettra ça une autre fois. Salut. »

Il se leva, mit son sac en bandoulière puis repartit à grandes enjambées vers l'aéroport. Avec sa petite tête et ses pieds qui pataugeaient dans ses chaussures, il me donnait l'impression d'un caneton égaré qui piquait une colère.

Le sentiment de satisfaction que j'éprouvais autrefois m'envahit soudain. Je rattrapai Stephen et le débarrassai de son sac en toile. Quand il se retourna, je le serrai fort dans mes bras et l'embrassai sur le front.

« Fous-moi la paix ! s'écria-t-il.

– Qui est furieux maintenant ? Qui est ce petit bonhomme furieux ?

– Moi, et toi tu es un connard intégral, dit-il.

– Ouais, c'est moche, hein ? Allez, viens. Grimpe.

– Rends-moi mon sac. Je m'en vais.

– Ridicule », dis-je en riant. J'ouvris la portière du pick-up pour rabattre le siège avant afin de dégager l'accès à la place arrière pour Stephen. Lorsqu'il s'aperçut que je n'étais pas seul, il cessa de lutter pour reprendre son sac et de menacer de repartir. Je fis les présentations. Mon frère monta alors, s'installa, puis je démarrai.

« C'est le fusil de Grand-père, non ? » demanda-t-il. Accroché au râtelier se trouvait le .300 Weatherby Magnum que j'avais récupéré il y a des années dans la maison de nos grands-parents. C'était une belle arme au canon bleuté et à la crosse en érable tigré.

« Ouais », répondis-je, me préparant à trouver des arguments afin d'expliquer pourquoi je ne lui avais pas donné le fusil, alors qu'il n'avait pas dû servir depuis quinze ans. À dire vrai, Stephen y avait sans doute davantage droit que moi.

Enfants, on accompagnait souvent notre grand-père, et mon frère, sans pour autant s'en vanter, avait toujours été meilleur chasseur et meilleur tireur que moi. Il ne fit cependant pas d'histoire pour le fusil.

« À propos, dit-il peu après, l'addition s'élève à huit cent quatre-vingts.

– L'addition ?

– Huit cent quatre-vingts dollars. C'est le prix du billet d'avion plus quelqu'un pour garder Beatrice.

– Votre fille ? demanda George.

– Non, ma chienne.

– George, précisai-je, c'est un animal qui se rappelle le jour de l'assassinat de Kennedy. Stephen, tu pratiques toujours ce vidage manuel des intestins ? Non, je préfère que tu ne répondes pas. Je n'ai pas besoin d'avoir cette image en tête.

– Je voudrais mon argent, se borna-t-il à dire.

– Fais pas chier avec ça, Steve. Tu l'auras ton fric.

– Très bien. Et quand ?

– Je vais te rembourser, merde ! Il se trouve juste qu'en ce moment précis, je m'efforce de conduire un véhicule à moteur.

– Oui, bien sûr, dit Stephen. Tout ce que je veux dire, c'est que je ne serais pas spécialement ravi de rentrer chez moi sans.

– Putain ! hurlai-je. Tu ne vas pas la fermer un peu ? Qu'est-ce que tu veux, une garantie ? Tu veux ma montre ? » Je zigzaguai un instant sur la route. « À moins qu'on se paye un arbre. Peut-être que tu aimerais. »

George eut un petit rire musical. « Et si tu t'arrêtais et que vous régliez ça à coups de pierre comme des hommes préhistoriques ? »

Je rougis. Avoir été ainsi poussé à révéler ce côté stupide de ma personnalité devant lui... Ma colère contre Stephen s'accrut. « Excuse-moi, George, dis-je.

– Laisse tomber, fit Stephen.
– Oh, non, Steve, je vais m'acquitter tout de suite de ma dette, dis-je. George, mon carnet de chèques est dans la boîte à gants. »

George rédigea le chèque, je le signai sur le volant, puis je le tendis à mon frère qui le plia et l'empocha. « Et voilà, dit le vieil homme. Que la paix règne à présent. »

Privé du plaisir d'invoquer le problème de l'argent, Stephen se mit à gentiment bombarder George de questions. Il habitait la région depuis longtemps ? Dix ans ? Oh, *fantastique* ! Quel *merveilleux* endroit où prendre sa retraite ! Et il avait grandi ici ? C'est *formidable* d'avoir ainsi échappé à une enfance dans le vide intellectuel de la banlieue où lui-même avait été élevé. Et George était-il allé à l'université de Syracuse dans l'État de New York ? Avait-il entendu parler de Nils Aughterard, le musicologue qui y enseignait ? Vous savez, son ouvrage sur Gershwin...

« Hé, Stephen, l'interrompis-je, tu ne m'as rien dit au sujet de mon nouveau pick-up.

– Combien il t'a coûté ?

– Le meilleur que j'aie jamais eu, dis-je. Moteur V-8, cinq litres. Capable de tracter trois tonnes et demie, équipé d'un crochet d'attelage avec rotule col de cygne. Quatre roues motrices, poids utile en charge maximum dans sa catégorie. Quand la neige commencera à tomber, il me remboursera au centuple.

– Tu n'as donc pas l'intention de retourner à Charleston ?

– Sans doute pas. » J'entendis Stephen soulever le couvercle de ma glacière, puis le chuintement d'une boîte de bière qu'on ouvrait.

« Tu m'en passes une ? demandai-je.

– Je m'en occupe, répondit George.

– En conduisant ? s'étonna Stephen.

– Oui, en conduisant, bordel !
– Ne me crie pas après, dit Stephen.
– Je ne crie pas. Je veux juste une de mes bières.
– Bon Dieu », soupira George. Il se tourna, sortit deux canettes de la glacière et m'en jeta une sur les genoux. « Ça va, on est content, maintenant ?
– Ouais », dis-je.
Une minute s'écoula, puis Stephen reprit : « Alors, Amanda et toi, c'est vraiment fini ?
– Ouais.
– Ah bon ? Je croyais que tu étais fou d'elle. »
Stephen n'avait pas caché combien il détestait ma fiancée. Née dans une famille conservatrice, elle était pratiquante, et la dernière fois qu'ils s'étaient rencontrés, ils avaient eu une violente dispute à propos de la guerre en Irak. Pendant le dîner, Stephen l'avait provoquée, déclarant qu'elle aimerait voir le Moyen-Orient bombardé et réduit à l'état de parking. Il lui avait demandé comment cela s'accordait avec le « Tu ne tueras point ». Amanda avait répliqué que ce commandement figurait dans l'Ancien Testament et qu'il ne comptait donc pas vraiment.

Dans le rétroviseur, je surpris Stephen à me regarder avec un mélange de pitié et d'expectative, salivant dans l'espoir de révélations sur notre séparation.

Je pris sur le tableau de bord un tube de graines de tournesol dont je me versai une bonne dose dans la bouche. Je les croquai puis crachai les enveloppes mâchouillées par la portière.

« Pour être franc, dis-je, je ne vois pas l'intérêt qu'il y aurait à acheter un véhicule qui ne soit pas muni d'un crochet d'attelage avec rotule col de cygne. »

On traversa en silence de sinistres ébauches de villages, empruntant un réseau de routes de campagne de plus en plus étroites jusqu'au chemin forestier plein d'ornières qui menait à mon terrain et à celui de George. Les hautes herbes qui poussaient entre les traces creusées par les pneus caressaient le dessous de caisse avec un bruit pareil à de la neige fondue. Après être passé devant la belle maison en bardeaux de cèdre de George, j'enclenchai les roues motrices et le Dodge avala la pente de la colline en grondant.

Mon bungalow apparut devant nous. Je m'attendais à des réflexions de la part de Stephen au sujet des décorations fantaisie, mais il se contenta de regarder sans rien dire.

George s'éloigna parmi les arbres pour aller pisser un coup. Je m'emparai du sac de Stephen et on entra. Alors que l'extérieur de mon bungalow était déjà bien avancé dans sa phase rococo, l'intérieur était encore presque nu. Stephen promena son regard autour de lui, et avec mon frère planté au milieu de la pièce, l'aspect désolé des lieux me frappa. Le sol était encore en contreplaqué poussiéreux, et je n'avais toujours pas cloué les lambris. Le mur de soutènement s'arrêtait à un mètre du plancher, et sous son emballage plastique translucide, le matériau isolant rose avait l'air d'un cadavre avant l'autopsie. Le matelas sur lequel je dormais gisait en travers du plancher.

« Quand tu enverras tes cartes de Noël, je t'autorise à embellir le tableau au cas où tu mentionnerais ma dernière acquisition », dis-je à Stephen.

Il alla à la fenêtre, jeta un coup d'œil sur les arbres dénudés qui hérissaient la pente jusqu'au fond de la vallée, puis il se retourna et contempla le matelas. « Je dors où ? » demanda-t-il.

D'un signe de tête, je désignai le sac de couchage roulé dans un coin.

« Tu ne m'avais pas prévenu qu'on camperait.

– Si tu estimes ça trop rustique pour toi, je peux te conduire au motel.

– Bien sûr que non. C'est un endroit superbe, je suis sincère. Je m'attendais à un chalet modulaire avec jacuzzis et garage pour quatre voitures. Celui-là est très bien, très simple. »

Tandis que je poussais du pied un petit tas de sciure contre le mur, un morceau de soudure d'argent étincela. Ce truc valait une fortune, aussi je le ramassai et le glissai dans ma poche.

« La prochaine fois que tu viendras, je me baladerai tout nu dans un tonneau, dis-je. Comme ça, tu seras vraiment fier de moi.

– Non, je suis sérieux. Je serais prêt à tout pour habiter un endroit pareil, dit-il, caressant une poutre. Putain, je vais avoir quarante ans le mois prochain et je vis dans un deux-pièces sans salle de bains.

– Toujours le même ?

– Ouais.

– Comment ça se fait ? demandai-je. Et cet appartement que tu envisageais d'acheter ?

– Eh bien, avec la crise du crédit immobilier, tout ça... Tu comprends, je ne voulais pas me faire arnaquer.

– Merde, tu aurais dû m'appeler. Il est encore à vendre ?

– Non.

– Et l'argent, celui de grand-mère ? Tu l'as toujours ? Tu peux encore verser un acompte ? » Il fit oui de la tête.

« Bon, quand tu seras de retour en Oregon, on te trouvera quelque chose. Renseigne-toi et tiens-moi au courant. Je t'aiderai à dénicher un truc bien. »

Il me lança un regard circonspect, comme si je lui offrais un soda dans lequel il craignait que j'aie pissé.

Je voulais terminer la véranda avant la nuit, aussi je suggérai à Stephen de prendre un verre et d'aller s'allonger en haut de la colline où j'avais suspendu un hamac pendant que George et moi finirions de clouer les planches. Il répondit qu'en fait, il ne détesterait pas manier un marteau le temps d'une heure ou deux. On déchargea donc le bois, puis George et lui se mirent au boulot tandis que je restais à l'intérieur pour badigeonner les lambris au vernis Minwax auburn. Chaque fois que je passais la tête par la porte, je surprenais Stephen en train de se livrer à quelque acte de vandalisme. Il tordait un clou sur trois puis faisait une entaille dans le bois en essayant de réparer son erreur au moyen de la panne fendue du marteau. De l'eau s'accumulerait dans ces trous, qui pourrirait les planches, mais comme il paraissait prendre du plaisir, je lui fichai la paix. À travers les fenêtres fermées, je les entendais George et lui bavarder et rire tout en travaillant. Depuis des mois que j'étais ici, j'avais appris à m'accommoder de longues heures de silence, et même à les apprécier. Le son de leurs voix sur ma véranda me réchauffait cependant le cœur, bien que dans un coin de mon esprit, je les aie soupçonnés de se moquer de moi.

George et Stephen travaillèrent encore un moment après la nuit tombée pour finir la véranda, puis on descendit vers le petit étang que j'avais créé en barrant la source qui coulait derrière la maison. On se déshabilla et on entra dans l'eau en courant. « Oh, c'est divin, divin ! » s'écria Stephen d'une voix si empreinte de plaisir charnel que j'eus pitié de lui. Mais c'était réellement divin. L'eau et le ciel se confondaient dans les ténèbres, on resta à flotter là, comme en lévitation, jusqu'à ce qu'on s'engourdisse et qu'on ne sente plus rien.
De retour à la maison, je préparai une platée de bœuf Stroganoff épicé comme George l'aimait, et salé au point que

les yeux en larmoyaient. Grâce à la bienveillance du Gulf Stream, les soirées étaient chaudes ces derniers temps, et on dîna, confortablement installés sur la véranda enfin achevée. Pendant le repas, on vida deux bouteilles de vin ainsi que la moitié d'une bouteille de gin. Lorsqu'on en arriva au café-cognac pour accompagner la tarte aux myrtilles que George était allé chercher chez lui, la bonne humeur régnait.

« Quand j'y pense ! s'écria Stephen, frappant du pied sur l'une des lattes de plancher clouée peu de temps auparavant. Merde, j'ai des patients que je suis depuis dix ans, et qu'est-ce que j'ai fait pour eux ? Je ne sais même pas. Voilà que je passe deux heures à taper sur des clous, et j'ai le sentiment de tenir quelque chose de concret. Un véritable progrès. C'est ça que je devrais faire. M'établir ici. Vivre sur une putain de colline.

— Justement, je suis content que tu abordes le sujet, dis-je. Qu'est-ce que tu as comme économies ? »

Il haussa les épaules, l'air réservé.

« Vingt-cinq mille dollars, quelque chose comme ça ?

— Oui, je suppose.

— Tu vérifieras, parce que j'ai une proposition à te faire, dis-je.

— Je t'écoute.

— D'après toi, combien il y a de types comme nous dans le coin ? En gros ?

— Qu'est-ce que tu veux dire par "comme nous" ? » demanda Stephen.

Je lui exposai alors l'idée que je caressais depuis un moment et qui paraissait plus brillante après un repas bien arrosé quand mon amour pour la terre, les étoiles et les grenouilles de mon étang était au plus haut. Je songeais aux tristes hordes de types bedonnants qui, de Spokane à Chattanooga, arpentaient la nuit leurs appartements moquettés, désespérément en quête d'évasion. C'était à eux qu'il fallait s'adresser. Mon plan était simple. Je passerais de la publicité dans les dernières pages des magazines pour hommes avec photos de bungalows témoins sur des terrains d'un demi-hectare, je m'occuperais moi-même des ventes, j'aménagerais un stand de tir, quelques pistes de motoneige, et peut-être une taverne au sommet. Ils accourraient, une colline rien qu'entre copains, et deux ou trois millions de dollars dans ma poche, comme une fleur !

« Je ne sais pas, dit Stephen, se versant une nouvelle rasade de cognac.

– Qu'est-ce que tu ne sais pas ? Tu places tes vingt-cinq mille et je te les double. Tu toucheras ce que les autres investisseurs récolteront pour cinquante mille.

– Les autres investisseurs ?

– Ouais, Ray Lawton, mentis-je. Et aussi Ed Hayes et Dan Welsh. Je te mets sur le coup même pour vingt-cinq mille. Et comme je viens de te le dire, tu encaisses autant que les autres.

– Non, enfin, oui, c'est tentant, dit Stephen. Mais il faut que je sois prudent avec cet argent. Ça représente toutes mes économies.

– Merde, Stephen, tu n'as rien pigé ou quoi ? Gagner du fric, c'est mon métier. J'achète des terres, j'ajoute un peu d'argent, et j'en récolte des tas. Tu me suis ? C'est mon boulot, et je le fais bien. Ce que je te demande, c'est juste de sortir tes vingt-cinq mille dollars pour deux ou trois mois, et en échange, tu es sur une affaire qui va littéralement changer ta vie.

– Je ne peux pas, dit-il.

– Bon, très bien, qu'est-ce que tu peux, alors ? Dix mille ? Dix mille dollars contre une part de cinquante mille ? Ça, tu peux ?

– Écoute, Matthew...

– Cinq ? Trois ? Deux mille ?

– Écoute...

— Et huit cents, Stephen ? Ou deux cents ? Ça t'irait, ou deux cents dollars feraient sauter ta banque ?
— Pour deux cents, d'accord, dit-il. Inscris-moi pour cette somme.
— Va te faire foutre !
— Allons, Matthew, intervint George. Ne t'énerve pas.
— Je ne m'énerve pas.
— Tu parles, dit George. De toute façon, ton projet de lotissements pour citadins ne mérite pas que tu perdes ta salive. Ça ne marchera jamais.
— Pourquoi ?
— D'abord, le comté ne te donnera jamais l'autorisation de construire sur la ligne de partage des eaux. Le réservoir...
— J'ai déjà soumis une variante, l'interrompis-je. Est-ce que...
— Et ensuite, je ne suis pas revenu ici pour me retrouver entouré d'une bande de couilles molles.
— Sans te vexer, George, je te rappelle que ce n'est pas de ton terrain qu'il s'agit.
— Je sais, Matthew. Ce que je veux dire, c'est que si tu découpes cette colline en tranches pour la vendre à des enfoirés de Boston, il y a de fortes chances pour qu'un soir à la saison creuse, après avoir bu un peu trop de bières, il me prenne l'idée de venir me balader dans le coin avec quelques bidons d'essence. »

Adoptant une attitude théâtrale, George me considéra un instant d'un air irrité.

« Oublie l'essence, George, dis-je. Un marteau et des clous suffiront. » D'un geste de la main, je désignai les délicates décorations sur mon pignon. « Tu n'auras qu'à te glisser la nuit avec ta scie à chantourner pour transformer tous les bungalows en ouvrages de dentelles. Ça les fera fuir aussitôt. »

Je m'esclaffai et je continuai à rire jusqu'à ce que j'aie mal au ventre et que des larmes roulent sur mes joues. Lorsque je regardai George de nouveau, je vis qu'il avait les lèvres pincées. Il était manifestement fier de son travail. Je ne savais pas quoi faire. J'avais toujours mon assiette à dessert à la main et, sans réfléchir, je l'envoyai valser au milieu des arbres. Elle atterrit avec un choc sourd sans que je sois pour autant récompensé par le bruit de la porcelaine brisée.

« Et merde ! m'écriai-je.
– Merde, quoi ? demanda Stephen.
– Rien. Ma vie part en fumée. » Je rentrai et m'allongeai sur mon matelas. Quelques minutes plus tard, je dormais à poings fermés.

Je me réveillai peu après trois heures du matin, la bouche sèche comme celle d'un rat empoisonné, mais je demeurai sans bouger, paralysé à l'idée que si je me levais en chancelant pour aller boire au robinet, je n'arriverais jamais à me rendormir. Mon cœur battait à tout rompre. Je pensais à mon attitude au cours de la soirée ainsi qu'à l'image d'une grosse corde au nœud coulant qui grinçait en se balançant. Je pensais à Amanda et à mes deux ex-épouses. Je pensais à ma première voiture dont le moteur avait cassé parce que j'avais oublié de changer la courroie de distribution à 150 000 kilomètres. Je pensais aux trente dollars qu'avant-hier soir j'avais perdus au jeu contre George. Je pensais aux raisons – que je ne me rappelais d'ailleurs plus – pour lesquelles, après les bouleversements qui avaient suivi la mort de mon père, j'avais cessé de porter des sous-vêtements, et au jour où, au collège, au contact d'un clou froid sur ma chaise, je m'étais rendu compte que j'avais un trou à mon pantalon. Je pensais à tous ceux à qui je devais de l'argent et à tous ceux qui m'en devaient. Je pensais à Stephen et moi, aux enfants que nous n'avions pas encore et aux probabilités de plus en plus minces pour que je trouve quelqu'un en qui glisser mon patrimoine génétique, car même si cela se produisait aujourd'hui, lorsque l'enfant serait en âge de lacer seul ses chaussures, son père serait un homme rubicond d'une bonne cinquantaine d'années qui sucerait l'innocence et la joie de son enfant avec autant d'avidité qu'un vagabond dans le désert se jetterait sur une orange gisant dans le sable.

Je voulais que le soleil se lève, je voulais me faire un café, aller dans la forêt, tuer le cerf dont George rêvait, puis revenir afin de filer la couverture de péripéties stupides qui s'étendait, de plus en plus élimée, au-dessus du fossé de mes regrets. Je me surpris à scruter les ténèbres les moins propices au sommeil. Le soleil mit longtemps à apparaître. Le montage se poursuivit jusqu'à l'aube, accompagné de la bande sonore de la corde qui grinçait, *crac, crac, crac...*

Aux premières lueurs de l'aurore semblables à une meurtrissure, je me levai. Le froid pesait sur l'atmosphère de la pièce. Stephen n'était pas sur le matelas d'appoint. J'enfilai un jean, des bottes, une parka en toile, puis je remplis une thermos de café et grimpai dans mon pick-up pour parcourir les cinq cents mètres jusque chez George.

Les lumières étaient allumées. George faisait des abdos, et Stephen préparait des gaufres, installé au comptoir de la cuisine. Une joyeuse paire. Le percolateur sifflait, et je me sentis abandonné avec ma thermos à carreaux.

« Salut ! lançai-je.

– Tiens, le voilà », dit Stephen. Il expliqua qu'il avait dormi sur le canapé de George. Ils avaient joué au backgammon jusque tard dans la nuit. Tout de cordialité et de magnanimité, prêt à me supplanter auprès de George comme il l'avait fait auprès de Dodi Clark, il me tendit une gaufre.

« Alors, George, dis-je une fois que le vieil homme eut fini de martyriser ses jointures. Si on allait chasser ? »

Il ôta un grain de pyrite sur une pierre de la cheminée. « Oui, je veux bien. » Il se tourna vers Stephen. « Tu viens avec nous, petit frère ?

– Je n'ai pas de fusil pour lui, dis-je.

– Il peut prendre mon .30-30.

– Oui, pourquoi pas ? » dit Stephen.

On se décida pour Pigeon Lake, situé à une trentaine de kilomètres. Il fallait traverser en bateau pour gagner la rive boisée du lac. Le petit-déjeuner avalé, on attela la caravane et le canot de George à mon crochet, puis on partit en cahotant au milieu du brouillard blanc qui était tombé sur la route.

Le canot mis à l'eau, je m'assis à l'arrière, loin de mon frère, et on se dirigea vers le nord en longeant le rivage, domaine de l'herbe des marais, parsemé de rochers de granite rose qui, dans la dure lumière rouge du matin, m'évoquaient du corned-beef.

George amena le bateau en direction d'une petite plage boueuse où, dit-il, la dernière fois la chance lui avait souri. On échoua le canot, puis on marcha à pas lourds vers la lisière de la forêt.

J'avais une gueule de bois carabinée. Je me sentais moite, sale et suicidaire, incapable de me concentrer sur autre chose que la vision d'un lit frais aux draps tout propres et d'une carafe d'eau de Seltz glacée. C'est Stephen qui, dans l'ombre d'un jeune pin au tronc luisant, écorcé par un mâle en rut, repéra le premier les laissées signalant la présence d'un cerf. Excité par sa découverte, il les ramassa pour aller les montrer à George qui les renifla avec un tel empressement que l'espace d'une seconde, je crus qu'il allait les manger.

« Plutôt récentes, dit Stephen, qui n'avait pas chassé depuis la terminale.

— Il nous a probablement sentis, dit George. Tu as l'œil, Steve.

— Je n'ai fait que regarder à mes pieds », répondit modestement mon frère.

George s'éloigna pour se mettre à l'affût dans un bosquet proche, et il nous laissa tous les deux. Stephen et moi, on s'assit, adossés à deux arbres adjacents, le fusil sur les genoux. Un huard hurlait. Des écureuils glapissaient.

« Hé, Matty, fit Stephen, je voudrais te parler d'hier soir.

— Et si tu t'en dispensais ? répliquai-je. J'ai rayé ça de ma mémoire.

— Non, je suis sérieux. Ce que tu disais au sujet de la possibilité d'investir ici. Ça mérite peut-être que j'y réfléchisse.

— Je me demande.

— Tu sais, ce n'est pas a priori un truc d'intello, mais l'idée de posséder un bout de terrain... George m'a dit qu'il t'en avait vendu au prix de cent quatre-vingts dollars l'hectare.

— Un prix correct compte tenu du marché.

— Non, enfin si, je suis persuadé que c'est un bon prix. Tu comprends, pour mille dollars, j'aurais cinq hectares et demi, et il me resterait encore de quoi construire un bungalow.

— Mais qu'est-ce que tu ferais ? Et ton boulot ?

— Et toi, qu'est-ce que tu fais ? Je chasserais. Je couperais du bois. Je travaillerais de mes mains. Réconcilier le corps et l'esprit, tu vois ? J'en ai salement marre, Matty. Je rame depuis vingt ans. Je bosse comme un cinglé, et qu'est-ce que j'ai récolté ? Il y a quelques semaines, je me suis branché sur un site de rencontres. Tiens, on te demande par exemple : "Quel animal désireriez-vous être ?" J'ai répondu : "Un bourdon essayant de baiser une bille." Et c'est vrai. Juste à m'escrimer sur un foutu truc qui ne te donne jamais rien en échange. Tout ça est tellement inutile.

— Ceux que tu as aidés ne pensent peut-être pas comme toi.

— Je ne parle pas des séances, dit-il. N'importe qui peut le faire. Il suffit de guider les patients à travers les exercices. La composition, Matty. Je ne me consacre qu'à ça. Je ne sors pas. Je ne vois personne. Je reste dans mon appartement de merde et je compose. J'aurais pu passer ces deux dernières décennies à me shooter à l'héroïne, le résultat aurait été le même, sauf que j'en aurais au moins retiré quelques expériences.

— Il faut que tu te fasses des relations, dis-je. Installe-toi à Los Angeles ou je ne sais où. Tu ne te plairais pas ici.

— Si, affirma-t-il. Je m'y plais déjà. Tu sais depuis combien de temps je n'avais pas abandonné mon piano une journée entière ? Pour simplement passer du temps en compagnie d'autres gens ? Vivre vraiment, profiter de l'instant présent ? »

Je soulevai une fesse pour lâcher un long pet.

« Voilà qui est intéressant, dit Stephen. Continue, je t'en prie. »

Un silence plana.

« Enfin, merde, Stephen, dis-je au bout d'un moment. Supposons que tu veuilles construire une maison dans le coin. Rien que pour les matériaux...

— Chut, tais-toi », murmura Stephen, tendant l'oreille. Il s'affaira sur son fusil. Après avoir réussi à introduire une cartouche dans la chambre, il épaula et visa l'orée de la clairière.

« Il n'y a rien par là », dis-je.

Stephen tira, puis se précipita au milieu des taillis. Je ne le suivis pas. J'avais toujours un affreux mal de crâne, et si mon petit frère tuait un chevreuil dès le premier jour, je ne voyais pas pourquoi je mettrais l'accent sur son triomphe. Au bruit de la détonation, George déboucha en trottinant dans la clairière à l'instant où Stephen émergeait d'entre les arbres.

« Touché quelque chose, petit frère ? lui demanda le vieil homme.

– Je ne pense pas.

– Au moins, tu as l'œil, dit George. Ce sera pour la prochaine fois. » Il regagna son poste sans même m'adresser la parole.

À midi, il revint, bredouille lui aussi. On repartit dans le canot. Le brouillard s'était dissipé et il n'y avait aucune autre embarcation en vue. La beauté des lieux était saisissante. De toutes parts, des hirondelles filaient au-dessus des eaux vertes et calmes. Des bouleaux brillaient comme des filaments parmi les sombres conifères. Pas un seul avion ne troublait le bleu du ciel. J'étais pourtant insensible à ce spectacle, même si je puisais un certain réconfort dans la pensée que cette beauté était là, qui existait envers et contre tout, et cela qu'on la remarque ou non.

George nous conduisit dans un autre bois le long du lac où on attendit en vain pendant trois heures qu'un animal comestible quelconque daigne se montrer et se laisser tuer. Le soleil se couchait alors qu'on retournait vers le delta marécageux où nous avions amarré le bateau. Jetant un coup d'œil sur le rivage, je distinguai quelque chose que je pris d'abord pour un morceau de bois sculpté, mais qui se révéla être les dentelures brunes d'une ramure d'orignal. Au bord de l'eau et contre le vent, il buvait, la tête baissée. Au moins trois cents mètres, trop loin pour viser à coup sûr, mais j'épaulai quand même mon fusil. « Merde, Matthew, non », me souffla George.

Je fis feu à deux reprises. Les pattes avant de l'orignal cédèrent sous lui, et une fraction de seconde plus tard, la tête de l'animal tressautait alors que lui parvenait le son des détonations. Il essaya de se relever, puis retomba. Il m'évoquait un vieillard s'efforçant de dresser une lourde tente. Il essaya de nouveau, puis il retomba, essaya encore, et finit par renoncer.

Fascinés, on contempla un moment l'animal couché. George se tourna vers moi, l'air incrédule. « Putain, c'est le plus beau coup que j'aie jamais vu. »

L'orignal gisait dans trente centimètres d'eau glacée, et il fallut le hisser sur la terre ferme pour le découper. Stephen et moi, accroupis, trempés, on réussit à glisser sous son poitrail une corde qu'on enroula autour d'un arbre, destiné à faire office de poulie, avant de l'attacher à l'arrière du bateau. George démarra le moteur tandis que mon frère et moi, de l'eau à mi-cuisse, nous halions la corde. Une fois l'orignal enfin sur le rivage, nous avions les paumes à vif, couvertes d'ampoules, et les bottes remplies d'eau.

À l'aide du couteau de chasse de George, je saignai l'animal en lui tranchant la gorge, puis je pratiquai une incision du bas de la cage thoracique jusqu'à la mâchoire, mettant à nu le gosier ainsi que la colonne striée de l'œsophage. L'odeur était puissante, rappelant celle sombre et un peu saumâtre qui semblait toujours flotter en été autour de ma mère quand j'étais petit.

George jubilait à l'idée que grâce à mon coup de fusil hasardeux, nous allions avoir pour six mois de viande. Mon comportement de la veille paraissait oublié. Il me prit le couteau des mains et s'empressa d'éventrer l'orignal, prenant garde à ne pas percer les intestins ni la poche de l'estomac. Il sortit les entrailles et mit de côté le foie, les rognons et le pancréas. La peau fut sacrément difficile à enlever. Pour la détacher, Stephen et moi, on dut se relayer, arc-boutés, les pieds plantés sur la colonne vertébrale de l'animal pour tirer dessus pendant que George taillait au milieu des faisceaux de muscles et des tissus conjonctifs. Stephen étouffait parfois des haut-le-cœur, mais il tenait à participer, et cela me rendait fier de lui. Il prit la scie et entreprit de couper une épaule et un cuissot. Pour caser l'orignal dans le bateau, il fallut le prendre par les pattes et le soulever comme si on portait un cercueil. Le sang qui dégoulinait de partout inondait ma chemise qui s'imprégnait d'une horrible chaleur animale.

Le canot s'enfonçait sous le poids de notre prise. Comme j'étais le plus lourd, je m'installai à la barre et manœuvrai de manière à ce que l'avant ne plonge pas trop dans l'eau. Stephen était assis sur le banc, et nos genoux se touchaient presque. On avançait lentement, cependant que l'hélice soulevait une vapeur bleutée. Une fois sorti des bas-fonds, j'accélérai, et le bateau poursuivit tant bien que mal sa route sur les petites vagues, laissant derrière lui un large sillage d'écume. À l'ouest, le soleil atteignait déjà la cime des arbres qui formaient une ligne noire. La poignée gaufrée des gaz palpitait dans ma paume. Le vent séchait l'humidité sur mes joues et agitait les mèches éparses des cheveux de Stephen. Tandis que la carcasse de l'animal disparaissait derrière nous, j'avais l'impression d'échapper aux ténèbres qui m'avaient envahi depuis l'arrivée de Stephen. George redevenu chaleureux, l'épreuve épuisante du dépeçage, la fatigue qui s'emparait de mes membres, la satisfaction d'avoir risqué et réussi un tir impensable qui allait nous nourrir, mon ami et moi, jusqu'à la fonte des neiges, tout cela m'apparaissait sous un jour merveilleux. Je sentais l'absolution répandre son voile sur la fosse de mes ennuis aussi doucement et sûrement qu'une bâche électrique vient recouvrir une piscine.

Stephen aussi la sentait, ou en tout cas il sentait quelque chose. Le sourire désarmant de son enfance éclairait son visage anxieux, petit arc compact de lèvres et de dents à côté duquel j'avais toujours l'air méchant et buté sur les photos de famille. Il est inutile de décrire l'amour que j'éprouve encore pour mon frère quand il me regarde ainsi et qu'il cesse pour un instant de ressasser ses ressentiments envers moi et de se mépriser pour n'avoir pas atteint la célébrité d'un musicien comme John Denver. Nos rapports fraternels ne sont pas de ceux que je souhaite à quiconque, mais nous avons au moins une chance : au cours de ces rares moments de bonheur, nous partageons la joie avec autant de passion et d'obstination que nous pouvons partager la haine. Alors que nous naviguions sur le lac gagné par l'obscurité, je me rendais compte combien il était heureux de me voir bien dans ma peau, de voir son bonheur illuminer mon visage et le renvoyer vers lui. Personne ne parlait. C'était de l'amour entre nous, ou le meilleur que l'amour pouvait apporter. Je contournai au large la pointe qui gardait la crique, puis je laissai les vagues nous pousser gentiment vers le rivage où attendait mon gros pick-up bleu.

Une fois la viande chargée et le canot soigneusement rincé, on reprit le chemin de la colline. Quand on arriva chez moi, l'heure du dîner était passée depuis longtemps et nos estomacs grondaient.

Je demandai à George et Stephen s'ils voulaient bien commencer à découper la viande pendant que je mettrais quelques steaks à griller. Avant, George désirait néanmoins s'asseoir sur une chaise bien sèche pour descendre deux ou trois bières. Tandis que mon frère et lui buvaient, j'allai fourrager sur le plateau de mon pick-up croulant sous les quartiers de viande dégoulinants de sang. Ce n'était pas une tâche particulièrement agréable, et je finis par trouver les dernières côtes où je levai un filet, un long morceau de viande qui ressemblait à un boa écorché.

Lorsque je le montrai à George, il brandit sa canette en guise d'hommage. « Voilà qui m'a l'air drôlement prometteur », dit-il.

Je portai l'aloyau sur la véranda, où je le tranchai en steaks de cinq bons centimètres d'épaisseur sur lesquels j'appliquai une couche de fleur de sel et de poivre concassé. Après quoi, j'allumai le barbecue pendant qu'à la lueur des phares de mon camion, George et Stephen préparèrent une table constituée d'une planche de contreplaqué posée sur deux tréteaux avant de commencer à y découper la viande.

Dès que les briquettes de charbon rougeoyèrent, je jetai les steaks sur le gril. Au bout de dix minutes, ils étaient bien juteux, rosés au milieu, et je les servis avec du riz au safran. J'ouvris ensuite une bouteille de bourgogne que je réservais pour les grandes occasions, puis je versai trois verres. Je m'apprêtais à appeler les autres quand je m'aperçus que George s'était interrompu dans sa tâche. Les traits tordus par une grimace, il renifla sa manche, puis son couteau, puis la masse de viande devant lui. Il fronça les sourcils, renifla de nouveau avec attention, puis se recula. « Oh, mon Dieu, elle tourne », dit-il. D'un pas déterminé, il se dirigea vers le pick-up, sauta sur le hayon et se pencha au-dessus des quartiers d'orignal pour les sentir. « Saloperie ! jura-t-il. Tout est en train de s'avarier. La viande est contaminée. Quelque chose doit être logé dedans. »

J'allai renifler le cuissot qu'il découpait. C'était vrai : il dégageait une odeur âcre et répandait dans l'atmosphère des effluves de diarrhée, mais très, très légers. Si un boyau avait fui un peu, ce n'était pas une raison pour flanquer à la poubelle toute cette nourriture qui valait plusieurs milliers de dollars. Et de toute façon, j'ignorais ce qu'était censée sentir la viande d'orignal.

« Elle a juste un petit goût de gibier, dis-je. Et c'est normal, non ? »

Stephen renifla ses mains. « George a raison. Elle est gâtée. Beurk !

— Impossible, dis-je. Cet animal respirait encore il y a trois heures. Cette viande n'a rien.

— Il était malade, dit George. Il mourait debout quand tu l'as tué.

— Mais non, c'est des conneries, dis-je.

— Elle est gâtée, je t'assure, affirma George.

— Pas du tout ! Elle était parfaitement bonne quand on l'a découpée. »

George tira un mouchoir de sa poche, cracha dessus pour s'en frotter furieusement les paumes. « En tout cas, je peux te garantir qu'elle ne l'est plus. Ça prend un certain temps, mais maintenant, elle est gâtée, mon ami. Merde, j'aurais dû y penser en voyant tout ce mal qu'on a eu avec la peau. Il commençait à gonfler et il ne tenait presque plus sur ses pattes. Et dès qu'il est mort, l'infection a gagné l'organisme tout entier. »

Stephen contempla la viande étalée sur la table devant laquelle on était plantés tous les trois, puis il se mit à rire.

Je montai sur la véranda et me penchai au-dessus d'un steak fumant. Il sentait très bon. Je frottai la croûte de sel puis léchai le jus sur mon pouce. « Cette viande n'a absolument rien », dis-je. Je coupai un morceau saignant que je goûtai du bout de la langue. Stephen riait toujours.

« Pour ça, tu fais une sacrée vedette, Matty, dit-il, contenant un instant son hilarité. Parmi toutes les bêtes de la forêt, tu as réussi à abattre sans doute la seule qui avait la lèpre. Ne touche pas à cette saloperie. On va appeler le service de décontamination.

— Cette viande n'a rien, merde ! m'entêtai-je.

– Du poison », dit George.

Soudain, le vent souffla en bourrasques. On entendit une branche tomber dans la forêt. Un tourbillon de feuilles rasa mes bottes avant de s'amasser contre la porte. Puis la nuit redevint silencieuse. Je me penchai de nouveau sur mon assiette et je glissai la fourchette dans ma bouche.

Cette nouvelle est extraite du recueil
Tout piller, tout brûler (2010).

Il se soûle
profondément et fameusement

de Brady Udall

Traduit par Michel Lederer

Je suis un cow-boy, un vacher. Il y en a d'autres dans l'équipe qui préfèrent qu'on les appelle des employés de ranch, peut-être, qui sait, parce qu'ils s'imaginent que « cow-boy » est un peu trop flamboyant pour notre époque, mais enfin merde, je castre, je mène les vaches, je les vaccine, je les marque, je les décorne – bref, je suis un cow-boy. Je fais ça depuis neuf mois et j'estime avoir gagné le droit de m'appeler comme je veux.

J'aurai dix-huit ans dans deux mois, je suis couvert de taches de rousseur et à en croire ce que les filles me disent, je serais plutôt beau garçon. J'ai par ailleurs une grande gueule, ce qui m'a valu des désagréments sans fin. Depuis toujours, j'entends le même refrain : du calme, Archie, mets une sourdine, ferme-la un peu ! À force, ça énerve.

L'un des avantages de ce boulot, c'est que je peux me défouler à loisir, parler, crier et chanter à tue-tête si j'en ai envie. Ici, ça n'emmerde personne, sauf les vaches. En effet, il y a quelque chose dans ma voix qui leur fait peur, et certaines, je le jure, sont même carrément terrifiées quand elles m'entendent, au point qu'elles roulent des yeux affolés et se mettent à cavaler dans tous les sens et à se grimper les unes sur les autres. Quant à mes chansons et à mes discours, ils agacent ma jument, Loaf, qui, de temps en temps, se retourne et me mord méchamment la jambe. Ça m'est égal. Je lui rends la monnaie de sa pièce, un grand coup sur le côté de la tête, et elle ne recommence pas pendant au moins deux ou trois semaines.

Avant de venir travailler ici, je me figurais que le A & C Ranch, pays de rivières et de collines verdoyantes comme dans la série télé *La Grande Vallée*, s'étendrait à perte de vue. Je m'imaginais sous les traits de Heath Barkley, chevauchant un beau cheval rouan, en veste et écharpe de soie, fumant un long cigarillo et tuant les bandits embusqués dans les buissons. Or, le ranch, comme j'ai eu le regret de le constater, est tout ce qu'il y a de plus banal et relativement petit : à peine huit cents hectares de maigres broussailles qui ne peuvent pas nourrir plus de deux cents têtes de bétail à la fois. M. Platt, qui est plus riche et plus reclus que Dieu lui-même, fait paître son troupeau de mille têtes sur au moins quatorze parcelles de terrain disséminées entre ici et la réserve navajo, la plupart propriétés du gouvernement. La triste vérité, c'est qu'on passe plus de temps au volant de nos pick-up qu'en selle sur nos superbes et nobles chevaux.

Aujourd'hui, par exemple, on doit monter du côté de Sell's Pasture, ce qui représente un trajet de quarante-cinq bonnes minutes, pour réparer une éolienne, une saloperie de machin tout branlant de quinze mètres de haut, une horreur à escalader. Et, bien entendu, ce sera à moi, le nouveau, de me taper cette corvée, au risque d'y laisser ma peau et ma réputation. Il est un peu plus de cinq heures du matin. Je suis sous la douche et je chante toutes les chansons publicitaires que je me rappelle avoir entendues à la télé. Richard cogne à la porte.

« Archie, arrête de gueuler comme ça, nom de Dieu ! »

C'est ce que je disais. Je ne peux même pas prendre une douche sans que quelqu'un vienne me faire chier. Richard est l'un des employés, et on partage une caravane sur le ranch. C'est le plus âgé d'entre nous, le vétéran, et son boulot consiste apparemment à garder l'œil sur moi. Il est petit, malingre, proche de la cinquantaine, et s'il ne fait pas attention, un de ces quatre je vais le casser en deux sur mon genou. Il m'a réveillé à cinq heures comme il le fait tous les jours, c'est-à-dire en me hurlant dans l'oreille : *Debout, bon à rien de fils de pute !* Il a appris ça à l'armée et il me l'inflige tous les matins.

Après quelques petites tyroliennes, je m'essuie, puis je vais dans la cuisine manger un toast ou deux. Ted, le chef d'équipe, est là qui donne à Richard ses instructions pour la journée. Il habite dans l'ancien ranch en haut de la colline en compagnie de sa femme et de sa fille. Il a eu une grave maladie infantile, et il a une tête trop grosse toute bosselée et des sonotones accrochés à ses grandes oreilles décollées.

« Changement de programme, m'annonce-t-il. J'emmène Richard pour m'aider à rassembler les génisses de Copper Springs. Tu prends Jesus au passage et vous allez réparer l'éolienne. Mettez-y le temps qu'il faut, toute la journée si nécessaire, mais que ce soit bien fait.

– Et mets un pantalon », ajoute Richard.

Il ne peut pas me blairer parce que je suis plus grand, plus beau, plus jeune et foutrement plus intelligent que lui.

Je soulève la serviette et lui montre mon cul : l'un de mes attributs qui plaît le plus aux femmes. Je chante un bout de *Moon Over Georgia* d'une voix de fausset pour imiter celle d'une fille et j'esquisse quelques pas de slow sur le lino de la cuisine.

Richard reste assis sans réagir, la figure écarlate, et se contente d'enfourner ses flocons d'avoine, car il ne trouve rien à dire. C'est un de ces types prosaïques qui n'a aucun sens de l'humour. Il prend sur l'étagère le volume A de l'encyclopédie et colle son nez dedans. Il y a environ six mois, il a décidé de s'instruire. Au lieu de gaspiller son temps et son argent à suivre des cours à l'université, il a décidé de se payer l'*Encyclopædia Britannica* de A jusqu'à Z.

Il est très fier d'avoir découvert le moyen de devenir un génie et un érudit pour seulement douze versements mensuels de 99,95 dollars. Le problème, c'est que ça fait déjà plus d'un semestre et qu'il n'en est qu'au tiers du premier volume. Il est maintenant un expert sur l'Aalénien, l'acupuncture et John Adams, mais il sera depuis longtemps à la retraite avant de pouvoir dire ce qu'est un zygote.

Je retourne dans la buanderie décrocher Doug de son perchoir. Il semble content de me voir, remue la tête et carre les épaules. J'ouvre le placard où je prends un biscuit pour chien dans un sac. Il me l'arrache des mains avec une telle voracité qu'on croirait qu'il meurt de faim.

Doug est un vautour mâle de huit ans. Comme il ne fait pas beaucoup d'exercice, il est un peu gras, mais c'est un gentil oiseau et je m'y suis attaché. Certains soirs, quand il n'arrive pas à dormir, je le prends dans mon lit et je le serre contre moi jusqu'à ce qu'il ait assez sommeil pour finir sa nuit perché sur la colonne du lit. Il appartenait à un certain R.L. Ledbetter qui travaillait pour M. Platt et partageait cette caravane avec Richard jusqu'au jour où, il y a deux ans, il s'est fait écraser par une benne à ordures en traversant la route. R.L. avait été pendant un temps clown de rodéo et il utilisait Doug (abréviation de Douglas Fairbanks) pour l'un de ses numéros. Il feignait d'avoir été abattu par un bandit, et Doug arrivait soudain à tire-d'aile, se posait sur sa poitrine et commençait son œuvre de charognard. R.L. l'avait dressé en cachant sur lui du maïs caramélisé. Doug becquetait partout jusqu'à ce qu'il le trouve, et R.L. se mettait à se tortiller quand le vautour approchait trop de son entrejambe. Apparemment, le numéro provoquait l'hilarité des spectateurs.

Richard n'apprécie pas trop la compagnie de Doug, mais il est convaincu qu'il arrivera à lui apprendre à parler. Quand je rentre, je le trouve parfois attablé dans la cuisine devant l'oiseau perché sur le dos d'une chaise, et il lui dit des trucs du genre : « Allez, Doug, répète : bazooka. Ba-zoo-Ka. » Et Doug, imperturbable, muet comme une carpe, regarde les hirondelles filer devant la fenêtre. Richard prétend avoir lu quelque part que les vautours possèdent le même appareil vocal que les perroquets, et qu'en usant de patience il parviendra à faire de Doug un vautour qui parle. Jusqu'à présent, en tout cas, celui-ci n'a pas prononcé le moindre mot.

Je vais dans ma chambre enfiler un jean, un T-shirt – il va faire une chaleur à crever aujourd'hui – et une paire de bottes de travail. Je dois porter ces horribles godillots, parce que, à cause de mes pieds plats, je n'ai pas encore trouvé de bottes de cow-boy qui m'aillent. Quand je sors faire démarrer le vieux Ford, le soleil se lève juste et les ombres s'étirent sous les buissons d'armoise. Je laisse le moteur tourner une petite minute, puis j'écrase le champignon comme Richard Petty au temps de sa splendeur, et soulevant une gerbe de poussière et de graviers, je fonce vers Witchicume Road pour passer prendre Jesus.

J'ai débarqué au A & C Ranch pour tenter de mettre un peu d'ordre dans ma vie. C'est ma mère qui a tout organisé et a réussi à me convaincre à force de bonnes paroles. Sa théorie se résume grosso modo à ceci : on prend un jeune délinquant affligé d'une grande gueule et de mauvaises manières, on l'expédie dans un trou paumé, on s'arrange pour qu'il trime comme une bête dans le cadre d'un boulot honnête, et peut-être, mais seulement peut-être, deviendra-t-il l'homme droit et intègre qu'on a toujours espéré qu'il devienne. Je suis presque sûr que les gens d'ici n'étaient pas très chauds à l'idée d'embaucher un garçon de la ville sans aucune expérience et qui, en outre, avait eu quelques petits démêlés avec la justice, mais Ted, une ancienne connaissance de mon père, avait fini par céder.

En vérité, j'avais toujours voulu revenir et caressé en secret le désir d'enfiler des jambières de cuir, de m'élancer au galop et de sauter par-dessus les clôtures. Je suis né à moins de soixante-dix kilomètres d'ici, à Holbrook, et j'ai vécu sur un ranch pendant les quatre premières années et demie de ma vie, jusqu'à la mort de mon père, après quoi ma mère m'a emmené à Stillwater, en Oklahoma, sa ville natale. Mon père était le chef d'équipe des employés du ranch et nous habitions la maison que Ted et sa famille occupent à présent. Je ne me souviens de rien, mais il paraît que, à ma façon, j'ai travaillé à cette lointaine époque. Ma mère m'a raconté que, quand j'ai eu quatre ans, mon père me prenait avec lui pour aller nourrir le bétail. Il mettait le vieux tracteur International en compound et me laissait conduire, agenouillé sur le siège, tandis qu'à l'arrière il distribuait le foin aux vaches qui attendaient dans la neige.

En Oklahoma, je dépensais mon énergie à parler trop, à me bagarrer, à me soûler, à fracturer les boîtes aux lettres, bref à jouer les voyous chaque fois que je le pouvais et de toutes les manières possibles et imaginables. Il y a quelque chose de détraqué en moi, quelque chose de mauvais qui monte et que je dois laisser exploser en criant, en me déchaînant, en me défoulant, y compris quand je suis seul. (Il m'arrive même de me débattre et de hurler durant mon sommeil – une dent de plus que Richard a contre moi.) Il y a des fois où je n'arrive à me sentir de nouveau normal qu'en tapant sur quelqu'un qui ne le mérite peut-être pas, ou bien en cassant quelque chose, peu importe quoi. Quand je suis dans cet état-là, je frappe, je cogne ou je donne des coups de pied, et alors ces espèces de ténèbres se déversent hors de moi, si bien que je continue, et j'éprouve une impression extraordinaire, je rue dans tous les sens jusqu'à ce que j'aie de nouveau le sentiment d'être vide et purifié. J'ai blessé des gens, démoli un tas de voitures parfaitement innocentes, de la vaisselle, des cabines téléphoniques, des trucs électroniques, tout ce que vous voulez. Même si nombre de mes professeurs considéraient que j'étais doué (tout le temps la sempiternelle rengaine : des possibilités ! Un diamant à l'état brut !), je n'ai pas terminé mes études secondaires, car on a fini par me flanquer à la porte pour de bon. J'ai été arrêté pour voies de fait, conduite contraire aux bonnes mœurs, vol, vandalisme, troubles sur la voie publique, rébellion à agent. Je suis sous contrôle judiciaire depuis l'âge de onze ans.

J'ai vu des thérapeutes, des psychiatres, des ecclésiastiques et même un hypnotiseur. Ma mère avait placé de grands espoirs en ce dernier, mais sans que je sache pourquoi, lors de la seconde séance chez ce pauvre vieux bonhomme, je suis sorti de ma transe et je lui en ai collé une en pleine poire. Je ne me souviens de rien, sinon de m'être réveillé et de l'avoir trouvé assis sur la moquette, le nez éclaté comme un morceau de melon pourri.

J'ai un contrôleur judiciaire, Mlle Condley, qui téléphone à Ted toutes les semaines pour s'assurer que je n'ai fendu la lèvre de personne ou que je ne me suis pas livré à la débauche. À moi aussi, elle téléphone toutes les semaines pour m'interroger sur mes pensées, mes rêves et mes aspirations, ce qui est très gentil de sa part, mais elle ne raccroche jamais sans me rappeler qu'au moindre dérapage, ne serait-ce que boire un peu trop ou être mêlé à une bagarre anodine, on m'expédiera à l'armée d'où je ne sortirai pas avant d'avoir vingt-neuf ans. Jusqu'à maintenant, j'ai réussi à me tenir à carreau. Mon seul problème, c'est que je dois me maîtriser pour ne pas foutre une raclée à Richard.

Quelques semaines avant de revenir ici, je me suis rendu à la bibliothèque et j'ai fauché le seul livre que j'ai pu trouver sur les cow-boys. Je voulais me procurer des informations d'ordre général (comment mettre une selle, faire un lasso, monter à cheval) pour ne pas avoir l'air du parfait imbécile en arrivant. Le bouquin ne contenait rien de tout ça. Ce n'était qu'un tissu de conneries sur les pittoresques cow-boys d'antan. Je l'ai quand même lu jusqu'au bout. Sous un dessin à l'encre qui représentait deux cow-boys crasseux zigzaguant bras dessus, bras dessous dans Main Street, une bouteille de whisky à moitié vide à la main, figurait cette légende :

Après avoir conduit le bétail au cours d'un voyage mythique ou l'avoir, tâche épuisante, rassemblé au printemps, le cow-boy, cherchant à se détendre et à se changer les idées, trouve en général le chemin du plus proche saloon où il se soûle profondément et fameusement.

Je m'en souviens, parce que ça s'applique exactement à mon père et à la façon dont il est mort. Comme les cow-boys du dessin, il aimait bien, une fois son dur travail accompli, fêter ça en picolant un bon coup. C'était son seul vice et la seule chose que ma mère ne supportait pas chez lui. Le jour de sa mort, ses hommes et lui venaient de finir de redescendre le troupeau de la montagne pour l'hiver (un boulot de près de deux semaines) et ils se rendirent en ville s'en jeter quelques-uns au Sure Seldom. Ils y étaient depuis plus de deux heures quand Calfred Pulsipher, un connard de puisatier avec un œil qui disait merde à l'autre, vint chercher la bagarre. Mon père et lui avaient été amis durant leur jeunesse, mais Calfred en voulait à mon père de lui avoir pris sa place de quarterback dans les Salado Wildcats, l'équipe de football à huit. Il semble que Calfred ait dit des choses horribles sur ma mère devant les hommes de mon père – des choses dégoûtantes, perverses – et que mon père l'ait invité à régler ça dehors. Calfred sortit le premier, et dans l'intervalle de trente secondes qu'il fallut à mon père complètement ivre pour trouver la porte, il eut le temps de prendre un cric hydraulique à l'arrière de son pick-up. Quand mon père déboucha dans l'air froid de la nuit, prêt à flanquer une trempe à Calfred afin d'en finir une bonne fois, celui-ci lui abattit de toutes ses forces le cric sur la tête. Mon père s'écroula, resta une ou deux minutes allongé de tout son long, la figure dans le gravier, immobile, puis il se releva d'un bond et commença à distribuer des directs et des crochets comme si le coup avait eu pour effet non seulement de le dessoûler, mais aussi d'alimenter sa fureur. Calfred subit une sévère correction jusqu'au moment où l'un des shérifs adjoints intervint pour mettre un terme à la bagarre.

La tête de mon père ne saignait plus, mais le shérif voulut malgré tout appeler une ambulance de Round Valley (à l'époque, il n'y avait pas de médecin à Salado). Mon père affirma qu'il se sentait très bien et qu'il avait juste besoin de quelques verres supplémentaires pour chasser son mal de crâne. Le shérif finit par les coller dans la même cellule pour les laisser cuver. Au cours de la nuit, dans cette cellule qui empestait le vomi et où s'entassaient ivrognes, clochards et bons à rien de toutes sortes, mon père mourut d'une hémorragie cérébrale, la tête posée sur les genoux de Calfred Pulsipher, son meurtrier.

Ici, en Arizona, Jesus est mon seul ami. C'est un petit immigré clandestin mexicain qui, chaussé de ses bottes, mesure à peine un mètre cinquante ; bien que vivant sur le sol des États-Unis depuis plus de deux décennies, il parle un anglais épouvantable, comme s'il avait débarqué à Noël dernier. Il a des dents de star et des cheveux gominés avec une boucle sur le front à la manière des acteurs de cinéma d'autrefois. Il travaille par intermittence pour M. Platt depuis un bon nombre d'années, et à l'inverse de ceux qui m'en veulent, qui m'emmerdent parce que je suis jeune et ignorant et qui ne sont que trop heureux de se foutre de moi chaque fois que je me rends ridicule, il m'a aidé dès le début et a pris le temps de me montrer comment, par exemple, enrouler une corde autour du pommeau de la selle ou tenir un veau pour le marquer.

En ce moment, il m'explique, à sa façon, pourquoi il n'aime pas qu'on le traite de Mexicain. Il ne se considère pas du tout comme mexicain, car, affirme-t-il, il est en réalité un pur Indien Yaqui, et fier de l'être, un descendant direct des Aztèques qui, selon lui, constituaient la nation la plus fière et la plus puissante que le monde ait connue. Et qui, toujours selon lui, s'il n'y avait eu la malaria, la typhoïde et autres fléaux apportés par l'homme blanc, auraient rejeté les Espagnols à la mer à coups de pied dans le cul.

« Pas être Echpagnol, dit-il en se frappant la poitrine comme un petit Tarzan basané. Moi Yaqui.

– On ne dit pas Echpagnol. On dit Espagnol. Pas comme les chaussettes de l'archiduchesse sont archisèches. Bon, tu vas répéter après moi. Snoopy.

– Chnoopy.

– Ssssnoopy !

– Chhhhnoopy, dit Jesus.

– Merde, fais chier.

– Merde, fais sier », dit Jesus, fier d'avoir accompli tant de progrès dans le maniement du langage.

Décidément, il n'y a rien à en tirer. Il a tellement fait pour moi que j'estimais que je pourrais au moins l'aider à perfec-

IL SE SOÛLE PROFONDÉMENT ET FAMEUSEMENT

tionner son anglais, mais après neuf mois passés à corriger sa prononciation et sa grammaire, il n'a pas progressé d'un pouce.

« Pourquoi tu ne veux pas devenir américain ? je lui demande. Tu vis depuis assez longtemps ici pour obtenir ta carte de séjour. Après, tu n'auras plus à te cacher de la patrouille frontalière.

– Américain ? fait Jesus avec une grimace de dégoût qui tord sa large face brune. Americanos gros cochons, tu sais bien, honk honk.

– Je suis gros, c'est ça que tu insinues ? »

Jesus soulève mon T-shirt pour regarder. Il hoche gravement la tête.

« Peut-être », conclut-il.

On s'arrête prendre de l'essence et un petit-déjeuner chez Sud Baker, un petit resto au bord de la route. Quand on a fini nos œufs et nos saucisses, alors que Jesus est aux chiottes depuis une éternité, je prends un exemplaire qui traîne du journal local, le *Apache County Sentinel*, et là, en première page, s'étale la photo de ce fumier de Calfred Pulsipher en personne. On dirait une vieille photo de mariage. Il a de ridicules pattes qui lui mangent la moitié des joues, une énorme cravate en polyester, et l'un de ses yeux, le gauche, semble regarder le grain de beauté au milieu de son front, tandis que l'autre est fixé droit devant lui. Une grosse femme, son épouse je suppose, est assise à côté de lui, mise sur son trente-et-un. En dessous, on lit : *Les enfants Pulsipher tiennent à féliciter Calfred et Erma à l'occasion de leur vingt-cinquième anniversaire de mariage.*

Un tremblement naît dans le creux de mon estomac, qui gagne mes bras et mes mains. En arrivant ici, j'ai cherché le nom de Calfred dans l'annuaire, mais il n'y figurait pas et j'en ai déduit qu'il était mort ou qu'il avait déménagé en Alaska. Je croyais que je n'aurais plus à me soucier de lui.

Un secret : depuis l'âge de cinq ans, je suis un meurtrier en pensée. J'ai torturé, mutilé, démembré, embroché, étripé et tué Calfred Pulsipher plus de dix mille fois. J'ai mis le feu à sa maison, kidnappé ses enfants, décapité son chien. J'ai rêvé à maintes et maintes reprises que j'étais présent ce soir-là au Sure Seldom et que je l'empêchais de tuer mon père : je le transperçais à l'aide d'un pic à glace, je lui tirais un coup de fusil dans le ventre, je le battais à mort avec une chaîne. À douze ou treize ans, rendu fou par la puberté, je faisais même le projet de voler une bagnole ainsi qu'une caisse de dynamite pour aller le faire sauter et l'expédier vers les lointaines étoiles.

En grandissant, je lisais beaucoup, Zane Grey et Louis L'Amour surtout, et dans leurs livres, quand on tuait un membre de votre famille, il était de votre devoir de le venger. C'est ce que faisaient tous ceux qui avaient un tant soit peu de courage ou de sens de la justice. C'est ce que faisaient les cow-boys. C'est ce qu'aurait fait mon père.

Il se prénommait Quinn. C'était un homme grand et fort, au torse de barrique et aux cheveux roux frisés, à qui il manquait une dent de devant – tout le monde l'adorait. La dent, c'était la conséquence d'une ruade décochée par un hongre appaloosa, et il ne l'avait jamais fait remplacer parce qu'il trouvait que ça lui donnait un air plus jovial. C'était un excellent golfeur (handicap dix), il aimait les vieux blues et avait une peur innée des abeilles. J'étais tout petit quand il est mort, mais je sais un tas de choses à son sujet, des faits, des histoires, des anecdotes. Après que ma mère m'eut emmené à Stillwater, des amis téléphonaient ou passaient parfois et me parlaient de ce que faisait mon père, du genre d'homme qu'il était. Je me rappelle quelques-uns de ces visiteurs, en général des hommes seuls, en Wranglers, ou peut-être accompagnés d'une femme aux cheveux crêpelés et aux grosses boucles d'oreilles, qui disaient toujours des trucs du style : *Oh ! mon Dieu ! c'est Quinn tout craché, tu ne trouves pas ?* Ou encore : *Écoute, il a la voix de Quinn.* Et, immanquablement, ma mère craquait et devait quitter la pièce.

Je crois que dans l'année qui a suivi la mort de mon père, elle est devenue bonne à enfermer. Personne n'est vraiment au courant sauf moi, car j'ai été le seul témoin des actes de folie qu'elle a commis. Je me souviens en particulier de la fois où, quelques jours après notre arrivée à Stillwater, alors qu'une voiture se garait le long du trottoir, elle s'est précipitée hors de la maison en sous-vêtements, criant d'une voix hystérique : « Je savais qu'il reviendrait, merci mon Dieu, tu es de retour ! Regarde, Archie, papa est de retour ! » Et aussi de la fois où elle a mis la maison sens dessus dessous, vidant les placards et les armoires, fichant tout en l'air dans le grenier, persuadée que mon père était là, parce qu'elle s'imaginait avoir senti l'eau de Cologne English Leather qu'il utilisait.

Elle a fini par aller consulter un médecin qui l'a introduite dans le monde merveilleux des petites pilules, le monde dans lequel elle vit depuis.

Et là, sur le ranch, il y a toujours quelque chose pour venir me le rappeler. Deux ou trois semaines auparavant, près de l'étang non loin de la maison principale, je réparais la clôture en compagnie de Richard quand j'ai découvert la lettre Q gravée sur l'un des piquets à côté du barrage. C'est une tradition, lorsque l'on construit une clôture, de laisser son nom sur le dernier piquet. J'ai su aussitôt, sans l'ombre d'un doute, que c'était l'œuvre de mon père. Je me le représentais qui se tenait à l'endroit même où je me trouvais, torse nu, ses larges épaules noueuses luisantes de transpiration, en train de plaisanter avec ses hommes et de sourire, dévoilant ainsi sa dent de devant qui manquait, pendant qu'il gravait l'initiale de son prénom dans le poteau de cèdre à l'aide d'un couteau de chasse.

Le temps que Jesus et moi arrivions à Sell's Pasture et il fait déjà plus de 35 °C. Le soleil blanc brûle tout, et on a l'impression de se mouvoir sur la surface de Vénus. Après avoir tourné pour quitter la route, on doit emprunter sur cinq ou six kilomètres une piste creusée. Jesus et moi rebondissons sur nos sièges, et les buissons d'armoise qui griffent le dessous de caisse du pick-up font comme des ongles sur un tableau noir. Non loin de l'éolienne, Jesus remarque un veau Hereford qui souffre d'une conjonctivite aiguë. Pendant qu'il prend la trousse de médicaments dans la boîte à gants, court après l'animal, l'attrape au lasso et le jette à terre pour soigner son œil malade tout en surveillant la mère qui semble absolument furibarde, je grimpe jusqu'à la plate-forme et je m'efforce de démonter la tête de l'hélice pour voir ce qui ne va pas.

L'éolienne est tombée en panne il y a seulement quelques jours, de sorte que le réservoir en fer galvanisé est encore à moitié rempli d'une eau couleur vert d'algue. Quelques vaches pelées traînent autour, curieuses de savoir ce qui se passe. Elles n'ont rien de mieux à faire et elles clignent leurs grands yeux vides. Je vais vous dire un truc sur les vaches : elles sont stupides, tellement stupides qu'il est difficile de s'imaginer à quel point elles le sont.

De temps en temps, je regarde en bas et je surprends un éclair métallique dans l'eau verte – un de ces gros poissons rouges ou une de ces grosses carpes qu'on met dans les réservoirs pour que les algues ne prolifèrent pas trop. Ces poiscailles deviennent de la taille de caniches et ils nagent là-dedans en fouettant de la queue comme si le réservoir leur appartenait.

À une centaine de pas de là, près d'un genévrier, Jesus se bat avec le veau qui meugle, et il entreprend la tâche délicate d'injecter directement le collyre dans l'œil de l'animal à l'aide d'une seringue. Du haut de mon perchoir, je lui crie des encouragements. Jesus grogne et crache des insultes à l'adresse du bovin qu'il traite de grosse merde de crétin d'abruti. Quand il a fini, il est en sueur, couvert de poussière, le veau lui a lâché une bouse verdâtre sur sa chemise à boutons de nacre et, surtout, il n'est même pas encore dix heures du matin. Il se dirige vers le réservoir, lance son chapeau comme un frisbee, se débarrasse de ses vêtements, puis grimpe dedans. Il s'allonge de sorte que l'eau épaisse se referme autour de lui et que seule sa tête apparaît au-dessus de la surface. Il est aussi immobile qu'une tortue sur une pierre.

Je m'escrime avec ma clé à molette sur un boulon récalcitrant quand je rate mon coup et perds l'équilibre. L'éolienne oscille sous moi et, au dernier moment, je réussis à agripper une barre. Mes jambes pendent dans le vide et mes gants de travail ne me permettent pas d'assurer une bonne prise. Mes mains commencent à glisser et je sens mon estomac se retourner cependant que je regarde en bas, essayant d'évaluer mes chances de tomber sans me rompre la colonne vertébrale. Jesus bondit hors du réservoir, nu comme un ver, tandis que l'énorme poisson frétille et saute dans une éclaboussure d'eau marécageuse, puis il se précipite vers l'échafaudage qu'il escalade à toute allure. Ses pieds et ses mains mouillés dérapent sur les tubes et il se rattrape de justesse.

Je me mets à hurler, un long cri paniqué qui ressemble à celui d'une génisse en train de vêler, si bien que toutes les vaches à portée de voix, prises de panique, détalent et vont se réfugier à l'abri des arbres. Je ne sais comment, mais je parviens à tenir sans cesser de hurler jusqu'à ce que Jesus atteigne la plate-forme par l'autre côté, me saisisse par la ceinture et me hisse avec la force d'un homme deux fois plus grand que lui.

Une minute durant, je reste étendu sur le dos, le regard fixé sur le ciel blanc. Mon cœur bat si fort que j'ai l'impression que des os se brisent dans ma poitrine. Jesus se dresse au-dessus de moi. Il a la chair de poule et un large sourire éclaire son visage comme si le fait que j'aie frôlé la mort l'amusait énormément. Il secoue sans arrêt la tête. Il n'arrive pas encore à le croire.

« Arsie pendu par les mains, les pieds dans le vide, au checours ! au checours ! dit-il, mimant l'incident. Arsie crier comme une femme et toutes les vaches s'enfuir ! »

Je bondis sur mes pieds pour l'attraper, mais il m'échappe, va se recroqueviller dans un coin de la plate-forme et, les mains sur la tête comme pour se protéger, il se moque de moi :

« Gros Americano me faire peur. Ouh là là ! »

Je cesse de le poursuivre. Je suis encore un peu nerveux et je crains que l'un de nous ne tombe de ce foutu machin branlant. Soudain, je remarque que Jesus a l'une des plus grosses bites que j'aie jamais vues. Je regarde bien et, pas de doute, j'ai fréquenté beaucoup de vestiaires et j'en ai vu un certain nombre, mais celle-là remporte la palme haut la main.

« Dis donc, t'as une sacrée bite », lui dis-je, me tenant fermement à un tube de l'échafaudage.

Il baisse les yeux, la prend comme s'il s'agissait d'un légume qu'il soupèserait avant de l'acheter.

« Oh ! *mamá* ! » dit-il.

Il ramasse la clé à molette, s'attaque au boulon grippé et commence à se plaindre parce que sa femme a emmené les gosses rendre visite à de la famille au Mexique et que ça fait deux longues semaines que son *pendejo* est condamné au repos forcé. L'air d'un crooner, utilisant la clé en guise de micro, il entonne une ballade mélancolique de Sonora et, je ne sais pas pourquoi, mais il me semble parfaitement normal qu'il soit là, à poil et à quinze mètres au-dessus du sol.

On démonte la tête et on constate qu'il y a juste les courroies à changer. En un rien de temps, on répare, on remonte le tout, et je descends rejoindre Jesus dans le réservoir.

Les parois sont aussi visqueuses que des grenouilles, et le gigantesque poisson me frôle le ventre et les jambes sans que je parvienne à décider si la sensation est répugnante ou plutôt agréable. On reste assis là un moment, et comme il n'y a pas le moindre souffle de vent, les grandes pales sont aussi immobiles et inutiles qu'avant. Ce genre de silence me rend fou. Je le supporte le plus longtemps possible, et je finis par poser la question qui me brûle les lèvres depuis neuf mois :

« Tu sais où habite Calfred Pulsipher ? »

Jesus, qui paraissait s'endormir, se redresse soudain et me regarde droit dans les yeux. Il se contente de hausser les épaules et de marmonner quelques paroles inintelligibles.

« Pardon ? fais-je.

— *Nada, nada*, dit-il.

— Tu le connais ?

— Poul-chi-fair », prononce-t-il en faisant rouler les syllabes sur sa langue.

D'ordinaire, ça ne me dérange pas que Jesus se foute de moi, mais des fois, il a le don de me pousser à bout.

« Allez, le Mexicain, accouche. Il habite dans le coin ?

— Dans le coin, oui.

— Où ça ? »

Et voilà qu'à présent il me gratifie de ce petit sourire pour lequel les Latins sont célèbres partout dans le monde.

« Pourquoi tu veux savoir ? »

Depuis que je suis ici, je n'ai parlé à personne de Calfred Pulsipher ou de mon père, et maintenant j'ai le sentiment de m'être d'une certaine manière trahi. Je suis à peu près sûr que tous sur le ranch sont au courant de la situation, mais aucun n'y a jamais fait allusion, et je préfère ça.

Assis chacun à un bout du réservoir, on se dévisage, Jesus qui attend une réponse et moi qui ne suis pas disposé à la lui fournir.

Finalement une Hereford pelée, soit plus brave soit plus stupide que les autres, s'approche avec nonchalance pour boire un coup. Jesus lui déverse un chapelet d'injures parmi les plus grossières, et là, sa prononciation est parfaite.

Je ne me serais jamais douté que je pourrais un jour apprécier le travail sur un ranch. J'avais entendu les employés se plaindre d'un grand nombre de tâches, et surtout de celles qui exigeaient qu'on descende de cheval, mais dans l'ensemble, tout me plaît : marquer les bêtes, déblayer les fossés, construire des clôtures, irriguer. J'adore charrier le foin, balancer les balles comme si elles m'avaient insulté. Me lever aux aurores ne me gêne pas, même si je dois supporter que Richard, qui joue les généraux en chef, m'aboie dans les oreilles. J'aime bien l'impression qu'on éprouve à cette heure-là. Quand on se lève si tôt, avant tout le monde, on s'imagine être la seule personne vivante. On sort dans le petit matin, une tasse de café à la main, et on entend un cheval manger de l'herbe à deux cents pas de là.

Chaque jour apporte son lot de nouveautés. S'il y a un sentiment que je ne connais pas depuis que je suis ici, c'est l'ennui. On travaille toute la journée, on transpire tellement et on se crève tellement le cul qu'on n'a même pas le temps de penser. On bosse, on bosse, et quand on finit par lever les yeux, le soleil est presque couché et il est temps de rentrer. Il n'y a rien de plus agréable que le retour. Le camion dévale la route, relax, comme animé d'une volonté propre, la radio gueule des airs de trompettes mexicaines, cependant qu'une douce fatigue s'empare de vos membres. On arrive à la maison, on se prépare à dîner et même s'il ne reste plus qu'une boîte de chili ou de la purée instantanée, on fait le meilleur repas de sa vie.

La seule chose qui puisse me gâcher ma journée, c'est un coup de fil de ma mère. Elle m'appelle une ou deux fois par semaine pour ne pas oublier de m'associer à tous ses problèmes. Il y a quelques jours, elle me téléphone alors qu'on rentrait juste après une journée épuisante, passée à s'occuper de génisses en train de mettre bas, tout ça pour m'annoncer qu'elle venait de rompre avec son dernier amant en date.

« Archie ? Archie ? Tu es là, mon chéri ? »

Elle avait la voix plus aiguë qu'un sifflet de locomotive.

« Oui, je suis là. »

Elle a aussitôt fondu en larmes, et j'en ai déduit qu'elle avait dû prendre trop d'une petite pilule en particulier ou en mélanger qu'on n'était pas censé mélanger. Elle s'exprimait sur ce ton hystérique de petite fille que je me souvenais trop bien d'avoir si souvent entendu après la mort de mon père.

« Il m'a quittée, Arch, il est parti ! »

Elle hurlait presque. J'ignorais complètement de qui elle parlait. J'ai fini par comprendre que son amant en titre, un vendeur de jacuzzis, avait décidé de retourner en Floride auprès de son ex-femme. Je l'ai rassurée en lui disant qu'elle se ferait fort de retrouver un homme d'ici un jour ou deux.

« Tu me manques, mon chéri, a-t-elle dit entre deux sanglots. Je veux te voir. Je n'ai plus que toi. »

Elle m'a appelé à plusieurs reprises pour me demander de revenir, alors que c'est elle qui a tout arrangé pour que je parte. Un soir, il y a deux ou trois mois, elle m'a accusé de l'avoir abandonnée comme mon père l'avait fait. Chaque fois que j'entends sa voix, le charme se brise. Je ne suis plus Archie le cow-boy, mais Archie le délinquant avec une mère éplorée, un père décédé et ses multiples crimes contre la société. Franchement, j'ai alors l'impression d'être une merde.

Par bonheur, c'est un sentiment qui ne dure pas. Je raccroche, je vais me coucher, je dors comme un loir, j'adresse à Richard un sourire de cent watts quand il me sort du lit sans ménagement, et je me prépare à aller me venger sur les vaches.

Je viens d'arriver en ville après avoir charrié près de trois tonnes de bouse de vache pour nettoyer les corrals et je suis dans un bar appelé Whirly Burly (le type à l'entrée n'a pas exigé ma carte d'identité ; en effet, avec mon mètre quatre-vingt-dix et mes joues bleues de barbe, on ne me la demande plus depuis l'âge de quatorze ans). J'ai décidé d'en finir le plus vite possible : je vais retrouver Calfred Pulsipher et lui donner ce qu'il mérite. Je me suis dit que le premier endroit où chercher, c'étaient les bars. Ce type était un ivrogne et je doute qu'il ait changé. Je dois pourtant reconnaître que cet endroit ne semble pas être du genre de ceux que fréquenterait quelqu'un comme Calfred Pulsipher. C'est plein de péquenauds fringués comme s'ils attendaient de passer une audition pour la comédie musicale *Oklahoma !*

Tandis que, à tout hasard, je promène mon regard sur la foule, en quête d'un visage qui me rappellerait celui de la photo publiée dans le journal, j'ai l'estomac qui se noue. Qu'est-ce que je ferai si je le vois ? J'y ai beaucoup réfléchi, surtout ces derniers jours. Je me suis passé et repassé le film dans ma tête. Mon plan est simple et juste : je lui ferai ce qu'il a fait à mon père. Je lui chercherai querelle, ou plutôt je l'obligerai à me chercher querelle. Seulement moi, je n'aurai pas besoin d'un cric hydraulique de vingt kilos pour l'achever.

Mais ensuite ? N'allez pas croire que je n'y aie pas songé. Calfred Pulsipher a tué mon père et n'a même pas été poursuivi. On a pratiqué une autopsie et on a conclu qu'il était impossible d'affirmer avec certitude que l'hémorragie était la conséquence des coups reçus. Petite ville, grosses saloperies. Ma mère a conservé toutes les coupures de journaux et elles racontent toutes la même histoire : deux braves types se soûlent, se bagarrent, et l'un d'eux a le malheur de se faire tuer. Envoyer l'autre en prison ne le fera pas revenir, n'est-ce pas ? À quoi bon créer un nouveau drame ?

Rien que d'y penser, j'ai le sang en ébullition et je meurs d'envie d'empoigner la chaise sur laquelle je suis assis pour fracasser des objets et des crânes. Même si on me fout en taule, et même si je suis condamné à y pourrir jusqu'à la fin des jours, il faut que je règle cette affaire. Je le dois à mon père. Je le dois à ma mère et à moi-même. C'est la seule chose bien que je tienne à faire dans cette vie à la con qui est la mienne.

Je sirote mon Dr. Pepper tout en regardant les gens qui poussent les lourdes portes battantes en bois, et à chaque nouvel arrivant, j'ai un petit coup au cœur en me disant que ce sera peut-être lui, mais ce n'est qu'un autre de ces connards en blue-jean froissé. Sincèrement, j'aimerais les aligner contre le mur et me les prendre un par un, juste pour m'entraîner. Et puis cette musique qu'ils écoutent ! J'apprécie peut-être la vie de cow-boy, mais personne n'a dit que je devais subir leur musique.

Ils commencent à dégager les chaises et à se mettre en rang pour danser cette grotesque danse country syncopée. J'ai beau avoir une allure décadente, ne pas porter de bottes Tony Lamas, ni de boucle de ceinturon bien astiquée de la taille d'une assiette à dessert, quelques cow-girls aux hanches ondulantes et à la naissance des seins luisante de sueur viennent m'inviter à danser. J'affiche mon plus beau sourire et je refuse poliment. J'ai un tas de choses en tête.

J'observe les groupes de jeunes qui reposent avec une brutalité étudiée leurs bières sur le comptoir et sifflent les filles, et pour la première fois depuis mon arrivée en Arizona je me sens seul, gagné par le mal du pays, tandis qu'autour de moi, dans ce bar bruyant, tout le monde s'amuse.

Avant de rentrer, je suis quand même passé dans les quatre autres bars de Salado. Aucun signe de Calfred Pulsipher. Quand je débarque à la caravane, il est près de une heure du matin et je vois par la fenêtre que Richard, en caleçon long style camouflage, s'est endormi dans son fauteuil, le volume A de l'encyclopédie sur les genoux. Je sais qu'il me guettait : il tient à être celui qui me prendra en défaut.

Je suis fatigué, mais comme je n'ai pas envie de me farcir Richard, je monte la colline vers le ranch. Un peu malgré moi, je me retrouve sur la pelouse de devant. Les fenêtres sont obscures, et je me dis : c'est là que j'ai habité autrefois. C'est une maison blanche à un étage avec une grande véranda couverte et une balancelle. Depuis neuf mois que je suis ici, je n'y ai jamais mis les pieds, et jusqu'à ce jour je n'en avais pas éprouvé le désir.

Je fais deux ou trois fois le tour des lieux. Je bute sur un tricycle, je manque tomber dans une piscine d'enfant en plastique et je finis par décider – quel mal pourrait-il y avoir ? – de jeter un coup d'œil à l'intérieur. La seule fenêtre du rez-de-chaussée dépourvue de volets se trouve derrière un épais massif de buissons. Je me fraie un passage au milieu avec les gestes d'un nageur de brasse puis, accoudé au rebord, je plonge le regard dans ce qui paraît être la salle de séjour : des photos au mur, un canapé en cuir, une horloge de parquet, une collection de vieilles bouteilles de Coca-Cola sur le manteau de la cheminée. C'est sombre, envahi d'ombres, et j'essaie d'imaginer la pièce à la lumière du jour, ma mère – dans une version jeune et jolie – sur le canapé, ou mon père, là-bas dans le coin, en train de remonter l'horloge.

J'ai beau me concentrer, rien n'y fait : nul souvenir ne me revient. Puis, au moment où je m'extrais du buisson, j'entends un bruit derrière moi. Je me retourne. C'est Ted, en boxer-short et chaussures de jogging délacées, qui braque sur moi un pistolet 22. Ses jambes et son torse nus sont de la couleur de la mayonnaise.

« Hé, alors ? » fait-il en plissant les yeux.

Il n'a pas ses lunettes et je constate qu'il ne m'a pas reconnu. J'envisage un instant de prendre la fuite, puis je me ravise.

« Ted, c'est Archie », dis-je dans un murmure.

Il rajuste son sonotone.

« Archie ? demande-t-il.

– Je n'arrivais pas à dormir. Je suis sorti me promener.

– Tu as un problème ? Tu as besoin de me parler ? »

Je pense aux questions que j'aimerais lui poser : *À quoi ressemblait mon père à l'époque où vous l'avez connu ? Est-ce que je suis vraiment son portrait craché, et est-ce que j'ai vraiment la même voix que lui ? Quand vous avez emménagé ici, est-ce que la maison sentait l'English Leather ?* Mais je garde le silence.

Ted me considère une minute, comme s'il hésitait à prendre une décision, puis il dit :

« Cette Mlle Condley a appelé ce soir. Elle a essayé de te joindre chez toi, mais tu n'étais pas là. Elle semblait plutôt contrariée.

– Merde ! » fais-je à voix basse.

J'avais complètement oublié qu'on était mardi, le jour où elle téléphone.

« Il est cinq heures et tu m'emmerdes, Archie, dit Ted, s'apprêtant à rentrer. À ta place, j'irais me coucher. »

Sur le chemin du retour, une vague de fatigue s'abat sur moi et j'arrive à peine à mettre un pied devant l'autre. Sans faire de bruit pour ne pas réveiller Richard, je vais voir Doug qui arpente le sol de la buanderie comme un homme qui attend pendant que sa femme accouche, dix pas d'un côté, dix pas de l'autre, l'esprit à l'évidence occupé par ses propres soucis – pour un insomniaque, c'est un insomniaque. Je le prends dans mes bras et l'emporte avec moi. Je me glisse sous les couvertures, je le serre contre ma poitrine – je ne sais pas pourquoi, mais ce contact l'apaise – et il ne tarde pas à produire cette espèce de glougloutement de fond de gorge qui évoque presque le ronronnement d'un chat. Une fois qu'il est bien calmé, bien détendu, je le pose sur la colonne de lit où il s'accroupit aussitôt et se met à dodeliner de la tête. Ça paraît peut-être bizarre, mais ça me réconforte de le savoir perché dans le noir au-dessus de moi pendant que je dors.

Ce soir, après le travail, au lieu d'être affalé sur le canapé pour regarder un feuilleton à la télé, je fonce au volant d'une Oldsmobile couleur lavande bourrée d'immigrés clandestins. L'adrénaline coule dans mes veines et je roule à plus de 110, cependant qu'une vieille Mexicaine dort à côté de moi, la tête posée sur mes genoux.

L'affaire remonte à la nuit dernière après ma virée dans les bars et ma petite prise de bec avec Ted. Je venais à peine de m'endormir et voilà que Jesus est à côté de mon lit qui me tire le gros orteil.

« Arsie, murmure-t-il, réveille-toi. »

IL SE SOÛLE PROFONDÉMENT ET FAMEUSEMENT

Je vois tout de suite qu'il se passe quelque chose. À la place du sourire je-m'en-foutiste qu'il affiche en permanence, il montre un visage grave, inquiet. Et, qui plus est, il avait juré qu'il ne mettrait jamais les pieds dans une maison où il y a, comme il dit, « une saloperie de charognard de merde ».

Il débite un flot de paroles dans un mélange d'anglais et d'espagnol, et je finis par comprendre l'essentiel de son problème : sa famille est coincée à la frontière. Une ou deux fois par an, sa femme et ses enfants vont rendre visite à des parents au Mexique. Ils avaient toujours un contact qui leur faisait passer la frontière, graissait la patte à qui de droit et les ramenait à Salado. Il semble que ledit contact ait disparu et que la famille de Jesus attende à la frontière du côté de Nogales. Il s'est débrouillé pour la leur faire franchir, mais maintenant il n'y a personne pour aller les chercher. Il ne peut pas s'y risquer car, premièrement il n'a pas de permis de conduire (si jamais il se fait arrêter sur la route, on l'enverra rejoindre les autres) et deuxièmement, il doit se rendre avec Ted à Albuquerque pour la vente de bétail aux enchères.

« Je paie gros cash », dit-il en sortant une épaisse liasse de sa poche.

Je repousse la liasse en déclarant que me proposer ainsi de l'argent est une insulte. Pour une simple faveur entre amis ? Il me considère comme si j'étais fou, puis il m'explique ce que je dois faire.

Aujourd'hui, mon boulot consistait à creuser des tranchées destinées à installer des grilles pour le bétail, et je me suis activé comme si j'avais le feu aux fesses afin de terminer tôt. Vers quatre heures, j'ai fini et je rapporte le Ford. Comme Jesus me l'avait annoncé, une Oldsmobile 72 est garée devant la caravane. Il l'a empruntée à sa tante Lourdes. Je m'imaginais qu'il s'agirait d'une voiture discrète, mais celle-là, on la prendrait pour la bagnole d'un dealer ou d'un maquereau. Ce maudit engin est aussi long qu'un bus scolaire et, en plus, il est violet !

Par contre, il en a dans le moteur. Le trajet jusqu'à Nogales exige en général quatre heures, et je le boucle en moins de trois. L'énorme rosaire accroché au rétroviseur bringuebale et cogne contre le pare-brise tout au long du chemin. Lorsque j'arrive, la nuit tombe et il commence à bruiner. Je trouve facilement l'endroit que Jesus m'a indiqué : à une douzaine de kilomètres à l'ouest de la ville, une petite route de service coupée par une voie de chemin de fer et parallèle au grillage haut de près de quatre mètres qui marque la frontière. Au-dessus des rails, deux feux de signalisation projettent une lueur rouge tout autour, de sorte qu'on a l'impression d'être en enfer.

Je supposais que la famille aurait déjà traversé et qu'elle m'attendrait là, mais l'endroit est aussi calme et désolé que le désert qui l'environne. J'entends au loin s'engueuler des coyotes.

Je poireaute une bonne heure. Je ne vois rien et je n'entends toujours que les coyotes. Mon inquiétude croît de minute en minute. Avec les hurlements de ces charognards, l'immobilité totale qui règne autour de moi et la lueur rouge des feux, je deviens parano. Je dois avouer que la peur me gagne. Je n'ai qu'une envie, mettre le contact, écraser l'accélérateur et prendre le large au volant de ce paquebot violet. Pendant le trajet, je me tracassais à l'idée que je pourrais ne pas être de retour quand Mlle Condley allait appeler ; étant donné qu'elle n'avait pas réussi à me joindre la nuit dernière, je savais qu'elle téléphonerait ce soir, et si je n'étais pas là, ça risquerait de lui paraître louche. Maintenant, j'ai surtout la trouille de me faire prendre. Je n'ai pas vérifié, mais transporter des immigrés clandestins est sans doute un crime passible des tribunaux et qui pourrait donc me foutre sérieusement dans la merde.

Je sors de la voiture et je fais les cent pas dans la boue, m'arrêtant de temps en temps pour écouter. Enfin, un bruit de moteur s'élève dans l'obscurité. Je tends l'oreille et, au bout d'un moment, je distingue des voix qui paraissent venir de l'autre côté du grillage. À une centaine de mètres de là, je perçois un mouvement. Je m'approche en rampant et je vois une silhouette accroupie devant le grillage, des cisailles à la main, me semble-t-il.

Derrière se tient un groupe d'une dizaine de personnes, dont quelques enfants. Quand j'ai donné à Jesus mon accord pour ramener sa famille, je croyais qu'il s'agissait uniquement de sa femme et de ses enfants, et non pas de toute la tribu. Ils s'élancent dans la direction opposée, traînant des sacs à provisions pleins à craquer. Il est clair qu'ils ne peuvent pas me voir, aussi je fais un appel de phares pour leur signaler ma présence. Quelqu'un jure en espagnol, puis tous se mettent à cavaler vers la voiture en criant et en se bousculant. À mi-chemin, l'un des gosses, sans doute effrayé et désorienté par toute cette expédition, oblique à gauche et détale dans les broussailles. Utilisant un peu de ce qu'on appelle la géométrie du cow-boy, je m'élance à sa poursuite. En effet, quand on veut rattraper un bouvillon, on ne lui court pas directement après, mais on calcule en gros l'endroit où sa course va le mener et on fonce dans cette direction. Quoi qu'il en soit, le gamin ne se montre guère coopératif. Il zigzague comme un lapin sous le feu des chasseurs, tandis que je patauge derrière lui, l'allure d'un clown.

Le temps que je réussisse à le coincer et à le porter jusqu'à la voiture, les autres ont fourré leurs affaires dans le coffre et se sont entassés sur les sièges de l'Oldsmobile. Une vieille dame s'est installée au volant, a tourné la clé de contact et elle emballe le moteur. Au moment où je parviens enfin à la convaincre de se pousser pour me laisser prendre les commandes et où je démarre, les pinceaux de deux phares et d'un projecteur installé sur le toit apparaissent au sommet d'une colline à moins d'un kilomètre. Ce n'est peut-être qu'un péquenaud qui chasse le cerf à la lueur des phares, mais sur le coup, je suis persuadé que la patrouille frontalière, le FBI et la CIA réunis vont nous tomber dessus. Tout le monde se met à crier en même temps et la grand-mère lâche une plainte aiguë pareille à celles qu'on entend aux enterrements dans le tiers-monde. La voiture dérape dans la boue et cahote sur les buissons de cactus et de prosopis. Je n'ai pas allumé les lumières et je n'ai pas la moindre idée du terrain. Certes, je suis un habitué de ce genre de sport, mais là, j'ai une frousse de tous les diables, comme du reste les autres occupants de la voiture. À l'arrière, quelqu'un prie la Vierge Marie, les gosses hurlent, la grand-mère gémit, et moi, pour une fois dans ma vie, je me tais.

Mes yeux ne tardent pas à s'accoutumer à l'obscurité, et je constate qu'on roule sur un chemin de terre tout gondolé qui mène Dieu sait où. À deux ou trois reprises, on aperçoit des phares dans le lointain, ce qui déclenche de nouveaux gémissements de la part de grand-mère, lesquels incitent les enfants à reprendre leurs hurlements.

Après avoir tourné en rond durant une demi-heure, on se retrouve enfin sur la route et tout le monde a l'air de s'être calmé. Grand-mère est si détendue qu'elle ronfle comme une bienheureuse. Quand on atteint Salado, il est près de minuit et tous les passagers de la voiture dorment, sauf moi. Je m'engage dans l'allée de chez Jesus. Il est assis sous le vieux panneau de basket, les mains coincées entre ses genoux. Je m'arrête, coupe le moteur, et, d'un seul coup, c'est de nouveau le chaos. Les gens crient, essaient de se dépêtrer les uns des autres, les bébés pleurent, grand-mère distribue des ordres.

Pendant que j'aide à sortir les affaires du coffre, je regarde Jesus prendre ses deux filles et son petit garçon, les serrer dans ses bras et tenter de les retenir encore un peu alors qu'ils se débattent déjà pour s'échapper. Je sais que c'est une scène banale, un père qui retrouve ses enfants, mais sans que je sache très bien pourquoi, tandis que je me tiens là dans le noir, de l'autre côté de la voiture, je dois détourner les yeux. Je regarde ailleurs, en direction des lumières de la ville, jusqu'à ce que Jesus arrive derrière moi et m'assène une grande claque dans le dos en disant, une main sur le cœur :

« Merchi, Arsie, merchi beaucoup. »

Il m'invite à entrer, mais comme sa petite maison déborde déjà de monde, je lui demande si je peux emprunter l'Oldsmobile pour faire un tour. Je n'ai dormi que quelques heures depuis deux jours, mais je n'ai pas envie de regagner la caravane. Jesus me dit, oui bien sûr, tu peux aller jusqu'à Las Vegas si ça te chante.

Je descends à Salado et m'arrête chez Burly. J'ai envie de parler à quelqu'un, de décompresser un peu, mais ce soir, les lieux sont pratiquement déserts. Il y a juste quelques vieux habitués au bar, penchés sur leurs verres comme des oiseaux buvant dans une flaque. Je m'installe à une table au fond. Je ne cesse de revoir la scène de Jesus avec ses gosses, si bien que je me sens tendu et nerveux au point d'être prêt à exploser. Aussi, quand le barman me demande de derrière son comptoir ce que je prends, je réponds sans aucune hésitation :

« Un Jim Beam. »

Mon verre arrive et je reste une minute à le contempler avant de le porter à mes lèvres. Bien que ça fasse moins d'un an que je n'ai pas bu d'alcool, le bourbon me brûle la gorge comme si c'était la première fois. Je vide mon verre, puis, au deuxième, je décide – ça me fait presque l'effet d'une révélation – que c'est ce soir que je vais m'occuper de Calfred Pulsipher. Je peux attendre l'éternité qu'il sorte de sa cachette, faire tous les soirs le tour des bars, regarder sous tous les chapeaux à la station-service et à l'épicerie, ou alors je peux montrer que j'ai des couilles au cul et aller directement le trouver.

D'un seul coup, je ne supporte plus l'idée de demeurer ici une seconde de plus, pas même pour continuer à boire. Je jette l'argent sur la table, remonte dans l'Oldsmobile et vais acheter un pack de six bières au Circle K. Après quoi, je reprends le chemin de chez Jesus.

La maison est plongée dans l'obscurité. Je pensais que tout le monde serait encore debout à fêter l'événement ou je ne sais quoi, mais l'endroit est plus silencieux qu'une tombe. Sans bien me rendre compte de ce que je fais, je me mets à cogner si fort à la porte que la maison en tremble.

Une adolescente – l'une de mes passagères de tout à l'heure – entrouvre le rideau de la fenêtre pour voir ce qui se passe, puis Jesus apparaît sur le seuil, le pantalon déboutonné, la chemise à l'envers. Je respire l'odeur moite du sexe et je ne doute pas un instant avoir interrompu ses retrouvailles avec sa femme depuis si longtemps attendues. Il est là, s'employant à faire bon usage de sa grosse bite, et voilà qu'Archie débarque en plein milieu de la nuit pour le déranger.

Je me sens à la fois stupide et coupable, mais pas question que je me laisse fléchir.

« Jesus, dis-je, je suis vraiment désolé, mais j'ai besoin de savoir où habite Calfred Pulsipher.

— Ah ? fait Jesus en me dévisageant longuement.
— Il me faut son adresse. S'il te plaît.
— Maintenant ? Tu veux y aller maintenant ?
— Oui, maintenant. »

IL SE SOÛLE PROFONDÉMENT ET FAMEUSEMENT

Il soupire, crie quelque chose à l'intention de sa femme, puis ferme la porte derrière lui.

« Pourquoi tu veux y aller ? me demande-t-il en s'avançant vers moi.

– Je veux juste que tu me dises où il habite.

– Bon, suis-moi », dit-il.

Marchant pieds nus parmi les graviers et les chardons, il se dirige vers son camion.

« Je vais te conduire », reprend-il.

Je lui répète que j'ai juste besoin de l'adresse, mais il secoue la tête, met le contact, et dit simplement :

« Monte. »

Je me sens pire qu'une merde de cafard à l'idée de profiter ainsi de lui. Je lui rends un service et aussitôt après je lui gâche sa nuit en venant lui en réclamer un à mon tour. Je tente de lui expliquer, mais, sans me regarder, il balaie mes excuses d'un geste de la main. J'ouvre une bière et je la lui tends. Il la jette par la vitre.

On emprunte la route sur quatre ou cinq kilomètres, puis Jesus tourne dans un petit chemin de terre que je n'avais pas encore remarqué. C'est à peine une piste, et c'est plein de trous et de grosses pierres. Jesus fonce en ligne droite sans se soucier des obstacles. Le camion est plus secoué qu'un bateau sur une mer déchaînée. Je me prends une bière. Le bourbon que j'ai bu chez Burly ne m'a pas fait grand-chose et je sais que je vais avoir besoin d'être bien imbibé pour aller jusqu'au bout. La bière a un goût amer, un goût de flotte, et avec tous ces cahots, je suis à deux doigts de dégueuler sur le plancher, si bien que je balance le reste du pack de six par la vitre et regarde les boîtes rebondir avant de s'éparpiller dans les buissons. J'ai l'impression d'être bringuebalé et ballotté ainsi depuis des heures quand Jesus prend un autre chemin de terre et s'arrête brusquement.

« Qu'est-ce qui se passe ? je demande.
– C'est là. »
Je regarde autour de moi. Je ne vois d'abord que des broussailles et des petites mesas érodées, puis j'aperçois la carcasse d'une vieille Buick à une trentaine de pas du chemin et, derrière, à moitié dissimulée dans l'ombre nocturne d'un vieux peuplier, une maison à peine plus grande qu'une salle de bains de riche. Je me tourne un instant vers Jesus qui fixe le pare-brise droit devant lui, puis je descends.

Tandis que je me dirige vers la maison, j'ai l'impression de flotter comme un fantôme immatériel. Je ne sens pas le sol sous mes pas et j'essaie de ne pas penser à ce que je fais ou à ce que je vais faire. En approchant, je constate que la maison n'est en réalité qu'une construction délabrée en pisé où la boue séchée apparaît par les trous dans la couche de stuc. Pourtant, on s'est efforcé d'égayer un peu les lieux, et la minuscule pelouse jaunie est parsemée d'elfes en céramique, de canards dont les ailes tournoient quand le vent souffle, de petites vasques et de tournesols en plastique.

Je monte sur la véranda et frappe trois coups à la porte-moustiquaire. Une longue et pénible minute s'écoule, puis j'entends le bruit d'une démarche traînante. La lumière de la véranda s'allume, la porte s'ouvre et une silhouette se penche dans l'encadrement.

Il me faut un moment pour reconnaître Calfred Pulsipher. Au lieu de l'homme encore jeune de la photo dans le journal ou de l'adolescent que j'avais vu sur la vieille photo de classe de mon père, j'ai devant moi un homme dont la place serait plutôt dans une maison de retraite. Il a des cheveux clairsemés d'une couleur indéfinissable, le dos voûté, la peau parcheminée couverte de taches brunes. Un tube à oxygène attaché autour de sa tête alimente ses deux narines. D'une main, il tire derrière lui une bouteille munie de roulettes, et dans l'autre il a un fusil à canon scié tout rouillé qu'il pointe sur mon ventre.

Ébloui par la lumière, tenant la porte-moustiquaire à l'aide de son coude, il plisse les yeux. On reste là, à se dévisager, à deux pas l'un de l'autre, puis ses yeux s'écarquillent soudain, sa bouche s'ouvre lentement, s'arrondit, et il fait :

« Oh. »

Le fusil lui échappe, rebondit sur le seuil et heurte la bouteille d'oxygène.

Malgré moi, mon regard va de son œil droit rivé sur moi, humide et brûlant, à son œil gauche qui roule dans son orbite comme animé d'une volonté propre. Ses sourcils noués forment un accent circonflexe et sa bouche s'ouvre et se referme sans produire le moindre son.

Titubant, il fait un pas dans ma direction, les bras tendus. Un de ses genoux se dérobe sous lui, il se raccroche à ma chemise, puis, se plaquant contre moi, il passe le bras autour de mon épaule. Je sens sa moustache effleurer mon cou et je ne sais pas si la forte odeur d'alcool vient de lui ou de moi. Il loge sa tête dans le creux de mon épaule et ne cesse de murmurer :

« Oh, oh... »

Ce serait facile. Il me suffirait de refermer les bras et de le serrer jusqu'à ce que ses os craquent et que ses poumons malades éclatent. Mais je ne peux pas. Je n'y arrive pas. Je suis comme paralysé. Mes mains pendent le long de mon corps, lourdes et inutiles.

Il reste ainsi, collé contre moi, jusqu'à ce que Jesus débouche des ténèbres et m'arrache à lui. Il me ramène vers le camion. Je n'ai pas fait dix pas que je m'effondre, flasque, tremblant de honte et de soulagement. Je me redresse sur les mains et me mets à tousser dans la poussière, comme si je crachais des morceaux de matière noire logés au plus profond de moi, qui auraient été là depuis toujours et que je parviendrais enfin à expulser. Mon estomac se soulève et je suis incapable d'arrêter. Des larmes inondent mes joues. Je ne crois pas avoir jamais pleuré de ma vie, mais là, je me rattrape. Les yeux me brûlent, la gorge me serre à m'étouffer, et je continue à hoqueter et à tousser, jusqu'à ce que je vomisse tripes et boyaux dans une touffe d'armoise.

Jesus se tient au-dessus de moi, une main posée sur mon dos, et il dit doucement :

« Viens, Arsie, relève-toi. »

Il m'essuie la bouche avec sa chemise, m'aide à me remettre debout, puis, me soutenant, il repart vers le camion. Je jette un dernier regard par-dessus mon épaule, et j'emporte l'image de Calfred Pulsipher immobile dans la lumière, l'air d'un homme pris dans le faisceau étincelant d'un vaisseau spatial.

Le trajet de retour n'est qu'une succession de nappes de brouillard, et quand on arrive à la caravane, Doug est dans la grande pièce, qui se dandine dans l'obscurité, l'allure d'un canard contrefait, et ramasse les miettes sur la moquette. Jesus l'écarte d'un coup de pied, et le vautour se dirige à lourds battements d'ailes vers la cuisine, abandonnant quelques plumes noires au passage. Jesus m'assoit sur le canapé et me demande si je veux qu'il reste. Je lui dis de se magner le cul de rentrer chez lui où sa femme attend qu'il revienne finir le travail commencé. J'ai à peine le temps de terminer ma phrase qu'il a déjà la main sur la poignée de la porte.

Richard apparaît sur le seuil de sa chambre. Il a son pyjama de camouflage et les cheveux plaqués sur un côté du crâne.

« Hé, dit-il. Mlle Condley a rappelé. On dirait que tu te prépares des ennuis.

— Mlle Condley peut aller se faire foutre, je réplique sans me soucier de savoir si Richard a remarqué mes yeux gonflés ou ma voix épaisse. Et toi aussi, par la même occasion. »

IL SE SOÛLE PROFONDÉMENT ET FAMEUSEMENT

Dès que Richard a battu en retraite dans sa chambre, je vais chercher Doug qui boude sous la table de la cuisine et je sors avec lui. Le ciel s'est dégagé, les étoiles brillent, et bien que je n'aie guère dormi au cours de ces derniers jours, que je sois pâle et épuisé, il y a encore quelque chose en moi que je dois évacuer. J'ai envie de hurler à pleins poumons comme un dément, de réveiller tout le monde à des kilomètres à la ronde, mais je me borne à prendre Doug au creux de mon bras et à grimper la colline. Je passe devant le ranch qui luit d'une faible lueur bleutée dans le clair de lune, puis je descends vers la mare boueuse autour de laquelle se pressent quelques bouvillons qui se frottent les uns contre les autres. La nuit est maintenant si limpide que je n'ai aucun mal à retrouver le poteau où mon père a gravé l'initiale de son prénom. Je m'accroupis et je mords dedans de toutes mes forces, juste à côté du « Q ». Je mords et je mords jusqu'à ce que les muscles de ma mâchoire me brûlent. J'ai dans la bouche un goût de bois, de sel et de poussière. Je me relève, serrant Doug contre moi, et, cependant que je contemple les marques que mes dents ont laissées, un sentiment de fierté et de certitude monte en moi. Je n'ai plus le moindre doute : je suis né ici, ma place est ici et je resterai ici.

Cette nouvelle est extraite du recueil
Lâchons les chiens (1998).

Montée des eaux

de Callan Wink

Traduit par Michel Lederer

On était le 21 juin, le jour le plus long de l'année, et au col de Beartooth, il y avait encore plus de deux mètres de neige de chaque côté de la route. Dale avait conduit là-haut Jeannette et ses deux garçons. En ville, il faisait dans les 20 °C et, au sommet, la température avait chuté au moins de moitié. Ils firent des glissades sur le glacier et des batailles de boules de neige. À cette altitude, on était plus près du ciel et ils attrapèrent tous les quatre des coups de soleil. Le soir, de retour chez Jeannette, Dale prépara des hamburgers qu'ils mangèrent sur la véranda. La rivière qui traversait son jardin et qui, d'habitude, n'était qu'un mince filet d'eau avait grossi et on entendait cascader le flot qui avait pris la couleur du chocolat délayé dans le lait.

Après le dîner, Jeannette enduisit d'aloe vera les joues rouges des garçons et les mit au lit malgré leurs protestations. Dale entendit l'aîné dire : « Y fait même pas nuit. J'arrive pas à dormir quand y fait jour.

– Vous avez eu une longue journée, répliqua Jeannette. Vous êtes fatigués, même si vous ne vous en rendez pas encore compte. »

Elle revint sur la véranda avec une bière pour lui et un verre de vin pour elle. Elle avait également apporté le flacon d'aloe vera. Elle s'assit sur les genoux de Dale et lui appliqua la lotion sur la nuque, le lobe des oreilles et les pommettes. Jeannette avait de petites mains, des doigts vigoureux, des ongles coupés court. Avant de rencontrer son mari, elle était massothérapeute. Elle avait raconté à Dale qu'ensuite celui-ci ne lui avait pas précisément demandé d'arrêter de travailler, mais... « Il était doué pour ça, demander sans paraître exiger. J'étais une bonne masseuse. Et j'aimais mon métier. Il prétendait que c'était trop sensuel. Ça ne lui plaisait pas que je m'occupe ainsi d'autres hommes.

— Trop sensuel ? s'étonna Dale.

— Ce n'était pas du tout comme dans ces fameux salons de massage. J'envisage sérieusement de m'y remettre. Dix ans ont passé mais j'ai encore ma table et tout le matériel. De plus, l'argent ne serait pas de trop.

— Je me porte volontaire pour te servir de cobaye. Tu pourrais faire justement comme dans ces fameux salons de massage. »

Elle lui donna une petite tape en riant.

L'aloe vera lui picotait les joues. Jeannette avait reposé sa tête sur son épaule et il sentait la chaleur de sa peau au travers du mince tissu de sa robe bain de soleil. C'était une femme menue. Seins menus, taille menue, pieds menus et lourde chevelure noire. Elle avait une aversion pour les dessous que lui trouvait séduisants. Au cours de l'année écoulée, elle avait perdu son père mort d'un cancer, fêté ses quarante-trois ans et vu son mari embarqué par la police, menottes aux poignets.

Assise sur les genoux de Dale, elle se tortilla un peu comme pour chercher une position plus confortable, puis elle soupira. « Quelle belle journée, dit-elle. La plus belle depuis un bon moment. Les garçons se sont bien amusés. Ils t'aiment beaucoup. Je ne fais pas que supposer, ils me l'ont dit.

– J'ai toujours plus ou moins désiré avoir des petits frères. » Dale réalisa aussitôt que ce n'était peut-être pas la chose à dire.

Jeannette eut un petit rire et but une gorgée de vin. « Quel âge aurait eu ta mère ? demanda-t-elle.

– Des années de plus que toi.

– Combien ?

– C'est sans importance. Tu es vraiment belle.

– J'ose espérer que je ne suis pas encore une vieille peau. »

Dale avait tout juste vingt-cinq ans. Il n'avait pas réussi à terminer ses études et il s'apprêtait à passer son brevet de secouriste. Depuis quelques mois, il vivait dans le sous-sol de la maison de son père et il considérait sa rencontre avec Jeannette comme un coup de chance, la meilleure chose qui lui soit jamais arrivée. Avant elle, il était sorti avec une fille pendant près d'un an. Une guichetière de banque. Elle l'avait appelé tous les jours pendant une semaine puis avait laissé tomber.

De temps en temps, et seulement de temps en temps, il pensait au mari de Jeannette. Elle lui avait appris récemment qu'il était dans un centre de réinsertion à Billings. Les garçons voulaient aller le voir, mais elle hésitait. Elle craignait que ce ne soit encore trop tôt. D'une manière générale, elle ne parlait pas de lui et Dale ne posait pas de questions.

Ils restèrent sur la véranda dans le lent crépuscule du solstice. Les lilas étaient en fleur et leur parfum embaumait l'atmosphère. Dale massait la nuque de Jeannette en écoutant couler la rivière ; son murmure lui évoquait celui d'une foule dont le mécontentement montait.

Le matin, Dale courait, une habitude qu'il avait prise depuis peu et qui procédait du désir plus global de se reprendre en main. Il avait essayé la méditation, en vain. Courir, en revanche, lui faisait du bien. Il mettait ses chaussures dans la chambre de son enfance encore plongée dans le noir, grimpait quatre à quatre les marches de l'escalier et faisait une boucle de huit kilomètres. Le gravier du ballast crissant sous ses semelles, il traversait la voie de chemin de fer qui coupait la ville en deux, puis descendait la colline vers la rivière.

Son père avait tendance à considérer tout cela – la méditation, la gymnastique respiratoire et même le jogging – comme des trucs de hippie. Il n'y a pas longtemps, Dale aurait été d'accord avec lui. Mais lors de sa première sortie avec l'équipe de secouristes de Park County, il avait vu une fille, un peu plus jeune que lui, se vider de son sang sur le bas-côté de la route tandis que son petit ami ivre était poussé, menotté, dans une voiture de police. Le pick-up du garçon était dans le fossé, sur le toit, et les phares encore allumés éclairaient les arbres selon un angle improbable. La fille crachait des flots de sang. Éjectée du pick-up, elle s'était empalée sur la branche d'un pin tombé à terre.

Dale avait demandé aux autres secouristes comment ils se débrouillaient pour ne pas craquer face à tous ces drames dont ils étaient témoins. Margie avait suggéré la méditation. Ça n'avait pas marché. Tim avait répondu qu'il courait tous les jours, qu'il pleuve ou qu'il vente. Dale avait essayé et constaté avec surprise que ça semblait d'une certaine manière l'apaiser. On disait que courir finissait par engourdir l'esprit ou du moins par aider à décomposer les événements afin de pouvoir accomplir son travail. Chaque situation, aussi horrible fût-elle, avait un point de départ, un endroit où il était possible de s'insérer pour faire son boulot.

Il savait qu'il lui fallait réagir. Il avait traîné trois ans à l'université de Missoula, changé quatre fois de matière principale et fini par laisser tomber au cours de ce qui aurait dû être sa dernière année.

Un jour qu'il se trouvait dans un bar avec des copains, regardant vaguement un match de football, un type âgé assis non loin de lui tomba de son tabouret, le dos arqué, les tendons du cou saillants et les lèvres bleues. Dale se leva, jeta un coup d'œil autour de lui. Quelqu'un avait déjà sorti son téléphone pour appeler les secours. Un autre, installé à une table en compagnie d'une femme – peut-être était-ce leur premier rendez-vous, car tous deux étaient plutôt bien habillés –, se précipita. Il s'agenouilla près du vieux type pour le tourner sur le côté, puis il retira sa veste qu'il roula avant de la mettre sous la tête de l'homme allongé par terre. Il lui prit le bras en prononçant des paroles que Dale n'entendit pas. Aaron Edgerly, l'un de ses copains, s'approcha, suggéra de glisser son portefeuille dans la bouche du vieil homme pour qu'il ne s'étouffe pas en avalant sa langue, mais l'autre l'écarta d'un geste.

« Recule-toi, dit-il. Si tu veux te rendre utile, dégage les tabourets de là pour faire de la place aux secouristes quand ils entreront avec la civière. »

Aaron marmonna quelque chose, mais il rangea son portefeuille et s'exécuta. Il y avait une certaine autorité dans la voix de l'homme, un ancien militaire peut-être. Il gardait son calme alors que tous les autres paniquaient. L'ambulance finit par arriver. Les infirmiers emportèrent le vieux type, l'homme retourna à sa table et Dale passa la nuit à se demander ce qu'on ressentait quand on était de ceux qui savent quoi faire dans de telles situations, quelqu'un qu'on écoute lorsque les choses tournent mal.

Le lendemain, il s'inscrivit aux cours de secourisme. Il n'en parla pas à son père, car il voulait attendre d'avoir quelque chose, diplôme, brevet ou quoi que ce soit qu'on délivre quand on a réussi l'examen.

Peu après avoir abandonné ses études et être revenu chez son père, il avait surpris une conversation entre celui-ci et son oncle Jerry. Ils étaient sur la véranda où ils suivaient la retransmission d'un match de base-ball à la radio. La fenêtre de la cuisine était ouverte et Dale était monté se servir un verre de lait.

« C'est un brave garçon, avait dit son père.

– Oui, avait acquiescé Jerry. Un excellent garçon, et il l'a toujours été.

– C'est juste que c'est un faible. Ça ne fait pas plaisir de le reconnaître quand il s'agit de son fils unique, mais c'est la vérité. Ce que je veux dire, c'est qu'il a besoin d'être guidé. En tout cas, je l'aime de tout mon cœur.

– Bien sûr que tu l'aimes.

– Il y a les dominants et les dominés. C'est comme ça, mais tu comprends, on désire toujours le meilleur pour son enfant.

– Il est jeune. Je parie qu'il va se ressaisir.

– À son âge, j'avais déjà créé ma propre affaire et acheté une maison.

– Personne n'est pareil. C'est un brave petit.

– Je sais. Tout le monde le dit. »

Là-dessus, Dale était redescendu dans sa chambre.

Alors que sa première expérience demeurerait à jamais gravée dans son esprit – des mois plus tard, le spectacle de la fille empalée sur la branche de pin le hanterait toujours –, la deuxième eut curieusement d'heureuses conséquences. La soirée était plutôt tranquille et ils n'avaient reçu que deux appels. Un homme âgé qui s'imaginait faire une crise cardiaque, mais qui ne souffrait en réalité que d'une indigestion, et le passager d'une voiture légèrement accidentée qui se plaignait d'une douleur cervicale. Après quoi, il y eut un coup de téléphone en provenance d'un quartier résidentiel situé non loin de chez le père de Dale au sujet d'un enfant qui s'était probablement cassé le bras. Quand ils arrivèrent, deux vélos gisaient sur le trottoir et un garçon d'une dizaine d'années se tordait de douleur sur la pelouse, tandis qu'une femme agenouillée à ses côtés tâchait de le calmer en lui caressant les cheveux. Dale aida le secouriste de permanence à examiner l'enfant et à lui confectionner une attelle. De temps en temps, il jetait un coup d'œil furtif sur la mère vêtue d'un vieux bermuda en jean et d'un débardeur. Elle avait les mains pleines de terre, comme si elle venait de faire du jardinage.

Dans l'ambulance, les gémissements du garçon diminuèrent. La mère surprit le regard de Dale posé sur elle et lui sourit.

Un peu plus tard, cette même semaine, il passa devant chez elle en se promenant. Elle était dans son jardin et poussait une brouette chargée de paillis à répandre sous les rhododendrons qui bordaient son allée. Les garçons jouaient au basket et celui qui avait le bras dans le plâtre tirait d'une seule main. Dale se préparait à poursuivre son chemin quand la femme l'aperçut et l'invita d'un geste à les rejoindre.

Il joua un moment avec les garçons, puis il s'assit sur la pelouse à côté de leur mère et les regarda continuer leur partie jusqu'au coucher du soleil.

« Bon, c'est l'heure de mettre ces garnements au lit, dit-elle, désignant ses fils. Si vous n'êtes pas trop pressé, vous pourriez peut-être me rendre service et finir de pailler les rhododendrons. Je devrais pouvoir vous dénicher une bière. » Elle rit comme si elle plaisantait, mais Dale – bien qu'il eût fort peu d'expérience dans ce domaine – comprit que cette femme se préparait d'une façon ou d'une autre à prendre un nouveau départ dans la vie.

Dale s'occupa donc des massifs de fleurs. Quand la femme revint, il faisait nuit noire. Il était assis sur les marches de la véranda et elle vint s'installer à côté de lui, si près que leurs jambes se touchaient. Elle avait une cannette pour lui et une autre pour elle. Les gens qui consacraient leur vie à aider ceux qui traversaient les pires épreuves l'impressionnaient beaucoup, dit-elle.

« Je sais, approuva-t-il. Ce n'est pas à la portée de tout le monde. C'est très gratifiant en un sens. Ou du moins, j'espère que ça le sera. » Il allait ajouter quelque chose, mais elle posa la main sur sa cuisse.

« Tu peux rester, dit-elle. Cette nuit avec moi, je veux dire. Si tu n'as rien d'autre à faire. » Elle s'était mise à parler vite et les mots prenaient de l'élan, dévalaient la pente à tombeau ouvert. « Attends, je ne coucherai pas avec toi, même si j'aimerais bien. Tu comprends, je veux davantage que coucher avec toi, mais ce soir, je veux juste dormir avec toi. Ça te paraît sans doute bizarre. Je ne sais pas. Enfin, peu importe.

– D'accord.
– D'accord ?
– Oui.
– Tu es sûr ? J'ai quarante-trois ans et légalement je suis toujours mariée. »

Dale haussa les épaules. « Je viens juste de laisser tomber mes études et je suis retourné vivre chez mon père. »

Jeannette s'esclaffa comme si c'était la chose la plus drôle qu'elle ait jamais entendue. « Voilà qui me semble parfait. Si on pouvait tous avoir autant de chance. Tu veux prendre une douche ?

– D'accord.
– Encore d'accord ? Tu es plutôt docile, on dirait.
– Oui, peut-être.

– Mon mari, ou ex-mari, je ne sais pas trop, me traitait de garce autoritaire.
– Moi, je vous trouve gentille. »
Elle se leva et lui tendit la main pour l'aider à se mettre debout. « Ma douche n'est pas bien grande, dit-elle, mais je parie qu'on devrait y tenir à deux. On sera juste un peu serrés. » Cette dernière phrase, elle la lui murmura à l'oreille. Dale pensa que parfois, quand une femme désire seulement dormir avec vous, elle est à coup sûr sincère. Là, ce ne devait pas être le cas.
Plus tard, au lit, les cheveux encore mouillés, elle l'enlaça avec un soupir. « C'est surtout ça que je veux, dit-elle. Le reste aussi, je le voulais, mais c'est ça qui me manque le plus. » Sa respiration finit par devenir régulière. Il crut qu'elle s'était endormie, mais elle sursauta soudain. « Merde ! s'exclama-t-elle. Il faut que tu partes avant que les garçons se réveillent. Ça les perturberait. »
Moi aussi, je suis plus ou moins perturbé, songea Dale.

Cinq ans auparavant, son mari avait eu un accident de moto à la suite duquel, souffrant horriblement du dos, il était devenu dépendant à l'OxyContin. Il ne pouvait plus travailler. Il s'était fait pincer avec trois ordonnances rédigées par trois médecins différents, ce qui l'avait poussé à arrêter pour un moment.
« J'ai pensé qu'il allait mieux, continua Jeannette. C'était dur pour lui. Je ne lui ai jamais adressé de reproches. Et je ne lui en veux toujours pas. Il faisait de son mieux. Il avait l'air de ne plus avoir mal, comme quand il était sous médicaments. Il me jurait qu'il ne se droguait plus et je le croyais. À cette époque, j'avais pris un deuxième boulot. La journée, je travaillais toujours à la crèche et le soir au Bistro, quand ma mère pouvait garder les garçons. Bon, je ne me plains

pas, mais c'est pour ça que j'ai agi de cette manière. Je n'en pouvais plus, j'étais tout le temps fatiguée et j'ai craqué.
– Qu'est-ce que tu veux dire ? »

Jeannette lui avait préparé à dîner, et pendant qu'elle lui racontait cela ils faisaient la vaisselle. Debout côte à côte devant l'évier, Dale récurait une poêle tandis que Jeannette essuyait les assiettes.

« Je l'ai dénoncé, expliqua-t-elle. Ce n'était peut-être pas la meilleure chose à faire. Un soir, je suis rentrée de mon deuxième travail. Les garçons, de retour de chez leur grand-mère, regardaient la télé. J'ai cherché mon mari partout et j'ai fini par le trouver assis sur le siège des toilettes dans la salle de bains. Il était… enfin, c'était de l'héroïne. » Elle prononça le mot si doucement que Dale l'entendit à peine avec l'eau qui coulait. « À l'université, il jouait dans l'équipe de base-ball. Il était représentant régional pour une boîte de matériel de camping. Je n'arrive toujours pas à croire que j'aie pu appeler les flics. Il a tenté de s'enfuir, mais ils l'ont rattrapé au carrefour suivant. Il a passé un an au pénitencier de Deer Lodge et se trouve actuellement au centre de réinsertion de Billings. » Sur ce, après avoir rangé la dernière assiette, elle donna un coup de serviette sur les fesses de Dale. « Et maintenant, assez d'histoires tristes. »

Ce soir-là, elle ne lui demanda pas de partir, et le lendemain matin, elle prépara le petit-déjeuner. Les garçons assis en face de lui le considéraient avec gravité.

« Notre père peut expédier une balle rapide à plus de cent quarante à l'heure, dit celui qui avait le bras dans le plâtre. Et toi ?
– Moi, mon sport favori, ça a toujours été le football », répondit Dale.

Le garçon lui lança un regard sceptique. « Tu mesures combien ?

– Un mètre soixante-quinze.
– Tu jouais où ?
– Ici, à Park High.
– Après le lycée, je veux dire.
– Nulle part. J'ai arrêté là. »
Le garçon hocha la tête comme si cette réponse confirmait les soupçons qu'il nourrissait. « Mon père, lui, a joué à l'université.
– Bon, les enfants, intervint Jeannette. Allez vous brosser les dents. Dale, tu veux encore un peu de café ? »

Dale n'avait jamais brillé aux examens. Il avait beau connaître son sujet sur le bout des doigts, dès qu'il se retrouvait devant une feuille blanche et des petites cases à cocher, sachant que le temps lui était compté et sentant autour de lui la masse silencieuse des autres candidats, ainsi que l'odeur des crayons HB fraîchement taillés, sa vue se troublait, il doutait de lui et commençait à transpirer. L'examen de secourisme était une épreuve brutale constituée de cent vingt questions émaillées de termes du genre hypovolémie, nécrose, escarre, macération, acidocétose diabétique...
Après son jogging matinal, Dale s'asseyait dans la cuisine devant un verre de jus d'orange pour s'entraîner en faisant des examens blancs. Il posait sa montre sur la table afin de se chronométrer. Il était parfois interrompu par son père qui entrait chercher de l'eau, se faire griller du pain, ou bien qui mettait en route la tondeuse à gazon juste sous la fenêtre, mais Dale s'en moquait. Il aurait pu réviser dans sa chambre, mais il préférait s'installer dans la cuisine où son père pourrait le voir. Jusqu'à présent, celui-ci ne lui avait pas demandé d'explications, mais Dale savait que sa curiosité était piquée. Il l'avait surpris à feuilleter, sourcils froncés, l'un de ses livres de cours pendant qu'il buvait son café.

Penché sur sa feuille, Dale tâchait de répondre à une question particulièrement complexe, quand Jeannette appela. Il laissa le téléphone sonner. Il était à peu près sûr que la réponse correcte était C, seulement il s'agissait de l'une de ces questions auxquelles il pouvait y avoir plusieurs bonnes réponses, mais où l'une était meilleure que les autres. Il pensait que c'était C, encore que ça puisse aussi être A. Tout cela lui embrouillait l'esprit. Il savait que c'était C, mais si c'était A, ce pourrait aussi bien être D parce que la réponse D contenait à la fois C et A. Et puis merde. Après un instant de silence, le téléphone se remit à sonner. Cette fois, il décrocha. Il y avait un accent de panique dans la voix de Jeannette.

« La rivière, dit-elle. Elle déborde et elle va atteindre la maison. Je ne sais même pas si je suis assurée contre les inondations, il va y avoir de l'eau partout, tout va moisir, peut-être que les fondations sont déjà touchées, et ensuite, il ne restera plus qu'à raser la maison et...

– Calme-toi, l'interrompit Dale. Ne bouge pas et ne t'inquiète pas, j'arrive. »

Il trouva Jeannette sur la véranda de derrière. Elle se tordait les mains pendant que les garçons, affalés sur le canapé, regardaient un film à la télé. Elle ferma la porte pour qu'ils n'entendent pas.

« J'ai planté un bâton pour marquer l'endroit où elle était hier soir. Il n'était même pas mouillé. Regarde, elle est montée de trente centimètres. »

La rivière était grosse et, sortie de son lit, elle clapotait au pied des saules. Le bas du jardin où Jeannette cultivait sa rhubarbe était entièrement inondé. Après une petite butte, le terrain redescendait vers la maison. Dale estimait que si l'eau montait encore de trente centimètres, elle passerait par-dessus la butte, le flot se déverserait le long de la pente, et à ce moment-là on ne pourrait plus l'empêcher d'envahir la maison.

« Merde, jura-t-il. Bon. Très bien. » Jeannette le fixait du regard. Elle attendait quelque chose. Dale lut sur son visage combien son mari lui manquait en cet instant. Il ne savait pas quoi faire. « Bon, répéta-t-il. On va trouver une solution. »

Pataugeant sur le terrain détrempé, l'eau froide lui arrivant aux chevilles, il se dirigea vers la rivière. Il sentait le sol trembler. Les buissons étaient secoués par la force du courant tandis que leurs racines s'efforçaient d'y résister. Un ballon de basket d'un orange obscène dansait au milieu des flots tumultueux et tranchait sur l'eau grisâtre. Une seconde bloqué par une branche, le ballon se dégagea puis disparut. La rivière, qui d'ordinaire serpentait paresseusement parmi les jardins de ce quartier de la ville, s'était soudain réveillée en réponse à l'appel du fleuve, dévorant toutes les proies qui passaient à sa portée.

« Ne t'approche pas trop ! cria-t-il pour couvrir le grondement de l'eau. C'est dangereux ! »

Il continua à avancer, le regard rivé sur la butte qui constituait le dernier rempart contre la crue ainsi que sur le bâton planté par Jeannette, essayant de calculer le temps qui leur restait. Les perspectives ne paraissaient guère encourageantes. Il retourna vers la maison. Il aurait voulu prendre Jeannette dans ses bras mais, trop nerveuse, elle arpentait la véranda.

« Merde, merde, merde, marmonnait-elle. Qu'est-ce qui va arriver ? Qu'est-ce qui va encore me tomber dessus ? »

En désespoir de cause, Dale téléphona à son père.

Il ne lui avait pas parlé de Jeannette, mais c'était une petite ville et son père n'avait pas tardé à être au courant. Traversant le parc en voiture, il les avait surpris assis sur une couverture, la tête de Dale sur les genoux de Jeannette, pendant que les garçons jouaient dans le bac à sable.

Ce soir-là, son père avait tenu à préparer le repas. « Je vais mettre des steaks d'orignal à griller, dit-il. Tu n'as qu'à préparer une petite salade ou quelque chose comme ça. Il y a un moment qu'on n'a pas dîné ensemble. »

Assis à la table de la cuisine, Dale étudiait les symptômes de l'acidocétose diabétique. Il jeta à son père un coup d'œil plein de méfiance. « Pourquoi ?

— Comment ça, pourquoi ? On est tout le temps pressés. On cavale toute la journée. Ça fait une semaine que je ne t'ai pas vu. Tu es trop occupé pour manger un morceau en compagnie de ton père ?

— Non. Pas vraiment.

— Bon, alors c'est parfait. »

Il sortit allumer le gril pendant que Dale lavait un peu de laitue. Ils dînèrent sur la véranda. Le jus de la viande d'orignal colora de rouge leurs assiettes en carton. Ils touchèrent à peine à la salade, comme si elle n'était là qu'à titre commémoratif, un petit geste en souvenir de la femme qui avait depuis longtemps disparu de leur existence.

Après avoir fini de manger, son père posa les pieds sur la balustrade, but une gorgée de sa bière et rota. « Ainsi, tu as une petite amie, maintenant.

— Comment ça ?

— Je vous ai vus dans le parc. Un beau tableau de famille. Tu t'es donc trouvé une famille toute prête.

— Ce n'est pas ça du tout.

— Je connais l'histoire. C'était dans les journaux. Il entraînait les enfants au base-ball. Un coach doublé d'un drogué. Difficile à imaginer. Et un escroc, par-dessus le marché.

— Ce n'est pas un facteur essentiel de l'équation. »

Le père de Dale éclata de rire. « Fils, tremper son biscuit est une chose et pique-niquer avec les mômes en est une autre.
— T'inquiète pas pour ça.
— Qui a dit que je m'inquiétais ? Je veux juste te donner un conseil. Bientôt, elle se lassera, tu ne l'intéresseras plus, et alors tu dégusteras.
— Laisse tomber.
— Non, je ne laisserai pas tomber. Tu vis sous mon toit et tu m'écouteras jusqu'au bout. Tout ce que je veux dire, c'est que les filles ont toujours été en avance par rapport aux garçons, et en fréquentant une femme qui a quelques années de plus que toi, tu pars avec un sacré handicap. Elle a un gros avantage et elle ne tardera pas à prendre plusieurs longueurs d'avance sans même que tu t'en rendes compte, et tu auras du mal à t'en remettre, crois-moi. Quand elles accouchent, en même temps qu'elles perdent les eaux, elles perdent leur esprit rationnel.
— Mon Dieu, papa ! »
Dale emporta les assiettes dans la cuisine, puis il se réfugia dans sa chambre. Comme si son père connaissait si bien les femmes qu'il pouvait professer des théories à leur propos. À ce qu'il en savait, il n'y en avait eu qu'une dans sa vie et Dieu sait que le résultat n'avait pas été brillant.

Dale contourna la maison pour téléphoner d'un endroit où le bruit de l'eau qui montait était moins fort. Quand son père décrocha, il entendit en fond sonore des voix et des rires rocailleux.
Une fois par semaine, le père de Dale et quelques-uns de ses copains se réunissaient au drugstore devant des cafés à cinquante *cents* et des *donuts* rassis, et ils racontaient des conneries pendant une heure. Les sujets variaient, mais en

général, ils en revenaient toujours aux derniers outrages au bon sens commis par le gouvernement actuel, aux conditions météorologiques, au nombre de hardes d'orignaux par rapport à la population croissante des loups, aux alevins qui peuplaient la rivière et à la raison pour laquelle les truites étaient toutes plus petites qu'avant.

Dale l'informa de la situation, et peu après il arrivait au volant de son pick-up, la barbe encore parsemée de miettes. Jeannette était dans l'allée, et elle esquissa un sourire inquiet. Lorsque Dale voulut faire les présentations, son père l'interrompit :

« On n'a pas de temps à perdre. Il faut filer au champ de foire. Les scouts ont commencé à préparer des sacs de sable. »

Là-bas s'empilait déjà une petite montagne de sacs. Les scouts travaillaient deux par deux. L'un tenait un sac ouvert sous un cône de signalisation dont on avait coupé le bout, et l'autre versait le sable au moyen d'une pelle dans cette espèce d'entonnoir. Il y avait un ballet de camions dans lesquels les gens balançaient les sacs tandis que les radios diffusaient à plein volume de vieux standards de rock. C'était le genre de situation où le père de Dale se sentait à l'aise. Il recruta aussitôt deux scouts qui traînaient pour qu'ils chargent des sacs de sable sur le plateau de son pick-up où Dale les entassa. Entre-temps, son père allait d'un groupe à l'autre pour les encourager avec force jurons. Il dénicha quelque part un gobelet de café et Dale l'entendit expliquer au chef scout : « Non, chez nous, c'est en haut d'une colline. Faudrait le déluge pour que l'eau arrive jusque-là. C'est pour la petite amie de Dale. Sa maison risque d'être emportée. »

Ils passèrent l'après-midi à charrier des sacs de sable. Dale et son père étaient dans l'eau glacée jusqu'aux genoux pendant que Jeannette allait chercher les sacs dans le pick-up. Bien que frêle, elle semblait porter aisément sur l'épaule les lourds sacs qu'elle posait ensuite avec un grognement avant de retourner en prendre un autre. Dale voyait la manière dont son père observait la jeune femme. C'était un homme qui attachait une grande valeur au travail. Des années plus tôt, il avait dit à son fils qu'il voulait qu'on inscrive sur sa tombe en guise d'épitaphe : IL A FAIT SON TRAVAIL.

Ils travaillèrent fiévreusement jusqu'à ce qu'ils aient érigé un mur d'un mètre de haut tout le long de la partie basse du jardin. Quand il levait la tête, Dale apercevait les garçons dans la maison, le visage collé aux portes en verre coulissantes. Son père leur décochait parfois un coup d'œil faussement courroucé, et ils s'empressaient de regagner la cuisine.

Après deux chargements de sacs de sable, il leur sembla avoir enfin construit un rempart capable de résister à la rivière en crue. Il pleuvait moins et, épuisés, ils s'assirent sur la véranda. Jeannette alla chercher des bières qu'ils burent en regardant les eaux tumultueuses qui montaient toujours.

La jeune femme finit par se lever pour emporter les bouteilles vides. « Maintenant, j'aimerais que vous rentriez vous changer, dit-elle. Et que vous reveniez tous les deux dîner ici. J'ai fait la semaine dernière des lasagnes que j'ai congelées. Je les mettrai à réchauffer et je vous préparerai une salade verte avec des croûtons à l'ail. » Le père de Dale voulut protester, mais elle le coupa : « J'insiste. Dîner dans trois quarts d'heure. Filez prendre une douche. Sachez que je suis la reine des lasagnes.

– Bien, m'dame. »

Le repas terminé, le père de Dale remercia Jeannette qui le serra dans ses bras et l'embrassa sur les deux joues. Il devint tout rouge. Dale le raccompagna sur la véranda.

« Je ne te propose pas de te ramener.
– Non, en effet.
– Je dois dire que je ne peux pas te le reprocher.

– Nan.
– Les lasagnes étaient délicieuses.
– Pas mauvaises.
– Ouais. » Les yeux baissés, le père de Dale se grattait la barbe. Il se racla la gorge, cracha. « Bon boulot, fils. » Il descendit pesamment les marches et Dale l'entendit roter en grimpant dans son pick-up.

Il retourna dans la cuisine aider Jeannette à faire la vaisselle, puis ils sortirent sur la véranda où, à la pâle clarté de la lune, enveloppés dans une couverture, ils écoutèrent la rivière, parlant peu et essayant d'estimer le niveau de l'eau. Jeannette finit par s'endormir, la tête sur l'épaule de Dale, les jambes et les bras saisis de tremblements occasionnels.

Dale se réveilla alors que le soleil apparaissait au-dessus des lilas du jardin. L'un des garçons pleurait dans la chambre du premier étage. Lui tournant le dos, Jeannette dormait encore, pelotonnée, les genoux remontés sur la poitrine. Comme le garçon continuait à pleurer et qu'elle ne bougeait toujours pas, Dale la poussa doucement du coude. Le visage enfoui sous la couverture, elle grogna, roula sur le dos.

« Un des garçons est réveillé », dit Dale.

Elle murmura quelque chose d'à peine intelligible. Dale crut comprendre : « C'est ton tour. »

Il écouta quelques instants encore, puis il se glissa hors de la couverture. Il fit quelques pas en pataugeant sur la pelouse détrempée. Une marque brune sur les sacs indiquait l'endroit jusqu'où l'eau était arrivée. Le mur avait tenu. La rivière couleur de thé ressemblait encore à un torrent rapide, mais elle avait regagné son lit. Il retourna sur la véranda où Jeannette, lovée sous la couverture, n'avait toujours pas bougé. Un sanglot en provenance de la maison rompit le silence. Dale hésita un instant.

Il rentra. Ce ne sont que des gamins, se dit-il. Aucune raison d'être si nerveux. Il ouvrit la porte de la chambre des enfants et aussitôt, les pleurs cessèrent. La figure rouge, ils le considérèrent d'un air interrogateur.

« Maman ? demanda l'un d'eux, regardant par-dessus l'épaule de Dale pour voir si leur mère était là.

– Elle dort, répondit Dale. Laissons-la se reposer encore un peu. » Ils le dévisagèrent. Le plus jeune paraissait sur le point de fondre de nouveau en larmes. « Vous aimez le café, les enfants ? »

Pas de réponse, puis l'aîné fit non de la tête.

« Je parie que votre mère ne vous permet pas d'en boire, je me trompe ? Eh bien, comme elle dort, on peut faire ce qu'on veut. Venez vite, il faut se dépêcher avant qu'elle se réveille. » Dale se dirigea vers l'escalier sans être sûr qu'ils le suivent. Il remplissait la cafetière quand ils entrèrent dans la cuisine, clignant des paupières, les cheveux ébouriffés.

« Il est indispensable de faire les choses dans l'ordre et correctement, expliqua Dale. Approchez, approchez. D'abord, on verse cinq cuillerées de café moulu dans le filtre. D'accord ? Une... deux... cinq. Quand votre mère prépare le café, elle en met quatre, et encore les bons jours. Nous, on est des hommes, d'accord ? On aime le café bien fort. Cinq cuillerées. Vous vous en souviendrez ? »

Ils hochèrent la tête avec sérieux.

« Bon, maintenant, il nous faut des mugs. Plein de lait. Plein de sucre. Quand vous serez grands, vous le boirez noir. En attendant, vous le prendrez comme ça. Mon père aussi faisait le mien de cette manière. On ne commence pas tout de suite par le truc fort. » Ils s'installèrent, chacun devant un mug.

« Et après ? demanda l'un des garçons.

– Après, on boit notre café. On parle du temps.

– Y pleut plus, dit l'autre, jetant un regard par la fenêtre.

– Nan, fit Dale. On va avoir une belle journée.
– Il a vachement plu.
– J'aime mieux la neige que la pluie.
– Moi, c'est le soleil.
– Eh bien, vous les gars, on dirait que vous aimez la nature. »

Jeannette entra par la porte de derrière, la couverture drapée sur les épaules, les yeux bouffis. Les voyant tous les trois assis là, Dale et ses deux fils, elle s'immobilisa. Il imagina ce qu'elle devait ressentir. Un tableau idyllique, sans la moindre fausse note. En tout cas, si elle en fut émue, elle n'en manifesta rien.

« Dale nous a fait du café, dit l'un des garçons. Et on parle du temps. »

Jeannette s'assit. « Les filles sont admises ?
– Mmouais. »

Elle prit le mug de Dale. « Je n'arrive pas à croire que j'aie dormi si longtemps. Oh là là, qu'est-ce que j'ai mal au dos. Je n'ai plus l'âge de coucher sur les vérandas. » Souriant à Dale, elle lui tapota le genou sous la table.

« On n'a pas été inondés, dit Dale.
– J'ai remarqué. Je vais préparer un gâteau ou une tourte pour ton père. Mon Dieu, ce café est épouvantable. Vous êtes vraiment en train de boire ça, les garçons ?
– Il est très bon, répliqua l'un d'eux.
– Parce qu'on est des hommes », ajouta l'autre.

L'été toucherait bientôt à sa fin. Dale étudiait en vue de son examen. Il sortait courir de bonne heure, pendant qu'il faisait encore frais. Quand la brume montait de la rivière, il accélérait l'allure, incapable pourtant de voir à plus d'un mètre devant lui. Il éprouvait un sentiment de vertige, un peu comme s'il tombait au lieu de courir.

Il accompagnait quelquefois l'équipe de secouristes. Des interventions plutôt routinières. Rien de comparable à celle de la première nuit. Il y eut un coup de feu, un accident, deux gamins qui jouaient avec le pistolet de leur père. Celui qui était touché à la jambe, transpercée d'un trou rouge tout froncé, avait le visage livide. Dale aida à porter la civière et à l'installer dans l'ambulance. « Mon père va être furax, dit le gamin. Ça va coûter cher, hein ? Y va me tuer.
 — T'inquiète pas, mon vieux, le rassura Dale. Ton père sera content que tu t'en tires à si bon compte, crois-moi. »
 Il se sentait confiant pour l'examen. Et pour le reste aussi. Il avait rédigé des fiches, et souvent, le soir, allongée sur le canapé après avoir mis les garçons au lit, Jeannette l'interrogeait. Elle posait ses pieds nus sur les genoux de Dale pour qu'il les lui masse.
 « Quels sont les deux types d'accidents vasculaires ?
 — Ischémiques et hémorragiques.
 — Parfait. Tu vas réussir haut la main.
 — Je ne sais pas. On verra bien.
 — Ne dis pas de bêtises. Tu connais ton sujet sur le bout des doigts.
 — Jusqu'à ce que je me retrouve dans la salle avec la pendule devant moi.
 — Représente-toi tous les autres à poil. Ce n'est pas ce qu'on conseille dans ces cas-là ?
 — Ça sert surtout quand on a peur de parler en public.
 — Ça pourrait quand même être utile.
 — J'essayerai et je te dirai. »

Le matin de l'examen, Dale se leva tôt. Jeannette, le corps chaud et doux, dormait encore. Dale n'avait pas couché dans son lit à lui depuis des semaines.

Quelques jours auparavant, elle lui avait dit que s'il voulait apporter ses affaires, elle n'y verrait pas d'inconvénient. Il n'avait rien contre. Il passait déjà tellement de temps chez elle que ça ne changerait pas grand-chose. De plus, son brevet en poche, il serait officiellement embauché par les pompiers et il pourrait contribuer aux dépenses du foyer. On lui avait déjà donné un accord verbal. Il toucherait alors un salaire décent.

Il laça ses chaussures dans le noir. La maison était silencieuse. Il but un verre d'eau puis referma doucement la porte derrière lui. Il s'engagea sur le trottoir, les jambes tremblantes d'énergie contenue. Il n'allait pas courir mais voler, après quoi il réviserait une demi-heure avant de partir. Ce foutu examen ne serait qu'une formalité et une nouvelle vie l'attendait après, une vie stable, sérieuse avec Jeannette et les enfants. Les choses arrivent comme ça, songea-t-il. Sans qu'on les ait prévues.

Le soleil commençait à poindre au-dessus des collines entourant la ville. La respiration égale, effleurant parfois de la main le tronc des peupliers qui bordaient la piste, il longeait la rivière. Juste avant le pont de la 9e Rue, il aperçut quelque chose à la périphérie de sa vision, une silhouette floue en sweat-shirt à capuche qui brandissait un objet, un bâton, une batte de base-ball. Dale se mit à courir, mais ses pieds ne touchaient plus le sol. Une nappe de brouillard s'élevait de la rivière, un brouillard noir au sein duquel il plongea.

Ken n'avait pas pris le café avec ses vieux copains depuis longtemps. Il ne savait pas s'il en serait capable, mais il fallait qu'il sorte de chez lui. La veille au soir, une tempête soudaine avait arraché toutes les feuilles des arbres. Il s'était réveillé au spectacle de branches dénudées. Les nuages annonçaient la neige. Il y avait des mois qu'il n'était pas entré au drugstore. Il se dirigea d'abord vers la machine à café et glissa une pièce de cinquante *cents* dans la fente. Le gobelet à la main, il s'assit à la table et Greg Ricci l'accueillit d'un signe de tête tout en continuant son récit : « Alors, j'y ai dit, faut mélanger l'essence et l'huile. Moi, je sais ça depuis que je suis môme, et voilà un type qu'a étudié, et il a jamais fait de mélange pour une tondeuse à gazon de toute sa vie. Le monde a bien changé, et des fois je suis pas mécontent à l'idée de le quitter bientôt.

– Raconte pas de conneries.

– Nan, je suis sérieux. T'entres dans un bar et personne se parle plus. Y z'ont tous les yeux fixés sur leur téléphone ou je sais pas quoi. L'autre jour, je suis allé à Denver voir mon fils. À l'aéroport, dans tous les bars y z'ont ces foutus iPods. Vissés devant les tabourets pour qu'on puisse pas les faucher. Je demande une bière au barman, et y me répond qu'y peut pas me servir. Fallait que j'appuie sur une touche de l'iPod. Alors, je fais, qu'est-ce que vous foutez là si vous pouvez pas me servir ? Y me répond, ben faut bien qu'y ait quelqu'un pour décapsuler les bouteilles. Faites gaffe, j'y dis, passqu'un jour y trouveront un moyen pour le faire aussi. » Il se tut pour boire une gorgée de café. « Comment ça va, Ken ?

– Pas trop mal, compte tenu des circonstances.

– Je comprends. Ça fait plaisir de te voir. »

Ils hochèrent tous la tête.

« Ouais. Un peu venteux ce matin.

– Et comment ! Ma bonne femme va pas me lâcher jusqu'à ce que je commence à ratisser.

– Saloperies de feuilles.

– Merde, cette année, je vais pt'être payer quelqu'un pour le faire.

– Tu parles, t'es bien trop radin.

— On verra. Hé, j'ai vu le banc qu'ils ont installé à la mémoire de ton fils sur la piste qui longe la rivière, Ken. Y z'ont fait du bon boulot.
— C'est juste un banc.
— Pt'être, mais l'endroit est bien. Tu peux t'asseoir à l'ombre pour regarder l'eau.
— Je ne sais même pas qui a eu cette idée. Je n'y suis pour rien.
— Y me semble que c'est les pompiers. Les secouristes de chez eux.
— Ils ne m'ont jamais consulté.
— En tout cas, c'est un beau banc. Avec une plaque et tout.
— C'est juste un banc.
— Il a été bien fait. Confortable.
— C'est juste un foutu banc, d'accord ? Maintenant, on peut passer à autre chose ?
— Y z'auraient quand même dû te demander ton avis.
— Et si on allait l'enlever de là ?
— Je ne veux pas qu'on l'enlève. C'est un banc et rien d'autre. Il ne signifie rien pour moi. Les chiens continueront à pisser dessus longtemps après que je serai mort et enterré. » Ken but une gorgée de café. Il baissa les yeux pour voir si ses mains tremblaient. Elles ne tremblaient pas. C'était récent ce geste, une chose qu'il n'avait jamais eu besoin de faire jusqu'alors. « Vous savez qu'on parle de quotas pour chasser les loups ? demanda-t-il. Je crois qu'on devrait tous se dépêcher d'en tuer un.
— Un loup de moins, mille orignaux de plus.
— Tirer, enterrer, se taire, c'est ce que je dis toujours.
— T'as drôlement raison. »

Il paraît qu'il était en route pour la tuer. C'est ce que les flics avaient dit, et il fallait qu'elle les croie. Elle ne pensait pas sérieusement qu'il s'en serait pris aux enfants. Mais qui pouvait savoir ? Elle ne connaissait plus cet homme, et ne l'avait d'ailleurs peut-être jamais connu. C'est un simple feu rouge qui l'avait sauvée. Il roulait trop vite en traversant le parc, et quand la voiture de patrouille avait mis son gyrophare, il avait tourné au feu en accélérant encore. À ce qu'on lui avait dit, il allait à près de cent trente quand il avait mordu sur le bas-côté le long de la rivière. La voiture avait fait un tonneau et était tombée dans l'eau sur le toit.

Le matin, de temps en temps, elle émergeait du sommeil avec l'impression de sentir une main sur sa hanche, une présence masculine à ses côtés. Encore à moitié endormie, il lui arrivait de se rappeler le rêve qu'elle avait fait. Parfois, c'était Dale, gentil, attentionné, sérieux, et là, elle se réveillait triste. Parfois, c'était Tony, l'ancien Tony, celui qui la connaissait mieux que quiconque, et là, elle se réveillait rouge de honte.

Plusieurs semaines après l'enterrement, elle s'arrêta devant la maison du père de Dale. Elle lui apportait un plat de lasagnes. Planté sur le seuil, il ne fit pas mine de l'inviter à entrer.

« Je suis désolée, murmura-t-elle. Je ne sais pas quoi dire.
– Vous n'avez pas à être désolée, répliqua-t-il, alors que ses yeux disaient le contraire. Je vous rapporterai le plat demain, reprit-il. Et j'aimerais que vous ne refassiez jamais ça. J'aurais d'ailleurs préféré que vous vous en absteniez. » Il referma doucement la porte et Jeannette rentra chez elle. Elle resta longtemps assise sur les marches avant de réussir à composer son visage pour affronter ses fils.

Comme il avait beaucoup neigé durant la nuit, il n'y avait pas d'école ce matin-là. Leur maman n'était pas allée travailler et elle leur avait fait du chocolat chaud. Son petit frère en prit, mais lui, il dit qu'il préférerait du café. Il veilla à ce qu'elle le prépare correctement, avec cinq cuillerées. Il ajouta plein de lait, plein de sucre, un peu de chocolat aussi, et c'était drôlement bon. Installés dans la cuisine, ils regardèrent tomber les flocons, aussi gros et blancs que les pompons des bonnets de Noël.

« On va s'habiller chaudement et aller se promener dans le parc », dit leur mère. Elle avait sa voix enjouée, celle qu'elle avait rarement avant mais qu'elle semblait avoir de plus en plus souvent maintenant.

Il haussa les épaules.

« On pourrait faire un bonhomme de neige », dit son petit frère.

Leur mère remuait son café. « Ça m'a l'air d'une bonne idée, dit-elle. Allons-y. »

En chemin, quelqu'un les dépassa, qui skiait au milieu de la route. Les arbres étaient recouverts d'un épais manteau blanc et les branches des sapins ployaient sous le poids de la neige, si bien qu'il suffisait de les secouer pour recevoir une pluie de légers flocons.

Ils firent un bonhomme de neige. Comme ils n'avaient pas pensé à emporter une carotte pour le nez et des morceaux de charbon pour les yeux, ils se contentèrent de bouts de bois, mais le résultat n'était pas terrible. Avec son frère, ils le décapitèrent du tranchant de la main comme des karatékas.

Après quoi, il eut l'idée de construire un fort. Un genre d'igloo mais avec des branches, à l'exemple d'un tipi. Il embaucha son frère. Leur mère les aida un moment puis, fatiguée, elle alla s'asseoir sur un banc. Il y avait des arbres autour et on apercevait la rivière derrière elle. Elle portait un blouson rouge vif des pompiers de Livingston ayant appartenu à Dale, et le garçon songea que si les bonshommes de neige avaient du sang, leur intérieur ressemblerait à une glace à la cerise.

Quand, quelques instants plus tard, il leva de nouveau la tête, il constata qu'il y avait un homme sur le même banc que sa mère. Ils étaient chacun à un bout et il était trop loin pour voir s'ils se parlaient, mais ils n'en avaient pas l'air. On aurait dit que le banc était trop petit pour eux deux, comme s'ils n'avaient pas voulu s'y trouver ensemble. L'homme portait une casquette de chasseur orange. Orange électrique. Leur mère était coiffée de son bonnet d'une couleur aussi éclatante, sinon il n'y avait que le blanc de la neige, le gris des troncs d'arbre et le noir de la rivière. Il abandonna le fort pour se diriger vers le banc. Sa mère se figurait qu'il était encore petit, mais elle se trompait, il avait dix ans. Il avait ramassé une branche de peuplier de la grosseur de son poignet et il marchait vite, s'enfonçant dans l'épais tapis de neige sans quitter sa mère du regard.

En approchant, il la vit essuyer une larme avec un sourire. Ça lui arrivait fréquemment ces derniers temps. Elle prenait une voix enjouée puis une voix encore plus enjouée, celle d'après avoir essuyé une larme.

« Tout va bien, dit-elle. Tout va bien, mon chéri. Dis bonjour à Ken. On bavardait juste.

– Bonjour, Ken. » Il tenait toujours la branche, posée sur l'épaule.

Les yeux de Ken étaient bordés de rouge et son nez coulait. Il se pencha en avant, fit une boule de neige et, pratiquement sans avertissement, la lança. « À toi, petit, frappe », dit-il simplement.

Ken devait s'imaginer qu'il la manquerait, mais son père lui avait appris il y a longtemps à manier la batte, et même s'il n'en donnait pas l'impression, il était prêt. Il frappa avec le bâton, le plus fort possible, et la boule de neige explosa en un nuage de poudre blanche glacée qui retomba doucement sur eux trois. Il en sentit un peu s'infiltrer sous son col, tandis qu'elle fondait comme des larmes sur les joues de Ken et parsemait les cheveux noirs de sa mère, comme si elle était soudain devenue vieille et grisonnante.

« Bravo, dit Ken. Joli coup. Te voilà prêt pour la ligue majeure. »

Cette nouvelle inédite est extraite
du premier livre de Callan Wink,
Dog Run Moon, qui paraîtra en français en 2017.

La Copper Kings

de Scott Wolven

Traduit par Cécile Deniard

Quand ma femme a demandé le divorce en août dernier, j'ai quitté le nord de l'État de New York et j'ai pris la route vers l'Ouest. Je crois que j'avais le projet de vivre à Seattle, mais pas d'argent pour le réaliser. Je suis resté en rade à Moscow, Idaho. J'ai consacré beaucoup de temps et de soin à la boisson et j'ai découvert que j'étais vraiment doué pour être bourré.

L'alcoolisme léger exige un délicat équilibre de solitude, d'alcool et d'argent, et je m'appliquai à en faire une science. Maintenir à flot la partie argent de l'équation est toujours un problème, et je fus donc soulagé lorsque Greg se présenta à ma porte un samedi en début de matinée en parlant de se faire payer cash pour une journée de travail.

Greg était baraqué, ancien joueur de football américain, et il vivait avec sa copine et son fils à elle dans un des mobile homes qui entouraient ma baraque de deux pièces en parpaings. Greg vendait des assurances et faisait de la peinture en bâtiment, mais son principal à-côté était la chasse aux primes et aux locataires partis sans payer. Il possédait une licence de guide délivrée par l'État de l'Idaho, si bien que la plupart de ses activités étaient à peu près dans les parages de la légalité. Dans l'Idaho, on peut boire une bière en voiture avec un pistolet posé sur le siège passager. Je ne pense pas qu'ils laissent un truc comme une licence se mettre en travers de la justice ou quoi, alors Greg et moi étions sans doute libres de rechercher qui nous pouvions trouver. Si vous vous lanciez à la poursuite de quelqu'un, vous deviez savoir qu'il avait accès aussi bien que vous à la grenaille et à l'autodéfense. Dieu n'a pas créé les hommes égaux, c'est Sam Colt qui l'a fait, affirme le dicton, et l'Idaho respecte ça. À chaque fois que je voyais Greg devant le mobile home de sa copine, je le saluais de la main et il me répondait. Nous étions associés, de manière plus ou moins officieuse. Je le vis parcourir l'allée de graviers qui serpentait entre les mobile homes et j'ouvris la porte avant qu'il ne frappe.

« Salut », dis-je. Greg portait une chemise et un pantalon en jean, une veste de chasse beige et des bottes de cow-boy noires.

« Un peu tôt pour être raide, non ? demanda-t-il en montrant la bière dans ma main droite.

– C'est une légende, répondis-je. L'alcool n'a pas le moindre début d'effet sur le cerveau avant midi.

– C'est ça, dit Greg en hochant la tête. Ça te dirait d'aller faire un tour ? J'ai un client potentiel et on pourrait se faire payer cash si on travaille aujourd'hui.

– Combien ? » Greg passa d'un pied sur l'autre et jeta un regard vers les mobile homes. « Je crois que ça dépend, dit-il.

– Donne-moi une idée. » Je m'appuyai contre le chambranle de la porte en sirotant ma bière tiède.

« Il s'agit de retrouver une personne disparue, dit-il en se retournant pour me regarder en face. Il y a peut-être quelques centaines de dollars à se faire, et probablement pas d'armes à feu dans le coup. » Il s'interrompit un instant. « Enfin, peut-être des armes, mais pas de flics en tout cas. »

J'acquiesçai. « Ça marche pour moi. » Je renversai la tête en arrière, siphonnai ma bière et lançai la cannette vide dans ma maison. « Je peux me servir de ton pistolet ? » Greg possédait un Beretta qui me faisait envie.

Greg sourit. « Bien sûr. Allez, on y va. »

On redescendit l'allée de gravier ensemble et on monta dans l'horrible pick-up de Greg, un vieux Toyota quatre portes qu'il avait équipé d'une barrière en Plexiglas pour séparer les sièges avant de l'arrière, comme les flics. Il démarra et on traversa la ville avant de gagner la campagne. Des kilomètres et des kilomètres de lentilles et de maïs s'étiraient jusqu'à l'horizon.

« Joli coin », observai-je. Une bouteille de whisky se trouvait dans la poche de ma veste. Je la sortis et pris une gorgée. Je regardais les champs défiler.

Greg se pencha en avant, passa la main dans la boîte à gants et me tendit le Beretta. Je le fourrai dans la poche droite de mon blouson.

« Les fermes me foutent toujours les jetons, dit Greg. Trop de travail. » Il regardait la route droit devant lui, des océans de céréales défilaient de part et d'autre. « J'aime les villes, ajouta-t-il. Aussi petites soient-elles. »

On passa devant une église depuis longtemps abandonnée et on tourna à droite dans un chemin de terre. Un panneau manuscrit indiquait FERME RYAN. Je pompai un peu de whisky. On parcourut le chemin de terre puis on s'arrêta devant une maison blanche entourée de bâtiments de ferme. Une table de pique-nique affaissée trônait sur la pelouse. Un vieil homme descendit de la véranda à notre rencontre. Une femme âgée aux cheveux blancs se tenait sur les marches, devant la maison. Nous sortîmes tous deux du pick-up et je laissai le whisky sous le siège passager.

« Bonjour », dit le vieil homme. Sa voix était une tonne de gravier se déchargeant d'un camion. « Je suis Harry Ryan. » Il portait une salopette de fermier en jean et une casquette verte.

Greg le salua d'un signe de tête. « Je suis Greg Newell et voici mon associé, John Thorn », dit-il. Je hochai la tête et esquissai un salut de la main droite.

« Sam Haag m'a dit que vous seriez bien pour ce boulot. Il dit que vous êtes un dur. » Il regarda Greg, puis moi. « Il me faut quelqu'un de dur, dit-il.

– C'est notre cas », répondit Greg.

Harry Ryan s'approcha. « Je sens une odeur d'alcool.

– J'en ai renversé sur mes chaussures hier soir, en faisant un billard », mentis-je.

Harry Ryan fit un pas de plus. « On dirait que vous l'avez renversé dans votre bouche au saut du lit ce matin.

– Ça m'aide à être dur. »

Harry Ryan hocha la tête.

« Sa femme a demandé le divorce », expliqua Greg.

Harry Ryan mit les mains dans ses poches. « Je comprends », dit-il. Il se dirigea vers la table de pique-nique et s'assit. Greg et moi l'avons suivi et on resta debout de l'autre côté de la table. Harry Ryan leva les yeux vers nous.

« Voilà, dit-il, je veux que vous retrouviez mon fils. » Il brandit une enveloppe. « Il est allé chercher du boulot dans la pointe nord de l'État et il nous a écrit quelques lettres, comme celle-là. Mais les lettres se sont arrêtées il y a trois semaines et je n'ai pas de nouvelles de lui. » Il donna l'enveloppe à Greg, qui l'ouvrit et en sortit la lettre. Il la tenait vers moi pour que je puisse aussi lire. C'était rédigé avec une vilaine écriture.

Papa, voilà neuf cents dollars et j'en enverrai encore. Tout va bien. Je travaille dans le nord, à la mine, pour la Copper Kings, et la paie est bonne. Je travaille dur et je vous verrai bientôt maman et toi. Tendrement, Mike.

« Je veux que vous le retrouviez, dit Harry Ryan. Si vous y arrivez, je vous donnerai cinq cents dollars. » La femme aux cheveux blancs se détourna lentement et gravit les marches de la véranda pour rentrer à l'intérieur. La porte-moustiquaire se referma en claquant contre son cadre en bois. Harry Ryan continua, calmement. « Apparemment, Mike avait des petits ennuis à Boise, dont je n'étais même pas au courant. Un contrôleur judiciaire et un flic sont passés ici hier, mais ils n'ont rien voulu me dire. Juste qu'ils cherchaient Mike. » Harry Ryan posa une photographie sur la table de pique-nique. « C'est lui », dit-il. Le cliché montrait un jeune homme souriant à côté d'un pick-up flambant neuf. À l'arrière de la camionnette se tenait un doberman. Greg prit la photo.

« C'est son chien ? demanda-t-il.

– C'est Max, répondit Harry. Mike l'a dressé et il n'allait jamais nulle part sans lui.

– Max était un chien méchant ? » Harry sourit. « Il vous arracherait une jambe. Max était mieux qu'un pistolet, si vous voulez mon avis. » Il regarda vers le ciel bleu immense, puis vers les champs. Après quoi, il se leva et tendit de l'argent à Greg. « Il y a là deux cent cinquante. Vous aurez le reste quand le boulot sera fait. » Il se dirigea vers sa maison.

« Parfait », dit Greg. Il hocha la tête une fois. Avec assurance. Je fis de même. Il se racla la gorge et répéta : « C'est parfait. » Il me tendit la photo et on monta dans le pick-up. Harry Ryan ne se retourna pas une seule fois, gravit simplement les marches de la véranda et rentra dans la maison. Je pris un coup de whisky et regardai à nouveau défiler les champs.

On retourna en ville et Greg s'arrêta à une cabine téléphonique devant une station-service. Je le vis passer coup de fil après coup de fil, rire en secouant la tête dans la petite cabine. Puis il revint au pick-up.

« Qui tu as appelé ? » demandai-je

Greg me regarda, plissa les yeux. « Ça paye de cultiver de bons contacts dans le milieu.

— Qui tu as appelé ?

— Smitty et mon ex-petite amie », répondit-il. Smitty était un vieil ami motard de Greg qui possédait un bar juste à côté de Bonners Ferry, tout en haut de la pointe nord de l'État. Je ne connaissais pas l'ex-petite amie. « Smitty dit qu'il connaît une mine de cuivre qui a réouvert dans les hauteurs, ça pourrait justement être ce que nous cherchons. Il va se renseigner et nous trouver le chemin. Mais il nous faut une couverture.

— Une quoi ?

— Une couverture. Un prétexte, pour entrer dans la place. » Greg fit demi-tour sur le parking de la station et repartit en ville. Il tourna dans une petite rue et s'arrêta devant une maison rouge. « Juste une minute », dit-il. Une femme sortit sur la véranda, et à voir les regards excités qu'elle jetait à Greg, elle semblait prête à quitter la liste des ex-petites amies pour reprendre du service. Greg et elle rentrèrent et je m'envoyai quelques gorgées d'alcool. J'avais envie d'une tasse de café pour me requinquer, mais je n'avais que du whisky. J'en pris donc encore deux lampées, histoire de rester d'aplomb et dur.

La minute se transforma en trois quarts d'heure, et enfin Greg redescendit les marches du perron. À côté de lui marchait le plus gros chien que j'aie jamais vu en laisse. Ce chien était noir et beige, et il faisait à peu près la taille d'un petit poney. Greg fit grimper le chien sur la banquette arrière et le pick-up tangua. Greg monta et démarra.

« Qu'est-ce que c'est que ce truc ? demandai-je.

– C'est Mister Lucky. Notre couverture. C'est grâce à lui que nous allons entrer. » La tête de Mister Lucky percuta la paroi de Plexiglas lorsqu'on passa sur un nid-de-poule. Il ne parut même pas s'en apercevoir. Sa tête était plus grosse qu'un ballon de basket.

« C'est quelle race ?

– Mâtin napolitain, répondit Greg. Des vrais tueurs. » Mister Lucky était allongé sur la banquette arrière. Il avait l'air à l'étroit et légèrement dément.

« Il pèse combien ? demandai-je.

– Je ne sais pas. Peut-être cent quinze, cent vingt kilos. Un vrai tueur. »

On roula vers le nord et Bonners Ferry. Je regardai par la fenêtre pendant tout le trajet, mais je ne vis personne qui ressemblait à Mike Ryan. Les Rocheuses étaient sur notre droite et elles paraissaient s'élever à mesure que nous progressions vers le nord.

On s'arrêta chez Smitty. Deux motos et un pick-up étaient garés devant, sur le parking en terre. Greg descendit, et je le suivis à l'intérieur. Un bar sombre, avec un juke-box, une table de billard et pas grand-chose d'autre. Accrochée au-dessus du bar, une grosse bûche, fendue en son milieu. Quelqu'un s'était servi d'un pyrograveur pour écrire ICI ON NE PRÊTE QU'AUX RICHES. Trois ou quatre personnes se trouvaient là. Ce devait être des habitués, parce que même les pires imbéciles ne seraient pas entrés chez Smitty par hasard. Dans toute la pointe nord de l'Idaho, personne n'allait au hasard. Tout était parfaitement intentionnel. Il y avait des endroits où vous n'étiez pas censé vous rendre, des sortes de secrets de polichinelle. Nous étions en route pour un de ces lieux. Smitty discuta à voix basse avec Greg, m'adressa un vague signe de la main, et on regagna la voiture. Mister Lucky ne broncha pas.

« Smitty a pu t'aider ? demandai-je.

– Sûr, répondit-il. Et c'est maintenant que tu vas gagner ton argent. » Il sortit un autre pistolet de la boîte à gants, un Colt Combat Commander .45, et le glissa sous sa jambe gauche. « Juste au cas où », dit-il. Je mis la main dans la poche de ma veste et enlevai le cran de sécurité du Beretta. Je m'envoyai un dernier petit coup de whisky et posai la bouteille au sol. Nous étions prêts.

Greg grimpa dans les montagnes pendant quarante minutes, sur des routes en lacet, en passant devant des chantiers forestiers et des pistes de débusquage qui menaient tout droit dans les bois. Mes oreilles se bouchèrent pendant l'ascension. Pour finir, on parcourut environ deux kilomètres sur un chemin de terre.

« Je crois qu'on y est », dit Greg.

Devant nous se dressaient une barrière métallique et une petite guérite avec un écriteau : MINE COPPER KINGS. Un homme était assis sur la barrière, son fusil posé contre le mur. On s'arrêta. L'homme descendit et nous interpella tout en s'emparant du fusil.

« La mine est fermée pour la journée, messieurs, dit-il en s'avançant vers nous, le fusil au creux des bras. La mine est fermée et on n'embauche pas. » Il regarda Mister Lucky, qui se leva et le regarda en retour. « Beau bébé », dit l'homme.

Greg se pencha par la fenêtre en tendant deux billets de vingt. « Regardez ça, dit-il. Ce sont ces nouveaux billets de vingt. » Il les examina attentivement. « L'image de Jackson est beaucoup plus grande », observa-t-il.

L'homme qui feignait d'être un gardien légitime s'approcha. Il prit l'argent de la main de Greg.

Celui-ci approuva d'un signe de tête. « Ce ne sont pas des nouveaux ? demanda-t-il.

– Difficile à dire avec cette lumière, répondit l'homme.

– Alors gardez-les pour moi et renseignez-vous, dit Greg. Naturellement, il se peut que vous soyez obligés de les dépenser pour ça, mais arrangez-vous pour le découvrir. » Il adressa un pseudo-sourire amical à l'homme qui ne voulait pas que nous pensions qu'il n'était qu'un simple gardien. L'homme lui rendit la pareille. Il retourna vers la guérite et la barrière se releva. Greg avança un peu.

« Allez-y et dites à Charlie que vous avez un chien pour ce soir, dit l'homme qui gardait quelque chose qui n'était pas une mine de cuivre.

– Comment je le reconnaîtrai ? demanda Greg.

– C'est le plus gros motard que vous ayez jamais vu, répondit l'homme. Et il a aussi le plus gros revolver que vous ayez jamais vu. » Puis il nous fit signe d'avancer.

Greg entra. On passa devant des bâtiments miniers à l'abandon, du matériel industriel et des tapis roulants. Quelques pick-up étaient garés près des bâtiments. Aucune activité d'extraction dans le coin.

« Tu sens ça ? » demanda Greg. J'acquiesçai. C'était un étrange mélange d'essence et d'éther. « Mine de cuivre, mon cul, dit Greg. C'est la plus grande fabrique de crystal du monde. » Je me penchai, attrapai la bouteille de whisky et en avalai une goutte. Devant nous grouillait une foule paresseuse d'hommes, qui traînaient à l'arrière de pick-up en discutant et en buvant de la bière. Chacun d'eux avait un chien d'une race ou d'une autre, du berger allemand jusqu'au husky. De temps en temps, un chien aboyait. Un énorme motard (Charlie, supposai-je) était assis derrière une table à l'entrée d'un puits. On entendit le faible grondement d'une foule monter de l'intérieur de la mine, ainsi que le bruit des chiens. Greg gara le pick-up et sortit avec Mister Lucky en laisse. « Tu prends le pistolet », me dit-il posément. On s'approcha de la table. À côté de Mister Lucky, tous les autres chiens que nous voyions avaient l'air de nains. On se présenta devant Charlie.

« Vous voulez le faire combattre ce soir ? » demanda Charlie. Il était énorme, même assis. Il devait peser plus de deux cent vingt kilos. Sur la table devant lui se trouvait un fusil, l'air vicieux comme jamais je n'en avais vu. Un fusil plaqué nickel, à canon court, mais avec un magasin cylindrique dessus. Charlie surprit mon regard. « C'est un Streetsweeper. Dix-neuf coups aussi vite que je peux appuyer sur la détente, un dans la chambre, dix-huit dans le chargeur. » Il me regarda. « Ça remet assez vite les choses à leur place, si vous voyez ce que je veux dire ?

– Oui, je vois », répondis-je.

Il se retourna vers Greg et Mister Lucky. « Alors, qu'est-ce qu'on fait ? »

Greg secoua la tête. « Non, dit-il. On s'est juste servi du chien pour franchir la barrière. »

Le visage de Charlie fit un truc qu'il considérait sans doute comme un sourire. « Faut avoir mieux que ça comme renfort dans le coin. » Il haussa les épaules et regarda Greg. « Si t'es flic, tu ne repartiras pas d'ici vivant.

– J'ai une tête de flic ? » demanda Greg.

Charlie haussa les épaules. « Ils ont changé, dit-il. Avant, c'était simple : n'importe quel type avec des chaussures cirées et des cheveux courts. Mais maintenant... » Il marqua une pause. « Enfin, ce n'est plus aussi simple.

– C'est sûr, concéda Greg. Je suis seulement à la recherche de quelqu'un. » Il sortit la photo de Mike Ryan et la posa sur la table devant Charlie. Les terribles échos du combat de chiens montaient du puits de mine et résonnaient au-dessus des bâtiments. « Vous l'avez déjà vu ? » demanda Greg. Charlie resta silencieux, puis il toussa. « Le gamin a disparu, dit-il. Définitivement.

— Qu'est-ce qui s'est passé ? demanda Greg.

— Il a arrêté de respirer, voilà ce qui s'est passé. Comme ça se passe toujours. » Il regarda Greg. « Un pur accident. C'est fréquent, les accidents, dans la partie.

— C'est vrai », dit Greg. L'éclair est moins rapide que Greg ne le fut l'instant suivant, et je fus le tonnerre, juste une seconde derrière. Il avait plaqué Charlie à terre, son pied droit sur la gorge de Charlie et la gueule de Mister Lucky à moins de trois centimètres de son œil droit. Je tenais le Streetsweeper, cran de sécurité enlevé, et je surveillais les hommes derrière nous. « Dis-le-moi tout bas, dit Greg à Charlie. Parle-moi de l'accident. Et ne fais rien qui perturbe le chien. Il est nerveux. » Un grondement sourd, comme un moteur d'avion au loin, sortait de la gorge de Mister Lucky.

« Le gamin était en liberté surveillée à Boise, murmura Charlie. Il a travaillé ici pendant trois semaines, il transportait du crystal et il gagnait avec son chien. Et puis on l'a surpris avec un mouchard sur lui. » Charlie avait le souffle court. Greg augmenta la pression de son pied. Charlie le cracha d'une voix rauque : « On l'a mis avec les chiens. »

Greg retira son pied. Mister Lucky resta en arrêt jusqu'à ce que Greg tire sur la laisse. La foule d'hommes derrière nous était silencieuse. Charlie se releva lentement.

« Sans rancune, dit Greg. Il fallait que je sache. »

Charlie massait sa pomme d'Adam. « Tu vas avoir des nuits très sombres et angoissantes », dit-il en lançant un regard mauvais à Greg. Je me retournai avec le Streetsweeper et mon côté dur entra en action.

« Espèce de sale pervers toxico ! criai-je. J'ai dix copains à moins d'une heure d'ici, et ils ont tous vu le feu en Somalie, tu veux que je déclenche un cataclysme ? » Je tremblais intérieurement, le Streetsweeper à trois centimètres du nez de Charlie. « Ils te feront bouffer tes couilles, dis-je. C'est ça que tu veux ? » Je ne le quittai pas des yeux. « C'est ça que tu veux ? » La détente faisait pression contre mon doigt et le dur en moi dopé par le whisky avait envie d'appuyer.

Charlie fit non de la tête. Il nous regarda retourner à la voiture et nous en aller. On salua l'homme de la barrière en passant. Il serait probablement mort avant le matin pour nous avoir laissés entrer. Il nous répondit. Je pointai le canon du Streetsweeper vers le plancher de la Toyota, prêt à être dangereux au besoin. Mister Lucky avait repris possession de la banquette arrière.

Le soleil commença à se coucher pendant que nous retournions vers Moscow et on essuya une forte averse qui fut rapidement balayée pour laisser de nouveau place au soleil. Greg s'éclaircit la voix tandis que nous arrivions aux abords de la ville.

« Tu as des copains qui se sont battus en Somalie ? demanda-t-il.

– Non, répondis-je.

– Même moi, je me suis laissé prendre. »

On s'engagea dans l'allée de Harry Ryan et celui-ci sortit de la maison. On débarqua de la voiture et je laissai le fusil de guerre sur le siège passager. La femme aux cheveux blancs était assise sur les marches de la véranda. Harry, Greg et moi nous dirigeâmes vers le champ de lentilles. Il semblait s'étendre à l'infini. Harry nous tournait le dos, les yeux vers le champ.

« Comment va mon garçon ? demanda-t-il. Vous l'avez retrouvé ? »

Greg regarda par terre, puis le dos de Harry Ryan. « Il travaille », répondit-il.

Dès que Greg ouvrit la bouche, Harry Ryan commença à pleurer doucement.

« Il travaille dans le nord pour la Copper Kings, exactement comme il vous l'a écrit », ajouta Greg.

Harry Ryan hocha la tête. « Mentez-moi encore », dit-il. Je l'entendais pleurer en même temps qu'il parlait. « Mentez-moi, sortez-moi ce que vous avez de mieux. » Il sanglotait. « L'argent est sur la table de pique-nique », dit-il en se retournant pour regagner sa maison. Lorsque je regardai, la vieille femme de la véranda avait disparu. Je me demandai si c'était le pire jour de sa vie. Probablement pas. Les Ryan n'avaient pas l'air de gens qui reçoivent très souvent des bonnes nouvelles. Et ils ne pouvaient pas s'offrir le luxe de s'effondrer, parce qu'il fallait être au travail le lendemain matin.

Je ramassai l'argent pendant que nous retournions vers l'horrible pick-up de Greg, et nous sommes partis.

Cette nouvelle est extraite du recueil
La Vie en flammes (2007).

Présentation des auteurs

Sherman Alexie

Originaire de l'État de Washington, où il a grandi sur la réserve des Indiens Spokanes, Sherman Alexie bâtit livre après livre une œuvre forte et singulière, résolument contemporaine. Avec beaucoup d'humour et d'autodérision mêlés à de la colère, il dresse un portrait sans concession de la société américaine. Récompensé en 2008 par le National Book Award pour *Le premier qui pleure a perdu*, son premier roman pour la jeunesse, Sherman Alexie a écrit des romans, des nouvelles et de la poésie, soit plus de vingt ouvrages dont *Dix Petits Indiens*, *Flight*, *Red Blues* et *Danses de guerre* (couronné par le PEN/Faulkner Award), tous publiés chez Albin Michel. Il est considéré comme l'un des écrivains les plus talentueux de sa génération.

« Sherman Alexie écrit à fleur de peau des histoires débordantes de tendresse. Sombres mais jamais larmoyantes. Et souvent pétries d'humour, cet antiseptique qui nettoie les plus profondes des blessures. »

Thierry Gandillot, *L'Express*

PRÉSENTATION DES AUTEURS

Joseph Boyden

D'ascendance indienne, écossaise et irlandaise, Joseph Boyden est devenu, en quelques livres seulement, l'un des grands noms de la littérature canadienne contemporaine. Traduit en près de vingt langues, couronné par plusieurs prix littéraires très prestigieux dont le Giller Prize ou, en France, le prix Littérature-monde, il est l'auteur de trois romans (*Le Chemin des âmes, Les Saisons de la solitude* et *Dans le grand cercle du monde*) et d'un recueil de nouvelles (*Là-haut vers le nord*), tous publiés aux Éditions Albin Michel. Qu'il parle d'hier ou d'aujourd'hui, de drames intimes ou historiques, Joseph Boyden est avant tout un conteur hors pair qui puise dans le terreau de ses racines pour en extraire un souffle romanesque inédit, à la fois terriblement violent et magnifique.

Il partage aujourd'hui son temps entre le nord de l'Ontario et La Nouvelle-Orléans, où il enseigne la littérature, et termine actuellement l'écriture d'un nouveau roman.

« Avec une infinie tendresse, Joseph Boyden, conteur-né, réinvente une vie à ses frères indiens de l'Ontario. Deux ans après son magistral *Chemin des âmes*, un livre coup de tonnerre, une déflagration narrative intense – quelque chose que l'on nomme chef-d'œuvre –, il nous ensorcelle encore. »

Martine Laval, *Télérama*

Dan Chaon

Originaire du Nebraska, Dan Chaon est romancier et nouvelliste. *Parmi les disparus* (Albin Michel, 2002, finaliste du National Book Award), *Le Livre de Jonas* (Albin Michel, 2006), *Cette vie ou une autre* (Albin Michel, 2011, en cours d'adaptation cinématographique), ou encore *Surtout rester éveillé* (Albin Michel, 2014) : autant de livres forts et marquants, dans lesquels il décrit des vies ordinaires teintées d'accents étranges et inquiétants. Passionné par l'identité profonde de chacun, il décrit comme personne la solitude, les accidents de la vie, les passés obscurs ou les futurs incertains.

Considéré aux États-Unis comme l'un des meilleurs écrivains de sa génération, il a reçu de nombreuses distinctions littéraires. Il vit aujourd'hui à Cleveland (Ohio), où il enseigne le *Creative Writing* à l'université. Son nouveau roman paraîtra aux États-Unis en 2017.

« Il y a des livres, comme ça, qui nourrissent, font monter les larmes aux yeux, non pas de trop de drames, mais d'un trop-plein de beauté. *Parmi les disparus* est de ceux-là. »

Martine Laval, *Télérama*

Michael Christie

Originaire de Thunder Bay (Ontario), Michael Christie, alors âgé de 28 ans, a fait une entrée remarquée sur la scène littéraire canadienne en 2011 avec son premier livre, *Le Jardin du mendiant* (Albin Michel, 2012). Finaliste de tous les plus grands prix littéraires (fait rare pour un recueil de nouvelles), il a été classé parmi les cinq meilleurs livres de l'année par le magazine *Quill & Quire*.

Ancien skateur professionnel, il collabore régulièrement à la revue *Color Magazine*, consacrée à cette discipline. Aujourd'hui installé sur l'île de Galiano, au large de Vancouver (Colombie-Britannique), il a publié en 2015 son premier roman, *If I Fall, If I Die*.

« D'une histoire à l'autre, Michael Christie a l'art de faire basculer le quotidien dans l'insolite, et le tragique dans la comédie, avec des protagonistes qui, tous, cherchent quelque chose – un abri, un amour ou un pardon – dans le tumulte de Vancouver. Une belle découverte. »

André Clavel, *LIRE*

PRÉSENTATION DES AUTEURS

Charles D'Ambrosio

Originaire de Seattle (Oregon), Charles D'Ambrosio est aujourd'hui unanimement reconnu comme l'un des plus grands maîtres contemporains de la nouvelle. Grâce à son regard saisissant sur notre époque, il a l'art d'emporter l'adhésion du lecteur par la force et la beauté de son écriture incandescente, dont il use pour faire contrepoids aux vies douloureuses de ses personnages et à sa vision plutôt pessimiste des rapports humains. Publiés en 2007 aux Éditions Albin Michel, *Orphelins* (un recueil de récits) et *Le Musée des poissons morts* ont durablement marqué les esprits, s'imposant comme des classiques.
L'auteur vit aujourd'hui à Portland et termine l'écriture de son premier roman tant attendu.

> « Ce qui frappe d'emblée dans les textes de Charles D'Ambrosio, c'est l'intensité et la grâce qui enveloppent le lecteur. Certaines de ses nouvelles font penser à de la poésie, et l'auteur use d'images saisissantes pour définir l'essence de beaucoup de choses.
>
> Sébastien Le Fol, *Le Figaro Magazine*

Craig Davidson

Craig Davidson s'est fait connaître sur la scène littéraire internationale par un recueil de nouvelles, *Un goût de rouille et d'os* (Albin Michel, 2006), adapté à l'écran par Jacques Audiard en 2012. Les deux romans qui ont suivi, *Juste être un homme* (2008) et *Cataract City* (2014), ont confirmé le talent et la singularité de ce jeune écrivain canadien qui, dans la lignée d'écrivains comme Chuck Palahniuk et Thom Jones, aime prendre des risques.
Mettant au cœur de son univers littéraire le corps, le cœur et l'âme des hommes, il aborde de nombreux thèmes tels que les

relations père-fils, l'identité masculine, la violence et la boxe – des motifs récurrents qu'il allie avec une redoutable efficacité à l'émotion et l'empathie. Son écriture, viscérale et percutante, laisse tout simplement KO.

« Une écriture aussi impitoyable qu'un uppercut, aussi cruelle et violente que peut l'être la vie, rythmée comme un match… Un grand livre. »

Émilie Grangeray, *Le Monde des livres*

Anthony Doerr

En quatre livres seulement, Anthony Doerr, 42 ans, s'est imposé comme l'un des plus grands noms de la littérature américaine contemporaine. Après *Le Nom des coquillages* (2003), *À propos de Grace* (2006) et *Le Mur de mémoire* (2013), son dernier roman *Toute la lumière que nous ne pouvons voir* (Albin Michel, 2015) a marqué un tournant. Véritable phénomène d'édition aux États-Unis et dans le monde, ce roman qui a pour cadre l'Allemagne nazie et la ville de Saint-Malo sous l'Occupation, finaliste du National Book Award et élu meilleur roman de l'année par le *New York Times*, a été récompensé en 2015 par le très prestigieux prix Pulitzer – la reconnaissance d'un écrivain au talent unique, qui bâtit livre après livre, à travers ses nouvelles et ses romans, une œuvre étonnante et inclassable.

« Dans ce formidable recueil où le symbolisme côtoie la réalité la plus brutale, où les climats intérieurs étouffants sont indissociablement liés aux climats et à l'horizon illimité des paysages américains, Anthony Doerr dit, avec beaucoup de finesse, la complexité de nos petites existences. »

Émilie Grangeray, *Le Monde des livres*

PRÉSENTATION DES AUTEURS

Louise Erdrich

Considérée comme l'un des plus grands écrivains américains contemporains, Louise Erdrich est l'auteur d'une œuvre majeure, forte et singulière, avec des romans comme *Dans le silence du vent*, *La Chorale des maîtres bouchers*, *Ce qui a dévoré nos cœurs* ou *La Malédiction des colombes*. Récompensée par de très nombreux prix littéraires, elle a notamment été distinguée en 2012 par le National Book Award.

Surtout connue des lecteurs français pour ses romans polyphoniques, Louise Erdrich est aussi l'auteur de nombreuses nouvelles, publiées ces trente dernières années dans de prestigieux magazines américains comme *The New Yorker* ou *The Atlantic Monthly*. Rassemblés en français en deux volumes (*La Décapotable rouge* et *Femme nue jouant Chopin*), ces textes recèlent tous les éléments qui constituent son univers à nul autre pareil : ce Dakota du Nord qui est au centre de son œuvre, ce style à la fois précis et poétique qui mêle réalisme magique et finesse psychologique, ces personnages passionnés, complexes et inoubliables, qui peuplent tous ses livres.

Publié en janvier 2016, *Le Pique-nique des orphelins* a permis de (re)découvrir, dans une nouvelle traduction, l'un de ses premiers livres, paru aux États-Unis en 1986. *LaRose*, son nouveau roman, paraîtra en mai 2016 aux États-Unis et l'année suivante aux Éditions Albin Michel.

« La chamane amérindienne des lettres américaines qui fait éclore des mondes foisonnants, envoûtés, sait aussi concentrer ses sortilèges. L'art de la nouvelle selon Louise Erdrich est un art magique, qui emprisonne le temps en quelques pages. »

Damien Aubel, *Transfuge*

PRÉSENTATION DES AUTEURS

Ben Fountain

Ben Fountain, né en 1958 en Caroline du Nord, a commencé une carrière d'avocat avant de décider de se consacrer entièrement à la littérature à la fin des années 1980. Ses nouvelles ont été publiées dans les revues et magazines les plus prestigieux des États-Unis et lui ont valu de multiples distinctions, mais il faudra attendre 2006 pour que paraisse son premier livre, le recueil de nouvelles *Brèves Rencontres avec Che Guevara* (Albin Michel, 2008), couronné par le prix PEN/Hemingway et largement plébiscité par la presse des deux côtés de l'Atlantique.

Six ans plus tard paraissait enfin son premier roman, *Fin de mi-temps pour le soldat Billy Lynn* (Albin Michel, 2013) dans lequel, à travers le personnage d'un jeune soldat revenu d'Irak à l'invitation de George W. Bush pour une courte tournée victorieuse aux États-Unis, il dresse le portrait ravageur de l'Amérique et, plus globalement, de notre société contemporaine. Porté par une énergie incroyable et un humour grinçant, ce roman coup de poing a été adapté pour le cinéma par Ang Lee et sera prochainement sur les écrans.

« Ben Fountain nous livre des pages à couper le souffle, qui tiennent à la fois du reportage de guerre et du thriller. »

Bruno Corty, *Le Figaro littéraire*

Holly Goddard Jones

Originaire du Kentucky, Holly Goddard Jones, 36 ans, a été publiée dans de nombreux magazines et revues littéraires, ainsi que dans des anthologies telles que *Best American Mystery Stories* ou *New Stories from the South*. Les nouvelles réunies dans son premier livre, *Une fille bien* (Albin Michel, 2013), ont été saluées comme l'avènement d'une nouvelle voix de la littérature du Sud.

Son premier roman, *Kentucky Song* (Albin Michel, 2015), a confirmé le talent de cette jeune femme que l'on devine observatrice affûtée, et qui explore avec beaucoup de sensibilité l'ubiquité du malheur dans les petites villes américaines ordinaires, du moins en apparence.

Holly Goddard Jones enseigne aujourd'hui la littérature à l'université de Caroline du Nord et travaille à son deuxième roman.

« De sa plume désenchantée, Holly Goddard Jones croque ces vies américaines ordinaires, même pas brisées mais si durablement ébréchées qu'elles en deviennent invivables. Poignant. »

Clémentine Goldszal, *Les Inrockuptibles*

Richard Lange

Originaire de Californie, Richard Lange a passé une grande partie de sa vie à Los Angeles : il y a étudié avec T.C. Boyle, y a travaillé pour Larry Flint, y a dirigé un magazine musical et n'a cessé d'écrire sur cette ville depuis ces vingt dernières années. Son premier livre, un recueil de nouvelles intitulé *Dead Boys* (Albin Michel, 2009), l'a révélé aux États-Unis comme en France, où le livre a été salué unanimement. Après *Ce monde cruel* (Albin Michel, 2011), il publie *Angel Baby* (Albin Michel, 2015), un roman noir distingué par la prestigieuse fondation Guggenheim et récompensé par le prix Dashiell Hammett que décerne chaque année l'International Association of Crime Writers.

Souvent comparé à James Ellroy et Elmore Leonard, Richard Lange est avant tout un conteur-né, dont l'univers électrique et l'écriture au cordeau peuvent difficilement laisser indifférent.

« Bienvenue dans l'Amérique des laissés-pour-compte, des paumés, des camés et des arnaqueurs à la petite semaine, des âmes meurtries que dépeint admirablement Richard Lange. Des types ordinaires pour la plupart mais qui, un jour ou l'autre, se retrouvent à franchir la ligne rouge pour pouvoir s'en sortir. C'est dur. C'est drôle. C'est terriblement bien écrit. »

Émilie Grangeray, Le Monde des livres

Benjamin Percy

Né en 1979, Benjamin Percy est originaire de l'Oregon, qu'il considère comme sa muse littéraire, au point d'y situer la plupart de ses intrigues. Son recueil de nouvelles, *Sous la bannière étoilée* (Albin Michel, 2009), l'a révélé aux États-Unis où il a été récompensé par plusieurs prix littéraires. Après en avoir fait un roman graphique (paru en France chez Casterman), le réalisateur américain James Ponsoldt travaille actuellement à l'adaptation de la nouvelle-titre au cinéma.

Son premier roman, *Le Canyon* (Albin Michel, 2012), a confirmé l'énergie et la personnalité de ce jeune écrivain singulier, et a été élu parmi les meilleurs livres de l'année par les libraires indépendants américains. Il a également valu à son auteur d'être retenu par le *New York Times* parmi les vingt auteurs de moins de quarante ans les plus talentueux.

« Benjamin Percy livre un recueil de nouvelles à l'image de son tempérament : électrique. Un portrait noir de l'Amérique actuelle dans ses dérèglements et sa violence. »

Vanessa Postec, Transfuge

David James Poissant

David James Poissant, jeune auteur de 33 ans originaire du sud des États-Unis, est depuis quelques années l'une des sensations de la scène littéraire américaine. Ses nouvelles ont été publiées dans les revues et magazines littéraires les plus réputés, comme *The Atlantic*, *The Chicago Tribune* et *The New York Times* ; elles ont également figuré dans plusieurs anthologies et ont été distinguées par de nombreuses récompenses.

S'inscrivant dans la lignée de Tchekhov, Raymond Carver et Flannery O'Connor, David James Poissant a apporté la preuve dans son premier livre (*Le Paradis des animaux*, Albin Michel, 2015) de son talent inouï à mettre en scène des gens ordinaires au bord de l'explosion. Mêlant l'absurde au miraculeux, l'humour à la grâce, il signe là quinze nouvelles mélancoliques et pleines d'empathie, qui l'ont immédiatement imposé comme un auteur virtuose.

Il vit aujourd'hui en Floride, où il enseigne la littérature. Il termine actuellement l'écriture d'un scénario et de son premier roman, à paraître prochainement aux États-Unis.

« David James Poissant surprend et émeut à chaque coup. Ses nouvelles sont comme des uppercuts qui vous laissent KO. On ne peut qu'être épaté par tant de maîtrise dans l'étude de l'âme humaine et de ses démons. Par son évocation saisissante d'êtres meurtris qui avancent comme ils peuvent. »

Alexandre Fillon, *LIRE*

Eric Puchner

En 2005, alors âgé de 35 ans, Eric Puchner a fait une entrée remarquée en littérature avec un recueil de nouvelles inventif et déroutant, publié en français sous le titre *La Musique des autres* (Albin Michel, 2008), dans lequel il offrait une vision inédite de l'Amérique à travers des personnages en quête d'eux-mêmes dans un monde souvent absurde, voire hostile. Le destin tragique de la famille Ziller, qu'il a raconté dans son premier roman (*Famille modèle*, Albin Michel, 2010), tour à tour hilarant et déchirant, a confirmé le talent et la grâce inouïs de ce jeune écrivain bouleversant.

Eric Puchner vit aujourd'hui à San Francisco, où il enseigne la littérature.

« Eric Puchner nous livre une Amérique à demi noyée dans le sillage de son rêve, pas tout à fait abandonnée ou marginale, mais un peu dissonante, comme en retard d'un temps. Ses personnages hésitent au bord de l'abîme, fragilisés par les circonstances mais surtout vrillés par un angoissant besoin d'identité, d'affirmation de soi, voire d'amour. »

Nils C. Ahl, Le Monde des livres

Jon Raymond

Né à San Francisco et aujourd'hui installé à Portland (Oregon), Jon Raymond a passé sa vie dans le nord-ouest des États-Unis, une région qui constitue le cadre de son œuvre, tant littéraire que cinématographique. Déjà adapté au cinéma à deux reprises par la scénariste Kelly Reichardt (deux films salués par la critique française : *Old Joy* et *Wendy & Lucy*), il collabore régulièrement avec des cinéastes comme Gus Van Sant et Todd Haynes, avec qui il a signé l'adaptation du roman de James M. Cain, *Mildred Pierce*, pour la chaîne américaine HBO.

Publiées en français en 2010 sous le titre *Wendy & Lucy* (Albin Michel), ses nouvelles ont permis aux lecteurs de découvrir ce jeune auteur résolument contemporain, dont l'écriture visuelle et cristalline, alliée à un sens aigu de l'observation, est des plus émouvantes. Son dernier roman, *Rain Dragon*, paraîtra en France aux Éditions Albin Michel fin 2016.

« Jon Raymond est un artiste du sensible et de la description. Le geste devient mot et tout s'éclaire grâce à cet art subtil du détail et de l'amour de l'autre. Lisez ces nouvelles, expression de la force et de la fragilité des hommes, de leur détermination à ne pas se laisser écraser par le destin. »

Linda Pommereul, Page des libraires

Elwood Reid

Elwood Reid a souvent été comparé à Raymond Carver et Rick Bass par la critique américaine, mais il serait peut-être plus juste de le rapprocher de Brady Udall, avec lequel il a plusieurs points communs. On sait de lui qu'il a grandi dans le Midwest et qu'il a longtemps vécu en Alaska, où il a exercé divers métiers – charpentier, manœuvre, cuisinier, etc. – avant de se consacrer à la littérature, qu'il a enseignée dans la région des Grands Lacs.

Il s'est fait connaître en France avec son recueil de nouvelles *Ce que savent les saumons* (Albin Michel, 2001), très largement plébiscité par la presse et les libraires. Après deux romans tout aussi étonnants, *Midnight Sun* (Albin Michel, 2003) et *La Seconde Vie de D.B. Cooper* (Albin Michel, 2005), dans lesquels son écriture dépouillée s'alliait à sa voix si puissante pour toucher en plein cœur, il a pour un temps quitté la scène littéraire et écrit désormais pour la télévision. Il partage sa vie entre Los Angeles et le Montana.

« Elwood Reid a ce talent, ce pouvoir, de toucher à l'essentiel sans jamais prôner une morale. Ses histoires nous percutent en plein cœur. Il nous parle de l'amitié, de l'amour, liens si fragiles, si cruciaux ; il célèbre la solidarité, raconte sans juger les petites lâchetés, les petits arrangements. Elwood Reid travaille les mots au corps-à-corps. »

Martine Laval, Télérama

PRÉSENTATION DES AUTEURS

Karen Russell

Karen Russell est une jeune Américaine virtuose, née en 1981 à Miami (Floride), qui, en trois livres seulement, s'est imposée dans le panorama littéraire contemporain comme un auteur au talent unique et follement singulier. Déjà distinguée à de nombreuses reprises (lauréate de la Fondation Guggenheim et du Bard Fiction Prize, retenue parmi les meilleurs jeunes écrivains américains par *The New Yorker* et par la revue britannique *Granta*, sélectionnée par la National Book Foundation comme l'un des cinq meilleurs auteurs de moins de trente-cinq ans), elle a également été finaliste du prix Pulitzer en 2012 avec son exubérant premier roman *Swamplandia* (Albin Michel, 2012). On retrouve dans ses nouvelles (*Foyer Sainte-Lucie pour jeunes filles élevées par les loups*, Albin Michel, 2014) la même inventivité et la même fraîcheur ; avec une écriture tonique et audacieuse, Karen Russell donne vie à des personnages aussi crédibles qu'attachants, et mêle avec brio le quotidien et le fantastique dans la plus pure tradition du réalisme magique, transcendant ainsi le quotidien et l'ordinaire.

Son deuxième recueil de nouvelles, *Vampires in the Lemon Grove*, paraîtra en France aux Éditions Albin Michel courant 2017.

« Comparée à Stephen King, Lewis Carroll ou encore Edgar Allan Poe, Karen Russell capte à travers ses écrans imaginaires un certain état de décomposition du monde et signe un chef-d'œuvre de songes ubuesques, de crapahutages dans le cosmos et de monstres mythologiques. »

Emily Barnett, Les Inrockuptibles

Wells Tower

Wells Tower, originaire de Caroline du Nord, a été la révélation littéraire américaine 2009 aux États-Unis. Son premier livre, un recueil de nouvelles publié en français sous le titre *Tout piller, tout brûler* (Albin Michel, 2010), a en effet été encensé par la critique et traduit par la suite dans une dizaine de langues. Combinant une prose électrique à un esprit ravageur, il a fait découvrir aux lecteurs une voix inédite et saisissante aux accents faulknériens.

En parallèle des nouvelles qu'il continue à publier dans de nombreux magazines et revues américains, il termine actuellement l'écriture de son premier roman.

« Cruelles, déjantées, et percutantes. Des histoires de rien qui, sans prévenir, chavirent dans l'effroi. Wells Tower s'empare de l'absurde, provoque, donne à rire, à méditer, et signe ici neuf nouvelles saisissantes de vérité. »

Martine Laval, *Télérama*

Brady Udall

En trois livres seulement, Brady Udall s'est imposé comme un très grand écrivain. Né en 1971 à Saint Johns (Arizona), il est l'auteur de *Lâchons les chiens*, un recueil de nouvelles (Albin Michel, 1998), et de deux romans : *Le Destin miraculeux d'Edgar Mint* (Albin Michel, 2001) et *Le Polygame solitaire* (Albin Michel, 2011), traduits dans une vingtaine de langues. L'art qui est le sien de mêler humour et tragédie, avec une verve et une authenticité féroces, l'a immédiatement inscrit dans la grande lignée des écrivains inoubliables.

« Lire Brady Udall, c'est accepté d'être bouleversé. De rester sonné, un bon moment, avant de sentir monter en nous un afflux de tendresse pour ses personnages, un réconfort aussi. Car Brady Udall parvient à l'incroyable, il nous arme de bonheur. »

Martine Laval, *Télérama*

PRÉSENTATION DES AUTEURS

Callan Wink

Originaire du Montana, Callan Wink a 30 ans, et il a fait sensation en étant le plus jeune auteur à publier une nouvelle dans le prestigieux magazine *The New Yorker* en septembre 2011. D'autres textes y ont depuis été publiés, ainsi que dans la revue britannique *Granta*. Confrontant dans ses nouvelles, d'une manière extrêmement moderne et contemporaine, le caractère sauvage de l'Ouest américain à l'humanité des personnages qu'il dépeint, Callan Wink s'inscrit d'emblée dans la droite lignée de Richard Ford et Annie Proulx. Certaines d'entre elles ont été réunies dans un recueil intitulé *Dog Run Moon* (paru aux États-Unis en février 2016 et très largement salué par la presse), un premier livre particulièrement émouvant, souvent drôle, et toujours électrisant, qui marque l'entrée sur la scène littéraire américaine d'un jeune écrivain très prometteur.

Ce recueil paraîtra en français en septembre 2017 aux Éditions Albin Michel.

« Les hommes que Callan Wink met en scène dans ce recueil sont seuls de bien des façons, et pourtant ça ne les empêche pas d'être drôles, courageux et insoumis. L'auteur évoque les relations pères-fils avec profondeur et émotion brute, et s'affirme comme une voix à nulle autre pareille en faisant vivre un monde riche et étrange. »

Dwight Garner, *The New York Times*

Scott Wolven

Le premier livre de Scott Wolven, publié en France en 2007 sous le titre *La Vie en flammes* (Albin Michel), a permis de découvrir un univers comme on en rencontre peu dans la littérature américaine et a valu une reconnaissance immédiate à son auteur. À

PRÉSENTATION DES AUTEURS

travers les personnages des nouvelles réunies dans ce recueil, qui ont en commun de flirter plus ou moins avec la légalité mais de consacrer toute leur énergie à remettre leur vie en marche, Scott Wolven y évoque avec une puissance et une sincérité rarement égalées « l'autre visage » de l'Amérique.

Il vit aujourd'hui dans le Maine, où il enseigne la littérature, et termine l'écriture de son premier roman.

« Avec ce recueil de nouvelles, Scott Wolven fait une entrée fracassante sur la scène littéraire. Ses histoires – morceaux de vies brossés à coups de mots hargneux – évoquent un monde qui lutte en sourdine. Ce jeune écrivain, en quelques lignes, fait éclater une réalité bouleversante. Il s'est inventé un ton, fragile équilibre entre brutalité et émotion, et s'est choisi un dessein : coller au plus près de l'authenticité. Il parle de l'âpreté, de la douleur, de l'impossible réconciliation. Il écrit en clair-obscur l'Amérique d'aujourd'hui. »

Martine Laval, *Télérama*

Présentation des traducteurs

Nathalie Bru

Après un master de journalisme à la New York University, Nathalie Bru a travaillé sept ans à New York avant de rentrer en France pour devenir journaliste, puis rédactrice en chef d'un magazine de presse professionnelle. En 2008, alors qu'elle vient d'être nommée directrice éditoriale, intriguée par la traduction littéraire et poussée par l'envie de lancer des défis à sa plume, elle démissionne et obtient son master 2 de traduction littéraire à Paris-VII. Depuis, elle a traduit une trentaine d'ouvrages, principalement des romans, parmi lesquels on peut citer les livres de Chris Adrian, Jon Raymond, Michael Christie, Jim Dodge, William Kotzwinkle, Kent Anderson, ou encore Paul Beatty.

Laurent Bury

Ancien élève de l'ENS de la rue d'Ulm, agrégé d'anglais, Laurent Bury a soutenu en 1996 sa thèse consacrée au romancier victorien Anthony Trollope. Après avoir été maître de conférences au département d'anglais de Paris IV-Sorbonne, il est actuellement professeur de littérature anglaise à l'université Lumière-Lyon 2. Il a publié plusieurs ouvrages et de nombreux articles consacrés à l'art et à la littérature du XIXe siècle britannique. Depuis 1991, il a traduit une centaine d'ouvrages, tant en sciences humaines qu'en littérature (*Voyage avec un âne dans les Cévennes* de Robert Louis Stevenson pour La Pléiade, *Orgueil et préjugés* de Jane Austen pour Garnier-Flammarion, *Don Juan* de Lord Byron pour Folio, ou encore *Alice au pays des merveilles* pour Le Livre de Poche).

France Camus-Pichon

Grande lectrice de nouvelles, et traductrice de l'anglais – au prénom prédestiné – depuis le début des années 1990, France Camus-Pichon a traduit dernièrement *L'intérêt de l'enfant*, d'Ian McEwan (Gallimard) ; *La route étroite vers le Nord lointain*, de Richard Flanagan (Actes Sud) ; ou encore *Souviens-toi de moi comme ça*, de Bret Anthony Johnston (Albin Michel).

Cécile Deniard

Diplômée de Sciences-Po Paris en 1999 et de l'Institut Charles V en 2002 (DESS de traduction littéraire anglais-français), Cécile Deniard aime partager son temps entre traduction d'ouvrages et d'articles de sciences humaines (histoire, science politique, spiritualité) et traduction de fiction. Elle a notamment traduit Richard Lange (*Dead Boys* ; *Angel Baby* ; *Ce monde cruel*, Albin Michel), Scott Wolven (*La Vie en flammes*, Albin Michel), Andrew O'Hagan (*Illuminations et vie et opinions de Maf le chien et de son amie Marylin Monroe*, Christian Bourgois), Maureen Gibbon (*Rouge Paris*, Christian Bourgois) ou Mère Teresa (*Viens, sois ma lumière*, Éditions Lethielleux).

PRÉSENTATION DES TRADUCTEURS

Hélène Fournier

Diplômée d'un DESS de traduction littéraire à l'Institut Charles V, Hélène Fournier est passionnée de littérature anglo-américaine. Après avoir traduit plusieurs documents, elle se tourne définitivement vers la fiction. Ce sera *Malgré la douleur* d'Helen Dunmore, *Ultime rencontre* d'Anita Shreve et *Fêlures* d'Anita Brookner. Depuis 2006, elle se consacre exclusivement à la fiction nord-américaine et elle est aujourd'hui la traductrice d'auteurs aussi différents que Dan Chaon, Holly Goddard Jones, Willy Vlautin, Stuart Nadler ou encore David Bergen, Brian Leung et Tom Barbash.

Michel Lederer

Après de brèves études et une tout aussi brève carrière de jeune cadre dynamique, Michel Lederer a publié (en collaboration avec Jacqueline Lederer) sa première « vraie » traduction, *Docteur Rat* de William Kotzwinkle, en 1977. Depuis, il a traduit plus de 250 œuvres d'auteurs anglais, irlandais, australiens, américains et canadiens, aussi bien de jeunes écrivains publiés pour la première fois en France que d'autres plus célèbres, alternant romans, nouvelles et théâtre. On lui doit ainsi, entre autres, les traductions de certains romans de Charles Bukowski, Rick Moody, Michael Ondaatje, ou encore les œuvres de James Welch et de Henry Roth ainsi que de nouvelles traductions de Saul Bellow, et pour le théâtre, Shakespeare (*Le marchand de Venise*) ou Timothy Daly (*L'Homme dans le plafond*).

Ses traductions lui ont valu d'être récompensé par le prix Maurice-Edgar Coindreau (1993), le prix Baudelaire (2000) et le Grand Prix de Traduction de la Société des Gens de Lettres (2015).

PRÉSENTATION DES TRADUCTEURS

Hugues Leroy

Discret, et retiré du monde de la traduction depuis maintenant plusieurs années, Hugues Leroy a notamment traduit en français des romans de Chet Raymo, Andrew Miller, Judith Freeman, Joseph Boyden, Jennifer Egan ou encore Thomas King.

Valérie Malfoy

Après des études dans des domaines aussi divers que la philosophie, le droit ou les sciences humaines, suivies d'un passage éclair dans une maison d'édition, Valérie Malfoy a essaimé moult textes dans des domaines tout aussi variés, avant de trouver sa vocation, lui semble-t-il, dans la traduction, principalement d'œuvres de fiction, avec une prédilection pour les formes courtes. La nouvelle lui va donc comme un gant. C'est d'ailleurs un recueil de nouvelles, Le Mur de mémoire d'Anthony Doerr (Albin Michel), qui lui a valu d'être récompensée par le Prix Maurice-Edgar Coindreau en 2014.

Freddy Michalski

Professeur agrégé d'anglais, Freddy Michalski est spécialisé dans la traduction de romans noirs et policiers anglo-saxons. On lui doit notamment les traductions des romans de James Lee Burke, James Ellroy, Jim Nisbet, Chuck Palahniuk, Ian Rankin et Don Winslow. Il a également travaillé de nombreuses années dans l'édition, de Gallimard à Robert Laffont en passant par Rivages et les Éditions du Masque.

Il a remporté en 1992 le Trophée 813 de la meilleure traduction pour White Jazz de James Ellroy (« Rivages/Thriller », 1991).

PRÉSENTATION DES TRADUCTEURS

Renaud Morin

Diplômé de Sciences-Po Paris et titulaire du DESS de traduction littéraire anglais-français de l'Institut Charles V, Renaud Morin signe ses premières traductions aux Éditions Albin Michel : Mischa Berlinski (*Le Crime de Martiya Van der Leun*), Benjamin Percy (*Sous la bannière étoilée*, *Le Canyon*), Brock Clarke (*Guide de l'Incendiaire des maisons d'écrivains en Nouvelle-Angleterre*). Il est aussi l'un des traducteurs de Linwood Barclay (*Fenêtre sur crime*) et de Neil Cross (*Luther, l'alerte*) pour les Éditions Belfond.

En 2015, il a reçu le prix Baudelaire de la Société des Gens de Lettres pour la traduction du *Complexe d'Eden Bellwether* de Benjamin Wood (Zulma).

Isabelle Reinharez

Les plaines immenses du Dakota du Nord de Louise Erdrich, les paysages boisés et montagnards des Appalaches de Ron Rash – pour ne citer que deux auteurs, ceux qui occupent le plus gros de son temps – sont les biotopes littéraires dans lesquels s'épanouit Isabelle Reinharez depuis un certain nombre d'années. Des écritures exigeantes, poétiques, authentiques, à la fois corsées et subtiles, voilà ce qu'elle aime traduire. Lire. Et même publier. Du temps où elle dirigeait la série anglo-américaine aux Éditions Actes Sud, elle avait fait entrer Cormac McCarthy à leur catalogue.

Anne Wicke

Titulaire d'une maîtrise d'anglais, d'un doctorat d'État et d'une agrégation en anglais, Anne Wicke était traductrice et professeur de littérature nord-américaine et de traduction à l'université de Rouen.

PRÉSENTATION DES TRADUCTEURS

Récompensée par le prix Maurice-Edgar Coindreau en 1999 pour sa traduction du roman de Chris Offutt, *Le Fleuve et l'enfant*, elle a traduit de grands noms de la littérature américaine, de Jonathan Franzen à Toni Morrison en passant par Laura Kasischke, Steve Tesich et Craig Davidson. Elle est décédée en mai 2013.

Sources

1. Titre original du recueil : *The Thoughest Indian in the World*
© Sherman Alexie, 2000. Avec l'accord de Grove Atlantic, New York, USA.

2. Titre original du recueil : *Born With a Tooth*
© Joseph Boyden, 2001. Avec l'accord de Cormorant Books Inc., Toronto, Canada.

3. Titre original du recueil : *Among the Missing*
© Dan Chaon, 2001. Avec l'accord de The Ballantine Publishing Group, filiale de Random House, Inc.

4. Titre original du recueil : *The Beggar's Garden*
© Michael Christie, 2011. Avec l'accord de HarperCollins Publishers Ltd., Toronto, Canada.

5. Titre original du recueil : *The Dead Fish Museum*
© Charles D'Ambrosio, 2006. Avec l'accord d'Alfred A. Knopf, New York, USA.

6. Titre original du recueil : *Rust and Bone*
© Craig Davidson, 2005. Avec l'accord de Penguin Group Canada.

7. Titre original du recueil : *The Shell Collector*
© Anthony Doerr, 2002. Avec l'accord de Scribner, une filiale de Simon & Schuster Inc., New York, USA.

8. Titre original du recueil : *The Red Convertible*
© Louise Erdrich, 2009. Avec l'accord de HarperCollins, USA.

9. Titre original du recueil : *Brief Encounters with Che Guevara*
© Ben Fountain, 2006. Avec l'accord de HarperCollins Publishers, USA.

SOURCES

10. Titre original du recueil : *Girl Trouble*
© Holly Goddard Jones, 2009. Avec l'accord de HarperCollins Publishers, USA.

11. Titre original du recueil : *Dead Boys*
© Richard Lange, 2007. Avec l'accord de Little, Brown and Company, New York, USA.

12. Titre original du recueil : *Refresh, Refresh*
© Benjamin Percy, 2008. Avec l'accord de Graywolf Press.

13. Titre original du recueil : *The Heaven of Animals*
© David James Poissant, 2014. Avec l'accord de Simon & Schuster Inc., New York, USA.

14. Titre original du recueil : *Music Through the Floor*
© Eric Puchner, 2005. Avec l'accord de Scribner, une filiale de Simon & Schuster Inc., New York, USA.

15. Titre original du recueil : *Livability*
© Jon Raymond, 2009. Avec l'accord de Bloomsbury USA.

16. Titre original du recueil : *What Salmon Know*
© Elwood Reid, 1999. Avec l'accord de Doubleday, une filiale de The Doubleday Broadway Publishing Group, Random House Inc.

17. Titre original du recueil : *St Lucy's Home for Girls Raised by Wolves*
© Karen Russell, 2006. Avec l'accord d'Alfred A. Knopf, New York, USA.

18. Titre original du recueil : *Letting Loose the Hounds*
© Brady Udall, 1997. Avec l'accord de W. W. Norton & Company, Inc., New York, USA.

19. Titre original du recueil : *Everything Ravaged, Everything Burned*
© Wells Tower, 2009. Avec l'accord de Farrar, Straus and Giroux, LLC, New York, USA.

20. Titre original du recueil : *Controlled Burn*
    (titre de la nouvelle : *The Copper Kings*)
© Scott Wolven, 2005. Avec l'accord de The Wylie Agency (UK) Limited.

21. Titre original du recueil : *Dog Run Moon*
© Callan Wink, 2016. Avec l'accord de The Dial Press, une filiale de Penguin Random House LLC, New York, USA.

Table

Un homme bien de Sherman Alexie	11
Langue Peinte de Joseph Boyden	43
Parmi les disparus de Dan Chaon	69
Rebut de Michael Christie	95
Le jeu des cendres de Charles D'Ambrosio	123
Un goût de rouille et d'os de Craig Davidson	159
La femme du chasseur d'Anthony Doerr	189
Le plongeon du guerrier indien de Louise Erdrich	227
Les meilleurs sont déjà pris de Ben Fountain	255

Pièces détachées de Holly Goddard Jones	293
Bank of America de Richard Lange	325
Sous la bannière étoilée de Benjamin Percy	359
L'Homme-Lézard de David James Poissant	379
Les enfants de Dieu d'Eric Puchner	407
Benny de Jon Raymond	433
Ce que savent les saumons d'Elwood Reid	459
Souvenirs d'enfance sur la conquête de l'Ouest de Karen Russell	483
Un lien fraternel de Wells Tower	511
Il se soûle profondément et joyeusement de Brady Udall	545
Montée des eaux de Callan Wink	581
La Copper Kings de Scott Wolven	609
Présentation des auteurs	623
Présentation des traducteurs	639
Sources	645

« Terres d'Amérique »

Collection dirigée par Francis Geffard
(Extrait du catalogue)

CHRIS ADRIAN
Un ange meilleur, nouvelles

SHERMAN ALEXIE
Indian Blues, roman
Indian Killer, roman
Phoenix, Arizona, nouvelles
La Vie aux trousses, nouvelles
Dix Petits Indiens, nouvelles
Red Blues, poèmes
Flight, roman
Danses de guerre, nouvelles

TOM BARBASH
Les Lumières de Central Park, nouvelles

DAVID BERGEN
Une année dans la vie de Johnny Fehr, roman
Juste avant l'aube, roman
Un passé envahi d'ombres, roman
Loin du monde, roman
La Mécanique du bonheur, roman

JON BILLMAN
Quand nous étions loups, nouvelles

TOM BISSELL
Dieu vit à Saint-Pétersbourg, nouvelles

AMANDA BOYDEN
En attendant Babylone, roman

JOSEPH BOYDEN
   Le Chemin des âmes, roman
   Là-haut vers le nord, nouvelles
   Les Saisons de la solitude, roman
   Dans le grand cercle du monde, roman

KEVIN CANTY
   Une vraie lune de miel, nouvelles
   Toutes les choses de la vie, roman

DAN CHAON
   Parmi les disparus, nouvelles
   Le Livre de Jonas, roman
   Cette vie ou une autre, roman
   Surtout rester éveillé, nouvelles

MICHAEL CHRISTIE
   Le Jardin du mendiant, nouvelles

CHRISTOPHER COAKE
   Un sentiment d'abandon, nouvelles

TOM COOPER
   Les Maraudeurs, roman

CHARLES D'AMBROSIO
   Le Musée des poissons morts, nouvelles
   Orphelins, récits

ANTHONY DOERR
   Le Nom des coquillages, nouvelles
   À propos de Grace, roman
   Le Mur de mémoire, nouvelles

DAVID JAMES DUNCAN
   La Vie selon Gus Orviston, roman

DEBRA MAGPIE EARLING
   Louise, roman

LOUISE ERDRICH
  L'Épouse Antilope, roman
  Dernier Rapport sur les miracles à Little No Horse, roman
  La Chorale des maîtres bouchers, roman
  Ce qui a dévoré nos cœurs, roman
  Love Medicine, roman
  La Malédiction des colombes, roman
  Le Jeu des ombres, roman
  La Décapotable rouge, nouvelles
  Dans le silence du vent, roman
  Femme nue jouant Chopin, nouvelles
  Le Pique-nique des orphelins, roman

BEN FOUNTAIN
  Brèves Rencontres avec Che Guevara, nouvelles
  Fin de mi-temps pour le soldat Billy Lynn, roman

TOM FRANKLIN
  Le Retour de Silas Jones, roman

TOM FRANKLIN & BETH ANN FENNELLY
  Dans la colère du fleuve, roman

ALAN HEATHCOCK
  Volt, nouvelles

RICHARD HUGO
  La Mort et la Belle Vie, roman
  Si tu meurs à Milltown

HOLLY GODDARD JONES
  Une fille bien, nouvelles
  Kentucky Song, roman

BRET ANTHONY JOHNSTON
  Souviens-toi de moi comme ça, roman

THOM JONES
  Le Pugiliste au repos, nouvelles
  Coup de froid, nouvelles
  Sonny Liston était mon ami, nouvelles

THOMAS KING
: *Medicine River*, roman
: *Monroe Swimmer est de retour*, roman
: *L'Herbe verte, l'eau vive*, roman

SANA KRASIKOV
: *L'An prochain à Tbilissi*, nouvelles

RICHARD LANGE
: *Dead Boys*, nouvelles
: *Ce monde cruel*, roman
: *Angel Baby*, roman

MATT LENNOX
: *Rédemption*, roman

BRIAN LEUNG
: *Les Hommes perdus*, roman
: *Seuls le ciel et la terre*, roman

DAVID MEANS
: *De petits incendies*, nouvelles

DINAW MENGESTU
: *Les belles choses que porte le ciel*, roman
: *Ce qu'on peut lire dans l'air*, roman
: *Tous nos noms*, roman

PHILIPP MEYER
: *Le Fils*, roman

BRUCE MURKOFF
: *Portés par un fleuve violent*, roman

JOHN MURRAY
: *Quelques notes sur les papillons tropicaux*, nouvelles

KEVIN PATTERSON
: *Dans la lumière du Nord*, roman

BENJAMIN PERCY
Sous la bannière étoilée, nouvelles
Le Canyon, roman

DAVID JAMES POISSANT
Le Paradis des animaux, nouvelles

DONALD RAY POLLOCK
Le Diable, tout le temps, roman

ERIC PUCHNER
La Musique des autres, nouvelles
Famille modèle, roman

JON RAYMOND
Wendy & Lucy, nouvelles

ELWOOD REID
Ce que savent les saumons, nouvelles
Midnight Sun, roman
La Seconde Vie de D.B. Cooper, roman

EDEN ROBINSON
Les Esprits de l'océan, roman

KAREN RUSSELL
Swamplandia, roman
Foyer Sainte-Lucie pour jeunes filles élevées par les loups, nouvelles

GREG SARRIS
Les Enfants d'Elba, roman

NATHAN SELLYN
Les Caractéristiques de l'espèce, nouvelles

HUGH SHEEHY
Les Invisibles, nouvelles

WELLS TOWER
Tout piller, tout brûler, nouvelles

DAVID TREUER
: *Little*, roman
: *Comme un frère*, roman
: *Le Manuscrit du Dr Apelle*, roman
: *Indian Roads*, récit

BRADY UDALL
: *Lâchons les chiens*, nouvelles
: *Le Destin miraculeux d'Edgar Mint*, roman
: *Le Polygame solitaire*, roman

GUY VANDERHAEGHE
: *La Dernière Traversée*, roman
: *Comme des loups*, roman

VENDELA VIDA
: *Se souvenir des jours heureux*, roman

WILLY VLAUTIN
: *Motel Life*, roman
: *Plein nord*, roman
: *Ballade pour Leroy*, roman

JAMES WELCH
: *L'Hiver dans le sang*, roman
: *La Mort de Jim Loney*, roman
: *Comme des ombres sur la terre*, roman
: *L'Avocat indien*, roman
: *À la grâce de Marseille*, roman
: *Il y a des légendes silencieuses*, poèmes

SCOTT WOLVEN
: *La Vie en flammes*, nouvelles

Composition Nord Compo
Impression CPI Bussière en avril 2016
Éditions Albin Michel
22, rue Huyghens, 75014 Paris
www.albin-michel.fr
ISBN : 978-2-226-32610-2
ISSN : 1272-1085
N° d'édition : 22218/01. – N° d'impression : 2020713
Dépôt légal : mai 2016
Imprimé en France